제 8 판을 내면서

우리에게 2021년은 격변의 시기로 인식될 것이다. 우선 코로나 질병이라고 하는 인류의 재난은 우리 대학사회에도 전에 경험해 보지 못했던 여러 가지 커다란 변화를 가져오게 되었다. 뿐만 아니라 적폐청산과 검찰개혁을 캐치프레이즈로 내 걸은 문재인 정부의 정책목표를 달성하기 위한 여러가지 개혁적 조치들을 완수하기 위하여 입법화 과정이 진행되었으며, 드디어 2021년은 문재인 정부의 새로운 형태의 형사사법제도의 완성을 이루게 되었다.

문재인 정부의 "권력기관의 민주적 개혁"의 근간을 살펴보면, 형사소송법과 검찰청법 등의 개정을 통하여 검찰과 경찰의 수사권을 조정하여 양 기관을 범죄수사과정에 있어 지휘·명령을 받는 상하관계가 아닌 수평적 협력관계로 설정하고 검찰의 수사권을 중요 6개 범죄의 수사로 제한하였다. 또한 국가정보원의 대공수사권을 일정기간의 경과를 거쳐 단계적으로 경찰에 이관하도록 하여 경찰에게 범죄수사활동의 대부분을 맡도록 하였다. 반면 경찰에게 수사종결권을 부여하고 경찰 수사력 강화를 위한 조치로 경찰청에 국가수사본부를 창설하였다.

경찰에게 막강한 권한을 부여하는 대신 경찰권력의 비대화를 막기 위한 조치로서 광역자치단체별로 자치경찰제도를 도입하는 방안을 마련하였다. 2021년 7월 1일을 기점으로 경찰의 민주적 관리를 위하여 각 광역자치단체별 도지사 소속 자치경찰위원회를 설치하고 생활안전과 교통, 경비 그리고 여성·청소년 대상 범죄, 가정폭력 범죄 등 일부 범죄에 대한 수사 등 국민 생활과 밀접하게 관련된 경찰의 일부 기능을 국가경찰로부터 분리하여 자치경찰의 기능으로 하였다.

새 정부는 과거의 경찰이 국가권력기관으로서 국민의 인권을 보장함에 있어 소홀하였음을 반성하고 인권친화적 경찰을 선언하고 여러 가지 인권보장을 위한 제도적 장치를 마련하게 되었다. 특히 과거 사회공공의 안녕과 질서유지를 위한 정보수집이라는 명목하에 정치·경제·사회·문화 등 전방위적으로 시행되었던 경찰의 정보활동을 "공공안녕에 대한 위험의 예방과 대응을 위한 정보의 수집·

작성 및 배포"로 범위를 명확하게 하는 등 경찰의 권한을 제한하게 되었다.

이와 같은 경찰의 개혁과정은 경찰법의 전면 개정을 통하여 완성되었으며, 이번 제8판에서는

첫째, 기존의 경찰법의 전면개정을 통하여 2021년부터 시행되게 된 「국가경찰과 자치경찰의 조직 및 운영에 관한 법률」과 「경찰관직무집행법」, 그리고 「경찰공무원법」 등 그동안 개정 혹은 제정된 법률과 규정들을 철저하게 반영하고자 하였다. 경찰관련 기본법인 이 세 법률의 개정에 따른 경찰의 조직·인사관련 여러 가지 규정들의 개정 내용을 철저히 반영하고자 하였다.

둘째, 2021년 7월 1일 전면적으로 실시된 자치경찰제도의 실시와 검·경 수사권조정의 내용을 자세하게 소개하였다. 이와 같은 제도적 변화에 따른 경찰조직의 변화내용과 인사제도의 개선내용을 소개하였다.

앞서 언급한 대로 2021년도는 경찰조직에게 있어 제도 및 운영상의 매우 급격한 변화를 경험하게 된 한 해로 기억될 것이다. 모든 개혁의 과정이 그러하듯이 경찰조직의 구성원에게 있어서도 급격한 개혁의 결과로 야기되는 혼란의 과정을 경험하게 될 것으로 판단되며, 이러한 혼란은 일정기간이 경과한 후에야 비로소 안정을 찾을 것이다. 따라서 앞으로 준비하게 될 경찰행정학 제9판에 수록되게 될 내용은 이와 같은 혼란의 과정을 거쳐 우리 경찰의 조직 및 인사제도가 완전하게 정착하게 되는 개혁의 완결과정이 주요 골자를 이룰 것으로 생각한다.

끝으로 경찰행정학 제8판이 출판되기까지 수고하여 주신 법문사 임직원 여러분의 노고에 감사드린다. 특히 코로나 펜데믹이라고 하는 우리 민족이 전혀 경험해 보지 못했던 어려움을 겪고 있는 경찰학 관련 학계의 모든 구성원들과 이 책을 통하여 자신들의 장래를 개척하기 위한 지식을 갖추고자 노력하는 학도 여러분들의 앞날에 기쁘고 보람된 일만 가득하고 항상 행복하시길 빈다.

2021년 무더운 여름

신용벌 공공정책대학 연구실에서

저자 씀

제 7 판을 내면서

경찰행정학 6판이 나온 지 3년이 지났다. 그 사이 우리 사회는 엄청난 정치적 변화를 경험하였으며, 대한민국의 정부의 일부로서 대한민국 경찰 역시 격변하는 변화의 과정에 있다.

2016년부터 시작된 우리나라의 정치적 격변은 경찰조직에도 영향을 미쳤으며 2017년도에 새로이 출범한 정부는 적폐청산이라는 구호를 내세우며 과거의 폐단을 일소하고자 여러 가지 개혁과제를 추진해 가고 있다. 새로운 정부의 국정방향의 근간을 이루는 4대 국정전략에 "권력기관의 민주적 개혁"이 포함되어 있으며 그 과정에 우리 경찰이 포함되어 있는 형사사법제도의 개혁에 관한 논의가 활발히 진행되고 있는 실정이다.

새로운 정부는 과거의 경찰이 국가권력기관으로서 봉사보다는 권력을 휘둘렀기 때문에 국민으로부터 지지받지 못하였다는 전제하에 경찰개혁의 방향과 목표를 민생과 인권중심의 치안체제를 구축하는 것으로 삼았다. 인권친화적 경찰, 경·검 수사권 조정을 통한 검찰권과 경찰권의 분산, 경찰위원회의 역할 강화를 통한 경찰에 대한 민주적 통제의 강화, 광역단위 자치경찰제의 도입 등 기존의 경찰체제의 근간을 흔드는 엄청난 변화를 논의하는 과정에 있다. 하지만 이러한 개혁의 논의는 아직도 논의의 단계를 벗어나지 못하고 있으며 개혁의 완성인 입법화의 단계에 까지는 이르지 못한 것이 현실이다.

개혁입법이 완성되었다면 훨씬 더 많은 내용의 개정이 이루어 졌을 것으로 생각되나 이는 다음으로 미루기로 하였다. 따라서 이번 제7판에는

첫째, 그동안 개정 혹은 제정된 법률과 규정들을 철저하게 반영하고자 하였다. 특히 경찰법과 경찰관직무집행법 그리고 조직·인사 관련 규정의 개정을 철저히 반영하고자 하였다.

둘째, 2000년대 이후 경찰조직의 역사에 관하여 간략하나마 중요한 변화과정을 언급하였다. 조직 및 인사제도의 중요한 개선을 언급하였다.

셋째, 현재 논의되고 있는 경찰개혁 논의들에 관하여 개괄적으로 소개하였다. 아마도 이러한 논의들에 대한 법제화가 완성되면 경찰행정학 제8판에 수록되게 될 개정내용의 주요 골자를 이루지 않을까 생각한다.

끝으로 경찰행정학 제7판이 출판되기까지 수고하여 주신 법문사 사장님 이하 임직원 여러분의 노고에 감사드린다. 특히 즐거운 마음으로 멀리 익산의 연구실까지 찾아오셔서 원고를 재촉해 주신 정해찬 대리께 죄송하고도 감사한 마음을 전한다. 수시로 인터넷을 뒤져 자료를 모아다 주었던 원광대학교 박사과정 김종호 군의 노고에도 감사드리며 올해에는 기쁘고 보람된 일만 가득하길 빈다.

2019년 1월

신용벌 공공정책대학 연구실에서
저자 씀

제 6 판을 내면서

우리나라에 경찰학이 소개되고 사회과학분야에서 특수한 학문분야로 자리 잡은 지 반세기가 넘었다. 경찰학은 1990년대 중반 이후 많은 대학에 경찰행정 학과와 관련 학과들이 신설되고 다양한 관련 학회들이 결성되고 이에 따라 세계 각지에서 공부한 신진 학자들이 모여들어 활발한 연구활동을 전개하므로써 학문발전에 가속도가 붙어왔다. 이와 같은 학문적 발전은 모두 경찰행정학 책을 처음으로 집필하신 이황우 교수님의 학문적 노력에 기인하였다 하여도 과언이 아닐 것이다. 특히 교수님께서는 수많은 제자를 양성하시어 전국의 각 대학 경찰행정학과에서 중추적 역할을 할 수 있도록 지도하셨으며, 한국경찰학회와 한국공안행정학회의 결성을 주도하시고 각기 회장을 역임하시어 우리나라 경찰학 발전에 기여한 바가 실로 엄청나다 할 수 있다. 특히 교수님께서는 불모지와 같던 우리나라에 경찰행정학 책을 처음으로 집필하시어 후학들의 길잡이 역할을 해 주신 학문의 등불이셨다. 이와 같은 교수님의 노력은 미국 경찰학의 전문화를 위하여 일생을 바친 저명한 학자 August Vollmer 혹은 O. W. Wilson에 빗대어 한국의 August Vollmer 혹은 한국의 O. W. Wilson으로 칭송하기에 부족함이 없음은 모든 후학들의 공통된 의견이다.

교수님 아래에서 지도받았던 시간은 정말로 행복했고 미혹한 제자가 나날이 성장하고 있음을 느낄 수 있는 보람있는 시간이었다. 시간은 흐르고 이황우 교수님께서 은퇴를 앞두고 있던 시기에 부족한 제자에게 교수님의 뜻을 이어 경찰행정학 책을 개정할 것을 명받았으나 제자의 게으름을 핑계로 차일피일 미루어 왔는데 내심은 교수님의 저작에 가필을 하여 교수님의 명성에 누가 될까하는 두려움 때문이었다. 그러나 교수님께서 다시 한 번 격려해 주시며 O. W. Wilson 교수의 Introduction to Police Administration 책이 Swanson 교수에게 그리고 Territo 교수에게 대대로 이어지는 학문적 맥이 우리나라에서도 이루어 졌으면 한다는 뜻을 하교하셨기에 미혹한 제자가 더 이상 게으름을 핑계로 회피하지 않고 용기를 낼 수 있었다.

이번 6판은 그동안 5판에 이르기까지 계속해서 추가된 새로운 이론들, 개정 법령과 조직개편의 내용 등으로 인하여 늘어난 방대한 양의 저술을 정리하여 대학교재로 적합하도록 체제를 개편하는데 주안점을 두었다. 대학에서 한 학기 동안 강의하기에는 방대한 양의 교재가 적절치 못하다는 점을 개선하고자 이 번 6판에서는 기존의 15장 체제를 12장 체제로 개편하였다. 이를 통하여,

첫째, 방대한 목차와 불필요한 내용을 대폭 삭제하여 경찰학에 대한 본질에 충실하도록 구성하였다.

둘째, 최신 경찰전략의 경향을 소개하고 이를 통해 실무에서 이론을 적용할 수 있도록 내용을 추가하였다.

셋째, 다소 부족하고 산만했던 경찰조직관리의 내용을 정리하고 국내·외 최신 정보를 적용하여 현재뿐 아니라 미래의 경찰조직을 준비할 수 있도록 내용을 수정하였다.

넷째, 이번 판에서 경찰인사관리의 내용을 대대적으로 수정하고자 시도하였 으나 법령의 수시개정은 물론 국회계류중인 법안이 상당수에 이르러 인사관리에 대한 내용은 추후 반영하여 7판에서 보다 완성된 경찰인 사관리의 내용을 개정할 예정이다.

끝으로 이번 6판이 나오기까지 수고하여 주신 법문사 사장님과 임직원 여 러분, 그리고 원고의 교정과 자료수집에 힘써준 극동대학교 박한호 교수, 원광 대학교 박사과정 김종호 군의 노고에 감사드린다.

2016년 1월 21일

은사님의 역작에 한점 누를 끼칠까 두려운 마음으로
한상암 올림

제 5 판을 내면서

한국경찰은 전국 14개의 지방경찰청(2007년 7월 1일 광주 및 대전지방경찰청 개청), 235개의 경찰서, 95,336명의 경찰관으로 구성되어 정부부처 중 최대 규모의 조직으로서, 세계 일류경찰로 발전하기 위해 혁신에 최선의 노력을 다하고 있다.

그러나 각종 범죄의 증가, 신종범죄의 등장, 전문화된 경찰활동의 한계, 전·의경의 감축 등으로 인하여 효율적인 경찰활동을 수행하는데 많은 어려움을 갖고 있다.

최근 전세계적으로 지역사회 경찰활동의 패러다임이 경찰활동을 지배해 나가고 있으며, 한국경찰 또한 지역사회 경찰활동의 흐름에서 벗어날 수 없는 상황이므로 경찰정책의 기획 및 집행에 있어서도 지역사회 경찰활동의 철학이 반영될 수 있도록 해야 할 것이다.

그 동안 이 교재는 전국의 많은 대학에서 강의교재로 채택되어 뜨거운 호응을 받았지만, 여전히 아쉬운 점이 있어서 이번 제5판을 출간함에 있어서도 많은 수정을 하게 되었다.

첫째, 대학강의 교재로서 적합하도록 15개의 장으로 간소화하였다.

둘째, 교재의 내용을 더욱 이해하기 쉽도록 각종 그림과 표를 대폭 추가하였다.

셋째, 그 동안 개정·제정된 법규를 철저히 반영하였다.

넷째, 경찰운용론의 중요성을 고려하여 대폭 수정하였다.

이번 제5판이 나오기까지 수고해 주신 법문사 여러분, 그리고 원고의 수정과 교정에 힘써 준 대전대학교 경찰학과 임창호 교수의 노고에 감사하는 바이다.

2007년 2월

동국대학교 동국관 연구실에서
저 자 씀

제 4 판을 내면서

우리나라에서는 최초로 1962년도에 동국대학교에 경찰행정학과가 설치되고, 1970년대에 들어서 각 대학교 행정대학원에 경찰행정 또는 공안행정 전공과정이 개설되었으며, 그 후 동국대학교 대학원 경찰행정학과에 경찰학 석·박사과정이 개설되면서 경찰행정학 강의가 체계화되고 연구성과들이 축적됨으로써 경찰행정학의 연구기반이 점차 확대되고 있다.

2003년도에 출범한 참여정부는 변화와 개혁이라는 국민적 요구를 반영하여 경찰혁신을 추진하고 있으며, 특히 2007년부터 자치경찰제도를 전면적으로 도입할 예정에 있다. 그러나 현재 추진되고 있는 경찰혁신 또는 자치경찰제와 관련하여 우리나라의 여건에 적합하지 않는 요소도 있으므로, 이러한 상황에서 경찰행정학의 역할 및 가치가 매우 중요하다고 여겨진다.

지난 제3판에서는 경찰행정학의 학문적 영역에 따라 편·장으로 구분하여 체계를 수정하였지만, 이번 제4판에서도 경찰행정학을 학습하는 학생들을 위해 적지 않은 변화가 있었다.

첫째, 각종 통계자료 및 법령을 최근 자료 및 법령으로 수정하여 급속하게 발전하는 경찰행정을 정확히 이해할 수 있도록 했다.

둘째, 경찰행정학과 관련성이 비교적 덜한 부분을 과감히 삭제한 후 필요한 내용을 대폭 추가하였다. 특히 제2편에서는 제3장 경찰조직 및 관리이론, 제4장 경찰의사전달, 제5장 경찰리더십 등에 최근 이론들을 대폭 추가하였다. 제4편에서는 제3장 경찰정보관리의 내용을 완전히 새롭게 하였으며, 또한 최근 교통관리의 중요성에 비추어 제6편 제3장 교통관리의 내용도 새롭게 하였다. 그리고 제7편에서는 제3장 경찰조직의 변화를 새로운 장으로 추가하였다.

셋째, 제3편 경찰인사관리의 경우에는 이미 2003년도에 본인이 '경찰인사행정론'을 출간한 바가 있어서 자세한 내용은 '경찰인사행정론'에서 다루기로 하고 제4판에서는 그 양을 축소하였다.

　넷째, 그 동안 교재의 체계를 바꾸는 과정에서 발생한 오·탈자를 거의 대부분 수정하였고, 외국문헌을 참고하는 과정에서 발생한 어색한 문장을 매끄럽게 수정하였다.

　앞으로는 이 교재를 '지역사회 경찰활동'의 관점에서 더욱 새롭게 수정할 예정이다. '지역사회 경찰활동'의 관점에서 경찰조직관리, 경찰인사관리, 경찰현장운용 등이 행해진다면 한국 경찰이 선진경찰로 나아가는데 많은 도움이 될 것이다.

　이번 제4판이 나오기까지 수고하여 주신 법문사 배효선 사장님과 임직원 여러분, 그리고 제3판에 이어 제4판에서도 원고의 수정과 교정에 힘써 준 대전대학교 경찰학과 임창호 교수의 노고에 감사하는 바이다.

2005년 8월

동국대학교 동국관 연구실에서

저 자 씀

제 3 판을 내면서

1990년대에 이르러 경찰행정학이 사회과학의 특수한 영역으로 확고한 자리를 잡게 되자 전국적으로 경찰행정학과가 10여개 대학에 설치되었다.

그러나 2000년대에 들어와서는 경찰직업이 전문직으로서의 선호도가 높아지면서 인기직종으로 부상하여 경찰행정학과가 50여개 대학에 설치되었고 각 대학에서도 가장 우수한 학생들이 대거 지원하여 인기학과로 떠오르게 된 것은 경찰행정학의 학문적 발전을 위해 다행스러운 일이 아닐 수 없다.

저자는 1998년에 「경찰행정학」 제2판을 내 놓으면서 법령의 개정에 따른 내용수정, 경찰운용부문 추가, 한글 전용 등에 중점을 두었다.

그러나 이번에 제3판을 내는 데에는 체제를 대폭 개편하였다.

첫째는 종전과는 달리 장·절에서 편·장으로 목차를 수정하여 학문적 영역을 체계적으로 구분하였다.

둘째는 제2판에 없었던 새로운 장이나 절을 추가하여 학문의 체제를 갖추도록 노력하였다.

셋째는 각 장마다 요약, 연습문제, 참고문헌을 수록하여 주제에 대한 이해를 새롭게 하였다.

끝으로 이번 제3판이 나오기까지 수고하여 주신 법문사 배효선 사장님과 임직원 여러분, 그리고 원고의 수정과 교정에 힘써 준 동국대 경찰행정학과 강사 임창호 박사의 노고에 감사하는 바이다.

2002년 8월

동국대학교 동국관 연구실에서

저 자 씀

제 2 판을 내면서

우리 나라에 경찰행정학이 소개된 지도 벌써 30여년이 지났다. 최근까지만
해도 우리의 경찰행정학은 그 학문적 발전이 미흡했던 것이 사실이다. 그러나
90년대에 들어와 경찰행정학에 대한 관심이 높아져 10여개 대학에서 경찰행정
학과를 설치하여 이론적 발전과 현실분석의 성과가 활발하게 진행되어 왔다.

이러한 시대적 흐름에 부응하여 저자는 1994년 『경찰행정학』을 내놓았는
바 그 동안 책의 내용에 대해서 건설적인 충고를 바탕으로 충실한 교재가 되도
록 노력했다.

이번에 제2판을 내는 데에는 세 가지 분명한 목적이 있다.

첫째는 경찰관련법령의 개정으로 내용을 고쳐야 할 부분이 생겼다. 즉 경찰
법, 경찰공무원법, 경찰공무원임용령 등의 개정이 그 예에 속한다.

둘째는 경찰운영부문의 핵심을 이루는 순찰, 범죄수사, 교통기능 등을 비롯하
여 경찰의 정치적 중립화와 자치경찰제도에 대해서도 자세하게 보완하였다.

셋째는 너무 많은 한자를 사용하여 젊은 층에게 불편을 주었다고 하기에 한
글 전용으로 하면서 쉽게 쓰려고 했다.

이번 제2판이 나오기까지 수고하여 주신 법문사 배효선 사장님과 자료정리
와 교정에 힘써 준 동국대 대학원 김진혁, 설재윤, 김태형, 조호대군 등의 노고
에 감사한다.

1998년 8월

동국대학교 동국관 연구실에서

저 자 씀

머 리 말

「봉사와 질서」를 슬로건으로 내걸고 출범한 우리 국립경찰은 사회변동에 따라 건국·구국·호국경찰로서 국가의 안전과 사회의 안녕질서유지라는 역할을 충실히 수행해 왔다. 그러나 국민의 생명·신체·재산의 보호와 인권옹호라고 하는 개인의 안전에는 만족할만한 성과를 거두었다고는 할 수 없다.

1991년 경찰법이 제정됨으로써 우리 경찰은 내무부 소속의 경찰청으로 독립하여 민주적인 관리·운영과 효율적인 임무수행을 위한 기본틀을 갖추게 되었으며 국민의 신뢰를 점차 획득하여 진정한 민주경찰로서의 발전을 도모하고 있다.

한국에 있어서 경찰행정에 관한 과학적인 연구가 진행된 것은 비교적 최근의 일이다. 1963년 동국대학교에 경찰행정학과가 설치되면서 행정학의 특수한 영역의 하나로서 경찰행정에 대한 학문적 관심이 주어지게 된 것이다. 필자는 경찰행정학과에서 교육과 연구에 종사하면서 치안환경변화에 따라 능동적으로 대응할 수 있는 지침을 제공해 주는 치안정책에 관심을 가지게 되었다.

오늘날의 경찰은 과거의 경찰과는 달리 정치적으로 중립성을 유지하면서 관리과학, 행태학적 이론 그리고 관리기법을 적용하려고 노력한다. 따라서 한국경찰의 발전을 위해서는 경찰행정에 대한 이론과 실제를 연계시켜 그 결과를 토대로 한국적 모형을 정립하도록 하여야 한다.

경찰행정학의 분야는 아직도 탐구되지 않은 주제들(topic)이 많이 있다. 여기에서는 경찰행정학자들이 흔히 다루고 있는 경찰행정학의 중요한 영역에 대해서만 논의하고자 한다. 첫째로 제1장에서는 경찰행정학의 학문적 접근과 기본이념, 그리고 경찰제도에 대한 논의가 제시되었다. 둘째로 제2장부터 제5장까지는 일반적으로 공공관료조직, 특히 경찰조직과 관계가 있는 행정학의 이론을 논의하였다. 셋째로 제6장부터 제12장까지는 경찰행정의 특정한 분야, 즉 경찰의사전달, 리더십, 인사관리, 예산, 기획, 정보관리 그리고 지역사회관계에 초점을 두었다. 경찰운영부문의 핵심을 이루는 순찰, 범죄수사, 교통기능 등은 다음 기회로 미룬다.

특히 이 책은 간결하게 요점만을 기술하였기 때문에 논리의 비약이 있을 수도 있다. 그러나 경찰행정의 연구에 관심이 있는 학자, 연구자, 학생뿐만 아니라 실무계의 경찰공무원 및 시민들을 위한 입문서 또는 참고문헌으로서 가치를 지니도록 하였다.

끝으로 그간 본인의 연구에 가르침과 도움을 주신 교수님들과 경찰실무자들께 감사드리며 이 연구가 경찰행정발전에 조금이라도 보탬이 되었으면 한다. 또한 이 책을 출판함에 있어 격려와 큰 도움을 주신 법문사 배효선 사장님과 임직원 여러분, 교정에 도움을 준 동국대 강사 장석헌, 박사과정 한상암 등 여러분께 감사하는 바이다.

1994년 2월

동국대학교 동국관 연구실에서

저 자 씀

차 례

제1장 경찰행정학의 학문적 접근

제 4 장 경찰조직이론

제 5 장 경찰의사전달

제 6 장 경찰리더십

제 7 장　경찰인사관리

제 8 장 경찰관리론

제 9 장　경찰운용론

제10장 경찰과 지역사회관계

제11장 지역사회 경찰활동

제12장 경찰조직의 변화

경찰행정학의 학문적 접근

제 1 절 경찰개념의 역사성

사람들이 집단을 구성하고 사는 곳에서는 항상 그 사회의 질서를 유지해야 할 필요성이 존재하며, 오늘날에는 국가가 존립하고 발전하기 위해서 국민생활의 안전과 평화를 보호할 필요가 있다. 그러므로 사회질서유지를 위한 경찰활동의 필요성은 고대 중국, 이집트, 그리스, 로마로부터 시작하여 현대에 이르기까지 항상 존재해 왔으며, 공적인 사회적 조직체인 경찰은 어떤 형태로든 항상 존재해 왔다.

그리스·로마시대의 도시국가를 거치면서 발전된 중세 유럽의 자유도시에서도 국민들의 안전과 사회질서의 유지를 위한 제도는 존재하였으나 오늘날과 같은 조직화된 경찰력은 없었다. 중세 이후 출현한 국가에서는 왕권을 강화하고 사회를 안정시킬 목적으로 좀 더 조직화된 형태의 경찰활동을 필요로 하였으며, 무장 경찰관들로 구성된 군대식의 경찰제도가 출현하였다.

이와 같이 원시사회에서의 경찰활동은 개인의 생명과 재산에 대한 자위활동으로부터 시작되었지만 사회가 발전함에 따라 개인이 경계·경비를 하는 것보다는 국가가 이러한 임무를 전문적으로 수행하는 것이 효과적이었기 때문에 경찰이라는 조직체가 생기게 된 것이다.1) 즉, 경찰이 역사적·사회적 배경에

---

1) Raymond J. Michalowski, *Order, Law, and Crime* (New York: Random House, 1985), p. 170.

따라 발전되어 왔기 때문에 경찰의 개념 역시 국가와 시대에 따라 상당한 다양성을 가지고 있어서 한마디로 정의하기 어렵다는 것이다. 따라서 아래에서는 이와 같은 경찰개념의 역사적 변천과정을 알아보기로 한다.

1. 고대의 경찰개념

한국의 경찰조직과 유사한 국가 혹은 지방자치단체의 조직을 서구에서는 'police' 혹은 'polizei'라고 부르며, 일반적으로 그리스어의 'polis'라는 단어를 그 기원으로 이해한다. 고대 그리스에서의 polis는 사회구성원들의 생명·재산·건강을 보전하고 법의 집행을 담보하기 위해 형성된 사법 및 행정체계를 총칭하는 용어였다.[2] 즉, polis라는 개념은 '시민의 생존과 복지를 보살피는 일체의 관리활동'을 뜻하는 그리스어인 'politeia'(또는 라틴어 politia)로 발전되었고 이것이 영어의 politics(정치), policy(정책), police(경찰)의 어원이 된 것이다.[3] 따라서 police는 사회구성원의 생존과 행복 및 질서유지를 총괄하는 개념이었고 '도시를 통치하는 기술'(the art of governing the city)이었다. 실제로 polis의 책임자들은 공공질서, 안전, 도덕, 식량공급, 복지 등 시민생활과 관련된 일체의 도시업무를 총괄하였으며, 오늘날 '국가가 조정하거나 지배할 수 있는 힘'으로서의 경찰력(police power)은 국가의 안전보장에 대한 최종책임자를 의미하는 용어로 이해된다.[4]

2. 중세의 경찰개념

14세기 초 프랑스에서 'la police de Paris'라는 경찰대(police force)가 설립되어 'police'란 용어는 치안조직을 뜻하는 명사로 사용되었고, 'policer'란 용어는 사회나 단체를 위한 질서있는 행위라는 뜻으로 사용되었다. 따라서 전자는

---

2) John L. Sullivan, *Introduction to Police Science,* 3rd ed. (New York: McGraw-Hill Book Co., 1977), pp. 1~2.

3) James J. Fyfe, Jack R. Greene, William F. Walsh, O. W. Wilson, Roy Clinton McLaren, *Police Administration,* 5th ed. (New York: McGraw-Hill Companies, Inc., 1997), p. 4.

4) Brian Chapman, *Police State* (London: Pall Mall Press, 1970), pp. 11~12.

'파리시의 질서를 바로 잡아 시민들을 문명인으로 만드는 조직체'를 후자는 '질서를 바로 잡는 데 필요한 공권력 및 그에 근거한 질서유지활동'을 의미하였다.

15세기 독일에서는 봉건영주의 강력한 통치권을 근거로 '공공의 질서와 복리를 위한 특별한 통치권'으로서 'ius politiae'(경찰권)라는 용어가 사용되었다. 이후 16세기에는 1530년에 제국경찰법(帝國警察法)이 제정되어 교회행정(教會行政)의 권한을 제외한 일체의 국가행정을 'polizei'라고 규정하였으며, 경찰의 개념은 '세속적인 사회생활의 질서를 유지하기 위한 공권력에 의한 작용'으로 변화되었다.

이와 같은 변화과정을 살펴보면, '경찰'(police)이라는 개념은 '행정관청의 관리가 필요하다고 여겨지는 모든 행동과 경험에 대한 통제'를 의미하는 '통치'(governance)라는 개념과 같은 의미로 이해할 수 있다.5)

이후 17세기에 이르러 국가의 행정활동이 점차 분업화되고 전문화되어 감에 따라 외교, 군사, 재정, 사법 등의 기능이 경찰로부터 분리되었으며, 경찰은 사회공공의 안녕과 복지를 직접 다루는 내무행정(內務行政)을 의미하는 개념으로 축소되었다. 그러나 내무행정에 관한 국가의 임무를 무한대로 확대해석하는 절대군주의 등장으로 경찰국가(Polizeistaat; Police State)시대가 시작되었으며, 이들은 경찰을 활용하여 통치권 전반을 행사하였다. 경찰국가는 17~18세기 유럽에서 발달한 관방학이론에 입각한 절대군주가 통치하는 국가를 의미한다.6)

---

5) Elaine A. Reynolds, *Before the Bobbies*(Stanford, California: Stanford University Press, 1998), p. 1.

6) 관방학(官房學)이란 17~18세기 독일과 오스트리아를 중심으로 유럽에서 발달한 행정지식과 기술 등을 집대성한 학문체제를 말한다. 이당시 독일은 많은 영주의 영방(領邦)으로 분열되어 있었으며, 30년 전쟁으로 인한 피해가 막대하였다. 따라서 일군의 관방학자들이 등장하여 국가의 운영에 관한 다양한 분야의 학문을 연구하기 시작하였으며, 이들은 진정한 국민의 이익보다는 영주에게 행정과 산업진흥에 필요한 지식을 제공하는 수준에 머물렀다. 하지만 당시에 체계화된 관방학의 내용은 오늘날의 재정학, 경제학, 행정학, 법학을 비롯하여 기술공예, 농림학, 통계학, 인구론에 까지 영향을 미치고 있다.

3. 근대의 경찰개념

(1) 독   일

18세기 후반 자유주의적 자연법사상을 이념으로 한 법치국가(Rechtsstaat)의 발전으로 경찰권의 발동은 소극적인 질서유지를 위한 위해방지를 위한 것에 국한되는 것으로 이해하게 되었다. 계몽주의와 자연법사상에 영향을 받아 1794년 제정된 프로이센 일반주법에서는 「공공의 평온, 안전 및 질서를 유지하고 공중 또는 그 구성원들에 대한 절박한 위험을 방지하기 위하여 필요한 수단을 강구하는 것이 경찰의 책무이다」라고 규정하였다. 또한 1882년 프로이센법원의 크로이쯔베르크(Kreuzberg) 판결에 의하여 경찰의 임무는 소극적인 위험방지에 한정된다는 사상이 법해석상 확립되게 되었다.[7] 그 후 1931년 프로이센 경찰행정법은 「경찰청은 일반 또는 개인에 대한 공공의 안전과 질서를 위협하는 위험을 방지하기 위하여 현행법의 범위 내에서 의무에 합당한 재량에 따라 필요한 조치를 취하여야 한다」고 규정하여 경찰의 직무는 소극적인 위험방지에 한정한다고 하는 개념이 확립되었다.

제2차 세계대전 이후에는 소방·영업·도로·위생·건축 등의 협의의 행정경찰사무를 경찰로부터 분리하여 일반 행정기관에 이관시키는 '비경찰화작업'이 단행되어 경찰은 보안경찰에만 해당되었다. 이러한 경찰개념은 1986년 「독일연방 및 주의 통일경찰법모범초안」에서 「경찰은 공공의 안녕 또는 질서에 대한 위험방지를 그 임무로 한다」고 규정하여 이를 명백하게 유지하고 있다.

---

7) 크로이쯔베르크 판결은 베를린 외곽의 Kreuzberg에 있는 전승기념비 주위의 건축구역에서는 기념비 하단에서 도시와 그 주위를 조망하는 것이 방해받지 않고, 또 도시에서 전승기념비를 전망하는 것이 침해받지 않는 정도의 고도(高度)내에서만 건축이 허용된다고 한 1879년의 베를린 경찰국장의 경찰명령에 근거하여, 그 지역 내에서 주거용 4층 건축물에 대한 건축허가의 발급을 거절한 것이 문제가 되었다. 이 사안에 대하여 당시의 프로이센 상급행정법원(Pr.OVG)은 「프로이센 일반란트법 제2장 제17절 제10조에 따를 때 경찰은 위험방지의 권한만을 가지며, 미적인 이익을 추구할 권한은 없기 때문에 Kreuzberg에 있는 해방전쟁(Befreiungskrieg; 유럽 여러 나라가 동맹하여 나폴레옹 체제를 타파한 전쟁을 말하는바, 해방전쟁이란 이름은 독일의 라인동맹이 붕괴하여 각국이 모두 나폴레옹의 군사지배로부터 벗어났다는 사실때문에 붙여지게 되었다.)에서의 전승기념비에 대한 조망을 해치지 않게 하기 위하여 도로상의 건축물의 고도를 제한하는 경찰명령은 무효이다」라고 판시하였다.

(2) 프 랑 스

프랑스에서는 1795년 경죄처벌법전(Code des délits et des peines)에서 「경찰은 공공의 질서, 자유, 재산 및 개인의 안전을 유지하는 것을 임무로 한다」고 규정하였다. 또한 1884년 지방자치법(Code des Communes)에서 「자치체경찰(Police Municipale)은 공공의 질서, 안전 및 위생을 확보하는 것을 목적으로 한다」고 규정하여 경찰의 직무를 소극적인 목적에 한정하고 있으나 위생사무와 같은 협의의 행정경찰사무가 포함되어 있었다.

(3) 영　국

영국에서 police라는 용어가 처음 사용된 것은 스코틀랜드 경찰위원회(Commission of Police for Scotland)에서 였으며, 1755년 존슨(Johnson)은 경찰을 '주민과 관련된 도시나 국가의 규제와 통치'로 정의하고 있다.[8] 1860년대에 들어서서는 police라는 단어가 정부의 치안과 관련된 특정부처를 지칭하는 뜻으로 사용되기에 이르렀다. 이와 같은 취지에서 브로엄(Lord Brougham)은 경찰을 '법률위반사례를 예방하기 위한 보호, 범법자의 검거, 재판에의 회부, 법원판결의 집행'이라고 정의했으며,[9] 빅토리아시대 중반에는 형사사법체제 내에서 위와 같은 기능을 담당하는 공무원 집단을 지칭하는 개념으로 사용되었다.

18세기와 19세기 초에 걸친 경찰개념의 변화는 행정체제의 변화를 반영한 것이지만, 근대경찰의 발전에 있어서 획기적인 사건은 1829년 로버트 필경(Sir Robert Peel)에 의해 런던수도경찰청(Metropolitan Police)이 창설된 것이다. 수도경찰청은 최초의 중앙집권적이고, 제복을 입었으며, 전문적이며, 중앙정부의 통제를 받는 경찰이었으므로 대다수의 학자들은 영국 경찰의 역사가 1829년에 시작되었다고 평가한다.

---

8) Sir Leon Radzinowicz, *A History of the English Criminal Law from 1750*(New York: Macmillan, 1948~86), Vol. Ⅲ, p. 2.

9) Henry, Lord Brougham, *Works*(Edinburgh: Adam and Charles Black, 1873), Vol. ⅩⅠ, p. 324.

(4) 한 국

우리나라에서 서구적 의미의 경찰이라는 단어가 처음 사용된 것은 고종 31
년(1894) 갑오개혁 때에 제정된 신관제 실시에 따라 포도청이 폐지되고 내무아
문(內務衙門) 소속하에 경무청을 설치하여 한성부 내의 일체의 경찰사무를 관장
케 하면서부터이다.

경찰(警察)이라는 한자의 의미에서 볼 때 일본에서는 경계사찰(警戒査察)의
준말이라고도 하나,10) '경'(警)이라는 글자는 '지키다'라는 뜻을 가지고 있기도
하고, '찰'(察)이라는 글자는 '살핀다'는 뜻을 가지고 있어서 경찰은 국민을 지키
고 살피는, 즉 안전하게 보호한다는 의미로 사용할 수 있다.

4. 현대의 경찰개념

국민의 자유를 중시하는 법치국가이론의 등장으로 경찰국가이론이 자취를
감추는 듯하다가 20세기에 들어 제국주의와 공산독재정권들이 등장하면서 다
시 사상경찰이 강화되고 경찰권이 남용되는 역사가 반복되었다. 제2차 세계대
전 이전의 일본, 독일, 이탈리아 및 스탈린 치하의 소련의 사례 등이 그것이다.
그러나 인간의 존엄성 및 자연권 개념의 확산으로 개인의 자유, 평등, 정의에
대한 국가의 보장책임이 강조되면서 국민들의 일상생활에 대한 국가의 간섭이
제한되고 경찰은 단지 법집행을 통해 '공공의 안녕과 질서를 유지하고 국민에
게 봉사'하는 조직으로 규정되었다. 따라서 오늘날 경찰은 '공공의 질서를 유지
하고 위해와 범죄로부터 국민의 생명과 질서를 보호하며 국민에게 봉사와 도
움을 제공하는 공공서비스 또는 공공재의 제공자'로 이해할 수 있다.

---

10) 大津英男, 「警察行政」(東京: 良書普及會, 1958), p. 22.

제 2 절   경찰의 분류

1. 실질적 의미의 경찰과 형식적 의미의 경찰

실질적 의미의 경찰은 '국가의 일반통치권에 의거하여 국민에게 명령·강제하는 제반 권력작용'을 말한다. 따라서 실질적 의미의 경찰에는 대한민국경찰이 아닌 다른 국가기관의 명령적·강제적 권력작용도 모두 포함된다. 보건, 의료, 세무, 산림, 문화, 환경 등을 담당하는 국가기관의 권력작용 즉 특별사법경찰기관을 비롯하여, 주·정차 단속 등과 같이 특별시, 광역시, 시·군·구 등의 지방자치단체가 행하는 권력작용도 실질적 의미의 경찰로 간주된다.

반면에 현실적으로 경찰이 수행하고 있는 중요한 업무 임에도 불구하고 국가의 일반통치권에 의거하여 국민에게 명령 혹은 강제하는 작용이 아니므로 실질적 의미의 경찰개념에서 제외되는 활동도 있다. 현대경찰의 핵심적인 기능인 보호 및 봉사활동은 물론 범죄수사 등 사법경찰활동은 경찰이 수행하고 있는 중요한 활동임에도 불구하고 실질적 경찰의 범주에는 포함되지 않는다.

국가의 권력작용에 속하는지 여부와는 무관하게 법률의 규정에 의거하여 경찰조직이 현실적으로 수행하는 사무 혹은 역할을 통틀어 '형식적 의미의 경

그림 1-1 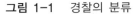 경찰의 분류

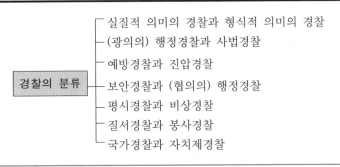

- 실질적 의미의 경찰과 형식적 의미의 경찰
- (광의의) 행정경찰과 사법경찰
- 예방경찰과 진압경찰
- 경찰의 분류 ── 보안경찰과 (협의의) 행정경찰
- 평시경찰과 비상경찰
- 질서경찰과 봉사경찰
- 국가경찰과 자치제경찰

찰'이라고 한다. 따라서 국가의 권력작용에 속하여도 경찰조직이 직접 담당하지 않으면 형식적 의미의 경찰이 아니고 권력작용과 무관해도 경찰조직이 현실적으로 수행하면 형식적 경찰로 간주된다. 실질적 경찰에 속하지 않는 계몽·지도·봉사·지원은 물론이고, 외국경찰에서는 찾아보기 어려운 정보업무나 대공업무도 법률의 규정에 의거하여 경찰조직이 수행하므로 형식적 의미의 경찰개념에 포함된다.

2. (광의의) 행정경찰과 사법경찰

경찰은 그 직접적인 활동목적에 따라 (광의의) 행정경찰과 사법경찰로 구분할 수 있다. (광의의) 행정경찰은 실질적 의미의 경찰, 즉 사회공공의 안녕과 질서를 유지하기 위하여 일반통치권에 의거하여 국민에게 명령·강제하는 권력적 작용을 의미하는 것이다. 사법경찰은 범죄의 수사, 범인의 체포 등 국가형벌권에 의한 활동을 의미하는 것으로 형사소송법의 적용을 받아 특정한 범죄에 대한 수사를 담당하는 경우를 말한다. 여기에는 경찰기관의 수사경찰관과 검찰청 등의 수사관이 행하는 수사활동이 해당된다.

행정경찰과 사법경찰의 구분은 1795년 프랑스 경죄처벌법전 제18조에서 '행정경찰은 공공질서유지·범죄예방을 목적으로 하고, 사법경찰은 범죄의 수사·피의자의 체포를 목적으로 한다'고 하는 데에서 비롯되어 유럽의 여러 나라에 일반화되었다. 그러나 영미법계 국가에서는 행정경찰과 사법경찰을 구별하지 않고 사법경찰사무를 일반경찰기관의 기본적인 업무로 이해한다. 우리나라에서도 조직상으로 행정경찰과 사법경찰을 구분하지 않고 보통경찰기관이 행정경찰과 사법경찰 양자를 함께 담당한다.

3. 예방경찰과 진압경찰

경찰권 발동의 시점을 기준으로 예방경찰과 진압경찰을 구분할 수 있다. 예방경찰은 경찰상 위해가 발생하기에 앞서 발생할 우려가 있는 위해를 사전에 방지하기 위한 권력적 활동이다. 여기에는 정신착란자나 미아·주취자·자살기도자 또는 부상자의 보호조치, 총포·도검·화약류의 취급제한 등으로 범죄피해의 발생 및 범죄자로의 성장을 사전에 방지하기 위한 조치가 해당한다.

반면에 진압경찰은 이미 발생한 경찰상의 위해를 제거하기 위한 경찰활동이다. 여기에는 범죄행위가 목전에서 행하여지려 하고 있다고 인정할 때에 그 행위를 제지하거나, 범죄의 진압·수사 및 피의자의 체포 등이 해당한다. 따라서 예방경찰은 (광의의) 행정경찰에 속하고, 진압경찰은 사법경찰에 속한다고도 볼 수 있다.

4. 보안경찰과 (협의의) 행정경찰

앞에서 설명한 (광의의) 행정경찰 개념은 다시 보안경찰과 (협의의) 행정경찰로 구분할 수 있다. 보안경찰은 '사회공공의 안녕과 질서를 유지'하기 위하여 경찰기관이 독자적으로 경찰활동을 수행하는 것을 말한다. 이것은 제도적 의미의 경찰을 말하는 것으로서 경찰청 소속의 경찰관이 경찰업무를 수행하는 활동이다.

반면에 (협의의) 행정경찰이란 건축경찰, 위생경찰, 산림경찰, 환경경찰과 같이 다른 행정기관의 활동과 결합하여 특별한 사회적 이익의 보호를 목적으로 하면서 사회공공의 안녕과 질서유지를 위하여 위해를 예방하고 제거하는 활동을 말한다.

5. 평시경찰과 비상경찰

평시경찰과 비상경찰은 사회공공의 안녕과 질서에 대한 위해의 정도와 그에 따른 적용법규, 그리고 그러한 위해를 제거할 담당기관에 따른 분류이다.

평시경찰은 경찰관련 법률규정에 의거하여 일반경찰기관이 평온한 상태의 사회에서 일상적으로 행하는 경찰활동을 의미한다. 따라서 현재 우리나라 경찰이 순찰, 범죄수사, 정보수집, 경계경비 등과 같은 제반활동을 수행하는 것을 평시경찰로 분류할 수 있다.

반면에 비상경찰은 전국 또는 어느 특정 지방에 천재지변이나 전시·사변 기타 비상사태가 발생하여 평상시의 경찰력으로서는 치안을 유지할 수 없는 경우에 계엄법에 따라 군대가 경찰업무를 담당하는 경우를 말하며, 계엄경찰이라고도 한다.

6. 질서경찰과 봉사경찰

질서경찰과 봉사경찰은 형식적 의미의 경찰 중에서 경찰업무의 질과 내용을 중심으로 분류한 것이다. 질서경찰은 경찰관의 직무범위 가운데 강제력을 수단으로 하여 사회공공의 안녕과 질서유지를 위한 법집행을 주로 하는 활동을 말하며, 범죄수사·진압, 즉시강제, 교통단속 등의 활동이 해당된다.

반면에 봉사경찰은 강제력이 아닌 계몽·지도·봉사 등의 수단을 통하여 경찰직무를 수행하는 것을 말하며, 방범지도, 청소년선도, 교통정보제공, 지리안내, 수난구호 등과 같은 활동은 봉사경찰활동의 예이다.

7. 국가경찰과 자치체경찰

국가경찰과 자치체경찰은 경찰운영의 권한과 책임의 소재에 따라 분류한 것이다. 국가경찰은 경찰유지·운영의 권한과 책임, 즉 경찰조직권, 경찰인사권, 경찰경비 부담권을 국가가 가지는 경찰을 말하며 중앙집권적 경찰이라고도 한다.

반면에 자치체경찰은 경찰유지·운영의 권한과 책임을 지방자치단체가 가지는 경찰을 말하며 지방분권적 경찰이라고도 한다. 우리나라에서는 그동안 중앙집권적인 국가경찰제도를 유지해 왔으나, 2006년에 제주특별자치도에 한하여 자치체경찰을 도입하여 운영하고 있다.

제3절 경찰의 기능

1. 경찰의 역할

(1) 경찰역할의 개념

사회학적으로 '역할'이란 개념은 기대된 행동·책임, 그리고 사회적 지위에 부여된 특전의 집합을 의미한다. 이것은 특정 사회 내에서 부여된 사회적 신분이나 지위에는 그에 합당하게 기대되는 행동·책임, 그리고 특전의 부여가 따르게 된다는 것을 의미하며, 따라서 어느 사회든 매우 다양한 사회적 역할이 존재한다.

수많은 학자들이 주장한 경찰역할에 대한 개념규정은 매우 다양할 뿐만 아니라 명확하지 못한 것이 현실이다. 아래에는 다양한 학자들의 경찰역할에 대한 개념규정이 제시되어 있다.

경찰의 역할에 대하여, 파이프(James J. Fyfe) 등은 "첫째로 생명·재산과 헌법적 권리의 보호, 둘째로 질서의 유지"를 지적하고 있다.[11] 스미스(Bruce Smith)는 법적 책임의 관점에서 "경찰은 공무원으로 구성된 집단으로 공적 안전의 유지와 불법행위에 대하여 국민의 신체와 재산을 보호하는 것을 임무로 한다"고 규정하였다.[12] 퍼킨스(R. M. Perkins)는 기능적 측면에서 "경찰은 사회를 조정하고 특히 공공질서의 유지와 안전·건강·도덕을 유지하기 위하여 통제하는 것"으로 보았다.[13]

또한 저맨(A. C. Germann)에 의하면 경찰의 목적은 "지역사회의 안전을 위한 범죄 및 무질서의 방지와 치안의 유지, 개인의 안전을 위한 생명·재산 및

---

11) James J. Fyfe, Jack R. Greene, William F. Walsh, O. W. Wilson, Roy Clinton McLaren, *op. cit.,* p. 30.

12) Bruce Smith, *Police System in the United States* (New York: Harper & Brothers, 1960), p. 16.

13) Rollin M. Perkins, *Elements of Police Science* (Chicago: The Foundation Press, 1953), p. 7.

자유의 보호"라고 하였으며,14) 비트너(Egon Bittner)는 현대사회에 있어서 경찰의 역할이 "법집행, 범죄통제, 그리고 치안유지"라고 하였다.15) 스콜니크(J. H. Skolnick)는 경찰의 목적은 "법집행, 질서유지, 그리고 봉사"라고 하였으며, 국제도시관리자협회(International City Managers Association)는 "범죄예방, 범죄제지, 범죄자 체포, 도난품 회수, 비범죄행위 규제" 등과 같은 다섯 가지 기능을 들고 있으며, 잰톤(Peter Szanton)은 "범죄의 통제와 감소, 교통의 운행과 통제, 공공질서의 유지, 공공봉사의 제공"으로 규정짓고 있다.16)

러브레스키(Henry M. Wrobleski)와 헤스(Kären M. Hess)는 경찰관의 기본적인 역할을 "법집행, 치안의 유지, 범죄예방, 시민의 권리와 자유보호, 봉사제공"을 들고 있다.17) 스톤(A. R. Stone)과 데루카(S. M. DeLuca)도 "법집행, 범죄예방, 사회질서유지, 비법집행업무"라고 하고 있으며,18) 홀덴(R. N. Holden)은 "질서유지, 법집행, 비상사태업무, 범죄예방"이라고 규정하였다.19) 바커(T. Barker)와 헌터(R. D. Hunter), 그리고 러쉬(J. P. Rush)에 의하면 경찰의 역할은 "범죄통제, 질서유지, 봉사로 규정하고 그 외에 정보수집, 개인의 권리보호도 포함되어 있다"고 지적하였으며,20) "20세기에 도달하기 까지 경찰은 정치적 야경원에서 군사적 법집행자, 준(準)전문적 치안유지자, 지역사회 봉사자로 그 역할이 점차 변화되어 왔다"고 주장하였다.21)

또 다른 경찰역할에 대한 규정으로서 미국변호사협회(American Bar Association)는 더욱 세분화된 개념을 제시하고 있다.22)

14) A. C. Germann, Frank D. Day, and Robert J. Gallati, *Introduction to Law Enforcement* (Illinois: Charles C. Thomas Publishers, 1966), p. 28.

15) Egon Bittner, *The Functions of the Police in Modern Society* (Washington, D. C.: National Institute of Mental Health, 1973), p. 2.

16) Harry W. More, *Effective Police Administration* (San Jose, California: Justice Systems Development, 1975), pp. 139~140.

17) Henry M. Wrobleski and Kären M. Hess, *Introduction to Law Enforcement and Criminal Justice,* 4th ed. (St. Paul, Minneapolis: West Publishing Co., 1993), p. 197.

18) Alfred R. Stone and Stuart M. DeLuca, *Police Administration,* 2nd ed. (Englewood Cliffs, NJ: Prentice Hall, 1994), pp. 20~24.

19) Richard N. Holden, *Modern Police Management* (Englewood Cliffs, NJ: Prentice Hall, 1994), p. 29.

20) Thomas Barker, Ronald D. Hunter and Jeffery P. Rush, *Police Systems & Practices: An Introduction* (Englewood Cliffs, NJ: Prentice Hall, 1994), pp. 100~110.

21) *Ibid.,* p. 335.

① 범죄자의 범죄행위를 인지하고, 경우에 따라서는 범죄자를 체포하여 형사절차에 참여하는 것

② 예방순찰과 다른 방법들을 통하여 범죄의 실행기회를 감소시키는 것

③ 신체적인 피해의 위험이 있는 사람들을 도와주는 것

④ 헌법상 권리를 보호하는 것

⑤ 사람의 이동과 차량의 소통을 용이하게 도와주는 것, 스스로 돌볼 수 없는 사람을 도와주는 것

⑥ 분쟁을 해결하는 것

⑦ 장래 중대한 법집행 또는 국가적인 문제들을 찾아내는 것

⑧ 지역사회의 안정감을 조성하고 유지하는 것

⑨ 시민질서를 증진시키고 유지하는 것

⑩ 응급구호체계를 활용하여 다양한 서비스를 제공하는 것

이상에서 제시된 학자들의 주장을 종합하면, 경찰의 역할은 생명·신체 및 권리의 보호, 법집행, 범죄통제, 질서유지, 봉사로 요약될 수 있다.

하루 24시간 동안 서비스를 제공하는 다른 국가기관이 존재하지 않기 때문에 경찰은 자신들의 핵심적인 임무와는 관계없는 다양한 서비스를 제공하기도 한다. 따라서 경찰에게 부과된 임무는 매우 광범위하며 많은 부분들이 생명·재산·권리의 보호나 질서유지와는 거리가 멀다. 국민들은 경찰이 이러한 다양하고 많은 임무를 수행할 것을 요구하지만 이러한 국민들의 요구는 경찰의 능력범위를 초과하는 경우가 많고 따라서 경찰관이 만능인이 되어야 하는 이유가 여기에 있다.

다음으로 경찰과 법집행(Law Enforcement)의 개념을 혼용하는 경우가 빈번하지만 경찰이라는 개념의 근원은 법집행보다는 오히려 정부와 관계에서 유래하며, 대부분의 경찰업무시간은 법집행보다는 다른 다양한 업무의 처리에 소요되기 때문에 경찰과 법집행은 같은 의미로 볼 수 없다는 지적도 있다.[23] 따

---

22) American Bar Association Project on Standards for Criminal Justice, *Standards Relating to the Urban Police Function* (New York: American Bar Association, 1973), pp. 4~5.
23) James J. Fyfe, Jack R. Greene, William F. Walsh, O. W. Wilson, Roy Clinton McLaren, *op. cit.,* p. 32.

라서 법집행은 다양한 경찰업무를 수행하기 위한 한 가지 수단에 불과하다고 할 수 있다.

(2) 경찰활동의 원칙

이 책은 경찰조직을 성공적으로 운영하기 위한 경찰행정과 경찰활동의 세부적이고 구체적인 내용에 초점을 맞추고 있다. 실제의 세상에서는 즉, 현장에서는 하루하루 당면하는 문제와 위기를 해결하는 데 관심이 집중되기 쉽지만 학문의 한 분야에 관한 연구를 수행함에 있어 세부적인 것을 잊고 자신의 관심사를 포기하는 것 역시 도움이 되는 것이다. 이와 같은 이유로, 자유민주주의 사회에서의 경찰활동과 경찰행정과 관련된 다음의 10가지 원칙들을 정기적으로 검토해 보아야 할 것이다. 이 원칙들은 현대 경찰행정학의 학문적 연구나 현장에서의 실행에 있어 확고한 원칙 혹은 개념적 틀이 될 수 있을 것이다. 이 원칙들은 시간에 의해 제한을 받거나 일시적인 학문적 유행이나 사조의 영향에 의해 훼손되지 않을 것이며, 자유민주사회에서 지역사회경찰활동(community policing)을 하거나 전통적인 전문경찰활동(professional policing)을 하거나 혹은 전통적인 경찰활동(plain good policing)을 하는가의 여부와 상관없이 향후 20년간은 적용될 수 있는 원칙이다.

① 경찰은 법집행이나 범죄통제활동을 하지만 이에 국한되지 않고 국민들에게 매우 다양한 형태의 행정서비스를 제공하는 다목적 정부기관(general-purpose government agency)이다.

② 경찰은 법령의 규정에 의하여, 국민의 지원으로부터, 정치지도자들의 임명으로부터 그리고 경찰직업의 특수성 때문에 권위를 얻게 되며, 경찰은 이 모든 권위의 원천 각각에 대하여 궁극적인 책임을 지고 있다.

③ 모든 경찰이 행하는 활동 혹은 의사결정에 내재되어 있는 궁극적인 목적은 국민의 생명·신체와 재산을 보호하고 사회공공의 안녕·질서를 유지하는 것이어야 한다.

④ 국민의 생명·신체의 보호는 언제나 경찰의 최우선의 목표가 되어야 하지만 재산의 보호와 질서의 유지의 상대적 중요성은 시간과 장소에 따라 다양

하다.

⑤ 법집행은 경찰활동의 목표가 아니며, 국민의 생명·신체·재산을 보호하고 사회공공의 안녕과 질서를 유지하기 위하여 노력하는 과정에서 가끔 채택하는 한 가지 방책일 뿐이다.

⑥ 경찰은 경찰목표를 완수하는 과정에서 완벽하게 합법적인 수단을 채택하여야 하며, 허용되지 않은 비합법적인 수단을 활용하고자 하는 유혹을 물리쳐야만 한다.

⑦ 경찰은 특정 상황에 대응 혹은 특정 사건을 처리함에 있어 각 개개인들에 맞춰 처우하여야 하나 그 개개인에 대한 처우가 인종, 종족, 종교, 성별, 사회계층 혹은 기타의 부적절한 특징에 근거한 차별이 되어서는 안 된다.

⑧ 경찰은 합법적인 목표를 달성하기 위하여 필요한 경우 즉시 물리력을 행사할 능력과 의지를 가지고 있어야 하지만 물리력의 행사는 언제나 불가피한 경우에 한정되어야 하며, 경찰은 항상 협조를 구하기 위한 평화적인 방법을 개발하기 위하여 노력하여야만 한다.

⑨ 경찰은 가끔은 갈등을 유발할 뿐만 아니라 조직 내부로부터의 압력, 국민들로부터의 압력 그리고 동료들로부터의 압력을 무력화시키는 엄격한 윤리적 기준과 법적 기준을 준수하여야만 한다.

⑩ 경찰은 필연적으로 권력자들과 연결되어 있지만 권력과 민주적인 정치과정으로부터 소외된 사람들을 보호해야할 막중한 책임도 동시에 가지고 있다.24)

2. 우리나라 경찰의 역할

우리나라 경찰이 수행하는 직무에 대해서는 「경찰관직무집행법」 제2조와 「국가경찰과 자치경찰의 조직 및 운영에 관한 법률」 제3조에 제시되어 있으며, 국민의 생명·신체 및 재산의 보호, 범죄피해자 보호, 범죄의 예방·진압 및 수

---

24) Gary W. Cordner and Kathryn E. Scarborough, *Police Administration*, 7th Ed.(New Providence, NJ: Matthew Bender & Company, Inc., 2010), pp. 18~19.

사, 경비, 주요 인사 경호 및 대간첩·대테러 작전 수행, 공공안녕에 대한 위험의 예방과 대응을 위한 정보의 수집·작성 및 배포, 교통의 단속과 위해의 방지, 외국 정부기관 및 국제기구와의 국제협력, 그 밖에 공공의 안녕과 질서유지등 8가지로 규정하고 있다. 이를 구체적으로 살펴보면 아래와 같다.

(1) 국민의 생명, 신체 및 재산의 보호

2014년 5월 「경찰관직무집행법」의 개정으로 인하여 추가된 경찰의 임무로 국민의 생명·신체 및 재산의 보호가 있다. 전 세계의 어떤 경찰도 국민의 생명·신체 및 재산의 보호, 범죄통제, 질서유지를 언급하지 않는 경우는 없으며, 이는 경찰의 고유한 업무라고 할 수 있다. 국민의 생명, 신체 및 재산을 보호하기 위하여, 경찰은 각종 범죄와 범죄자에 대항할 뿐만 아니라 재난과 사고로부터 국민을 보호하는 임무를 담당하고 있다.

(2) 범죄의 예방·진압 및 수사

'범죄의 예방'이란 형벌법령에 저촉되는 행위의 발생을 사전에 방지하기 위하여 필요한 정책을 수립·실천하는 것을 말하며, 구체적으로는 범죄피해의 발생 및 범죄자로의 발전을 사전에 방지하기 위한 조치를 의미한다. 범죄예방은 주로 지구대의 지역경찰활동을 통해 이루어지고 있다.

'범죄의 진압'이란 주로 범죄가 막 일어나려고 하는 상황에서 범죄행위를 제압 혹은 억제하거나 또는 범죄가 이미 발생된 후에도 그 피해의 확대를 방지하거나 이를 종식시키는 활동을 의미한다. 범죄 진압활동은 범죄의 예방에도 해당될 수 있고 범죄의 사후적 제압 또는 억제에도 관련되는 것으로서 양자 모두의 의미를 중복되어 포함하고 있는 개념이다.

'범죄의 수사'는 형사사건에 관하여 공소제기 여부의 결정 또는 공소를 제기하고 이를 유지·수행하기 위한 준비로서 범죄의 실체적 진실을 발견하기 위하여 관련 사실을 조사하고 범인 및 증거를 발견·수집·보전하기 위하여 수사기관이 행하는 일련의 활동을 의미한다.

(3) 범죄피해자 보호

경찰은 2018년 4월 17일 「경찰법」과 「경찰관직무집행법」을 개정하여 「경찰법」제3조(국가경찰의 임무)와 「경찰관직무집행법」제2조(직무의 범위)에 제2의 2항 '범죄피해자 보호' 조문을 명시하였다. 이는 2000년대 초반부터 시작된 우리 사회의 범죄피해자 보호의 필요성을 인식하는 움직임에 대하여 경찰이 부응하고자 과거 범죄자 중심의 경찰임무를 범죄피해자 보호 중심의 경찰활동으로 패러다임의 변화를 천명하였다는 점에 의미를 가진다 할 수 있다. 이와 같은 범죄피해자보호의 정신은 2021년 제정된 「국가경찰과 자치경찰의 조직 및 운영에 관한 법률」과 같은 해 개정된 「경찰관직무집행법」에도 똑같이 반영되어 있다.

1980년대 중반 UN을 중심으로 한 국제사회는 범죄피해자에 대한 실질적 보호의 필요성을 천명하였으며, 우리나라에서도 이의 중요성을 「대한민국 헌법」에 규정하게 되었다. 헌법 제30조에는 "타인의 범죄행위로 인하여 생명·신체에 대한 피해를 받은 국민은 법률이 정하는 바에 의하여 국가로부터 구조를 받을 수 있다."고 규정하고 있으며, 이에 근거하여 2005년 12월 23일 법률 제7731호로 「범죄피해자 보호법」이 제정되어 시행되었다.

「범죄피해자 보호법」에 의하면 범죄피해자는 ① 범죄피해 상황에서 빨리 벗어나 인간의 존엄성을 보장받을 권리가 있으며, ② 명예와 사생활의 평온은 보호되어야 하며, ③ 해당 사건과 관련하여 각종 법적 절차에 참여할 권리가 있음을 천명하고 있으며(제2조 기본이념), 타인의 범죄행위로 피해를 당한 사람과 그 배우자, 직계친족 및 형제자매를 모두 범죄피해자의 범위에 포함시키고 이들의 손실 복구, 정당한 권리 행사 및 복지 증진에 기여하는 행위와 같은 범죄피해자 보호·지원(제3조 정의) 등의 활동이 국가의 책무임을 규정하고 있다(제4조 국가의 책무). 따라서 경찰도 이러한 국가의 책무를 적극적으로 수용하고 이행하고자 경찰의 임무에 범죄피해자 보호를 명시하게 된 것이다.

(4) 경비·요인경호 및 대간첩·대테러 작전 수행

'경비'란 인명과 재산을 인위적·자연적 위해로부터 보호하기 위하여 특정한 지역 및 시설을 경계·순찰·방비하는 것이다. 정치운동이나 노동운동과 같은 대중운동으로 인하여 국가비상사태 또는 긴급중요사태 등 경비사태가 발생하거나 발생할 우려가 있을 때 사회공공의 안녕과 질서를 해하는 개인적·단체적인 불법행위에 대하여 경찰의 조직적인 부대활동으로서 대처하는 활동을 의미한다.

'요인경호'는 국내·외 중요 요인의 신변에 대하여 직접 또는 간접으로 가해지는 위해를 사전에 방지하고 제거하여 그 안전을 도모하는 활동이다. 중요 요인이 통과하는 연도·숙소·열차·선박·항공기 등에 있어서 중요 요인의 안전을 확보하는데 그 목적이 있다.

'대간첩작전의 수행'이란 「대비정규전지침」에 의거하여 적의 간첩 및 무장공비 등이 육상·해상·공중 기타 방법으로 침투하는 것을 봉쇄하고 침투한 적을 조기에 색출하여 섬멸하는 작전을 일컫는다. 이러한 대간첩작전 수행은 분단국가의 위기상황에 있는 우리나라 경찰의 임무가 안보업무인 국토방위에도 있음을 나타낸다. 또한 최근들어 세계적으로 빈번하게 발생하고 있는 테러에 대비한 활동 역시 경찰의 역할이다. 따라서 경찰을 테러에 대응하는 전문부대인 경찰특공대를 운용하고 있다.

(5) 공공안녕에 대한 위험의 예방과 대응을 위한 정보의 수집·작성 및 배포

과거 경찰은 '치안정보'란 이름으로 정치·경제·사회·문화 전반에 걸쳐 정보활동을 수행해 왔다. 이와 같이 다방면에 대한 정보의 수집을 통하여 국가의 안전을 침해하는 개인이나 단체의 모든 위해행위를 예방·수사하기 위하여 수집된 첩보를 평가·분석·종합·해석하여 지식을 도출해 내는 것이 경찰의 역할이었다.

이러한 치안정보는 경비정보, 범죄정보, 보안정보, 외사정보, 기타 정보 등으로 구분할 수 있는데, 치안정보의 수집·작성 및 배포는 각종 경찰활동의 기초에 해당하는 활동으로 자칫 국민의 자유와 권리를 침해할 가능성에 대하여 염려했던 것도 사실이다. 즉, 치안정보수집의 범위와 대상에 제한이 없어 경찰에게 허용된 고유의 직무범위 이외에 국민의 자유와 권리를 침해할 가능성을 원천적으로 차단하고자 2021년 제정된 「국가경찰과 자치경찰의 조직 및 운영에 관한 법률」에서는 정보활동의 범위를 "공공안녕에 대한 위험의 예방과 대응을 위한 정보의 수집·작성 및 배포"로 제한하였다. 이는 경찰의 정보활동의 범위를 범죄와 무질서 등 사회공공의 안녕과 질서를 해치는 위험에 대응하기 위한 것으로 제한하였다. 이를 좀 더 구체적으로 설명하면, ① 국민안전과 국가안보를 저해하는 위험 요인에 관한 정보활동, ② 국가중요시설 및 주요 인사의 안전·보호에 관한 정보활동, ③ 집회·시위 등 공공갈등과 다중운집에 따른 질서 및 안전 유지에 관한 정보활동, ④ 국민의 생명·신체의 안전이나 재산의 보호 등 생활의 평온과 관련된 정책에 관한 정보활동, ⑤ 국가기관·지방자치단체·공공기관의 장이 요청한 신원조사 및 사실확인에 관한 정보활동, ⑥ 그 밖에 범죄·재난·공공갈등 등 공공안녕에 대한 위험의 예방과 대응을 위한 정보활동을 의미한다(「경찰청과 그 소속기관 직제」 제14조).

(6) 교통의 단속과 위해의 방지

교통의 단속과 위해의 방지란 도로에서 발생하는 위해, 즉 교통사고를 방지하고 교통법규의 위반에 대한 지도 및 단속을 실시하여 교통의 안전과 원활한 소통을 도모하는 활동이다.

교통경찰은 교통법규 위반행위에 대하여 통고처분, 운전면허 정지·취소와 같은 행정처분, 형사입건 등의 수단을 이용해 교통을 단속하고 위해를 방지한다.

(7) 외국정부기관 및 국제기구와의 협력

현대사회는 정보통신의 발달과 국제화에 따른 국가 간 인적·물적 교류가 급격하게 확대되고 있으며, 이는 세계경제의 성장과 국가간의 협력에 기여하는 긍정적인 효과를 가져왔다. 하지만 외국인 범죄, 산업정보 유출, 밀수사범, 국제테러, 마약범죄, 국제 조직범죄 등과 같은 외사 치안수요를 급격하게 증가시키는 부작용을 초래하였다.

또한 재외국민 및 해외여행자가 증가하면서 해외에서의 테러·재난발생 등으로 인한 우리나라 국민의 피해가 급증하고 있고, 범죄의 물리적·공간적 제약의 붕괴, 범죄수법 공유 등으로 범죄의 탈국경화 현상이 두드러지면서 예전과는 달리 피해규모 및 파급효과가 커지고 있어 이에 대해 국제사회가 공동으로 협력하고 대응해야 할 것이다.

따라서 이와 같은 외사치안에 대응하기 위하여 경찰은 외국정부기관과 UN 등의 국제기구와의 긴밀한 협력을 경찰활동의 목표로 하고 있다.

(8) 기타 공공의 안녕과 질서유지

공공의 안녕과 질서유지란 사회생활에 있어서 평온이나 건전한 상태가 인적·물적 또는 자연적 현상에 의하여 파괴되는 것을 예방하고 또한 경찰상 위해가 발생한 경우에는 이를 제거하는 것을 말한다.

경찰상의 위해는 범죄행위에 의하여 발생되기도 하지만 적법한 행위를 통하여도 발생할 수 있으며 자연현상이나 사고를 통하여도 발생할 수 있다. 이와 같이 경찰상의 위해는 다양하게 발생하기 때문에 구체적으로 나열하지 않고 포괄적으로 표현한 것이다.

제 4 절   경찰행정의 특수성

경찰은 권력을 행사하는 작용이라는 점에서 서비스의 제공을 본질로 하는 일반행정조직과는 다른 성격을 가지며, 경찰의 본질을 정확히 이해하기 위해서는 경찰행정의 특수성을 규명할 필요가 있다.

국가와 사회의 존립·유지라는 관점에서 보면 경찰조직은 강한 조직일 필요가 있으나 국민의 자유와 권리보호라는 관점에서 보면 경찰조직은 약화되어야만 한다. 버클리(G. E. Berkley)는 "민주주의와 경찰 간에는 이처럼 양립하기가 어려운 관계가 있다"고 말하고 있다.[25]

스콜니크(J. H. Skolnick)는 경찰이 다른 기관과 구분되는 특징으로 위험성과 권력성을 들고 있으며,[26] 또 다른 학자들은 경찰의 정치성과 보수성을 특징

---

25) George E. Berkley, *The Democratic Policeman* (Boston: Beacon Press, 1969), p. 1.

으로 들고 있다.27) 서재근 교수는 경찰의 특수성으로 돌발성, 시급성, 직접성, 위험성, 조직성을 들고 있기도 하며,28) 이러한 다양한 학자들의 견해를 종합하면 다음과 같이 경찰행정의 특수성이 정리될 수 있다.

1. 위 험 성

우리 사회에서 경찰의 역할을 특징짓는 중요한 요소로서 우선 '시민의 신체 및 재산에 대한 공격에 대처'를 들 수 있다. 예를 들면, 무장강도사건이 발생한다면 모든 경찰관은 그의 담당업무에 관계없이 위험한 폭력을 행사하는 범인의 검거에 대한 책임을 지게 된다. 경찰의 존재 이유는 개개 시민의 생명 신체에 대한 위협 혹은 지역사회에 대한 위험의 해소에서 찾을 수 있다.

경찰은 각종 위험의 제거를 그 주요 기능으로 하고 있고 그 수단으로서 명령·강제 등 경찰권을 발동할 수 있으며 필요한 경우 실력행사를 위하여 무기와 장구를 휴대하게 된다. 경찰관의 자격요건으로 일정한 신체적 기준을 정하고 있으며, 체력이 강건하고 정의감이 강한 자를 채용하고 있는 것은 이러한 이유 때문이다.

2. 돌 발 성

일반행정기관은 일정한 환경 하에서 대부분 알려진 민원인을 대상으로 행정수요의 발생을 어느 정도 예측하면서 업무를 수행하고 있다. 그러나 경찰관의 근무여건은 대부분 예측하지 못한 사태가 돌발적으로 발생하여 그 사건의 주체가 누구인지 알지 못하는 경우가 많다. 경찰조직은 이와 같이 돌발적으로 발생하는 범죄사건과 사고에 즉시 대응하여 합리적인 방법으로 해결할 수 있도록 고도의 민첩성을 갖추고 타 부서 혹은 직원들과의 유기적인 공조체제를

---

26) Jerome H. Skolnick, *Justice without Trial: Law Enforcement in Democratic Society* (New York: John Wiley & Sons, 1966), p. 42.

27) 高橋雄豺,「警察制度槪論」(東京: 日本警察協會, 1970), pp. 13~15.

28) 서재근, 전게서, pp. 90~92.

갖추어야 한다.

3. 기 동 성

일반행정기관이 당면하는 행정수요는 어느 정도 예측이 가능하며, 피해가 발생한 후에도 구제 가능성이 있는 경우가 많다. 예를 들면, 생활보호대상자들에 대한 구호활동이나 노약자의 보호 등은 어느 정도 행정수요의 발생을 예측할 수 있고 구제도 가능하다.

반면에 경찰 업무는 대부분 즉시 해결하지 못하면 그 피해의 회복이 영원히 불가능하거나 현저하게 어려운 경우가 많다. 따라서 돌발적으로 발생하는 경찰행정의 수요 즉 범죄발생에 즉시 대응하기 위하여 항공기, 헬기, 순찰차량 등의 확보 등과 같이 기동장비를 확보하게 된다. 경찰의 기동성은 질서유지와 범죄에 대한 대응에 있어 범인의 체포와 증거의 확보에 결정적인 요인이며, 112 시민신고가 접수되면 이에 신속히 대응할 수 있도록 초동대처시간(response time)을 단축시키기 위해 훈련하는 것은 기동성을 높이기 위한 활동이다.

그러나 웨슬리(W. Westley)는 "경찰의 기동성이 경찰과 지역사회를 대립하게 하였으며, 경찰을 지역사회 주민들로부터 고립된 사회적 집단이 되게 한다"고 지적하고 있다.[29]

4. 권 력 성

앞서 언급한 바와 같이 경찰은 본질적으로 사회공공의 안녕과 질서를 유지하기 위하여 국민에게 명령·강제하는 권력작용이다. 윌슨(O. W. Wilson)은 경찰의 이와 같은 권력적 요소가 경찰에 대한 반감을 초래하는 주요한 원인이라고 하였다.

경찰관은 질서유지를 위하여 법에 근거하여 일반시민에게 일정한 사항을

---

[29] William Westley, "Violence and the Police," *American Journal of Sociology*, No. 59, July 1953, p. 294.

지시·명령함으로써 시민 행동의 자유를 제한할 수 있다. 그러나 그러한 권력
작용의 대방이 되는 시민은 자신의 자유가 제한된 데에 대하여 분개해할 뿐만
아니라 경찰관의 권위를 경시하고 경찰의 직무수행에 대하여 적대적 또는 비
우호적인 태도를 보임으로써 경찰관들에게 사회적 고립감을 느끼게 한다.

5. 조 직 성

경찰은 돌발적으로 행정수요 즉 사건·사고가 발생하면 이를 시급하게 해
결해야 할 뿐만 아니라 사건·사고로 인한 피해는 직접적으로 시민들의 생활
에 심대한 영향을 미치게 된다. 또한 경찰업무는 위험성을 띠고 있기 때문에
이의 수행을 위하여 경찰은 기동성·협동성을 충분히 발휘할 수 있도록 치밀
하게 조직화되어야할 필요가 있다. 따라서 경찰은 안정되고 능률적이며 군대식
으로 조직되어야 하며, 경찰조직은 계급사회를 이루고 있으며 제복을 착용하고
있는 것이다.

6. 정 치 성

경찰에 대한 정치적 간섭은 직무할당, 승진, 전보, 채용 그리고 징계 등과
같은 인사행정의 제반 단계에서 작용하게 되며, 이러한 정치적 간섭 때문에 개
개 경찰공무원은 결국 냉소적인 태도를 보이게 되고 이러한 경찰에 대하여 시
민들은 객관성, 성실성 그리고 신뢰성을 상실하게 되는 것이다.[30]
또한 경찰의 조직적 차원에서도 정치적 중립성을 위한 제도적 장치가 마련
되어 있지 않으면 정치인의 운용 여하에 따라서 조직성·권력성과 같은 특성
을 가진 경찰은 악용될 소지가 많다. 경찰은 전국에 걸쳐 조직되어 있으며,
주·야간 구별없이 24시간 활동하며, 집행력이 매우 강력하기 때문에 조장행정
업무와 같이 정부기능을 촉진하기 위하여 경찰력을 활용하게 된다. 그러나 특

---

30) Allen H. Andrews, Jr., "Structuring the Political Independence of the Police Chief,"
William A. Geller (ed.), *Police Leadership in America* (New York: Praeger Publishers, 1985),
p. 6.

정한 정당 내지는 정권에 의하여 경찰이 사적인 이익을 도모하기 위하여 활용되어서는 안 되며 국민 전체의 봉사자로서 그 역할을 해야 한다.

우리나라에서는 경찰이 오랜 기간 동안 독재정권의 사병으로 전락되어 국민 위에 군림하는 권력기관으로 작용하였다는 국민적 비판을 받아온 것이 사실이며, 이에 대한 반성으로 경찰위원회를 설치하는 등 정치적 중립성 확보를 위한 노력을 기울이고 있다.

7. 고 립 성

맥킨스(Colin McInnes)는 일반시민으로부터 격리된 경찰관들이 느끼는 고립감을 다음과 같이 표현하고 있다. "경찰관은 다른 일반인들과 같이 한 사람의 시민이며 그들 속에 섞여서 생활하고 있다고 한다. 그러나 이것은 잘못된 환상에 불과하다. 경찰관은 고립되어 있다. 즉, 경찰관은 일반시민과 동일한 위치에 있는 것이 아니다. 시민들 가운데 어떤 자는 우리들을 무서워하고 어떤 자는 우리들에게 아부하며 어떤 자는 우리들을 혐오하며 회피하고 있다. 그리고 우리들을 일반시민과 동일하게 생각하고 있는 사람은 극히 소수일 것이다. 여하간에 이와 같은 일들은 때때로 우리들을 고독하게 만든다."31)고 지적하고 있다.

경찰관의 이러한 소외감은 경찰에 대한 존경심의 결여, 법집행에 대한 협조의 부족, 경찰업무에 대한 이해부족 등에서 비롯되고 있다. 그러나 국민들로부터 가장 신뢰받고 있는 영국경찰은 시민경찰로서 인식되고 있다.32)

---

31) Colin McInnes, *Mr. Love and Justice* (London: New English Library, 1962), p. 20.
32) 영국에서는 평범한 이웃 주민 중에서 직업으로서 경찰공무원을 선택한 이웃이 동료시민을 보호하고 원조하는 직무를 수행한다는 시각에서 경찰을 이해한다. 따라서 이들은 다음과 같은 이웃으로서의 경찰관 즉 시민경찰 5원칙을 지키고 있으며 다음과 같다.
제1원칙은 경찰은 시민의 공복이다.
제2원칙은 경찰은 무기를 휴대하지 않는다.
제3원칙은 시민과 함께 거주하며 생활한다.
제4원칙은 경찰관은 자기의 직무행위에 대하여 개인이 책임을 져야 한다.
제5원칙은 경찰관은 부대행동을 금지한다.
星野安三郎, "憲法と 警察," 「現代の 警察」(東京: 評論社, 1980), pp. 34~35.

8. 보 수 성

경찰은 사회공공의 안녕과 질서를 유지하는 것을 임무로 하기 때문에 쇄신적인 변화를 추구하기보다는 현상유지적인 행태적 특성을 가지고 있다. 경찰은 본질적으로 보수적인 색채가 매우 강하기 때문에 내부로부터의 진보·개선은 극히 완만한 것이 보통이다. 따라서 사회정세의 변화가 심하여 경찰조직 외부로 부터의 객관적인 변화·개혁 요구와 경찰의 현상유지적 태도와의 사이에 격차가 커지게 되면 정치적인 수단을 통한 외부로부터의 압력에 의하여 급격하고 비약적으로 개혁이 행하여진 사례가 많다.[33]

제 5 절 경찰행정의 기본이념

경찰행정의 기본이념은 경찰행정에 있어서의 철학적인 지향점이라고 할 수 있으며, 이것은 경찰행정이 추구해야 할 궁극적인 방향이기 때문에 지도이념이라고도 한다. 경찰행정의 기본이념은 시대와 장소, 국가에 따라 그 의미와 비중을 달리 하고 있으며 고정되어 있지 않다. 일반적으로 시대와 국가를 초월하여 통용될 수 있는 행정의 기본이념으로 합법성, 민주성, 능률성, 효과성, 중립성 그리고 최근에 중요성이 부각되고 있는 사회적 형평성을 들 수 있다. 경찰은 정의와 진리의 상징으로서 사회질서의 유지와 국민에 봉사하는 전문직업인으로 활동해야 하므로 민주성과 효율성이 다른 이념보다 강조되어 왔다.[34] 그러나 경찰행정이 추구하는 여러 가지 이념들은 상호보완적인 관계를 지니고 있으므로 이를 동시에 실천해야 하는 것이다.

---

33) 백형조, "경찰조직 결정과정에 관한 연구," 석사학위논문, 동국대학교 행정대학원, 1985, pp. 14~15.

34) 우리나라 「국가경찰과 자치경찰의 조직 및 운영에 관한 법률」 제1조 목적은 "경찰의 민주적인 관리운영과 효율적인 임무수행을 위하여…"로 규정하고 있어서 이를 명백히 하고 있다.

1. 합 법 성

경찰행정의 기본이념으로서의 합법성은 경찰행정의 모든 과정이 법률적합성을 지녀야 한다는 것을 의미한다. 즉, 경찰의 모든 행정활동은 객관적인 법률에 의하여 지배되어야 한다는 원칙이다. 특히 경찰작용은 사회 공공의 안녕과 질서유지를 위하여 개인에게 명령·강제하여 개인의 자유와 권리를 제한하는 작용이기 때문에 이 과정에서 개인의 자유와 권리가 위법·부당하게 침해될 수 있는 가능성이 상존한다. 따라서 이러한 위법·부당한 자유와 권리의 침해가 없도록 경찰권의 행사는 「법률에 의한 행정」, 즉, 합법성의 원리가 준수되어야 한다는 것이다.

그러나 실제에 있어서 경찰행정의 기술성·전문성·기동성 등의 제약으로 인하여 법률에 의한 행정이라는 경찰행정의 합법성을 완벽하게 준수하기가 매우 곤란한 경우가 많다.

2. 민 주 성

경찰행정의 민주성이란 민주적인 경찰조직의 운영을 의미한다. 오늘날 민주국가에 있어서 민주주의를 그 정치이념으로 하고 있기 때문에 경찰조직의 운영에 있어서도 민주주의적 이념을 그 기초로 하여야 한다.

경찰은 국가·사회의 존립과 국민생활의 유지를 위해 필수불가결한 제도이며, 경찰활동은 국민생활과 국민 개개인의 기본적 인권에 직접적인 영향을 미치게 된다. 따라서 경찰의 조직과 제도는 민주주의의 정신에 입각해야 하며, 이는 인간의 존엄에 대한 자각으로부터 출발하여 인간 자유를 보장하는 것을 의미한다. 다시 말하면, 경찰행정의 근본정신은 개인의 권리와 자유를 보호하고 공공의 안녕과 질서를 유지하는 경찰의 임무수행은 국민을 위하고 국민을 대신하여 행하는 것이며, 경찰의 권위는 어디까지나 국민에게서 부여받은 것이라는 점이다.

민주사회에 있어서 경찰권은 국가의 통치권에 기인한 것이라 하더라도 본래 국민으로부터 유래하는 것이다. 따라서 경찰이 국민위에 군림하여 경찰권을 행사해서는 안 되며, 국민에게 봉사하고 국민에 대하여 책임을 지는 관계에서 비로소 권위가 부여되는 것이다.

「국가경찰과 자치경찰의 조직 및 운영에 관한 법률」에는 경찰조직의 민주적 운영을 위하여 민간인으로 구성된 경찰위원회와 자치경찰위원회의 설치를 규정하고 있으며, 이 이외에도 공개행정을 통한 경찰행정과정의 민주화, 자치경찰제도의 도입, 민주적인 경찰윤리의 확립 등과 같은 제도적 개선을 통하여 경찰행정의 민주성이 확보되어야 할 것이다.

3. 능 률 성

능률성(efficiency)이란 적은 투입으로 산출을 극대화시키는 것을 의미한다. 현대 행정국가에서는 행정의 능률성을 강조하고 있으나 경찰행정은 산출즉, 행정행위로 인한 효과를 파악하기가 매우 어려워서 능률성을 평가하는 것이 어려운 경우가 많다.

오늘날 경찰인력의 증원이 치안수요의 급격한 증가 정도를 미처 따라잡지 못하여 소수의 인력으로 많은 치안수요에 대처하여야 하는 경향이 있다. 따라서 경찰조직의 운영에 있어서 실적을 위주로 한 능률성만을 강조하는 경향이 있으며 조직구성원들로 하여금 직권남용이라는 비난이 제기되는 상황이다. 더구나 경찰 본연의 업무처럼 간주되고 있는 수많은 타부처 협조업무 때문에 경찰공무원의 업무량이 가중되고 있는 현실이다.

이와 같은 상황에서 경찰행정의 능률성을 높이기 위한 노력이 필요하며, 경찰행정의 능률성에 대한 시각의 전환이 필요한 시점이다. 즉, 경찰행정에 있어 인간성을 무시하고 인간을 기계로 보는 '기계적 능률성' 대신에 인간존엄성의 구현, 사회목적의 실현 등 사회적 시각에서 능률성을 바라보는 '사회적 능률성'을 추구하여야 한다는 것이다.

우리 경찰은 중앙집권적인 국가경찰제도를 채택하고 있으며, 전국적으로 일원화된 계층제적 조직구조를 채택하고 있어 조직운영의 능률성을 도모하고 있다. 우리 경찰은 강력한 집행력을 바탕으로 급격하게 증가하는 각종 사회적 장해에 대하여 기동성 있게 대응하고 있다. 하지만 능률성은 민주성과 상대적·상반적인 성격을 가지고 있으므로 우리 경찰행정이 추구하는 중요한 두 가지 기본이념인 능률성과 민주성을 조화시키는 것이 필요하다.

4. 효 과 성

효과성(effectiveness)이란 목표와 수단을 비교하여 현실적인 산출이 당초의 목표를 어느 정도 충족시켰는가 하는 목표의 달성도를 의미하는 동태적·기능적·사회학적 개념이다. 효과성과 능률성은 비슷한 개념이지만 능률성은 수단과 목표가 단절된 상태 하에서 제한된 자원과 중립적인 수단을 사용하여 산출의 극대화를 기하는 것을 의미하는 정태적·기계적·경제학적 개념이다. 1960년대 이후 경찰행정에도 발전목표를 어느 정도 달성하였는가 하는 효과성에 대한 관심이 증가되었으며, 발전행정의 도래에 따라 경찰행정에 있어 효과성이라는 이념이 강조되고 있다.

현대사회에서의 경찰행정의 목표는 민주사회의 존립·적응을 강조하는 현상유지적인 목표에서부터 성장·발전과 같은 다양한 목표를 동시에 추구해야 하는 경향이 있다. 즉, 종래의 정태적인 능률성 또는 효과성의 한 가지 이념만을 추구하는 것으로는 불충분하므로 능률성과 효과성을 조화시킨 효율성, 즉 생산성이란 이념을 추구하고 있다.

5. 정치적 중립성

경찰행정의 정치적 중립성이란 경찰이 어떤 특정한 정당이나 특수계층의 이익을 위하여 봉사하는 기관이 되어서는 안 된다는 것을 의미한다. 따라서 경찰은 불편부당·공정중립을 유지하며, 특정 정치집단의 권력구축과정에 개입하거나 부당한 영향력을 받게 되어 국민의 자유와 권리를 보장할 수 없는 결과가 발생되어서는 안 되기 때문이다.

경찰공무원의 정치적 중립성의 보장은 경찰행정의 안정성을 도모할 수 있으며 경찰정책도 일관성 있게 추진할 수 있어서 능률적인 행정을 가능하게 한다. 특히 우리나라 경찰은 정부수립 당시부터 정치적 중립성에 대한 논쟁이 있어 왔으나 1991년에 와서야 경찰청으로 발전되고 경찰위원회를 두어 비로소 정치적 중립을 위한 기초를 마련했다고 할 수 있다.

또한 「국가경찰과 자치경찰의 조직 및 운영에 관한 법률」 제5조에서 "경찰은 그 직무를 수행할 때 헌법과 법률에 따라 국민의 자유와 권리 및 모든 개인이 가지는 불가침의 기본적 인권을 보호하고, 국민 전체에 대한 봉사자로서 공정·중립을 지켜야 하며, 부여된 권한을 남용하여서는 아니 된다"고 하여 경찰이 지향해야 할 규범으로서 공정·중립을 강조함으로써 정치적 중립성을 분명하게 밝히고 있다.

6. 사회적 형평성

지금까지 전통적 행정학은 능률성을 강조하였고 발전행정은 효과성을 강조해 왔다. 그러나 능률성은 인간의 수단화·기계화·소외화를 가중시켰고 효과성은 배분적 정의를 실현하지 못했기 때문에 제기된 이념이 사회적 형평성이다.

신행정학에서 강조되는 사회적 형평성은 적극적인 분배의 평등을 함축하고 있다. 이것은 사회질서의 가치관을 반영하는 것으로 자유와 평등의 가치관을 종합한 관념으로서 동등한 자유와 합당한 평등, 즉 언제나 사회적·경제적·정치적 환경이 열세한 계층에게 보다 많은 그리고 양질의 서비스를 제공하는 것을 의미한다.

제 6 절 경찰행정학의 발전과정

1. 경찰행정학의 형성

현대의 경찰행정학은 법집행의 오랜 역사 속에서 발전하여 왔으나 그 학문의 출발은 17~18세기 절대군주국가의 통치학인 관방학(官房學)에서 찾을 수 있다. 「경찰학원리」라는 저서를 통하여 경찰학을 최초로 수립·체계화한 관방학자인 유스티(J. H. G. Justi)는 국가목적을 실현하기 위한 국가자원의 확보에 경찰학의 임무가 있다고 하였다.

그러나 1829년 영국의 로버트 필경(Sir Robert Peel)이 런던수도경찰법 (Metropolitan Police Act)에서 경찰의 조직과 운영에 관한 경찰제도개혁안을 제시한데서 경찰행정학의 학문적 체계가 성립하게 되었다.

그 후 미국의 경찰행정학자인 볼머(August Vollmer), 윌슨(O. W. Wilson), 후버(J. Edgar Hoover), 스미스(Bruce Smith), 파커(William H. Parker), 퍼스딕(Raymond Fosdick) 등에 의하여 학문적 체계가 꽃피우게 되었다.

경찰행정학의 역사에 대한 개관을 살펴 봄에 있어서 먼저 1829년 런던수도경찰청(London Metropolitan Police)의 창설을 살펴보고, 초기 미국경찰행정학의 발전, 전문적 경찰행정학의 발전, 그리고 현대경찰행정학의 한계를 검토하고자 한다.

(1) 로버트 필의 원칙

경찰서비스를 제공하기 위한 비공식적이고 자발적인 조직들이 존재하고 있었지만 1829년에 로버트 필 경(Sir Robert Peel)에 의하여 런던에 급여를 지급받으며, 공적이고 정규적으로 근무하는 경찰력이 창설되었다. 초대 경찰청장 (com- missioner)으로 로완(Charles Rowan)과 메인(Richard Mayne)이 임명되었으며, 1,000명으로 구성된 경찰조직을 운영하기 위하여 로버트 필은 다음과

같은 기본적인 원칙들을 제시하였다.35)

① 경찰은 정부의 통제 하에 있어야 한다.

② 경찰의 기본적인 임무는 범죄 및 무질서의 예방이다.

③ 경찰의 성공은 시민의 인정에 의존한다.

④ 경찰은 군대식으로 조직되어야 한다.

⑤ 적절한 경찰관들을 확보하기 위한 교육훈련은 필수적인 것이다.

⑥ 경찰은 시보임용을 전제로 채용되어야 한다.

⑦ 경찰력은 시간과 지역에 따라 배치되어야 한다.

⑧ 경찰은 단지 필요한 최소한의 경찰관만을 채용하여야 한다.

⑨ 경찰본부는 중앙에 위치하고 시민이 쉽게 찾을 수 있어야 한다.

(2) 초기 미국경찰행정학의 발전

보스턴, 필라델피아, 뉴욕과 같은 미국의 대도시에서는 런던보다 10년 내지 20년 늦게 급여를 받는 정규경찰력을 조직했다. 그러나 소도시나 읍·면 지역에는 이보다 늦은 1800년대 후반과 1900년대 초반에 경찰조직이 창설되었으며, 런던의 수도경찰청을 모델로 하고 있으나 몇가지 중요한 차이점이 있었다.

예를 들면, 미국에서의 경찰은 처음에 제복을 착용하는데 저항했으며, 무기를 소지하였다. 미국경찰은 시민의 존경과 협력을 얻지 못하였으며, 경찰목적의 달성을 위하여 무력이나 무기의 사용이 빈번하였다.

초기 미국 경찰행정의 가장 중요한 특징은 정당정치와의 밀접한 관련성을 가진 엽관제를 기초로 하였다는 점일 것이다. 당시의 경찰기관은 지역사회 전체 주민들을 보호하기 보다는 권력을 잡고 있는 정당의 이익을 충족시키는 것을 목적으로 하였다. 경찰관들은 필기시험에 합격하거나 객관적으로 구별되는 자격증이나 특기를 갖고 있어서 채용된 것이 아니고 정치적 관계에 기초하여 채용되었다. 경찰자원은 범죄분석의 결과나 다른 객관적인 기준에 의거하여 배분되지 않고 정치적인 고려에 의하여 배분되었다. 특히 도박, 매춘, 주류판매허가 등과 같은 풍속범죄에 대한 단속과 관련된 경찰집행상의 결정은 집권당에게 이

---

35) W. L. Melville Lee, *A History of Police in England* (London: Methuen, 1901).

익을 주고 반대당에게는 불이익을 주기 위한 방편으로 실시되었다.

(3) 전문적 경찰행정학의 대두

1800년대 후반과 1900년대 초반에 행해진 개혁운동은 경찰행정을 포함하여 미국 정부 전체에 영향을 미쳤다.[36]

이성적·합리적 정책결정을 추구하는 정부가 그러한 개혁의 중심에 있었다. 개혁의 주창자들은 정치와 행정을 분리시켜서 행정을 훈련된 전문가들에게 맡기고자 노력하였다. 공무원들의 정책결정이 정치적인 관련보다는 객관적인 기준에 기초를 두어 행해지도록 하기 위하여 직업공무원제도와 실적주의가 형성되었다. 정부의 효율성을 증진시키기 위하여 각종 독립된 위원회들이 조직되었다. 이전의 많은 선출직들이 임명직으로 변경되었다.

이러한 경찰개혁의 결과 경찰행정에 많은 영향을 미쳤으며, 경찰서장들은 정치적 영향력으로부터 어느 정도 독자성을 확보하게 되었다. 경찰관의 채용은 시험과 배경조사를 통하여 이루어졌으며, 신임경찰관들을 교육시키는 각종 교육훈련프로그램들이 마련되었다. 경찰업무는 정치적 보상이 아닌 진정한 직업으로 정착되었으며, 경찰정책의 집행과 관련된 의사결정은 정치적인 고려가 배제되었다.

20세기에 들어서는 실베스타(Richard Sylvester), 스미스(Bruce Smith), 후버(J. Edger Hoover), 볼머(August Vollmer), 윌슨(O. W. Wilson) 등이 경찰의 정치적 영향력으로 부터의 독립을 위한 직업경찰주의를 주창하여 '경찰직업의 전문화'가 추진되었다.

볼머(August Vollmer)는 버클리 경찰국장을 역임하면서 고등교육이수자의 경찰관 채용을 촉진시켰으며, 1916년에는 캘리포니아 대학에 최초로 경찰학과정을 신설했다. 그는 경찰의 전문직화를 주창하였으며, 다수 경찰국의 자문을 수행하였고 1931년의 위커샴위원회(Wickersham Commission; The National Commission on Law Observation and Enforcement) 보고서의 주요 연구자이

---

36) Robert M. Fogelson, *Big City Police* (Cambridge, MA: Harvard University Press, 1977).

기도 하다.

윌슨(O. W. Wilson)은 효율적인 기동순찰방식으로서 두 대의 1인 순찰차가 1대의 2인 순찰차보다 경찰관의 안전을 저해함이 없이 두 배나 효과가 있다는 '1인 순찰차'제도를 주장한 경찰인력 배치와 분산에 관한 새로운 기법, 포괄적인 기획, 새로운 기록관리 및 통신체제, 경찰관 채용 및 교육훈련 부문의 개선, 경찰의 조직구조 개편 등 여러 가지 새로운 방법과 정책을 도입하였다.

2. 한국 경찰행정학의 발전

우리나라에서 경찰행정학이 학문적 토대를 구축하게 된 것은 1963년 동국대학교에 경찰행정학과가 설치되어 서기영, 서재근, 임규손 교수들의 연구결과가 나오면서부터이다.

1970년대에 와서는 서울대, 동국대 등의 행정대학원에 공안행정 혹은 경찰행정 전공과정이 개설되어 경찰학관련 학위논문들이 나오게 되었다. 특히 동국대학교 대학원 경찰행정학과에 경찰학 석사 및 박사학위과정이 개설되어 경찰학 강의가 체계화되고 여기에서 배출된 인재들이 각 대학 경찰행정학과 교수 및 국책연구기관의 연구위원으로 진출하여 경찰학 발전을 주도하고 있다.

또한 1980년 경찰대학에 치안연구소가 설치되어 '치안논총'을 발간하였다.37) 1987년에는 동국대 서재근 교수의 노력으로 한국공안행정학회가 창립되었으며, 1998년에는 동국대 이황우 교수의 노력으로 한국경찰학회가 결성되어 경찰학분야의 연구성과들이 빠른 속도로 축적되기 시작하였다. 2001년 10월 경찰대학에서는 교수요원이 중심이 되어 '경찰학연구'라는 잡지를 창간하게 된 것도 경찰학의 학문적 지평을 넓히는 계기가 될 것이다.

경찰행정학은 행정학의 한 학문분과로서 발전되어 왔으나 경찰행정현상을 이해하고 실천적 이론과 방법을 개발하기 위하여 사회학, 사회심리학, 경제학, 법률학, 형사학 등 인접과학에서 개발한 이론의 지원을 받아 하나의 학문으로 발전되어 그 독자성을 확보하게 된 것이다.

---

37) 2005년에 치안연구소와 공안문제연구소가 합쳐져서 치안정책연구소로 개편되었다.

3. 경찰행정학의 연구범위

경찰행정가들은 아래에서 제시되는 경찰목표, 경찰임무, 경찰자원, 경찰구조, 경찰문화, 경찰관리 그리고 경찰환경을 포함하는 여러 요인들에 대하여 관심을 두어야 한다.[38]

(1) 경찰목표(objectives)

경찰기관의 주요 임무는 생명 및 재산의 보호, 공공질서의 유지이다. 경찰행정가들의 기본적인 책임들 중의 하나는 모든 경찰활동들이 이러한 목표의 달성에 기여하도록 확실히 하는 것이다. 이것은 경찰행정가로 하여금 모든 구성원들에 의하여 공유되는 목적의식을 경찰조직에 불어넣도록 요구한다.

(2) 경찰임무(tasks)

경찰행정가들은 경찰기관의 목표를 달성하도록 이끄는 특정한 경찰임무를 설계하고 수행하여야 한다. 전통적으로 경찰임무의 3가지 영역은 현장활동(field operation), 관리(administration), 서비스(service)이다. 순찰, 범죄수사, 교통과 같은 현장활동은 시민들에 대한 직접적인 지원 속에서 수행된다. 교육훈련, 인사, 예산과 같은 '행정관리'는 경찰기관 내에서 일상적으로 행해진다. 유치장관리, 정보통신체계의 유지·운영, 감식시설의 운용과 같은 '서비스임무'는 여러 경찰기관들 내에서 유사하게 행해지지만, 관리임무보다도 더욱 계속적으로 요구된다. 관리 및 서비스 임무들은 운용임무를 지원해 주고 있다.

(3) 경찰자원(resources)

경찰행정가는 목표달성을 위하여 필요한 임무들을 수행하는데 필요한 인적·물적 자원들을 획득하고 현명하게 사용하여야 한다. 경찰의 자원들 중 대

---

38) Larry T. Hoover (ed.), *Police Management: Issues & Perspectives* (Washington D. C.: Police Executive Research Forum, 1992).

부분은 15만명으로 구성된 인적 자원일 것이며, 경찰행정가의 업무 중 주된 부분은 유능한 인적 자원을 획득하고 유용하게 관리하는 것이다. 뿐만 아니라 물적 자원을 획득하기 위하여 경찰행정가로 하여금 경찰조직에 교부되는 예산을 결정하는 정부예산과정에 참여토록 하고 확보된 경찰자금을 효율적으로 사용해야만 한다. 경찰조직이 확보한 예산의 대부분은 경찰공무원에 대한 급여 지급에 사용된다.

(4) 경찰조직관리(organization management)

경찰목표의 달성에 기여할 임무들을 할당 받은 경찰관 이외에도, 경찰조직은 그 다음으로 임무수행을 도와 줄 경찰구조를 필요로 한다. 이러한 경찰구조는 계층제, 권한의 분배, 직무설명, 정책, 절차, 규칙, 규제 등을 포함하고 있다. 경찰행정가는 수행되는 많은 임무들과 경찰기관 내에서 근무하는 많은 경찰관들에게 구조와 조직을 제공해 주는 틀을 만들어야만 한다.

(5) 경찰문화(culture)

모든 조직은 그 구성원들에게 생각과 행동을 이끌어 줄 규범과 가치에 기초를 둔 문화를 개발하여야 한다. 경찰행정가들은 적절한 행동을 유도하고 부적절한 행동을 자제시키는 경찰조직의 문화를 형성해야 한다. 경찰조직의 목표 및 민주적인 원칙들과 일치하는 규범과 가치들은 모든 가능한 방법에 의하여 지지 받아야 한다. 부적절한 규범 및 가치에 기초를 둔 일탈문화 또는 하위문화를 발전시키고자 하는 경찰조직의 경향은 강하게 제지되어야 한다.

(6) 경찰관리(management)

경찰행정가는 또한 경찰조직 내에 관리를 제공해야 한다. 경찰구조가 아무리 정확할지라도, 경찰문화가 아무리 우호적일지라도, 그리고 경찰목표가 아무리 명확할지라도 임무수행과정에서 문제 및 질문들이 계속 발생하고 있다. 또한 경찰관은 능력 및 임무수행에 있어서 각기 다르다. 일반적으로 문제를 해결하고, 질문에 답하고, 부하직원을 감독하고, 경찰기관으로 하여금 목표를 달성하도록 유지하기 위하여 경찰관리가 필요하다.

(7) 경찰환경(environment)

경찰기관의 목표들은 지역사회 및 정치적 과정에 의하여 부분적으로 결정된다. 경찰기관의 예산은 정치적 과정을 통하여 결정된다. 경찰관들은 외부에서 채용되고 있다. 경찰현장활동은 지역사회 내에서 수행되고 있다. 법원과 기타 정부기관들은 경찰의 적법절차 준수와 각종 규제가 법원 및 다른 기관들에 의하여 요구되고 있다.

결과적으로, 경찰행정가의 중요한 역할은 경찰과 경찰환경과의 상호작용을 관리하는 것이다. 이것에는 경찰기관을 대표하고, 자원을 획득하기 위하여 노력하고, 위협을 회피하고, 그리고 경찰활동 및 범죄에 대하여 지역사회를 교육시키는 것이 포함된다.

참 고 문 헌 (Sources)

국내문헌

경찰대학, 「경찰학개론」, 용인: 경찰대학, 2004.

김충남, 「경찰학개론」, 서울: 박영사, 2005.

백형조, "경찰조직 결정과정에 관한 연구," 석사학위논문, 동국대학교 행정대학원, 1985.

서재근, 「경찰행정학」, 서울: 삼중당, 1963.

이상안, 「신경찰행정학」, 서울: 대명출판사, 2002.

이황우·조병인·최응렬, 「경찰학개론」, 서울: 한국형사정책연구원, 2006.

이황우, "경찰학의 학문적 발전방향,"「한국공안행정학회보」, 제12호, 한국공안행정학회, 2001.

정진환, 「경찰행정론」, 서울: 대영문화사, 2006.

조철옥, 「경찰행정학: 이론과 실천의 만남」, 서울: 대영문화사, 2003.

최응렬, "경찰관련 학과 및 경찰대학의 발전방향,"「한국공안행정학회보」, 제10호, 한국공안행정학회, 2000.

치안본부, 「미국경찰」, 서울: 치안본부, 1988.

허남오·이승주, 「한국경찰제도사」, 서울: 지구문화사, 2005.

외국문헌

American Bar Association Project on Standards for Criminal Justice, *Standards Relating to the Urban Police Function*, New York: American Bar Association, 1973.

Andrews, Allen H., Jr., "Structuring the Political Independence of the Police Chief," William A. Geller (ed.), *Police Leadership in America*, New York: Praeger Publishers, 1985.

Barker, Thomas, Ronald D. Hunter and Jeffery P. Rush, *Police Systems & Practices: An Introduction*, Englewood Cliffs, NJ: Prentice-Hall, 1994.

Berkley, George E., *The Democratic Policeman*, Boston: Beacon Press, 1969.

Bittner, Egon, *The Functions of the Police in Modern Society*, Washington, D. C.:

National Institute of Mental Health, 1973.

Chapman, Brian, *Police State,* London: Pall Mall Press, 1970.

Couper, David C., and Sabine H. Lobitz, *Quality Policing: The Madison Experience,* Washington D. C.: Police Executive Research Forum, 1991.

Dempsey, John S., *An Introduction to Policing,* 2nd ed., Belmont, CA.: West/Wadsworth Publishing Company, 1999.

Fogelson, Robert M., *Big City Police, Cambridge,* MA: Harvard University Press, 1977.

Fyfe, James J., Jack R. Greene, William F. Walsh, O. W. Wilson, Roy Clinton McLaren, *Police Administration,* 5th ed., New York: McGraw-Hill Companies, Inc., 1997.

Gaines, Larry K., Mittie D. Southerland, and John E. Angell, *Police Administration,* New York: McGraw-Hill, 1991.

Germann, A. C., Frank D. Day, and Robert J. Gallati, *Introduction to Law Enforcement,* Illinois: Charles C. Thomas Publishers, 1966.

Henry, Lord Brougham, *Works,* Edinburgh: Adam and Charles Black, 1873, Vol..

Holden, Richard N., *Modern Police Management,* Englewood Cliffs, NJ: Prentice-Hall, 1994.

Hoover, Larry T.(ed.), *Police Management: Issues & Perspectives,* Washington D. C.: Police Executive Research Forum, 1992.

Lee, W. L. Melville, *A History of Police in England,* London: Methuen, 1901.

McInnes, Colin, *Mr. Love and Justice,* London: New English Library, 1962.

Michalowski, Raymond J., *Order, Law, and Crime,* New York: Random House, 1985.

Moore, Mark H., and Darrel W. Stephens, *Beyond Command and Control: The Strategic Management of Police Departments,* Washington D. C.: Police Executive Research Forum, 1991.

More, Harry W., *Effective Police Administration,* San Jose, California: Justice Systems Development, 1975.

Perkins, Rollin M., *Elements of Police Science,* Chicago: The Foundation Press, 1953.

Radzinowicz, Sir Leon, *A History of the English Criminal Law from 1750,* New York: Macmillan, 1948~86, Vol. III.

Reynolds, Elaine A., *Before the Bobbies,* Stanford, California: Stanford University Press, 1998.

Roberg, Roy R., John Crank, Jack Kuykendall, *Police & Society,* 2nd ed., Los Angeles, Cal.: Roxbury Publishing Company, 2000.

Roberg, Roy R., and Jack Kuykendall, Police Organization and Management, Pacific Grove, CA: Brooks/Cole, 1990.

Sheehan, Robert and Gary W. Cordner, *Introduction to Police Administration,* 2nd ed., Cincinnati: Anderson, 1989.

Skolnick, Jerome H., *Justice without Trial: Law Enforcement in Democratic Society,* New York: John Wiley & Sons, 1966.

Smith, Bruce, *Police System in the United States,* New York: Harper & Brothers, 1960.

Sparrow, Malcolm K., Mark H. Moore, and David M. Kennedy, *Beyond 911: A New Era for Policing,* New York: Basic Books, 1990.

Stone, Alfred R. and Stuart M. DeLuca, *Police Administration,* 2nd ed., Englewood Cliffs, NJ: Prentice-Hall, 1994.

Sullivan, John L., *Introduction to Police Science,* 3rd ed., New York: McGraw- Hill Bool Co., 1977.

Thibault, Edward A., Lawrence M. Lynch, and R. Bruce McBride, *Proactive Police Management,* 4th ed., Englewood Cliffs, New Jersey: Prentice Hall, Inc., 2001.

Wallace, Harvey, Cliff Roberson and Craig Steckler, *Fundamentals of Police Administration,* Englewood Cliffs, New Jersey: Prentice Hall, 1995.

Westley, William, "Violence and the Police," *American Journal of Sociology,* No. 59, July 1953.

Wilson, James Q., *Varieties of Police Behavior: The Management of Law and Order in Eight Communities,* Cambridge: Harvard University Press, 1968.

Wrobleski, Henry M., and Karen M. Hess, *Introduction to Law Enforcement and Criminal Justice,* 4th ed., St. Paul, Minneapolis: West Publishing Co., 1993.

星野安三郎, "憲法と警察,"「現代の警察」, 東京: 評論社, 1980.

高橋雄豺,「警察制度概論」, 東京: 日本警察協會, 1970.

大津英男,「警察行政」, 東京: 良書普及會, 1958.

제2장 경찰제도의 유형

제1절 경찰주체의 결정요소

경찰의 주체란 경찰을 유지하는 권한과 책임을 갖는 조직체를 말한다. 경찰유지의 권한과 책임이란 구체적으로는 조직권, 인사권 및 경비부담권을 말한다. 경찰유지의 권한과 책임을 중앙정부가 갖는 경우도 있고 지방자치단체가 갖는 경우도 있다. 전자를『국가경찰제도』라 하고, 후자를『자치체경찰제도』라고 한다. 그러나 어떤 제도를 채택할 것인가 하는 문제는 그 국가의 여러 가지 특성을 고려하여 결정되어야 한다.

경찰의 주체를 결정하는 요소에는 다음과 같은 것들이 있다.[1]

1. 일반행정제도

일반행정제도, 특히 지방행정이 중앙정부에 의하여 이루어지는 경우에는 경찰도 중앙집권적인 국가경찰제도를 채택하여야 할 것이며, 반대로 자치행정이 발달하여 지방행정이 지방자치단체를 위주로 이루어질 때에는 당연히 경찰은 지방분권적인 자치체경찰을 채택하는 것이 바람직하다.

---

1) 서재근, 「경찰행정학」(서울: 삼중당, 1963), pp. 51~52.

2. 국민의 전통적 성격

국민의 전통적 성격이 지도와 통제에 익숙하고 관권을 신뢰하는 국가에서는 국가경찰제도가 발달하고, 반면에 자치공동체의 신념이 굳고 관권의 강압에 반발하는 경향이 있는 국가에서는 자치체경찰제도가 발달한다. 오늘날에는 지방행정이 일반적으로 주민자치의 길을 걷고 있으므로 지방문화의 발전에 따라 자치체경찰로 옮겨가는 경향이 있음을 부인할 수 없다.

3. 인구의 증대나 교통·통신의 발달정도

자치체경찰은 비교적 작은 지역만을 관할하는 것이 보통이므로, 인구의 증대나 교통·통신의 발달에 따라 국가경찰제도의 필요성이 생겨나게 된다.

4. 치안상태

범죄의 심각도, 특히 강력범의 과다는 경찰력과 밀접한 관련을 갖게 된다. 자치체경찰은 본래 강권적인 것이 아니어서 그 영향이 경찰의 집행에도 미쳐 약한 집행력을 갖게 되나, 강력범이 빈발하는 곳에서는 치안이 문란해지므로 강력한 집행력을 가진 국가경찰제도가 요청된다.

제 2 절   경찰제도의 세 가지 패러다임

세계의 모든 국가들은 통치체제와 방법 그리고 역사성에 있어서 상당한 차이가 있기 때문에 경찰의 역할과 구조에 있어서도 차이가 있다. 그러나 민주경찰제도는 세 가지 유형으로 범주화할 수 있으며, 지방분권화된 경찰체제, 중앙집권화된 경찰체제, 그리고 통합형 경찰체제가 그것이다. 바커(Thomas Barker)

등에 의하면 지방분권화 경찰체제를 채택하고 있는 국가는 미국, 캐나다, 네덜
란드, 스위스, 벨기에 등이고, 중앙집권화 경찰체제를 채택하고 있는 국가는 한
국, 프랑스, 이태리, 핀란드, 이스라엘, 대만, 아일랜드, 덴마크, 스웨덴 등이고,
통합형 경찰체제를 채택하고 있는 국가는 일본, 호주, 브라질, 영국, 통일 독일
등을 들고 있다.2)

　　여기에서는 경찰제도의 세 가지 패러다임의 특성을 살펴보면서 대표적인
국가의 경찰제도를 검토해 본다.

1. 지방분권화 경찰체제

(1) 개　　념

　　지방분권화 경찰체제(fragmented systems)는 비체제(non-systems) 또는
극단적 분권화 체제(extremely decentralized)로 이해되며, 경찰운영의 주체가
지방자치단체에 있는 경우가 많아 자치체경찰제도라고 불리기도 한다. 지방분
권화 경찰체제는 보통 영국과 미국을 중심으로 하는 영미법계통의 전통을 가
진 국가들에서 주로 채택하고 있으므로 영미법계 경찰제도라고도 한다.

　　계층제의 준군대식 조직의 강력한 대규모 경찰력을 가진 경우 잠재적인 직
권남용의 두려움이 존재하므로 이를 두려워한 많은 국가들은 소규모의 분권화
된 자치경찰제도를 채택하고 있다. 더구나 이러한 국가들에서는 경찰권의 행사
에 대해서도 엄격한 제한을 두고 있다.

　　경찰의 효과성을 결정하는 요인들에는 국가의 크기, 지형, 인구밀도, 산업화
의 정도, 정치풍토, 문화, 역사 그리고 사회적 여건들이 고려되어야 하며, 지방
분권화 경찰체제를 채택한 국가들은 대부분 시민의 자유를 광범위하게 보장해
주는 반면에 이에 상응하는 정도로 범죄문제를 허용할 수 밖에 없다는 것이다.
그러나 지방분권화 경찰체제를 채택한 국가에서 경찰에 대한 조정과 통제의
정도는 매우 다양하며, 전체적인 경찰조직의 효과성의 정도도 마찬가지이다.3)

---

　　2) Thomos Baker, Ronald D. Hunter, and Jeffery P. Rush, *Police System & Practice: An
Introduction* (Englewood Cliffs, NJ: Prentice-Hall, 1997).
　　3) *Ibid.*, p. 29.

(2) 미국의 경찰제도

1) 미국경찰제도의 특징

영국으로부터 전수된 미국의 경찰제도는 다음과 같은 세 가지 특징이 오늘
날 완전히 정착되어 있다.[4]

첫째는 제한된 권한(limited authority)이다. 미국에서 경찰권은 법률에 의하
여 엄격히 제한된다. 특히 대법원은 판례를 통하여 경찰권행사에 관한 구체적
이고 세부적인 지침을 마련함에 있어서 경찰보다는 시민의 권익과 인권을 우
선시하는 판결들을 하였다. 사회통제를 완벽하게 하지 못하는 비용을 지불하더
라도 개인의 자유는 철저하게 보장하는 것이다. 그래서 미국 국민들은 적법절
차(due process)를 준수할 것을 요구하고 있으며, 경찰관 개인에게는 미란다원
칙(Miranda's Law)와 같은 헌법이 규정하고 있는 기본적 기준을 준수할 것을
요구하고 있다.

둘째는 지방의 통제(local control)이다. 경찰조직의 운영에 대한 책임은 주
로 지방정부에 맡겨져 있다. 미국의 경찰기관은 일반적으로 법집행기관으로 부
르며, 도시경찰, 군보안관, 읍·면치안관(constables), 주경찰, 연방경찰 등 매우
다양한 조직으로 구성되어 있다. 미국의 지방행정체제 자체가 분권성에 기초
한 것이기 때문에 경찰조직 역시 같은 원리이다. 또한 경찰에 대한 관리방식에
있어서도 군이나 읍·면 등의 보안관·치안관 등은 주민의 직접선거에 의해
선출되며, 도시경찰은 시민들로 구성된 경찰위원회 혹은 공안위원회로 하여금
관리하도록 하여 시민에 의한 직접 관리방식을 택한다.

셋째는 분권화된 법집행(fragmented law enforcement)이다. 한 지역의 경
찰기관이 담당하고 있는 경찰업무의 책임은 보통 그 지역 내의 다른 형사사법
기관들에게도 분담되고 있다. 이것은 종종 업무상 책임의 중복성을 야기하여
형사사법기관들 간의 의사소통, 협력과 통제문제를 야기한다. 이와 같은 법집
행 책임의 분산으로 효과적이고 능률적이며 전문적인 치안행정을 펴기가 어렵
다는 문제제기가 있어 법집행기관의 통합을 위한 방안이 모색되고 있다.

---

4) *Ibid.*, p. 30.

2) 미국경찰제도의 문제점

미국경찰의 가장 큰 문제점으로는 지나친 분권화와 다양성으로 인한 집행력의 약화와 이로 인한 비효율성을 들 수 있다. 2014년 통계에 의하면, 2010년 현재 미국에는 14,744개소의 경찰기관이 있으며, 이는 11,356개소의 도시경찰기관, 1,254개소의 광역시 인근 군보안관사무실, 2,134개소의 전원지역 군보안관사무실, 그리고 7,675개소의 전원지역 특별경찰기관으로 구성되어 있다. 이들 경찰기관에는 1,013,608명(남성 73.5%와 여성 26.7%)의 직원이 고용되어 있으며, 705,009명의 경찰공무원과 308,599명의 민간인 고용원으로 구성되어 있다.5) 이와 같은 경찰기관의 수는 약 10여년 전에 비하여 줄어든 숫자이지만 아직도 다른 나라에 비하면 많은 수의 경찰기관이 존재하는 것이다.6)

이 이외에도 특별법집행기관으로 공항경찰, 공원경찰, 유료도로경찰, 교량 및 터널경찰, 주택지구경찰, 지하철경찰, 캠퍼스경찰 등이 있다.

미국의 경찰기관은 대부분이 소규모로 30명 이하의 경찰관을 고용하고 있으며, 단지 1명만 근무하는 경찰기관도 482개나 있다. 39,442명의 직원을 고용하고 있는 뉴욕시 경찰국(NYPD)과 같은 대규모 경찰기관도 존재하지만 지역차원에서의 치안서비스의 제공은 대부분 소규모 경찰기관들의 책임이다.

미국의 경찰조직은 규모와 기능뿐만 아니라 관할권에 있어서도 다양한 특징을 가지고 있다. 같은 지역에서 비슷한 법집행업무를 수행하고 있는 많은 기관들이 매우 다양한 업무를 수행하고 있다. 한 지역의 경찰기관이지만 치안유지, 범죄수사는 물론 구치소와 교정시설의 관리, 영장의 송달, 소송절차의 집행, 법정질서의 유지 등의 기능을 담당하는 다양한 기관들이 존재한다.

미국경찰은 개인중심주의, 지역적 분할, 일률적인 표준의 미비, 의사소통의 부족, 조정의 곤란성 등과 같은 문제점 때문에 집권화 또는 통합된 경찰제도를

---

5) https://www.fbi.gov/about-us/cjis/ucr/crime-in-the-u.s/2014/crime-in-the-u.s.-2014/police-employee-data/maintables/10tbl74.xls

6) 2000년 현재 미국에는 16,666개의 지방경찰기관, 3,070개의 군보안관서, 49개의 주경찰기관, 1,376개의 특별경찰기관, 19개의 조직원 500명 이상인 연방경찰기관 등 약 18,000개의 법집행기관이 있다. 이러한 법집행기관에는 708,022명의 정규경찰관(sworn officer)과 311,474명의 민간인 고용원(civilian employee) 등 총 1,019,496명의 직원이 근무하고 있다. Samuel Walker, Charles M. Katz, *The Police in America*, 5th ed.(New York: McGraw-Hill, 2005), p. 63.

취하는 다른 민주국가들과 비교하여 범죄억제와 경찰업무 수행에 있어 매우 비효율적이며, 이의 극복이 어려운 현실이다.

3) 미국경찰제도의 장점

지방분권화 경찰체제를 고수하는 미국 경찰제도의 가장 큰 장점으로는 강한 봉사성을 들 수 있다. 이는 경찰권을 최소한으로 제한한 '경찰권제한'의 강화로 인하여 야기된 결과이며 분권화로 인하여 나타난 결과는 아니지만, 분권화된 경찰체제는 집권화된 경찰체제보다 주민들에게 봉사하며 따라서 주민으로부터 지지받기에도 유리한다.

앞서 언급한 바와 같이 미국경찰은 과도한 분권화와 이로 인한 비효율의 문제점이 있으며, 이에 대한 해결책으로는 경찰력의 중앙집권화를 꾀하지 않고 각 경찰기관간의 서비스의 조정과 협조를 강화하는 것이다. 지방경찰기관의 위임에 의하여 주정부가 마련한 경찰표준에 따라 경찰훈련과 채용기준을 개선함으로써 소규모 경찰기관에 속한 경찰관의 자질을 크게 향상시켰다. 경찰통신체제의 개선과 컴퓨터화의 진전으로 인하여 경찰기관 간의 조정과 통제 역시 개선되었으며, 특정한 범죄행위에 대응하기 위하여 지방, 주 그리고 연방 경찰기관에서 파견된 요원으로 구성된 SWAT[7]와 같은 특수경찰부대의 창설 역시 매우 효과적인 것으로 평가된다. 지방분권화 경찰체제에서 경찰의 능률성과 효과성을 높이기는 매우 어렵지만 불가능한 것은 아니라는 사실을 인식할 수 있다.

2. 중앙집권화 경찰체제

(1) 개　념

중앙집권화 경찰체제(centralized police systems)는 경찰이 중앙정부의 직접적인 통제 하에서 운영되는 경찰제도를 의미하며, 국가경찰제도로 불리기도 한다. 또한 중앙집권화된 경찰체제는 독일과 프랑스를 중심으로 하는 대륙법계

---

7) SWAT(Special Weapons and Tactics)는 1967년 FBI에 조직되어 테러진압기능을 담당하고 있다. 그리고 주와 시에도 테러의 예방과 진압을 위한 특수기동대가 설치되어 있는데 명칭은 주와 시에 따라 다르지만 목표는 특수기능을 갖춘 훈련된 특수요원들을 활용하여 위험성이 높은 비정규전 상황에서 주민과 피납자의 생명과 재산을 보호한다.

통의 전통을 가진 국가들에서 채택하고 있으므로 대륙법계 경찰제도 혹은 대륙법계 국가경찰제도라는 명칭으로 불리기도 한다. 중앙집권화된 경찰체제는 경찰조직의 관리형태와 운영구조에 있어서 분권화될 수도 있지만 일반적으로 중앙정부가 경찰활동에 대하여 모든 책임을 지는 경우가 많다.

일반적으로 중앙집권화 경찰체제는 강력한 집행력을 행사할 수 있는 제도이지만 전체주의 국가체제 하에만 채택되는 것은 아니며, 민주주의 이념과 대립되는 제도도 아니다. 우리나라를 비롯한 많은 국가에서 경찰국가의 두려움 없이 중앙집권화 경찰체제를 택하지만, 영국 보통법(Common Law)의 전통 하에서 확립된 시민의 자유에 대한 완전한 보장을 추구하지는 않는다. 즉, 분권화된 경찰제도를 채택한 미국의 경우, 개인의 자유를 보호하기 위하여 범죄발생의 증가라는 부작용을 감수하는 반면에 국민 개개인의 자유와 권리의 완전한 보장 보다는 사회정의의 확립을 더 중요하게 생각하는 국가에서는 중앙집권화된 경찰체제를 택하게 된다는 것이다. 지방분권화 경찰체제를 채택하고 있는 국가에서와 마찬가지로 중앙집권화 경찰체제를 채택한 국가에서도 경찰에 대한 조정과 통제의 정도는 국가마다 다양하다.8)

(2) 프랑스의 경찰제도

1) 프랑스 경찰제도의 특징

프랑스는 나폴레옹시대에 시작된 단일의 성문법체제와 사법행정체제를 유지하고 있으며, 대규모의 공무원으로 구성된 관료체제와 중앙정부에 권한이 집중된 운영체제를 유지하고 있어 지방행정기관의 자주성이나 재량권은 극히 제한적으로 허용되고 있다. 프랑스의 지방행정기관은 파리의 중앙관료조직의 통치행위를 용이하게 하기 위한 일선 집행기관으로서 기능하도록 설계되었다.

프랑스는 경찰작용을 국가의 행정작용으로 규정하여 경찰권행사를 원칙적으로 국가가 담당하고 있으며, 경찰의 직무범위를 넓게 해석하여 국가의 행정작용 전반에 걸쳐 영향을 미치고 있다. 따라서 경찰행정은 자연히 권력적이며 중앙집권적인 성격을 띄고 전국적으로 통일성 있는 관료적·중앙집권적 국가

---

8) Thomas Barker, Ronald D. Hunter, and Jeffery P. Rush, *op. cit.*, pp. 32~33.

경찰조직을 유지하고 있다.

프랑스경찰은 1789년 프랑스혁명 이전에 황제들에 의해 운용되었던 경찰대 (prevot)에서 그 기원을 찾을 수 있다. 프랑스경찰은 전국적인 관할권을 가진 국가경찰(Police Nationale)과 헌병경찰(Gendarmerie Nationale) 두 개의 조직 으로 구분되며, 아주 제한된 인력과 권한을 가진 자치경찰(Police Municipale) 이 있다.

국가경찰은 1941년 4월 23일 법률의 제정으로 강력한 중앙집권화를 실현하 는 제도개혁으로 창설되었으며, 내무부장관 소속하의 공무원으로서 전국에 걸 쳐 행정경찰과 사법경찰의 임무를 수행하고 있다. 약 15만 명의 국가경찰력은 인구 2만 명 혹은 그 이상의 모든 도시에 배치되어 있다. 경찰청은 내무부장관 의 지휘를 받는 국립경찰청장(Directeur générale neral de la nationale: DGPN) 이 담당한다. 경찰청장 밑에는 인사·법령·교육훈련을 담당하는 경무국과 정 보·도박·수사·도시경찰·기동대·방첩·공항 및 국경경비·국제협력 등 모든 실제 일선의 경찰업무를 총괄하는 실무국이 있고 이를 담당하는 차장이 각각 1명씩 있다. 프랑스의 국가경찰은 정복경찰관, 사복경찰관, 일반직원으로 구성되어 있는데 이들 직원은 모두 내무부 소속의 국가공무원이다. 지방의 국 가경찰은 내무부장관이 임명하는 도지사를 통하여 관리한다. 도지사는 정복 및 사복경찰관과 군인경찰을 지휘하며 국민의 생명·신체·재산의 보호, 법질서 유지의 책임을 지고 있다. 경찰관은 정복경찰과 사복경찰의 둘 중 어느 하나에 속하며, 정복경찰은 외근·교통·경비 등 업무를 담당하고, 사복경찰은 수사· 형사업무를 담당한다. 대도시에는 중앙조직의 지휘를 받는 지방조직도 설치되 어 있다.[9]

국가경찰에 속한 공화국안전대(Compagnies Ré-publicaines de Sécurité: CRS)는 전국적으로 61개 기동중대와 본부대 및 대원교육센터로 이루어져 있 다. 이들의 임무는 우리나라와 같이 대규모 치안상황 외에 경호·집회·데모· 행진·스포츠행사의 경비 등 질서유지, 중요 간선도로에서의 교통단속 외에 지 방경찰활동의 지원, 안전사고에 대한 구조·보호활동, 국경이나 연안 및 공항

---

9) André Decocq, Jean Montreuil, Jacques Buisson, *Le Droit de la Police*, Litec, 1991.

등에서의 감시활동 등이다. 이들은 위기상황 혹은 재난이 발생되면 그 지역의 경찰력을 지원하기 위하여 내무부장관의 명령으로 전국의 각 지역으로 출동하게 된다.

국방부 산하에 있는 프랑스 헌병경찰은 군대내의 경찰업무를 수행하기 위하여 구성된 12세기의 기마순찰대에서 찾아볼 수 있다. 16세기 중엽 농촌지역에서의 경찰업무는 헌병대가 담당하였으며 나폴레옹은 유럽점령지역의 치안유지를 이들이 담당하게 하였다. 이태리, 스페인, 벨기에 등에는 헌병대와 유사한 경찰조직이 지금도 남아 있는 것은 이 시대의 영향이라고 한다.

헌병경찰(Gendarmerie National)은 지역헌병대(Provincial Gendarmerie)와 기동헌병대(Mobile Gendarmerie)의 2개 부대로 나뉘어져 약 9만 명으로 구성되어 있다. 지역헌병대는 인구 2만 명 미만의 소도시와 농촌지역에서 사회의 안전과 경찰업무를 수행할 책임을 지고 있다. 전문성을 필요로 하는 범죄수사 업무는 국가경찰이 책임을 지고 있어 원조를 요청할 수 있다. 기동헌병대는 공화국안전대와 유사한 형태로서 고정된 관할구역을 가지고 있지 않으며 폭동진압, 각종 집회 및 시위의 경비 등과 같이 사회공공의 안녕·질서를 유지할 필요가 있는 특수한 경우에 대비하여 신속하게 출동하도록 잘 훈련되고 기동화된 부대이다. 그런데 이들 헌병경찰은 어디까지나 국방부장관 소속이지만 경찰업무를 수행할 때에는 국가경찰의 모든 법령에 따르고 있어 내무부장관의 지휘를 받는다. 국가경찰은 사법경찰관리의 권한이 엄격하게 제한되어 있는데 반하여, 헌병경찰은 전원이 사법경찰관리의 권한을 부여받고 있다. 이것은 헌병경찰이 넓은 지방을 관할하고 있어 사법절차가 필요한 경우에 즉각 대응하기 위한 것이다.

2) 프랑스 경찰제도의 문제점

프랑스 경찰제도의 가장 큰 약점은 전국적으로 두 가지로 조직된 경찰력을 가지고 있어서 조정과 통제가 지방자치단체의 이익을 소홀히 하고 있다고 볼 수 있다. 이러한 관점은 1983년 이래 수많은 지방자치경찰(Police Municipale)의 설치로 증명되고 있다.

인구 2만 명 이하의 코뮨(Commune)의 장의 권한 아래 전국적으로 약 1천

여 지역에서 운영되고 있는 이러한 지방자치경찰은 최근 약 25,000명이 활동하고 있다.10)

전형적인 중앙집권적인 국가경찰체제를 취하고 있는 프랑스에서도 국민생활의 지방적 편익을 고려하여 제한적인 기능을 갖는 이러한 지방자치경찰을 인정하여 국가와 지방간의 분업과 협력으로 치안유지에 힘쓰고 있다. 이러한 경찰력은 코뮨장과 2명의 경찰관으로 구성되어 있는 곳도 있고, 200명 이상의 경찰관이 파출소, 순찰차, 오토바이까지 보유한 곳도 있다. 이들은 코뮨의 질서유지와 교통·수렵·어로 등의 극히 제한된 권한을 가지고 있어서 지방자치경찰이 수행하는 업무수준은 국가경찰의 도시경찰대에 의하여 제공되는 업무수준과 같지 않아 부족한 경찰력은 헌병경찰의 지원으로 보충하고 있다. 따라서 경찰관의 수가 소수인 지방의 치안은 헌병경찰에 의해서 질서유지가 수행되고 있다고 할 수 있다.

프랑스와 같이 전통적으로 강력한 중앙정부와 제한된 지방통제를 행하고 있는 나라는 그 나라의 국가경찰에 대해서 약간의 불만족을 가질 수 있으며, 이러한 중앙집권화 경찰체제는 프랑스 국민들에게는 잘 받아들일지라도, 다른 나라 국민들의 눈에는 비민주적인 것으로 보여질 수 있다.

3) 프랑스 경찰제도의 장점

프랑스는 국가경찰과 헌병경찰 양자의 경찰력을 통하여 시민 통제를 안전하게 할 수 있는 제도적 보호장치가 있다는 것이 특히 주목할 만 하다. 국가경찰의 존재는 분권화경찰체제 혹은 통합형경찰체제를 채택하고 있는 민주정부에 위협이 되는 것은 더욱 아니다. 프랑스의 이러한 중앙집권화 국가경찰제도가 정치적 중립성, 운영에 있어서 민주성, 국민의 신뢰성 확보라는 문제에 취약한 구조라는 인식에도 불구하고 지방자치경찰에 손색없는 민주화·중립화를 보장하고 있다. 이것은 민주주의의 오랜 역사와 경험에 의하여 국민의 의식수준이 높아 경찰의 정치개입을 허용하지 않는 분위기 때문이며 전통적으로 확립된 직업공무원제도로 인하여 경찰관의 신분이 강력히 보장되어 있기 때문이다.

---

10) Richard R. E. Kania, "The French Municipal Experiment," *Police Studies*, Vol. 12, No. 3, 1989, pp. 125~131.

3. 통합형 경찰체제

(1) 개　념

경찰활동의 통합형 체제(integrated systems of policing)는 중앙정부와 지방정부가 통제를 분담하기 위한 수단을 제공한다는 점에서 때때로 '적절히 분권화된 체제'(moderately decentralized systems), '혼합된 체제'(combined systems), 또는 '절충된 체제'(compromise systems)라고 부른다. 이러한 통합형 경찰체제는 분권화 경찰체제에서 보았던 것보다는 더욱 효과적인 조직·운영의 능률성, 업무의 일관성을 제공하고, 전국적으로 조직된 경찰력으로 인한 잠재적인 직권남용의 두려움을 느끼는 사람들에게 관심을 나타내는 것으로 보인다. 통합형 경찰체제에서는 경찰업무가 일반적으로 지방에서 통제되고 있지만 국가적 표준에 따라야 한다.

경찰활동의 통합된 패러다임의 국가는 일본, 호주, 브라질, 영국과 통일 독일이다.[11] 통합적인 체제의 대표적인 모델인 일본·영국·독일의 경찰제도를 살펴보면 다음과 같다.

(2) 일본의 경찰제도

1) 일본경찰제도의 특징

일본의 경찰체제는 시민체제로 일관하고 있어서 세계에서 가장 치안이 잘 확보된 나라로 지적되고 있다. 지역경찰이 지역사회에 있어서의 생활안전센터로서 교번·주재소(파출소)를 중심으로 하여 순찰 등 지역의 안전을 수호하는 모든 활동에 종사함으로써 보다 지역에 뿌리를 둔 경찰활동을 전개하여 주민과의 접촉이 깊은 다양한 활동을 추진하고 있기 때문이다. 2014년(平成 26년) 4월 1일 현재 47개 도도부현(都道府縣) 경찰에는 경찰본부와 경찰학교가 설치되어 있으며, 1,169개소의 경찰서가 설치되어 있다.[12] 교번은 사건·사고 등 경찰

---

11) Thomas Barker, Ronald D. Hunter, and Jeffery P. Rush, *op. cit.*, p. 36.
12) 警察廳, 「警察白書」, 平成26年版, p. 61.

대상이 비교적 많은 도시를 중심으로 전국에 6,255개소가 설치되어 있으며, 주재소는 주로 도시 이외의 지역을 중심으로 전국에 6,552개소가 설치되어 있다.13) 이와 같이 일본경찰은 교번·주재소가 단위가 되어 이웃중심으로 배치되어 있어서 지역사회에 대한 침투력이 미국에 비하여 훨씬 강하다. 특히 일본경찰은 주민과의 공식적인 접촉보다는 일상적이고 탈권위적이며 인권적인 접촉을 활성화시키고 있다.

2) 일본경찰의 조직

일본은 제2차 세계대전 이후 연합군의 점령을 계기로 하여 전제적인 군국주의국가에서 민주주의국가로 전환하는 민주경찰제도의 확립이라는 목표아래 1947년 종래 내무성소속하의 중앙집권적인 국가경찰조직을 독립적인 공안위원회제도로 개편하고, 지방분권화를 도모하기 위하여 시 및 인구 5,000명 이상의 정·촌에 자치제경찰을 채택하여 경찰을 국가지방경찰과 자치제경찰로 이원화하는 등 근본적인 개혁을 하였다.

그러나 이러한 경찰개혁은 민주성, 분권성, 그리고 정치적 중립성이 지나치게 강조되어 경찰조직이 국가지방경찰과 1,600여 개의 자치체경찰로 세분화됨으로서 지방경찰은 국가비상사태를 제외하고는 중앙정부로부터 완전히 독립된 자치제경찰이 되었다. 원칙적으로 지방경찰에 대한 국가경찰의 지휘·감독은 인정되고 있지 않아 경찰활동의 능률적 운영을 저해하고 기능상 많은 결함을 초래하였을 뿐만 아니라 조직의 복잡화와 중복성으로 인하여 비경제적이었다. 이러한 결함을 보완하여야 할 필요성이 제기되어 1954년에 구경찰법을 전면

표 2-1 | 일본경찰의 인력현황

구분	국가경찰				도도부현경찰						합계
	경찰관	황궁호위관	일반직원	계	경찰관			일반직원	계		
					지방경무관	지방경찰관	소계				
정원	2,180	896	4,826	7,902	629	259,745	260,374	28,426	288,800		296,702

자료: 警察廳, 警察白書(平成 30年版), 2018, p. 208.

---

13) 警察廳, 「警察白書」, 平成26年版, p. 94.

개정하여 신경찰법을 제정하였다.[14] 일본에서는 1947년에 제정된 경찰법을 구 경찰법이라 하고, 1954년 전면 개정된 경찰법을 신경찰법이라고 한다.

신경찰법의 목표는 민주성과 능률성의 조화, 분권성과 집권성의 균형, 그리 고 정치적 중립성과 책임성의 실현 등이었다. 그래서 중앙의 경찰조직은 국가 경찰로서 국가공안위원회의 관리 하에 두고, 지방은 자치제경찰로서 도도부현 (都道府縣) 공안위원회의 관리 하에 두었으며, 종래의 국가지방경찰을 폐지하여 자치제경찰로 일원화하였고, 국가공안위원회를 내각총리대신의 소할 하에 설 치하여 내각이 치안책임을 맡도록 명확히 하였다. 도도부현 공안위원회의 관리 하에 경찰직무를 직접 수행하는 도도부현 경찰이 설치되어 있으며 여기에는 2018년 현재 288,800명의 경찰관이 배치되어 있다. 이들 도도부현 경찰을 국가 적·전국적 입장에서 지도·감독 또는 조정하는 국가경찰기관으로서 국가공안 위원회의 관리 하에 경찰청이 설치되어 있는데 여기에는 7,902명의 인력이 근 무하고 있다.[15]

3) 일본경찰제도의 문제점

일본의 현행 경찰법은 경찰조직 또는 경찰행정에 있어서 지방자치의 관념 을 거의 결여함으로써 주민으로부터 격리된 중앙집권적 경찰의 확립과 그 임 무의 비민주적, 능률적 수행을 법제적으로 보장하고 있다는 비판이 있다.[16] 특 히 경찰관의 인사에 있어서 중앙집권적 관리가 철저하여 도도부현경찰의 경시 정 이상은 국가공무원으로 되어 있고(일본 경찰법 제56조 1항), 동경경시청의 경시총감은 국가 공안위원회가 도(都)공안위원회의 동의를 얻고 내각총리대신의 승인을 얻어 임 면하도록 하고, 도부현(道府縣) 경찰본부장의 임면은 국가공안위원회가 도부현 공안위원회의 동의를 얻어 임면하도록 되어 있다(동법 제90조. 제50조). 도도부현 공안위원 회는 도도부현 경찰을 관리하도록 되어 있어서(동법 제38조 제3항) 도도부현 공안위원회는 도도부현 경찰관에 대하여 동의권을 가지고는 있으나 실제로는 임면권을 박탈 당하여 충분한 관리를 할 수 없음이 분명하다.

또한 국가경찰기관으로서 내각총리대신 소할 하에 국가공안위원회를 두고

14) 警察制度研究會 編,「警察」(東京: きよえせい, 1985), p. 63.
15) http://www.npa.go.jp/publications/whitepaper/index_keisatsu.html
16) 室井力, "警察行政 民主的 統制,"「現代の警察」(東京: 日本評論社, 1980), p. 53.

경찰청을 관리하도록 하고(경찰법 제4조, 제16조 제1항) 국가공안위원회가 내각총리대신의 승인을 얻어 임면하는 경찰청장관은 국가공안위원회의 관리 하에 있기는 하나 경찰청의 소관사무에 대하여 도도부현 경찰을 지휘·감독할 수 있는 것으로 되어 있다(경찰법 제16조). 그리고 국가공안위원회의 위원장은 국무대신으로 충당되고(경찰법 제6조, 제1항) 그 의사는 가부동수인 때에는 위원장의 결정에 따르게 함으로써(경찰법 제11조, 제2항) 정치적 중립화도 궁극적으로는 방지할 수 없게 되어 있다.

경찰행정사무에는 본래 국가적 사무와 지방적 사무가 혼합되어 있는 것이지만 일본에서는 자치체경찰인 도도부현 경찰이라는 것은 이름뿐이고 법제상으로나 사실상으로나 국가경찰로 일원화되어 버린 현상에 있다는 비판도 있다. 또한 국가공안위원회도 독립성이 약화되고 민주성을 감소시켜 실질적으로는 정치기관화 또는 자문기관화되고 있다[17]고 한다.

4) 변화에의 대응

일본경찰은 다른 서구 민주주의 국가의 경찰과 같이 많은 성장의 고통을 경험해 왔다. 지방분권화 경찰체제보다 협조와 통제가 잘 되고 있는 일본의 절충형 경찰조직은 범죄 등 경찰업무의 광역화·국제화를 비롯한 무경계화의 진전, 최근 범죄정세의 악화, 경찰조직의 고령화, 대량퇴진시대의 도래라고 하는 경찰을 둘러 싼 극히 복잡·다단한 국내·외적 치안정세의 변화 속에서 양질의 서비스를 제공하기 위하여 분투하고 있다. 이러한 노력의 일환으로 1994년 경찰청의 조직을 개편하여 장관관방 및 생활안전국, 형사국, 교통국, 경비국, 정보통신국의 5국을 두었으며 형사국에 조직범죄대책부를 경비국 산하에 외사정보부를 설치하고 있다.

범죄수사에 따른 경찰활동의 광역화에 대응하기 위하여 1994년 7월 새로운 제도로서 광역수사대가 3개 지역에 발족되었으며 그 후 다시 7개 지역에도 광역수사대가 설치되었다.[18] 광역수사대는 도도부현의 경계부근지역에서 범죄가 발생한 경우 그 발생지를 관할하는 도도부현 경찰이 관계 도도부현 경찰에서 수사관의 파견을 받아 관구광역수사대와 일체가 되어 기동수사대를 편성하여

---

17) 川上宏二郎, "公安委員會 組織·運營 選任,"「現代の警察」(東京: 日本評論社, 1980), p. 308.

18) 篠原弘志, "捜査に係警察活動の廣域化對應のための制度改正について," 警察學論集, 第47卷 第10號, 1994, pp. 70~71.

초동수사를 행하고 있다.

(3) 영국의 경찰제도

1) 영국경찰제도의 특징

전통적으로 지방분권주의에 입각한 자치경찰을 채택하고 있는 영국경찰은 치안여건을 고려하여 지역마다 상이한 조직체계를 갖추고 있다. 정치적으로 안정되고 문화의 동질성이 강한 잉글랜드·웨일즈 지방과 스코틀랜드 지방은 자치경찰조직의 형태를, 정치적으로 불안하고 이질적인 종교문화로 인하여 치안수요가 많은 북아일랜드는 국가경찰조직의 형태를 취하고 있다.

영국경찰제도는 그 조직과 운영이 지방분권성, 정치적 중립성, 업무수행의 독자성이라는 측면이 있지만 다른 한편 경찰기관의 다양화와 세분화로 인하여 조정의 곤란, 감독기관의 부재, 전국적 상황대처능력의 미흡, 일부 지방경찰기관의 정치투쟁화와 경찰권 행사의 공평성·적정성이 문제되고 있다. 이러한 문제점을 해소하고 자치경찰제도의 장점을 유지하면서 능률성 증대를 위한 경찰조직의 개혁을 시도하였다. 이러한 경찰 개혁은 지방경찰의 중앙집권화를 통하여 과도한 경찰조직의 분립에서 오는 불이익을 감소시키고 국제적 대규모 범죄에 신속하게 대처할 수 있도록 하자는 취지에서 출발하였다.[19]

2) 영국경찰의 조직

영국은 잉글랜드 및 웨일즈, 스코틀랜드, 북아일랜드로 나뉘어져 있으며 각각의 주마다 독특한 경찰제도를 운영하고 있다. 영국의 경찰제도는 주민자치치안(self policing)의 전통에 따라 각 지방의 경찰위원회(Police Authority)의 관리하에 자치경찰제도를 취하고 있다. 특히 영국경찰은 1964년의 경찰법으로 인하여 지방경찰의 관리·운영은 내무부장관(Home Secretary), 경찰위원회(Police Authority), 경찰청장(Chief Constable)의 3자가 조정하도록 하고 있다.

영국의 경찰은 일반경찰로서 잉글랜드에 수도인 런던을 관할하는 Metropolitan Police Service와 City of London Police를 포함하여 39개 경찰력이 활동하고 있으며, 웨일즈에 4개, 스코틀랜드에 1개, 북아일랜드에 1개 등 45개의

---

19) 경찰대학, 「비교경찰론」 (용인: 경찰대학, 2001), p. 111.

경찰청(Police 혹은 Constabulary)들이 독립적으로 활동하고 있다. 그 밖에 국가경찰로서 British Transport Police(대중교통담당), Civil Nuclear Constabulary(원자력시설), Ministry of Defence Police(군사경찰), 그리고 National Police Air Service(항공경찰대) 등 특수목적 수행을 위한 경찰이 있다. 그러나 이들 각각의 경찰기관은 목적과 지역에 따라 각자 독자적으로 활동하고 있으며, 협조·보완의 관계이지만 수도경찰청(Metropolitan Police Service)을 포함해서 원칙적으로 경찰청 상호간에 지휘나 감독 또는 통제를 받지 않는다.[20]

3) 변화에의 대응

영국은 외형적으로는 자치경찰을 운영함으로써 주민의 참여와 치안서비스의 확대를 도모하는 동시에, 실질적으로는 중앙통제장치를 강화함으로써 민주성과 효율성을 동시에 추구하는 절충적인 입장을 보이고 있다. 그러한 현상은 특히 런던수도경찰청의 지방자치경찰화와 2개의 국가수사기구(국가범죄정보국, 국가범죄수사국)의 창설을 통하여 분명히 드러나고 있다.

특히 런던수도경찰청은 1829년 창설부터 국제적으로 정치·외교·금융·문화의 중심지로서 중요시설 및 요인경호, 북아일랜드공화국군(IRA)의 테러 위협 등 특수성으로 내무부장관 직속의 국가경찰이었으나 최근 완전한 지방자치화를 추진하여 1998년 5월 '런던자치정부 수립을 위한 법안'이 런던시민투표로 통과되어 2000년부터 시장의 직선과 대런던의회의 구성, 그리고 경찰위원회를 창설하도록 되어 있어 자치체경찰로 전환되었다.[21]

(4) 독일의 경찰제도

1) 독일경찰제도의 특징

독일에서는 연방 및 각 주 내무부장관들로 구성된 내무부장관회의가 설치·운용되기 시작하여, 그 결실로 주경찰의 임무 및 권한 등의 통일을 기하기 위한 서독의 대내 안전계획이 채택되었다. 1976년에는 '연방 및 각주 통일 경찰법모범초안(Musterentwurf eines einheitlichen Polizeigesetzes des Bundes und

---

20) https://www.police.uk/forces/
21) 이황우, "영국경찰개혁의 성과와 그 시사점,"「행정논집」, 제26집, 동국대학교 행정대학원, 1998, pp. 284~285.

der Länder)'을 마련하여, 1977년 최종안(1986년 재개정)을 제정하기에 이르렀다. 이에 따라 대부분의 주에서는 전체 또는 부분적으로 경찰법을 개정하여, 경찰법의 통일을 기하고 있다. 이는 연방국가제도를 가지고 경찰조직이 분권화하면서도 차츰 전체적인 법적 통일의 경향을 가지는 것이 경찰의 업무수행에 어느 정도 필요하고 또한 그런 통일이 가능하다는 것을 알 수 있게 한다.

독일경찰은 다수의 민간인이 경찰조직에서 경찰관과 함께 근무하는 2원적인 구조를 취하고 있어서 우리에게도 경찰조직의 기능에 대한 재검토를 통하여 민간인에게 위탁할 수 있는 업무에 대하여 민간인에게 위탁하거나 참여하게 하는 것이 필요하다.22)

2) 독일경찰의 조직

독일 경찰제도는 국가경찰과 자치경찰의 분류와는 다른 형태의 복합적인 성격을 가지고 있다. 주를 단위로 볼 때에는 국가경찰제도를 채택하고 있지만, 연방 전체에서 볼 때에는 분권화되어 있으며 일부 주는 읍면(Gemeinde)경찰이라는 자치체경찰을 채택하고 있기 때문이다.

독일의 경찰조직에 대하여 연방과 주의 입법사항을 배분하여 규정하고 있는, 독일의 헌법에 해당하는 기본법(Grundgesetz: GG)은 제30조, 제70조에 경찰조직은 각 주의 입법사항으로 규정하고 있다. 경찰권은 원칙적으로 주정부에 속해 있으며, 다만 전국적인 특수상황에 대비하기 위하여 연방경찰(연방헌법보호청(BFVS), 연방국경경비대(BGS), 연방범죄수사국(BKA))이 병존한다. 독일은 연방제국가로서 주(州)가 미국의 주와 같이 자치권이 아주 강하여 그대로 하나의 국가이며, 주 내무부장관 밑에 주경찰이 있다.

연방경찰과 주경찰은 상호 독자적인 지위를 유지하며, 양자 사이에 연방경찰을 상위에 두는 상명하복의 관계는 인정되지 않는다. 연방 내무부장관은 주경찰에 대해서 원칙적으로 재정부담이나 지휘통솔의 권한을 가지지 않는다. 예외적으로 연방경찰 관할에 속하는 업무에 관하여 주경찰에 대한 연방경찰의 통제를 인정하고 있다. 연방경찰은 국경경비와 특수한 업무만을 담당하고 있고, 사실상 지역치안은 주경찰이 담당하고 있어서 독일 경찰조직의 핵심은 주

---

22) 경찰대학, 전게서, p. 269.

경찰이라고 할 수 있다.

제3절 경찰제도의 특징

1. 중앙집권화 경찰체제와 지방분권화 경찰체제의 특징

세계 각국의 경찰제도는 독일과 프랑스의 법제를 주된 내용으로 하는 대륙법계 중앙집권화 국가경찰제도와 영·미의 법제를 주된 내용으로 하는 영미법계 지방분권화 자치경찰제도로 크게 나눌 수 있다. 그런데 오늘날에 있어서는 양 법계의 상호 계수가 이루어지고 있기 때문에 순수한 법계의 특색을 유지하기가 어렵다. 따라서 양 법계의 경찰제도가 혼합·융화현상을 나타내고 있다고 하겠다.

대륙법계 중앙집권화 국가경찰제도와 영미법계 지방분권화 자치경찰제도의 특징을 비교하면 다음과 같다.23)

(1) 경찰조직

대륙법계 경찰제도에 있어서는 'Polis'라는 말의 의미가 나타내는 바와 같이 경찰이라는 것은 국가행정작용의 일부를 담당하는 행정관청이므로 그 조직도 국가기관인 것을 원칙으로 한다. 즉, 경찰조직이 중앙집권적·관료적인 국가경찰제도를 취한다.

이에 대하여 영미법계 경찰제도에서는 그 역사적인 발달에서 보는 바와 같이 도시경찰이 원칙이다. 즉, 지방분권적인 자치체경찰제도를 취한다.

(2) 경찰직무의 범위

대륙법계의 경찰은 경찰 본래의 활동인 치안유지 외에 건축·위생·노동·산업 등 광범위한 행정사무를 담당하고, 인·허가, 감독 등 행정적 권한까지도

---

23) 宮崎淸文, 警察官のための行政法講義(東京: 立花書房, 1990), pp. 179~180.

가지는 경우가 많다. 다시 말하면 치안목적을 위한 권력적 작용에 한하지 않고 복지증진상의 질서유지를 위한 권력작용도 경찰활동의 범위에 포함한다.

이에 대하여 영미법계의 경찰은 경찰활동의 범위를 생명·재산의 보호, 공안의 유지, 범죄의 수사, 피의자의 체포 등 경찰 고유의 직무에 한정하는 것을 원칙으로 한다.

(3) 경찰권한

대륙법계의 경찰은 행정적 권한 외에 법규명령을 제정하는 권한 및 일종의 재판권까지 가지는 경우가 있다. 예컨대 제2차 세계대전 전의 일본에서 청부현령(廳府縣令)이라는 경찰명령이 경찰단속의 근거로 된 경우가 있었고, 경찰서장에게 위경죄즉결권(違警罪卽決權)이라는 일종의 재판권이 부여된 경우가 있었다.

이에 반하여 영미법계의 경찰에게는 재판권은 물론이고 일반적인 명령제정권 조차 인정되지 않는 것이 통례이다. 다만 교통위반사건에 대하여는 경찰관에게 즉결권이 부여되는 예가 다소 있다.

(4) 경찰수단

대륙법계의 경찰작용의 중점은 개인의 이익보호 보다는 국익보호, 즉 공공의 질서유지에 두고 있으므로 국익보호를 위하여 권력적 수단을 취하는 경우가 많다.

이에 반하여 영미법계의 경찰작용의 중점은 개인적 이익 또는 사회적 안전보호에 중점을 두고 있으므로 비권력적 수단을 취하는 경우가 많다.

(5) 사법경찰과 행정경찰의 구별문제

대륙법계의 경찰은 경찰작용을 행정경찰과 사법경찰로 구별한다. 특히 사법경찰은 범죄의 수사, 피의자의 체포를 행하는 경찰을 지칭하는 것으로서 검사의 지휘를 받는다. 대륙법계의 검사는 공소권뿐만 아니라 사법경찰의 수사에 대한 지휘·감독권까지 갖고 있다.

이에 대하여 영미법계의 경찰에서는 이를 구별하지 않고 사법경찰의 임무를 일반경찰임무의 일부분으로 여기고 있다. 영·미에서의 검사는 공소권만을 갖고 있다.

(6) 경찰관의 복무자세

대륙법계의 경찰은 행정관청인 관계로 인하여 경찰관도 국가의 권위를 대표한다. 그러므로 경찰관은 관료적이며 어느 정도 국민에 대하여 우월적인 경향을 가진다.

이에 대하여 영미법계의 경찰관은 일반시민에 대하여 특별한 권력을 지니지 않는 것을 원칙으로 하므로 일반시민을 대신하여, 일반시민을 위하여 시민의 생명·재산을 보호하고 질서를 유지한다고 하는 봉사기관적 성격이 강하다.

2. 중앙집권화 국가경찰제도와 지방분권화 자치체경찰제도

경찰조직을 편성함에 있어서 경찰의 주체를 중앙정부로 하느냐 지방자치단체로 하느냐 하는 문제는 앞에서 지적한 바와 같이 중요한 국가정책상의 문제이다. 국가경찰제도에서는 경찰권을 국가의 통치권의 일부로 인식하여 국가적 이해관계의 지배아래 두고 경찰행정의 중앙집권화를 추진하여 능률성을 추구하고 있는 반면에, 자치체경찰제도에서는 경찰권을 고유한 자치권의 일부로 인식하여 지방적 이해관계 아래 경찰행정의 지방분권화를 추진하여 지역주민의 자치에 위한 민주성을 추구하는 것이다. 그러나 진정한 의미에 있어서는 민주성과 능률성은 상호 보완됨으로써 그 가치를 인정받게 되므로 밀접한 관련을 갖고 있다고 볼 수 있다.

(1) 국가경찰제도의 장점과 단점

국가경찰제도에서는 이미 지적한 바와 같이 국가가 경찰유지의 권한과 책임을 가진다. 국가경찰제도는 일반적으로 대륙법계의 국가에서 채택되고 있다. 국가경찰제도와 자치체경찰제도의 장·단점은 다음과 같다.[24]

---

24) 高橋雄豺, 警察制度槪論 (東京: 日本警察協會), pp. 21~27; Albert J. Reiss, "Reflections on

1) 장   점

① 국가권력을 배경으로 하여 강력하고도 광범위한 집행력을 행사할 수 있다.

② 타행정부처와 긴밀한 협조체계를 취할 수 있어 경찰이나 일반행정부처의 운영을 용이하게 할 수 있으며 비상시에 특히 유리하다.

③ 전국에 걸쳐 통일적으로 조직되어 있어 비상시에 각 경찰단위간에 상호 응원은 물론 중앙의 명령으로 통일적 운영이 편리하며 기동성이 풍부하다.

④ 교통·통신이 발달된 오늘날에 있어서 전국 공통의 법령을 가지고 집행을 할 수 있어 편리하며 경찰관이 전국에 걸쳐 자유로이 활동할 수 있어 범죄수사에 특히 유리하다.

⑤ 경찰조직이 전국 공통이므로 포용하는 경찰인력 규모가 많고 교육훈련 등에 특수시설을 이용할 수 있으며 적재적소의 배치와 승진의 기회가 많다.

⑥ 형사·감식설비 등 전국적인 통일시설로서 효율성을 발휘할 수 있다. 경찰발전을 위해 많은 경비가 소요되는 경우에도 쉽게 마련할 수 있다.

⑦ 지방정치인의 경찰운영이나 인사에 관한 간섭을 배제할 수 있어서 공정하게 직무를 수행할 수 있다.

2) 단   점

① 경찰 본래의 임무를 경시하고 타행정부처의 업무에 이용되기 쉽다. 따라서 정치적인 영향을 받기 쉽다.

② 권력을 행사하므로 권위주의적 성격을 띠고 있으며 부당한 직무를 수행하여도 크게 책임감을 느끼지 않는다.

③ 경찰관련법령이 전국에 걸쳐 공통적으로 적용되기 때문에 지방실정에 적합하지 않고 개정절차가 복잡하여 융통성 있는 대응을 하기가 곤란하다.

④ 경찰간부의 인사이동이 빈번하여 지방실정에 익숙하지 못하며 지방의 이해관계보다는 중앙의 반응을 고려하게 되는 경향이 짙다.

⑤ 연고가 없는 지역으로의 인사이동으로 가족과 떨어져 생활하게 되어 사기가 저하되고 지역사회와의 관계가 긴밀하지 못하게 되어 능률성이 저하된다.

---

policing systems and police cooperation in Europe," Jean Paul Brodeur (ed.), *Comparisons in Policing: An International Perspective* (Aldershot: Avebury, 1995), pp. 228~230 참조.

⑥ 경찰상의 설비가 전국적인 관점에서 계획되므로 지역실정에 적합치 않은 경우가 많다.

⑦ 공복의식이 희박하여 국민의 반감을 사기 쉽다.

(2) 자치체경찰제도의 장·단점

자치체경찰제도에서는 지방분권의 정치사상에 따라 지방자치단체에 자치권을 부여하고 지방자치단체가 경찰유지의 권한과 책임을 가진다.

1) 장   점

① 경찰조직이 지방자치단체를 단위로 하여 작은 지역에 편성되어 있으므로 지역실정에 따라 적절히 대응할 수 있다.

② 경찰관이 지방자치단체의 공무원이므로 치안유지의 책임감이 강하며 친절하다. 지역주민도 경찰에 호감을 가지며 협력을 아끼지 않게 된다.

③ 중앙으로부터 독립된 조직이기 때문에 필요한 경우 조직운영상의 개혁을 하기가 쉽다.

④ 지역실정에 정통한 사람을 경찰간부로 선임할 수 있으며 인사행정이 안정되어 있어서 장기근무를 할 수 있다.

2) 단   점

① 경찰이 일반행정의 부속물인 감이 있어 대체적으로 집행력이 약하고 경찰기관간의 상호응원이 어려우며 자체의 많은 예비경찰력을 보유하기가 쉽지 않아 기동성이 적다.

② 범죄수사, 교통단속에 있어서는 전국적인 광역체제를 유지하여야 하나 지방자치단체 수준의 독립된 경찰체제로서는 그 기능을 발휘하기가 어렵다.

③ 지방자치단체의 책임자가 경질되면 경찰간부도 이동이 있게 될 가능성이 크며 자치행정의 폐해가 심한 경우에는 경찰의 부패를 초래할 수도 있다.

④ 인사에 대한 지방정치인의 간섭으로 경찰간부의 통제력이 미흡하게 되며 지휘·감독과 적정한 배치가 곤란하여 근무기강이 해이해지게 될 위험이 있다.

⑤ 지방자치단체의 규모가 작고 인력규모가 적은 경우에는 승진기회가 없

어 사기가 저하될 염려가 있으며 유능한 형사와 같은 전문가를 갖기도 어렵다. 또한 재정규모가 적을 때에는 교육훈련을 위한 특수시설도 갖추기 어렵다.

제 4 절   한국경찰제도

1. 경찰제도의 발전

선진민주사회의 상징으로 흔히 경찰을 꼽는다. 국민과의 접점에서 활동하는 경찰은 정부의 얼굴이요, 그 나라 국민의 수준을 가늠케 한다. 경찰을 「움직이는 작은 정부」라 하기도 하고 「거리의 재판관」이라 일컫는 것도 그 때문이다. 신뢰받는 공권력은 경찰의 힘이자 생명이다. 그래서 영국경찰은 '보비'(Bobby)라 불리며 국민 누구에게나 사랑과 존경을 받는 시민경찰로 인식되고 있으며, 일본경찰은 '모시모시상'(여보세요씨)이라는 애칭으로 불리며 친절과 공정의 표본으로, 그리고 미국경찰은 법으로서 의인화(擬人化)되어 준법시민에게는 다정한 친구이지만 법을 위반하면 엄정하고도 당당하게 대처한다. 선진국의 경찰은 이와 같이 지역주민에 바탕을 둔 서비스형 치안철학과 전략을 추구하는 지역사회 경찰활동(community policing)을 전개하고 있다.

우리나라 경찰은 광복이후 「봉사와 질서」를 표어로 내걸고 민중의 지팡이로서의 이미지를 지니고 있어 왔지만 격동하는 시대적 상황에 따라 영욕을 함께 맛보았다.

(1) 조국광복과 국립경찰의 출범
1) 민주경찰의 형성과 「봉사와 질서」

1945년 8월 15일 조국광복과 더불어 국립경찰이 출범하게 되었다. 미군정하에서 창설된 국립경찰은 일본의 군국주의 경찰로부터 자유민주주의체제하의 민주경찰로 획기적인 전환을 기도하였지만 당시의 혼란한 사회상황으로 인하여 많은 제약을 받았다.

미군정은 치안확보를 위하여 1945년 10월 21일 미군정청에 '경무국'을 창설하고 지방은 도지사 밑에 '경찰부'를 두었는 바, 이 날을 우리 경찰창설일로 정하여 오늘날까지 맥을 이어옴으로써 경찰출범의 기원이 되었다. 1946년 미군정청은 경찰조직을 '경무부'로 지위를 격상시켰다.

그러나 국립경찰은 건국을 위한 초석을 다지는데 커다란 역할을 했지만 강압적이고 권위주의적인 일제경찰의 이미지를 크게 변모시키지는 못했다.

이때 민주경찰로서의 경찰환경과 분위기 조성을 위하여 압제경찰의 상징인 경찰검을 폐지하고 경찰봉으로 대체하는 동시에 제모·제복 및 모든 표지 등을 새롭게 하였으며 노유자나 부녀자를 보호하기 위하여 1946년 1월 여자경찰관제도를 신설하였다. 또한 경찰이 지향해야 할 지표로 「봉사와 질서」를 채택하여 민중의 지팡이로서 민주경찰의 방향성을 제시하였다.

2) 정부수립과 자주경찰의 기반 구축

1948년 8월 대한민국정부가 수립되어 우리 경찰은 제헌헌법에 따라 새로운 행정조직의 체제 속에서 미군정하의 경무부를 내무부 '치안국'으로 격하 조정하여 그 지위를 내무부장관의 보조기관화시켰다. 그러나 이는 미군정경찰과는 본질적으로 다른 현대법치국가의 민주경찰이라는 새로운 기치 하에 만들어진 자주경찰인 것이다.

건국 이후 극복하지 못한 이념 및 사상대립에서 비롯된 사회혼란 때문에 경찰의 임무도 국민의 생명·신체·재산의 보호라는 본래의 사명 이외에 대한민국의 기반을 공고히 하고 민주발전을 달성하며, 국민사상을 통일하고 북한실지를 회복하는 통일조국의 수립이라는 과업이 부과되었다. 이에 따라 좌익 극렬분자들의 반란·파업·폭동·공비 진압을 위한 비상경비사령부를 설치하여 전투경찰과 구국경찰의 기능을 수행하지 않을 수 없었다. 이때의 경찰을 「경찰봉시대」 대신 「카빈소총시대」로 불리워지는 것도 이 시대상황을 대변하는 것이다.

이 시기의 우리 경찰의 목표는 자주적이며 독립적인 조국을 수립하겠다는 건국정신으로 일관되었다.

(2) 50년대 구국경찰의 시련

1) 6. 25전란과 구국경찰의 시련

1950년 6. 25전란은 민주경찰로서의 기반을 다지기도 전에 주로 좌익 공산주의와 대처해야 하는 방위기능을 수행하는 시련기였다. 건국 전부터 본격화된 반란·폭동·파괴는 국지적인 것이었으나 6. 25전란은 전면전으로 발전한 것으로 경찰활동은 주로 전투였으며 그 주된 임무는 구국경찰로서의 기능과 전시 치안유지기능이었기 때문에 최소한의 기본임무도 수행하기 어려웠다. 따라서 경찰조직도 일반경찰조직과는 별도로 전투경찰대조직을 유지함으로써 이원구조를 형성하게 되었으나 전란의 진전과 더불어 전투조직을 확대하고 일반경찰 조직은 전투지원기구로 전환시켰다.

전투임무에 소요되는 인적·물적 자원의 투입도 급증되어 1951년 경찰의 인력은 6만 3,000명에 이르렀고 경찰예산은 국가일반회계의 약 30%를 차지하였으며 경찰장비도 중화기로 대체되었다. 전쟁 중 1만여 명의 경찰관이 전사하였고 6,500여명의 부상자를 내는 등 구국·호국경찰로서의 임무를 수행하는 시련기였다고 할 수 있다.

2) 전후복구와 정권유지의 도구

휴전 후 공비잔당의 소탕을 위한 경비기구의 확대개편이 이루어지기도 했으나 전투임무가 끝나게 되자 인적·물적·법적 제도의 정비가 마련되어 경찰은 본연의 기능을 발휘할 수 있게 되었다. 특히 범죄수사의 현대화를 위한 국립과학수사연구소의 신설(1955년), 경찰활동의 법적 근거를 마련하기 위한 경찰관직무집행법(1953년)·행정대집행법(1954년)·경범죄처벌법(1953년) 등의 제정 및 업무의 표준화를 위한 기획기구의 설치 등은 경찰행정의 본질적 기능회복과 능률화를 위한 새로운 전기를 맞게 되었다. 또한 1953년에는 해양경찰대가 발족되었으나 1955년 6월 해무청으로 이관되었다가 1961년 10월 다시 경찰로 복귀되었다.

이와 같은 경찰행정체제의 정비가 어느 정도 완성되어 강력한 기능을 발휘하기도 전에 집권당의 정권수호라는 또 하나의 시련 앞에 직면하게 되었다. 전시체제를 벗어나면서부터 해이해진 기강은 경찰의 타부처 협조업무가 확대되면서 부패를 심화시켰고 정권연장을 위한 방편으로 이용하려는 정략이 상승 작용하여 국민의 뇌리에 부각된 경찰상은 민폐와 정권의 도구일 수밖에 없었 다. 따라서 전투경찰로서의 구국경찰의 이미지는 바로 정권시녀로서의 타락된 이미지로 건너 뛰어 오늘에 이르기까지 슬픈 유산을 물려받게 되었다.

(3) 60~70년대 경찰의 위기와 경찰행정의 복원

1) 4. 19와 5. 16혁명에 따른 경찰의 위기

반공이념을 표방하면서 집권당의 정권유지를 강요당하는 시대적 상황의 전 개로 마침내 1960년 3. 15부정선거에의 개입과 4. 19혁명시의 과잉진압으로 경 찰이 국민의 지탄의 대상이 되면서 데모가 빈발하여 무정부적인 상태 속에서 조직의 위기를 맞게 되었다. 신뢰가 실추된 경찰은 사기가 극도로 저하되어 질 서유지가 사실상 불가능하였으며 경찰력의 무력화를 가져왔다. 이 시기가 가장 국민으로부터 신뢰를 잃었던 혼돈의 시기였으며 경찰의 정치적 중립성 보장이 기본목표로 되었다.

이에 따라 경찰의 정치적 중립화가 헌법에 조문화되었으며 정부조직법에 이를 실질적으로 보장하기 위하여 공안위원회를 두도록 규정하였다. 또한 경찰 중립화법안을 기초하여 공청회를 열었는 바 논의의 초점은 경찰의 관리기관문 제, 경찰의 주체문제 즉 국립경찰로 일원화하느냐 또는 국립경찰과 자치경찰로 이원화하느냐 하는 문제, 경찰관의 자격문제, 범죄수사의 주체문제 등이었다. 그러나 민주당도 여당이 되고 나서 경찰의 중립화에 소극적이어서 결국 좌절 되고 말았다. 최근까지도 경찰의 중립화는 정치적 변동이 있을 때마다 제기되 고 있는 이슈가 되고 있다.

경찰의 자체정화와 함께 재출발을 시도하던 중 맞게 된 1961년 5. 16군사혁 명은 경찰존립의 정당성과 자주성을 위협하는 격동기의 시련으로 나타났다. 특 히 120명에 달하는 군장교출신의 경찰간부직 특채로 경찰행정상의 정책결정이 나 집행면에서 기존 경찰직업관료군에는 위협적인 요인으로 작용했다. 그러나 군사혁명정부는 경찰고유기능의 회복, 교육훈련의 강화, 경찰행정에 관리적 접 근방법의 도입과 운용으로 인하여 경찰발전의 전환점을 이루는 시기였음을 부인할 수 없다.

2) 경찰행정의 복원과 안보치안

제3공화국 수립이후 조국근대화라고 하는 국가목표달성과정에서 새로운 치안수요가 발생함에 따라 그 본연의 임무수행을 위한 관리의 개선, 질의 향상, 수사의 과학화 등을 통하여 봉사경찰 내지는 보호경찰로서의 실질적 발전을 도모하였다. 그리고 한국적 특수사정 하에서 치안유지를 위하여 실시해 오던 야간통행금지제도가 부분적으로 해제되어 치안행정의 민주화를 위한 계기가 되기도 하였다.

1966년 7월 경찰관 개개인이 투철한 이성과 냉철한 사명감을 가지고 모든 위해와 불법과 불의에 과감하게 대처하며 항상 청렴·검소한 생활로서 영리를 멀리하고 오직 양심에 따라 행동한다는 「경찰윤리헌장」을 제정한 것은 자율적이고도 적극적인 봉사자로서 갖추어야 할 기본정신과 실천하여야 할 윤리적 행동지표를 제시하여 민주경찰로의 발전의 발판이 되고 정신적 지주가 되었다.

또한 1969년 「경찰공무원법」의 제정으로 경찰직무의 강제성·긴급성·위험성 등 일반공무원과는 다른 특성을 제시하여 직능별 전문화와 자질향상을 도모하여 직업공무원제의 기틀을 마련하였다.

그러나 정치적 변동과정에서 당면한 1964년의 한·일회담 반대에 따른 학생데모와 각종 시국사건, 그리고 북한의 계속적인 도발은 1970년대에 들어와 반공체제의 재정비강화로 대간첩작전을 전담할 전투경찰대를 신설하는 등 시국치안기능을 상대적으로 강화하여 결국 민주·민생경찰로서의 방향설정을 지체시키는 결과가 되었다.

민주헌정이 중단되는 사태를 초래한 1972년의 '10월 유신' 이후 안보치안에 역점을 두는 경찰조직개편과 함께 1974년 치안국이 '치안본부'로 승격되었다. 이 시기에는 학생데모진압과 대공간첩섬멸의 임무수행을 위한 기능강화가 이루어졌을 뿐 정치적 중립보장에 의한 직무수행의 독자성 확보, 경찰인사관리에 대한 외부영향 배제, 전문경찰인력의 체계적 양성, 인적·물적 자원의 효율적 관리 등 내적 충실화에 있어서는 여전히 발전의 한계를 해소하지 못했다.

특히 1976년에는 서정쇄신의 방침에 따라 경찰자체 정풍운동이 전개되어

1,400여명이 숙청되는 등 경찰정신의 재무장이 요구되기도 하였다. 이에 따라 경찰새마을교육과 호국안민의 새로운 민주경찰상을 구현하기 위한 정신교육이 강화되었지만 경찰을 보는 국민의 시각은 여전히 크게 비뚤어져 있었던 것이 사실이다.

(4) 80년대 민주화 요구와 시국치안

1979년 10. 26 사태에 이은 5. 18 광주민주화 운동은 정권의 정당성 상실, 정책의 신뢰성 저하에 따른 정치적 공백상태에서 빚어지는 갈등과 분열, 극도의 사회적 혼란으로 계속되는 시위의 소용돌이 속에서 시국상황에 대처하기 위한 치안수요가 격증하게 되었다.

특히 경찰의 업무량을 덜기 위하여 1983년에 의무경찰제도를 도입하여 치안업무를 보조하게 하였으나 전문직업인으로서의 사명감이 부족하다는 비판이 일고 있어 직업경찰로의 전환이 시급한 상황에 있다.

이와 같은 상황에서 점증하는 사회적 요구인 민주화 주장과 강화된 경찰대응은 과격한 데모의 강경진압으로 나타나 1987년 6. 10 민주화항쟁에서 극한상황을 초래했고 6. 29 민주화선언으로 다시 한번 역할한계를 느끼게 되었다. 이때 경찰로서는 한해 동안에 50여명의 경찰관이 과로 등으로 순직했으며 1만 명이 넘는 경찰관이 부상을 당하는 등 질서유지자로서의 역할을 다했으나 민주화의 국민적 요구에 상치되는 입장을 취하게 되었으며 저지하는 과정에서 인권침해에 대한 사회적 비판을 받게 되어 폭력경찰, 시국경찰로서의 이미지를 감수하지 않으면 안 되었다.

그러나 이러한 시대상황 속에서도 86아시안 게임과 88서울올림픽을 무사히 치루어 세계 속의 한국경찰의 위상을 드높혔다.

한편 제5공화국정부는 정의로운 민주복지국가건설에 국가목표를 두었기 때문에 경찰에서도 정의사회구현을 뒷받침하기 위해 사회기강 확립에 역점을 두면서 경찰관의 자질향상과 대민봉사자세를 확립함으로써 새시대·새경찰의 참된 경찰상을 부각시키기 위한 「새경찰신조」를 제정하여 자기정화에 노력하였다. 또한 「경찰공무원복무규정」을 개정하여 "경찰공무원은 국민의 수임자로서 일상의 직무수행에 있어서 국민의 자유와 권리를 존중하는 호국, 봉사, 정의의 정신을 그 바탕으로 삼는다"고 규정하였다. 따라서 경찰사상 처음으로 우리나라 경찰정신을 '호국, 봉사, 정의'의 3개항으로 새로 정립하고 호국안민의 의식개혁운동을 지속적으로 전개해 나갔다.

제6공화국에 들어와 민주화와 개방화가 추진되면서 경찰의 정치적 중립에 대한 국민적 요구와 정치권의 합의가 이루어지고 남북간의 상호교류 및 협력관계도 개선되고 사회주의·공산주의 국가의 몰락에 따라 학생시위가 위축되어 정치적 부담을 경감시켜 주는 계기를 마련해 주었으나 전환기적 사회분위기에 편승하여 민생침해사범이 국민불안을 가중시켜 1991년 「범죄와의 전쟁」을 선포하는 등 민주·민생치안에 전념할 수 있는 풍토가 조성되기도 하였다.

(5) 경찰청시대의 전개와 민주봉사경찰

1991년 경찰법이 제정되고 '경찰청'시대가 개막되면서 국민에게 봉사하는 신뢰받는 민주경찰상을 정립하고자 「경찰헌장」을 제정하여 경찰의 정신적 지표가 되도록 하였다. 경찰헌장을 통하여 국립경찰 창설 이래 어려운 치안여건을 훌륭하게 극복한 경찰의 명예와 긍지를 바탕으로 국민 모두에게 신뢰받는 경찰상을 제시하고 국민의 행복한 삶을 보장하기 위해 경찰이 해야 하는 본분을 실천덕목으로 구체화하였다.

새로 제정된 경찰법은 "민주적인 관리·운영과 효율적인 임무수행"을 기본목적으로 설정하여 민주성과 효율성이 경찰행정의 기본이념이 됨을 분명히 제시하면서, 국민의 의사를 반영하고 정치적 중립성을 실현하기 위하여 경찰위원회를 설치하였으며, 경찰조직에 교통·방범 등 민생치안기능을 강화하여 대민봉사에 전념할 수 있게 하였다.

내무부장관 소속하에 반독립적인 외청형태의 경찰청을 두도록 하여 독자적인 관리체제로서의 기반을 마련하였다. 또한 내무부장관 소속하에 경찰위원회를 두어 경찰행정에 관한 주요 정책을 심의·의결하도록 하였으며 민생치안의 효율화를 위해 일선경찰서의 인력을 보강하였다.

문민정부가 출범하면서 경찰은 변화와 개혁을 통하여 민주화, 지방화, 세계

화시대에 걸 맞는 양질의 치안서비스를 제공할 수 있는 토대를 마련하게 되었다고 할 수 있다.25)

그리고 정부수립 50년 만에 실질적인 정권교체가 이루어져 「국민의 정부」가 출범하면서 경찰의 정치적 중립과 자치경찰체제의 도입문제가 정책과제로 등장하게 되었다. 1998년 2월 여·야간 정권이 교체되고, 종래의 내무부가 총무처와 합쳐져서 행정자치부로 바뀌면서 경찰은 내무부의 외청에서 행정자치부의 외청으로 전환되었으며, 1996년 8월에는 해양경찰청이 해양수산부 소속으로 변경되면서 경찰로부터 독립하여 외청으로 출범하게 되었다. 이와 같이 조직구조상의 변화는 있었으나 업무내용에는 커다란 변화가 없었다.

또한 1998년 6월에는 대통령 훈령으로 '행정서비스헌장 제정지침'이 제정되었으며, 경찰청은 정부시범 실시기관으로 선정되어 1998년 9월에 이른바 「경찰서비스헌장」을 제정하여 헌장에 제시된 국민에 대한 친절봉사정신의 중요성을 대외적으로 천명하였고 대민 접촉을 하는 개개 경찰관의 구체적인 행동기준을 마련하였다. 이후 1999년에는 민원실·수사·방범(생활안전)·교통·병원진료 등 5개 기능별 경찰서비스헌장을 제정하였다.

경찰 민원실 관련 '경찰민원서비스헌장'이 제정되었으며, 1999년 6월에는 전국 231개 경찰서에 경정 혹은 경감 계급의 '청문감사관'을 배치하였다. 청문감사관 제도는 국민들의 경찰에 대한 불평·불만 사항을 해결해주고, 문제점을 도출하여 경찰행정의 개선에 반영하고자 실시하는 제도이며, 청문감사관 밑에 부청문관 1명과 경찰서 규모에 따라 청문요원 1~4명을 배치하였다. 이들은 민원 상담과 유치장 및 피의자 조사실 확인 점검 등 인권보호를 위한 활동과 치안사각지대, 소외지역, 민원다발지역 등의 현장방문과 주민공청회를 실시하는 임무를 수행하고 있다.26)

(6) 2000년 경찰개혁 100일 작전과 혁신시대

경찰은 2000년대에 들어서 24시간 격일제 근무와 같은 열악한 근무환경을

---

25) 이황우, "경찰정신사와 경찰상 정립," 경찰창설 50주년과 경찰의 좌표, 치안연구소, 1995, pp. 29~40.
26) 경찰청, 한국경찰사 제6권, pp. 113~115.

개선하여 경찰공무원의 사기를 진작하고 치안서비스의 질적 향상을 도모하기 위하여 2001년 4월 1일에는 파출소 3교대 근무제를 도입하였다.

이후 2003년에는 3~5개의 파출소 인력과 장비를 1개의 파출소에 집중시켜 광역범죄에 대응하고 기동성을 강화한 순찰활동을 위하여 순찰지구대를 창설하였다. 순찰지구대의 창설을 위해서 4월부터 8월까지 연구와 시범실시를 통하여 효과를 측정한 뒤 2003년 9월 27일 '지역경찰 조직 및 운영에 관한 규칙'을 제정하여 경찰서 방범과 산하의 순찰지구대 체제를 전면적으로 실시하였다. 이후 2007년에는 지역경찰 체제의 문제점을 보완하여,
지구대 분할 및 파출소 전환 등 맞춤형 지역경찰 운영체제가 도입되었다.

2005년 5월 '정부혁신 지방분권위원회'는 '제주특별자치도 기본구상'에서 '제주특별자치경찰제' 도입을 위한 입법을 추진하여 2006년 7월 「제주특별자치도 설치 및 국제자유도시 조성을 위한 특별법」이 시행되었으며, 제주특별자치도에는 자치경찰단을 그리고 행정시에는 자치경찰대를 각각 설치할 것을 규정하였으며, 임명권자를 제주특별자치도지사로 하였다.

이후 우리 경찰은 국민의 생명·신체·재산의 보호와 사회 공공질서의 유지라는 본연의 임무 이외에도 사회 각계의 국민들의 다양한 요구에 부응하기 위한 노력을 진행하였다. 국민의 안전에 대한 욕구증대, 세계화에 따른 국제범죄의 증가, 정보통신기술(IT)의 발달에 기인한 사이버범죄의 증가 등의 사회변화에 대응하기 위하여 경찰의 조직 및 운영방식이 변화되었다. 연도별로 주요 내용을 살펴보면 다음과 같다.

2006년에는 경찰 인력의 과학적 관리를 위하여 '평생학습 지식관리시스템'이 도입되었고, '민원 프로세스 혁신', '여성·학교폭력 피해자 ONE-STOP 서비스', '경찰수사 Re-Call 서비스'와 같은 대국민서비스 절차가 개선되었다. 또한 '경위 근속승진 제도'가 도입되었으며, 충남 아산경찰서에서 '외국인 인권보호센터'를 시범적으로 운영하고 이를 전국 42개소로 확대·도입하였다.

다음으로 2007년에는 '경찰청 고객만족 모니터센터'를 개설하였으며, 광주와 대전 지역에 지방경찰청을 신설하였다. 다음으로 2008년에는 '112신고 code 분류'제도가 도입되었으며, ① 성폭력 피해아동조사 시 전문가 참여 및 행동·

진술 분석제, ② 성범죄자 신상정보 등록 및 열람제도, ③ 실종아동 등 프로파일링 시스템, ④ 아동안전 지킴이집 운영 등 사회적 약자의 보호를 위한 제도가 실시되었다.

2009년에는 인천시 부평구 소재 '경찰종합학교'를 충남 아산시로 이전하여 '경찰교육원'으로 확대·개원하였으며, 2010년에는 'DNA 은행'이 설치되었다. 또한 산업기술 유출문제의 해결을 위하여 경찰청에 '산업기술유출 수사지원센터'가 설치되었고 6개 지방청에 '산업기술유출 전담수사대'가 설치되었다. 2011년에는 형사소송법 제196조가 개정되어 경찰의 수사 주체성이 인정되었고 「검찰청법」 제53조가 폐지되어 경·검관계가 합리적으로 조정되는 계기가 되었다.

2012년에는 '스마트폰 휴대용조회기'가 보급되어 첨단 정보통신시스템이 구축되었고, '112신고센터'와 '치안상황실'을 통합한 '112종합 상황실'이 설치되었다. 또한 사회적 약자의 보호를 위하여 경찰서에 '여성청소년과'가 신설되었다. 2013년에는 경찰공무원에 대한 '상시학습제도'를 확립하기 위하여 '사이버교육 포털시스템'이 구축되었으며, 외국인 관광객의 보호를 위하여

경찰청·문체부·서울시·한국관광공사의 네 개 기관이 협업하여 서울청에 '관광경찰대'가 설치되었다. 이후 2014년도에는 부산지방경찰청과 인천지방경찰청에 관광경찰대가 추가로 설치되었으며, 사이버범죄 수사를 전담하기 위한 '사이버안전국'이 경찰청에 설치되었다.

(7) 「경찰법」 전면개정

2017년 5월 출범한 문재인 정부에서는 그해 7월 국정기획자문위원회에서 '국민의, 국민을 위한 권력기관의 민주적 개혁'과 '광역단위 자치경찰 전국 확대'를 정부 100대 국정과제로 확정하였다. 경찰법의 전면개정을 통하여 2021년 1월 1일 제정·시행된 「국가경찰과 자치경찰의 조직 및 운영에 관한 법률」에는 자치경찰제의 실시와 국가수사본부의 발족을 규정하였다. 자치경찰제의 실시와 국가수사본부의 발족으로 인하여 경찰청의 하부조직인 시·도경찰청의 시·도경찰청장은 국가경찰사무는 경찰청장, 자치경찰사무는 시·도경찰위원회 그리고 수사사무는 국가수사본부장의 지휘·감독을 받아 관할 구역의 소관

사무를 관장하게 되는 조직개편이 이루어 졌다.

1) 검ㆍ경 수사권 조정

공약과 국정과제 제시, 대통령의 주문에 따라 청와대 민정수석과 법무부 장관, 행정안전부 장관과 3자 협의체가 마련됐고, 검ㆍ경 수사권 조정을 위한 11차례에 걸쳐 협의가 진행됐다. 2018년 6월 21일, '검ㆍ경 수사권 조정 합의안'이 마련되어 검찰과 경찰의 협력관계를 근간으로 하는 조정안이 마련되었으며, 이를 근거로 「형사소송법」, 「검찰청법」, 「검사와 사법경찰관의 상호협력과 일반적 수사준칙에 관한 규정」, 「경찰수사규칙」, 「범죄수사규칙」에 대한 개정작업이 진행되었다.

2021년도 1월 1일 시행된 「형사소송법」, 「검찰청법」, 「검사와 사법경찰관의 상호협력과 일반적 수사준칙에 관한 규정」, 「경찰수사규칙」, 「범죄수사규칙」에 대한 개정의 내용을 살펴보면 아래와 같다.

① 사법경찰관에 대한 검사의 수사지휘권을 폐지하고, 수사, 공소제기 및 공소유지에 관한 상호 협력의무 부과

② 사법경찰관은 범죄를 수사한 때에 혐의가 인정되면 검사에게 사건을 송치하고, 그 밖의 경우에는 그 이유를 명시한 서면과 함께 관계 서류와 증거물을 검사에게 송부하며, 따라서 사법경찰관은 불송치 시 서면으로 고소인 등에게 검사에게 송치하지 아니하는 취지와 그 이유를 통지하여야 하고 사법경찰관의 불송치 통지를 받은 사람은 해당 사법경찰관의 소속 관서의 장에게 이의를 신청할 수 있고, 사법경찰관은 이의신청이 있으면 지체 없이 검사에게 사건을 송치

③ 사법경찰관에 대한 검사의 보완수사요구권 신설

④ 사법경찰관에 대한 검사의 시정조치요구권 신설

⑤ 사법경찰관에 대한 검사의 재수사요청권 신설

⑥ 검사의 직접수사 개시 범위를 부패범죄, 경제범죄, 공직자범죄, 선거범죄, 방위사업범죄, 대형참사 등 대통령령으로 정하는 중요 범죄, 경찰관이 범한 범죄 등으로 한정하는 등의 개정이 이루어 졌다.

2) 자치경찰제의 시행

문재인 정부 100대 국정과제의 하나인 '광역단위 자치경찰 전국 확대'를 이행하고자 경찰청에서는 경찰개혁위원회의 권고안을 바탕으로 대통령 소속 자치분권위원회 및 산하 자치경찰 특별위원회의 논의를 거쳐 분권이념의 실현, 정치적 중립 강화, 치안력 유지, 지역 간 치안서비스 격차 해소 등을 원칙으로 자치경찰제도입의 논의를 시작하였다.[27]

경찰청에서는 자치경찰제의 시행을 통하여 경찰의 업무를 국가경찰과 자치경찰사무로 구분하고, 수사과정에서 경찰과 검찰의 대등한 관계의 정립과 경찰수사의 공정성 및 신뢰성을 제고하는 수사구조의 합리적 개혁을 추구하기 위하여 경찰청에 국가수사본부의 설치를 하고자 1991년 제정된 경찰법의 전면개정을 시도하였다.

2021년 1월 1일 제정·시행된 「국가경찰과 자치경찰의 조직 및 운영에 관한 법률」에는 자치경찰제의 실시와 국가수사본부의 발족을 규정하였다. 「국가경찰과 자치경찰의 조직 및 운영에 관한 법률」에 규정된 자치경찰제 관련 개정사항을 살펴보면, ① 제명을 「경찰법」에서 「국가경찰과 자치경찰의 조직 및 운영에 관한 법률」로 변경, ② 국가경찰사무와 자치경찰사무를 배타적 사무로 구별하도록 규정, ③ 자치경찰사무를 지역 내 주민의 생활안전 활동에 관한 사무, 지역 내 교통활동에 관한 사무, 지역 내 다중 운집 행사 관련 혼잡 교통 및 안전관리, 학교폭력 등 소년범죄, 가정폭력, 아동학대범죄, 교통사고 및 교통관련 범죄, 공연음란 및 성적 목적을 위한 다중이용장소 침입행위에 관한 범죄, 경범죄, 실종아동 등 관련 수색 및 범죄에 대한 수사사무로 규정하였다. ④ 자치경찰의 관리 감독을 위하여 시·도에 시·도자치경찰위원회를 신설하고, 시·도자치경찰위원회의 구성, 운영 및 사무 등 관련 규정 신설하고, ⑤ 세종자치시의 특례 및 제주자치경찰단의 존치를 규정하였으며, 이와 같은 제도도입을 준비하기 위한 기간을 거쳐 2021년 7월 1일 광역지방자치단체별로 자치경찰제도를 전면 실시하게 되었다.

---

27) 경찰청, 「2020경찰백서」, 2020. 9., pp. 35~46.

3) 국가수사본부 신설

경찰 수사의 독립성과 중립성을 높이기 위해 「국가경찰과 자치경찰의 조직 및 운영에 관한 법률」의 규정에 의하여 국가수사본부가 신설되었고 국가수사본부장 산하에 경찰청의 수사부서가 통합되었으며, 시·도경찰청과 경찰서의 수사부서 소속 공무원을 지휘·감독하는 수사지휘 체계를 갖추게 되었다.

국가수사본부가 신설되어 ① 경찰청장의 구체적 수사지휘가 배제되었으며, 경찰청장은 국민의 생명·신체·재산 또는 공공의 안전 등에 중대한 위험을 초래하는 긴급하고 중요한 사건의 수사에 있어서 경찰의 대규모 자원 동원 등 통합적 현장대응이 필요한 경우에 한하여 예외적인 지휘·감독권만을 허용되게 되었다. ② 치안정감계급으로 임기 2년인 국가수사본부장 직제가 신설되었다. ③ 국가수사본부는 경찰수사를 지휘·감독하는 부서로서 수사국, 형사국, 사이버수사국, 안보수사국으로 확대, 개편하였으며, 국가수사본부장 밑에 수사인권담당관을 두어 경찰수사 과정에서의 인권보호를 강화하고 수사의 공정성을 확보하는 역할을 담당하도록 하였다.

2. 경찰의 정치적 중립화 노력

경찰의 정치적 중립화는 정부수립 당시부터 그 논쟁이 시작된 것으로서 미군정하의 독립된 경무부가 내무부의 보조기관인 치안국으로 격하될 때부터 거론되었다. 그 후 정부기구의 개편이 있을 때마다 그리고 정치적 변혁이 있을 때마다 경찰의 정치적 중립화문제가 끊임없이 제기되어 왔지만 공권력을 행사하는 경찰에 대한 집권당의 자기보호본능과 국민들의 무관심 속에서 결말을 보지 못하고 정치적 중립성과 독립성이 결여된 조직으로 오늘에 이르러 왔다. 더구나 지정학적인 조건으로 안보위주의 치안에 전념하였으며 또한 정권의 불안정성과 반체제운동의 지속적이고도 전국적인 규모로의 확산은 시민경찰로서의 역할인 민생치안경찰로부터 정치적 시국치안경찰로의 역할전환이 이루어지게 되었다.

우리 경찰은 사회체제와 그 구성원들을 위한 고독한 통제장치로서 그 맡은 바 기능을 수행하는 과정에서 엄청난 희생과 피눈물 나는 한계상황 속에서 움직여 왔다. 특히 전투경찰로서(6. 25), 정치경찰로서(자유당), 정보경찰로서(유신체제), 조장행정경찰로서(역대정권), 데모진압경찰로서(역대정권) 갖은 수모와 불신 속에서 최소의 예산·인력·장비·봉급과 수당으로서 많은 고유 및 비고유

표 2-2 | 경찰의 중립화를 위한 입법시도 사례 비교

구 분	1955년 자유당 정부안	1960년 제4대 국회안	1961년 신민당안	1980년 6인 교수 헌법안	1985년 2000년대 경찰발전방향연구위안	1989년 여3당 단일안	1991년 경찰법
명 칭	경찰위원회	중앙공안위원회	중앙공안위원회	공안위원회	국가치안위원회	국가경찰위원회	경찰위원회
위 치	대통령 직속	국무총리 소할	국무총리 소할	대통령 소속	국무총리 소속	국무총리 소속	내무부장관 소속
구 성	위원 3인	위원장 포함 5인	위원장 포함 6인 이내	위원장과 위원 7인	위원장 포함 7인		
위원장의 임명권	대통령 임명	국무총리 임명	국회동의, 대통령 임명	국무총리 제청, 국회 동의, 대통령 임명	국무총리 제청, 대통령 임명	내무부장관 제청, 국무총리 경유, 대통령 임명	
위원장의 직급	국무위원	국무위원	정무장관			국무위원	
위원의 임명	대통령 임명	국회의 2개 다수교섭단체 각1명, 법관회의 1명, 변협 1명 선출, 국무총리 인준	국회의 2개 다수교섭단체 각 2명, 법관회의 1명, 국무총리 인준	위원장 제청, 대통령 임명	국회 동의, 국무총리 임명	위원장과 위원 2인 국무총리 제청, 국회 4인 선출, 대통령 임명	내무부장관 제청, 국무총리 경유, 대통령 임명
집행기관	경찰청	경찰청	경찰청	경찰청	치안처	경찰청	경찰청
기관장의 임명	경찰위원회제청, 대통령 임명	국무총리 동의, 중앙공안위 임명	중앙공안위 임명	국무회의 의결	국가치안위 제청, 국무회의 의결, 대통령 임명	국가경찰위 제청, 국무총리 경유, 대통령 임명	내무부장관 제청, 경찰위 동의, 국무총리 경유, 대통령 임명

자료: 이황우, "지방자치와 경찰의 중립화 방안,"「공안행정논총」, 제4호, 동국대학교 공안행정연구소, 1988, p. 67.

업무를 수행해 왔다고 할 수 있다.28) 해방 이후 지난 반세기 동안 경찰의 중립화를 위한 경찰조직개혁을 시도한 과정은 <표 2-2>에 제시되어 있다.

하지만 이와 같은 경찰의 정치적 중립화를 위한 노력과는 별개로 수사권 조정과 국가수사본부의 출범으로 형사사법체계 내에서 경찰의 권한과 위상이 한층 높아질 것으로 예상된다. 따라서 거대해진 조직규모와 경찰권의 위상강화에 따른 우려가 커진 것도 사실이며, 경찰의 정치적 중립성의 확보에 대한 필요성이 절실하게 되었다. 경찰은 「국가경찰과 자치경찰의 조직 및 운영에 관한 법률」, 「경찰관직무집행법」과 「경찰청과 그 소속기관 직제」의 개정을 통하여 경찰권의 남용을 방지하고 정치적 중립성을 확보하기 위한 법적 근거를 마련하였다. 먼저 「경찰관직무집행법」 제1조에 '모든 개인이 가지는 불가침의 기본적 인권'에 대한 경찰의 보호의무 명시하였으며, 경찰권의 행사는 그 직무 수행에 필요한 최소한도에서 행사되어야 함을 명확히 하였다. 제2조에 규정된 경찰관의 직무의 범위에 대해서도 "공공안녕에 대한 위험의 예방과 대응을 위한 정보의 수집·작성 및 배포"로 한정하였을 뿐만 아니라 제8조의2에 경찰의 '치안정보'를 '범죄·재난·공공갈등 등 공공안녕에 대한 위험의 예방과 대응을 위한 정보의 수집·작성·배포'로 한정하여 명확화 하였다.

또한 정보수집에 수반하는 사실확인 등을 할 수 있도록 수권조항도 신설하였다. 「경찰청과 그 소속기관 직제」 제14조에 규정된 공공안녕정보국의 사무분장에 의하면 경찰의 정보활동은 ① 국민안전과 국가안보를 저해하는 위험 요인에 관한 정보활동, ② 국가중요시설 및 주요 인사의 안전·보호에 관한 정보활동, ③ 집회·시위 등 공공갈등과 다중운집에 따른 질서 및 안전 유지에 관한 정보활동, ④ 국민의 생명·신체의 안전이나 재산의 보호 등 생활의 평온과 관련된 정책에 관한 정보활동, ⑤ 국가기관·지방자치단체·공공기관의 장이 요청한 신원조사 및 사실확인에 관한 정보활동, ⑥ 그 밖에 범죄·재난·공공갈등 등 공공안녕에 대한 위험의 예방과 대응을 위한 정보활동으로 엄격하게 제한하여 경찰의 정치적 중립성을 담보하기 위한 제도적 장치를 확보하려는

---

28) 안해균, "경찰기능의 효율화 방안," 제39주년 경찰의 날 기념 학술세미나, 경찰대학, 1984, p. 2.

노력을 기울였다.

3. 자치경찰제 도입과정

2003년 출범한 참여정부는 제주도를 경쟁력이 있는 국제자유도시로 발전시키기 위하여 국무총리실 산하에 '제주특별자치도 지원특별위원회'를 구성하였으며, 2003년 7월 자치경찰제 도입을 포함한 '지방분권 로드맵'을 확정하였다. 이후 2004년 1월 「지방분권특별법」의 제정으로 자치경찰제 도입이 의무화되었으며, 2004년 11월에는 행정자치부 장관 소속으로 '자치경찰제 실무추진단'이 구성되었다. 2005년 11월 정부안의 「자치경찰법안」, 그리고 전국 시·도지사협의회의 「자치경찰법안」 등 두 가지 법안이 국회에 제출되었으나 17대 국회가 종료되어 두 법안은 자동 폐기되었다.

그후 2005년 5월 '정부혁신 지방분권위원회'는 '제주특별자치도 기본구상'에서 '제주특별자치경찰제' 도입을 위한 입법을 추진하여 2006년 7월 「제주특별자치도 설치 및 국제자유도시 조성을 위한 특별법」이 시행되었으며, 제주특별자치도에는 자치경찰단을 그리고 행정시에는 자치경찰대를 각각 설치할 것을 규정하였으며, 임명권자를 제주특별자치도지사로 하였다. 같은 해 7월 자치경찰단(18명)과 자치경찰대(109명)가 발족되었으며, 자치경찰인사위원회(7명)가 구성되었으며, 8월에는 치안행정위원회(11명)가 구성되어 국가경찰과의 사무분장 협약이 체결되었다.

이후 경찰의 자치경찰제도 도입은 지지부진하였으나 2018년 6월 21일, '검·경 수사권 조정 합의안'이 마련되었으며, 검찰과 경찰의 수사권 조정은 자치경찰제와 함께 추진하기로 합의하였다. 대통령 직속 '자치분권위원회'가 중심이 되어 제주 자치경찰제의 틀을 넘어서는 자치경찰제 실현을 위해 ① 경찰은 2019년 내 서울, 세종, 제주 등에서 시범실시, ② 대통령 임기 내 전국 실시를 위하여 적극 협력할 것을 합의하였다. ③ 자치경찰의 사무·권한·인력 및 조직 등에 관하여는 대통령 소속 자치분권위원회의 결정에 따르며, ④ 자치경찰의 정치적 중립을 확보하기 위한 광역시도에 관련 기구 설치 및 심의·의결기구인 '자치경찰위원회' 설치계획, ⑤ 비수사 분야(지역 생활안전·여성청소년·경비·교통 등) 및 수사 분야의 사무 권한 및 인력과 조직의 이관계획, ⑥ 수사 분야 이관의 시기, 이관될 수사의 종류와 범위는 정부 관련 부처와 협의하여 결정하기 위한 구체적 이행계획을 자치분권위원회에 제출한다. ⑦ 국가경찰은 자치경찰제 시행 이전이라도 법령의 범위 안에서 국가경찰사무 중 일부를 자치단체에 이관한다는 합의에 도달하였고 이에 따라 「경찰법」을 전면 개정하여 「국가경찰과 자치경찰의 조직 및 운영에 관한 법률」로 변경하였다.

이 법률에 근거하여 국가경찰사무와 자치경찰사무를 구분하고, 자치경찰사무를 생활안전, 교통활동, 지역 내 다중 운집 행사 관련 혼잡 교통 및 안전관리, 학교폭력 등 소년범죄, 가정폭력, 아동학대범죄, 교통사고 및 교통관련 범죄, 공연음란 및 성적 목적을 위한 다중이용장소 침입행위에 관한 범죄, 경범죄, 실종아동 등 관련 수색 및 범죄에 대한 수사사무로 규정하였다. 또한 자치경찰의 관리 감독을 위한 시·도자치경찰위원회의 신설 등을 골자로 하는 광역지방자치단체별 자치경찰제도가 2021년 7월 1일 전면 실시되었다.

참고문헌 (Sources)

국내문헌

경찰대학, 「경찰학개론」, 용인: 경찰대학, 2004.

경찰대학, 「비교경찰론」, 용인: 경찰대학, 2001.

김진혁, "한국역대경찰조직의 구조에 관한 연구," 박사학위논문, 동국대학교 대학원, 2000.

김충남, 「경찰학개론」, 서울: 박영사, 2005.

민주당, 「경찰행정의 주요 문제점과 개선방안」, 1994.

서재근, 「경찰행정학」, 서울: 삼중당, 1963.

_____, "지방자치제실시에 따른 경찰의 민주화 방안에 관한 연구," 공안행정논총 제4호, 동국대학교 공안행정연구소, 1989.

안해균, "경찰기능의 효율화 방안," 제39주년 경찰의 날 기념 학술세미나 논문, 경찰대학, 1984.

이기우, "지방경찰제의 개선방안," 한국지방자치학회, 1998.

이상안, 「신경찰행정학」, 서울: 대명출판사, 2002.

이윤근, 「비교경찰제도론」, 서울: 법문사, 2001.

이황우·조병인·최응렬, 「경찰학개론」, 서울: 한국형사정책연구원, 2006.

_____, "영국경찰개혁의 성과와 그 시사점," 행정논집 제26집, 동국대학교 행정대학원, 1998.

_____, "경찰정신사와 경찰상 정립," 경찰창설 50주년과 경찰의 좌표, 치안연구소, 1995.

_____, "지방자치와 경찰의 정치적 중립화 방안," 「공안행정논총」, 제4호, 동국대학교 공안행정연구소, 1988.

_____, "지방화시대에 따른 자치경찰제 도입모형에 관한 연구," 「한국공안행정학회보」, 제4호, 한국공안행정학회.

정세욱, 「한국지방자치의 과제」, 서울: 법문사, 1997.

정진환, 「경찰행정론」, 서울: 대영문화사, 2006.

_____, 「미국경찰론」, 서울: 양영각, 1994.

조철옥, 「경찰행정학: 이론과 실천의 만남」, 서울: 대영출판사, 2003.

치안본부, 「미국경찰」, 서울: 치안본부, 1988.

──── , 「일본경찰」, 서울: 치안본부, 1988.

──── , 「서구경찰」, 서울: 치안본부, 1988.

──── , 「아주경찰」, 서울: 치안본부, 1988.

한국개발연구원, 「2000년대 경찰행정발전방안」, 1992.

허남오·이승주, 「한국경찰제도사」, 서울: 지구문화사, 2005.

외국문헌

Barker, Thomas, Ronald D. Hunter, and Jeffery P. Rush, *Police Systems & Practice: An Introduction*, Englewood Cliffs, NJ: Prentice Hall, 1997.

Federal Bureau of Investigation, *Crime in the United States* 1993, Washington, DC: US Government Printing Office, 1994.

Kania, Richard R. E., "The French Municipal Experiment," *Police Studies*, Vol. 12, No. 3, 1989.

Reiss, Albert J., "Reflections on policing systems and police cooperation in Europe," Jean Paul Brodeur (ed.), *Comparisons in Policing: An International Perspective*, Aldershot: Avebury, 1995.

Walker, Samuel and Charles M. Katz, *The Police in America*, New York: McGraw-Hill, 2002.

警察制度硏究會 編, 「警察」, 東京: きよえせい, 1985.

室井力, "警察行政 民主的 統制," 現代の警察, 東京: 日本評論社, 1980.

川上宏二郎, "公安委員會の組織·運營と選任," 現代の警察, 東京: 日本評論社, 1980.

篠原弘志, "搜査に係警察活動の廣域化對應のための制度改正について," 警察學論集, 第47卷 第10號, 1994.

宮崎淸文, 「警察官のための行政法講義」, 東京: 立花書房, 1990.

高橋雄豺, 「警察制度槪論」, 東京: 日本警察協會.

警察廳, 「警察白書」, 平成23年版.

제3장 경찰조직의 원리

제1절 경찰조직의 기초

(1) 조직의 개념

조직과 인간의 밀접한 관계 때문에 현대사회를 조직의 시대라고 하며, 이는 모든 사회가 조직화되어 있어 한 인간이 태어나면서부터 죽는 날까지 조직의 한 구성원으로서 살아가며 잠시도 조직을 떠나서는 살 수 없기 때문인 것이다. 일반적으로 조직은 일정한 환경 하에서 특정목표를 추구하기 위한 인적 집합체 내지는 공동체이며, 일정한 구조적 특성을 가진 사회적 실체(social entity)를 의미한다.

조직은 한 인간이 단독으로 이루기 어려운 목적을 달성하기 위하여 구성된 수단 내지 도구이지만 매우 추상적인 개념을 간단하고도 명확하게 규정하기 어렵다. 따라서 여러 학자들은 각각 조직의 특정 측면에 착안하여 매우 다양하게 개념을 규정하고 있다. 예를 들면, 피프너(J. Pfiffner)와 셔우드(F. Sherwood)는 "수많은 사람들로 이루어지는 것으로서 對面的인 접촉(face to face contact)이 곤란하고 많은 과업이 행하여지며, 구성원들이 과업으로 상호 연관되어 합의된 목표달성을 위하여 노력하는 것"으로서 조직의 개념을 규정하고 있으며,[1] 버나드(Chester I. Barnard)는 "목표달성을 위해 두 사람 이상의 힘과 활

---

1) John M. Pfiffner and Frank Sherwood, *Administrative Organization* (Englewood Cliffs,

동을 의도적으로 조정하는 협동체제"라고 정의하였다.[2] 한편 사이몬(Herbert A. Simon)은 조직을 의사결정구조(decision making structures)로서 파악하고 있으며,[3] 카츠(Daniel Katz)나 칸(Robert L. Kahn)은 조직을 개방체계(open system)로 보았다.[4] 그러나 이러한 여러 학자들의 다양한 견해를 종합한 에치오니(Amitiai Etzioni)에 의하면 "조직은 일정한 환경하에서 특정한 목표를 추구하며, 목표달성을 위하여 일정한 구조를 가진 사회단위"라고 정의하였다.[5]

(2) 조직의 유사 개념

1) 기구(機構, system)

경찰조직과 경찰기구는 같은 의미로 사용된다. 다만 경찰기구란 용어는 정태적 측면을 강조하고 인간적인 요소를 포함하고 있지 않은 반면에 경찰조직은 동태적 측면을 강조할 뿐만 아니라 인간적인 요인도 고려하는 용어로 이해할 수 있다.

2) 관료제(官僚制, bureaucracy)

관료제는 학자에 따라 개념정립을 달리 하지만 공조직 혹은 사조직을 막론하고 거대규모의 조직을 의미하는 용어이다. 또한 관료집단 즉, 공무원집단을 의미하기도 하며, 공무원조직의 역기능을 강조하는 의미로 사용되기도 한다.

3) 제도(制度, institution)

결혼과 같은 확립된 관습·전통을 의미하기도 하고 또한 사회에서 중요한 역할을 하거나 장기간 존속되어 왔던 조직을 가리키기도 한다. 기관으로 번역되기도 한다.

New Jersey: Prentice-Hall, Inc., 1960), p. 30.

2) Chester I. Barnard, *The Functions of the Executive* (Cambridge, MA: Harvard University Press, 1938), p. 72.

3) Hebert A. Simon, *Administrative Behavior*, 2nd ed. (New York: Macmillan, 1957), pp. 1~10.

4) Daniel Katz and Robert L. Kahn, *The Social Psychology of Organizations* (New York: Wiley, 1966), pp. 26~28.

5) Amitai Etzioni, *Modern Organization* (Englewood Cliffs, New Jersey: Prentice-Hall, 1964), p. 4.

4) 공식조직(公式組織, formal organization)

조직이란 말은 일반적으로 공식조직의 뜻으로 사용되고 있으나 조직에는 공식적, 합리적 측면과 비공식적, 비합리적 측면이 있다는 점을 인식해야 한다.

5) 집단(集團, group)

구성원간에 상호작용이 있고 집단의식을 가진 인간의 집합체를 말하며 주로 소집단(small group)의 뜻으로 쓰이고 있다.

제 2 절 경찰조직의 편성

1. 경찰조직편성시 고려사항

관료조직은 정부의 법률과 정책을 운영하고 있는 기관이다. 따라서 경찰기관은 이러한 관료조직중의 하나이다. 그러나 관료적인 경찰조직은 그 구조가 완전한 봉사기관이 되기에 적합하지 않으며 지역사회와 협력하여 직무를 수행하기 어렵다는 비판이 있다.[6]

효과적인 조직의 핵심은 민주사회에 있어서 법집행의 기본적인 임무를 달성해야 할 책임을 보증해야 하는 것이다.[7]

경찰조직의 편성에 있어서도 여러 가지 조건들을 고려하여 실증적으로 이루어져야 하며 경찰조직의 편성에 있어서 기술적 요인 이외에도 정치적인 요인, 인간적인 요인, 환경적인 요인을 고려해야 할 것이다.

경찰조직은 구성원들의 능력 또는 경험이 있든 없든 효과적으로 처리하기 어려운 거대하고 복잡한 업무를 다루는 관료적인 조직으로 구성되어 있다.

이러한 경찰업무를 달성하는 데 가장 훌륭한 방법(the best way)으로서 체

---

6) Georgette Sandler and Ellen Mintz, "Police Organizations: Their Changing Internal and External Relationships," *Journal of Police Science and Administration*, Vol. 2, No. 4, 1974, p. 463.

7) V. A. Leonard and Harry W. More, *Police Organization and Management*, 5th ed. (Mineola, New York: The Foundation Press, 1978), p. 160.

계 또는 모형에 따라 경찰활동과 기능을 결합시키거나 분리시키는 것이 꼭 필요하게 된다.

아래에서 논의하고 있는 경찰조직편성의 원리는 복잡하고 거대한 경찰조직을 가장 능률적이고도 합리적으로 편제하고 관리하며 경찰목표의 효율적 달성을 위한 일반적·보편적 원칙을 말한다. 이러한 조직편성의 원리는 능률적 행정을 추구하는 모든 조직에서 공식적인 구조의 형성과 운영에 대한 보편적 기준으로서 인식되어 왔다.

그러나 오늘날 이러한 조직편성의 원리는 기계적으로 어떠한 상황에서나 적용될 수 있는 것은 아니며 하나의 참고적인 지침이 되고 있다. 왜냐하면 이러한 조직편성의 원리는 서로 상반되는 경향도 있기 때문에 행정환경의 변화에 대응하여 탄력적으로 적용되어야 한다.

한편 경찰조직은 그 규모, 위치, 예산, 기술, 그리고 운영방법에 따라 특정하게 구성되어 있으나 다음의 기본적인 요소들을 포함하고 있다.

① 목표와 목적의 설정
② 조직에 의하여 수행되고 있는 활동을 편성하는 방법
③ 계선, 참모, 그리고 보조기능의 분리
④ 업무 또는 직원의 전문화
⑤ 권한의 계층제
⑥ 감독자의 통제 하에 있는 부하의 수를 결정하는 통솔의 범위
⑦ 권한의 위임
⑧ 오직 한 사람의 상관이 부하를 지휘·감독하는 명령의 통일
⑨ 공식적인 의사전달의 체계

2. 경찰목표의 설정

(1) 경찰목표의 개념
1) 목표의 개념
목표는 대체로 지역사회의 태도와 기대에 달려 있다. 바꾸어 말하면 목표는

사회의 필요를 충족시키기 위하여 조직의 업무를 달성하려고 하는 소망스러운 상태를 말한다.[8] 따라서 목표는 조직의 장래의 포부, 즉 조직이 존재하기 위한 궁극적인 목적이다. 경찰행정에 있어서의 목표란 경찰행정이 성취하고자 하는 바람직한 미래의 상태, 즉 사회의 질서가 안정되고 생명과 재산의 안전이 보장된 미래상황의 실현이라고 할 수 있다.

예를 들면 군인은 국가를 보호하고 방어하기 위하여, 학교는 학생을 가르치기 위하여, 병원은 환자를 치료하기 위하여, 경찰은 치안을 유지하고 범죄를 예방하기 위하여, 교도소는 중범죄자를 구금하기 위하여 설립·유지되고 있다.

2) 용어의 정리

목표와 목적을 분명히 구별하기는 어렵다. 그러나 「형사사법에 관한 켈리포니아주 회의」(California Council on Criminal Justice)의 「형사사법기획을 위한 지침」(A Guide for Criminal Justice Planning)에 의하면 목표(goals)란 광범위한 방향, 일반적인 목적 또는 의도의 상태이다. 즉, 목표는 일반적이고 영원한 것으로서 한정된 기간 내에 특정한 것을 달성하려는 것과는 관련이 없다.[9] 또한 목적(objectives)은 주어진 시간의 테두리 안에서 그리고 특정한 조건 아래서 측정되어질 수 있는 바람직한 성과이다. 목적은 목표를 달성하기 위한 구체적이고 측정할 수 있는 수단이다.[10]

목표는 목적의 넓은 표현인데 반하여, 목적은 보다 더 큰 목표의 일반적인 상황 내에 있는 더욱 특정한 목표이다. 이러한 하위목표인 목적은 보통 범위가 작고 제한되어 있는 특정한 계획이다. 따라서 목적은 바람직한 업무계획을 수립하고 직접적인 동기부여를 행하는 보다 제한된 단기간의 의도이다.

소리얼(Sam S. Souryal)은 경찰기관내의 목적은 강도사건을 감소시키고, 특정한 지역에서 교통사고의 수를 감소시키고, 경찰차량을 보다 훌륭하게 유지하고, 컴퓨터화된 의사전달을 하는 것 등이 포함될 수 있다[11]고 한다. 이와 같

---

8) Amitai Etzioni, *Modern Organizations* (Englewood Cliffs, New Jersey: Prentice Hall, 1964), p. 6.

9) Harry W. More, *Effective Police Administration* (San Jose, Cal.: Justice Systems Developement, 1975), p. 286.

10) Henry M. Wrobleski and Karen M. Hess, *Introduction to Law Enforcement and Criminal Justice*, 2nd ed. (St. Paul, Minnesota: West Publishing Co., 1986), p. 172.

은 목적은 전형적으로 목표보다 세부적으로 설명되고 있으며 그 달성은 진지하게 추구되고 있다.

예를 들면 범죄예방의 목표(目標)가 주어졌다면 목적(目的)에는 이 목표를 운영하고, 경찰활동을 보다 가시화하고, 순찰경찰력을 증대시키고, 사회복귀한 범죄자들을 지원하는 것이 포함될 수 있을 것이다.

논자에 따라 위와 같이 목표와 목적을 구별하여 전자를 보다 기본적인 성격의 것을 의미하는 것이라고 하나, 목표와 목적은 상대적인 것으로서 가장 기본적이고 최고 규범적인 것에서부터 보다 구체적인 것으로 목적·수단의 연쇄적인 성격을 갖는 것이기 때문에 어떠한 바람직한 상태(desired state)란 하나로 표현될 수 있다는 것을 전제로 하면서, 목표와 목적은 같은 의미로 생각되며 반드시 구별되는 것은 아니라고도 한다.12)

(2) 경찰목표의 기능

경찰행정이 목표를 필요로 하는 이유 또는 목표가 경찰행정에 대하여 어떠한 기능을 하는가를 살펴보면 다음과 같다.

1) 경찰조직 존립의 정당화

사회는 개인적이고 또는 조직화되지 않은 노력(예를 들면 법과 질서는 자경단원이나 또는 약간의 애국심이 있는 시민에 의하여 효과적으로 유지될 수는 없다)을 통하여 충족될 수 없는 복합적인 존립의 필요성을 가지고 있기 때문에 관료조직이 설립·유지되고 있는 것이다. 사회적 욕구를 충족시키지 못하면 관료조직은 필요가 없고 존재할 수 없기 때문에, 경찰목표는 경찰조직이 존립하고 있는 이유를 제시해 준다.

---

11) Sam S. Souryal, *Police Organization and Administration* (New York: Harcourt Brace Jovanovich, 1981), pp. 11~12.

12) 목적(objective)은 영어에서도 purpose, mission, goal 또는 target와 같이 다양하게 부르고 있다. objective 또는 purpose는 기업의 성장과 같이 최종적인 목적과 관계가 있는 것으로 사용될 수도 있다. mission은 보통 군대에서 사용되지만 때때로 정부에서도 사용된다. goal 또는 target은 특정한 질적 또는 양적인 목적의 의미로 자주 사용된다. 그러나 실제로는 분명하게 구별되지는 않는다. Harold Koontz and Cyril O'donnel, *Principles of Management*, 4th ed. (New York: McGraw-Hill Book Co., 1968), p. 108.

2) 경찰조직관리의 지침 제공

목표는 사회에 있어서 조직의 존재를 정당화시켜 줄 뿐만 아니라 조직의 기능을 관리하는 데 도움을 줄 수도 있다. 이와 같은 기능을 목표가 수행함으로써 이러한 장점을 더욱 연구·개발한 것이 최근에 보급되고 있는 「목표에 의한 관리」(MBO)로서 이에 따르면 직원 상호간의 참여를 통한 목표설정과 이에 따른 평가가 상호간의 의사전달, 이해의 증진, 목표에 대한 적극적인 태도, 직원 능력의 활용 및 관리의 쇄신을 이룩할 수 있다고 지적하고 있다.

경찰조직에 있어서 목표는 다음 사항을 결정하는 데 도움이 된다.

첫째, 조직활동의 우선순위, 그리고 관련정책의 수립

둘째, 조직의 목표를 실현하는 데 필요한 예산

셋째, 능률적이고 효과적으로 요망되는 업무를 수행하는 데 필요한 직원의 수

넷째, 조직 내의 다양한 부서 사이의 적당한 업무분담

다섯째, 계급간의 가장 효과적인 명령계통, 그리고 감독의 적절한 수준

여섯째, 각 활동 또는 과업을 위하여 필요한 전문화의 수준

일곱째, 경찰관의 교육훈련을 위하여 필요한 계획

여덟째, 매일의 경찰운용을 위한 지침

아홉째, 업무수행의 양과 질을 조절하기 위한 기준

열째, 조직의 종합적인 생산성과 지역사회 요구에 대한 반응을 평가하기 위한 수단

(3) 경찰목표의 유형

경찰조직의 목표는 일반적으로 결코 성취되지 못할 것으로 국민에게 보여지고 있다. 조직의 실질적 목표는 공식적 목표와 일치하고 있는 것일 수도 있지만 공식적 목표와 일치하지 않는 것일 수도 있다.

1) 공식적 목표

조직의 공식적 목표는 조직이 공식적으로 내세우는 목표이다. 그것은 일반적으로 광범위하게 공표되고 있는 표어 또는 문구로 표현되고 있다. 이러한 목표는 때때로 조직에 의하여 중요하게 취급되고 있으며 끊임없이 추구되고 있

다. 그렇지만 많은 경우에 공식적 목표는 조직의 존재를 정당화시키고 그 계속
되는 재정공급을 보장하고 있는 것이다.

경찰기관의 공식적인 목표는 범죄에 대한 대응(war against crime), 안전한
거리(safe street), 그리고 법과 질서(law and order)라고 할 수 있다.[13]

2) 실질적 목표

조직의 실질적 목표는 조직이 실제로 추구하는 목표이다. 어떤 경우에는 조
직의 실질적 (또는 사실상) 목표가 공식적 목표와 같을 수도 있다. 그렇지만 실
질적 목표는 보통 공식적 목표보다 더 잘 측정되어질 수 있고, 사실적이고 신
중하게 달성되어질 수 있다. 또한 실질적 목표는 보통 기록되어 공표된 공식적
목표보다는 더 잘 알려져 있고 더 잘 이해되고 있다.

경찰기관의 실질적 목표는 범죄예방능력을 증대시키고, 범죄율을 감소시키
며, 경찰교육훈련을 발전시키고, 지역사회와의 관계를 증진시키는 것이라고 할
수 있다.

3. 경찰조직편성의 원리

(1) 계층제의 원리

계층제(hierarchy)란 권한과 책임의 정도에 따라 직무를 등급화 함으로써
상·하계층간에 직무상 지휘·감독관계에 서게 하는 것을 말한다.

어떤 조직에 있어서도 상관은 부하에게 권한의 일부를 위임하게 되고 그 부
하는 자기의 권한보다 작은 권한을 바로 밑의 부하에게 위임하게 되는 등급화
과정을 거쳐서 각 계층사이의 명령·복종관계를 명확히 하고 명령이 조직의
정점으로부터 저변에까지 도달하도록 하는 체제를 확립한다. 따라서 권한의 위
임은 계층제의 전제가 되며, 계층제의 원리는 통솔의 범위, 직무의 결정, 명령
의 통일을 그 내용으로 한다.

이와 같은 계층제는 지휘·명령과 의사전달의 통로, 권한과 책임한계의 경
로, 내부통제의 경로, 조직 내의 분쟁조절 수단, 승진의 유인이 된다고 생각했

---

13) Harry W. More, *op. cit.,* p. 120.

다. 그러나 인간관계론, 행태론에서는 계층제가 기관장의 독단화, 동태적 인간 관계형성의 저해, 조직의 경직화, 의사소통의 왜곡, 새로운 지식·기술 도입의 신속성 곤란 등의 역기능을 지닌다고 보았다.

(2) 통솔범위의 원리

통솔의 범위(span of control)는 한 사람의 상관이 효과적으로 감독할 수 있는 최대한의 부하의 수를 말한다. 한 사람의 감독자가 직접 감독할 수 있는 부하의 수는 일정한 한도로 제한해 줄 필요가 있다. 한 사람이 직접적으로 감독할 수 있는 부하의 수는 업무의 성질, 고용기술, 작업성과기준에 달려 있다.[14]

모든 조직은 일반적으로 상관보다도 부하가 더 많다. 이러한 이유 때문에 경찰 혹은 다른 공공기관의 조직표는 사닥다리모양보다는 피라미드모양을 취하고 있다. 경찰서장은 피라미드의 정점에서 통제하고 있으며 부하는 아랫부분을 따라 분포되어 그들의 다양한 직위에서 복종하고 있다. 조직의 피라미드 높이는 직위 및 계급제도에 따라 권한과 책임의 분화이고 피라미드 바닥의 넓이는 통솔 범위의 산물이다.

조직의 효과적인 기능을 위해서는 주어진 시간에 한 사람의 상관이 통솔할 수 있는 부하만을 감독하도록 하는 것이 요구된다.

경찰조직 내에서 적당한 통솔범위를 결정하는 데 있어서는 마법의 공식이 존재하지 않는다. 감독자를 위한 효과적인 통솔의 범위는 다음과 같은 수 많은 변수들에 따라 결정될 수 있다.

첫째, 원활한 조직운영의 정도
둘째, 업무의 복잡성, 곤란도, 난이도
셋째, 업무여건(위기상황인가 평상상태인가?)
넷째, 업무를 수행하는 경찰공무원의 교육과 기술
다섯째, 감독자의 리더십의 질
여섯째, 직원간의 의사전달의 질

---

14) Paul B. Weston, *Police Organization & Management*(Pacific Palisades, Cal.: Goodyear Publishing Co., 1976), p. 40.

일곱째, 더 많은 감독자를 고용할 수 있는 기관의 재정능력

여덟째, 당해 기관의 역사와 전통

위와 같은 변수에도 불구하고 경험에 의하면 통솔범위는 7명 정도가 적당하다고 한다. 그러나 미국의 경우 수사부서에 있어서 감독자의 통솔범위는 10명의 형사를 초과해서는 안 된다고 하며,15) 순찰부서에 있어서 순찰반장은 10명 내지 15명의 순찰경찰관을 효과적으로 감독할 수도 있지만 FBI의 특수공격대(Special Weapon And Tactics 또는 Special Weapon Attack Team: SWAT)의 경우에는 팀장이 5명 또는 그 이하의 부하를 배정 받고 있다.

(3) 명령통일의 원리

전통적 조직이론은 한결같이 각 구성원들은 오직 한 사람의 감독자 또는 상관을 가지고 있어야 하고 어떤 조직구조 속에서도 이러한 명령통일(unity of command)의 원리를 준수해야 한다고 주장한다. 예를 들면, 순경은 항상 한 사람의 경사로부터 명령을 받아야 하며 항상 그 경사에게만 보고해야 한다. 부하 경찰관이 여러 감독자들로부터 명령을 받는다면 그는 혼란에 빠질 것이고 업무수행이 비능률적으로 될 것이며 책임을 지려는 자가 없을 것이다.

명령통일의 원리는 다음과 같은 이유 때문에 정당화되고 있다.

첫째, 조직내의 권한과 통제를 강화한다.

둘째, 잘못된 활동에 대한 책임소재를 규명할 수 있다.

셋째, 의사전달을 촉진시키고 모순된 명령을 제거함으로써 조직 내의 갈등을 감소시킨다.

넷째, 직원에 대한 효과적인 감독을 강화시킨다.

그러나 명령통일의 원리는 다음과 같은 이유들로 인하여 많은 비판의 대상이 되고 있다.

첫째, 부하들을 직접 감독하지 않는 참모 및 계선조직이 부하들에게 유익한 자문을 하는 것을 허용치 않는다.

---

15) James J. Fyfe, Jack R. Greene, William F. Walsh, O. W. Wilson, and Roy Clinton McLaren, *Police Administration*, 5th ed. (New York: McGraw-Hill Co., 1997), p. 608.

둘째, 계층제 때문에 의사전달과정이 길어지고 있다. 예를 들면 대규모 경찰서의 경우 순경으로부터의 요청이 경찰서장에게 도달하는 데에는 오랜 시간이 걸린다.

셋째, 감독자가 경청하지 않는 경우에는 부하들의 사기를 꺾을 수 있다.

넷째, 부하는 비상사태 또는 그들의 직접적인 감독자가 감독을 할 수 없을 때에는 필요한 자문을 받지 못하게 된다.

다섯째, 한 사람의 상관을 통한 의사전달을 고집한다면 오히려 업무의 능률을 저하시킬 우려가 있다.

(4) 전문화의 원리

전문화란 조직의 전체 기능을 성질별로 나누어 가급적 한 사람에게 동일한 업무를 분담시키는 것을 말한다. 계선·참모기능, 그리고 보조기능의 분리는 관료조직 내에서 전문화의 대규모적인 예라고 할 수 있다. 개인적인 수준의 전문화는 어떤 직원이 다른 직원들보다 활동영역에 있어서 보다 잘 알고, 보다 잘 수행하고, 보다 잘 공헌할 것이라고 기대되고 있기 때문에 조직에서 매우 중요하다.

직원들 사이의 업무능력의 차이는 다른 요소들 가운데에서도 신체적 특성, 적성, 기술, 흥미, 교육훈련, 동기부여 또는 적응성의 결과에 달려 있다고 할 수 있다. 경찰전문화는 전문적 기술과 고도의 인사표준을 통하여 달성될 수 있다.[16)]

전문화는 특별한 업무를 특정한 직원에게 할당하는 것을 의미한다. 그러므로 업무와 사람을 관련지어 전문화를 생각할 수 있다.

첫째, 업무의 전문화는 고도의 기술·과학 또는 정확한 태도를 수행해야 하는 어떤 활동 또는 과업을 뜻한다. 작업의 전문화는 업무활동을 세분화하고 반복적인 일상적 업무로 한층 단순화하는 이른바 업무의 분배와 관련된 조직상의 현상이다.

둘째, 사람의 전문화는 작업의 특정한 영역에서 전문가적 의견을 가지고 있

---

16) 이황우, "수사경찰의 전문화에 관한 연구," 한국형사정책연구원, 1991, p. 15.

는 특정한 사람을 뜻한다. 사람의 전문화는 직무에 관한 교육훈련 또는 다방면에 걸친 경험을 통하여 어떤 기술적인 과업의 요구조건에 대한 개인의 적응을 뜻한다.

예를 들면 경찰전문화의 범위는 형사업무, 범죄실험실운용, 법률자문, 컴퓨터업무, 기획, 지역사회관계, 청소년상담 등을 포함한다. 우리나라에서는 경과(警科)제도를 통하여 경찰전문화를 도모하고 있다.

경찰의 전문화 정도를 결정하는 데 있어서 고려되어야 할 중요한 요소는 다음과 같다.17)

첫째, 전문화의 필요성이다. 경찰의 활동량이 전문가의 할당 또는 전문부서의 설립을 정당화시키기 위하여 충분한 규모인가 하는 점이다.

둘째, 전문적 기술의 요구이다. 전문적 기술은 특별한 교육훈련을 통하여 습득될 수 있으나 비용과 시간이 많이 소요된다. 경찰의 업무가운데 체포·신문·감식 등은 전문적 기술이 요구된다고 할 수 있다.

셋째, 전문화에 대한 비용효과이다. 경찰활동의 비용효과를 측정한다는 것은 어렵지만 경찰기능이 전문화되지 못한다면 경찰은 생산성이 없고 비용효과도 없다.

넷째, 조정·계획·통제의 필요성이다. 분화된 부서의 발전과 연계를 위하여 경찰조직에 있어서 조정·계획 및 통제의 필요성이 요구되고 있다.

다섯째, 전문가의 규모이다. 재직하고 있는 전문가의 규모가 어느 정도의 수준인가 하는 점이다. 직원을 전문화하는 것은 그들의 직무만족과 생산성에 도움을 줄 것이다.

경찰기관의 전문화는 다음과 같은 장점을 갖고 있다.

첫째, 애로와 업무지연을 제거 또는 최소화함으로써 작업을 능률화시키는 데 도움이 된다. 업무는 담당영역에서 전문가로서 임명된 직원들이 담당하기 때문이다.

둘째, 직무는 가장 유능한 직원에 의하여 수행되기 때문에 경찰기관 내에서

---

17) Calvin J. Swank and James A. Conser, *The Police Personnel System*(New York: John Wiley & Sons, 1983), pp. 340~344.

업무수행의 질을 향상시킨다.

셋째, 직무를 보다 신속하게 수행하도록 도와준다.

넷째, 경찰업무수행에 필요한 비용을 절감해 준다.

다섯째, 직원들에게 동기를 부여하고, 그들의 전문가적 기술을 증진시키고, 그리고 경찰관들 간에 보다 큰 직무만족을 가져다준다.

다른 한편 전문화는 다음과 같은 문제를 일으킬지도 모른다.

첫째, 전문가들은 높은 지위의식을 나타낼지도 모른다. 즉 그들은 경찰기관 내·외에서 전문가로 취급되어 경원시되거나 또는 신사티를 낼지도 모른다.

둘째, 전문가들은 평범한 용어사용의 부족 때문에 일반행정가와 의사소통을 하는 데 어려움을 발견할지도 모른다.

셋째, 전문가들은 경찰기관의 종합적인 목표와 조직 내의 다른 전문가들의 업무를 잘 알 수 없기 때문에 그들의 업무가 고립될 수 있다.

넷째, 너무 지나친 전문화는 과도한 경쟁을 초래하고, 비밀을 키우고, 그리고 경찰기관 내부에 부패를 불러 일으키게 될지도 모른다.

다섯째, 전문가들은 경찰기관에서 그들보다 높은 지위에 있는 일반행정가에 의한 엄격한 징계 또는 면밀한 감독을 불쾌하게 느낄지도 모른다.

(5) 조정·통합의 원리

조정이란 공동의 목표를 달성하기 위하여 하위체제간의 노력의 통일을 기하기 위한 과정이라고 할 수 있다. 이러한 조정은 언제나 수단으로서 조직이 형성되고, 조직이 내부적으로 복잡하게 분업이 이루어져 여러 하위체제로 나뉘어 지는 경우 필요하게 되는 것이다. 조정이란 분업과 밀접한 관련성이 있다.[18]

조정과 유사하게 사용되는 것으로서 협동·통합 등이 있는데 다같이 공동의 목표를 위하여 노력의 통일을 이룩하도록 한다는 점에서 동일하다.

관료제의 병리의 하나로서 누구나 타기관의 일에 대하여 이해하려거나 알려고 하지도 않고 상하관계로만 움직이는 할거주의 때문에 조정은 어렵다.

---

18) 박동서, 「한국행정론」 (서울: 법문사, 1998), p. 335.

4. 경찰조직편성의 기준

경찰조직편성의 기준이란 경찰조직을 편성함에 있어서 구체적으로 어떠한 방침에 따라 편성하고 분담시킬 것인가에 관한 것을 뜻한다. 근본적으로 경제적이고 효과적인 감독과 통제를 위하여 행정단위들을 기능과 관련하여 편성해야 한다.

조직편성의 합리적인 기준으로는 ① 목적 또는 기능, ② 과정·절차, ③ 고객 또는 자재, ④ 지역 등 네 가지를 드는 것이 일반적이다. 특정한 경찰조직에서 경찰활동을 편성하기 위한 방법으로서 윌슨(O. W. Wilson)은 기능, 시간, 지역에 따라야 된다고 한다.19) 그리고 레오나드(V. A. Leonard)와 모어(H. W. More)는 활동 또는 기능의 주요한 목적, 그 직접적인 목적을 달성하는데 채택된 절차 또는 방법, 다루어야 할 고객의 성질, 운영의 지역적 배분, 그리고 시간 요소를 지적하고 있다.20)

(1) 목적 기준의 편성

목적에 의한 방법은 경찰조직의 주요한 목적 또는 기능에 따라 경찰조직을 결합하거나 분리하는 것으로 가장 보편적인 것이다. 목적에 의한 경찰조직의 편성은 기본적인 경찰목적을 달성하기 위한 효과적인 수단이다.

예를 들면 생활안전과는 범죄예방을 위하여 만들어진 것이라 할 수 있고, 교통과는 교통의 원활한 흐름, 교통혼잡, 교통사고와 주차문제를 해결하기 위한 것이며 반면에 수사과는 용의자를 발견하고 수사하는 것이다.

(2) 절차 기준의 편성

절차에 의한 방법은 경찰행정을 수행하는 데 이용되는 시설·방법·절차와 기술을 기준으로 하여 동일한 시설을 사용하거나 동일한 직무에 종사하는 자

---

19) O. W. Wilson and Roy C. Maclaren, *Police Administration*, 4th ed. (New York: McGraw-Hill, 1977), p. 78.

20) V. A. Leonard and Harry W. More, *op. cit.*, pp. 171~175.

를 동일조직에 편성하는 것이다. 따라서 주로 경찰조직의 하위단계에서 많이 이용되고 있으며 경찰행정의 전문화와 기술화에 따라 이 기준의 적용범위가 확대되고 있다.

예를 들면 경찰조직은 범죄감식 절차, 전자정보처리 절차, 법률적 자문절차, 그리고 유치장 유치절차 등에 따라 구분될 수 있다.

(3) 고객 기준의 편성

경찰조직과 직위는 사회적 및 경제적 고려에 따라 배치될 수도 있다. 따라서 동일한 고객 또는 동일한 성격의 행정을 동일조직에 편성하는 방법으로서 행정의 서비스를 집중적으로 향상시키기 위하여 특수한 경우에 이용한다.

예를 들면 고객에 의한 방법에 따라 경찰기관은 소년반, 그리고 강간과 같은 특정범죄로 인한 피해자들을 보호하기 위하여 특별반으로 편성될 수도 있다.

(4) 지역 기준의 편성

지역에 의한 방법은 지리적인 고려에 따라 경찰조직과 직위를 결합하거나 나누는 것이다. 따라서 주로 경찰조직의 보조기관의 편성에 이용되고 있다.

예를 들면 각 광역시·도에 설치된 지방경찰청은 하부조직으로 특정지역을 분할하여 경찰서, 지구대를 설치하고 있다.

(5) 시간 기준의 편성

시간에 의한 방법은 경찰부서의 인적 자원의 배분을 위한 필요성에 따라 주·야로 경찰조직과 직위를 편성하는 것이다.

예를 들면 대부분의 경찰기관은 전체 경찰관을 3-4개 조로 나누어 3-4부제로 운영하고 있다. 그러나 업무량이나 경찰수요의 정도에 따라 3교대 혹은 4교대를 운영하고 있으며 모두가 동일하게는 운영하지 않고 있다.

제3절 경찰조직의 구조

1. 계층에 의한 분류

오늘날 대부분의 경찰기관은 피라미드 형태의 관료적 계선에 따라 조직되어 있으며, 피라미드의 정점에 한 사람의 경찰책임자가 있다.

그러나 미국의 경우에는 대단히 많은 예외가 있으며 국제경찰장협회(IACP)에 의하면 미국의 경찰장에 대한 직접적인 감독형태는 시장이 31%, 시지배인이 31.9%, 공안관이 10.4%, 시의회가 17.9%, 경찰위원회가 7.1%, 선거민이 0.9%를 감독하는 형태이다.[21]

(1) 최고관리층

최고관리층은 행정조직의 계층적 구조에 있어서 행정의 기본적인 정책과 방침을 결정할 뿐만 아니라 조직전체의 활동을 지휘·조정·통제하는 역할과 정치적·행정적·대표적 기능을 수행한다.

경찰조직에서의 최고관리층은 중앙에서는 경찰청장과 차장이, 지방에서는 지방경찰청장과 차장, 그리고 경찰서장이 이에 해당한다. 전통적으로 최고관리층의 기능은 POSDCORB(기획, 조직, 인사, 지휘, 조정, 보고, 예산)를 들고 있으며 경찰책임자는 엄격한 규율과 규칙, 그리고 징계를 통한 절대적인 통제권을 주기 때문에 전통적 조직모형을 선호한다. 그러나 현대의 관리모형은 참여관리, 품질관리, MBO와 같은 관리철학을 강조한다.

경찰최고관리자는 높은 수준의 조직 효과성을 달성하려면 첫째, 조직의 구성원들이 그들의 임무를 이해하고 자극을 받아들이며 조직의 목표에 전념할 수 있는 분위기를 만들어야 한다.

둘째, 조직내부환경에 가시적인 정도의 안정성이 유지되도록 해야 하며 조

---

21) Lee W. Potts, *op. cit.*, p 79.

직의 작업과정에 있어서는 예측성의 정도를 높여야 한다.

셋째, 조직의 내·외부에서 해악을 끼치는 간섭을 최소화해야 한다.22)

경찰최고관리층이 되기 위해서는 정책구상능력 및 결정능력, 그리고 그에 적합한 지도력을 갖추고 있어야 한다.

(2) 중간관리층

중간관리층은 최고관리층의 바로 하위층에서 정책결정에 참여하여 보조적 역할을 수행하고 정책을 집행하는 수준의 계층을 말한다. 중앙에서는 국·과장이, 지방에서는 과장이 이에 해당한다.

중간관리자는 기획·평가·예산·리더십같은 관리도구를 사용하여 임무를 수행하며 행위지향적이라기보다는 미래설계지향적이다.23)

경찰중간관리층이 되기 위해서는 그가 맡고 있는 업무에 대한 전문성 및 성실성(integrity)을 갖추고 있어야 한다. 여기서 성실성이란 충성심도 포함하는 넓은 개념이다.

최근에는 컴퓨터의 발전에 따라 의사결정자의 자료분석과 접근이 용이해졌을 뿐만 아니라 상·하간의 직접적인 의사소통라인을 개설하여 계층구조를 좀더 얇고 유연한 조직으로 대체시키려는 참여관리 때문에 중간관리층이 감소하고 있다.

(3) 하위관리층

하위관리층은 일선에서 현장업무를 수행하는데 대한 감독책임을 지는 일선 감독계층을 말한다. 하위관리층에는 계장·주임·반장·조장 등이 있다.

일선감독자는 부하직원에 대하여 영향력이 있어야 하며 또한 직원의 복종·신뢰·존경·협동심을 이끌어낼 능력이 있어야 한다. 일선감독자는 훈련자, 통제자, 동기부여자, 의사결정자, 지도자로서의 역할과 책임이 있다.24)

---

22) Harvey Wallace, Cliff Roberson and Craig Steckler, *Fundamentals of Police Administration* (Englewood Cliffs, New Jersey: Prentice Hall, 1995), p. 165.

23) *Ibid.*, p. 162.

24) *Ibid.*, pp. 153~158.

2. 기능에 의한 분류

관료조직에는 목표달성기능을 직접적으로 수행하는 기관과 이를 간접적 측면에서 보조·지원하는 기관이 있는데 전자를 계선(line)이라 하고 후자를 참모(staff)라 한다. 양자는 상호보완적으로 기능하도록 설치되었으나 종종 상호갈등하기도 한다. 대부분의 관료조직은 계선·참모·보조조직으로 분리되어 있다.

(1) 계선조직

계선조직은 상하명령·복종관계를 가진 수직적·계층적 구조를 형성하는 기관으로서 경찰기능의 중추적인 위치에 있으며 법령을 집행하고 정책을 결정하여 국민에게 직접적으로 봉사하는 임무를 맡고 있다. 계선조직은 경찰기관의 업무를 수행하는 직원의 감독뿐만 아니라 순찰, 범죄수사, 교통단속, 비범죄행위의 단속, 비행행위의 규제를 담당한다.[25] 계선조직은 계원·반장·계장·과장 그리고 경찰서장 등과 같은 계선직원에 의하여 수행되고 있으며 명령적·집행적 기능을 갖는다.

따라서 계선조직은 다음과 같은 장점이 있다.

첫째, 권한과 책임의 한계가 명확하여 업무수행이 능률적이다.

둘째, 단일기관으로 구성되어 정책결정이 신속히 이루어진다.

셋째, 업무가 단순하고 비용이 적게 드는 조직에 적합하다.

넷째, 강력한 통솔력을 행사할 수 있다.

(2) 참모조직

참모조직은 계선조직이 행정목표의 달성을 위하여 원활하게 기능을 수행할 수 있도록 계선조직을 지원·조성·촉진·자문하는 기관이다.

경찰조직에 있어서 전형적인 참모운영은 인사행정, 교육훈련, 법률자문, 홍

---

25) Edward A. Thibault, Lawrence M. Lynch and R. Bruce McBride, *Proactive Police Management* (Englewood Cliffs, New Jersey: Prentice-Hall, 1985), pp. 68~69.

보, 지역사회관계, 감찰, 정보, 연구 및 기획, 예산통제, 범죄분석 등의 기능을
수행하기 위한 것이다.26)

즉, 참모들은 경찰기관 내에서 전문분야 관련 업무를 수행하는 직원들이며
현장에서 직접 사건을 취급하지는 않는다. 참모조직의 주요기능은 경찰정책과
실무를 연구하는 것이며 경찰기관의 장에게 자문하는 것이다. 그러므로 참모조
직은 경찰조직의 목적에 간접적으로 기여하고 조성적·촉진적 기능을 담당하
지만 집행권한은 없다.

참모조직은 다음과 같은 장점이 있다.

첫째, 경찰기관장의 통솔범위를 확대시킨다.

둘째, 전문적인 지식과 경험을 활용함으로써 보다 합리적인 지시와 명령을
내릴 수 있다.

셋째, 수평적인 업무의 조정과 협조를 가능하게 한다.

넷째, 경찰조직이 신축성을 띨 수 있다.

(3) 보조조직

보조조직은 경찰기관의 운영 혹은 목표달성을 위한 본질적인 업무와는 관
계가 없으나, 계선조직과 참모조직의 활동을 보조·촉진시켜주는 것을 목적으
로 운영되는 조직이다. 따라서 서비스적인 성격을 띄는 경우가 많다. 예를 들
면, 경찰조직은 본질적으로 진리의 탐구나 고등교육의 전수를 목표로 하는 대
학과는 목적이 다르지만 우수한 경찰인력을 양성하기 위하여 경찰대학을 운영
하고 있다. 마찬가지로 보건의료서비스의 제공을 목적으로 하지 않음에도 불구
하고 경찰병원을 운영하며 경찰공무원의 건강유지가 본질적인 경찰조직목표달
성 즉, 치안서비스의 성공적인 제공에 영향을 미칠 수 있기 때문에 운영하는
것이다. 이 이외에도 경찰내의 기록과 자료처리를 위한 부서 혹은 조직, 신원확
인기능, 유치장, 운전면허관리, 장비 혹은 차량정비, 정보·통신, 국립과학수사
연구원, 중앙경찰학교, 경찰교육원 등은 모두 보조기능에 속하는 조직이다.

---

26) *Ibid.,* p. 70.

제 4 절   한국경찰조직의 구조

우리나라 경찰은 1945. 10. 21. 국립경찰로 출범한 이래 1991년 경찰법이 법률 제4369호로 공포됨으로써 46년 만에 내무부장관의 보조기관에서 내무부소속의 외청으로 독립하여 경찰행정의 책임성과 독자성을 행사할 수 있는 체제를 갖추게 되었다. 1998년 「정부조직법」 개정으로 내무부가 총무처와 합쳐져서 행정자치부로 바뀌었으며, 이후 명칭변경으로 2013년 안전행정부로 변경되었다. 2014년에는 안전행정부가 행정자치부로 변경되며 공무원 인사관리를 담당하는 인사혁신처와 재난·안전·방재기능을 담당하는 국민안전처가 독립하게 되었다. 이후 2017년 7월 행정자치부와 국민안전처를 통합하여 '행정안전부'로 명칭이 변경되었고 경찰청은 현재 행정안전부의 외청의 형태로 설치되어 있다.27)

「국가경찰과 자치경찰의 조직 및 운영에 관한 법률」은 경찰의 민주적인 관리·운영과 효율적인 임무수행을 위하여 경찰의 기본조직 및 직무범위를 정하고 있으며 분단국가로서의 안보상황과 치안여건에 효율적으로 대처하기 위해 중앙집권적인 국가경찰체제를 고수하였던 과거를 청산하고 국가경찰과 자치체경찰로 이원화한 것이 특징이다.

1. 경찰행정기관

(1) 경 찰 청

치안에 관한 사무를 관장하게 하기 위하여 행정안전부장관 소속 하에 경찰청을 둔다(국가경찰과 자치경찰의 조직 및 운영에 관한 법률 제2조 제1항). 경찰청장은 치안총감으로 보하며, 국가경찰위원회의 동의를 얻어 행정안전부장관의 제청으로 국무총리를 거쳐 대통령이 임명하며, 국회의 인사청문회를 거쳐야 한다(국가경찰과 자치경찰의 조직 및 운영에 관한 법률 제14조 제1항, 제2항). 경찰청장은 각급

---

27) https://www.mois.go.kr/

경찰기관장을 지휘·감독하는 권한을 갖는 중앙경찰기관장으로서의 지위를 갖도록 하고 있다. 경찰청장 아래에는 정책의 기획이나 계획의 입안 및 하부기관의 감독, 연구조사를 담당하는 1명의 차장과 1본부 9국 그리고 10관의 아래에 32개과 22담당관 1팀이 경찰청장을 보좌하기 위하여 구성되어 있다. 또한 경찰

그림 3-1 경찰청의 조직*

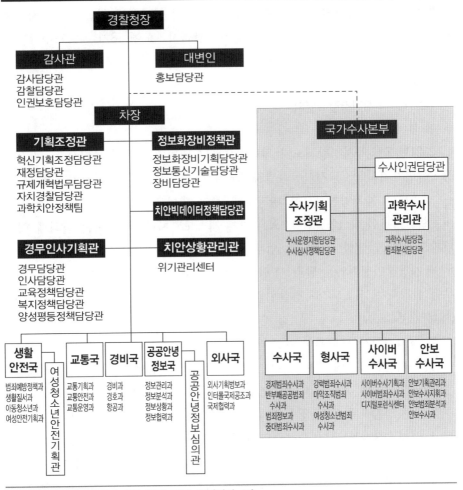

* 개편후 1차장, 1본부장, 9국, 10관, 32과, 22담당관 1팀.

청의 부속기관으로 경찰대학, 경찰인재개발원, 중앙경찰학교, 경찰수사연수원과 같은 교육훈련기관이 있으며 경찰병원이 설치되어 있다.

경찰청의 각 부서별 기능을 살펴보면, 생활안전국·교통국이 민생치안을, 수사기획조정관·과학수사관리관·수사국·형사국·사이버수사국·안보수사국이 소속된 국가수사본부가 수사를 담당하고, 경비국·공공안녕정보국·외사국이 사회질서 유지를, 대변인·감사관·기획조정관·경무인사기획관·정보화장비정책관이 행정지원을 각각 담당하고 있다. 뿐만 아니라 치안사무를 지역적으로 분담 수행하기 위하여 전국 특별시·광역시·도에 18개 시·도경찰청을 두고 있으며 시·도경찰청장 소속하에 경찰서 257개, 지구대 585개, 파출소 1,437개를 운영하고 있다.

(2) 시·도자치경찰위원회

1) 설치 및 소관 사무

2021년 7월 자치경찰제도가 전면적으로 시행됨에 따라서 특별시장·광역시장·특별자치시장·도지사·특별자치도지사 소속으로 시·도자치경찰위원회를 설치하여 자치경찰사무를 관장하게 하고 있다(국가경찰과 자치경찰의 조직 및 운영에 관한 법률 제18조). 합의제 심의·의결기관인 국가경찰위원회와는 달리 시·도자치경찰위원회는 합의제 행정기관으로서 그 권한에 속하는 업무를 독립적으로 수행한다.

국가경찰위원회와는 달리 시·도경찰청과 경찰서에서 수행하는 자치경찰사무를 관장하는 시·도자치경찰위원회는 다음과 같은 다양한 사무를 수행한다 (국가경찰과 자치경찰의 조직 및 운영에 관한 법률 제24조).

1. 자치경찰사무에 관한 목표의 수립 및 평가

2. 자치경찰사무에 관한 인사, 예산, 장비, 통신 등에 관한 주요정책 및 그 운영지원

3. 자치경찰사무 담당 공무원의 임용, 평가 및 인사위원회 운영

4. 자치경찰사무 담당 공무원의 부패 방지와 청렴도 향상에 관한 주요 정책 및 인권침해 또는 권한남용 소지가 있는 규칙, 제도, 정책, 관행 등의 개선

5. 국민의 생명·신체 및 재산을 보호하고 공공의 안녕과 질서유지에 필요

한 지방자치단체의 시책 수립

6. 시·도경찰청장의 임용과 관련한 경찰청장과의 협의와 정기적으로 경찰서장의 자치경찰사무 수행에 관한 평가를 수행하며, 그 결과를 경찰청장에게 통보

7. 자치경찰사무 감사 및 감사의뢰

8. 자치경찰사무 담당 공무원의 주요 비위사건에 대한 감찰요구

9. 자치경찰사무 담당 공무원에 대한 징계요구

10. 자치경찰사무 담당 공무원의 고충심사 및 사기진작

11. 자치경찰사무와 관련된 중요사건·사고 및 현안의 점검

12. 자치경찰사무에 관한 규칙의 제정·개정 또는 폐지

13. 지방행정과 치안행정의 업무조정과 그 밖에 필요한 협의·조정

14. 전시·사변, 천재지변, 그 밖에 이에 준하는 국가 비상사태, 대규모의 테러 또는 소요사태가 발생하였거나 발생할 우려와 같은 비상사태 등 전국적 치안유지를 위한 경찰청장의 지휘·명령에 관한 사무

15. 국가경찰사무·자치경찰사무의 협력·조정과 관련하여 경찰청장과 협의

16. 국가경찰위원회에 대한 심의·조정 요청

17. 그 밖에 시·도지사, 시·도경찰청장이 중요하다고 인정하여 시·도자치경찰위원회의 회의에 부친 사항에 대한 심의·의결

이와 같은 시·도자치경찰위원회의 업무와 관련하여 시·도지사는 정치적 목적이나 개인적 이익을 위해 관여하여서는 아니 된다고 규정하여 시·도자치경찰위원회의 정치적 중립성의 확보와 자의적인 남용 가능성을 방지하고 있다.

2) 구성 및 위원의 임명

시·도자치경찰위원회는 위원장 1명을 포함한 7명의 위원으로 구성하되, 위원장과 1명의 위원은 상임으로 하고, 5명의 위원은 비상임으로 하고 국가경찰위원회와 마찬가지로 위원은 특정 성(性)이 10분의 6을 초과하지 아니하도록 노력하여야 한다. 시·도자치경찰위원회의 위원 중 1명은 인권문제에 관하여 전문적인 지식과 경험이 있는 사람이 임명될 수 있도록 노력하여야 한다(국가경찰과 자치경찰의 조직 및 운영에 관한 법률 제19조).

시·도자치경찰위원회의 위원은 시·도지사가 임명하며, 7명의 위원은 다음과 같이 구성된다(국가경찰과 자치경찰의 조직 및 운영에 관한 법률 제20조 제1항). ① 시·도의회가 추천하는 2명, ② 국가경찰위원회가 추천하는 1명, ③ 해당 시·도 교육감이 추천하는 1명, ④ 시·도자치경찰위원회 위원추천위원회가 추천하는 2명, 그리고 시·도지사가 지명하는 1명으로 구성된다.

시·도자치경찰위원회 위원장은 위원 중에서 시·도지사가 임명하고, 상임위원은 시·도자치경찰위원회의 의결을 거쳐 위원 중에서 위원장의 제청으로 시·도지사가 임명하며, 위원장과 상임위원은 지방자치단체의 공무원신분을 가지게 된다(국가경찰과 자치경찰의 조직 및 운영에 관한 법률 제20조). 시·도자치경찰위원회 위원장은 시·도자치경찰위원회를 대표하고 회의를 주재하며 시·도자치경찰위원회의 의결을 거쳐 업무를 수행하며, 위원장이 부득이한 사유로 직무를 수행할 수 없을 때에는 상임위원, 시·도자치경찰위원회 위원 중 연장자순으로 그 직무를 대행한다(국가경찰과 자치경찰의 조직 및 운영에 관한 법률 제22조).

시·도자치경찰위원회 위원은 정치적 중립을 지켜야 하며, 권한을 남용하여서는 아니 된다. 뿐만 아니라 시·도자치경찰위원회의 위원들에게는 지방공무원에게 요구되는 비밀 엄수의 의무와 정치운동 금지의무가 부과되며, 모든 위원들에게는 그 소관 사무와 관련하여 형법이나 그 밖의 법률에 따른 벌칙을 적용할 때에는 공무원으로 보도록 규정되어 있다(국가경찰과 자치경찰의 조직 및 운영에 관한 법률 제20조).

3) 위원의 자격 및 결격 사유

시·도자치경찰위원회 위원의 자격요건은 ① 판사·검사·변호사 또는 경찰의 직에 5년 이상 있었던 사람, ② 변호사 자격이 있는 사람으로서 국가기관 등에서 법률에 관한 사무에 5년 이상 종사한 경력이 있는 사람, ③ 대학이나 공인된 연구기관에서 법률학·행정학 또는 경찰학 분야의 조교수 이상의 직이나 이에 상당하는 직에 5년 이상 있었던 사람, ④ 그 밖에 관할 지역주민 중에서 지방자치행정 또는 경찰행정 등의 분야에 경험이 풍부하고 학식과 덕망을 갖춘 사람이다(국가경찰과 자치경찰의 조직 및 운영에 관한 법률 제20조 제2항).

시·도자치경찰위원회의 위원의 결격사유 살펴보면 다음과 같으며 이러한 사유가 발생되는 위원은 당연퇴직한다(국가경찰과 자치경찰의 조직 및 운영에 관한 법률 제20조 제7항).

① 정당의 당원이거나 당적을 이탈한 날부터 3년이 지나지 아니한 사람

② 선거에 의하여 취임하는 공직에 있거나 그 공직에서 퇴직한 날부터 3년이 지나지 아니한 사람

③ 경찰, 검찰, 국가정보원 직원 또는 군인의 직에 있거나 그 직에서 퇴직한 날부터 3년이 지나지 아니한 사람

④ 국가 및 지방자치단체의 공무원(국립 또는 공립대학의 조교수 이상의 직에 있는 사람은 제외)이거나 공무원이었던 사람으로서 퇴직한 날부터 3년이 지나지 아니한 사람.

⑤ 「지방공무원법」제31조에 따른 결격사유에 해당하지 않는 사람.

4) 위원추천위원회의 구성

국가경찰위원회의 구성방법과는 달리 시·도자치경찰위원회의 위원을 추천하기 위하여 시·도지사 소속으로 시·도자치경찰위원회 위원추천위원회를 두도록 하고 있으며, 시·도지사는 위원추천위원회에 각계각층의 관할 지역주민의 의견이 수렴될 수 있도록 위원을 구성하여야 한다. 그밖의 시·도자치경찰위원회 위원추천위원회 위원의 수, 자격, 구성, 위원회 운영 등에 관하여 필요한 사항은 대통령령으로 정한다(국가경찰과 자치경찰의 조직 및 운영에 관한 법률 제21조).

5) 위원의 임기 및 신분 보장

시·도자치경찰위원회의 위원장과 위원의 임기와 신분보장은 국가경찰위원회의 위원의 그것과 같다. 시·도자치경찰위원회의 위원장과 위원의 임기는 3년이며 연임할 수 없도록 규정되어 있고 보궐위원의 임기는 전임자 임기의 남은 기간으로 한다. 다만 전임자의 남은 임기가 1년 미만인 경우 그 보궐위원은 한 차례만 연임할 수 있도록 규정하여 국가경찰위원회의 위원과는 다르다. 그리고 시·도자치경찰위원회의 위원은 국가경차위원회의 위원과 마찬가지로 중대한 신체상 또는 정신상의 장애로 직무를 수행할 수 없게 된 경우를 제외하고는 그 의사에 반하여 면직되지 아니하도록 규정되어 위원의 신분을 보장하고 있다(국가경찰과 자치경찰의 조직 및 운영에 관한 법률 제23조).

6) 시·도자치경찰위원회의 심의·의결

앞서 언급한 바와 같이 시·도자치경찰위원회는 합의제 행정기관으로서 그

권한에 속하는 업무를 독립적으로 수행한다(국가경찰과 자치경찰의 조직 및 운영에 관한 법률 제18조 제2항). 하지만 합의제 심의·의결기관인 국가경찰위원회와 마찬가지로 앞서 제시한 자치경찰 사무와 관련하여 심의·의결한다. 시·도자치경찰위원회의 회의는 재적위원 과반수의 출석과 출석위원 과반수의 찬성으로 의결한다.

시·도자치경찰위원회의 결정사항이 적정하지 아니하다고 판단할 때에는 시·도지사가 재의를 요구할 수 있다. 또한 위원회의 의결이 법령에 위반되거나 공익을 현저히 해친다고 판단되면 행정안전부장관은 미리 경찰청장의 의견을 들어 국가경찰위원회를 거쳐 시·도지사에게 재의를 요구하게 할 수 있고, 경찰청장은 국가경찰위원회와 행정안전부장관을 거쳐 시·도지사에게 재의를 요구하게 할 수 있도록 하고 있다. 따라서 시·도자치경찰위원회의 의결사항에 대하여 시·도지사, 행정안전부장관, 경찰청장은 모두 재의를 요구할 수 있는 권한을 부여받고 있다. 다만 행정안전부장관과 경찰청장의 재의 요구는 모두 국가경찰위원회를 거쳐 법적으로 재의요구권이 보장된 시·도지사에게 하도록 하고 있다.

시·도자치경찰위원회의 위원장은 재의요구를 받은 날부터 7일 이내에 회의를 소집하여 재의결하여야 하며, 재적위원 과반수의 출석과 출석위원 3분의 2 이상의 찬성으로 전과 같은 의결을 하면 그 의결사항은 확정된다(국가경찰과 자치경찰의 조직 및 운영에 관한 법률 제25조).

7) 시·도자치경찰위원회의 운영과 사무기구

시·도자치경찰위원회의 회의는 정기적으로 개최하여야 하며, 위원장이 필요하다고 인정하는 경우, 위원 2명 이상이 요구하는 경우 및 시·도지사가 필요하다고 인정하는 경우에는 임시회의를 개최할 수 있다.(국가경찰과 자치경찰의 조직 및 운영에 관한 법률 제26조) 시·도자치경찰위원회의 회의에는 안건과 관련된 이해관계인이 있는 경우 그 의견을 듣거나 회의에 참석하게 할 수 있다.

시·도자치경찰위원회의 위원 중 위원장이나 상임위원같이 공무원이 아닌 위원에게는 예산의 범위에서 직무활동에 필요한 비용 등을 지급할 수 있도록 규정되어 있다.

시·도자치경찰위원회의 사무를 처리하기 위하여 사무기구를 두며, 사무기구에는 경찰공무원을 배치하여야 하고 사무기구의 조직·정원·운영 등과 관련된 사항은 시·도조례로 정하도록 규정되어 있다(국가경찰과 자치경찰의 조직 및 운영에 관한 법률 제27조).

(3) 시·도경찰청

경찰의 사무를 지역적으로 분담하여 수행하게 하기 위하여 특별시·광역시·특별자치시·도·특별자치도에 시·도경찰청을 두고, 시·도경찰청장 소속으로 경찰서를 둔다(국가경찰과 자치경찰의 조직 및 운영에 관한 법률 제13조). 시·도경찰청장은 치안정감, 치안감 또는 경무관으로 보한다(국가경찰과 자치경찰의 조직 및 운영에 관한 법률 제28조 제1항). 시·도경찰청장은 경찰청장이 시·도자치경찰위원회와 협의하여 추천한 사람 중에서 행정안전부장관의 제청으로 국무총리를 거쳐 대통령이 임용한다(국가경찰과 자치경찰의 조직 및 운영에 관한 법률 제28조 제2항). 시·도경찰청장은 국가

그림 3-2 서울경찰청의 조직

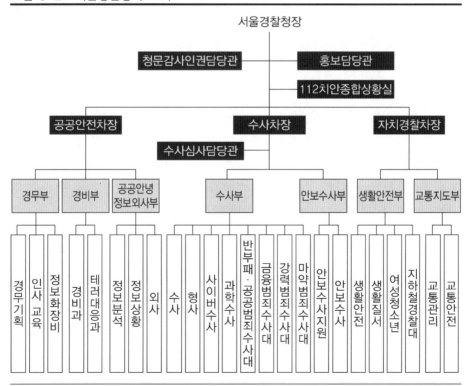

그림 3-3 기타 지방경찰청의 조직(경기남부)

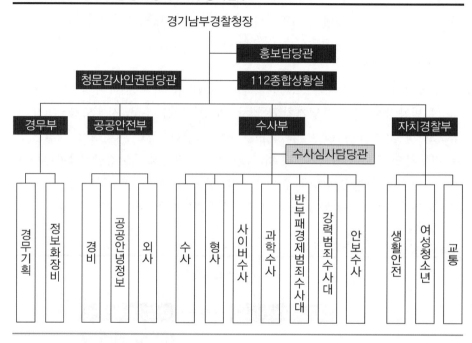

경찰사무에 대해서는 경찰청장의 지휘·감독을, 자치경찰사무에 대해서는 시·도자치경찰위원회의 지휘·감독을 받아 소관사무를 총괄하고, 소속 공무원을 지휘·감독한다. 다만, 수사에 관한 사무에 대해서는 국가수사본부장의 지휘·감독을 받아 관할구역의 소관 사무를 관장하고 소속 공무원 및 소속 경찰기관의 장을 지휘·감독한다(국가경찰과 자치경찰의 조직 및 운영에 관한 법률 제28조 제3항).

(4) 경 찰 서

시·도경찰청장 소속하에 경찰서를 둔다(국가경찰과 자치경찰의 조직 및 운영에 관한 법률 제13조). 경찰서장은 경무관, 총경 또는 경정으로 보한다. 경찰서장은 시·도경찰청장의 지휘·감독을 받아 관할구역 안의 소관사무를 관장하고 소속공무원을 지휘·감독한다.

경찰서장 소속하에 지구대 또는 파출소를 두고, 그 설치기준은 치안수요·교통·지리 등 관할구역의 특성을 고려하여 행정자치부령으로 정한다. 다만, 필

그림 3-4 경찰서의 조직(종로경찰서)

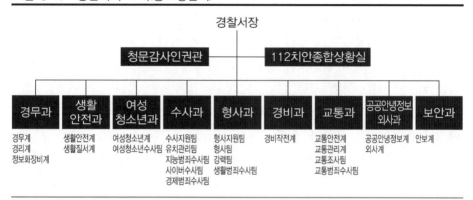

요한 경우에는 출장소를 둘 수 있다. 자치경찰사무와 관련하여 시·도자치경찰위원회는 정기적으로 경찰서장의 자치경찰사무 수행에 관한 평가결과를 경찰청장에게 통보하여야 하며 경찰청장은 이를 반영하여야 한다(국가경찰과 자치경찰의 조직 및 운영에 관한 법률 제30조).

2. 경찰의결기관

(1) 국가경찰위원회

국가경찰의 정치적 중립성 보장과 민주적 관리운영을 위하여 행정안전부에 합의제 심의·의결기관인 국가경찰위원회를 둔다. 국가경찰위원회는 위원장 1인을 포함한 7인의 위원으로 구성하되 위원장 및 5인의 위원은 비상임, 1인의 위원은 상임으로 한다. 국가경찰위원회를 대표하는 위원장은 비상임위원 중에서 호선으로 선출한다. 상임위원은 정무직으로서 차관급이다(국가경찰과 자치경찰의 조직 및 운영에 관한 법률 제7조).

국가경찰위원회의 위원은 행정안전부장관의 제청으로 국무총리를 거쳐 대통령이 임명한다. 행정안전부장관은 국가경찰위원을 제청함에 있어서 경찰의 정치적 중립이 보장되도록 하여야 하고 위원 중 2인은 법관의 자격이 있는 자이어야 한다. 또한 위원들의 구성에 있어 특정 성(性)이 10분의 6을 초과하지 아니하도록 노력하여야 한다(국가경찰과 자치경찰의 조직 및 운영에 관한 법률 제8조).

다음에 해당하는 자는 위원이 될 수 없으며, 위원이 다음 각 호의 어느 하나에 해당하는 경우에는 당연퇴직한다(국가경찰과 자치경찰의 조직 및 운영에 관한 법률 제8조).

① 당적을 이탈한 날로부터 3년이 경과되지 아니한 자

② 선거에 의하여 취임하는 공직에서 퇴직한 날로부터 3년이 경과되지 아니한 자

③ 경찰·검찰·국가정보원 직원 또는 군인의 직에 있거나 퇴직한 날로부터 3년이 경과되지 아니한 자

④ 국가공무원법 제33조에 규정된 결격사유에 해당하는 자이다.

국가경찰위원회 위원의 임기는 3년이며 연임할 수 없다. 이 경우 보궐위원의 임기는 전임자의 잔임기간으로 한다. 위원은 중대한 심신상의 장애로 직무를 수행할 수 없게 된 경우를 제외하고는 그 의사에 반하여 면직할 수 없도록 그 신분을 보장하고 있다(국가경찰과 자치경찰의 조직 및 운영에 관한 법률 제9조).

국가경찰위원회는 경찰청장의 임명동의권을 가지며(국가경찰과 자치경찰의 조직 및 운영에 관한 법률 제14조), 다음 사항을 심의·의결한다.

① 국가경찰사무에 관한 인사, 예산, 장비, 통신 등에 관한 주요정책 및 국가경찰 업무 발전에 관한 사항

② 국가경찰사무에 관한 인권보호와 관련되는 국가경찰의 운영·개선에 관한 사항

③ 국가경찰사무 담당 공무원의 부패 방지와 청렴도 향상에 관한 주요 정책사항

④ 국가경찰 사무 외에 다른 국가기관으로부터의 업무협조 요청에 관한 사항

⑤ 제주특별자치도의 자치경찰에 대한 국가경찰의 지원·협조 및 협약체결의 조정 등에 관한 주요 정책사항

⑥ 시·도자치경찰위원회 위원 추천, 자치경찰사무에 대한 주요 법령·정책 등에 관한 사항, 시·도자치경찰위원회 의결에 대한 재의 요구에 관한 사항

⑦ 국민의 생명·신체 및 재산을 보호하고 공공의 안녕과 질서유지에 필요한 국가와 지방자치단체의 시책을 수립에 관한 사항

⑧ 비상사태 등 전국적 치안유지를 위한 경찰청장의 지휘·명령에 관한 사항

⑨ 그 밖에 행정안전부장관 및 경찰청장이 중요하다고 인정하여 위원회의 회의에 부친 사항 등이다(국가경찰과 자치경찰의 조직 및 운영에 관한 법률 제10조).

행정안전부장관은 국가경찰위원회가 심의·의결된 내용이 부적당하다고 판단될 때에는 재의를 요구할 수 있도록 했는데, 이는 사실상 거부를 의미하는 것으로 해석될 수 있다. 국가경찰위원회는 외국의 공안위원회와 같이 독립된 합의제 경찰기관으로서 경찰행정에 관한 독자적인 정책을 결정하거나 경찰규칙 등을 제정할 수 있는 권한이 있는 것은 아니다.

국가경찰위원회의 회의는 정기회의와 임시회의로 구분되며 정기회의는 특별한 사유가 있는 경우를 제외하고는 매월 1회 개최되고 임시회의는 위원장이 필요하다고 인정되는 경우는 물론 위원 3인 이상과 행정안전부장관 또는 경찰청장의 소집요구가 있을 경우 특별한 사유가 없는 한 소집해야 한다. 회의는 재적위원 과반수의 출석과 출석위원 과반수의 찬성으로 의결한다. 위원장은 국가경찰위원회의 심의를 위하여 필요한 경우에는 관계공무원 또는 관계전문가의 출석·발언이나 자료의 제출을 요구할 수 있다. 국가경찰위원회의 사무는 경찰청에서 수행한다(국가경찰과 자치경찰의 조직 및 운영에 관한 법률 제11조).

참 고 문 헌 (Sources)

국내문헌

박동서, 「한국행정론」, 서울: 법문사, 2001.

박연호 · 오세덕, 「현대조직관리론」, 서울: 법문사, 2001.

박우순, 「조직관리론」, 서울: 법문사, 1999.

오석홍 · 손태원 · 하태권, 「조직학의 주요이론」, 서울: 법문사, 2000.

이황우, "수사경찰의 전문화에 관한 연구," 서울: 한국형사정책연구원, 1991.

_____, "경찰위원회의 모형설계," 「한국경찰학회보」, 제1호, 한국경찰학회, 1999.

_____, "한국의 경찰위원회와 일본의 국가공안위원회와의 비교분석," 「한국공안행정학회보」 제2호, 한국공안행정학회, 1993.

조석준, 「조직론」, 서울: 법문사, 1993.

국외문헌

Etzioni, Amitai, *Modern Organizations*, Englewood Cliffs, New Jersey: Prentice-Hall, 1964.

Fyfe, James F., Jack R. Greene, William F. Walsh, O. W. Wilson, and Roy Clinton McLaren, *Police Administration*, 5th ed., New York: McGraw-Hill Co., 1997.

Germann, A. C., Frank D. Day & Robert R. J. Gallati, *Introduction to Law Enforcement*, 4th ed., Springfield, Ill.: Charls C. Thomas, 1966.

Koontz, Harold, and Cyril O'donnel, *Principles of Management, 4th ed.*, New York: McGraw-Hill Book Co., 1968.

Leonard, V. A., and Harry W. More, *Police Organization and Management*, 5th ed., Mineola, New York: The Foundation Press, 1978.

More, Harry W., *Effective Police Administration*, San Jose, Cal.: Justice Systems Development, 1975.

Sandler, Georgette, and Ellen Mintz, "Police Organizations: Their Changing Internal and External Relationships," *Journal of Police Science and Administration*, Vol. 2, No. 4, 1974.

Souryal, Sam S., *Police Organization and Administration*, New York: Harcourt

Brace Jovanovich, 1981.

Swank, Calvin J., and James A. Conser, *The Police Personnel System*, New York: John Wiley & Sons, 1983.

Thibault, Edward A., Lawrence M. Lynch and R. Bruce McBride, *Proactive Police Management*, Englewood Cliffs, New Jersey: Prentice Hall, 1985.

Weston, Paul B., *Police Organization & Management*, Pacific Palisades, Cal.: Goodyear Publishing Co., 1976.

Wilson, O. W. and Roy C. Maclaren, *Police Administration*, 4th ed., New York: McGraw-Hill, 1977.

Wrobleski, Henry M., and Karen M. Hess, *Introduction to Law Enforcement and Criminal Justice*, 2nd ed., St. Paul, Minnesota: West Publishing Co., 1986.

제4장 경찰조직이론

모든 공식적 조직이 사회의 욕구를 충족시켜 주기 위하여 설립·유지되고 있다고 할지라도 그 조직을 효과적으로 운영할 수 있는 능력, 조직에서 생산한 서비스의 질, 그리고 직원들의 안정성과 화합의 정도는 조직마다 상당히 다양하다. 예를 들면 어떤 경찰기관은 분명히 다른 경찰기관보다 더욱 효율적인 것으로 인식되고 있다.

여기에서는 20세기 이후 제시된 중요한 조직 및 관리이론들을 설명한다. 조직이론의 발전과정에 대한 연구에 있어 고전학파와 행태학파 즉, 신고전학파의 업적에 대한 논의와 함께 기존의 주요 이론들을 통합하는 체계이론(system theory)과 상황적응이론(contingency theory)이 논의될 것이다.

제 1 절 고전학파

조직의 구조에 대하여 관심을 기울였던 고전학파에 속한 학자들은 조직이 효과적으로 작동하기 위하여 준수하여야 할 원칙을 제시하였다. 톰슨(Victor Thompson)에 의하면 고전적 관리이론은 (1) 과학적 관리론, (2) 관료제이론 그리고 (3) 행정관리이론의 세 가지 중요한 이론으로 구분된다.[1]

---

1) Victor. D. Thompsen, *Organizations in Action: Social Science Bases of Administrative Theory* (New York: McGraw-Hill, 1967).

1. 과학적 관리론

테일러(Frederick W. Taylor, 1856~1915)가 그의 저서 「과학적 관리의 원리(Principles of Scientific Management)」에서 제시한 과학적관리론은 인간의 선천적인 게으름과 물질주의에 근거하여 이러한 인간의 본성을 보완하기 위하여 조직관리에 과학적 방법론을 도입할 것을 주장하였다.

과학적 관리론은 다음과 같은 가정에 근거하고 있다.[2]

첫째, 노동자들은 선천적으로 작업과정에서 꾀를 부리거나 태만히 하는 경향이 있으며, 이를 개인적 태업(private soldiering)이라고 하였다.

둘째, 노동자들은 성실하게 최선의 노력을 다하여 일하지 않고 적당히 다른 사람과 비슷하게 업무를 수행함으로써 관리자를 속이는 경향이 있다. 이러한 경향을 체계적인 태업(systematic soldiering)이라고 하였다.

셋째, 노동자들은 고용을 지속하기 위하여 가급적 천천히 일하려 하며 상품을 적게 생산하려고 하는 경향이 있다.

넷째, 고정된 보수는 노동자들의 태업을 조장하며, 근면하고 혁신적인 자세로 일하도록 자극주지 못한다.

다섯째, 과업이 미리 계획되어 있지 않으면 매일의 작업을 준비하는 데 귀중한 시간과 비용이 소모될 것이다.

여섯째, 관리자가 노동자들을 훈련을 시키고 열심히 일하도록 자극을 주는 데 관심을 가지지 않는다면 노동자들이 자발적으로 관리자의 뜻에 따르지 않을 것이다.

일곱째, 노동자에 대한 엄격하고 기능적인 감독이 최상의 능률성을 확보하는 최선의 방법이다.

따라서 테일러는 다음과 같은 관리의 기본원칙을 제시하고 과학적 관리론이라고 하였다.[3]

---

2) Daniel A. Wren, *The Evolution of Management Thought* (New York: Ronald Press, 1972), pp. 114~115.

3) Frederick W. Tayler, *Scientific Management* (New York: Harper & Brothers, 1947), pp.

1) 과학적 분석 및 엄격한 규칙

노동자들이 수행하는 모든 작업은 과학적으로 분석되어야 하며, 작업을 수행하기 위한 엄격한 규칙이 공식화되어야 한다.

2) 시간과 동작 연구

노동자들이 수행하는 모든 과업은 신체적 피로를 유발하는 불필요한 동작과 지연을 제거하기 위하여 필요한 소요시간과 최적의 동작이 연구되어야 한다.

3) 최선의 방법으로 이루어진 업무

어떤 주어진 과업은 과학적인 방법으로 연구된 한가지 최선의 방법(one best way)으로 수행되어야 한다.

4) 훈   련

노동자들은 능률적으로 정밀하고 반복적인 업무를 달성하기 위하여 훈련을 받아야 한다.

5) 일류의 노동자

훈련을 통하여 조직 내의 모든 노동자가 항상 최선의 방법으로 직무를 수행하는 일류노동자(best worker)가 되어야 한다.

6) 성과급 임금

노동자들에게는 고정된 보수를 지급하지 않고 생산성에 따른 보수가 지급되어야 한다. 따라서 노동자들의 생산성의 변화에 따른 보수의 증감은 노동자들로 하여금 열심히 일하도록 동기부여할 것이다.

7) 직무기획

전문가에 의한 직무기획이 이루어져야 하며, 이는 과업의 달성에 필수적이고 결정적이다.

8) 기능적 감독

노동자들에 대한 감독은 권위에 의한 감독이 아니라 기능적 감독이 효과적이다. 업무를 기획하고 노동자들의 능률성을 높이고 잘못을 교정하는 관리자가 되어야 하며, 노동자 전체가 모두 자신의 활동을 감독하는 관리자로 취급되어야 한다.

130~140.

9) 번　영

능률적으로 일하는 것은 생산비용을 절감시키는 것이다. 이것은 경영자측과 노동자측의 상호 이익을 증대시키고 노동자들을 해고할 필요성이 감소되는 효과를 가져온다.

2. 관료제이론

베버(Max Weber 1864~1920)는 불어로 사무소를 의미하는 'bureau'와 권력을 영어화시킨 희랍어인 'cracy'로 '관방의 지배'(power of the office)라는 의미로 관료제(bureaucracy)라는 용어를 제시하며, 조직에 대한 관료적 관리방식을 제시하였다.4)

관료제(bureaucracy)라는 단어는 다양한 의미를 함축하고 있다. 그래서 메리암(Charles E. Merriam)은 관료제를 불확정개념이라고도 한다.5) 그러나 베버의 관료제이론에 의하면 관료제는 공무원 집단을 의미하며, 정부에 의하여 제정된 법률들은 업무의 표준에 따라 자격이 있는 관리자들에 의하여 집행되어야 한다는 것이다. 이러한 관리자들의 능력을 가장 효과적으로 활용하기 위하여 관료들은 권위·직위, 그리고 계급에 근거를 둔 계층제의 명령에 따라 조직되어야 하고 엄격한 규칙과 규정의 지배를 받아야 한다는 것이다.

베버가 주장한 관료제이론은 인간에 대한 다음과 같은 가정에 근거한 것이다.

첫째, 지휘를 받고 통제를 받고자 하는 인간의 욕구

둘째, 이기적으로 행동하는 인간의 성향

셋째, 인간의 자제심의 결핍과 책임성의 부족

넷째, 업무에 대한 가장 중요한 보상으로서 경제적 이득에 대한 추구

다섯째, 경쟁에 대한 인간의 본능

---

4) Lee W. Potts, *Responsible Police Administration* (Alabama: The University of Alabama Press, 1983), p. 65.

5) Charles E. Merriam, *Systematic Politics* (Chicago: University of Chicago Press, 1945), p. 165.

여섯째, 권한과 복종에 대한 인간의 불쾌감

일곱째, 그 자신만의 독특한 방법으로 일을 하려는 인간의 성향

이와 같은 가정에 근거하여 베버는 조직에 있어서 관료제 모형의 기본적 특징을 다음과 같이 제시하고 있다.6)

1) 직무의 분할

기관의 목표를 달성하는 데 필요한 모든 직무는 체계적으로 가능한 한 가장 규모가 작은 단위로 분할되어 있다. 예를 들면 경찰업무는 교통, 형사, 방범 등의 업무로 분류되며, 각각의 기능들 내에서도 담당업무가 분할되어 있다.

2) 직무의 할당

전문성을 가진 훈련된 경찰관들에게 가장 숙달된 직무를 배분하여야 한다.

3) 규 칙 화

각각의 직무는 법령의 근거에 기반하여 수행되어야 하며 이는 업무의 균일성과 통일성을 확보하기 위한 것이다. 따라서 경찰관 개개인의 특성에 따른 업무수행의 차이는 명시된 법률규정에 의하여 금지된다. 따라서 범인체포, 압수와 수색, 입건뿐만 아니라 순찰활동 등과 같은 모든 경찰활동은 그 절차와 방법이 법률에 근거하여 이루어지는 것이다.

4) 권한의 계층제

조직은 최고 책임자에서 말단 직원에 이르기 까지 분화되어 있는 권한과 책임의 계층제에 의하여 구성되어야 한다. 조직의 최고 책임자가 가장 많은 권한을 가지고 있어 중요한 정책결정을 독점하고 있으며, 이에 따른 행정적 책임도 지게 된다.7)

5) 책 임 성

조직의 각 구성원은 그들 자신이 내린 결정이나 그들의 부하가 한 결정에 대하여 상관이 책임을 지게 된다.

---

6) H. H. Gerth and C. Wright Mills, *From Max Weber: Essays in Sociology*(New York: Oxford University Press, 1958), pp. 196~198; Peter M. Blau, *Bureaucracy in Modern Society* (New York: Random House, 1956), pp. 28~33 참조.

7) Frederick C. Mosher, *Democracy and the Public Service* (New York: Oxford University Press, 1982), p. 232.

6) 형식주의

조직 내의 모든 경찰관들은 비인간적이고 공식적인 태도로 법령의 규정을 준수하여 업무를 수행하게 된다. 따라서 경찰관들 사이에 그리고 경찰관과 시민들 사이에 사회적 거리를 유지하게 된다. 이러한 분리의 목적은 경찰관들이 조직의 목표를 달성함에 있어 사사로운 개인적 감정에 억매이지 않게 하기 위한 것이다.

7) 생 애 직

전문적인 자격을 가진 사람이 관료로 임용되며, 승진은 선임순위와 업적에 따라 이루어진다. 경찰관은 관리자의 자의적인 판단에 의한 면직으로부터 보호받고 있으며, 이는 관료라는 직업을 생애직으로 보고 있으며 특정한 관리자보다는 조직에 대하여 충성심을 높이려는 것이다.

8) 시보임용

모든 임명된 경찰관들은 시보임용기간 동안 업무를 숙달하여야 하고, 시보기간을 성공적으로 마친 경우에만 생애직을 받게 된다.

9) 훈   련

경찰관의 능력은 계속되는 훈련을 통하여 유지·발전되어야 한다.

10) 문서주의

조직의 모든 관리활동은 서류 또는 문서에 기록되고 보존되어야 한다.

11) 징   계

처벌과 보상체계가 규정되어 있는 징계규칙에 의하여 조직 내의 질서가 유지되어야 한다.

3. 행정관리이론

프랑스의 산업자본가 앙리 페욜(Henri Fayol)은 그의 저서 "산업과 일반적 관리(*Industrial and General Administration*)"라는 저서에서 모든 조직에 보편적으로 적용할 수 있는 관리원칙을 제시하였다.[8] 그가 제시했던 조직관리의 기

---

8) H. Fayol, *Industrial and General Administration*, Trans. J. A. Coubrough (Geneva:

본원칙은 다음과 같다.

① 분업: 효율성을 증가시키기 위해 업무는 구체화되어야 한다.

② 권위와 책임: 권위는 명령하고 복종을 요구하는 힘을 말하며 책임없는 권위는 없다.

③ 규율: 조직이 효과적으로 활동하기 위해 규율이 필요하다.

④ 명령통일: 한사람의 하급자는 한사람의 상관으로부터 명령을 받아야 한다.

⑤ 관리의 통일: 동일 목적을 가진 모든 업무활동에 대해 한사람의 관리인과 한 가지 계획이 있어야 한다.

⑥ 공공선에 대한 개인이익의 복종: 조직구성원 개인 혹은 비공식 조직의 이익은 조직의 이익에 우선할 수 없다.

⑦ 보수: 노동에 대한 보상이 적절하여야 하며 고용주와 고용인 모두에게 만족스러워야 한다.

⑧ 권력집중: 권력집중은 어느 조직에나 존재하는 현상이지만 그 자체만으로 좋고 나쁨을 평가해서는 안 된다. 다만 개개 조직에 따라 어느 정도가 최선인가를 판단해야 한다.

⑨ 계급제: 조직의 최고위층으로부터 최하위층에 이르기까지 등급을 정해놓은 명령체계이다.

⑩ 분배: 인적 자원뿐만 아니라 물적 자원까지도 적재적소에 배분되어야 한다.

⑪ 공평: 조직 전반에 공정한 대우의 필요성이 인식되어야 한다.

⑫ 조직원의 안정성: 새로운 직무에 적응하고 만족스런 업무수행능력을 갖추기까지 충분한 시간이 주어져야 한다.

⑬ 창의성: 조직구성원 모두가 계획을 입안하고 실행할 수 있는 능력을 배양해야 한다.

⑭ 단체정신(esprit de corp): 조직원간의 조화와 협동정신이 발휘되어야 한다.

Inernational Management Institute, 1929), p. 17.

4. 기타 고전이론

미국에서 독자적인 행정관리이론을 발전시켰던 무니(James D. Mooney)와 레일리(Alan C. Reily)는 Onward Industry에서 자신의 사업 경험뿐만 아니라 다른 형태의 조직에 대한 역사적 평가를 기초로 조직의 효율성을 높이기 위한 네 가지 원칙을 제시하였다.[9]

① 협동의 원리: 공동목표를 추구하는 조직구성원의 행동통일을 가능하게 한다.

② 계급제 원리: 계급적 책임을 말하며 조직의 최고위층으로부터 하위층의 고용인에게로 직접적으로 나와야 한다.

③ 기능적 원리: 전문화를 의미하며 전문화된 직무가 계급제를 구성한다.

④ 막료의 원리: 조직구성원을 업무수행의 권한을 가진 계선조직원과 조언 및 아이디어를 제공하는 막료의 두 부류로 구분한다. 이러한 구분으로 계선과 막료간의 분리를 초래해서는 안 되고 조직 내의 통일원리로 작용해야 한다.

캐스트(F. E. Kast)와 로젠즈베이그(J. E. Rosenzweig)는 "업무의 전문화, 협조적인 직무수행활동, 막료전문가의 통합과 명확한 권위에 기초한 피라이드식 조직구조의 확립에 기여하였다"고 무니와 레일리를 평가하였다.[10] 이들의 원칙이 조직관리에 적용됨에 따라서 공식조직의 모형과 위치에 대한 이해와 조직적 기초를 설립할 수 있게 하였다.

무니와 레일리 이후에도 여러 학자들이 조직관리의 원리와 기능에 대한 행정이론을 제시하였으며, 예를 들면, 귤릭(Luther Gulick)과 어윅(Lyndall Urwick)은 "관리과학에 대한 논문(1937)"에서 행정의 주요 기능으로 POSDCORB를 제시하였다. POSDCORB는 기획(Planning), 조직화(Organizing), 직원(Staffing), 명령(Directing), 협동(Coordinating), 보고(Reporting), 예산(Budgeting)의 이니

---

9) James D. Mooney, and Alan C. Reiley, *Onward Industry!* (New York: Harper & Row, 1931).

10) F. E. Kast, and J. E. Rosenzweig, *Organization and Management: A Systems and Contingency Approach*, 4th ed. (New York: McGraw-Hill, 1985). pp. 65~66.

셜을 조합한 것이다.11) 또한 어윅은 "행정의 요소들"이라는 논문을 통하여 명령통일, 목표, 과정, 위치 혹은 고객에 의한 분리, 전문화, 권위와 책임의 균형, 통제기관의 제한과 같은 원리를 제시함으로써 페욜의 이론을 확장하였다. 즉, 굴릭과 어윅은 행정원리를 확장하였으며, 이전의 행정이론가들의 이론을 더욱 정제하였다.

5. 고전경찰이론

초기의 경찰행정 이론가들은 고전학파의 영향을 크게 받았으며, 고전학파의 조직원리에 근거한 재조직화를 통해 경찰조직을 개선할 필요성을 강조했다. 즉, 효율성의 증가를 강조한 테일러의 과학적 관리이론과 계급적 권위를 강조한 베버의 관료제 그리고 또다른 많은 고전이론가들이 주장했던 관리원칙을 도입하였다.

경찰을 조직화하고 관리하기 위하여 고전이론을 적용하였던 이론가들은 전문적인 경찰조직을 만들기 위하여 군대식 계선에 따른 조직구성과 도당적 정치의 영향을 배제한 형식주의적 전문모형을 제시하였다. 형식주의적 전문모형은 범죄예방기능과 법집행기능을 개선하기 위한 관리활동을 강조하였으며, 집권화된 통제, 명확한 조직체계, 교육훈련체계의 개선, 기동력의 향상, 경찰장비 사용의 확대, 과학기술을 경찰활동에 적극적으로 도입함으로써 효율성의 향상을 도모할 수 있었다.12)

고전학파의 영향을 받은 대표적인 경찰학자들로는 풀드(L. Fuld), 포스딕(Raymond Fosdlick), 그래퍼(E. Graper), 스미스(Bruce Smith), 윌슨(O. W. Wilson), 레오나드(V. A. Leonard), 볼머(August Vollmer) 등을 들 수 있다.

풀드(L. Fuld)는 그의 저서 경찰행정(Police Administration, 1909)에서 경찰행정에 도당적 정치의 영향을 배제하여야 함을 강조하였으며, 비범죄적 경찰활동을 배제한 경찰활동을 제시함으로써 경찰의 의무를 명확하게 정의하였으며,

---

11) Luther Gulick, and Lyndall Urwick, eds., *Papers on the Science of Administration* (New York: Institute of Public Administration, 1937), p. 13.

12) H. Goldstein, *Policing a Free Society* (Cambridge, Massachusetts: Ballinger, 1977).

강력한 감독과 통제 그리고 규율을 강조하였고 명확한 계선적 권력배분, 전문
화의 강조, 경찰관의 교육훈련체계의 개선방안을 제시하였다.

포스딕(Raymond Fosdick)은 미국내의 72개 도시에 대한 연구결과를
Ameri-can Police System(1915)에 제시하였다. 포스딕은 경찰의 기능이 명확
하게 규정되어 있지 않으며, 조직목표가 설정되어 있지 않았고 경찰관리자의
지도력이 부족함을 지적하였다. 또한 그래퍼는 경찰에 계급제를 도입하고, 엄
격한 통제와 감독, 그리고 규율을 유지하기 위한 내부규정 및 절차의 개발을
주장하였다. 뿐만 아니라 경찰활동의 집중화 및 분권화의 필요성을 밝혔으며,
지리적 배치에 따른 경찰인력의 분배를 자신의 저서 미국경찰행정(American
Police Administration, 1920)에서 제시하였다.

스미스(Bruce Smith)의 저서 「미국의 경찰제도(Police Systems in the
United States)」는 1940년대의 찰개혁에 중요한 영향을 미쳤다. 그는 특히 경찰
에 대한 정치적 영향 때문에 야기되는 문제점뿐만 아니라 범죄통제기능을 수
행하는 경찰의 능력이 미흡함을 언급하면서 경찰조직을 변화시키기 위한 노력
이 경주되어야 함을 역설하였다. 스미스는 경찰조직이 조직구성의 원리를 철저
하게 적용하여 구성되고 감독되면 엄청나게 개선될 수 있다고 주장하였다. 즉,
군대와 산업분야에서 널리 활용되고 있었던 조직이론이 경찰조직에도 적용될
수 있으며, 이를 통하여 수많은 조직구성원들 사이의 복잡한 상관관계가 단순
화될 수 있고 따라서 명백하고 체계적인 원리가 도출될 수 있기 때문에 이를
근거로 공식적인 지도와 감독이 효과적으로 작용할 수 있다는 것이다.[13] 즉, 그
는 경찰에 적절한 조직구조의 설정과 행정원리의 적용뿐만 아니라 엄격한 감
독 및 통제, 명령통일, 업무의 전문화를 강조하였다.

1950년에 출판된 윌슨(O. W. Wilson)의 「경찰행정학(Police Administration)」
은 경찰조직관리에 엄청난 영향을 주었다. 1977년에 맥라렌(Roy McLaren)과
공동으로 집필된 이 책에서 윌슨은 효율적이고 효과적인 범죄통제조직으로서
경찰조직은 상업조직, 군사조직, 산업조직의 원리와 똑같은 기본적인 조직원리

---

13) Bruce Smith, *Police Systems in the United States*, 2nd ed. (New York: Harper, 1960),
p. 208.

에 따라 구성되고 운영되어야 한다고 주장하였다.

윌슨은 ① 기능, 시간, 장소에 따른 동일한 업무배치, ② 계급제 혹은 권위의 계층제, ③ 필요성에 기초한 전문화, ④ 명령체계, ⑤ 명령의 통일, ⑥ 통제기관, ⑦ 권위의 위임 그리고 ⑧ 원칙을 사용하는 상식을 주장하였다.[14] 고전학파 경찰이론가들의 조직관리의 원리는 후에 레오날드(V. A. Leonard)의 경찰조직과 경영(1951)에서도 그 중요성에 대하여 언급되었으며, 경찰의 지도력, 조직원리 그리고 조직구조상의 개선이 필요함이 제시되었다.[15]

제 2 절   행태학파

앞서 언급한 고전이론은 조직생활의 인간적 측면을 무시한 채 조직의 공식적 측면과 관리의 원칙만을 강조하였다. 하지만 노동자는 관리자가 생각하는 바와 같이 이성적으로 행동하고 예견된 행동양식을 반드시 따르는 것은 아니었으며, 따라서 조직의 인적부분에 대한 관심이 요구되었기 때문에 조직의 비공식적 측면을 강조한 인간관계론이 제기되었다.

인간관계론에 관한 연구의 초기단계에서는 과학적 방법론을 활용하였기 때문에 조직행태에 대한 정교한 연구결과를 도출할 수 있었다. 그러나 조직관리의 연구에 있어 인류학, 심리학, 사회학 등과 같은 행태과학적 접근법이 도입되어 조직내의 직무환경이 조직관리에 미치는 영향을 정밀하게 연구하는 경향이 증가되었다. 다음은 초기의 인간관계론으로부터 후기의 행태이론의 연구결과를 소개하기로 한다.

---

14) O. W. Wilson, and R. McLaren, Police Administration, 4th ed. (New York: McGraw-Hill, 1977), pp. 73~86.

15) V. A. Leonard, *Police Organization and Management* (Brooklyn: Foundation Press, 1951), p. 27.

1. 인간관계론

관료제이론과 과학적 관리론은 1940년대까지는 크게 문제가 되지 않았다. 그 후 관료제 모형의 능률성과 생산성, 그리고 과학적 관리론의 기본적 가정들은 행정조직 내에서 사회적 상호작용 및 상호관계의 필요성을 강조한 인간관계론에 의하여 도전을 받았다. 현대사회에 있어서 조직의 구성원인 각 개인은 조직을 통하여 자기 자신의 목표를 실현하고, 동시에 조직은 개인을 통하여 그 목표를 실현하는 관계에 있다. 따라서 조직과 인간은 상호공존관계에 있으며 조직의 연구에 있어서 인간의 행동에 관한 연구가 가장 중요한 과제로 등장하게 된 것이다. 인간관계론은 종업원의 비공식적 관계, 상호작용, 사교적 작업조건, 그리고 조직의 조화를 강조하는 관리이론이다.

인간관계 철학은 고전적 조직이론의 기계적인 조직 규범에 대한 반발로서 일어나게 되었다.[16] 1930년대와 1940년대까지도 조직에 있어서 인간적인 요소는 그다지 중요시 되지 않았다. 업무의 생산성을 향상시킬 수 있는 방안을 찾기 위한 연구가 행해졌다. 이러한 연구들은 인간관계에 대한 철학을 이끌어 내었다. 관리자는 조직과 조직구성원 공동의 이익을 위해 기술과 인간을 잘 조화시키는 사회적 과정에 참여하였다.

인간관계 철학에서는 전형적으로 관리자들이 인간에 대한 문제를 다루는데 그들 시간의 50~70%를 소비하기 때문에 조직에 있어서 사람을 이해하는 것은 많은 영향을 미치게 된다.[17] 인간관계 이론은 사람들로 하여금 더 고도의 작업을 수행하게 하기 위하여 일을 함에 있어서 사람들과 그들의 관계를 이해하는 데 도움을 주고, 또한 사람들이 그들의 잠재성을 충분히 발휘할 수 있도록 도와주는 기능을 한다. 인간관계 조직모델은 특히, 직장에서 사람들이 업무를 수행할 때 개인과 집단의 행동을 잘 조화시키고 있다. 이와 같은 새로운 시각은

16) L. Gaines, "Overview of organizational theory and its relation to police administration" in L. Gaines & T. Ricks (eds.), *Managing the Police Organization* (St. Paul: West Publishing, 1978).

17) S. Huneryager, and I. Heckman, *Human Relations in Management* (New Rochelle, NY: South Western Publishing, 1967).

인간적인 요소가 행정에 잘 조화될 때, 개인과 조직의 변화 그리고 혁신, 리더십, 창조성에 대한 문제와 조직 내 갈등, 의사소통, 의사결정을 하는데 있어서 소중한 것을 제공했다.

(1) 호손실험의 개요

인간관계론은 메이요(Elton Mayo)가 1927년부터 1932년까지 Western Electric Company의 Hawthorne공장에서 실시한 실험의 결과로 제시되었다.[18] 호손연구로 알려진 일련의 실험을 통하여 고전학파 이론가들이 주장했던 내용과는 상반되는 연구결과가 도출되었다.

메이요의 호손연구는 작업조건에 따른 생산성의 변화를 측정하는 실험으로 시작되었다. 전화계전기를 조립하기 위하여 고용된 6명의 여공이 정규조립공장에서 선발되어 격리된 전화계전기 조립실험실(Relay Assembly Test Room)에 배치되었다. 통제집단은 일정한 조명 아래에서 작업한 반면에 6명으로 구성된 실험집단의 작업장에서는 조명강도를 다양하게 변화시켰다. 이는 조명도의 변화가 생산성에 커다란 영향을 미칠 것이며, 조명도를 높일수록 산출이 증가할 것이라는 가정에 근거한 것이었다. 실험이 시작되자 실험집단과 통제집단 모두의 생산성이 증가되는 예기치 않은 결과가 도출되었다. 또한 실험집단 작업장의 조명도가 증가될수록 생산성이 향상되었을 뿐만 아니라 조명도가 감소되어도 생산이 계속해서 증가했다. 실험집단의 생산성은 노동자들이 물체를 식별하기 어려울 정도로 어두워진 후에야 비로소 감소하기 시작하였다. 이러한 연구결과는 물리적인 환경 이외에도 생산성의 증가에 영향을 미치는 요인이 존재함을 시사하는 것이었다.

메이요는 다음 단계로 계전기 조립작업에 대한 실험을 통하여 노동자의 생산성에 영향을 미치는 요인을 연구하였다. 각각 6명의 여성들로 구성된 두 집단을 각각 격리된 방에 수용하고 급료인상, 근무시간, 초과근무시간 등과 같은 다양한 근무여건이 생산성에 미치는 효과를 관찰하였다. 연구결과 실험집단에

---

18) F. J. Roethlisberger and W. J. Dickson, *Management and the Worker* (Cambridge: Harvard University Press, 1939).

대한 작업조건의 변화와 상관없이 양집단의 생산성이 모두 증가하였다. 심지어 실험집단의 휴식시간이 폐지되고 근무시간이 연장된 뒤에도 생산성이 계속 증가하는 놀라운 결과가 도출되었다.

실험결과 메이요는 생산성의 증가는 작업조건과는 상관없이 조직구성원의 복합적인 감정대응방식에 의하여 영향받는다는 결론을 도출하였다. 즉, 실험집단과 통제집단 모두가 자신들은 특별한 관심을 받으며 선택된 사람들이라는 집단적인 자부심을 가지게 되었고 이것이 동기부여요인이 되어 작업실적이 증가되는 결과를 가져왔다고 결론지었다. 이와 같은 실험결과로 관리자가 근로자에 대하여 특별한 관심을 기울이면 근무여건의 변화에 관계없이 생산성이 향상될 수 있다는 호손효과(Hawthone Effect)라고 이름 붙여진 획기적인 현상을 발견하게 되었다.

메이요는 이보다 좀더 심층적인 연구를 통하여 호손효과가 초기에는 생산성을 높이는 효과가 있으나 노동자의 생산성과 만족감에 보다 더 중요한 영향을 미치는 요인은 사회적 요인임을 지적하였다. 즉, 노동자의 생산성과 만족감을 증가하기 위해서는 관리에 있어 인간적이고 비공식적인 요인을 고려하는 것이 물리적이고 공식적인 요인을 고려하는 것보다 더 중요하다는 것이다.[19]

조직 내에서 구성원의 생산성에 영향을 미치는 사회적 요인을 파악하고자 메이요와 동료연구자들은 2만명의 근로자를 3년에 걸쳐 면접하였으며, 14명의 근로자들로 구성된 작업집단을 별도의 방에 배치하여 6개월 동안 관찰한 배전기 권선작업실 관찰실험을 실시하였다. 실험집단에게는 가능한 한 많은 경제적 보상을 받기 위하여 최대한 많이 생산할 것이라는 테일러를 비롯한 고전학파 이론에 의거하여 생산성에 따른 성과급이 지급되었다.

연구결과 실험집단은 적당한 일일 생산량을 결정하기 위한 산출기준을 정했다. 뿐만 아니라 집단의 구성원으로 소속감을 얻기 위하여 개개 근로자는 집단이 정한 기준을 준수해야 했으며, 기준보다 많은 생산량을 기록한 근로자는 rate buster(기준파괴자)라는 꼬리표가 붙었고 기준보다 적은 사람은 Chiselers (기준미달자)라는 별명을 얻게 되었다. 따라서 실험기간 동안 생산량의 평균은

---

19) *Ibid.*, pp. 185~186.

집단이 결정했던 기준에 근접하는 것이었다.

이러한 연구의 결과는 조직 내에서 구성원의 행동에 중요한 영향을 미치는 요인이 동료조직원임을 보여주는 것이었으며, 실험집단의 구성원들에게는 사회적 수용이 금전적 보상보다 더 중요한 것이었다.

(2) 발 견

관찰팀을 놀라게 한 것은 6명의 여공의 생산성이 작업조건의 내용 또는 작업시간에 관계없이(소수의 무의미한 예외가 있었지만) 일괄작업렬(assembly line)에 배치되어 있는 통제집단과 비교하여 증가되었다는 점이다. 물리적인 작업여건과 작업시간은 6명의 여공의 생산성 향상에 결정적인 영향을 주는 것이 아니라는 점이 분명해졌다.

오히려 단지 개성이 없는 일괄작업렬의 노동자가 아닌 개체로서의 여공의 자아발견과 상부로부터의 인정, 소규모의 제1차 집단에서 그들에게 기능을 부여했던 기회, 끊임없는 주목의 대상으로 느꼈던 심리적인 보상들은 모두 그들을 보다 좋은 직무태도를 갖도록 더욱 동기를 부여하고 생산적인 노동자로 바꾸는 데 이바지했다.[20]

호손연구는 조직 내에서의 사회적, 심리적 요인의 중요성을 이해하는 계기가 되었으며, 인간관계와 비공식적 조직이 근로자의 조직행태와 관리활동에 영향을 미치는 요인이라는 결론에 도달하게 되었다. 즉, 생산성을 극대화하기 위하여 조직관리자는 조직내에 존재하는 비공식적 집단과의 조화를 도모해야 하며, 조직구성원의 만족감과 동기부여가 필요함이 명백해졌다. 이와 같은 호손실험의 결과는 다음과 같이 요약할 수 있다.

① 생산량은 심리적 수용의 여부가 아닌 사회적 기준에 의해 결정된다.

② 비경제적인 보상과 제재가 노동자의 행태에 매우 중대한 영향을 미치며, 경제적 보상의 효과를 제한한다.

③ 근로자는 개인으로서가 아니라 집단의 구성원으로서 행동하고 반응한다.

---

20) Henry L. Tossi and Stephen J. Carroll, *Management: Contingencies, Structure, and Process* (Chicago: St. Clair Press, 1974), p. 102.

④ 지도력은 집단의 기준을 정하고 실행하는데 중요한 요인이며, 비공식적인 지도력과 공식적인 지도력 사이에는 현저한 차이가 있다.21)

(3) 결 론

호손실험을 행한 사람들은 다음과 같이 결론지었다.22)

첫째, 노동자들이 그들과 가장 가까운 제1차 집단으로 구성되어 있는 자연스러운 장소에서 일을 할 때 더욱 생산적일 수 있다.

둘째, 노동자들은 관리자에 의하여 인정받기를 원하고 있다.

셋째, 사회문제들을 해결하는 것이 생산성을 증가시킨다.

넷째, 격려와 동기부여는 인간을 위한 기본적인 것이다.

다섯째, 사람은 빵만으로는 살 수 없다고 하는 심리적 욕구를 충족시켜야한다.

(4) 가 치

호손 실험 이전에 경영주들은 근무자들이나 그들의 감정에는 관심을 갖지 않았다. 근로자들은 관리자들의 지시를 따르는 척만 했었던 것이다. 호손 실험에서 관리자들은 노동자 개개인과 노동자 집단 스스로가 관리자만큼 생산성 증대에 많은 영향을 미치게 된다는 것을 깨달음으로써, 관리자와 노동자들 사이에 관계의 변화에 박차를 가하게 되었다. 이 실험은 관리자들과 노동자 공동의 이익을 위해서는 관리자들이 노동자들의 힘과 생각을 이용해야 할 필요성이 있다는 것을 보여주었다.

2. 행태과학이론

(1) 행태연구의 개요

행태학파는 과학적인 방법론으로 인간의 행동을 연구하는 학문분야를 의미

---

21) A. Etzioni, *Modern Organizations* (Englewood Cliffs, New Jersey: Prentice-Hall, 1964), pp. 34~38.

22) *Ibid.,* pp. 34~37.

하며, 이들의 목적은 객관적인 방법으로 수집된 자료의 분석을 통하여 인간의 행동에 대한 일반적인 원리를 도출하는 것이다.[23] 이미 언급된 바와 같이 행태학파에 의한 과학적인 연구는 1920년대 메이요와 그의 동료들로부터 시작되었으나 1950년대 초까지 이론적인 발전이나 조직관리에 활용되지 않았다. 하지만 행태과학적 연구를 통하여 과학적인 지식의 증가를 가져왔을 뿐만 아니라 조직이론에 대한 경험적인 검토가 가능하였다. 행태과학적 연구를 통하여 ① 만족한 근로자가 반드시 가장 생산적 근로자는 아니다, ② 생산성의 증가가 반드시 노동자와 관리자의 관계나 작업집단의 결속력과 관련성이 있는 것은 아니며 오히려 직무의 특성 그 자체가 중요한 요인이라는 사실이 밝혀짐으로써 인간관계론이 부정되는 결과를 가져왔다.[24]

(2) 욕구계층이론

인간관계론의 발전에 있어서 두 번째의 눈부신 발견은 매슬로우(Abraham H. Maslow, 1908~1970)의 인간동기부여의 자기실현이론이다. 매슬로우는 임상실험에서 얻은 자료를 근거로 하여 인간의 동기적 욕구를 계층의 형식으로 배열할 수 있다고 하였다.

1) 기본적 가정

매슬로우는 대부분의 사람은 다섯 가지의 기본적 욕구를 가지고 있다고 주장했다.[25]

욕구계층이론의 본질은 한 계층의 욕구가 만족되면 그 욕구에 대해서 더 이상 동기를 부여받지 못하고 다른 욕구로 전환된다는 것이다.

첫째는 기본적인 생리적 욕구(공기, 물, 음식, 성, 주거, 취침 등)로서 가장 선행되어야 할 욕구이다. 만일 경찰관의 임금수준이 곤궁할 정도로 책정된다면 의·식·주에 대한 생리적 욕구는 동기유발요소가 될 것이다.

23) B. Berelson, ed., *The Behavioral Sciences Today* (New York: Wiley, 1963), pp. 2~3.

24) D. A. Wren, *The Evolution of Management Thought*, 2nd ed. (New York: Wiley, 1979), p. 475.

25) Abraham H. Maslow, *Motivation and Personality*, 2nd ed. (New York: Harper & Row Publisher, Inc., 1970), pp. 35~46.

그림 4-1 매슬로우의 욕구의 계층

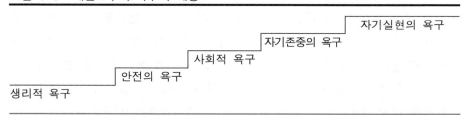

둘째는 안전의 욕구(신체적 안전, 직무상의 안전, 노년의 대비 등)이다. 수준 이하의 장비·운송수단, 부적절한 인사배치, 군중통제문제 등과 같은 요소가 이 단계에서 고려된다.

셋째는 개인의 소속에 대한 욕구(사랑하는 것과 받는 것, 동료와 친우에 의해 받아들여지는 것)이다. 이 단계는 조직구성원으로서 소속감과 일체감, 부서내 경찰관의 동료애 욕구를 다룬다. 매슬로우는 대부분의 사람들이 이 단계 이상을 넘어서지 못한다고 하였다. 이를 사회적 욕구라고도 한다.

넷째는 자기존중의 욕구(중요하고, 가치가 있고, 그리고 야망이 있는 사람으로 자신을 보는 것)이다. 이 욕구는 자신의 자질을 나타낼 기회를 찾고자 하는 동기를 유발한다. 예를 들면 한 경찰관이 이 단계에서 부서내 힘든 업무를 수행하려는 것이다. 경찰관서는 '이 달의 경찰관' 같은 시상제도로 이 단계를 충족하려 한다.

다섯째는 자기실현의 욕구(창조적이고, 잠재성을 실현시키고, 누구든 할 수 있는 존재가 되는 것)이다. 자기실현은 임무수행을 통한 개인적 만족에 초점을 맞춘다. 이 단계에서 인간은 스스로 동기를 유발하며 관리자의 역할은 동기유발이 아니라 개인에 대한 지원만이 있을 뿐이다. 매슬로우는 극소수만이 이에 도달할 수 있다고 하였다.

매슬로우의 욕구의 계층은 [그림 4-1]과 같다.

2) 기본적 결론

매슬로우의 인간동기부여의 자기실현이론은 다음을 주장하고 있다.

첫째, 인간의 욕구는 최하위 수준에 있는 생리적 욕구와 마지막 단계에 있는 자기실현의 욕구로 계층화 되어 있다.

둘째, 두개의 낮은 욕구(생리적 욕구와 안전의 욕구)는 사람에게 가장 필요한 것이다.

셋째, 각각의 욕구가 비교적 만족될 때까지(위로 올라가는 순서에 있어서) 사람은 다음의 보다 높은 욕구를 충족시키려고 노력하지 않을 것이다.

넷째, 다섯 가지 욕구의 서열은 항상 그런 것은 아니지만 일반적으로 예외가 있다고 하기는 어렵다.

다섯째, 인간의 기본적 욕구의 불만은 보상행동을 일으키도록 기대될 것이다.

여섯째, 정상적인 사람의 궁극적인 목표는 자기실현을 이루는 것이다.

일곱째, 인간관계 접근방법을 채택한 관리자는 노동자들을 자기실현에 이르도록 도와주기 위하여 노력하여야 한다.

여덟째, 자기실현이 된 노동자는 더욱 자신 만만하고, 원숙하고, 그리고 생산적인 노동자이다.

3) 가   치

매슬로우와는 반대로, 전통적 이론가들은 동기부여는 금전적인 보수와 처벌에 기초한다고 보았다. 즉, 매슬로우의 가장 낮은 단계의 욕구인 생리적 욕구와 안전욕구에 초점이 맞추어져 있다. 그들은 동기부여의 다른 형태는 고려하지 않았다. 인간관계론자들은 인간의 행동에 관한 매슬로우의 연구를 통하여 더 높은 수준의 동기부여와 생산성의 달성을 할 수 있는 새로운 방법을 찾으려는 시도를 했다. 이러한 새로운 방법은 노동자의 참여와 새로운 관리방법을 통한 직무 전념에 중점을 두었다.

(3) 성숙-미성숙이론

아지리스(Chris Argyris)가 발전시킨 성숙-미성숙이론에 의하면 인간의 생산성은 그의 성숙 혹은 미성숙의 결과이다. 만일 개인이 미성숙으로부터 성숙으로 발전하고자 한다면 그의 인간성에는 일곱 가지 변화가 일어나야 하며, 그리고 관리도구로서 인간관계론은 이러한 성숙으로의 변화를 도와줄 수 있어야 한다.

1) 미성숙에서 성숙으로 발전시 발생하는 변화

아지리스의 이론에 의하면 인간성에 있어서 미성숙에서 성숙으로 발전시 다음의 변화가 일어난다고 주장하였다.26)

첫째, 수동상태에서 능동상태로

둘째, 타인에 대한 의존상태로부터 독립상태로

셋째, 단순한 행동양식에서 다양한 행동양식으로

넷째, 피상적인 관심에서 보다 깊고 강한 관심으로

다섯째, 단기적이고 근시안적인 전망에서 장기적이고 거시적인 전망으로

여섯째, 복종의 상태로부터 평등 또는 우월의 상태로

일곱째, 자기인식의 결핍상태로부터 자각과 자제의 상태로 변화한다.

2) 기본적 결론

아지리스에 의하면 성숙-미성숙이론은 다음을 나타내고 있다.27)

첫째, 대부분의 노동자들은 게으르지 않으나 명백히 미성숙하다.

둘째, 관리에 관한 인간관계 접근방법은 노동자들의 인간성을 변화시킨다.

셋째, 전통적 조직은 고용자들이 성숙되어 가는 과정을 지연시킬지도 모른다.

넷째, 직무의 증대는 책임감을 일으킨다.

다섯째, 책임감은 극기와 자제를 증대시키고 감독에 대한 필요성을 감소시

표 4-1 | 아지리스의 미성숙-성숙 변화

미성숙한 조직의 특성	성숙한 조직의 특성
● 복종	● 자기결정
● 행동에 있어서 제한된 선택	● 행동에 있어서 광범위한 대응
● 불규칙적, 우연한, 좁은 관심	● 완전한 이해
● 즉시적인 경향	● 장기간의 고려
● 종속적인 관점	● 대학졸업 정도의 태도
● 자기인식의 결여	● 자기통제

자료: C. Argyris, *Personality and Organization: The Conflict System and the Individual*, New York: Harper Torchbooks, 1957, pp. 50~51.

---

26) Chris Argyris, *Understanding Organizational Behavior* (Homewood, Ill.: The Dorsey Press, Inc., 1960), pp. 8~9.

27) Chris Argyris, *Personality and Organization* (New York: Harper & Row, 1957), pp. 76~122.

킨다.

여섯째, 노동자의 성숙은 생산성을 증대시킨다. 일반적으로 경찰관리이론가
들은 최근의 전형적인 법집행의 관리형태는 개인적인 욕구에는 무관심하면서
조직의 욕구를 위해서는 지나친 관심을 기울이고 있다는 데 동의한다. 그래서
성숙 지향적인 노동자의 성장을 제한하고 있다고 한다.28)

(4) 동기부여-위생이론

피츠버그대학의 심리학부에서 허즈버그(Frederick Herzberg)와 그의 동료
들은 작업조건과 환경에 관한 직무만족과 불만족의 원인을 발견하기 위하여
피츠버그지역에 있는 11개의 기업에서 약 200명의 전문고용인을 면접했다.

1) 기본적 가정

직무태도에 관한 이러한 면접으로부터 허즈버그는 노동자들의 직무가 불만
족스러웠을 때 그들의 작업환경도 불만족스러웠다는 것을 발견했다. 대신에 노
동자들은 그들의 직무가 만족스러웠을 때 그들은 스스로 작업의 성격에 만족
스러워 했다. 따라서 허즈버그는 노동자들은 본래 서로 독자적이지만 작업행동
에 영향을 미치는 두 가지 욕구의 범주를 가지고 있다고 결론지었다.

허즈버그는 첫째 범주를 위생요인으로 불렀고, 둘째 범주를 동기부여요인이

표 4-2 | 허즈버그의 위생요인과 동기부여요인

위생요인(Hygiene factors)	동기부여요인(Motivators)
• 감독행위 • 정책과 행정 • 작업조건 • 부하, 동료, 상관과의 대인관계 • 지위 • 개인생활에 대한 직무의 효과 • 직업의 안정성 • 급여	• 성취 • 업적에 대한 인정 • 도전적인 업무 • 증가된 책임 • 승진의 가능성 • 개인적 성장과 발전의 가능성

자료: Frederick Herzberg, *Work and the Nature of Man* (Cleveland: Word, 1966), pp. 95~96.

28) V. A. Leonard and Harry W. More, *Police Organization and Management*, 5th ed.
(Mineola, New York: The Foundation Press, Inc, 1978), p. 107

라고 불렀다.29)

① 위생요인

위생요인은 종업원을 직무 불만족에 이르게 하는 좋지 않은 작업조건과 환경적 경향이다. 이러한 부정적인 조건은 특히 기관의 엄격한 정책, 낮은 봉급, 낮은 신분, 긴장을 주는 인간관계, 그리고 경직된 감독의 방식 등이 포함되어 있다. 위생요인은 개인의 성장을 증대시킬 수 없다.

② 동기부여요인

동기부여요인은 직무 자체의 만족스러운 측면이다. 여기에는 작업의 특질, 인정과 성취감, 직업적 성장, 작업에의 도전, 목표의 달성, 책임감, 그리고 재량이 포함되어 있다. 조직구성원이 직무에 만족해하면 생산성을 증대시킬 것이며 그 결과 조직목표를 달성하고자 노력할 것이다.

2) 기본적 결론

허즈버그는 그의 연구의 초점을 동기부여요인에 두었고 불만족보다는 만족을 강조하는 작업환경을 만들어주는 관리를 장려했다.30) 위와 같은 발견에 기초하여 동기부여-위생이론은 다음과 같이 결론을 맺을 수 있다.

첫째, 노동자들은 그들에게 강요하는 조건 및 제한과 같은 것을 제외하고는 직무를 좋아하고 있다.

둘째, 조직관리를 통해서 위생요인의 폐단을 감소시켜야 하고 대신에 동기부여요인을 증진시켜야 한다.

셋째, 인간관계 접근방법은 작업조건과 작업환경의 부정적인 영향을 경감시킬 수 있고, 그 때문에 직무에 있어서 고유의 동기부여를 발견하기 위하여 노동자들을 자유롭게 한다.

(5) X·Y이론

1960년에 출간된 Human Side of Enterprise에서 맥그리거(Douglas Mc-

---

29) Frederick Herzberg, Bernard Mausner and Barbara Snyderman, *The Motivation to Work*, 2nd ed. (New York: John Wiley & Sons, Inc., 1959), p. 114.

30) Paul Hersy and Kenneth H. Blanchard, *Management of Organizational Behavior*, 2nd ed. (Englewood Cliffs, New Jersey: Prentice-Hall, Inc., 1972), p. 58.

Gregor)는 인간의 본성과 관련하여 X·Y이론을 제시하였다. 맥그리거에 의하면 X이론적 인간형은 야망이 없고 일을 싫어하며 처벌로서 강요하고 위협해야만 과업을 수행한다. 반면에 Y이론적 인간형은 천성적으로 일을 싫어하지 않으며, 만약 적절한 보상이 주어지고 자아실현의 욕구를 충족시켜 줄 수 있다면 훌륭하게 과업을 수행할 것이다. 따라서 맥그리거는 Y이론의 가정을 전제로 만일 조직이 구성원들을 성숙한 개체로서 인식하고 취급한다면 그들은 가장 효율적이고 효과적인 방법으로 조직목표달성에 기여할 수 있도록 행동할 것이라고 주장하였다. 비록 그는 개인과 조직이 완벽하게 통합되는 것은 불가능하더라도 조직관리자들이 Y이론적인 인간형으로 변화한다면 작업환경을 개선시킬 수 있을 것이라 믿었다. 즉, 맥그리거는 자아실현과 과업완수에 있어서 성숙한 개인의 중요성과 조직과 개인의 목표를 통합할 수 있는 조직구성원의 역량을 강조하였다.

1) X이론

맥그리거는 노동자들을 설명하기 위한 두 가지 이론을 제시하였다. X이론은 전통적 이론에 근거한 이론인 반면에, Y이론은 사람에 대한 더욱 인간적인 관념에 기초를 두는 이론이다. X이론을 설명하면 다음과 같다.

첫째, 관리자들은 경제적인 목적에 대한 관심에서 생산적인 기업의 요소 — 돈, 자원, 장비, 사람 — 를 조직하는 데 책임이 있다.

둘째, 사람과 관련하여, 이것은 조직이 필요로 하는 것에 맞춰서 그들의 노력을 지시하고, 그들에게 동기를 부여하고, 그들의 행동을 통제하고, 그들의 행동을 수정하는 과정이다.

셋째, 관리자에 의한 이러한 적극적인 개입이 없다면 사람들은 조직이 필요로 하는 것에 수동적 — 심지어 저항적 — 으로 될 것이다. 그러므로 그들은 설득되어야 하고, 보상을 받고, 처벌을 받아야 하고, 행동이 통제되어야 한다.

넷째, 일반적인 사람들은 본성적으로 게으르다 — 인간은 가능한 일을 적게 하려고 한다.

다섯째, 사람은 야망이 결여되어 있으며, 책임지기를 싫어하고 이끌려지는 것을 더 원한다.

여섯째, 인간은 본성적으로 자기중심적이며, 조직의 목표에는 무관심하다.

일곱째, 인간은 본성적으로 변화를 거부한다.

여덟째, 인간은 본성적으로 잘 속으며, 매우 영리하지 못하고, 쉽게 허풍과 선동에 잘 속는다.

2) Y이론

인간관계론의 획기적인 발전은 맥그리거(Douglas McGregor, 1940~1964)가 Y이론의 개념을 소개했던 1960년에 이루어졌다. 맥그리거는 X이론으로 간주되고 있는 전통적이고 형식주의적인 이론(즉, 관료적 조직 및 과학적 관리)에 대한 인간주의적 대응으로서 Y이론을 발전시켰다.

X이론은 대부분의 경찰관서에서 전형적으로 볼 수 있는데 린치(R. Lynch)는 대다수 경찰관리자들은 부하를 감독하고 관찰하는 데 대부분의 시간을 보낸다고 지적한다.31)

반면에 인간의 욕구에 관한 연구에 그 근거를 두고 있는 Y이론은 매슬로우의 임상 및 산업심리학을 결합한 것이고, 아지리스와 허즈버그의 경험적 연구를 정당화시킨 것이다. 기본적으로 이 이론은 개방적인 의사전달과 신뢰에 도움이 되는 작업분위기 속에서 뜻있는 직무를 수행하고 있을 때 사람들이 보다 잘 반응한다고 한다.

Y이론의 기초적인 가정은 다음과 같이 요약할 수 있다.32)

첫째, 일반적으로 사람은 일을 싫어하지 않는다.

둘째, 기관의 생산성 욕구가 능률적으로 충족될 수 있기 전에, 인간의 욕구가 충족되어야 한다.

셋째, 심리적 욕구는 경제적 욕구만큼 노동자의 성취를 위하여 중요한 것이다.

넷째, 본래 사람들은 위대한 일을 할 수 있다.

다섯째, 조직의 문제를 해결하는 데 있어서 상상력, 재능, 그리고 창조성을

---

31) Ronald G. Lynch, *The Police Manager,* 4th ed. (Cincinnati, Ohio: Anderson Publishing Co., 1995), p. 79.

32) Douglas McGregor, *The Human Side of Enterprise* (New York: McGraw-Hill, 1960), pp. 33~57.

발휘하기 위한 능력은 모든 사람에게 넓게 배분되어 있다.

또한 Y이론은 다음을 주장한다.

첫째, 관리자들은 경제적인 목적에 대한 관심에서 생산적인 기업의 요소 — 돈, 자원, 장비, 사람 — 를 조직하는 데 책임이 있다.

둘째, 사람들은 수동적이지 않고 조직의 목표에 반대하지 않는다. 그들은 조직 내 경험의 결과로서 수동적으로 되는 것이다.

셋째, 동기부여, 발전의 잠재적 가능성, 책임을 맡을 능력, 조직의 목표를 위해서 행동을 통제할 준비는 모든 직원들에게 있다. 관리자는 거기에서 끝나는 것이 아니다. 직원들이 스스로 이러한 인간적 특성을 인식하고 발전시키는 것이 가능하도록 하는 것은 관리자의 책임이다.

넷째, 관리자의 본질적 임무는 조직의 상태와 운용 방법들을 조정하는 것이다. 그렇게 함으로써 사람들은 조직의 목적에 대하여 그들 자신의 노력을 통제함으로써 그들 자신의 목표가 가장 잘 성취되도록 할 수 있다.

Y이론의 가정을 근거로 한 경찰관서는 규칙·규율을 대신하는 폭넓은 행동지침이 있으며, 일선감독의 계층단계가 적다. Y이론을 수행하려면 경찰관서는 의사결정에 일선경찰관들을 참여시킬 필요가 있다. 목표달성을 위해서는 신기술이 도입되어야 하며 적성을 충족시켜야 한다.

맥그리거의 Y이론은 결론적으로 다음을 인정하고 있다.[33]

첫째, 조직 내에서의 작업은 보람이 있도록 하여야 한다.

둘째, 조직은 신뢰·공개, 그리고 헌신을 촉진시켜야 한다.

셋째, 관리의 목표는 자기실현된 노동자들의 끊임없는 생산일 것이다.

넷째, 인간주의적인 조직 속에서의 명령은 평등해야만 한다.

X이론과 Y이론은 연속된 두 가지의 결과를 보여준다. 노동자들에 대한 전통적인 개념인 X이론에 따르면 관리자는 노동자들에 대한 끊임없는 통제, 처벌, 그리고 조종을 의미한다. 반면에, Y이론은 노동자들은 기꺼이 일을 하며, 단지 관리자가 더 나은 작업환경을 제공하는 데 실패할 경우에만 생산성이 저하된다고 한다. 호손 실험에 따르면 인간관계론자들은 맥그리거의 Y이론이 노

---

33) *Ibid.*, pp. 6~7.

동자들과 그들의 잠재력을 설명하는 데 가장 정확하다고 간주한다. 그리고 관리자는 회사나 생산량보다는 노동자들에게 초점이 맞추어져야 한다고 본다.34) 맥그리거의 Y이론은 많은 관리자 집단에게 빠르게 수용되었다. 왜냐하면 그것은 많은 인간의 본성에 더 많이 호소하고 노동자들의 투쟁이나 파업에 새로운 대안으로 제공되었고 일반적으로 실패한 것으로 여겨지는 억제적 방법으로서의 전통적인 이론에 대한 긍정적인 대안으로 제공되었기 때문이다.

제 3 절   체계이론

고전적 접근방법이 공식구조에 초점을 맞춘 반면에 인간관계론적 접근방법은 개인간의 관계를 강조했다. 그러나 체계이론(Systems theory)은 공식·비공식 조직내의 상·하집단 간의 관계를 강조한다. 행태주의적 연구의 주요한 도구는 체계분석이다. 최근 많은 행정이론가들은 관리에 있어서 체계개념을 적용하려고 한다.

처치맨(C. West Churchman)은 관리를 체계로서 보고 ① 전체 체계의 목적, 그리고 더욱 명확하게 말하면 전체 체계의 달성방법, ② 체계의 환경, ③ 체계의 자원, ④ 체계의 구성요소들, 그것들의 활동, 달성목적과 방법, ⑤ 체계의 관리를 기본적인 고려사항으로 지적하고 있다.35) 사고단계의 이러한 연속은 이론의 논리적 분석을 위한 것이며 실제적으로 이론을 검토하기 위한 절차인 것이다.

1. 체계이론의 기초

(1) 개   념

체계라는 용어는 단일성에서부터 복잡성에 이르기까지 수많은 정의가 있다.

---

34) R. Likert, *New Patterns of Management* (New York: McGraw-Hill, 1961); R. Likert, *The Human Organization: Its Management and Value* (New York: McGraw-Hill, 1967).

35) C. West Churchman, *The Systems Approach* (New York: Dell Publishing Co., 1968), pp. 29~30.

체계는 부분보다는 전체를 고려하는 것을 의미한다.36)

행정에 대한 체계분석 접근방법은(또한 사상적 통합접근방법으로 알려진) 조직을 총체성으로 간주한다. 체계의 구성요소들, 구성요소들 간의 상호작용, 투입의 체계적 흐름, 그리고 전체 체계의 생산성에 중점을 두고 있다. 개인적인 성격, 조직의 공식적 혹은 비공식적 구조, 감독방법, 그리고 리더십 모형들은 제2차적으로 중요하다고 생각하고 있다. 한마디로 말하면 체계이론의 주요한 목표는 구성원들이 일시적으로 그 과정에 있어서는 불행하게 될지라도 기관의 목적을 성취하기 위한 생산성에 중점을 두고 있다.

체계의 기본적 기능은 능률적으로, 그리고 예정대로 업무를 수행하는 것이다. 체계이론은 항상 변화하는 사회적·법률적, 그리고 경제적 환경 속에서 행동하고 반응하여야 하며 그 기관의 활동을 저해함이 없이 종업원과 조직의 욕구 사이의 갈등을 감소시켜야 하는 것을 고려하면서 조직의 실질적인 관점을 채택하고 있다.

(2) 개방체계의 개념

체계이론(system theory)은 생물학 또는 물리학의 학문영역에서 발전된 개념으로서 한 체계를 몇 개의 하위체계가 조합된 것으로 보았으며, 하위체계는 상호 연관될 뿐만 아니라 의존적이라는 것이다. 따라서 조직에 있어서 한 부서의 활동이 다른 부서의 활동에도 영향을 미치게 되기 때문에 관리자는 한 부서에서의 변화가 다른 부서에도 상응하는 영향을 미치게 된다는 점을 이해해야 하며, 조직전체를 한 개의 단위체계로 보아야 한다. [그림 4-2]에는 경찰조직의 하위체계와 이들의 상호 관련성과 의존성에 대한 설명이 제시되어 있다.

체계는 환경과 상호작용 여부에 따라 개방적인 체계와 폐쇄적인 체계의 두 가지로 분류될 수 있다. 즉, 환경과의 상호작용이 없는 체계를 폐쇄체계라고 하며 환경과의 상호작용이 원활한 조직은 개방체계이다. 그러나 개방체계라 하더라도 환경과의 상호작용의 정도는 조직에 따라 다르다. 예를 들면, 경찰은 교정

---

36) Leonard J. Kazimier, *Principles of Management,* 3rd ed.(New York: McGraw-Hill, 1974), p. 478.

그림 4-2 경찰체계(Police System)

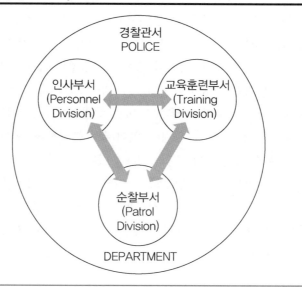

그림 4-3 개방형 경찰체계(Open Police System)

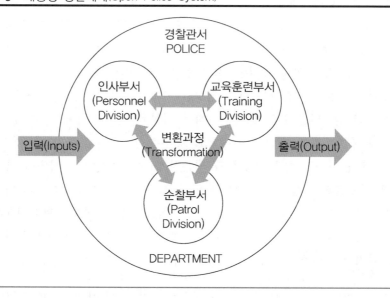

기관보다 개방성이 높은 체계이다.

[그림 4-3]은 개방체계모형을 경찰조직에 적용한 예이다. 개방체계는 외부의 환경으로부터 정보와 자원을 얻어 사용가능한 산출물로 변환시키고 그것을 다시 환경으로 배출함으로써 환경과 상호작용하게 된다. 이와는 반대로 폐쇄체계는 환경과의 상호작용이 없다. 즉, 환경으로부터 자원이나 정보의 획득도 없으며, 산출물을 공급하지도 않는 폐쇄적인 조직을 의미한다.

2. 기초적 가정

사이몬(H. A. Simon)과 아지리스(Chris Argyris)는 체계이론을 형성함에 있어서 다음의 가정에 입각하고 있다.[37]

첫째, 사람은 조직에 있어서 가치 있는 요소이지만 조직목표의 성취는 한층 더 중요하다.

둘째, 조직에 있어서 종업원 개개인들의 욕구와 문제들에 대한 관심은 실질적으로 불가능하고, 그렇게 하려는 어떠한 시도도 대단히 비용이 많이 든다. 대신에 종업원들을 집단 및 하위집단의 구성원으로 보아야만 한다.

셋째, 조직은 그들의 환경에 의하여 영향을 받고 있으며 영향을 미치고 있다. 따라서 조직은 환경에의 적응성과 융통성이 있어야 한다.

캣즈(D. Katz)와 칸(R. L. Kahn)은 다음과 같이 개방체계의 기본적 특성을 제시함으로써 복잡한 조직에 대한 분석을 시도하였다.[38] 또한 이들 개방체계의 특징은 경찰조직의 연구에도 그대로 적용될 수 있다.

① 외부 환경으로부터 자원을 흡수

환경 즉 지역사회로부터 자금, 인력, 장비, 정보 등과 같은 형태의 자원이 산출되며, 경찰조직에 투입된다.

---

37) Hebert A. Simon, *Administrative Behavior*, 2nd ed. (New York: Macmillan, 1957); Chris Argyris, *Interpersonal Competence and Organizational Effectiveness* (New York: Harper, 1962), p. 247.; Sam S. Souryal, *Police Organization and Administration* (New York: Harcourt Brace Jovanovich, Inc, 1982), p. 35.
38) D. Katz, and R. L. Kahn, *The Social Psychology of Organizations* (New York: Wiley, 1966), pp. 19~29.

② 사용가능한 자원을 산출물로 변환

지역사회로부터 유입된 자원은 지속적으로 변환과정을 거치게 된다. 즉, 인력은 경찰관으로서 고용되어 활동하며, 자금은 급료로 지급되기도 하고 비품의 구입과 활동비의 형태로 소비된다. 뿐만 아니라 경찰활동에 순찰차나 컴퓨터, 총기, 각종 장구 등과 같은 장비가 활용되며, 범죄신고, 주민불편신고, 지역사회 주민의 요구사항 등과 같은 정보도 처리된다.

③ 환경에게로 산출물을 환원

이와 같은 자원의 활용을 통하여 변환된 사회질서유지활동, 범죄의 수사 및 범죄자의 체포, 범죄예방활동 등과 같은 치안서비스는 다시 환경 즉 지역사회로 환원된다.

④ 순환과정은 체계를 유지할 수 있는 원동력

환경으로의 산출물 즉, 치안서비스의 제공은 경찰조직으로 하여금 또다른 활동주기를 반복할 수 있도록 하는 힘의 원천인 더 많은 자원의 확보가 가능하다.

⑤ 부정적 엔트로피의 달성

엔트로피(entropy)의 과정은 모든 형태의 조직이 종국에 가서는 해체되거나 소멸되는 자연적이고 보편적인 과정이다. 따라서 개방체계가 생존하기 위해서는 부정적인 엔트로피를 획득해야 한다. 즉, 개방체계는 조직이 산출하는 힘을 보다 많이 흡수함으로서 힘을 축적하고 부정적 엔트로피를 획득할 수 있다. 반대로, 모든 폐쇄체제는 엔트로피하는 주체이고 존재하지 못한다.

⑥ 정보투입과 부정적 환류의 과정

개방체계는 일정한 상태를 유지하며, 이를 항상성(homeostasis)이라고 한다. 항상성은 환경으로부터 유입된 정보를 처리하고 조직을 조화롭게 적응시킴으로서 달성된다. [그림 4-4]에는 개방체계에서 정보의 환류과정이 제시되어 있다. 환경으로부터 환류되는 정보는 긍정적인 것일 수도 있고 부정적인 것도 있다. 만일 환경으로부터 환류되는 정보가 부정적이면, 개방체계는 환경과 조화로운 상태를 유지해 적응하게 된다.

경찰조직에 대한 환경으로서 지역사회에 의한 환류는 여론, 정치적 요구, 불평불만, 범죄통계 등이다. 부정적인 환류를 받은 경찰조직은 정책변화나 활

그림 4-4   개방체계모형과 정보의 환류(Open Systems Model and Information Feedback)

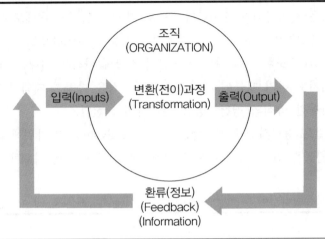

동방식의 변화와 같은 노력을 통하여 이를 개선하려고 한다. 따라서 어떤 방법으로 경찰에 대한 부정적인 환류의 원인을 해소하는가의 여부가 경찰조직의 항상성을 결정한다.

⑦ 분 화

개방체계가 성숙함에 따라 기능의 분화 즉, 전문화를 추구함으로써 변화된다.

⑧ 동일한 최종상태

개방체계는 다양한 방법으로 처음의 조건을 다르게 함으로써 동일한 최종상태에 도달할 수 있다. 뿐만 아니라, 개방체계는 순환과정을 계속하기 위해 유입된 자원을 변환하여 외부환경으로 산출해야 한다. 베리엔(F. K. Berrien)이 주장한 바와 같이 모든 체계는 그 체계가 속한 외부환경 즉, 초체계에 수용 가능한 산출물을 제공해야만 한다.[39]

경찰조직의 경우, 초체계는 지역사회이다. 경찰의 외부 환경으로서 지역사회는 관념적인 용어이므로 실제로 관할구역이라고 한다. 경찰관서의 관할구역

---

[39] F. K. Berrien, "A General Systems Approach to Organizations," in *Handbook of Industrial and Organizational Psychology,* ed. M. D. Dunnette (Chicago: Rand McNally, 1976), p. 45.

은 보통 시·도 혹은 군·구 등과 같은 경계로 구분되며, 보통 관할구역 내에 무수하게 많은 지역사회가 존재한다. 즉, 한 개의 관할구역 내에도 특정한 민족적, 종교적, 출신지역적 혹은 계층적 배경이 다른 소수집단으로 구성된 다양한 지역사회가 있다. 또한 이들 다양한 집단이 경찰에 바라는 기대는 다양하며, 때로는 상충되기도 하기 때문에 체계로서 경찰조직은 다양한 지역사회의 기대에 부응하는 다양한 방식의 경찰활동을 전개하여야 한다.

또한 경찰은 형사사법체계(Criminal Justice System)의 하위체계이다. 따라서 경찰의 활동은 검찰, 법원 혹은 교정기관과 같은 관련된 하위체계에 커다란

그림 4-5 환경영향하의 경찰체계(Police System with Environmental Boundaries)

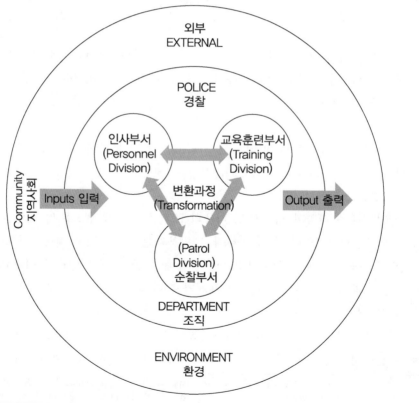

영향을 미치게 된다. 경찰이 범죄자 체포건수를 급격하게 증가시킬 경우, 검찰과 법원은 과중한 업무량에 시달리게 될 것이며, 교정기관도 과밀수용을 피하지 못할 것이다. 반면에 불구속수사의 확대, 증거배제법칙의 확대적용 등과 같은 검찰이나 법원의 정책변화와 조기가석방의 확대와 같은 교정기관의 변화는 경찰활동에 영향을 미치게 된다. 따라서 형사사법체계에 속한 모든 조직의 관리자는 자신이 속한 조직의 영향력이 체제의 다른 부분에 미친다는 점을 인식할 필요가 있다.

3. 기본적 특징

체계분석은 개념적 모형을 창조하기 위한 도구로서 ① 바람직한 목표를 명확히 밝히고, ② 목표를 실현하기 위한 대안적 방법을 개발하고, ③ 각 대안에 요구되는 자원들을 개발하고, ④ 각 대안의 산출을 결정하기 위한 모형을 계획하고, ⑤ 평가된 대안들에 대한 효과성을 측정하는 것이다.[40]

이러한 단계는 경찰조직의 관점에서 포괄적인 절차를 제공한다. 그 동안 경찰관리자들은 경찰을 본질적으로 폐쇄적 체계로 보았다. 물론 체계관리가 경찰관리자들을 위한 만병통치약은 아니지만 경찰조직의 복잡성이라는 관점에서는 하나의 준거기준이 된다.[41]

4. 경찰조직에의 적용

(1) 체계로서의 조직

조직은 공통목표를 달성하기 위하여 조화 속에서(융통성 있는 균형) 함께 일하고 있는 구성요소(집단 및 하위집단)를 형성하고 있는 체계이다. 그러므로 경찰기관은 공통목표들(법집행, 질서유지, 갈등의 해결과 같은)을 달성하기 위하여

---

40) Ernst K. Nillsson, "Systems Analysis Applied to Law Enforcement," *Allocations of Resources in the Chicago Police Department* (Washington, D. C.: Law Enforcement Assistance Administration, March 1972), p. 6.

41) V. A. Leonard and Harry W. More, *op. cit.*, p. 55.

함께 일하고 있는 구성요소들(순찰, 교통, 범죄수사 등)로 이루어져 있다.

(2) 목적으로서의 전환

체계의 궁극적인 목적은 국민의 요청들을 유형의 결과 또는 업무들로 전환시키는 것이다. 경찰기관은 국민의 요청들을 받아서(투입) 그것을 사회봉사로 전환시키는(산출) 역동적인 체계이다.

(3) 팀 체제

조직의 체계는 직위의 계층제에 의하여 업무를 분류하지는 않지만 집단 또는 팀에 의하여 분류한다. 예를 들면 경찰체계는 순찰팀, 형사팀, 기획팀, 의사전달팀, 공공관계팀 등을 가지고 있다.

(4) 비공식관계의 제한

비공식관계는 체계에 있어서 각 팀내에 존재하고 있을지도 모르지만, 팀 사이의 기능적이고 공식적인 관계가 적당한 통제를 유지하기 위하여 필요하다.

(5) 생산성의 표준화와 평가

생산성의 정확한 표준은 그 체계 내에 있는 직원들을 통제하여야 한다. 조직의 생산성에 관한 모든 일반적 표준이 경험적으로 인증되어야 하고 과학적으로 실험되어야 한다. 마찬가지로 체계 내에서는 팀의 생산성에 대한 계속적인 측정과 평가가 있어야 한다.

(6) 책임의 단일성

체계 내에서의 책임의 중복은 제거되어야 한다.

(7) 적 응 성

체계는 변화하는 지역사회의 요구와 압력에 대하여 적응할 수 있어야 한다.

(8) 경 제 성

체계의 운영은 비용-편익분석에 의하여 경제적으로 견실해야 한다.

(9) 갈등해결에 대한 능력

체계는 조직의 갈등을 해소하기 위하여 내부의 메커니즘을 갖추어야 한다.

제 4 절   현대경찰이론

1. 상황이론

(1) 개   념

행정에 있어서의 상황이론(Contingency Theory)은 1950년대 말부터 처음으로 개발된 것이다. 로쉬(J. W. Lorsch)와 로렌스(P. R. Lawrence)에 의하면 행정에 대한 네 가지 접근방법, 즉 관료적 모형, 과학적 관리모형, 인간관계모형, 그리고 체계모형들은 제각기 장·단점을 가지고 있다고 지적한다.

상황이론은 조직화, 관리, 지도력, 동기부여, 그리고 다른 변수들에 관해서 그것을 실행에 옮기는 데는 하나의 최선의 방법은 없다고 간주한다.[42]

이 이론은 또한 그 기관을 위한 적당한 모형을 선택하기 위한 필수조건으로서 해당기관의 직무와 직원을 평가할 것을 강조하고 있다. 그 이유는 다음의 두 가지 이유이다.

첫째, 조직의 업무가 개방적인 문제를 해결하는 것이고, 그 참모들이 이지적인 직원으로 구성되어 있으면, 인간관계론에 근거를 둔 접근방법을 필요로 할 것이다. 인간관계 접근방법은 기관의 이러한 행태에 가장 도움을 줄 것이다. 왜냐하면 동기부여가 되어 있는 종업원들이 그들의 과업을 잘 수행하도록 영향을 미칠 것이기 때문이다.

---

42) Jay W. Lorsch and Paul R. Lawrence (ed.), *Studies in Organization Design* (Homewood, Ill.: Irwin and Dorsey Press, 1970), p. 1.

둘째, 권위주의적 구조와 직원의 철저한 감독에 근거를 두고 있는 접근방법들은 평범한 직원들로 구성되어 있고 일상적인 업무를 수행하는 조직에서 더욱 적절하게 적용될 것이다.

(2) 기본적 가정

체계이론은 조직의 하위체계 그리고 조직과 환경의 상관관계의 중요성을 강조했으나 매우 추상적이고 관념적이기 때문에 구체적인 상황에 적용되기 어려운 단점을 가지고 있다. 즉, 특정한 경찰의 활동방법이 특정한 상황하에서는 매우 효과적인 것으로 평가되지만 상황이 변하면 그렇지 않은 것으로 평가된다는 것이다. 예를 들면, 왜 어떤 경찰서에서는 매우 권위적인 지도방식이 효과적인 반면에 다른 경찰서에서는 반발을 유발하는가? 또한 같은 경찰서에서도 작년에는 권위적인 지휘방식이 효과적이었는데 올해에는 그렇지 못한 이유가 무엇인가? 대답은 상황이 변화하며, 조직에 따라 다르기 때문이다. 즉, 모든 상황에 적용될 수 있는 보편적인 조직관리의 원칙은 없다는 것이다.

상황적응이론(contingency theory)은 조직관리에 영향을 주는 내적·외적 환경요인이 너무도 많으며, 조직이 처한 환경에 따라서 서로 다른 요인들이 조직의 활동에 영향을 미치기 때문에 다양한 형태의 조직을 구조화하고 운영하는 최선의 방법이 없다는 것이다. 따라서 조직관리자의 역할은 조직을 둘러싼 외부의 환경을 파악하여 가장 효과적인 조직관리의 방법과 기술을 판단하는 것이다.

상황적응이론은 조직을 둘러싼 내·외적 변수의 상호관계를 판단하여 이에 근거한 효과적인 관리방식과 조직모형을 도출해내기 때문에 체계이론에 의한 관리보다 좀더 실용적이라고 할 수 있다. 또한 상황의 변화에 따라 고전이론이나 인간관계론, 행태이론 등 모든 이론에 근거한 관리방식과 조직모형이 활용될 수도 있다.

캐스트(F. E. Kast)와 로젠위그(J. E. Rosentweig)는 상황적응이론에 대해 다음과 같이 설명하고 있다.[43] 즉, 상황적응이론은 서로 다른 유형의 조직마다

---

43) F. E. Kast, and J. E. Rosenzweig, *Organization and Management: A Systems and*

적절한 관리방식이 있으며, 각각의 조직에 관련된 내·외적 환경변수들간의 상호작용에 대한 지식을 증가시킬 수 있다고 주장하였다. 예를 들면, 자동차, TV, 냉장고 등과 같은 제품을 생산하는 조립공장과 같이 상대적으로 안정된 환경에서 획일적인 작업을 수행하는 조직은 조직구성원의 활동을 획일화, 고정화시킬 수 있으며, 명확한 계획과 엄격한 통제에 바탕을 둔 관료제나 과학적 관리가 가장 효과적인 관리방식일 것이다. 하지만 이러한 조직구조와 관리방식은 첨단기술에 바탕을 둔 벤처기업이나 창의성을 생명으로 하는 영상·홍보·방송기업과 같이 불확실한 환경 하에서 계속적인 기술혁신을 추구해야 하는 조직에는 효과적이지 못하다.

상황적응이론에 의하면 조직관련 내·외적 환경요인에 따른 조직형태는 기계적 조직과 유기적 조직의 두 가지로 분류할 수 있다.[44] 기계적 조직(mechanistic organization)은 엄격한 계층적 구조와 권위적 통제체계로 특징지워질 수 있으며, 유기적 조직(organic organization)은 유연한 조직구조와 민주적 절차를 가지므로 기계적 조직에 비하여 유기적 조직이 환경변화에 잘 적응할 수 있다. 따라서 캐스트와 로젠베그는 다음과 같은 각각의 조직에 적합한 환경조건을 제시하였다.[45]

먼저, 다음과 같은 환경조건 하에서는 기계적 조직이 효과적이다.

① 상대적으로 안정되고 확실한 환경
② 명확하게 규정되고 지속적으로 추진되는 목표
③ 비교적 변화가 없는 고정된 기술
④ 일상적인 활동방식과 생산성 향상을 추구
⑤ 구조화된 의사결정과정, 계층적 조직을 통한 협동·통제가 가능

반면에 다음과 같은 환경에서는 유기적 조직이 효과적이다.

① 비교적 급격하게 변화하며 불확실한 환경
② 다양하게 수시로 변하는 목표

Contingency Approach, 4th ed. (New York: McGraw-Hill, 1985), p. 116.

44) T. Burns, and G. M. Stalker, *The Management of Innovation* (London: Tavistock, 1961), pp. 13~14.

45) F. E. Kast, and J. E. Rosenzweig, *op. Cit.,* pp. 116~117.

③ 매우 정교하며 역동적으로 변하는 기술

④ 창조성과 혁신이 요구되는 비일상적인 업무가 많은 활동

⑤ 자발적인 참여에 따른 의사결정과정, 상호작용을 통한 조정과 통제가 가능하여 계층제적 요소가 적으며 유연성있는 조직구조

(3) 특   징

상황이론의 기본적 전제는 특정한 단일 관리모형이 모든 조직을 위하여 가장 좋은 것은 아니며, 언제나 그리고 어떠한 환경 아래서도 특정한 조직을 위한 최선의 모형은 아니라는 데 있다.46)

대부분의 경찰기관은 아직도 엄격한 조직상의 피라미드를 고수하고 있고 대폭적인 변화에 영향을 미칠 수 있는 새로운 관리기법을 도입하기를 꺼리고 있다.

그러나 이상적으로 말하자면 경찰관리자들은 앞에서 지적한 네 가지 모형의 부분들을 조화시킬 수 있어야 하고, 변화하고 있는 정세와 외부 압력에 따라 변화시켜야 하며, 모든 접근방법을 솔직하게 제안할 수 있어야 하는데 그렇지 못한 것이 현실이다.

형사들은 만일 그들이 효과적으로 함께 일을 하려면 인간관계 접근방법을 신뢰하여야 한다. 또한 경찰특공대원들은 서로 신뢰하는 관계를 맺고 있는 것이 중요하다. 왜냐하면 그들은 자주 극단적인 위험상황에서 서로에게 자신들의 목숨을 안심하고 맡겨야 하기 때문이다. 반면에 경찰관리자는 정부예산이 여유가 없을 때, 그리고 그들이 경찰의 능률성과 특정한 비용(예를 들면 중범사건을 처리하거나 또는 유치장에 죄수를 구류시키는 데 드는 비용)에 관한 질문들에 답변해야만 할 때 행태적(체계) 접근방법을 고려하는 것이 현명할 것이다.

다음의 지침들은 경찰기관의 행정을 발전시키기 위하여 행정이론들을 적용시키려고 노력하고 있는 경찰관리자에게 도움이 될 수 있다.

첫째, 조직구조는 기관의 목표를 달성하는 데 분명히 공헌할 것이다.

---

46) Alfred R. Stone and Stuart M. DeLuca, *Police Administration*, 2nd ed. (New York: Prentice-Hall, 1994), p. 41; Charles R. Swanson and Leonard Territo, *Police Administration* (New York: Macmillan Publishing Co., 1983), p. 84.

둘째, 조직구조는 가급적이면 그것에 관한 잡다한 정보보다는 오히려 기관 목표의 완전한 형태를 관리자와 종업원들에게 제공하여야 한다.

셋째, 조직구조는 기관의 목표에 ─ 운영의 양·질·신속성, 그리고 경제성의 의미에서 ─ 의하여 영향을 받을 것이다.

넷째, 조직은 구성원들을 실망시키기보다는 오히려 그들의 욕구를 충족시키기 위하여 조직되어야 할 것이다.

다섯째, 권한은 조직에 있어서 고정된 것이 아니며 또 기관의 책임자에 의하여 독점되어서도 아니 될 것이다.

여섯째, 선택된 구조는 모든 관리자들의 감독능력(통솔의 범위)에 한계가 있다는 사실을 인정하여야 할 것이다.

일곱째, 조직 내의 의사전달통로는 한정되어야 하지만 다양한 방면으로부터 새로운 아이디어와 비판적 평가를 수용하기 위하여 충분히 공개되어야 할 것이다.

여덟째, 조직구조는 책임의 중복된 범위를 없애 주어야 하고 기관의 노력을 조정하는 데 공헌해야 할 것이다.

아홉째, 행정의 접근방법은 조직에서 이루어져 있는 계선·참모, 그리고 보조기능들이 ─ 한편 어떤 갈등을 일으킬 수도 있지만 ─ 운영의 경제성을 위하여 공헌할 수도 있고 관리상의 통제를 증진시킬 수도 있으며 기획을 발전시킬 수도 있다는 것을 인정해야 할 것이다.

마지막으로 기관의 구조와 외부환경의 적절한 조화가 이루어져야 할 것이다.

(4) 경찰관련 연구

1970년대 초부터 경찰조직에 체계이론의 개념을 적용시킨 연구결과가 소개되기 시작하였다. 화이즈난드(Paul M. Whisenand)와 페르그송(R. Fred Ferguson)은 ① 사회가 매우 복잡해지고 급격하게 변화하고 있으며, ② 이미 논의된 조직이론이 한계에 도달하였다는 이유 때문에 조직을 개방적인 사회체계로 인식하여야 한다고 주장하였다. 즉, 고전주의이론과 신고전주의이론은 조직을 폐쇄체계로 보았기 때문에 그와 같은 근시안적인 사고가 인적·물적 자원을 사회로부터 조달하여야 한다는 점을 인식하지 못하게 하였고 더욱이 조직목표의 달성에 결정적인 영향을 미치는 주변환경의 중요성이나 변화에 대한 적절한 정보를 획득하는 환류능력의 개발이 불가능하였다는 것이다.47) 따라서 화이즈난드와 페르그송에 의하면 경찰조직도 개방체계로 인식하여야만 하는 다음과 같은 이유가 있다.

① 경찰조직은 체계 혹은 하위체계로 볼 수 있다. 즉, 경찰은 검찰, 법원, 교정기관, 보호관찰소 등과 같은 외부의 다른 하위체계와 상호작용한다. 체계이론은 특정 조직의 경계를 효과적으로 초월할 수 있도록 해주며, 다양한 조직과의 상호관계를 인식하고, 설정하고, 활용할 수 있도록 해준다.

② 경찰조직에 대한 연구는 한계에 직면했다. 그러나 체계이론을 적용하여 관련분야의 연구결과를 통합·활용이 가능하다.

③ 체계이론은 경찰의 조직관리와 환경의 관계에 대한 새로운 시각을 제공한다.

④ 체계이론은 경험적 자료나 사실에 기초한다. 경험적 자료나 사실은 경찰조직에 한정된 것은 아니고 경찰조직에 영향을 미치는 모든 공·사조직의 절차, 목표, 상호작용 그리고 기타 특성에 관한 것이다.

⑤ 체계이론의 장점은 행동지향적으로 의도된다는 점이다. 즉, 문제해결과 목적달성에 활용하기 위하여 자료가 수집된다.48)

먼로(J. L. Munro)는 "미국사회에서 1960년대 중반이후 경찰의 역할에 대한 열띤 논의가 있었으나 실질적인 정책상의 변화는 미미하였다"고 주장하였다. 경찰조직에 대한 엄청난 투자가 이루어 졌음에도 불구하고 별로 중요하지 않은 기술적인 발전 이외에는 성과를 찾아보기 어렵다는 주장이다.49) 그에 의하면 이와 같은 변화의 부재는 ① 경찰과 정치인이 법집행기능을 체계이론적인 관점에서 파악하려하지 않았으며, ② 경찰조직의 관리에 있어서 권위적이며 비

---

47) P. M. Whisenand, and R. F. Ferguson, *The Managing of Police Organizations* (Englewood Cliffs, New Jersey: Prentice-Hall, 1973), p. 166.

48) P. M. Whisenand, and R. F. Ferguson, *The Managing of Police Organizations* (Englewood Cliffs, New Jersey: Prentice-Hall, 1973), p. 167.

49) J. L. Munro, *Administrative Behavior and Police Organization* (Cincinnati, Ohio: Anderson, 1974), p. 9.

민주적인 철학을 고수하는 데 원인이 있다는 것이다. 따라서 먼로에 의하면 경찰을 형사사법체계의 일부분으로 인식하고 체계이론적 관점에서 파악해야 한다는 것이다.[50]

코드너(G. W. Cordner)는 경찰활동에 개방체계이론(open system approach)을 적용하였다. 그는 폐쇄적 관료모형이 비교적 안정된 환경조건 하에서 일상적인 업무를 수행하는 경우에는 매우 적합하지만 불확실하고 유동적인 환경에서 특수한 업무를 수행하는 경우에는 개방체계모형이 적합하기 때문에 경찰조직에 대한 연구에는 개방체계모형을 적용하는 것이 적절하다고 결론지었다. 이는 사실상 경찰활동의 대부분은 불확실하고 유동적인 상황에서 비일상적인 업무를 수행하기 때문인 것이다. 따라서 개방체계모형에 입각한 경찰조직에 대한 연구를 통하여 매우 유동적인 환경과의 상호작용이 좀더 정확하게 설명될 수 있다는 것이다.

로버그(Roy Roberg)는 경찰활동에 상황적응이론을 적용하여야 하며, 경찰의 조직행태에 영향을 미치는 내·외적 요인을 파악해야만 함을 강조했다. 이는 가장 효과적인 관리방식과 조직구조를 결정하는 데 경찰역할의 복잡성에 대한 인식, 경찰지원자의 교육수준 증가, 매우 유동적이고 불확실한 특성을 가진 경찰환경이 고려되어야 한다는 것이다. 로버그에 의하면 "이와 같은 요인들을 고려할 때 경찰조직의 설계에 적용되었던 단순하고 고전적인 관료제적 요소들의 대부분은 부적절한 것이었음이 명백하고,[51] 뿐만 아니라 효과성의 측면에서 볼 때에도 유기적인 조직모형이 기계적인 조직모형보다 더 큰 잠재적인 가능성이 있다"는 것이다.[52] 이는 좀더 참여적이고 민주적이며 권위적이지 않은 관리방식이 적절함을 암시한다. 하지만 경찰조직은 너무도 다양하며, 상황적응적 관리방식에 있어 유일한 최선의 방법이 없음을 염두에 둘 때, 기계적 관리방식과 유기적 관리방식을 혼합하는 것이 경찰조직관리에 있어 적절할 것이다. 따라서 경찰조직의 관리자는 내·외적 요인의 영향을 면밀하게 파악하여

---

50) *Ibid.,* p. 12.

51) R. R. Roberg, *Police Management and Organizational Behavior: A Contingency Approach* (St. Paul: West, 1979), p. 190.

52) *Ibid.,* p. 211.

가장 효과적인 조직체계와 관리방식을 판단해야 한다.53) 경찰조직관리에 있어서 상황적응이론을 적용하는 이유는 특정한 환경에서 적절하게 적용될 수 있는 관리활동과 조직구조가 있음을 인정하기 때문이다.

2. 목표에 의한 관리

(1) 개 념

목표에 의한 관리(Management By Objectives: MBO)는 목표달성문제를 관리적 측면에서 중점적으로 다루려고 하는 관리전술로서, 구성원의 권고 및 참여의 조장을 통하여 조직목표를 달성하려고 하는 모험적 시도라고 말할 수 있다.

목표에 의한 관리(MBO)는 1954년 드럭커(Peter F. Drucker)에 의해서 제시되었는데 그는 달성하고자 하는 목표가 명확하면 명확할수록 그것이 달성되는 기회는 커지며 또한 실제의 성과는 이룩하고자 하는 의욕에 정비례하여 나타난다는 것이다. 오늘날 목표에 의한 관리(MBO)는 기업체뿐만 아니라 정부조직에서도 많이 사용되고 있는데 그 이유는 규모나 복잡성이 커지고 그 목표도 다양하기 때문이다.

(2) 기본과정

목표에 의한 관리(MBO)의 기본과정은 구체적인 목표설정과 행동계획의 입안, 중간평가 및 최종평가가 순차적으로 진행되고 이러한 행동단계가 순환적으로 연결되는 과정이다.

이를 구체적으로 살펴보면 다음과 같다.

첫째, 특정인 또는 특정조직단위가 일정기간 내에 성취해야 할 구체적인 목표를 설정하고 그에 따라 행동계획을 입안하는 단계이다.

둘째, 목표설정이 끝나면 그것을 성취시킬 책임이 있는 사람은 상당한 재량권을 가지고 목표추구활동을 전개하게 되는데 이 단계에서 진척상황을 수시로

---

53) *loc.cit.*

중간평가 해야 하는 단계이다.

셋째, 목표성취의 예정기간이 도래했을 때 나타나는 최종평가단계이다.

(3) 장점과 문제점

1) 장 점

첫째, 조직 내의 의사전달체계를 통하여 목표와 성과가 연결되고 있다.

둘째, 유기적이고 전체적인 관리체계 안에서 최종목표와 중간목표 사이의 연계가 뚜렷하다.

셋째, 최고관리층에 대하여 명확한 경영능력을 기대하게 된다.

넷째, 각 조직계층에서의 상위자와 하위자 사이의 협동관계가 촉진된다.

다섯째, 관리과정에서 동기부여에 관한 가정을 검토하여 조직구성원의 개인 목표를 우선 고려함으로써 참여를 촉진시킨다.

2) 문 제 점

첫째, 정부기관의 목표를 정확히 제시하기는 쉬운 일이 아니다.

둘째, 목표에 의한 관리(MBO)의 복잡한 절차 때문에 관료주의적인 타성과 번문욕례를 초래할 수도 있다.

셋째, 각 기관의 정책수행에 대한 통제기준의 표준화는 각 기관의 고유한 기풍과 임무를 무시할 염려가 있다.

넷째, 의사결정권을 가진 최고관리층의 개편이 자주 일어난다.

다섯째, 정부에 있어서 예산은 예측할 수 없는 복잡한 정치과정을 통하여 결정되며 그 기간도 1년으로 제약을 받는다.

이와 같이 목표에 의한 관리(MBO)의 미래는 예측하기 어렵다. 이것이 지니고 있는 문제점을 어떻게 극복하는가에 그 실효성이 달려 있다.

목표에 의한 관리(MBO)의 관리방법은 경찰행정에도 도입되어 부분적으로 활용되고 있는데, 예를 들면 관리부서라는 용어 및 실행, 전략계획, 프로그램 목적은 목표에 의한 관리(MBO)의 절차에 해당한다. 즉, 목표에 의한 관리(MBO) 프로그램이라고 명시적으로 표현하지 않더라도 목표에 의한 관리(MBO)의 주요 과정을 따르는 것은 많은 경찰관서에서 비교적 흔히 볼 수 있다.

또한 그동안 활용하고 있는 목적을 정확히 하고, 상호 동의하에 전략을 수립하고, 그리고 결과를 평가하는 것들은 목표에 의한 관리(MBO)의 관리기법이다.[54)

3. 총질관리

(1) 개 념

총질관리(Total Quality Management: TQM)는 고전적 접근방법에서 벗어나 기획·조직·지휘 등을 보다 더 중시하는 것으로서 고객만족을 위한 전략이면서도 통합적인 관리체제이다.

1986년 데밍(W. Edwards Demming)과 그의 동료들은 'Out of Crisis'에서 품질개선의 책임을 공정상의 책임과 관리상의 책임으로 나누어 관리자측에게는 지속적으로 개선목표를 창출할 책임이 있다고 하였다. 또한 의사전달과 팀웍을 개선함으로써 개선의 장애요인을 제거하고 체계지향의 관리와 통계적인 공정관리를 통한 예방적 품질관리를 강조하였다.

데밍(Deming)은 품질은 제조과정에 있어서 불확실성과 변화성을 감소시킴으로써 향상될 수 있다고 믿었다. 그는 근로자가 아니라 업무체계가 작업현장에서 가장 중요한 문제의 원인이라고 믿었다.

(2) 기본원리

데밍은 현대 조직의 행정관리에 있어서 치명적인 문제점을 지적하고 품질을 향상시키기 위해 14가지의 원리와 전략을 제시하였는데 이것이 총질관리(TQM)의 기본원리이다.[55)

① 조직의 문화는 협동적이어야 하고 조직에 기여하는 것이어야 한다는 측면에서 생산품과 서비스의 개선이라는 일관성 있는 목적을 추구하여야 한다.

---

54) James J. Fyfe Jack R. Greene, William F. Walsh, O. W. Wilson, and Roy Clinton McLaren, *Police Administration*, 5th ed. (New York: McGraw-Hill Co., 1997), pp. 173~174.

55) Bruce Brocka and Suzanne Brocka, *Quality Management* (Homewood, Ill.: Irwin, 1992), pp. 65~68; J. E. Ross., *Total Quality Management* (Delray Beach, Fl.: St. Lucie Press, 1995), p. 5.

② 생산품의 질·서비스·의사결정을 강조하는 새로운 철학을 채택하여야 한다.

③ 질적인 것을 달성하기 위하여 감독에 의존하는 것을 중단하여야 한다.

④ 단일한 공급자에 의한 작업을 통하여 전체비용을 최소화하여야 한다.

⑤ 계속해서 매 과정마다 개선하여야 한다.

⑥ 조직의 모든 계층에서 직업훈련을 실시하여야 한다.

⑦ 권위에 의한 것이 아니라 지식, 경험, 인간관계기술 등에 의한 리더십을 채택하여야 한다.

⑧ 작업규칙, 권위, 처벌, 내적인 경쟁에 바탕을 둔 기업문화 등에 의존하고 있는 불완전한 리더십에서의 탈출하여야 한다.

⑨ 참모들 간의 장벽을 제거하고 누구나 기업의 목적을 위하여 팀으로서 일을 해야 한다.

⑩ 작업능률을 올리기 위한 목표·훈계·슬로건을 제거하여야 한다.

⑪ 작업능률을 위한 수적인 양 또는 관리를 위한 수적인 목표를 지양하여야 한다.

⑫ 노동자의 자부심을 빼앗는 장애를 제거하여야 한다.

⑬ 모두에게 교육과 자기발전을 위한 다양한 프로그램을 제공하여야 한다.

⑭ 회사의 모든 사람이 변화에 적응하도록 하고 특히 최고관리층의 적응이 요구된다.

(3) 가치와 한계

1) 총질관리의 가치

총질관리(TQM)의 가장 큰 강점은 고객을 최우선시하는 관리철학이다. 고객은 외부고객과 내부고객으로 구분될 수 있는데 특히 내부고객인 종업원의 참여가 성공적인 관리철학의 핵심이 된다. 종업원에게 권한과 함께 미래 비전을 제시해주고 이들로 하여금 총체적인 품질향상을 위해 스스로 노력할 수 있는 환경을 조성해 주는 것이 총질관리(TQM)체제 아래의 리더십 특성이다.

한편 총질관리(TQM)의 관리철학은 기존의 조직이론과도 많은 면에서 융화되어 있다. 체계적인 시간과 동작연구를 하였던 과학적 관리법, 조직내 비공식적 집단간의 조정과 갈등에 관한 인간관계기법, 종업원들에게 업무의욕을 고취시키려는 동기부여이론, 종업원의 참여를 통해 조직구조와 처리절차의 변화를 시도하는 조직발전과 조직문화, 리더와 부하간의 조화에 초점을 맞추는 리더십에 관한 새로운 연구 경향, 변화하는 환경에 대비하여 보다 신축적으로 조직목표를 달성하려는 전략기획 등과 밀접히 연결되어 있다고 할 수 있다.

2) 총질관리의 한계

총질관리(TQM)은 모든 조직구성원들의 몰입, 장기적 기획, 최고관리층의 집약적 리더십 등을 필요로 하기 때문에 이에 소요되는 비용은 매우 크다. 특히 물품이나 서비스 생산에 투입되는 직접적인 비용 이외에도 정보수집, 분석, 감시, 평가, 조정 등에 투입되는 비용이 클 것이므로 조직에 총질관리(TQM)를 적용하는 것은 상당한 부담이 있다.

많은 기업들이 총질관리(TQM)를 단순한 관리도구로 인식한 나머지 너무 성급한 성과를 기대하였는데 문화를 변화시키는 것은 단기적이고 가시적인 성격의 것이 아니기 때문이다. 특히 관료제의 법률적·행태적 문제점을 내포하고 있는 공공조직의 경우에는 새로운 관리철학을 도입하는 것은 민간부문에 비하여 어려움이 더욱 크다.

(4) TQM과 경찰행정

최근의 고객위주의 행정, 양질의 공공서비스 제공 등의 요청을 받고 있는 경찰로서는 총질관리(TQM)가 추구하는 관리철학이 제공해 주는 시사점은 매우 크다고 할 수 있다.

우리나라 경찰도 범죄와의 전쟁, 질서유지, 서비스제공 등 일관성 없는 목적추구 때문에 시민들의 비난을 받아 왔다. 따라서 경찰행정에 있어서 총질관리(TQM)는 매우 조심스럽게 행해져야 한다. 왜냐하면 경찰행정분야에서 총질관리(TQM)의 결과는 측정할 수 없는 경우도 있고 다른 공공부문과 상충되는 경우도 있을 수 있기 때문이다.

1) 문화, 고객, 계산

총질관리가 경찰행정에 적용될 수 있는 방법을 조사한 후버(Hoover)는 총질관리가 3가지 주요 영역을 포함해야 한다고 충고한다. 즉, 문화(culture), 고객(customer), 계산(counting)이다. '문화'는 조직의 내부적 운용철학을 의미하고, '고객'은 조직의 생산품 또는 그 서비스를 받는 시민들이고, '계산'은 조직이 어떻게 운용되고 구성요소에게 상품 및 서비스를 어떻게 제공하는가에 대한 조직 내의 책임과 이해의 요소를 증진시키는 것을 말한다.56)

경찰의 관리철학에 통합될 때, 총질관리의 이러한 3가지 영역은 능률성, 효과성, 그리고 대응성의 관점에서 훨씬 더 우수한 경찰조직을 만들 것이다.

2) 경찰활동의 효과성 평가 수단

점차 많은 경찰기관들이 시민조사와 시민접촉을 통하여 총질관리의 문제를 다루고자 시도하고 있다. 스코간(Skogan)은 경찰활동의 효과성을 평가하는 방법으로서 시민으로부터 직접적인 환류를 받고자 하는 경찰활동에 대한 많은 예를 제공해 주고 있다.57)

오클랜드(Oakland)와 휴스턴(Houston)에 있는 경찰관들은 경찰의 직무수행에 대한 환류뿐만 아니라 범죄 및 마약문제에 대한 정보를 수집하기 위하여 경찰관들에 의한 일련의 가정방문(home visit)을 이용하였다.

볼티모어(Baltimore)는 몇몇 지역에 옴부즈맨(ombudsman) 경찰관을 배치하였다. 이러한 옴부즈맨 경찰관들은 시민들과 만나고 문제점 및 시민만족에 대한 정보를 수집하기 위하여 설문지를 이용하였다.

버밍햄(Birmingham)과 매디슨(Madison)은 시민들에게 경찰에 대한 더 쉬운 접근성을 제공하기 위하여 경찰분소(substation)의 설치를 증가하였다. 미국 전역의 경찰관서들은 더 높은 수준의 서비스를 제공하고 제공된 서비스의 적정성에 대한 의견을 수집하기 위한 프로그램을 시행하고 있다. 게다가, 경찰관서들은 지금까지 일반적으로 경찰 서비스를 제대로 제공 받지 못한 공공주택

---

56) L. Hoover, "Translating total quality management from the private sector to policing," in L. Hoover (ed.), *Qualitifying quality in Policing* (Washington: Police Executive Research Forum, 1996).

57) Wesley G. Skogan, "Community Policing in the United States," in Jean-Paul Brodeur (ed.) (Comparisons in Policing: An International Perspective, Aldershot: Avebury, 1995).

과 다른 지역들을 목표로 삼고 있다.

3) 지역사회 경찰활동의 수단

관리철학으로서 총질관리는 지역사회 경찰활동을 수행하기 위한 하나의 도구이다. 사실상, 지역사회 경찰활동을 수행하고 있는 많은 경찰관서들은 이미 총질관리의 다양한 요소들을 이용한다.

지역사회 경찰활동 개념의 중요한 요소는 지역사회 협력(community part-nership)과 문제해결(problem solving)이다. 기본적으로 지역사회 경찰활동은 문제점을 확인하고 해결하는데 있어서 경찰이 시민과 더욱 밀접하게 활동해야 한다고 설명한다. 이러한 경우에, 시민은 만족되어야 하는 고객인 것이다. 문제해결이라는 것은 경찰활동에 대한 새로운 품질이 되고, 그것은 경찰이 범죄 및 다른 문제에 대응하면서 업무를 잘 수행한다는 것을 의미한다.

4) 총질관리 수행의 어려움

그럼에도 불구하고 총질관리는 쉽게 실행되지 않는다는 것이 주목되어야 한다. 많은 다른 개념들과 같이 총질관리는 쉽게 설명될 수 있지만, 그 수행은 훨씬 더 복잡하다.

스위스(Swiss)는 경찰과 같은 정부의 서비스 기관은 사기업보다 총질관리를 수행하는데 훨씬 더 많은 어려움을 갖고 있다고 한다. 왜냐하면 사기업에서는 이익이라는 동기가 총질관리를 수행하고 측정하는 것을 훨씬 더 쉽게 만들어 주기 때문이다.

게다가, 정부는 사기업이 갖고 있지 않은 운용상의 많은 제한요소를 갖고 있다. 예를 들면, 정부는 서비스의 제공대상인 고객을 언제든지 선택하거나 거절할 수는 없다. 정치적 필요성은 공공기관이 할 수 있거나 할 수 없는 것에 대하여 변수를 두고 있다. 공공 서비스 및 다른 인사관련 법규들은 행정가들에게 제한을 가하고, 적절하게 직원들에게 보상할 수 없으며, 충분한 권한을 부여하지도 못한다.

마지막으로, 공공 관료기관들은 서비스 욕구나 요구사항이 변화함에 따라 그 방향을 변화시킬 수 있는 유연성을 갖고 있지 못하다.

5) 총질관리의 적용분야

그럼에도 불구하고 다양한 총질관리의 특성들이 수행되어져 왔다. 후버 (Hoover)는 200명의 텍사스(Texas) 경찰관리자들을 조사했으며, 그들이 합법 적으로 총질관리의 문화원리를 잘 적용하고 있으며, 고객에 중점을 둠에 있어 서 적절하게 잘 하고 있다는 것을 발견했다. 그러나 경찰관서들이 시민욕구에 얼마나 잘 대응하고 있는가를 측정하는데 있어서 거의 노력을 하지 않는다는 것을 발견했다.

비록 총질관리의 수행이 어느 정도 법집행분야에서 방해될지라도 경찰행정 가들이 중점을 둘 수 있는 몇 개의 분야가 있다. ① 고객인 시민의 만족에 대한 정보를 수집하기 위한 더 좋은 장치를 개발하는 것, ② 직무수행을 추적해서 평가업무를 더 잘 하는 것, ③ 위기에 대응하는 것 보다는 계속된 향상을 위해 노력하는 것, ④ 경찰관서 전체에 걸쳐 높은 수준의 참여적 관리를 수행하고자 노력하는 것 등이다.

후버가 지적한 것과 같이, 경찰은 지금 총질관리의 단지 적정한 수준만을 활용하고 있지만, 총질관리의 철학은 법집행 수준을 향상시킬 수 있는 높은 가 능성을 갖고 있다.

참 고 문 헌 (Sources)

국내문헌

김규정, 「행정학원론」, 서울: 법문사, 1998.

김운태, 「행정학원론」, 서울: 박영사, 1985.

박기동, 「조직행동론」, 서울: 박영사, 2001.

박동서, 「한국행정론」, 서울: 법문사, 2001.

박연호·오세덕, 「현대조직관리론」, 서울: 법문사, 2001.

박우순, 「조직관리론」, 서울: 법문사, 1999.

오석홍·손태원·하태권, 「조직학의 주요이론」, 서울: 법문사, 2000.

이상안, "경찰관료제의 제문제," 선진조국창조를 위한 경찰의 역할, 제38주년 경찰의 날 기념 학술세미나, 1983.

조석준, 「조직론」, 서울: 법문사, 1993.

_____, 「한국행정조직론」, 서울: 법문사, 1997.

국외문헌

Argyris, Chris, *Understanding Organizational Behavior*, Homewood, Ⅲ.: The Dorsey Press, Inc.

_____, *Personality and Organization*, New York: Harper & Row, 1957.

_____, C., *Personality and Organization: the Conflict between System and the Individual*, New York: Harper & Row, 1957.

_____, *Interpersonal Competence and Organizational Effectiveness*, New York: Harper, 1962.

Bechman, Norman and Clyde Christofferson, "Reducing WFA: The Newest Public Administration," *The Bureaucrat*, Fall 1983, Vol. 12, No. 3.

Blau, Peter M., *Bureaucracy in Modern Society*, New York: Random House, 1956, and Richard Scott, Formal Organizations, San Francisco: Chandler Publishing Co., 1962.

Brocka, Bruce, and Suzanne Brocka, *Quality Management*, Homewood, Ⅲ.: Irwin, 1992.

Churchman, C. West, *The Systems Approach*, New York: Dell Publishing Co., 1968.

Denyer, T., R. Callender, and D. Thompson, "The policeman as alienated laborer," *Journal of Police Science and Administration,* Vol. 3, No. 3, 1975.

Etzioni, Amitai, *Modern Organization,* Englewood Cliffs, New Jersey: Prentice-Hall, 1964.

Feffer, J., "The micropolitics of organizations," in M. Meyer (ed.), *Environments and Organizations,* San Francisco: Jossey-Bass, 1978.

Franz, V., and D. Jones, "Perceptions of organizational performance in suburban police department: A critique of the military model," *Journal of Police Science and Administration,* Vol. 15, No. 2, 1987.

Fyfe, James J., Jack R. Greene, William F. Walsh, O. W. Wilson, and Roy Clinton McLaren, *Police Administration,* 5th ed., New York: McGraw Hill Co., 1997.

Gaines, L., "Overview of organizational theory and its relation to police administration." in L. Gaines & T. Ricks (eds.), *Managing the Police Organization,* St. Paul: West Publishing, 1978.

Gerth, H. H. and C. Wright Mills, *From Max Weber: Essays in Sociology,* New York: Oxford University Press, 1958.

Goodsell, C., *A Case for Bureaucracy,* 2nd ed., Chatham, NJ: Chatham House, 1985.

Guyot, D., "Bending granite: Attempting to change the rank structure of American police department," *Journal of Police Science and Administration,* Vol. 7, 1979.

Hersy, Paul, and Kenneth H. Blanchard, *Management of Organizational Behavior,* 2nd ed., Englewood Cliffs, New Jersey: Prentice-Hall, Inc., 1972.

Herzberg, Frederick, Bernard Mausner and Barbara Snyderman, *The Motivation to Work,* 2nd ed., New York: John Wiley & Sons, Inc., 1959.

Huneryager, S., and I. Heckman, *Human Relations in Management,* New Rochelle, NY: South Western Publishing, 1967.

Jaques, E., "In praise of bureaucracy," *Harvard Business Review,* Vol. 68.

Kats, Daniel and Robert L. Kahn, *The Social Psychology of Organization,* New York: John Wiley and Sons, 1966.

Kazimier, Leonard J., *Principles of Management,* 3rd ed., New York: McGraw-Hill, 1974.

Kelling, G. L., and W. J. Bratton, "Implementing community policing: The administrative problem," in W. Oliver (ed.), *Community Policing: Classical Readings,* Upper Saddle River, NJ: Prentice-Hall, 2000.

Kuykendall, J., and R. Roberg, *Police Management,* Los Angeles: Roxbury Press, 1997.

L. Hoover, "Translating total quality management from the private sector to policing," in L. Hoover (ed.), *Qualitifying quality in Policing,* Washington: Police Executive Research Forum, 1996.

Leonard, V. A., and Harry W. More, *Police Organization and Management,* 5th ed., Mineola, New York: The Foundation Press, Inc., 1978.

Likert, R., *New Patterns of Management,* New York: McGraw-Hill, 1961.

————, *The Human Organization: Its Management and Value,* New York: McGraw-Hill, 1967.

Lorsch, Jay W. and Paul R. Lawrence (ed.), Studies in *Organization Design,* *Homewood,* Ill.: Irwin and Dorsey Press, 1970.

Lynch, Ronald G., *The Police Manager,* 4th ed., Cincinnati, Ohio: Anderson Publishing Co., 1995.

Maslow, Abraham H., *Motivation and Personality,* 2nd ed., New York: Harper & Row Publisher, Inc., 1970.

McGregor, Douglas, *The Human Side of Enterprise,* New York: McGraw Hill, 1960.

Merriam, Charles E., *Systematic Politics,* Chicago: University of Chicago Press, 1945.

Mosher, Frederick C., *Democracy and the Public Service,* New York: Oxford University Press, 1982.

Nillsson, Ernst K., "Systems Analysis Applied to Law Enforcement," *Allocations of Resources in the Chicago Police Department,* Washington, D. C.: Law Enforcement Assistance Administration, March 1972.

Parsons, Talcott, *Structure and Process in Modern Societies,* Glencoe, Ill.: Free Press, 1960.

Potts, Lee W., *Responsible Police Administration,* Alabama: The University of Alabama Press, 1983.

Reiser, M., "Some organizational stresses on policeman," in L. Gaines and T. Ricks (eds.), *Managing the Police Organization,* St. Paul: West Publishing, 1978.

Riggs,, Fred W., "Bureaucratic Politics in Comparative Perpective," *Journal of Comparative Administration,* May, 1969.

Ross, J. E., *Total Quality Management,* Delray Beach, FL: St. Lucie Press, 1995.

Sandler, G. B., and E. Mintz, "Police organizations: Their changing internal and external relationships," in L. Gaines and T. Ricks (eds.), *Managing the Police Organization*, St. Paul: West Publishing, 1978.

Skogan, Wesley G., "Community Policing in the United States," in Jean-Paul Brodeur (ed.), *Comparisons in Policing: An International Perspective*, Aldershot: Avebury, 1995.

Simon, H., *Administrative Behavior*, New York: Free Press, 1954.

Simon, Herbert A., *Administrative Behavior*, 2nd ed., New York: Macmillan, 1957.

Souryal, Sam S., *Police Organization and Administration*, New York: Harcourt Brace Jovanovich, Inc, 1982.

Stilman II, Richard J., *The American Bureaucracy*, Chicago: Nelson Hall, 1990.

Stone, Alfred R. and Stuart M. DeLuca, *Police Administration*, 2nd ed., New York: Prentice-Hall, 1994.

Subramanian, V., "The classical organization theory and its critics," *Public Administration Review*, Vol. 44.

Swanson, Charles R., and Leonard Territo, *Police Administration*, New York: Macmillan Publishing Co., 1983.

Tayler, Frederick W., *Scientific Management*, New York: Harper & Brothers, 1947.

Thibault, Edward A., Lawrence M. Lynch and R. Bruce McBride, *Proactive Police Management*, 2nd ed., Englewood Cliffs, New Jersey: Prentice-Hall, Inc., 1995.

Tossi, Henry L. and Stephen J. Carroll, *Management: Contingencies, Structure, and Process*, Chicago: St. Clair Press, 1974.

Toch, H., "The democratization of policing in the United States," *Police Forum*, Vol. 7, No. 2.

Wallace, Harvey, Cliff Roberson and Craig Steckler, *Fundamentals of Police Administration*, Englewood Cliffs, New Jersey: Prentice-Hall, 1995.

Wren, Daniel A., *The Evolution of Management Thought*, New York: Ronald Press, 1972.

제5장

경/찰/행/정/학

경찰의사전달

제1절 경찰의사전달의 개념

1. 개 념

인간은 다른 사람의 마음을 읽을 수 없기 때문에 그들은 서로의 이해관계를 공유할 어떤 인정된 방법, 즉 의사전달(communication)을 발전시키고 이용하여야만 한다.

경찰조직은 본질적으로 사회공공의 안녕과 질서의 유지라는 공통 목표를 향하여 노력하고 있는 동태적인 집단이다. 효과적인 경찰의사전달이 없이는 정책결정이나 그 집행과정이 정확하게 수행될 수 없기 때문에 경찰기관의 내부에서 효과적인 의사전달통로를 유지하는 것이 절대로 필요하다. 실제로 경찰기관의 내부에서 중요한 의사전달통로가 결핍되면 구성원들 사이에 이해의 혼란을 일으키게 되고 결과적으로 경찰조직의 활동은 효율성을 발휘할 수 없게 된다.

효과적인 경찰의사전달이 없다면 부하들은 관리자가 그들에게 무엇을 기대하고 있는가를 단지 추측할 수밖에 없으며, 경찰간부들도 그들 부하의 욕구에 대하여 똑같이 모르게 된다. 더구나 경찰활동의 효율성은 국민의 이해와 협조에 달려 있다고 해도 과언이 아니기 때문에 오늘날 경찰활동을 함에 있어서 경찰기관과 국민간의 의사전달은 필수 불가결한 것이라고 할 수 있다.

오늘날 경찰의사전달은 특히 정책결정을 포함한 모든 의사결정에 있어서 그 내용과 방법에 중요한 영향을 미치는 요인으로 파악되고 있다. 따라서 효과적인 경찰의사전달은 효과적인 정책결정을 의미한다.1)

2. 경찰의사전달의 기능

(1) 정보의 교환

의사전달은 2인 혹은 더 많은 사람들 사이의 사실·생각·의견 또는 감정의 교환으로 정의되고 있다.2) 여기에서 강조하는 것은 정보의 교환이다.

(2) 이해의 공유

의사전달은 각 집단의 기능과 관심을 이해하기 위한 조직 내부의 다양한 기능적 집단의 능력으로 정의된다.3) 여기에서 강조하는 것은 조직 구성원들 사이의 이해의 공유이다.

(3) 상징과 의미

의사전달은 조직 내부의 개인이나 집단 사이에서 언어·문서·상징 혹은 메시지를 이용한 의견교환으로 정의된다.4) 여기에서 강조하는 것은 특정한 조직환경(예를 들면 군대, 교회, 학교 혹은 경찰)에서 사용되고 있는 상징과 그것들의 의미이다.

따라서 경찰의사전달은 정보교환을 주요한 목적으로 두 사람 이상 사이에 몇 가지 단계를 수반하는 과정이라고 할 수 있다.5)

---

1) Paul M. Whisenand and Fred Ferguson, *The Managing of Police Organizations*, 3rd ed. (Englewood Cliffs, New Jersey: Prentice Hall, 1989), p. 49.

2) R. Bellows, T. Q. Gilson, and G. S. Odiorne, *Executive Skills* (Englewood Cliffs, New Jersey: Prentice-Hall, Inc, 1962), p. 59.

3) Herbert A. Simon, Donald W. Smithburg, and Victor A. Thompson, *Public Administration* (New York: Alfred A. Knopf, 1950), p. 243.

4) C. G. Browne, "Communication Means Understanding," *Personnel Administration*, Vol. 31, 1958.

5) Harvey Wallace, Cliff Roberson and Craig Steckler, *Fundamentals of Police Administration* (Englewood Cliffs, New Jersey: Prentice-Hall, 1995), p. 66.

3. 성공적인 경찰의사전달의 요건

성공적인 경찰의사전달을 위해서는 다음의 다섯 가지 요건이 충족되어야 한다.6)

첫째, 할당된 업무를 달성하는 데 충분한 정보가 제공되어야 한다. 이를 위하여 주기적인 훈련, 전문적인 참고편람, 일상적인 지도·감독 그리고 명령과 같은 다양한 형태의 의사전달이 활용된다.

둘째, 책임성에 대한 분명한 인식과 기대가 전달되어야 한다. 조직도표, 직무기술, 작업계획, 예정표, 관할구역, 근무성적평정, 명령을 활용하여 자신의 책임을 분명하게 인식할 수 있다.

셋째, 특정한 목적을 달성하기 위하여 인적·물적 작용의 조정을 용이하게 하여야 한다.

넷째, 조직의 문제를 해결하고 갈등을 해결하는 것을 용이하게 하여야 한다.

다섯째, 무엇을 달성하여야 하는가뿐만 아니라 그것을 어떻게 달성하여야 하는가에 일반적인 방향을 제시하여야 한다.

또다른 연구에 의하면 성공적인 경찰의사전달을 위해서는 다음과 같은 것이 시도되어야 한다.7)

첫째, 경찰관은 평가를 위한 경찰절차와 표준의 제시, 경찰기관의 목표·정책의 형성 그리고 직무집행방법에 관해서 교육을 받아야 한다.

둘째, 경찰업무와 관련하여 논쟁의 여지가 있는 문제나 오해들을 해결하여야 하고 현대사회에 있어서의 경찰의 역할을 명백히 하여야 한다.

셋째, 개인적인 의사전달을 통해서 뿐만 아니라 사람과 직접 대면하여 참신한 아이디어를 제시하도록 장려한다.

넷째, 지역사회에 기관의 목표, 기관의 발전상황, 그리고 기관의 이미지를 계속 알려서 경찰관에게 동기를 부여하여야 한다.

---

6) Paul M. Whisenand and Fred Ferguson, *op. cit.,* p. 51.

7) Sam S. Souryal, *Police Organization and Administration* (New York: Harcourt Brace Jovanovich, Inc, 1981), pp. 53~54.

다섯째, 경찰간부들 뿐만 아니라 일반직원들을 결속시켜야 한다.

여섯째, 경찰관으로 하여금 의견을 제시하도록 자극시켜야 하고 경찰조직의 성공과 실패에 대하여 그들의 평가를 구해야 한다.

일곱째, 어려움에 처한 경찰관들이 불평을 토로하는 것을 용이하게 하여야 하고 그러한 불평의 제거를 위해 노력하여야 한다.

4. 경찰의사전달의 구성요소

경찰기관은 다른 기관보다 더욱 포괄적인 의사전달의 체계를 가지고 있다. 일반적으로 체계로서의 경찰의사전달은 다음과 같은 요소들로 구성되어 있다.8)

(1) 의사전달자

의사전달자(communicator)란 경찰서장, 과장, 계장 혹은 순경과 같이 메시지의 발신자를 의미한다. 의사전달자는 경찰의사전달의 목적·내용중 제한된 일부밖에 모르고 있는 때도 있다. 이와 같이 의사전달자 중에는 여러 계층이 있어서 그들간의 명령계통 내지 연락이 불충분한 경우에는 의사전달자 측에서 의사전달의 의도 또는 내용에 차이가 생기게 된다.

(2) 의사전달 형태

경찰의사전달의 형태는 메시지의 목적에 달려 있다. 경찰의사전달은 한 사람 혹은 그 이상의 경찰관에게 알리기 위한 문서법령집과 같은 소책자 또는 경찰관 명령의 형태를 취할 수도 있으며 메모·편람 또는 회의 등이 있다. 경찰기관에서 경찰의사전달을 위하여 활용되고 있는 중요한 수단은 e-mail, 유선 및 휴대전화, 팩스 등이 있다.9)

---

8) 김운태, 『조직관리론』 (서울: 박영사, 1966), pp. 309~311 참조.

9) Paul B. Weston, *Police Organization and Management* (Pacific Palisades, California: Goodyear Publishing Co., 1976), p. 298.

(3) 의사전달 절차

경찰의사전달의 절차는 전달된 정보 또는 메시지의 배포와 배달을 의미한다. 규모가 큰 경찰기관에서는 이러한 기능을 정보를 수집하고 배포하는 의사전달부서에서 실시하며, 규모가 작은 경찰기관에서는 모든 경찰관이 읽으면서 서명하도록 하는 경찰서장의 공람문서에 의하여 이루어진다.

(4) 피전달자

피전달자는 경찰의사전달의 목적지로 지정된 자이다. 피전달자는 특정한 개인·집단 혹은 부서의 전체 직원일 수도 있다. 피전달자는 전달내용을 전달된 그대로 수동적으로 듣고 보는 것뿐만 아니라 그 내용을 자기의 것으로 소화하고 다시 자신이 전달자가 되어 그것을 타인에게 전달하는 역할을 하기도 한다. 경찰기관에서는 직무상의 규칙을 통하여 정보를 수령할 사람을 결정해 놓아야 한다. 이러한 결정은 항상 경찰기관이 갖고 있는 비밀과의 관련성 및 중요성에 따라 이루어지고 있다.

(5) 반　응

반응이란 전달된 메시지를 받았음을 확인하는 것이다. 그러한 반응은 보고서, 수령문서 혹은 단순한 서명의 형태를 띨 수 있다. 경찰의사전달의 효과는 의사가 전달되는 동안 피전달자에 대하여 일정한 영향을 미치고 반응을 일으키는 동시에 경찰의사전달이 완전히 종료된 후까지 일정한 영향을 남기게 된다.

제 2 절　경찰의사전달의 종류

1. 공식적 의사전달

(1) 개　념

공식적(formal) 의사전달은 주로 언제·어디서·어떻게 그리고 누구에 의해서 행해져야 하는 지를 조직도표나 조직규칙에 정하여 공식적인 정책과 절차를 통하여 경찰기관의 활동과 직원을 통제하기 위한 수단을 의미한다. 공식적 의사전달은 조직 내에서 규정된 체계 혹은 통로(channels)에 의해서 의사가 전달되는 것이다. 공식적 의사전달은 비인간적이고 사무적이며 문서로 행해지는 것이 대부분이다.

공식적 의사전달은 경찰규칙을 적용하여 경찰활동을 실시하기 위하여 활용되는 것이다.

(2) 장 점

첫째, 조직구성원에 대한 구속력이 있고 강한 복종을 하게 된다.

둘째, 문서로 되어 있어 내용이 명확하고 오해의 소지가 적다.

셋째, 문서로 되어 있어 수많은 사본으로 복사할 수 있으며 보존이 용이하다.

넷째, 사무적이기 때문에 보낸 자와 받은 자의 책임을 확실하게 한다.

다섯째, 비공식적인 대화·토의 또는 논쟁에 소비하게 될 시간과 노력을 절약한다.

여섯째, 의사전달의 주제가 민감하거나 곤란할 때 당사자 사이의 마주 대하는 접촉의 난처함을 피하게 된다.

(3) 단 점

첫째, 경찰서장이나 감독자에게 결제를 받도록 하며 공식적으로 전달할 수 있는 기관 내부의 정보가 제한되어 있어서 너무 엄격하다.

둘째, 일반적으로 관료적인 특수용어라고 불리우는 고전적 형태를 따르고 있어서 정확하게 이해하는 데 도움이 되지 않고 의사전달의 진정한 의미를 자주 흐리게 한다.

셋째, 메시지에 담겨져 있는 이유를 확인할 수 없어서 피전달자에게 커다란 불만이 될 수 있다.

넷째, 직원의 노력, 사본의 비용, 그리고 전달의 시간으로 말미암아 비용이 많이 든다.

다섯째, 대부분은 명령하는 것이 보고하는 것 보다 적고, 환류는 관리자의 태도에 따라 권위적인 면이 있다.

여섯째, 항상 비인간적이고 사무적이기 때문에 피전달자를 동기부여하기 어렵다.

일곱째, 간단하거나 또는 사소한 일에 초점을 맞추므로 자주 피전달자의 정보를 과소평가한다.

여덟째, 수령자와 비수령자로 직원을 분리하므로 불화가 생길 수 있다.

2. 비공식적 의사전달

(1) 개　념

비공식적(informal) 의사전달은 구성원들 간의 인간적인 상호작용과 조직의 목표에 대한 구성원들의 자발적인 지원 없이는 조직관리가 효과적일 수 없다는 현실에 근거한다. 비공식적 의사전달은 인간적이고 사적이며 대부분 말로서 이루어진다.

비공식적 의사전달의 목적은 정보를 공유하는 것이고, 인간적인 접촉을 통하여 동기를 부여하는 것이며, 참여와 우정을 통하여 갈등을 해결하는 것이다. 이것은 직원들의 열성·충성심, 그리고 헌신을 유발하기 위한 수단으로서 조직의 업무에 구성원들의 자발적 참여를 유도한다.

(2) 비공식적 의사전달의 장점

첫째, 덜 사무적이며, 구속력을 가지지 않는다. 따라서 처벌의 공포에서 벗어나 새로운 아이디어와 계획의 흐름을 증대시킬 수 있다.

둘째, 관료적인 논리보다는 참여자의 열성과 열의를 고취시키므로 인간적이다.

셋째, 문서가 아닌 대화로써 이루어지는 의사전달의 형태로서 조직의 문제에 숨겨져 있는 중요성을 토의하고 탐색하는 것이 가능하다.

넷째, 부서에서 왜 그것을 하고 있는가를 근무자에게 설명하는 데 편리한 방법이 될 수 있다. 이것은 자유스럽고 열띤 토론의 분위기를 통하여 근본적인 동기와 필요성에 대한 이해를 촉진한다.

다섯째, 풍문을 명확히 밝히거나 답변하기 어려운 질문에 응답함으로써 공식적 환경에서 문제가 될 수 있는 뜬 소문을 방지할 수 있다.

여섯째, 구성원들이 공유하고 있는 관심과 흥미를 발견함으로써 조직원들을 결합시킬 수 있고 우정의 마음을 길러줄 수 있다.

일곱째, 직원과 상관 사이에 부드러운 관계를 촉진시킬 수 있고 그래서 상호이해와 관심에 바탕을 둔 협력을 증진시킬 수 있다.

(3) 비공식적 의사전달의 단점

비공식적 의사전달은 조직의 모든 문제점을 해결해주는 것은 아니며 다음과 같은 단점이 있다.10)

첫째, 너무 막연해서 체계적으로 정의하거나 적용하기가 어렵다.

둘째, 부정확한 정보와 중요한 부분이 빠져 있는 정보가 전파될 수 있다. 극단적으로는 본래적·사실적 그리고 신뢰할 수 있었던 정보가 왜곡된 정보로 변화될 수 있다.

셋째, 비밀로 분류된 정보를 무분별하게 폭로시킬 수 있다.

넷째, 의사전달의 의미를 왜곡시키거나 변경시킬 수 있는 감정으로 가득 차 있다.

다섯째, 말로서 하기 때문에 질문이 있을 때에 명백히 하기 어렵다.

여섯째, 참여자만이 그것을 긍정적으로 인정하기 때문에 비공식적 의사전달의 사회적 가치는 의심스럽다.

경찰조직 내에서의 의사전달은 공식적 의사전달과 비공식적 의사전달이 적절히 혼합되어 있다.

공식적 의사전달은 공식적 업무에 한정될 수 있으며 의미 있고 신뢰할 수 있는 언어로 나타날 수 있다. 비공식적 의사전달은 직원들에게 용기를 북돋우

---

10) Herbert A. Simon, Donald W. Smithburg and Victor A. Thompson, *op. cit.,* pp. 218~259.

게 하고 흥미를 계속 지니게 하고 태도를 개선시키고 부서에 대한 헌신을 깊게 하기 때문에 공식적인 의사전달을 보완하는 것으로 사용되고 있다.

3. 언어적 의사전달

'언어적 의사전달'(Verbal Communication)은 "의사전달을 위해 단어를 사용하여 글로 쓰여진 것이나 구두로 표현된 것11)"을 말한다.

(1) 구두 의사전달

구두 의사전달(Oral Communication)은 말을 통한 의사전달로 면 대 면(face-to-face)의 상황에서 이루어진다. 면 대 면의 의사전달은 고용자와 피고용자, 동료들 사이, 또는 조직 외부의 사람들과 있을 수 있다. 위원회는 집단적인 구두 의사전달의 하나의 형식이다. 조회(roll call) 및 석회(after-shift briefings)시 갖는 모임은 경찰조직에서 자주 사용되는 집단적인 구두 의사전달 형식이다.

면 대 면의 구두 의사전달은 일반적으로 가장 효과적인 의사전달방식이다. 히트(M. A. Hitt), 미들미스트(R. D. Middlemist), 그리고 매티스(R. L. Mathis)는 그것의 효과를 다음과 같이 설명한다. "말에 의한 메시지는 추가적인 중요한 정보를 제공하는 데 사용 될 수 있다. 그것은 또한 즉각적인 환류와 오해를 해소시킬 수 있는 기회를 제공한다. 그러나 메시지의 영원한 기록은 존재하지 않으며, 많은 부분이 망각되어 질 수 있다. 만약 같은 메시지가 많은 사람들에게 전달되어져야 한다면, 영구적인 기록은 없기 때문에 상대방은 같은 메시지를 받지 않을 수도 있다."12)

(2) 문서 의사전달

지면에 의한 의사전달(Written Communications)은 원거리에서 발생하는

---

11) K. M. Bartol and D. C. Martin, *Management, 3rd ed.*. (New York: McGraw-Hill, 1998), p. 446.

12) M. A. Hitt, R. D. Middlemist, and R. L. Mathis, *Effective Management* (St. Paul: West Publishing, 1979), p. 321~322.

언어적 의사전달의 또 다른 형태이며, 메모, 규정, 공지사항, 편지, e-mail 등은 메시지를 영구히 기록하기 편리하고 멀리 떨어져 근무하는 모든 수신자들이 같은 메시지를 받는 것을 확실하게 한다. 그러나 모든 사람들이 메시지를 정확하게 이해할 것이라는 보장은 없다. 지면적 의사전달에서는 환류나 부가적인 설명을 할 수 없다. 따라서 지면에 의한 의사전달에 있어 전달자들이 송신자와 수신자 사이에서 야기될 수 있는 잘못된 해석을 줄이기 위해 가능한 한 자세하게 내용을 설명하는 것이 중요하다.

최근에는 메시지를 이메일의 형태로 전달한다. 이메일은 두 사람이 각각 컴퓨터 스크린에서 정보를 입력할 수 있다. 그 두 사람들은 서로를 충분히 만족스럽게 이해할 때까지 모니터를 보면서 서로에게 질문을 하고 답을 주는 것을 계속할 수 있다. 그 정보들은 나중에 다시 보기 위해 워드프로세스 파일로 저장해 둘 수 있다. 현재 경찰은 순찰차에 이동 디지털 컴퓨터 단말기를 설치하고 있다. 통신지령실(dispatcher)에서는 단말기를 통해 출동을 명령하고 운전면허증 검사 또는 영장 검사들과 같은 정보를 주고 받는다.

또 다른 문서에 의한 의사전달의 예는 전자게시판이다. 전자게시판에는 컴퓨터를 사용하는 다른 사람들의 정보검색을 위해 메시지를 남길 수 있다. 여기에서 경찰관들은 정기적으로 정보의 업데이트를 위해 단말기에 접근할 수 있다. 범죄정보나 경찰관서의 순찰구역에 관한 정보가 게시되어 질 수 있고, 경찰관들은 정기적으로 정보를 검색할 수 있다. 전자게시판은 출동명령이나 긴급정보를 전달하는데 사용되진 않는다.

4. 비언어적 의사전달

비언어적 의사전달(Nonverbal Communication)은 상대방에게 정보를 제공할 수 있는 목소리 억양, 단어·몸짓·행동 또는 신체의 표현과 같은 행위들을 의미한다. 다시 말해 비언어적 의사전달은 단어들로 전달되지 않는 요소 및 행위를 통한 의사전달이다.[13]

---

13) K. M. Bartol and D. C. Martin, *op. cit.*, p. 446.

　종종, 비언어적 의사전달은 전달자의 입장에서는 의도적이지 않다. 그럼에도 불구하고, 비언어적 단서들은 의사전달자의 감정(화가 남, 두려움, 기쁨 등)을 나타낸다.14) 또한 비언어적 의사전달은 면 대 면 의사전달에 있어서 의도하지 않는 부분이다.

　말에 의한 의사전달과 관계되어 있는 비언어적 의사전달은 가장 흔한 방식의 의사전달이다. 어떤 연구에 의하면 평소 의사전달방법에서 비언어적인 의사전달은 65%에서 93% 사이라고 추정했다.15) 비언어적 행동의 중요한 범주에는 동작학(Kinesics), 근접학(Proximics), 준언어(Paralanguage), 대상언어(Object language)가 포함되어 있다.

제 3 절 경찰의사전달의 체계

　경찰조직은 의사전달을 가로막거나 방해하는 체제보다는 공통의 이해를 증진시킬 수 있는 세련된 의사전달체계를 지니고 있어야 한다. 그래서 의사전달의 지향통로는 공식적으로 표시되고 계속 유지되어야 하며, 의사전달체계를 위반한 사람은 재교육시키거나 징계를 하여야 한다.

　경찰의 의사전달체계는 다음과 같은 방식으로 공식적인 혹은 비공식적인 의사전달을 실행할 수 있다.

1. 수직적 의사전달

(1) 개　　념
　수직적(vertical) 의사전달은 하급자의 의사가 상급자에게 전달될 뿐만 아니라(하의상달적 의사전달: 보고) 상급자의 의사가 하급자에게(상의하달적 의사전달: 명령·제안) 전달되는 것을 말한다.

---

14) M. A. Hitt, R. D. Middlemist, and R. L. Mathis, *op. cit.,* p. 320.

15) R. Birdwhistell, *Kinexics and Context* (Philadelphia: University of Pennsylvania Press, 1970); A. Mehrabian, *Silent Messages* (Belmont, CA: Wadsworth, 1972).

그림 5-1 수직적·수평적·대각적 의사전달 모형

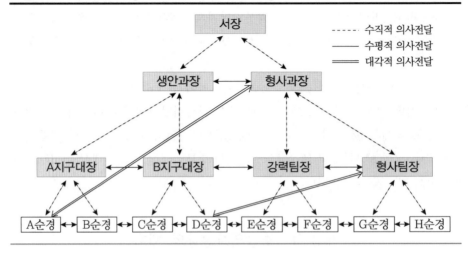

상의하달적 의사전달의 경우에는 서장으로부터 경정·경감·경위·경사 그리고 마지막으로 순경에 이르기까지 몇 개의 계급을 거쳐간다. 하의상달적 의사전달의 경우에는 반대방향이다.

경찰기관에서의 수직적 의사전달의 모형은 [그림 5-1]과 같다.

수직적 의사전달은 주로 공식적이며 보통 문서의 형태로 행해진다. 수직적 의사전달의 장·단점은 다음과 같다.

(2) 장   점
첫째, 공식적이고 사무적이다.
둘째, 모든 관계자에게 구속력이 있다.
셋째, 대부분이 합법적인 형태를 띠고 있다.

(3) 단   점
첫째, 권위주의적이며 비인간적이다.
둘째, 몇 개의 계층을 통하여 전달되므로 항상 움직임이 느리다.

셋째, 수직적 의사전달을 실행해 옮기는 공식적인 메시지 속에는 또 다른 의도가 숨겨져 있을 수도 있다.

2. 수평적 의사전달

(1) 개 념

수평적(horizontal) 의사전달은 권한이 동일한 한 직원으로부터 다른 직원에게 행해지는 의사전달을 말한다. 이것은 다른 부서나 다른 근무조건에서 근무하는 경정·경감·경위 혹은 경사 사이의 의사전달을 말하며 협조적인 성격을 가진다.

수평적 의사전달의 형태는 본래 반은 공식적이고 반은 비공식적이다. 그래서 문서 혹은 말로서 하고 있다. 수평적 의사전달은 중간관리자 사이에서 빈번하게 활용되며 수많은 경찰관들 사이에서 효과적으로 부서의 정책을 수행할 수 있도록 조정하는데 유용하다.

(2) 장 점

첫째, 본질적으로 협조적이다.

둘째, 비공식적이며 수직적 의사전달보다 단순하다.

셋째, 서로 의논하고 의견을 교환할 수 있는 기회가 제공되므로 부서의 정책을 수행하는데 불화를 없앤다.

넷째, 수시로 의사전달을 행하므로 시간의 구애를 받지 않는다.[16]

(3) 단 점

첫째, 비공식적이므로 일부 경찰관들을 정보로부터 소외시킬 수 있다.

둘째, 권한이 같은 수준에 있는 직원들 사이에 파벌을 형성하여 분열을 야기할 수 있다.

---

16) R. K. Allen, *Organizational Management Through Communication* (New York: Harper & Row, 1977), pp. 78~79.

셋째, 너무 많은 토의를 허용함으로써 조직구성원 사이의 반목을 조장할 수 있다.

넷째, 공식적 의사전달을 비공식적 의사전달로 변경하는 경우에는 경찰관들 사이에 오해를 증가시킬 수 있다.

3. 대각적 의사전달

(1) 개   념

대각적(diagonal) 권한이 다른 수준에 있거나 다른 지휘관 아래에 있는 경찰관 사이에서 이루어지는 의사전달이다. 그래서 대각적 의사전달은 범죄현장에 있는 순경과 경찰특공대를 담당하고 있는 경위 혹은 살인사건을 담당하고 있는 형사반장 사이에서도 일어날 수 있고 또는 지구대에 있는 경사와 본부의 내근부서 혹은 법률담당관 사이의 직접적인 의사전달도 포함된다.17)

대각적 의사전달의 형태는 정보나 자문이 신속히 전달되기를 요구하는 전술적인 상황, 즉 인질상황 혹은 시민이 불안을 느끼는 사건에서 잘 일어나는 것으로 부득이한 경우에 행해진다. 대각적 의사전달은 말로 행하며 그래서 TV나 라디오에 의해서 이루어지기도 한다.

(2) 장   점

첫째, 의사전달이 대부분 직접적으로 행해진다.

둘째, 의사전달이 대부분 선택적으로 행해진다.

셋째, 가장 빠른 의사전달방법 중의 하나이다.

넷째, 위기상황에서는 가장 필요하고 논리적인 형태이다.

(3) 단   점

첫째, 권한의 계통과 공식적인 명령계통을 무력화시킬 우려가 있다.

둘째, 직근 감독자가 자신의 부하가 무엇을 하고 있는가를 모르는 상태에

---

17) Sam S. Souryal, *op. cit.*, pp. 60~61.

있을 수 있다.

셋째, 모순되는 명령으로 인하여 더욱 혼란에 빠질 수 있다.

넷째, 말로만 하므로 업무가 잘못되면 책임의 근원을 찾아낼 수 없다.

4. 원형적 의사전달

(1) 개　념

원형적(circular) 의사전달은 경찰의사전달 가운데 가장 늦게 개발된 것이다. 이것은 협의에 의한 의사전달의 형태로서 특히 참모나 중간관리층에서 빈번하다.

원형적 의사전달은 회의탁자 둘레에서 얼굴을 맞대고 토의하는 것이며 전략적·논쟁적·민감한 문제를 논의하는 것이다. 이러한 회합은 공식적으로는 정해진 규칙과 절차에 따라 이루어질 수도 있고, 비공식적인 형태는 '그룹토론'(rap session)이라고 한다.[18]

(2) 장　점

첫째, 본질적으로 가장 민주적인 방식이다.

둘째, 즉각적인 환류를 가져온다.

셋째, 빨리 문제를 해결한다.

넷째, 부서의 사기를 증진시킨다.

다섯째, 가장 직접적이고 비용이 안 드는 방법이다.

(3) 단　점

첫째, 너무 시간을 낭비하게 될 수도 있어서 간접적 비용이 많이 소모된다.

둘째, 회의참여자 사이에 전문성과 지위의 차이가 있을 수 있어 그 결과 부서 내에서 부가적인 마찰의 원천이 된다.

---

18) *Ibid.*, pp. 61~61.

그림 5-2 원형적 의사전달모형

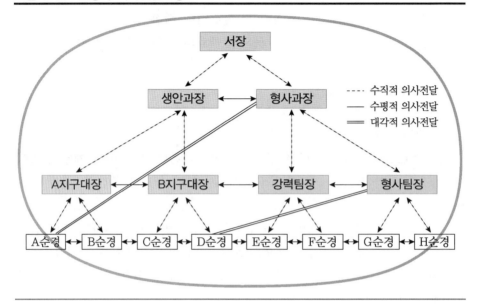

셋째, 원형적 의사전달의 성공은 주로 다른 사람을 말로써 설득시키는 능력과 기술에 달려 있다.

넷째, 원형적 의사전달은 정치적 연설로 변질될 수 있어서 불화의 원인이 된다.

다섯째, 정족수의 부족 혹은 의사진행의 방해와 같은 문제가 생길 수 있다.

제4절 경찰의사전달의 모델-Johari Window

루프트(Joseph Luft)와 나이트(Harry Night)는 경찰관리자의 의사전달기술을 평가하기 위하여 의사전달 모델을 고안해 냈는데, 그들은 자신의 이름을 결합하여 Johari Window를 제안하였다.[19]

---

19) Harvey Wallace, Cliff Roberson, and Craig Steckler, *op. cit.*, p. 73.

아래의 [그림 5-3]에는 Johari Window가 제시되어 있다.

그림 5-3 Johari Window 모델

	자신이 알고 있음	자신은 알지 못함
타인은 알고 있음	Ⅰ영역 (자유영역)	Ⅱ영역 (보이지 않는 영역)
타인은 알지 못함	Ⅲ영역 (숨겨진 영역)	Ⅳ영역 (미지영역)

1. Johari Window 모델의 네 가지 영역

Johari Window는 노출(exposure)과 환류(feedback)라는 두 개의 기본적 의사전달 측면으로 구성되어 있다. 노출영역은 개방된 방법으로 그의 감정과 생각을 표현하려는 경찰관리자의 능력과 관련이 있으며, 이것은 기본적으로 정보를 전달하려는 관리자의 능력이다. 환류영역은 타인으로부터 정보를 받으려는 관리자의 능력이다.

(1) Ⅰ영역(자유영역 또는 투기장 영역)

Ⅰ영역은 '자유영역'(Free Area) 또는 '투기장영역'(Arena)이다. 이는 다른 사람과 정보를 자유롭게 나누고 받는 관리자의 의사전달 태도를 의미한다. 이러한 태도는 조직에 있어서 성공적인 대인관계의 열쇠이며 이 창유리가 다른 창유리보다 넓을수록 타인들과 의사소통을 원활하게 하는 유능한 관리자인 것이다.

(2) Ⅱ영역(보이지 않는 영역 또는 맹점영역)

Ⅱ영역은 '보이지 않는 영역'(Blind Area) 또는 '맹점영역'(Blindspot)으로 상관·동료·부하 등 다른 사람은 알고 있지만 관리자 자신은 알지 못하는 정보를 의미한다. 관료제 하에서 개인의 지식이나 정보가 권력이 될 수 있으며,

정보를 충분히 제공받지 못한 경찰관리자는 타당한 결정을 할 수 없다. 이 창유리가 넓어질수록 관리자에게 전달되지 않는 정보가 많아진다.

(3) Ⅲ영역(숨겨진 영역 또는 외관영역)

Ⅲ영역은 '숨겨진 영역'(Hidden Area) 또는 '외관영역'(Facade)이며 경찰관리자가 정보를 사적으로 소유하는 영역이다. 많은 사람들은 의식적이든 무의식적이든 일정한 정보가 다른 사람에게 알려지는 것을 꺼린다. 관리자가 정보를 억제할 때 그는 Ⅰ영역이 확장하는 것을 막는 것이다. 모든 사람은 자신의 일부분을 타인으로부터 억제 받는다. 관리자가 자유롭고 정직한 지식의 상호교환을 막는 한도까지 정보를 억제할 때 문제가 일어난다.

(4) Ⅳ영역(미지영역)

이 영역은 부하뿐만 아니라 관리자나 상관 모두에게 알려지지 않은 정보를 포함하기 때문에 '미지영역'(Unknown Area)이다. '자유영역'이 효과적인 의사전달을 통하여 확대될 때 '미지영역'은 줄어든다.

이들 네 개의 영역은 관리자가 채택한 대인적 의사전달 양식의 유형에 따라 확장되거나 수축될 것이다.

2. Johari Window 경찰관리자의 유형

Johari Window에 의한 의사전달 유형과 이에 따른 관리자의 유형을 분석한 결과 네 가지 유형의 관리자가 있다.[20]

(1) A유형(미지영역 지배)

A유형의 경찰관리자는 환류나 노출이 매우 적다. 이러한 유형으로 정형화된 관리자는 부하 또는 상관과 의사전달을 하지 않는다. 대부분의 사람들은 결정과정에서 물러나고, 결정으로 인한 위험을 부담하지 않으려고 한다. 이러한

---

20) *Ibid.*, pp. 74~75.

유형의 관리자는 효과적인 기능발휘보다는 자기방어에 능하고, 자유영역이 상당히 작은데 반하여, 미지영역에 의해서 지배된다.

(2) B유형(숨겨진 영역 지배)

B유형의 경찰관리자는 부하에게 정보를 전달하는 것이 아니라 그들로부터 상호작용과 환류를 받으려 한다. 이러한 유형의 관리자는 부하를 믿는 것이 아니라 생존기술로서 그들에게서 정보를 받아야만 한다. 지속적으로 다른 사람의 의견이나 생각을 묻는 사람들이 있으나 그들은 자신이 믿거나 느끼는 것을 드러내기를 주저한다. 이러한 유형의 관리자는 광범위한 숨겨진 영역을 갖고 있다.

(3) C유형(보이지 않는 영역 지배)

C유형의 경찰관리자는 계속해서 자신을 표현하면서도 타인으로부터 환류를 받는 것을 거절함을 특징으로 한다. 이러한 유형은 환류가 감소함에 반하여 노출은 증가되고 있음을 보여준다. 이러한 유형의 관리자는 자아가 너무 커서 그가 올바른 대답을 하고 있다고 믿으며 부하에 대한 그의 권위와 우월성을 강조하려고 애쓴다. 부하들은 곧 관리자가 자신의 의견을 가치 없는 것으로 여기며 또는 바람직하고 관대한 유일한 환류는 관리자의 믿음이나 지위에 순응하는 정보라고 부하들은 곧 믿게 된다. 이러한 유형의 관리자는 Johari Window에 있어서 보이지 않는 영역이 큰 특징이 있다.

(4) D유형(자유영역 지배)

D유형의 경찰관리자는 상관과 부하로부터 똑같이 환류를 통한 의사전달의 개방노선을 강조하는 관리자이다. 불행히도 많은 경찰관들은 이러한 유형의 관리자와 관계하는데 익숙하지 않으며 처음에는 이런 의사전달기술을 불신하기도 한다. 이런 유형의 관리자는 Johari Window에 있어서 넓은 자유영역을 보여주고 있다.

가장 유능한 경찰관리자는 D유형이라는 것이 명백하다. 이들 관계는 신뢰, 개방된 의사전달통로 그리고 상관·동료·부하와의 솔직함을 특징으로 한다.

제5절 경찰의사전달의 장애요인

경찰의사전달이 공식적이든 비공식적이든, 그리고 수직적·수평적·대각적 혹은 원형적이든 간에 그 의미가 왜곡될 수 있고 효과를 상실하게 하는 장애를 만날 수도 있다. 그래서 전달자와 피전달자 양쪽이 의사전달절차를 이해하고 그것을 효과적으로 할 수 있도록 모든 가능한 노력을 기울일 책임이 있다.

효과적인 경찰의사전달에 대한 장애는 다음의 네 가지 범주로 분류된다.[21]

1. 전달자에 의한 장애

(1) 용어상의 장애

용어상의 장애는 전달자만이 잘 알고 있는 어휘와 숙어를 사용하는 경향을 나타낸다. 다의(多義)의 단어나 고도의 전문적인 표현을 사용하는 것은 서투른 문법이나 문장구조와 마찬가지로 커다란 혼란을 일으킬 수 있다.

(2) 부적절한 암시

어떤 전달자가 높은 감상적인 의미를 암시하는 상징적인 용어를 사용하게 되면 피전달자에게 오해를 일으킬 수도 있다.

(3) 서투른 발언

말에 의한 의사전달에 있어서 서투른 대화의 습관은 커다란 장애를 가져올 수 있다. 분명하고 확실하게 말하지 않고 지령을 중얼거리거나 급하게 떠든다.

---

21) Charles R. Swanson and Leonard Territo, *op. cit.*, p. 132; Nathan F. Iannone, *Supervision of Police Personnel,* 4th ed. (Englewood Cliffs, New Jersey: Prentice..Hall, Inc, 1987), pp. 107~114; Paul M. Whisenand and Fred Ferguson, *op. cit.*, p. 102.

(4) 나쁜 태도

말은 의미를 표현하는 것뿐만 아니라 메시지를 전달하는 사람이나 발신자의 태도를 반영하는 것이다. 그들이 메시지를 전달할 때 많은 전달자는 거만하거나 공손하지 못한 언어나 말투를 사용한다. 이것은 피전달자에게 영향을 주어 메시지를 이해 못하게 하거나 메시지의 내용을 무시하게 된다.

2. 피전달자에 의한 장애

(1) 상관에 대한 부정적 태도

피전달자들의 계급이 낮은 경우 상관의 명령에 대해서 부정적인 견해를 갖고 있을 수 있다. 경찰조직에서 상급자가 하달하는 의사전달은 특히 그 명령하달이 빈번한 반면에 그 내용이 사소한 경우 피전달자인 부하들에 의해 의심과 비웃음을 받는다.

(2) 청취의 실패

전달자와의 개인적인 문제나 또는 원만하지 못한 관계 때문에 생겨난 비타협적인 태도 때문에 피전달자가 청취하는 것을 실패하게 된다. 주위가 산만하여 집중하지 못하는 경찰관 역시 효과적인 의사전달을 받기가 어렵다.

(3) 적당한 훈련의 부족

적당한 훈련이 부족한 경찰관은 비전문가와 의사전달을 하거나 서로 간에 의사전달을 할 때 메시지를 이해하지 못하는 경우가 있다. 경찰음어 혹은 암호를 외우지 못하면 의사소통내용을 전혀 이해하지 못한다.

(4) 심리적 선입견

의사전달을 받은 경찰관은 다른 사람들과 마찬가지로 과거의 경험, 현재의 필요성, 그리고 미래의 기대감에 비추어 전달받은 메시지를 해석하는 경향이 있다. 바꿔 말하면 경찰관의 선입견은 받은 메시지를 왜곡해서 이해하도록 할 수 있다.

3. 조직의 특성에 의한 장애

전달자와 피전달자에 의하여 형성된 장애뿐만 아니라 효과적인 의사전달은 조직 스스로의 다양한 특성에 의해서도 장애를 받을 수도 있다.

(1) 엄격한 관료적 경찰환경

경찰조직의 엄격한 관료적 풍토는 효과적인 경찰의사전달의 장애요인으로 작용한다. 대부분의 공식적인 의사전달로서 명령을 지나치게 강조하여 조직구성원의 순종을 요구하는 강압적인 환경으로 인하여 피전달자 사이에 불쾌감의 원인이 되고, 상의하달적 의사전달통로를 막아 환류를 억제하는 문제점을 야기한다.

(2) 많은 계층적 조직규모

당해 경찰부서의 규모가 너무 크면 클수록 직원 사이에 효과적인 의사전달을 유지하기가 더욱 어렵다. 대단히 많은 계층적 조직에 의하여 직접적인 의사전달통로의 복잡성이 증대될 때 의사전달 흐름의 신속성과 정확성은 심각하게 방해를 받게 될 것이다.

(3) 여과장치

여과장치는 한 조직계층에서 다른 조직계층으로 의사가 전달될 때에 의사전달내용이 왜곡되거나 희석되는 것을 의미한다. 여과장치는 피전달자의 성향이 그들의 상황과 주로 관련 있는 의사전달의 일부분에 대하여 초점을 맞추고 그 밖의 것을 무시하거나 왜곡시키는 데서 생겨난다.

(4) 의사전달통로의 과중

한 부서에 너무 많은 메시지를 동시에 전달하면 의사전달의 통로가 방해를 받게 될 수 있다. 이것은 경찰관이 불필요한 정보를 과도하게 취급하게 되고 그리고 그 때 그들이 필요한 정보를 놓치게 됨으로써 그 결과 중대한 지연과 방해의 원인이 된다.

(5) 경찰간부의 오해

만일 부서장이나 정보담당관이 의사전달의 역할을 오해한다면 효과적인 의사전달은 중대하게 방해를 받을 수 있다. 어떤 경찰간부는 적절한 정보전달을 억제하거나 혹은 불필요하게 기밀사항으로 분류하기도 한다.

4. 환류의 장애

의사전달을 했을 때에는 그 의사가 전달되었는지, 이해되었는지, 그리고 받아들여졌는지의 여부를 판단할 수 있는 어떤 수단을 반드시 가지고 있어야 한다. 메시지의 전달자는 피전달자로부터의 반응에 의하여 환류된다. 경찰조직 내에서 효과적인 환류에 대한 공통적인 장애는 아래와 같다.

(1) 목적지에 이르는 데 실패

예를 들면, 통신계통의 문제 등에 의하여 많은 의사전달은 다수의 경찰관들이 의사전달을 받지 못하도록 한다. 이것은 동시성을 지닌 체계로 인하여 잘못을 바로 잡아야만 하는 의사전달계통에서 문제가 된다.

(2) 환류에 대한 거절

평소 경찰조직 내에서 의사전달에 응답해야 할 수령자가 거절하는 일이 일어나면 내적인 불화와 분쟁이 생기게 된다. 이러한 상황 아래서 피전달자는 보통 흥미를 잃어버리게 되고 그래서 친절하게 응답하지 않는다.

(3) 의사전달의 내용을 이해하는데 실패

피전달자가 의사전달의 메시지를 이해하는 데 실패할 경우에 보통은 비공식적 접촉을 통하여 (예를 들면 믿을 만한 감독자와 토의하거나 혹은 동료의 자문에 의하여) 메시지를 명백히 이해할 수 있을 때까지 그들은 당황하게 될지도 모르고 응답을 회피하는 것이 오히려 좋다고 할지도 모른다.

(4) 전달된 의사에 대한 불찬성

환류의 실패는 그들의 정책을 비판하거나 또는 문제에 대하여 반대되는 입장을 취함으로써 상관에게 반감을 사는 것이 좋지 않다고 생각하는 피전달자 사이에서 또한 잘 일어난다. 바꾸어 말하면 그들은 단지 비판적으로 정직하게 반응하는 것보다 그 일을 내버려두는 것이 보다 안전하다고 느낄지도 모른다.

(5) 비판에 대한 두려움

많은 피전달자들은 그들이 승진할 직위에 대해서 비판을 받지나 않을까 하여 상위계층에서의 의사전달에 대하여 실질적인 응답을 하기를 회피한다.

제 6 절   효과적인 경찰의사전달 방안

경찰기관에서 효과적인 의사전달을 강화하기 위한 방안으로서는 여러 가지가 있으나 특히 중요한 것은 다음과 같다.[22]

1. 주위환경의 고려

경찰의사전달은 전적으로 전달자 및 피전달자를 둘러싸고 있는 주위 환경에 따라서 그 효과성이 달라진다.

---

22) Arthur Pell, *Police Leadership* (Springfield, Ill.: Thomas, 1967).

2. 명령보다는 요청 또는 암시의 강조

가능한 한 경찰의사전달은 명령보다는 오히려 요청 혹은 암시로서 이루어져야 한다. 소수의 경찰관은 특히 부서장으로부터의 공식적인 요청에 대하여 반응하는 데 실패할 수도 있다. 그리고 암시는 책임이 있는 피전달자의 감각으로 나타난다. 이러한 형태는 특히 지나치게 민감한 피전달자에게 도움이 된다.

3. 적극적인 요청

적극적으로 요청하는 것은 가능한 한 언제나 권장되고 있다. 만일 피전달자가 요청 혹은 암시 속에 담겨진 이유를 이해하게 된다면 바람직하게 반응한다.

4. 위협의 회피

효과적인 의사전달을 위해서는 피전달자를 위협해서는 안 된다. 위협은 피전달자를 어리벙벙하게 하고, 혼란을 야기하며, 그리고 원한과 적대의 원인이 될 수도 있다.

5. 존경의 표시

불경스러운 언행은 효과적인 의사전달의 중요성을 위태롭게 하는 것이다.

6. 비위를 맞추려는 의사전달의 회피

비위를 맞추려는 의사전달은 피해야 한다. 왜냐하면 그것은 전달자에 대한 동료들의 존경심을 떨어뜨리기 때문이다.

7. 명령사용의 제한

피전달자가 이미 내린 명령을 수행하지 못하게 되어 그 사용이 긴급하거나 중대한 상황에 놓여지게 되었을 때는 직접적인 명령이 가장 효과적이다. 명령을 행할 때에는 피전달자가 들을 수 있는 것보다는 천천히 그리고 신중한 태도와 크지 않은 말투로 발음하여야 한다. 고함을 지르는 명령을 받는 경찰관들은 일반적으로 그들 자신의 불안정과 부적당한 점을 모두 감추어 버리게 되는 것이다.

8. 협력의 강조

협력은 효과적인 의사전달에 있어서 가장 중요한 점이다. 그래서 상관과 부하는 그들의 의사전달체계에서 협력의 분위기를 만들도록 힘써야 한다.

참 고 문 헌 (Sources)

국내문헌

김운태, 「조직관리론」, 서울: 박영사, 1966.

박연호·오세덕, 「현대조직관리론」, 서울: 법문사, 2001.

박우순, 「조직관리론」, 서울: 법문사, 1999.

오석홍·손태원·하태권, 「조직학의 주요이론」, 서울: 법문사, 2000.

조석준, 「조직론」, 서울: 법문사, 1993.

국외문헌

Allen, R. K., *Organizational Management Through Communication*, New York: Harper & Row, 1977.

Bartol, K. M., and D. C. Martin,. *Managment*, 3rd ed., New York: McGraw-Hill, 1998.

Bellows, R., T. Q. Gilson, and G. S. Odiorne, *Executive Skills*, Englewood Cliffs, New Jersey: Prentice-Hall, Inc, 1962.

Birdwhistell, R., *Kinexics and Context*, Philadelphia: University of Pennsylvania Press, 1970.

Browne, C. G., "Communication Means Understanding," *Personnel Administration*, Vol. 31, 1958.

Hitt, M. A.,, R. D. Middlemist, and R. L. Mathis, *Effective Managment*, St. Paul: West Publishing, 1979.

Lannone, Nathan F., *Supervision of Police Personnel*, 4th ed., Englewood Cliffs, New Jersey: Prentice-Hall, Inc, 1987.

Pell, Arthur, *Police Leadership*, Springfield, Ill: Thomas, 1967.

Mehrabian, A. *Silent Messages,* Belmont, CA: Wadsworth, 1972.

Simon, Herbert A., Donald W. Smithburg, and Victor A. Thompson, *Public Administration*, New York: Alfred A. Knopf, 1950.

Souryal, Sam S., *Police Organization and Administration*, New York: Harcourt Brace Jovanovich, Inc, 1981.

Swanson, Charles R., and Leonard Territo, *Police Administration*, New York: Macmillan Publishing Co., Inc., 1983.

Wallace, Harvey, Cliff Roberson and Craig Steckler, *Fundamentals of Police Administration*, Englewood Cliffs, New Jersey: Prentice-Hall, 1995.

Weston, Paul B., *Police Organization and Management*, Pacific Palisades, California: Goodyear Publshing Co., 1976.

Whisenand Paul M., and Fred Ferguson, *The Managing of Police Organizations*, 3rd ed., Englewood Cliffs, New Jersey: Prentice-Hall, 1989.

_____, and Fred Ferguson, *The Managing of Police Organizations*, 4th ed., Englewood Cliffs, New Jersey: Prentice-Hall, 1996.

경찰리더십

제1절 경찰리더십의 의의

1. 리더십의 개념

리더십(leadership)에 관한 정의는 크게 두 가지 범주로 분류될 수 있는데 하나는 리더를 위주로 하는 입장과 다른 하나는 리더와 부하의 관계에서 보려는 입장이다. 전자는 지휘·기술성을 강조하는 것과 지배성을 강조하는 것으로 나누어지며, 후자는 부하에게 주는 영향력이라고 보는 것과 리더와 부하의 상호관계라고 보는 입장이다. 이와 같은 관점을 바탕으로 몇 가지 리더십의 정의를 살펴보면 다음과 같다.

(1) 리더십의 정의
먼저 리더십이란 추구하는 목표를 달성하기 위하여 개인 및 집단을 조정하며 동작하게 하는 기술이다.[1]

또한 리더십은 집단구성원으로 하여금 정해진 목적을 열성적으로 수행할 수 있도록 설득하는 능력이다.[2]

---

1) J. M. Pfiffner and R. V. Presthus, *Public Administration* (New York: Ronald, 1960), p. 92.
2) Keith Davis, *Human Relations at Work,* 4th ed. (New York: McGraw-Hill Book Co.,

리더십이란 개인적 혹은 조직의 목적을 달성하기 위하여 다른 사람을 지휘하는 과정이다.3)

또한 리더십이란 목적을 달성함에 있어서 그들의 자발적인 복종·신임·존경 그리고 충성스러운 협력을 얻는 것과 같이 다른 사람들에게 영향을 미치고, 지시하고, 지도하고, 통제하는 기술이다.4)

또한 리더십이란 경찰기관의 목적을 용이하게 달성하기 위하여 자진해서 그들이 노력을 하도록 조직의 구성원에게 영향을 주는 과정이다.5)

(2) 리더십의 요소

리더십에 대한 좀 더 적절한 정의는 "집단구성원의 활동과 관련된 업무를 지시하고 영향을 주는 과정"이라고 규정한 학자도 있으며 이 정의에 의하면 리더십은 사람·권력·영향이라는 세 가지 요소로 구성된다.6)

첫째, 리더십 과정에는 '사람'이 관련된다. 리더십에는 지시를 받는 부하 또는 추종자들이 있다. 지도자는 성공을 위해 사람들에게 영향을 주려고 노력해야 한다.

둘째, 리더십은 '권력의 분배'이다. 권력(power)과 권위(authority)는 타인을 통제하거나 타인에게 영향력을 줄 수 있는 능력이다. 경찰조직 내에서 상관은 부하보다 더 많은 권력과 권위를 갖고 있다. 지도자는 강제력, 보상, 합법성, 전문지식 등과 같은 다양한 자원으로부터 권력을 이끌어낸다.7)

끝으로, 리더십은 부하직원의 태도와 행동에 대한 '영향'을 수반한다. 바나

1972), p. 100.

3) Jerry L. Gray and Frederick A. Starke, *Organizational Behavior,* 2nd ed. (Columbus, Ohio: Charles E. Merrill Publishing Co., 1980), p. 112.

4) Nathan F. Iannone, *Supervision of Police Personnel,* 4th ed. (Englewood Cliffs, New Jersey: Prentice-Hall Inc., 1987), p. 34.

5) Charles R. Swanson and Leonard Territo, *Police Administration* (New York: Macmillan Publishing Co., Inc., 1983), p. 98; Ronald G. Lynch, *The Police Manager,* 4th ed. (Cincinnati, OH: Anderson Publishing Co., 1995), p. 25.

6) J. A. Stoner and R. E. Freeman, *Management*, 5th ed. (Englewood Cliffs, NJ: Prentice-Hall, 1992).

7) J. R. French and B. Raven. "The bases of social power," in D. Cartwright (ed.), *Studies in Social Power* (Ann Arbor: University of Michigan Press, 1959), pp. 150~167.

드(C. Bardnard)가 '무관심의 영역'이라고 정의하였던 리더가 부하에게 내리는 명령은 세 가지 유형으로 분류된다.8)

첫째, 명확하게 받아들일 수 있는 명령이다. 이런 명령은 의문의 여지없이 부하직원에게 받아들여지며 직무의 일부로 이행된다.

둘째, 부하직원에게 의심스러운 명령이다. 예를 들면, 상관이 부하에게 112 신고에 출동할 필요가 없으니 가지 말라고 한다면 그 명령을 받은 경찰관은 아마도 그 이유에 대해 궁금해 할 것이다.

셋째, 순응의 범위를 완전히 벗어난 명령이다. 이것은 받아들이기 매우 힘든 부당하거나 불법적인 명령이다.

상관의 명령이 '무관심의 영역'에 속한다면 그들은 부하에게 적절한 영향을 주지 못하며, 이런 인식을 고려한다면, 리더십은 지도자와 추종자 사이에서 서로 각기 영향을 주고 받는 상호작용의 과정이라고 볼 수 있다. 바나드(C. Barnard)는 권력 혹은 권위와는 반대로 리더십은 상부로(upward) 위임된다고 주장한다. 이는 관리자가 부하직원들에 의해 받아들여질 때만 성공적일 수 있다는 것이며, 관리자와 부하직원의 관계는 매우 중요한 것이다.

(3) 공식적 · 비공식적 지도자

조직내에는 공식적 · 비공식적 지도자 모두가 존재한다. 공식적 지도자(formal leader)는 조직에 의해 리더십의 지위를 부여받아 책임과 권위를 갖는 사람이다.

반면에 비공식적 지도자(informal leader)는 지위나 권위는 없지만 동료들로부터 전문지식이 있고, 명령계통을 통하지 않고 도움을 줄 수 있는 사람이라고 인정을 받는 업무집단 내의 인물이다. 성공적인 경찰관서는 일반적으로 비공식적 지도자를 공식적 지도자의 지위로 승진시킨다.

---

8) C. Bardnard, *The Functions of the Executive* (Cambridge, MA: Harvard University Press, 1968).

(4) 동기부여

동기부여(motivation)란 가장 만족스럽고 강한 흥미·충동을 자극시키기 위하여 특정한 욕망이나 충동을 일으키거나 강화시키는 절차이다.

최근의 동기부여이론은 세 가지 방향, 즉 만족(행위를 자극시키거나 또는 일으키는 요인), 과정(선택, 방향, 그리고 목표와 관련된 요인), 그리고 강화(바람직한 행위를 반복시킬 수 있는 가능성을 증진시키고 또는 바람직스럽지 못한 행위를 중지시킬 수 있는 가능성을 증진시키는 요인)를 포함하고 있다.[9]

리더십은 동기부여, 설득, 감화 혹은 모범을 뜻하는 용어로 사용되고 있다. 따라서 동기부여가 리더십 활동의 산물은 아니지만 리더십은 동기부여의 기초가 되고 있다고 해도 무방하다.

경찰조직에 있어서 유능한 지도자는 습관적으로 지배하거나 혹은 맹목적인 복종을 요구하는 사람은 아니다. 오히려 유능한 지도자는 부하에게 동기부여를 할 수 있고 개개의 경찰관들을 조화시키고 훌륭한 경찰관으로 만드는 사람이다. 그러므로 유능한 경찰지도자는 집단뿐만 아니라 개인의 동기부여도 효과적으로 일으키며 경찰관서의 목표를 달성하기 위하여 집단에게 동기를 부여하는 사람이다.

2. 경찰리더십의 기능

경찰조직에서 리더십의 주요한 역할은 기관의 목표를 달성하기 위하여 직원들에게 동기를 부여하고, 조직의 목적을 그들에게 전달하고, 업무를 수행함에 있어서 어려움을 참아내도록 그들을 설득하고, 그들의 노력을 결집시키고 지휘하는 것이다. 만일 불만이 발생하면 불만을 완화시키는 것도 리더십의 기능이며, 다음은 경찰기관에 있어서 리더십의 주요한 기능이다.[10]

---

9) Paul M. Whisenand, *The Effective Police Manager* (Englewood Cliffs, New Jersey: Prentice-Hall, Inc., 1981), p. 69.

10) Alfred R. Stone and Stuart M. Deluca, Police *Administration*, 2nd ed. (Englewood Cliffs, New Jersey: Prentice-Hall, 1994), p. 319 ; Roy R. Roberg, *Police Management and Organizational Behavior* (St. Paul, Minn.: West, 1979), pp. 173~174.

(1) 조직역할의 설정 및 수행

리더십은 법률과 규칙의 제정을 통하여 사회 내에서 조직의 역할을 설정하고 발전시키는 기능을 수행한다. 효과적인 리더십은 모든 구성원들에게 역할의 설정 및 수행 역할을 수행하도록 하는 것이다.

(2) 경찰정책 및 목적의 구체화

리더십의 기능은 경찰정책을 형성하는 것뿐만 아니라 경찰조직구조에 정책을 구체화시키는 것이다. 이것은 경찰기관의 특성을 형성하고, 사고의 전문적 방법을 발전시키고, 경찰기관의 정책을 발전적으로 수행하도록 격려하는 것을 의미한다. 목적이 조직에서 구체화되었을 때 정책들을 이해하게 된다. 그래서 업무수행을 단지 문서에 의한 것보다는 오히려 정신적으로 실행하려는 경향이 있다.

(3) 경찰공무원의 대표

조직의 지도자는 법적으로 조직의 외부에 있는 사람들의 입장에서 볼 때 동료 혹은 부하에 의하여 인정된 대표자이다. 그래서 지도자는 조직을 결속시키는 핵심이 되고 상징이 되며 또한 조직에 대하여 강한 충성심과 일체감을 위해 노력하는 역할을 한다.

(4) 경찰조직발전의 추진

만일 경찰관서장이 경찰기관의 단순한 존속을 위해 노력을 집중한다면 효과적인 리더십을 행사하는 데 실패한다. 유능한 리더십의 주요한 기능은 경찰조직의 현재상황 이후를 생각하고 새로운 프로그램을 개발하고 그리고 기관의 업무를 확대시키고 증진시키는 것이다.

(5) 경찰공무원의 격려

일정한 부서 내에서 과 혹은 계들 간의 경쟁은 경찰업무 만큼이나 오래되었다. 그런데 경쟁하고 있는 집단 내에서의 선의의 싸움은 결코 약화되지 않는다.

이러한 경쟁 및 보다 나은 전문적 기술과 우수성을 위하여 권력을 이기적으로 추구하는 사람으로부터 스포츠맨 같은 인물에 이르기까지 부하 경찰관들을 격려해 주는 것이 경찰리더십의 기능이다.

(6) 내적 갈등의 해결

경찰리더십은 전반적으로 경찰기관의 기능이 내적인 갈등 혹은 당파심에 의하여 방해가 되지 않도록 해야만 한다. 내적 갈등의 공평한 해결을 위해서는 적법절차, 대표제, 그리고 중재의 민주적 원리들을 고려하여야 한다. 동시에 리더십은 부서들 간이나 개인간의 일상적인 갈등들을 평화적으로 해결할 수 있어야 하고 부서의 안정과 번영을 위협하는 분쟁의 야기자에게 필요한 제재를 가해야 한다.

제2절 리더십과 권력

1. 조직적 권력의 유형

권력(power)은 리더십의 기초다. 권력은 타인의 행동에 영향을 줄 수 있는 능력이다. 맥클랜드(D. McClelland)와 번햄(D. Burnham)은 그들의 연구에서 권력이 직무수행에 있어 필수라는 것을 밝혔다.[11] 권력은 타인의 업무를 통한 개인의 임무달성 능력에 있어서 필수요소이다. 결국 사람들은 조직 내 자신의 직위에 의해 권력을 부여받고, 또한 그들의 인간성 또는 인물의 됨됨이에서 권력을 부여 받는다. 지위에 의한 권력 또는 조직적 권력은 다음과 같은 3가지 유형이 있다.

---

11) D. McClelland and D. Burnham. "Power is the great motivator," *Harvard Business Review,* Vol. 54, No. 2, 1976, pp. 100~110.

(1) 보상권력

보상권력(Reward power)은 조직 내의 가치 있는 자원을 통제할 수 있는 능력을 말한다. 임금인상, 더 좋은 업무, 최신 장비의 지급 등과 같이 다른 사람에게 가치 있는 것을 줄 수 있는 능력을 가진 사람은 보상권력을 갖고 있다. 하지만 보상권력은 뇌물로서 이용되어서는 안 되고, 부하의 충성 및 헌신적인 서비스에 대해서 보답하는 수단으로서 활용되어야 한다.

(2) 강제권력

강제권력(Coercion power)은 보상권력과 상대되는 개념이다. 강제권력은 다른 사람을 벌할 수 있는 개인의 능력을 말한다. 대개 강제나 처벌은 조직의 징계절차와 관련이 있다. 강제권력은 보상권력과 마찬가지로 경솔하게 사용되어서는 안 된다. 강제권력의 사용은 개인과 대부분의 조직 전체에 장기적인 효과를 야기한다.

(3) 합법적 권력

합법적 권력(Legitimate power)은 조직 내 한 개인이 차지한 직위의 결과로 받는 권력을 말한다. 합법적 권력은 권위와 함께 부여된다. 이 권력은 계급적이다. 즉 고위계급의 사람은 하위계급의 사람들 보다 더 큰 합법적 권력을 갖는다. 합법적 권력은 조직 내의 직위와 관련된 업무에만 제한적으로 발휘할 수 있다. 따라서 일반적으로 부하는 지도자의 합법적 권력을 인정한다.

2. 개인적 권력의 유형

(1) 전문가 권력

'전문가 권력'(Expertise power)은 특정업무 수행에 있어서 경찰관의 지식 또는 능력을 의미한다. 경찰업무는 사건의 재구성, 컴퓨터 작동능력, 마약과 약물검사에 관한 지식, 허가신청서 작성능력 또는 부서예산 운용능력 등 고도로 전문화된 다양한 기술로 구성된다. 전문가는 업무와 관련된 훈련, 교육, 재임기간을 통해 만들어 진다.

(2) 준거권력

'준거권력'(Referent power)이란 조직 내·외부에 있는, 외부에 있는 힘 있는 인물들과의 관계를 통해 영향력을 행사할 수 있는 능력을 말한다. 이러한 관계는 우정, 과거의 업무관계, 강력한 후원자 또는 친족관계에 의해 형성된다.

3. 권력획득의 방법

캔터(Kanter)는 조직 내에서 권력을 획득할 수 있는 4가지 방법을 제시했다.[12]

첫째, '빼어난 임무수행'(performance of extraordinary activity)을 통해 권력을 획득할 수 있다. 어려운 범죄사건을 해결하고, 범인검거 실적이 높으며, 조직의 복잡한 프로젝트를 성공적으로 완수할 수 있는 경찰관은 명백히 조직 내 권력이 상승할 것이다.

둘째, '높은 가시도'(higher visibility)를 통해 권력을 획득할 수 있다. 대중매체 관계, 기획 또는 교육훈련과 같은 직무를 담당하는 경찰관들은 높은 가시도 및 상대적 권력을 향상시킬 수 있다.

셋째, '복잡한 문제해결'(solving a perplexing problem)을 통해 경찰관이 자신의 능력을 입증할 때 그들은 권력을 증가시킬 수 있다. 예를 들면, 컴퓨터 기술을 갖고 있는 경찰관은 최신의 복잡한 컴퓨터 시스템의 사용을 쉽게 할 수 있고, 어떤 경찰관은 지역사회의 분노를 증폭시키는 연쇄강도사건을 해결함으로써 권력을 획득한다.

넷째, 경찰은 '후원자'(sponsors)를 통해 권력을 증가시킬 수 있다. 따라서 경찰관은 경찰관서 내부의 더 많은 권력을 갖고 있는 사람들과 그들 자신을 연결시키고자 노력한다.

---

12) R. M. Kanter. *Men and Women of the Corporation* (New York: Basic Books, 1977).

제 3 절   경찰리더십의 유형

1. 권위형 리더십

권위적인 지도자(authoritarian leadership)들은 그들이 지휘하는 부서·단위를 지배하려는 경향이 있다. 그들은 모든 정책을 결정하고 모든 절차, 작업일정 그리고 그들 수준에 맞는 업무할당을 명령한다.13)

권위적 지도자들은 집단의 적극적인 참여를 꺼려하는 경향이 있고, 반면에 "최고책임자가 누구인지"를 분명히 하려고 한다.

2. 민주형 리더십

민주적인 지도자(democratic leadership)들은 실현 가능하고 적당한 것이면 어디에서든지 집단구성원들에게 조언을 구하고 참여시킨다.14) 민주적 지도자들은 로봇을 만드는 사람보다는 인간을 만드는 사람으로 그들 자신을 간주하며, 그들의 부하로부터 많은 것을 배우게 된다고 믿고 있다.

민주적인 지도자들은 부하들의 의견을 경청하고 설득하지만 지휘할 필요성은 거의 느끼지 않는다. 그들은 업무집단의 일원이 되지만, 전체조직을 위한 그들의 책임은 어느 한 사람 혹은 전체집단의 충성심을 능가한다는 것을 분명히 한다.

3. 자유방임형 리더십

'laissez-faire'(자유방임)은 '하는 대로 내버려 두다'(let do) 혹은 '불간섭'

---

13) R. S. Bunyard, Police: *Organization and Command* (Plymouth: Macdonald and Evans Ltd., 1978), pp. 338~339.

14) *Ibid.,* pp. 342~343.

그림 6-1 리더십 유형

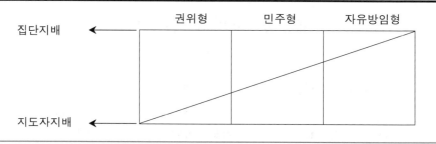

(hands off)이라는 의미의 불어이다. 자유방임형 리더십은 본질적으로 리더십이 아니고 "너 자신의 일을 하고 최선을 기대하라"는 정신이다. 이러한 접근방법이 가장 일반적으로 적용되는 경우는 많은 전문적인 집단 및 상사협회와 같은 전형적인 '사교형'의 조직형태로서, 그러한 조직의 업무표준은 회원 스스로에게 맡기며 감독은 거의 없다.

제 4 절 경찰리더십 관련 이론

1. 자질접근방법

자질접근방법(trait approach)은 지휘기능수행에 초점을 두고 지도자로서의 지휘기능수행과 그 지위 획득 내지 유지는 지도자 개인의 인간성 또는 자질에 의존한다고 주장하여 지도자의 인간성 특성을 분석·연구하려는 것이다. 이것은 지도자로서 필요한 심리적·신체적 제 특징을 과학적으로 조사하며 성공적인 지도자의 자질을 근거로 하여 지도자로서의 적격여부를 판정하려는 귀납적 방법을 사용한다.

[그림 6-2]에서 보는 바와 같이 경찰행정가(police administration), 중간관리자(middle manager), 그리고 일선감독자(supervisor)들은 명령계통 속에서 각자의 지위에 따라 각기 다른 수준의 기술을 필요로 한다. 경찰서장(police

그림 6-2 리더십 기술의 혼합비율

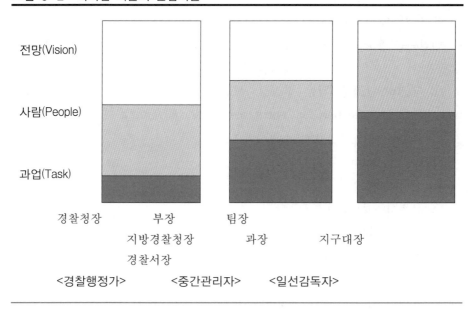

chief), 부서장(assistant chief), 그리고 총경(major)은 비전을 갖고 개념적으로 경찰관서의 진로를 계획할 수 있어야 한다. 이들 경찰행정가들은 주로 정치적 사안을 다루기 때문에 인간관계 또는 사람을 다루는 기술이 중요하고, 그리고 기술적인 전문지식은 중요성이 덜하다.

한편 중간관리자(middle manager)는 정책과 계획의 수행에 책임이 있다. 그들은 어느 정도의 비전, 기술적 전문지식, 그리고 사람을 다루는 기술을 갖고 있어야 한다. 그들은 사람과 프로그램을 다루고, 그것들을 적절한 수준에서 조화시켜야 한다.

한편 일선감독자(supervisor)는 원만한 인간관계와 직무 또는 기술상의 기법 등을 지니고 있어야 한다. 인간을 다루는 기술은 효과적으로 부하와 시민을 다루기 위해 필요하고, 직무지식은 경찰임무수행 시 경찰관에게 적절한 지도와 감독을 제공하기 위해 필요하다. 리더십 기술들의 혼합비율은 명령계통 내에서 어떤 한 단계에서 다음 단계로 넘어가면서 변한다.

(1) 자질의 목록

1) 이안온(N. F. Iannone)의 목록

이안온은 훌륭한 지도자의 자질로서 다음과 같은 특성을 지녀야 한다고 주장했다.[15]

① 다른 사람들을 위한 친절성, 성실성, 애정과 인간적 따듯함(friendliness, sincerity, affection for others, and personal warmth)

② 직무에 대한 열성(enthusiasm)

③ 야망(ambition)

④ 정력(vitality)

⑤ 고결성(integrity)

⑥ 지능(intelligence)

⑦ 기교(technical skill)

⑧ 신뢰성(faith)

⑨ 표현의 적절성(verbal aptitude)

⑩ 정중(courtesy)

⑪ 겸손(modesty)

⑫ 기타 자제력, 공감, 판단력, 독창력, 융통성, 적응성(self-control, empathy, judgement, originality, versatility, adaptability)

2) 데이비스(K. Davis)의 목록

데이비스는 훌륭한 지도자의 자질을 다음과 같이 주장했다.[16]

① 지능(intelligence)

② 사회적 성숙과 여유(social maturity and breadth)

③ 내적 동기와 성취의욕(inner motivation and achievement drives)

④ 인간관계태도(human relations attitudes)

---

15) Nathan F. Iannone, Supervision of Police Personnel, 4th ed. (Englewood Cliffs, New Jersey: Prentice-Hall Inc., 1987), pp. 44~46.

16) Keith Davis, *Human Behavior at Work*, 6th ed. (New York: McGraw-Hill, 1981), pp. 103~104.

3) 미국육군대학의 목록

미국육군대학에서 1971년에 행해진 연구에 의하면 지도자의 자질을 다음과 같이 작성했다.17)

이러한 자질은 경찰관에게 기대되는 리더십으로 적용될 수 있다.18)

① 당당한 태도(bearing)

② 용기(courage)

③ 결단력(decisiveness)

④ 신뢰성(dependability)

⑤ 인내심(endurance)

⑥ 열성(enthusiasm)

⑦ 창의력(initiative)

⑧ 성실성(integrity)

⑨ 판단력(judgement)

⑩ 정의감(justice)

⑪ 지식(knowledge)

⑫ 충성심(loyalty)

⑬ 민첩성(tact)

⑭ 헌신(unselfishness)

4) 리커트(Rensis Likert)의 목록

리커트는 리더십의 자질에 관한 광범위한 목록을 다음과 같이 제시하고 있다.19)

① 헌신, 동정심 그리고 협력(unselfishness, sympathy, and cooperation)

② 직원의 성공에 대한 관심(interest in workers' success)

③ 열중(enthusiasm)

---

17) U. S. Department of the Army Headquarters, *Military Leadership*, FM 22-100, June 1961, p. 17.

18) Donald F. Favreau and Joseph E. Gillespie, *Modern Police Administration* (Englewood Cliffs, New Jersey: Prentice-Hall, Inc., 1978), p. 63.

19) Rensis Likert, *New Patterns of Management* (New York: McGraw-Hill Book Co., Inc., 1961), pp. 6~20.

④ 지적 능력(intellectual ability)

⑤ 친절(friendliness)

⑥ 높은 도덕적 표준(high moral standard)

⑦ 계획능력(ability to plan)

5) 인디애나대학의 목록

인디아나대학에서 수행한 연구에 의하면 훌륭한 경찰관의 자질을 12가지 들고 있다.[20]

① 신뢰성(reliability)

② 리더십(leadership)

③ 판단력(judgement)

④ 설득력(persuasiveness)

⑤ 의사전달 기법(communication skills)

⑥ 정확성(accuracy)

⑦ 창의력(initiative)

⑧ 성실성(integrity)

⑨ 정직성(honesty)

⑩ 자아 통제력(ego control)

⑪ 지능(intelligence)

⑫ 감수성(sensitivity)

(2) 자질접근방법의 비판

자질접근방법은 과업접근방법의 주장자에 의하여 다음과 같은 공격을 받았다.

첫째, 자질목록이 넓고 모호하다. 누구든지 자질이론가들에 의하여 제안된 것과 같은 이론적으로 생각되는 목록을 내놓을 수 있다.

둘째, 지난 50년 이상의 경험적인 연구들은 지도자와 피지도자를 일반적으

---

20) Henry M. Wrobleski and Karen M. Hess, *Introduction to Law Enforcement and Criminal Justice*, 4th ed. (Minneapolis, St. Paul: West Publishing Co., 1993), pp. 60~61.

로 구별할 수 있는 어떤 개인적 자질 혹은 특성의 경향을 내놓는 데 실패했다.

셋째, 비록 자질목록이 하나의 활동현장에서 어떤 사람이 지도자로서 보여졌을지라도, 이것은 그들이 다른 장소 혹은 다른 환경 아래에서도 지도자적 역할을 할 수 있다고 보증하는 것은 아니다.

넷째, 현대조직에 있어서 리더십의 진정한 실험은 타고난 지도자의 개인적 자질에 있는 것이 아니라 지도자가 처리해야 할 과업의 성공을 위한 잠재성, 그들이 실행할 수 있는 조직개혁, 그리고 그들이 달성할 수 있는 생산성의 증가에 있는 것이다.

2. 과업접근방법

과업접근방법(task approach)의 중점은 어떤 가설적인 자질이나 혹은 특성 (타고난 것이든 혹은 얻어진 것이든)에 관한 것보다는 오히려 일정한 조직 속에서의 지도자의 집행능력에 관한 것이다. 그러므로 과업접근방법 아래에서 보다 주의할 점은 부서의 조직, 다양한 과업, 지배를 받게 될 환경적 압력, 일반적으로 맞게 될 상황의 본질이다.

따라서 이 이론은 주어진 상황에 의해서 오히려 지도자의 가치가 판단되고 지도자의 행동은 집단의 모든 상황에 따라 결정되는 것이라고 주장한다. 또한 과업접근방법의 지지자들은 리더십의 능력을 가지고 있든 혹은 가지고 있지 않든간에 오히려 대부분의 사람들은 교육훈련과 자기개발을 통하여 리더십의 역할을 효과적으로 증진시킬 수 있다고 주장한다. 이러한 점에서 과업접근방법은 관리의 이론 및 실제에 커다란 의미를 부여해 주었다고 볼 수 있다.

위에서 설명한 과업접근방법을 구체화하고 있는 기본적인 모형들을 제시하면 다음과 같다.

(1) 오하이오(Ohio)주 모형

1955년 오하이오 주립대학교에서 행하여진 일련의 연구는 지도자가 수행해야 할 두 유형의 리더십과업에 초점이 두어졌다.

1) 리더십의 과업

① 창안구조(initiating structure)

이 유형의 과업은 목표를 분명히 하고, 목표를 달성하는 방법과 수단을 선택하고, 작업절차를 계획하고 그리고 평가와 자질통제를 수행하는 것이 포함되었다.

② 종업원을 위한 고려(consideration)

두 번째 유형의 과업은 사람과 사람 사이의 우호적인 관계를 증진시키고, 분쟁을 해결하고, 고용자들간에 경력지도를 강화시키는 것이 포함되었다.

2) 오하이오주 리더십의 형태

이 두 유형의 과업과 관련된 리더십의 수행은 수직적인 척도와 수평적인 척도로 측정되었다.21)

첫째, 수직적인 척도는 '창안구조'(리더와 종업원 사이의 관계를 명확하게 밝혀주고 조직의 유형이나 의사전달의 통로 혹은 절차 등을 잘 정리하는)라는 리더십 행동의 형태로서 측정되었다. 척도의 윗자리의 끝 쪽은 권위형 리더십을 암시하고 반면에 아랫자리의 끝 쪽은 자유방임형 리더십을 의미한다.

둘째, 측정되어진 리더십형태에 있어서 수평적인 척도는 '종업원을 고려'(우호적인 분위기, 상호신뢰, 존경, 따뜻한 정 등을 리더와 종업원 사이에 마련해 주는)하는 것이다. 이 척도의 오른쪽 끝은 부하에 대하여 고려해야 할 친절성을 암시하고 중앙은 무관심이고 왼쪽 끝은 적개심을 나타낸다.

[그림 6-3]은 리더십형태의 수직적이고 수평적 척도를 설명한다.

3) 연구의 결과

오하이오주 연구는 두 유형의 리더십 과업의 수행을 다음 네 가지 가능한 지도자의 형태로 만들고 그들 간의 상호작용을 보여주고 있다.

삼각형 1의 지도자는 종업원을 위한 최소한의 고려로서 부서를 관리하는 '가혹한 지도자'이다.

삼각형 2의 지도자는 종업원의 인간적 필요에 따라 부서업무의 수요와 균형을 맞춘다.

---

21) Jerry L. Gray and Frederick A. Starke, *op. cit.*, pp. 120~122.

그림 6-3 오하이오주 리더십의 형태

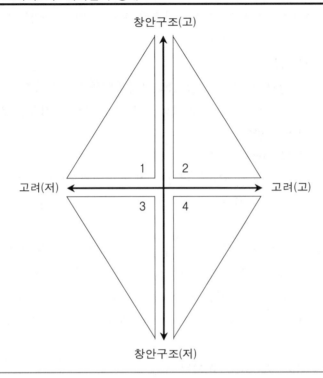

삼각형 3의 지도자는 누구든지 사랑하나 한 사람도 거느리지 못하는 '웃음 거리가 되는 지도자'이다.

삼각형 4의 지도자는 모든 것을 참고 견디지만 성실성이 없는 부하를 계속 하여 비난하기 때문에 한 사람도 좋아하지 않는다.

(2) 바우어스(Bowers)와 시슈어(Seashore)의 모형

바우어스와 시슈어는 지도자가 능숙하게 해야 할 네 가지 작업영역을 제시 했다.[22]

---

22) Sam S. Souryal, *Police Organization and Administration* (New York: Harcourt Brace Jovanovich, Inc., 1981), p. 75.

1) 지원활동

지도자는 경제적·심리적 그리고 사회적 욕구 그리고 종업원의 야망을 충족시키도록 보장할 수 있어야 한다.

2) 작업능률의 촉진

지도자는 작업절차, 의사전달, 그리고 지휘계통을 능률화시킬 수 있는 능력을 가져야만 한다. 그리고 그들은 조직의 구성원을 위하여 적당한 권한과 책임을 배분할 수 있어야 한다.

3) 목표의 명확한 설정

지도자는 기관의 고유한 사명·역할 그리고 범위를 이해하여야 하고, 또 그들은 적절히 그것들의 우선순위(목표와 목적에 의하여)를 설정하여야 한다.

4) 구성원간 적당한 상호작용의 촉진

바우어스와 시슈어의 모형은 지도자는 종업원간의 관계를 촉진시킬 수 있어야 하고, 종업원들의 비공식적 집단들을 조장할 수 있어야 하며, 기관내의 과 또는 계에 존재하는 갈등을 해결할 수 있어야 하고, 그리고 조직에 대한 충성심을 개발시키고 종업원간에 우애가 있도록 해야 한다고 주장한다.

(3) 윌리암스(J. D. Williams)의 모형

윌리암스는 일련의 과업역할과 지원역할을 함께 엮어 리더십 과업을 위한 세 번째 모형을 만들어냈다.[23]

1) 과업역할

바우어스와 시슈어모형을 따라서 윌리암스모형은 목표를 설정하는 것과 그리고 그것을 달성하기 위한 적당한 방법을 선택하는 것으로 리더십의 과업역할을 특성화하였다. 전자의 영역은 정책을 결정하고 기관의 직원에게 그것을 전달하는 리더십의 역할과 관련이 있다. 반면에 후자의 영역은 기관의 목표를 달성하기 위한 양자택일의 행동 중에서 영리한(그리고 때때로 용기있는) 선택을 할 수 있는 능력을 의미한다.

---

23) J. D. Williams, *Public Administration: The People's Business* (Boston: Little, Brown, 1980), pp. 139~141.

2) 지원역할

윌리암스는 종업원의 욕구를 위한 인간적 지원을 하고, 종업원을 대표하고, 그리고 종업원간에 상호관계를 증진(갈등의 해결을 포함하여)시키는 지도자의 지원역할을 설명하고 있다.

첫째로 지원할 과업으로서 자질이 있는 직원으로 훈련시키고 그들이 성장하도록 도와주는 지도자의 관심에 대하여 언급했다.

둘째로 지원할 과업으로서 시 또는 의회와 관련하여 부하를 지지하는 지도자의 책무를 언급했다.

셋째로 지원할 과업으로서 부서 내의 집단생활을 양질의 것으로 향상시키고 최고의 생산성과 효과성을 방해하는 부서의 갈등을 제거함에 있어서 지도자의 헌신을 언급했다.

(4) 스토너(J. A. Stoner)와 프리맨(R. E. Freeman)의 모형

리더십이란 수많은 요인에 의한 것이고, 이들 요인은 리더십의 유형을 선택할 때 반드시 고려되어야 하는 것들이다.

이런 이유로 스토너(J. A. Stoner)와 프리맨(R. E. Freeman)은 리더십 유형에 영향을 주는 다음 요소들을 제시했다.[24]

첫째, 지도자의 인성, 과거경험, 그리고 기대이다. 일부 지도자는 다양한 리더십 경험이 있는가 하면, 어떤 지도자는 그런 경험이 거의 없다. 어떤 지도자는 부하의 동기부여 능력이 뛰어나고, 또 어떤 지도자는 성공에 대한 욕구가 강하고 조직과 부하에 대한 기대치가 높은 사람도 있다. 관리자의 인성은 그들의 지도방식과 성공의 정도에 큰 영향을 준다.

둘째, 상관의 기대이다. 모든 지도자는 요구와 기대에 얽매여 있다. 경찰서장은 다른 정부기관의 관료들에게 책임이 있고, 경찰 중간관리자와 일선감독자는 명령계통의 원리에 따라 상관에게 응답해야 한다. 상관은 광범위하게 부하의 직무에 지시를 한다. 상관은 또한 지도자의 유형에 영향을 준다. 조사 결과

24) J. A. Stoner and R. E. Freeman. *Management,* 5th ed. (Englewood Cliffs, NJ: Prentice-Hall, 1992).

그림 6-4 리더십 유형에의 영향요인

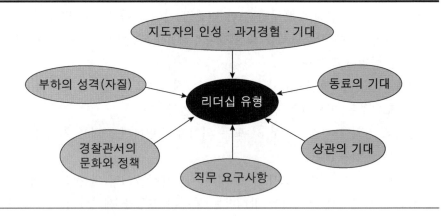

부하직원은 직속상관의 리더십 유형과 어느 정도 유사해지는 것을 말해주는 것 같다.

셋째, 직무 요구사항이다. 복잡성과 중요성 때문에 몇몇 업무는 면밀한 감독이 요구되는 반면, 단순한 업무는 지도자로 하여금 부하에게 과도한 양의 자유를 제공하도록 허용한다. 직무는 리더십 유형에 분명히 영향을 준다.

넷째, 부하의 성격(자질)이다. 부하의 직무기대뿐 아니라 부하의 교육과 훈련 경험은 리더십 유형을 결정하는데 영향을 준다. 우수한 직원은 지시를 덜 해도 되지만, 최소한의 자질을 지닌 직원은 지도자가 높은 수준의 지시를 해야 할 필요가 있다.

다섯째, 동료의 기대이다. 경찰관서는 수많은 업무집단으로 구성되어 있고, 이들 업무집단은 협조를 해야만 한다. 더구나 경찰관서 내의 각각의 관리자는 다른 관리자로부터 어느 정도의 기대를 받는다. 이 기대들은 종종 그 관리자가 할 수 있는 것과 그것을 하는 방법을 제한한다.

여섯째, 경찰관서의 문화와 정책이다. 조직의 환경은 리더십에 있어서 중요한 역할을 한다. 조직의 문화는 지도자에 대한 다양한 기대를 낳고, 구성원이 할 수 있는 것에 제한을 가한다. 많은 범위에서 리더십 행동은 문화와 정책에 의해 제한된다.

(5) 관리 망(Managerial Grid)

유능한 지도자가 변화하는 조직의 상황 속에서 리더십 형태를 어떻게 변화시키고 또 적응시킬 수 있는가의 사례는 블레이크(Robert R. Blake)와 모우턴(Jane S. Mouton)에 의하여 [그림 6-5]에 표시된 '관리 망'에 제시되었다.

1) 모   형

[그림 6-5]에서 생산에 대한 관심은 수평적 축을 따라 표시되었다. 생산으로 진행하는 이러한 눈금에 관한 지도자의 평점은 그들에게 더욱 중요한 것이 된다. 예를 들면 9의 평점에 있는 지도자는 생산을 위해 최대한의 관심을 가지고 있다 마찬가지로 직원에 대한 관심은 수직적 축에 표시되어 있으며, 직원에 대한 관심과 같이 수직적 축에 진행하고 있는 지도자의 평점은 그들에게 더욱 중요한 것이 된다. 9의 평점에 있는 지도자는 직원을 위해 최대한의 관심을 나

그림 6-5 블레이크와 모우턴의 관리망

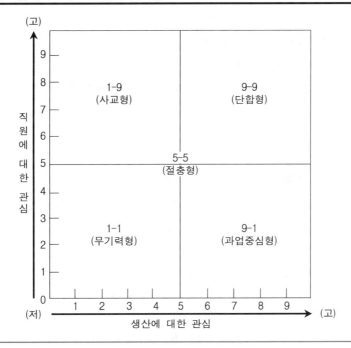

타내고 있다.

2) 선 택

블레이크-모우턴 모형은 5개의 리더십 형태를 다음과 같이 분류하고 있다.25)

① 무기력형(1·1)

무기력형(Impoverished Leaders)의 리더십은 생산의 증진과 부하의 동기부여를 위하여 최소한의 노력을 한다. 그리고 생산성과 경찰관의 사기는 이 형태에서는 아마 가장 낮은 것이 된다. 불행하게도 이러한 리더십은 전통적인 관료적 경찰에서 흔히 볼 수 있다.

② 사교형(1·9)

사교형(Country Club Leaders)의 리더십은 동기부여를 위하여 최대한의 노력을 발휘하지만 통제와 훈련을 통하여 성과를 달성하는 데에는 최소한의 노력을 하여 직원을 편안하게 한다. 이것은 인간관계의 접근방법과 희생적인 생산에 사로잡혀 있는 지도자의 형태이다.

③ 과업중심형(생산추진자: 9·1)

과업중심형(Task Leaders)의 리더십은 기관의 목표를 달성하고자 최대의 노력을 하지만 직원의 복지와 사기에는 최소한의 노력을 기울이는 것을 의미한다. 이것은 작업의 결과에(그리고 아마도 부하를 이용하려는 그들의 힘에) 사로잡혀 있는 '생산추진자'로서 행동하는 지도자의 형태이다.

④ 단합형(9·9)

단답형(Team Leaders)의 리더십은 직원의 동기부여를 위한 최대한의 관심과 함께 기관의 목표를 달성하기 위한 최대한의 노력을 행한다. 이 형태의 지도자는 적당한 팀웍과 협력에 기초한 민주형 리더십을 달성하기 위하여 체제분석과 행태과학을 적용하는 개화된 지도자라고 생각된다.

⑤ 절충형(5·5)

절충형(Orgnization-Man Leaders)의 리더십은 생산과 직원 양쪽을 위하여 항상 상당한 관심을 결합하려고 노력한다. 한편 절충형 리더십은 경찰업무의

---

25) Robert Blake and Jane Mouton, *The Managerial Grid* (Houston: Gulf Publishing Co., 1964), p. 318.

실제 상황에서 주어진 경찰조직을 위한 가장 좋은 형태일 수도 있다.

스완슨(C. R. Swanson)과 테리토(L. Territo)는 블레이크(R. R. Blake)와 모우톤(J. S. Mouton)의 유형들이 어느 정도로 경찰관리자들에게 이용되고 있는지를 조사해 보았다.26) 그들이 경찰관리자를 조사한 결과 참가자의 약 40%가 대부분의 리더십 형태로 단합형 리더십을 사용한다고 응답했다. 또 27%는 과업중심형 리더십을 사용한다고 응답했고, 14%는 무기력형, 11%는 절충형, 그리고 단 8%만이 사교형이라고 답했다. 스완슨(C. R. Swanson)과 테리토(L. Territo)의 연구는 경찰지도자들이 다양한 유형의 리더십을 사용하고 있다는 것을 보여주었다. 그러나 가장 많은 유형이 단합형이라는 것은 참으로 흥미롭다. 이 연구는 경찰관리자들은 인간관계론자들이 생각하는 권위주의자가 아니라는 것을 보여준다.

(6) 미시간대학(University of Michigan)의 연구

미시간대학(University of Michigan)의 연구에서는 리더십과 효과성의 관련성에 관한 여러 가지 사실을 밝혀낸 바 있었는데 이 연구에서는 특히 리더십과 효과성에 관한 직원 중심이라는 개념과 생산 중심이라는 개념을 창출해 내었다. 과업과 자질이론을 비교할 때 전자의 기본적인 강조점은 직원 중심의 리더십에 관한 것이며, 반면에 후자의 강조점은 생산 중심의 리더십에 관한 것이다.27)

① 직원 중심의 리더십

직원 중심의 리더십은 기관의 생산성과 효과성을 증진시키기 위하여 직원의 인간관계와 동기부여의 필요성을 강조한다. 직원 중심의 지도자들은 직원들도 모두 다 중요한 인간이라고 생각하고 있으며 직원들의 개성과 개인적인 욕구를 중시한다.

---

26) C. R. Swanson and L. Territo. "Police leadership and interpersonal communications styles," in J. Greene (ed.), *Police and Police Work* (Beverly Hills, CA: Sage, 1982).

27) Paul Hersey and Kenneth H. Blanchard, *Management of Organizational Behavior* (Englewood Cliffs, New Jersey: Prentice-Hall, Inc., 1977), p. 39.

② 생산 중심의 리더십

생산 중심의 리더십은 직원 참여의 중요성을 강조하기보다는 기관목표의 알맞은 선택, 통일된 절차의 시행, 그리고 기관생산의 질적 제어를 통하여 생산성과 효과성을 증진시키는 것을 강조한다.

③ 조화된 접근방법

만일 조직이 안정되고 진취적으로 되려면 리더십에 대한 전술한 두 가지 접근방법이 모두 필요하다. 그러므로 경찰지도자는 그 경찰조직의 특정한 조건 하에서 가장 훌륭한 결과를 생산해 낼 능력이 있는 '조화의 중용'으로 두 가지 접근방법을 결합시킬 수 있어야만 한다.

그러나 기관의 상황이 내적·외적 압력에 따라 때때로 변화할 수 있기 때문에 조화의 중용의 배합은 정기적으로 재실험되어야 하고 재평가되어야만 한다.

3. 상황적응적 이론

(1) 하우스(Robert J. House)의 경로–목표이론

하우스(Robert J. House)는 리더십의 상황적응적 이론으로 경로–목표이론 (path-goal theory)을 제시하였는데 지도자의 노력–성과, 그리고 성과–보상에 대한 기대감과 유의성관계를 중심으로 리더십과정을 설명하고 있다.[28]

하우스는 리더가 목표달성에 대한 경로를 명확히 하기 때문에 부하들의 행동에 도움을 줄 수 있다는 것이다. 따라서 부하들의 과업성과에 대한 유의성을 높이고 과업성과를 달성하는 데 필요한 모든 상황적 조건을 조성함으로써 과업달성에 대한 기대감을 높이는 것을 지도자가 수행해야 할 기능으로 본다.

하우스에 의하면 네 가지 리더십행태에서 효과적이라 할 수 있는 상황조건은 다음과 같다.[29]

1) 지 시 형

지시적 지도자는 구조주의적 측면을 강조하는 지도자로서 부하들의 업무를

---

28) Robert J. House, "A Path-Goal Theory of Leader Effectiveness," *Administrative Science Quarterly,* Vol. 16, September 1971, pp. 321~338.

29) Paul M. Whisenand, *op. cit.,* p. 25.

기획하고 조직하여 적극적으로 지시·조정해 나가는 형태이다.

2) 후 원 형

후원적 지도자는 부하에 대한 고려측면을 강조하는 지도자로서 부하들의 욕구와 복지문제 그리고 우호적이고 친밀감 있는 집단분위기에 많은 관심을 나타낸다.

3) 참 여 형

참여적 지도자는 부하들과 정보자료 등을 많이 활용하여 부하들의 의견을 의사결정에 많이 반영시키는 형태로 집단관리라고 일컫는다.

4) 성취지향형

성취지향적 지도자는 높은 수준의 목표설정과 의욕적인 목표달성을 강조하고 부하들이 최대한 능력을 발휘할 것을 기대하며 부하의 능력을 상당히 신뢰하는 형태이다.

또한 경로-목표이론은 리더십 과정에서 작용하는 중요한 상황적 요소들을 부하들의 특성과 과업환경요소로 구분하고 있다.

① 부하들의 특성

부하들은 지도자의 행태가 자기들에게 어떠한 만족감을 주고 있는지 또는 앞으로 줄 것인지에 대한 인식과 기대감에 따라서 자신들의 행동을 형성하게 된다.

② 업무의 환경요소

부하의 업무, 집단의 성격, 조직요소에 따라 요구되는 효과적 지도자의 형태가 다르다.

따라서 지도자는 부하들의 특성 및 업무의 환경요소들과 상호작용을 하면서 적절한 지도자의 행태를 통하여 부하들의 목표에 대한 유의성과 기대감에 영향을 줌으로써 이들의 동기수준과 노력, 그리고 성과와 만족감을 높일 수 있다.

경로-목표이론은 어떤 지도자가 특정상황에서 보다 효과적인가를 설명하고 있다는 점에서 다른 이론보다 발전된 이론이다. 특히 과업의 성격과 지도자의 형태에 있어서 일상적이고 구조적인 과업상황에서는 후원적 지도자가 효과적이고, 비구조적인 과업상황에서는 지시적 지도자가 효과적이라는 것이 입증되었다.

또한 지도자는 동기부여의 요소인 유의성, 수단성, 기대에 대한 부하들의 인식을 강력하게 해줌으로써 부하들의 행동에 영향력을 행사할 수 있다는 것이다.

4. 리커트의 리더십 유형

리커트(R. Likert)는 조직이론 및 조직에서 부하의 참여정도의 측면에서 리더십의 유형을 4가지로 구분하였다. 리커트의 관리시스템은 리더십의 4가지 유형([그림 6-6])과 상호간의 관계를 보여준다.[30]

(1) 착취적-권위주의자형 리더십

착취적-권위주의자형(Exploitive-Authoritarian) 리더는 부하에 대한 신뢰나 신의가 없고, 부하는 의사결정에 참여할 수 없다. 정책결정과 의사결정은 최고관리자에게 집중되고 명령계통의 하층부로 갈수록 희박해진다. 상관과 부하 간의 상호작용은 거의 없으며 간혹 그런 상호관계가 있다고 해도 그것은 부정적이고 지시적인 성격의 것이다. 상관은 일반적으로 부하에게 공포, 두려움, 그리고 처벌(강제력)을 통해 동기부여를 하려고 한다. 직원은 좌절하게 되고, 최고관리자로부터 자신을 보호하고, 지지받지 못하는 정책에 맞서기 위해서 비공식조직에 참여하게 된다. 착취적-권위주의자형 리더십은 동기부여를 좌절시키고

그림 6-6 리커트의 리더십 유형

착취적·권위주의자형	온정적·권위주의자형	자문형	참여형
저 ------------	부하직원의 의사결정 참여와 상호작용	------------	고

30) R. Likert, *New Patterns of Management* (New York: McGraw-Hill, 1961); R. Likert, *The Human Organization* (New York: McGraw-Hill, 1967).

다만 경찰관들이 최저생산수준을 달성하는 데 집중하도록 한다.

경찰활동의 유형에 대한 비판은 착취적-권위주의자형은 특정환경에서 한정되어 사용된다고 한다.31) 이 리더십유형은 경찰이 범죄문제나 서비스요청을 다룰 때 경찰관들이 지녀야 하는 고도의 자유재량뿐만 아니라 수행되는 활동의 유형 때문에 경찰관의 업무활동이 쉽게 통제될 수 없다는 점에서 이 유형의 리더십은 분명히 적절하지 않다. 더구나 일선감독자들은 착취적-권위주의자형 리더십의 필수내용인 일선경찰에 대한 근접 감독을 거의 제공하지 못한다. 만약 이런 리더십 유형이 법집행 영역에 존재한다면 그것은 단지 몇몇 한정된 경우에만 존재할 것이다.

(2) 온정적-권위주의자형 리더십

온정적-권위주의자형(Benevolent-Authoritarian)은 착취적-권위주의자형보다 다소 긍정적인 유형이다. 여기서는 최고관리자가 정책 및 판단의 대부분을 결정하지만, 때때로 관리자와 감독자는 부하의 문제에 귀를 기울인다. 착취적-권위주의자형보다는 일선경찰과 일선감독자 사이의 상호 의사소통이 더 많다. 상관은 종종 부하의 의견을 듣고자 하지만 모든 결정은 자신이 내린다. 부하는 여전히 상관을 의심과 불신의 눈으로 보지만 그들이 조직의 목표에 반대하는 것은 아니다. 그들은 특히 자신이 직접적으로 관련된 일상활동에 대해 거의 투입을 하지 못하기 때문에 다소 좌절감을 느낀다.

이 리더십유형은 많은 전통적 경찰조직에 퍼져있고, 이들 경찰관서에서 동기부여의 문제에 책임이 있다(경찰활동의 법집행적인 측면은 대부분이 권위적이고, 또 권위적인 사람들이 경찰활동에 매력을 느끼기 때문에 권위적인 지도자가 경찰이라는 직업에 끌리는지 모른다). 이런 지도자의 아래에서 일하는 많은 경찰관은 그들의 할당된 임무 달성에 집중하지만 의욕의 결여와 상관과의 불편한 관계의 가능성 때문에 그 임무를 넘어선 행위는 좀처럼 하지 않는다. 그래서 여기에는 성공적 조직의 필수요소인 성공을 하고자 하는 외부로부터의 동기부여가 없다.

---

31) R. Roberg and J. Kuykendall, *Police Management,* 2nd ed. (Los Angeles: Roxbury Press, 1997).

경찰조직 내에 어떤 지도자 유형이 존재하는지에 대한 통계자료는 없지만, 경찰지도자의 대다수는 온정적-권위주의자형 리더십 또는 자문형 리더십 유형에 가깝다.

(3) 자문형 리더십

자문형(Consultative) 리더십은 조직의 목표와 목적을 설계하는 과정에서 부하가 목적달성의 수단에 관한 의사결정(전술적, 전략적 의사결정)을 할 수 있는 유형을 말한다. 상관과 일선경찰관의 관계는 문제와 그 해결책에 대한 논의가 자유롭고 개방적으로 열려 있음으로써 상대적으로 긍정적이다. 부하직원들은 조직의 목표와 의사결정에 어느 정도 의사를 반영할 수 있어서 사기가 고양된다. 긍정적인 보상이 강조되고 처벌은 극단적인 경우에만 사용된다.

경찰조직의 전체 또는 일부는 공식적·비공식적으로 이러한 리더십유형을 고수한다. 특히 운용부서가 많은 자율권을 갖고 있는 대규모 경찰관서에서는 특히 그러하다.32) 예를 들면 마약반의 리더십 유형은 대학생활과 같다. 마약반에 근무하는 경찰은 특정지역의 마약문제를 해결하는 방법에 대한 실질적인 재량권을 갖고 있다. 이 리더십 유형은 참여를 강조하고 보상을 존중하며 더욱 긍정적이고 동기부여되는 분위기를 이끄는 경향이 있다.

(4) 참여형 리더십

참여형(Participative) 리더십은 부하가 전략적 의사결정에 참여할 뿐 아니라 정책형성에도 참여할 수 있는 형태를 의미한다. 이것은 모든 사람이 조직의 목적과 목표, 운용전술과 전략에 의견을 제시할 수 있는 집단적 접근형태이다. 참여형 리더십은 조직이 해야 하는 것에 대하여 경찰관이 직접적으로 참여하는 것을 포함한다. 화이트(J. H. White), 트래비스(L. F. Travis), 그리고 랭월시(R. H. Langworthy)는 경찰관서 내의 모든 계급의 경찰관이 참여적 관리를 좋아하지만 최고책임의 행정적 지위에 있는 경찰관들은 그들만이 적당한 참여수

---

32) H. Toch, "The democratization of policing in the United States: 1895-1973," *Police Forum*, Vol. 7, No. 2, 1997, pp. 1~8.

준에 해당한다고 느낀다는 것을 알아냈다.[33] 모든 다른 경찰관들은 그들이 의사결정과 전략기획에 알맞게 참여하지 못한다고 생각한다.

경찰서장은 가능한 곳에 이 전략을 사용하도록 해야 하지만, 그것이 항상 적절한 것이 아니라는 것은 기억해야 한다. 시민은 경찰의 목적과 목표를 설정하는데 정치적 절차를 통해 자신의 의사를 반영할 권리가 있다. 무엇이 가장 적절한가에 대한 경찰과 시민의 인식은 시대나 지역에 따라 일치하지 않는다.

제 5 절 바람직한 경찰리더십

1. 거래적 리더십의 활용

바스(B. M. Bass)는 리더십을 '거래적'이라고 하였다.[34] 거래적 리더십(Transactional Leadership)은 지도자와 부하의 사이에서 매일 이루어지는 거래의 과정으로, 지도자가 조직의 업무를 성취하기 위해 부수적 보상, 적극적 관리, 수동적 관리, 자유방임 기법 등을 사용하는 것이다. 바스는 거래적 리더십이 두 가지 중요한 구성요소로 이루어져 있다고 지적한다.

첫째로, 부하들은 보상과 업무의 성격에 대해서 이해한다. 즉, 그들은 관리자가 그들에게 기대하고 있는 것에 대해서 알고, 그 기대를 충족시켰을 때 어떠한 이득이 있는지를 안다는 것이다.

둘째로, 예외에 의한 관리(Management-by-exception)는 상관들이 업무 및 노동자들을 다루는 방식이다. 예외에 의한 관리는 상관들이 그 직업의 모든 양상에 대해 자세히 관리하는 것보다는 문제점들과 문제 있는 직원에 집중하는 상황을 기술하고 있다.

---

33) J. H. White, L. F. Travis, and R. H. Langworthy, "Participatory management in law enforcement: Police officer, supervisor, and administrator perceptions," *American Journal of Police,* Vol. 9, No. 4, 1990, pp. 1~24.

34) B. M. Bass, "Leadership: Good, better, best," *Organizational Dynamics*, Vol. 13, No. 3, 1985, pp. 26~40.

2. 변혁적 리더십의 추구

거래적 리더십의 한 가지 형태는 '변혁적'(transformational) 리더십이다. 변혁적 리더십은 지도자가 부하들의 흥미와 사고영역을 넓히고 새로운 방향으로 조직을 움직이려고 시도하는 과정이다. 거래적 리더십의 중요한 구성요소 중 하나는 업무를 달성하기 위한 메커니즘에 중점을 둔 카리스마이다. 카리스마는 부하들과 상호작용하고, 조직적 목표를 가지고 그들을 격려하기 위한 능력이다. 카리스마적 지도자들은 종종 조직의 비전을 명확하게 제시함으로써 조직에 활력을 불어넣는다. 그를 따르는 사람들은 지도자와 그의 생각에 대해서 열성적이게 되고 그들을 지지하기 위해 열심히 일하게 된다. 카리스마는 리더십의 배타적 형태이고 아마도 장기간 유지하기는 어려울 것이다. 하지만 그것은 새로운 목표를 향해 일하도록 부하들에게 동기부여를 할 때 상당히 유용하다. 예를 들면, 지역사회 경찰활동의 수행은 변혁적 지도자에 의해서 가장 잘 이루어진다. 변혁적 리더십의 목표는 조직의 운영을 감독하는 것 보다는 미리 정해진 방향으로의 변화와 이동을 활발하게 하는 것이라고 할 수 있다. 이와 같이 관리자는 관리자라기보다는 변화 수행자로 볼 수도 있다. 변혁적 리더십은 조직을 더욱 효과적인 집단으로 만들기 위해 사용된다.

변혁적 리더십은 정체되어 있는 경찰기관을 좀 더 효과적인 기관으로 만드는 효과적인 방안이 될 수 있다. 그것은 또한 지역사회 경찰활동과 같은 새로운 프로그램에 권한을 줌으로써 효과적인 도구가 될 수도 있다. 슈머혼(J. R. Schermerhorn)은 변혁적 지도자의 자질에 대해 다음과 같다고 한다.35)

① 전망(Vision): 지침에 대한 명확한 판단력을 가지고 그 지침에 대해 다른 사람들과 의사소통하며, 그 지침을 향한 의욕을 높인다.

② 카리스마(Charisma): 부하들과 상호작용하고 조직의 목표를 향해 그들을 독려하기 위한 능력을 가진다.

③ 상징(Symbolism): 훌륭한 점을 인식하고 영웅적인 임무수행을 확인하기

---

35) J. R. Schermerhorn, *Management*, 5th ed. (New York: Wiley, 1996).

위해 특별한 상을 제공하고 그러한 행사를 계속한다.

④ 권한부여(Empowerment): 진정으로 도전적인 업무를 위임하고 다른 사람들이 발전하도록 돕는다.

⑤ 지적인 자극(Intellectual Stimulation): 부하들이 문제들에 대하여 생각하고 그것들을 해결하는데 그들의 창의력을 사용하도록 분위기를 조성한다.

⑥ 성실(Integrity): 조직의 모든 구성원들에게 정직하고 개방적이며 일관되게 높은 수준의 윤리 및 도덕성을 유지한다.

3. 기타 제안

경찰리더십의 효과성을 향상시키기 위하여는 위에서 제시되고 있는 리더십의 유형은 물론이고 이외에도 구체적으로 많은 제안들이 제시되고 있다. 경찰리더십을 위해서 흔히 제시되고 있는 권고들은 다음과 같다.[36]

(1) 직무에의 정통

유능한 경찰서장이나 간부는 자신의 직무에 정통한 숙련된 경찰관이 되어야만 한다.

이것은 다음과 같은 것을 통하여 달성될 수 있다.

첫째, 많은 학문분야 가운데서도 행태과학, 경찰행정, 범죄학, 그리고 법집행에 관한 기본적인 교육과 끊임없는 연구를 하여야 한다.

둘째, 재직 중의 연수과정과 세미나를 통하여 끊임없는 훈련을 하여야 한다.

셋째, 경찰부서 내에서(혹은 다른 부서에서) 성공한 지도자들과 경쟁하고자 하는 의식을 가져야 한다.

넷째, 최신 정기간행물과 경찰에 관련된 문헌을 통하여 학자로서 발전하여야 한다.

36) Charles Saunders, *Upgrading the American Police*(Washington, D. C.: The Brookings Institute, 1970); Sam S. Souryal, *Police Administration and Management* (St. Paul, Min.: Weat Publishing, 1977).

(2) 전문가로서의 발전

유능한 경찰지도자는 또한 전문적으로 그들 자신을 발전시키고 그들의 능력을 향상시키기 위하여 노력해야 한다.

이러한 전문가로서의 발전은 다음과 같은 것을 통하여 이룩될 수 있다.

첫째, 자기분석과 자기비판을 하여야 한다.

둘째, 자신의 직무, 동료 경찰관, 그리고 경찰부서의 향상에 관하여 계속된 관심을 보여 주어야 한다.

셋째, 부하와 동료들의 솔직한 의견을 수용할 수 있어야 한다.

넷째, 효과적으로 쓰고 말하는 기술을 숙달하여야 한다.

(3) 동료 및 부하직원에 대한 이해

유능한 경찰지도자는 그들 동료와 부하직원들의 욕구와 기대감을 이해하는 '큰 인물'(big people)이 되어야만 한다.

이러한 것은 다음과 같은 인식을 통하여 얻어질 수 있다.

첫째, 경찰관들은 인간적인 흠이 있고, 오류에 빠지기 쉽고, 그리고 끊임없이 정신적인 원조의 필요성이 있다는 생각을 갖는다.

둘째, 경찰관들은 일련의 양도할 수 없는 권리와 특권에 의하여 보호되어진 민주시민이라는 인식을 갖는다.

셋째, 경찰관들은 경찰조직을 위해 일하지만 비번인 경우에 그들 가족에 대한 관심과 의무 또한 그들 삶의 중요한 부분이라는 생각을 갖는다.

넷째, 지도자의 한 사람으로서 각 경찰관에 대해 가능한 한 많은 파악을 해야 한다. 예를 들면 직원에게 이름을 부르는 것은 자신의 부하들의 동기부여에 있어서 많은 도움을 줄 것이다.

다섯째, 승진시험을 준비하고 신분상의 지위를 달성하는 데 협조함으로써 동료 경찰관의 개인적인 발전을 격려한다.

여섯째, 경찰관들이 사회적인 문제나 개인적인 문제들을 극복할 수 있도록 협조한다.

일곱째, 유머 감각과 상호신뢰, 단결력, 조화에 도움이 되는 일반적 태도를 유지한다.

여덟째, 경찰관들이 직업적으로 그리고 사회적으로 경찰조직 내에서 행동하는 것에 대하여 정통해 있어야 한다.

아홉째, 부서 또는 그 구성원들의 업적에 관련이 있는 정보를 제공하고 개발하여 지도자의 한 사람으로서의 사기를 진작한다.

(4) 솔선수범

유능한 경찰지도자는 항상 그들이 지시한 것을 실천해야 한다. 이것은 다음을 통하여 이루어질 수 있다.

첫째, 육체적으로 적합하고, 정신적으로 경계심을 갖고 있으며 단정한 복장을 갖추어야 한다.

둘째, 침착한 성격을 유지하여, 기분의 동요와 비합리적 노여움을 회피하여야 한다.

셋째, 공적·사적인 일에 있어서 청렴성을 유지하여야 한다. 일탈행위와 천한 행동은 항상 허약하고 위선적인 지도자의 표시이다.

넷째, 자신의 정부, 경찰조직, 그리고 감독자에 대한 충성스런 태도를 유지하여야 한다. 경찰조직에 대한 충성심과 그 가치는 본보기를 보이기를 원하는 유능한 지도자를 위하여 중요한 것이다.

다섯째, 모든 직원에 대하여 공평한 태도로서 처신하여야 한다. 공명정대는 전문직업의식이고 훌륭한 리더십의 표시이다. 반대로 그들 부하들 가운데에서 인기 있는 태도를 취하는 지도자보다 더욱 불화를 일으키는 경우는 없다.

여섯째, 용기 있는 태도로 말하여야 한다. 방침에 의하여 주장을 꺾거나 결정에 대하여 책임을 회피하려고 시도하는 지도자는 부하들로부터 존경을 잃게 되고 부하들로부터 훌륭한 반응을 기대할 수 없다.

일곱째, 직면한 위험과 고난들을 부하경찰관들과 함께 하여야 한다. 이것은 부하들의 가장 효과적인 동기부여의 하나가 될 것이다.

(5) 건전한 의사결정

효과적인 리더십은 그 형태 또는 표시가 무엇이든 간에 건전한 의사결정에 근거하여야 한다. 이것은 다음을 통해서 이루어질 수 있다.

첫째, 의사결정은 작업조건에 대한 실질적이고 객관적인 평가에 기초하여 이루어지도록 하기 위해 논리적이고 정연한 사고절차를 개발하여야 한다.

둘째, 확정된 각각의 의사결정을 위하여 시간의 계획을 세워 자신의 시간을 적당히 관리하여야 한다.

셋째, 논리적·합리적 그리고 과학적 분석의 법칙을 고수하여야 한다.

넷째, '위기에 처한 리더십'(즉, 일어날 수밖에 없는 문제들을 취급)을 회피하기 위하여 미리 계획에 전념하여야 한다.

다섯째, 확정된 각각의 의사결정에 따르는 환류를 중대하게 고려하여야 한다.

여섯째, 압력에 대한 예민한 인식은 기관의 내·외로부터의 의사결정절차에 영향을 미친다.

일곱째, 의사결정에 있어서 유연성을 지니고 있어서 경직되고 독단적인 사고를 회피하여야 한다.

(6) 책임의식

유능한 지도자는 경찰부서 내에서 책임을 받아들일 진지한 분위기를 유지하여야 한다. 이것은 다음에 의하여 이루어질 수 있다.

첫째, 명령통일의 원리를 준수한다.

둘째, 부하에게 그들의 임무를 독자적으로 수행하도록 기회를 제공하고 그들의 결정에 대하여 책임을 진다.

셋째, 명령보다는 자연스럽게 충고를 한다.

넷째, 자기 자신의 결정과 부하에 의한 결정에 대하여 기꺼이 책임을 지려는 마음을 갖는다.

다섯째, 가장 능률적이고 효과적인 태도로서 경찰부서의 목표를 달성하기 위하여 계속된 노력을 한다.

여섯째, 전체 경찰부서에 건설적인 교육훈련을 지속한다.

참 고 문 헌 (Sources)

국내문헌

박연호 · 오세덕, 「현대조직관리론」, 서울: 법문사, 2001.

박우순, 「조직관리론」, 서울: 법문사, 1999.

오석홍 · 손태원 · 하태권, 「조직학의 주요이론」, 서울: 법문사, 2000.

유종해, 「현대행정학」, 서울: 박영사, 1990.

조석준, 「조직론」, 서울: 법문사, 1993.

국외문헌

Blake, Robert, and Jane Mouton, *The Managerial Grid*, Houston: Gulf Publishing Co., 1964.

Barnard, C., *The Functions of the Executive,* Cambridge, MA: Harvard University Press, 1968.

Bass, B. M., "Leadership: Good, better, best," *Organizational Dynamics*, Vol. 13, No. 3, 1985.

Bunyard, R. S., Police: *Organization and Command, Plymouth:* Macdonald and Evans Ltd., 1978.

Davis, Keith, *Human Relations at Work*, 4th ed., New York: McGraw-Hill Book Co., 1972.

Favreau, Donald F., and Joseph E. Gillespie, *Modern Police Administration*, Englewood Cliffs, New Jersey: Prentice-Hall, Inc., 1978.

French, J. R., and B. Raven. "The bases of social power," in D. Cartwright (ed.), *Studies in Social Power*, Ann Arbor: University of Michigan Press, 1959.

Fyfe, James J., Jack R. Greene, William F. Walsh, O. W. Wilson, and Roy Clinton McLaren, *Police Administration*, 5th ed., New York: McGraw-Hill Co., 1997.

Gray, Jerry L., and Frederick A. Starke, *Organizational Behavior*, 2nd ed., Columbus, Ohio: Charles E. Merrill Publishing Co., 1980.

Hersey, Paul, and Kenneth H. Blanchard, *Management of Organizational Behavior*, Englewood Cliffs, New Jersey: Prentice-Hall, Inc., 1977.

House, Robert J., "A Path-Goal Theory of Leader Effectiveness," *Administrative Science Quarterly*, Vol. 16, September, 1971.

Iannone, Nathan F., *Supervision of Police Personnel*, 4th ed., Englewood Cliffs, New Jersey: Prentice-Hall Inc., 1987.

Ilgen, D. R., and C. F. Moore, "Types and choices of performance feedback," *Journal of Applied Psychology,* Vol. 72, 1987.

Kipinis, D., S. M. Schmidt, C. Swaffin-Smith, and I. Wilkinson. "Patterns of managerial influence: Shotgun managers, tacticians, and bystanders," *Organizational Dynamics,* Vol. 12, 1984.

Kanter., R. M., *Men and Women of the Corporation,* New York: Basic Books, 1977.

Likert, Rensis, *New Patterns of Goverment*, New York: McGraw-Hill Book Co., Inc., 1961.

Likert, R., *New Patterns of Management*, New York: McGraw-Hill, 1961.

_____ , *The Human Organization,* New York: McGraw-Hill, 1967.

Lynch, Ronald G., *The Police Manager*, 4th ed., Cincinnati, OH: Anderson Publishing Co., 1995.

McClelland, D., and D. Burnham. "Power is the great motivator," *Harvard Business Review,* Vol.   54, No. 2, 1976.

Pfiffner, J. M., and R. V. Presthus, *Public Administration*, New York: Ronald, 1960.

Roberg, Roy R., *Police Management and Organizational Behavior*, St. Paul, Minn.: West, 1979.

Roberg, R., and J. Kuykendall, Police *Management,* 2nd ed., Los Angeles: Roxbury Press, 1997.

Saunders, Charles, *Upgrading the American Police*, Washington, D. C.: The Brookings Institute, 1970.

Schermerhorn, J. R., *Management,* 5th ed., New York: Wiley, 1996.

Souryal, Sam S., *Police Organization and Administration*, New York: Harcourt Brace Jovanovich, Inc., 1981.

_____ , *Police Administration and Management*, St. Paul, Min.: Weat Publishing, 1977.

Stone, Alfred R., and Stuart M. Deluca, *Police Administration*, 2nd ed., Englewood Cliffs, New Jersey: Prentice-Hall, 1994.

Stoner, J. A., and R. E. Freeman. *Management,* 5th ed., Englewood Cliffs, NJ:

Prentice-Hall, 1992.

_____ , *Police Administration*, New York: Macmillan Publishing Co., Inc., 1983.

Swanson, C. R., and L. Territo, "Police leadership and interpersonal communications styles," in J. Greene (ed.), *Police and Police Work*, Beverly Hills, CA: Sage, 1982.

Toch, H., "The democratization of policing in the United States: 1895-1973," *Police Forum,* Vol. 7, No. 2, 1997.

Whisenand, Paul M., *The Effective Police Manager*, Englewood Cliffs, New Jersey: Prentice-Hall, Inc., 1981.

White, J. H., L. F. Travis, and R. H. Langworthy. "Participatory management in law enforcement: Police officer, supervisor, and administrator perceptions," *American Journal of Police* Vol. 9, No. 4, 1990.

Williams, J. D., *Public Administration: The People's Business*, Boston: Little, Brown, 1980.

Wrobleski, Henry M., and Karen M. Hess, *Introduction to Law Enforcement and Criminal Justice*, 4th ed., Minneapolis, St. Paul: West Publishing Co., 1993.

U. S. Department of the Army Headquarters, *Military Leadership*, FM 22-100, June 1961.

제 7 장 경찰인사관리

가장 중요한 국가조직의 하나인 경찰은 사회변화에 적극적이며 능동적으로 대처할 수 있는 효과적인 조직운영체계를 갖추어야 한다. 즉 급격한 국내·외의 정세와 사회의 각종 환경변화에 보다 적극적으로 대처하기 위해 자동화 및 컴퓨터화가 요구되고 있으며 국제적 감각을 지닌 경찰관이나 첨단장비의 운영체계에 능숙한 경찰관들을 보유하여야 한다.

그러므로 경찰인사관리는 경찰공무원이라는 인적 자원을 효율적으로 활용할 수 있게 하고 그들에게 만족스러운 직장생활을 보장하며 그들의 능력발전을 촉진시켜 국제화·자동화 및 컴퓨터화의 시대적 흐름에 부응하며 국민의 요구를 충족시킬 수 있는 양질의 경찰서비스를 제공할 수 있도록 하여야 할 것이다.

제 1 절 경찰인사관리의 기초

1. 경찰인사관리의 의의

(1) 경찰인사관리의 개념

인사기능은 조직의 인적 자원과 관련된 총체적인 기능으로서 정의되고 있다.1) 경찰인사관리의 목적은 자질이 있는 인적 자원을 찾아내고 경찰기관의 이용 가능한 자원 속에서 모든 적절한 기법을 적용하여 최대한의 효과성을 획득하는 것이다.2)

따라서 경찰인사관리(police personnel management) 또는 경찰인사행정(police personnel administration)은 경찰조직의 목적을 달성함에 필요한 인적 자원을 효율적으로 활용하는 기술 또는 체제이다. 경찰인사관리의 업무는 경찰관의 업적 및 조정 그리고 생산성의 향상뿐만 아니라 경찰관의 모집, 선발, 교육훈련, 보수, 승진, 퇴직관리 그리고 복지를 다룬다.

(2) 경찰인사관리의 중요성

경찰조직의 구성원은 생산공장에서 기계를 다루는 인적 자원과는 달리 일반국민, 즉 사람을 대상으로 공공서비스를 제공하는 일을 담당하는 인적 자원이다. 경찰업무는 개개의 사건에 관련된 대부분의 문제에 있어서 기술보다는 서비스를 고도로 요구한다. 따라서 경찰업무의 성공은 경찰장비에 달려 있다기보다는 경찰관의 자질과 다른 사람과의 상호작용능력에 의해 결정되는 것이다.

특히 경찰인사관리는 인간의 권리와 생명에 직접 관련된 업무를 담당하는 경찰조직의 인적 자원을 관리한다는 점에서 그 중요성은 더욱 강조되는 것이다. 따라서 고도로 향상된 양질의 치안서비스를 제공하기 위한 인적 자원의 효율적인 활용을 위해서는 인사부서의 계속적인 관심과 발전노력이 필요하다. 경찰인사부서의 주요한 기능은 수립되어 있는 인사정책과 절차에 따라 더욱 효과적으로 부하를 관리하는 데 요구되는 봉사와 지원을 경찰관리자에게 제공하는 것이다.3)

---

1) O. Glenn Stahl, *Public Personnel Administration*, 6th ed. (New York: Harper & Row, 1971), p. 16.

2) W. Donald Heisel and Patrick V. Murphy, "Organization for Police Personnel Management," O. Glenn Stahl and Richard A. Staufenberger (eds.), *Police Personnel Administration* (Washington, D. C.: Police Foundation, 1974), p .2.

3) Calvin J. Swank and James A. Conser, *The Police Personnel System* (New York: John Wiley & Sons, 1983), p. 14.

2. 경찰인사기관의 기능

경찰인사기관의 중요한 기능들은 우리나라의 경우와 같이 중앙집권체제하에서는 경찰기관에 따라 별다른 구분이 없겠으나, 미국 등과 같이 분권적 자치체제 중심의 국가들에 있어서는 다소 지역특성에 따라 고유한 기능들이 강조되는 경우가 있다. 그러나 주요한 기본기능들은 대동소이하다.

우리나라 경찰공무원법에 의하면 총경 이상은 경찰청장의 추천에 의하여 행정안전부장관의 제청으로 대통령이 임용하고 경정 이하는 경찰청장이 임용하는 것으로 되어 있으며, 총경의 전보·휴직·직위해제·정직·복직은 경찰청장이 행하고 경정의 신규채용·승진임용·면직처분은 대통령이 행하도록 되어 있다. 그리고 경찰청장은 경찰공무원에 대한 임용권을 그 소속기관의 장과 지방경찰청장에게 위임할 수 있도록 하고 있다.

경찰조직에 있어서 전국적인 규모의 인사는 경찰청의 인사교육과에서, 그리고 각 지방규모의 인사는 지방경찰청과 경찰서의 경무과에서 담당한다. 경찰인사에 있어서 중앙 및 각 단위조직들이 갖고 있는 일반적이고 구체적인 기능들을 열거하면 다음과 같다.4)

① 인사정책의 수립

② 인사기준의 설정

③ 채용계획의 수립

④ 선발시험의 준비

⑤ 직위분류와 직무분석

⑥ 교육훈련

⑦ 승진기준의 개발

⑧ 보수체계의 수립

⑨ 징　　계

⑩ 경찰기관의 대표

---

4) W. Donald Heisel and Patrick V. Murphy, *op. cit.,* pp. 8~11.

⑪ 기록의 보존

⑫ 평가기준의 개발

⑬ 면접결과의 활용

⑭ 연구와 기획

⑮ 사기의 제고

⑯ 상   담

제 2 절   경찰공무원 채용

경찰조직에서 가장 중요한 것 중의 하나는 조직 구성원인 경찰관이며, 경찰조직에서 업무수행의 질은 경찰관의 능력에 의해서 좌우된다고 볼 수 있다. 그러므로 경찰조직 운영의 성패는 얼마나 유능한 경찰관을 확보하여 어떻게 관리하느냐에 있다.

경찰채용은 경찰공무원이 될 수 있는 자격과 능력을 갖춘 사람에게 균등한 기회를 제공하여 동일한 조건 아래에서 공정한 선발과정을 거쳐 적재적소에 배치하는 것이다. 이러한 경찰공무원 채용과정은 모집, 채용시험, 신임교육훈련, 그리고 시보임용의 순서에 따라 이루어진다. 다만 아래에서는 모집, 채용시험, 시보임용만을 설명하고 신임교육훈련은 경찰교육훈련에서 설명하기로 한다.

1. 경찰공무원 모집

(1) 개   념

모집은 조직이 원하는 인력을 확보하기 위한 유인활동이다. 즉, 자격과 능력을 갖춘 우수한 인재들이 경찰조직에 매력을 느껴 경쟁적으로 경찰에 지원하도록 유도하는 과정을 의미한다.

종래에 모집은 임용에 있어 정실을 없애기 위하여 또는 보다 유능한 사람을 채용하는 것보다는 부적격한 사람을 제거하는 것으로 생각해 왔으나, 오늘날에는 적극적으로 많은 사람으로 하여금 공직에의 응시에 흥미를 끌게 하는 것을 뜻한다. 소극적 모집은 채용계획을 일반 대중에게 알려 주고 단지 지원자가 찾아오도록 기다리는 자세이지만, 적극적 모집은 젊고 유능한 인적 자원이 경찰직에 매력을 느끼고 지원하도록 유도하는 것을 의미한다.

생애직으로서 경찰직을 선택하는 데 있어서 중요한 영향을 미치는 요소로서는 다양성 및 책임성이 있는 중요한 업무, 국민에 대한 봉사, 모험, 안전 그리고 보수에 있다고 한다.5)

(2) 응시자격

우리나라 행정인에게 요구되는 일반적인 자격은 두 가지로서 하나는 종래에 요청되어 오던 '지식·기술'이며, 다른 하나는 새로 강조되는 '태도·가치관'이라고 한다.6) 윌슨(O. W. Wilson)은 경찰공무원은 정의에 대한 예리한 감각을 갖고 높은 수준의 정직성, 정력, 용기, 감정적 안정성, 지혜 그리고 자신감을 지니고 있어야 할 것을 기대하고 있다.7)

그리고 볼머(August Vollmer)는 일찍이 경찰공무원의 자격에 대하여 "솔로몬의 지혜, 다윗의 용기, 삼손의 체력, 욥의 인내, 모세의 리더십, 착한 사마리아인의 친절, 알렉산더의 전략, 다니엘의 신념, 링컨의 외교, 나자레 목수의 관용, 그리고 끝으로 자연과학, 생물학 및 사회과학 등 모든 분야에 깊은 지식을 가져야 된다"8)고 지적하였다.

스터링(J. W. Sterling)이 조사한 바에 의하면 경찰관들에게 훌륭한 경찰관의 자질로서 40가지의 자질 가운데 10가지를 선택하도록 하였는데 일반상식, 기민성, 직무의 지식, 교육훈련 수준, 정직성, 지능, 책임성, 헌신, 신뢰성 그리고 외모를 선택하였다.9)

---

5) Harold R. Slater and Martin Reiser, "A Comparative Study of Factors Influencing Police Recruitment," *Journal of Police Science and Administration*, Vol. 16, No. 3, September 1988, p. 170.

6) 박동서, 「인사행정론」 (서울: 법문사, 1990), p. 176.

7) O. W. Wilson and Roy C. Mclaren, *Police Administration,* 4th ed. (New York: McGraw-Hill Book Co., 1977), p. 245.

8) V. A. Leonard and Harry W. More, *Police Organization and Management*, 5th ed. (Mineola, New York: The Foundation Press, Inc., 1978), p. 276.

1) 연   령

경찰공무원의 자격요건으로서 연령은 매우 중요한 의미를 갖는다. 사회생활에 대한 경험이 많으면 많을수록 사회생활의 가치를 이해하고 주민과 호흡을 같이 하게 된다고 하나 오늘날의 일반적인 경향은 연령조건을 관대하게 하고 있다.10)

연령조건의 설정에 관련된 환경적 요인은 대단히 많지만 그 중에서도 국민 전체의 연령구조, 노동시장의 상태, 직업구조의 분화, 교육제도의 성격, 인사제도의 유형 등이 있다.11)

2) 신체조건

경찰업무는 불굴의 신체적 민첩성과 인내력이 요구되기 때문에 의학적 또는 신체적으로 적합한 자가 선발되어야 한다. 경찰공무원의 신체적 적합성으로는 좋은 호흡기관, 낮은 비만도, 적절한 근력 그리고 인내와 유연성과 같은 특성을 지녀야만 효과적으로 경찰업무를 수행할 수 있게 된다.12)

종래에는 경찰관 선발과정에서 신체적 적합성 검사로 신장과 체중을 중시하였지만 오늘날에는 기민성 검사가 신체적 소질과 능력을 평가하는 데 유효한 변수가 되고 있다.13)

3) 학   력

사회의 복잡성과 그에 따른 경찰봉사기능의 확대 요구는 보다 지성적이고 성숙된 경찰인력을 필요로 한다.

범죄수사 또는 헌법에 보장된 시민의 권리보호 등에 관련된 업무를 효과적으로 달성하기 위해서는 앞으로 경찰직에 응시할 수 있는 최저학력을 점차 대졸자로 상향 조정할 필요가 있을 것이다.

---

9) George M. Pugh, "The Good Police Officer: Qualities, Roles, and Concepts," *Journal of Police Science and Administration*, Vol. 14, No. 1, March 1986, pp. 1~2.

10) O. W. Wilson and Roy C. McLaren, *op. cit.*, p. 254.

11) 오석홍, 「인사행정론」 (서울: 박영사, 1989), p. 167.

12) Clifford Price, Micheal L. Pollock, Larry R. Gettman, and Deborah A. Kent, *Physical Fitness Programs for Law Enforcement Officers: A Manual for Police Administrators* (Washington, D. C.: U. S. Government Printing Office, 1978), p. 24.

13) Calvin J. Swank and James A. Conser, op. cit., pp. 136~138; Leonard Territo, C. R. Swanson and Neil C. Chamelin, *The Police Personnel Selection Process* (Indianapolis: Bobbs-Merrill Educational Publishing, 1977), pp. 57~58.

(3) 현행 경찰공무원 모집제도

경찰관의 자격기준은 그 나라의 형편과 공무원제도의 성격에 따라 달라지는데 우리나라의 경우 국적, 연령, 신체조건, 학력, 병역, 성별에 관하여 일반적

표 7-1 | 경찰간부후보생 응시자격(2021년)

가. 연 령 및 병 역		- 21세 이상 40세 이하인 자(1980. 1. 1. - 2000. 12. 31.) - 남자는 병역을 필하였거나 면제된 자 ※ 만기전역자 외에 가사사정으로 인한 전역, 직권면직자 중 공상으로 전역한 자에게도 응시자격 인정 - 제대군인 응시상한 연령은 다음과 같이 연장함. • 군복무기간 1년 미만: 1세, 1년 이상 2년 미만: 2세, 2년 이상: 3세 * 군복무: 제대군인, 사회복무요원, 공중보건의사, 병역판정검사전담의사, 국제협력의사, 공익법무관, 공중방역수의사, 전문연구요원, 산업기능요원
나. 학 력		학력제한 없음
다. 신체조건	체격	국립·공립병원 또는 종합병원에서 실시한 경찰공무원 채용시험 신체검사 및 약물검사의 결과 건강상태가 양호하고, 사지가 완전하며, 가슴·배·입·구강 및 내장의 질환이 없어야 한다.
	시력	시력(교정시력을 포함한다)은 양쪽 눈이 각각 0.8 이상이어야 한다.
	색신 (色神)	색신이상(약도 색신이상은 제외한다)이 아니어야 한다.
	청력	청력이 정상[좌우 각각 40데시벨(dB) 이하의 소리를 들을 수 있는 경우를 말한다]이어야 한다.
	혈압	고혈압[수축기혈압이 145수은주밀리미터(mmHg)을 초과하거나 확장기혈압이 90수은주밀리미터(mmHg)을 초과하는 경우를 말한다] 또는 저혈압[수축기혈압이 90수은주밀리미터(mmHg)미만이거나 확장기혈압이 60수은주밀리미터(mmHg) 미만인 경우를 말한다]이 아니어야 한다.
	사시 (斜視)	검안기 측정 결과 수평사위 20프리즘 이상이거나 수직사위 10프리즘 이상이 아니어야 한다. 다만, 안과전문의의 정상 판단을 받은 경우에는 그러하지 아니하다.
	문신	시술동기, 의미 및 크기가 경찰공무원의 명예를 훼손할 수 있다고 판단되는 문신이 없어야 한다.
라. 운전면허		자동차운전면허 1종 보통 이상의 소지자
마. 경찰공무원법 제8조 제2항 각호의 결격사유에 해당되지 아니한 자		

기준을 정해 놓고 있으며, 다른 나라에서는 거주지 등에 관해서도 기준을 정해 놓고 있는 경우도 있다.

일반 순경의 경우 연령은 남·여 18~40세이어야 하고, 학력은 제한이 없으며 남자의 경우 병역을 필하거나 면제를 받은 자이어야 한다.

경찰간부후보생의 경우 응시자격은 <표 7-1>과 같다.

게다가 우리나라의 경우에 경찰간부후보생공개경쟁선발시험 또는 순경공개경쟁채용시험과 전·의경 경력경쟁채용시험 그리고 경찰행정학과 경력경쟁채용시험에 응시하고자 하는 자는 제1종 운전면허증 대형면허 또는 보통면허를 받은 자이어야 한다(경찰공무원임용령 제39조 제4항).

또한 경찰공무원법 제8조(임용자격 및 결격사유) 제2항에 의하면 경찰공무원은 신체 및 사상이 건전하고 품행이 방정한 자 중에서 임용하며, 다음의 사유에 해당하는 자는 경찰공무원으로 임용될 수 없다.

① 대한민국국적을 가지지 아니한 사람

② 국적법 제11조의 2의 제1항에 따른 복수국적자

③ 피성년후견인 또는 피한정후견인

④ 파산선고를 받고 복권되지 아니한 사람

⑤ 자격정지 이상의 형을 선고받은 사람

⑥ 자격정지 이상의 형의 선고유예를 받고 그 선고유예기간 중에 있는 사람

⑦ 공무원으로 재직기간 중 직무와 관련하여 「형법」 제355조(횡령, 배임) 및 제356조(업무상의 횡령과 배임)에 규정된 죄를 범한 자로서 300만원 이상의 벌금형을 선고받고 그 형이 확정된 후 2년이 지나지 아니한 사람

⑧ 「성폭력범죄의 처벌 등에 관한 특례법」 제2조에 규정된 죄를 범한 사람으로서 100만원 이상의 벌금형을 선고받고 그 형이 확정된 후 3년이 지나지 아니한 사람

⑨ 미성년자에 대한 다음 각 목의 어느 하나에 해당하는 죄를 저질러 형 또는 치료감호가 확정된 사람(집행유예를 선고받은 후 그 집행유예기간이 경과한 사람을 포함한다)

　　가. 「성폭력범죄의 처벌 등에 관한 특례법」 제2조에 따른 성폭력범죄

나. 「아동・청소년의 성보호에 관한 법률」 제2조제2호에 따른 아동・청소
　년대상 성범죄

⑩ 징계에 의하여 파면 또는 해임의 처분을 받은 사람

2. 경찰공무원 채용시험

(1) 경찰채용시험의 개념

경찰관으로서 필요한 자격요건을 심사하기 위하여 경찰지원자에게 여러 가지 시험을 실시하고 있다.

경찰채용시험은 실적제도를 확립하는 기초가 됨은 물론 직업공무원제도의 확립에도 공헌한다. 따라서 시험이란 경찰의 역할과 요구조건을 실현하는 데 필요한 높은 수준의 기술・지식・능력 그리고 직무행태(skills, knowledge, ability, and job behavior: SKA/JB)를 소유한 지원자를 선발하는 것이다.14)

스피엘버거(Charles C. Spielberger)는 경찰공무원의 선발에 있어서의 예측변수로서 ① 지원자의 신체적・전기적・인구학적 특성(physical, biographical, and demographic characteristics), ② 지능과 적성의 측정, 가치관 및 태도와 흥미의 측정, 성격과 동기의 검사 등을 포함한 심리검사(psychological test), ③ 선택된 업무기능을 모의연습시키거나 지원자의 행태를 면접시험 및 거짓말탐지기시험 등을 통해서 관찰하는 상황적 검사(situational test)를 제시하였다.15)

1973년 미국의 「형사사법표준 및 목표에 관한 국가자문위원회」는 모든 경찰기관에게 자질 있는 경찰지원자들의 선발을 위하여 공식적인 절차를 채택하여야 하며, 이러한 절차는 지능 혹은 적성에 관한 필기시험, 면접시험, 신체검사, 심리검사 그리고 정밀배경조사를 포함하여야 할 것을 권고하고 있다.16)

---

14) William J. Bopp and Paul M. Whisenand, *Police Personnel Administration* (Boston: Allyn and Bacon, Inc., 1980), p. 82.

15) Charles D. Spielberger, *Police Selection and Evaluation: Issues and Techniques* (New York: Praeger Publisher, 1979), p. 13.

16) National Advisory Commission on Criminal Justice Standards and Goals, *Report on Police* (Washington, D. C.: U. S. Government Printing Office, 1973), p. 337.

여러 가지 형태의 시험들은 그 목표하는 바가 다르며 각기 장점과 단점을 가지고 있기 때문에 어느 한 가지 방법으로 지원자의 능력요소들을 완전하게 판정해 내기는 어려워서 여러 가지 시험들을 상호보완적으로 사용하게 된다. 어떤 방법을 사용하든 채용시험의 효용성을 높이는 일이 무엇보다 중요하다.

(2) 경찰채용시험의 종류

1) 신체검사

신체검사는 직무수행에 필요한 신체조건 및 건강상태를 검정하는 것으로서 경찰공무원 모집시에 미리 공고한 신체조건을 갖춘 사람이 지원했는지 여부를 확인하는 것이다. 이와 같은 신체검사에는 의학적 검사(일반내과, X Ray, 혈압 등), 형태적 검사(신장, 체중 등), 기능적 검사(시력, 청력 등)가 포함된다.

경찰공무원의 직무가 신체적 조건과 건강을 전제로 하고 있기 때문에 일정한 수준의 신체와 건강기준에 미달되는 지원자는 필기시험과 기타 시험의 성적 여하를 막론하고 채용할 수 없게 된다.

2) 필기시험

필기시험은 공무원의 채용과정에서 가장 오래되고 널리 쓰이는 시험방법이다. 경찰공무원의 채용을 위한 필기시험은 교양부문과 전문부문으로 구분하되, 교양부문은 일반교양정도를, 전문부문은 직무수행에 필요한 지식과 그 응용능력을 검정하는 것으로 하고 있다.

시험과목에 대해서는 해당직급의 채용시험으로써 적합한 것인지를 과학적인 타당성 분석에 의거하여 결정되어야 할 것이다.[17]

3) 체력검사

체력검사는 직무수행에 필요한 민첩성·지구력 등 체력을 검정하는 것이다. 경찰의 직무는 범죄와의 투쟁과 같은 업무를 수행하기 때문에 신체적 민첩성

---

17) 2021년 현재 순경공채의 경우에는 필수 2과목(한국사, 영어), 선택 3과목(형법, 형사소송법, 경찰학개론, 국어, 수학, 사회, 과학)으로 각 20문항을 평가하고 있고, 경찰간부후보생의 경우에는 객관식 5과목(한국사, 형법, 영어, 행정학, 경찰학개론)이 있고 영어 과목은 경찰공무원임용령 제41조 별표5의 영어 능력 검정시험의 종류 및 기준점수에 의거, 기준점수 이상이면 합격으로 간주하고, 다만 응시원서 접수마감일 기준 2년 이내의 성적에 한해 유효한 것으로 인정한다. 주관식 2과목(필수: 형사소송법; 선택: 행정법, 경제학, 민법총칙, 형사정책 중 택 1)을 평가하고 있다.

과 인내력이 요구된다. 경찰관 선발과정에서 종래에는 신장과 체중이 강인성의 최저수준의 척도로 사용되어 왔으나 오늘날에는 기민성검사가 이에 대신하게 되었으며, 이 검사는 신체적 소질과 능력을 평가하는 유효한 변수가 되고 있다.

담당업무내용의 특수성 기타 사유로 체력검사가 필요 없다고 인정되는 경우에는 체력검사를 실시하지 않을 수도 있다.

4) 종합적성검사

종합적성검사는 앞으로 적합한 훈련을 받고 경험을 쌓으면 일정한 직무를 잘 수행할 수 있는 소질 또는 잠재적 능력을 측정하려는 시험이다.

경찰관의 직무가 심리적 긴장상태는 물론 직권남용과 유혹의 기회를 많이 가지기 때문에 심리적 부적응자나 유혹에 약한 자를 선별하기 위해서는 심리검사를 하는 것이 무엇보다 중요하다.

더구나 앞으로는 소질 또는 잠재적 능력을 측정하는 '적성검사', 사람의 가치관 및 태도와 흥미 등의 측정, 사람의 성격 특히 기질적인 또는 정서적인 특성을 측정하려는 '성격검사', 그리고 다른 시험에서 알아내지 못한 기질·성품·업적의 질적 수준을 알아보거나 지원자가 제출한 서류의 진부를 확인하기 위한 '신원조회' 등으로 구분하여 실시하여야 할 것이다.

5) 면접시험

면접시험은 필기시험이나 배경조사를 통하여 평가할 수 없는 지원자의 직무수행에 필요한 능력·발전성 및 적격성을 검정하는 것이다. 우리나라 경찰에서 실시하고 있는 면접시험의 평정요소로는 ① 경찰공무원으로서의 적성, ② 의사발표의 정확성과 논리성 및 전문지식, ③ 용모, 품행, 예의, 봉사성, 정직성, 성실성, 발전가능성, ④ 무도·운전 기타 경찰업무관련 특수기술능력 등이 있으며, 각 평정요소마다 1점부터 5점까지 점수로 평정한다.

이러한 면접시험은 아직도 형식적인 절차로 취급하는 경향이 있으며 면접시험의 내용도 대개는 필기시험에서 평가했던 지식이나 기술에 관하여 되풀이하여 물어보는 경향이 있다. 이와 같은 문제점을 개선하기 위하여 복수면접관제도를 채택하고 있지만 표준적 질문의 사전준비,[18] 면접기법의 개발, 면접관

---

18) Steve Falkenberg, Larry K. Gaines and Terry C. Cox, "The Oral Interview Board:

의 훈련 등을 통하여 가능한 한 효용도를 높여야 할 것이다.

현재 경찰공무원 채용시 '집단면접'과 '개별면접'을 병행하고 있는데, 1단계 면접은 동료면접으로서 3인 내지 5인을 동시에 면접하는 집단면접을 채택하여 응시자들의 일반적인 업무수행능력, 직무지식, 현장감각, 돌발상황에서의 판단 및 대처능력을 비교평가하고 있다. 2단계 면접은 개별면접으로서 외부에서 초빙된 위원과 경위 이상의 경찰관들이 응시자들의 인성과 장래 발전가능성 등을 평가한다.

표 7-2 | 경찰공무원 선발 면접시험

구분	면접방식	면접내용
1단계	집단면접	의사발표의 정확성 · 논리성 · 전문지식
2단계	개별면접	품행 · 예의 · 봉사성 · 정직성 · 도덕성 · 준법성

※ 면접위원의 과반수가 어느 하나의 평정요소에 대하여 2점 이하로 평정한 때에는 불합격처리 됨
자료: https://public.jinhakapply.com/PoliceV2/public/public_3.aspx

6) 실기시험

실시시험은 직무수행에 필요한 지식 및 기술을 실습 또는 실기의 방법에 의하여 검정하는 것이다. 도구나 장비를 써서 일을 해보게 하거나 기계조립을 시켜 보거나 또는 작업에 쓰는 설비의 모형을 놓고 일을 해보게 하는 방법 등이 여기에 해당한다.[19] 실기시험은 이와 같이 다른 어떤 시험보다 직무수행과 밀착되는 시험이므로 높은 타당성을 기대할 수 있으며, 우리나라에서는 통신 · 운전 · 전산 등의 분야에 종사할 사람들을 선발할 때 흔히 쓰인다.[20]

What Does It Measure?," *Journal of Police Science and Administration,* Vol. 17, No. 1, March 1990, pp. 32~39; John L. Sullivan, *Introduction to Police Science* (New York: McGraw-Hill Book Co., 1977), pp. 66~67.

19) 이것은 상황적 검사절차의 하나로서 임상적 성향을 지닌 시험방법으로 모의연습식 시험(assessment center)에 속하는 것이다. 이는 의제된 직무상황에 대응하는 지원자의 능력을 현실감 있게 평가하는 데 사용되며 며칠간의 시험기간을 통해서 소속감검사(belongings test), 조립연습(construction exercise), 감정면접(stress interview), 사회자 없는 집단연습(leaderless group exercise) 등의 복수기법이 동원된다.

20) 이황우, "경찰공무원의 선발모형에 관한 연구,"「행정논집」, 제15집, 동국대학교 행정대학원, 1986, pp. 80~81.

7) 서류전형

서류전형은 직무수행에 관련되는 자격 및 경력 등을 서면에 의하여 심사하는 것이다. 퇴직 경찰공무원의 복직 또는 자격증소지자와 대학이나 전문대학 재학생 중 장학금을 지급받은 자 등을 경찰공무원으로 채용하는 경우의 시험방법은 대개 서류심사의 방법에 의하는 경우가 많다. 이것은 다른 시험방법에 비하여 비용이 덜 들고 응시자들에 관한 상세한 정보를 얻어 평가할 수 있으나 평정과정의 표준화가 곤란하므로 평정자의 편견이 개입될 염려가 있다.

(3) 현행 경찰공무원 채용제도

경찰채용에는 공개경쟁채용과 경력경쟁채용이 있는데, 공개경쟁채용에는 순경공채(남자, 여자, 101단)와 간부후보생채용이 있으며, 경력경쟁채용은 임용예정직에 상응한 전문지식, 연구실적, 학위 등 자격요건을 갖춘 사람을 대상으로 선발하는 것을 말한다.[21]

경정 이하의 경찰공무원은 경찰청장 또는 해양경찰청장이 임용한다(경찰공무원법 제7조 제2항). 하지만 경찰청장은 경찰공무원의 임용에 관한 권한의 일부를 특별시장·광역시장·도지사·특별자치시장 또는 특별자치도지사, 국가수사본부장, 소속 기관의 장, 시·도경찰청장에게 위임할 수 있다(경찰공무원법 제7조 제3항).

따라서 경찰대학·경찰인재개발원·중앙경찰학교·경찰수사연수원·경찰병원 및 시·도경찰청의 장에게 경감 이하의 임용권이 위임되어 있으므로 공개경쟁채용시험이나 경력경쟁채용시험의 실시권은 소속기관 등의 장에게, 경찰간부후보생의 공개경쟁선발시험의 실시권은 경찰대학의 장에게 각각 위임한다. 다만, 경찰청장 또는 해양경찰청장은 시험출제수준의 균형을 유지하기 위하여 특히 필요하다고 인정하는 경우에는 시험출제업무를 행할 수 있다(경찰공무원임용령 제33조).

---

21) 2021년의 경우 항공(조종, 기체정비), 피해자심리, 범죄분석, 학대예방, 경찰특공대(폭발물분석, 폭발물처리, 남·녀 전술), 교향악단, 외국어(중국어, 베트남어, 영어, 태국어, 러시아어, 인니어, 카자흐어, 싱할리어), 안보수사 외국어(영어, 일본어, 베트남어, 태국어, 러시아어, 중국어), 영상분석, 전의경, 변호사, 공인회계사, 안보수사, 학대예방, 경찰청장기 무도·사격(태권도, 유도, 복싱·레슬링·검도, 사격), 재난사고, 의료사고, 현장감식(일반감식, 화재감식), 사이버수사·사이버보안수사·사이버마약수사, 교통공학, 법학, 세무회계, 경찰행정 등의 분야에서 경력경쟁채용을 실시하였다. https://public.jinhakapply.com/PoliceV2/public/public_1.aspx

표 7-3 | 경찰공무원 공개경쟁채용시험(경정, 순경)

구 분	내 용
제1차 시험	신체검사
제2차 시험	체력검사
제3차 시험	선택형 필기시험(다만 기입형 가미 가능)
제4차 시험	논문형 필기시험(다만 과목별 기입형 가미 가능)
제5차 시험	종합적성검사
제6차 시험	면접시험(다만 실기시험 병과 가능)

자료: 「경찰공무원임용령」 제36조.

경찰공무원의 채용시험은 신체검사, 체력검사, 필기시험, 종합적성검사, 면접시험 또는 실기시험과 서류전형에 의한다. 다만 시험실시권자는 업무내용의 특수성 기타 사유로 필요하다고 인정하는 경우에는 체력검사를 실시하지 아니할 수 있다(경찰공무원 임용령 제35조).

공개경쟁채용시험은 단계에 따라 순차적으로 실시하지만, 시험실시권자는 업무내용의 특수성 기타 사유로 필요하다고 인정될 때에는 그 순서를 변경하여 실시할 수 있다(경찰공우원 임용령 제36조). 순경의 공개경쟁채용시험은 <표 7-3>의 내용 중 제4차 시험을 실시하지 아니한다.

경찰공무원의 채용시험의 출제수준은 경위 이상 및 경찰간부후보생공개경쟁선발시험에 있어서는 경찰행정의 기획 및 관리에 필요한 능력·지식을 검정할 수 있는 정도로 하고, 경사 및 경장에 있어서는 경찰업무수행에 필요한 전문적 능력·지식을 검정할 수 있는 정도로 하며, 순경에 있어서는 경찰업무수행에 필요한 기본적 능력·지식을 검정할 수 있는 정도로 한다(경찰공무원 임용령 제42조).

현행 경찰공무원 공개채용시험의 절차를 살펴보면, [그림 7-1]과 같이 채용시험일정이 미리 공고된 후에 응시원서가 접수되고, 신체검사를 받은 후에 신체검사 합격자에 한하여 필기시험에 응시할 수 있으며(최근에는 필기시험 합격자 발표 후 체력검사시 신체검사를 함께 실시하고 있음), 필기시험에서 합격한 자만이 체력검사 및 적성검사에 응시할 수 있다. 그 후 신원조사 및 면접시험을 거쳐 최종합격자를 결정하게 된다. 최종합격자의 결정은 필기(실기)성적 50%, 체력

그림 7-1 경찰공무원 공개채용시험의 단계

검사 25%, 종합적성검사를 포함한 면접자료 25%(자격증 5% 포함)의 점수를 합하여 고득점자 순서에 의하고 있다(_{경찰공무원 임}
_{용령 제43조}).

3. 채용후보자의 등록 및 명부작성

경찰공무원 채용을 위한 공개경쟁채용시험, 경찰간부후보생 공개경쟁선발시험 및 경력경쟁채용시험 등에 합격한 사람은 경찰공무원임용령이 정하는 바에 따라 임용권자 또는 임용제청권자에게 채용후보자 등록을 해야 하며, 채용후보자 등록을 하지 아니한 사람은 경찰공무원으로 임용될 의사가 없는 것으로 본다(_{경찰고우원 임}
_{용령 제17조}).

경찰청장 또는 해양경찰청장 혹은 이들로부터 임용권을 위임받은 자는 경찰대학을 졸업한 사람과 경찰간부후보생을 포함하는 신규채용시험에 합격한 사람을 성적 순위에 따라 채용후보자 명부에 등재(登載)하여야 한다(_{경찰공무원}
_{법 제12조}). 채용후보자 명부는 임용예정계급별로 작성하며, 채용후보자의 서류를 심사하여 임용 적격자만을 등재한다(_{경찰고우원 임}
_{용령 제18조}). 채용후보자 명부의 유효기간은 2년으로 하되, 경찰청장은 필요에 따라 1년의 범위에서 그 기간을 연장할 수 있다. 또한 임용권자 또는 임용제청권자는 채용후보자 명부에 등재된 채용후보자가 다음과 같은 사유에 해당하는 경우에는 채용후보자 명부의 유효기간의 범위에서 기간을 정하여 임용 또는 임용제청을 유예할 수 있다(_{경찰고우원 임}
_{용령 제18조의2}).

① 「병역법」에 따른 병역복무를 위하여 징집 또는 소집되는 경우

② 학업을 계속하는 경우

③ 6개월 이상의 장기요양이 필요한 질병이 있는 경우

④ 임신하거나 출산한 경우
⑤ 그 밖에 임용 또는 임용제청의 유예가 부득이하다고 인정되는 경우

4. 경찰시보임용

(1) 시보임용의 개념

시보임용(probation)이란 신규채용시험에 합격한 자를 바로 정규 경찰공무원으로 임명하는 것이 아니고 시보로 임용하여 일정한 기간을 거치게 하는 것이다.

시보기간은 국가에 따라 혹은 직종 및 계급에 따라 차이가 있으나, 우리나라의 경우 경정 이하의 경찰공무원을 신규채용할 때에는 1년의 기간을 시보로 임용하고 그 기간이 만료된 다음 날에 정규 경찰공무원으로 임용한다. 다만 휴직기간, 직위해제기간 및 징계에 의한 정직 또는 감봉처분을 받은 기간은 시보임용기간에 산입하지 아니한다(경찰공무원법 제13조 제1항·제2항).

시보임용기간 중에 있는 경찰공무원이 근무성적 또는 교육훈련성적이 불량한 때에는 「국가공무원법」제68조(의사에 반한 신분 조치) 및 이 법 제28조(신규채용)의 규정에도 불구하고 면직시키거나 면직을 제청할 수 있다(동법 동조 제3항).

(2) 시보임용의 목적

시보임용은 시험으로 알아내지 못하였던 점을 검토해 보고 직무를 감당할 능력이 있는가를 알아보는 데 그 목적이 있다. 시보임용은 채용시험제도를 보완하려는 것이기 때문에 공식적인 채용과정의 일부라고 볼 수 있다. 어떤 시험이든지 간에 일정기간 실제로 담당업무를 시켜보는 것보다 경찰관으로서의 적격성을 효과적으로 알아내는 방법은 없다.

그러나 현재 우리나라는 경찰인력이 부족한 상태로 인하여 시보임용 중인 경찰관 대부분이 일정기간이 경과하면 정식으로 임용되고 있어서 시보임용제도가 형식적으로 운영되고 있다.

시보임용 중에 있는 경찰공무원은 근무성적이나 교육훈련성적이 현저히 불

량하고 앞으로 경찰공무원으로 근무하기에 부적당한 때에는 징계절차를 거치지 않고 면직시킬 수 있으므로 신분상의 보장은 없다. 따라서 임용권자가 시보임용중인 자를 일방적으로 면직하더라도 시보임용중인 경찰관은 소청심사의 청구 등 구제수단을 쓸 수 없다.

(3) 시보임용의 예외

다음의 경우에는 시보임용을 거치지 아니한다(경찰공무원법 제13조 제4항).

첫째, 경찰대학을 졸업한 자 또는 경찰간부후보생으로서 정하여진 교육을 마친 자를 경위로 임용하는 경우

둘째, 경찰공무원으로서 대통령령이 정하는 상위계급에의 승진에 필요한 자격요건을 갖추고 임용예정계급에 상응한 공개경쟁채용시험에 합격한 자를 당해 계급의 경찰공무원으로 임용하는 경우

셋째, 퇴직한 경찰공무원으로서 퇴직시에 재직한 계급의 채용시험에 합격한 자를 재임용하는 경우

넷째, 자치경찰공무원을 그 계급에 상응하는 경찰공무원으로 임용하는 경우

제 3 절 경찰교육훈련

1. 경찰교육훈련의 의의

교육훈련은 조직구성원의 일반적 소양과 능력을 개발하고 직무수행에 필요한 지식과 기술을 향상시키며, 가치관과 태도를 바람직한 방향으로 변화시키는 활동이다.

현대경찰조직의 교육훈련은 경찰인사관리에 있어서 필수기능이며, 지속적으로 행하여야 한다. 또한 이러한 경찰교육훈련은 계급이나 직급의 구분 없이 모든 경찰공무원을 대상으로 한다.

본래 교육이란 개인의 잠재력을 종합적으로 개발하는 것을 뜻하며, 훈련이

란 이러한 일반적·종합적인 것이 아니고 어떠한 직원이 자기가 맡은 바 직책을 수행하는 데 그 직책이 요구하는 자격을 구비하고 있지 못한 경우 그 부족한 능력이 무엇인가를 파악하고 보충하는 것을 의미하고 있지만, 현대 행정국가에서는 공무원에 대한 것을 훈련이라는 용어에만 한정해서 사용할 필요가 없으며 널리 교육훈련이라고 할 수 있다.22)

2. 경찰교육훈련의 필요성

급변하는 환경 속에서 경찰조직이 적응하기 위해서는 새로운 지식과 기술을 습득해야 한다. 경찰조직이 환경변화에 대응하기 위해서는 신축적이고 유연한 조직구조의 변화뿐만 아니라 경찰공무원의 행태변화가 요구된다. 경찰조직은 새로운 지식과 기술에 대한 교육뿐만 아니라 환경변화에 대응하는 경찰공무원의 의식·태도 및 행동의 변화를 이끌어내기 위한 교육훈련 프로그램을 개발하여야 한다.

(1) 사회의 대규모화, 다양화, 전문화

국가나 사회의 제구조가 단순하고 소규모 또는 비전문적인 상황이던 과거에는 특별한 교육훈련이 없이도 일반적인 소양과 능력이 일정 수준 이상일 경우에는 업무수행을 할 수 있다고 생각했다. 그러나 모든 사회구조상황이 대규모화, 다양화 또는 전문화되어 감에 따라 경찰업무 역시 그러한 상황에 대처해야 할 필요성을 인지하게 되고 업무의 특수성과 전문성에 합당한 전문지식이나 기술습득을 위한 교육훈련활동을 요구받게 되었다.

(2) 경찰업무의 전문화

경찰발전과 변화에 관한 가장 중요한 시도는 경찰교육훈련의 중요성과 경찰조직의 모든 구성원을 위한 부가적 교육훈련의 필요성을 강조하는 것이다.23)

---

22) 박동서, 「인사행정론」(제5전정판) (서울: 법문사, 2001), pp. 212~213.

윌슨(O. W. Wilson)은 경찰관이 모든 업무를 용이하게 수행하고 그러한 방법으로 경찰관의 안전과 국민의 안전 및 만족을 확보하도록 확실하게 하는 것이 경찰훈련의 목적이라고 지적하였다.24) 또한 FBI국장이었던 후버(J. Edgar Hoover)는 법집행능력은 경찰관들의 교육을 통해서만 끊임없이 불법에 대항하여야 하는 시대적 요청에 대응할 수 있다고 하였다.25) 그리고 1967년 「법집행 및 사법행정에 관한 대통령위원회」의 특별전문위원회보고서(Task Force Report)에서는 "그의 개인적인 소질에 관계없이 인간은 홀로 타고난 능력으로 경찰업무를 수행할 수는 없다. 개인적 능력, 사전교육, 판단력 그리고 감정적 적합성에 관계없이 경찰관들은 경찰업무를 이해하고 그것을 어떻게 수행하는가를 배우기 전에 포괄적인 직무상의 훈련을 받아야만 한다."26)고 제시하였다.

3. 경찰교육훈련의 형태

「경찰공무원교육훈련규정」 제7조에서는 경찰공무원의 교육훈련을 학교교육, 위탁교육, 직장훈련 및 기타교육훈련으로 구분하고 있는데 학교교육이란 경찰대학, 경찰인재개발원, 중앙경찰학교, 경찰수사연수원에서 실시하는 교육을 의미하고, 위탁교육이란 「경찰공무원법」 제22조(교육훈련) 제3항의 규정에 의한 국내·외의 교육기관 등에 위탁하여 행하는 교육훈련을 말하고, 직장훈련이란 경찰기관의 장이 소속경찰공무원의 직무수행능력을 향상시키기 위하여 일상업무를 통하여 행하는 훈련을 말한다. 기타교육훈련이란 학교교육, 위탁교육, 직장훈련에 속하지 아니하는 교육훈련으로서 경찰기관의 장의 명에 의하거나 경찰공무원 스스로 하는 직무 관련 학습·연구 활동을 말한다(경찰공무원법 교육훈련규정 제2조).

---

23) O. Glenn Stahl and Richard A. Staufenberger (eds.), *Police Personnel Administration* (Washington, D. C.: Policy Foundation, 1974), p. 125.

24) O. W. Wilson and Roy C. Mclaren, *Police Administration*, 4th ed. (New York: McGraw-Hill Book Co., Inc., 1977), p. 298.

25) Charles B. Saunders, Jr., *Upgrading the American Police* (Washington D. C.: The Brookings Institution, 1970), p. 118.

26) The President's Commission on Law Enforcement and Administration of Justice, *Task Force Report: The Police* (Washington, D. C.: U. S. Government Printing Office, 1967), p.137.

그림 7-2 경찰교육훈련의 형태

(1) 학교교육

1) 신규채용자 교육훈련

신규채용자 교육훈련은 신규로 채용된 순경과 경찰간부후보생들에게 실시하는 기초교육훈련으로서 신임교육과정이다. 경찰간부후보생은 52주간 경찰대학에서, 순경은 34주간 중앙경찰학교에서 교육훈련을 받는다.

신규채용자 교육훈련은 일반적으로 경찰조직의 목적·구조·기능·규칙 등을 포함하여 임용 후 맡아야 할 직책수행에 요구되는 기초적 전문지식과 능력을 갖추도록 하는 것이 목적이다. 즉, 형사법을 공정하게 집행할 수 있는 능력, 기본적인 행정업무 처리능력 그리고 충실한 대민봉사자로서의 갖추어야 할 자질과 실행능력을 고루 겸비한 직업경찰관을 탄생시키기 위한 제반 기초적 교육훈련이라 하겠다.

신규채용자 교육훈련과정이 끝나면 신임경찰관은 범죄와 투쟁하고, 법을 집행하고, 그리고 사회적 분쟁을 해결할 수 있는 자질을 갖추어야 될 것이다.27)

2) 일반재직자 교육훈련

일반재직자 교육훈련은 재직 경찰공무원을 대상으로 새로운 지식 또는 규칙이나 법령의 내용을 습득시키기 위하여 정기적으로 또는 수시로 실시하는 교육훈련이다. 이러한 과정의 실효성을 확보하기 위해서는 교육내용이 일선의 경찰기관에서 필요한 것인가를 검토하여야 할 것이다.

경찰인재개발원은 일선 경찰관들이 현장에서 직접 필요로 하는 대부분의 직무 전문교육을 담당하고 있으며, 또한 경찰교육의 질적·양적 영역 확대를 위해 경찰교육기관의 부담을 완화하고 현장활동과정에서 필요한 전문 직무교

---

27) V. A. Leonard and Harry W. More, *Police Organization and Management,* 8th ed. (Mineola, New York: The Foundation Press, Inc., 1993), p. 310.

육을 더욱 강화하기 위하여 각종 사이버교육과정을 설치·운영하고 있다.

3) 감독자(중간관리자) 교육훈련

일선업무에 대한 구체적인 관리·감독의 중요성이 증대됨에 따라 각 조직의 책임자급 관리자와는 구분하여 계장이나 과장과 같은 중간관리자들에 대한 감독자(중간관리자) 교육훈련이 필요해지고 있다.

이 과정에는 경찰인재개발원에서 실시되는 경정(2주 이상 8주 이하)·경감(2주 이상 8주 이하) 기본교육과정과 경찰인재개발원 주관으로 사이버교육으로 실시되는 경위(30시간)·경사(30시간) 기본교육과정이 있다. 경위와 경사계급에 대한 기본교육은 2014년도까지는 당시 경찰교육원에서 교육하였으나 2015년부터는 '사이버교육포털시스템'을 통한 온라인교육을 실시하고 있다. 이들에 대한 교육훈련의 내용은 일선 경찰들의 업무수행을 관리·감독할 수 있는 정도의

표 7-4 | 교육과정별 교육대상 · 교육기간 및 교육기관표

교육과정 \ 구분		교육대상	교육기간(시간)	교육기관	비 고
신임교육과정	신규채용자 교육과정	경찰공무원으로 임용될 자 또는 임용된 자	34주	중앙경찰학교	전투경찰순경 출신자, 특수 경과(항공·통신·운전)의 경찰공무원 및 경찰청장이 지정하는 경찰공무원에 대한 신임교육과정은 최소 12주에서 최대 24주로 단축할 수 있다.
	간부후보생 교육과정	간부후보생	52주	경찰대학	
기본교육과정	경사기본 교육과정	경사 및 승진후보자	30시간	사이버교육 (경찰인재개발원)	
	경위기본 교육과정	경위 및 승진후보자	30시간		
	경감기본 교육과정	경감 및 승진후보자	2주 이상 8주 이하	경찰인재개발원	
	경정기본 교육과정	경정 및 승진후보자	2주 이상 8주 이하		
	치안정책 교육과정	총경 및 승진후보자	24주	경찰대학	

자료: 「경찰공무원 교육훈련규칙」 별표.

지식, 즉 공직윤리, 국가안보, 바람직한 경찰상, 지역사회경찰활동, 수사지휘, 중견간부론 등이 있다.

4) 관리자 교육훈련

경찰청장 또는 해양경찰청장이 정하는 바에 의하여 선발된 총경(「경찰공무원승진임용규정」 제24조 제1항의 규정에 의하여 총경승진후보자명부에 등재된 자를 포함한다)은 기본교육으로 치안정책교육을 받아야 한다(경찰공무원교육훈련 규정 제8조 제3항).

경찰대학에서 실시하는 치안정책교육과정(24주)은 종래의 강의·이론중심 교육에서 벗어나 참여식 교육으로 수업방식을 전환하고 관리자들의 견문을 넓히고자 해외연수까지도 시행하며, 주 5일 수업방식을 함으로써 관리자들이 재충전할 수 있는 기회를 부여하고 있다.

(2) 위탁교육

위탁교육은 계층과는 상관없이 조직의 특수한 업무나 직책을 담당해야 하는 전문인을 필요로 할 때 적임자를 선발하여 특수한 교육훈련을 실시하는 것으로 국내·외의 교육기관에 위탁시킨다.

(3) 직장훈련

'직장훈련'이란 경정 이하의 경찰공무원의 직무수행능력을 향상시키기 위하여 일상업무를 통하여 행하는 교육훈련이다.

직장훈련은 소집순회, 과제, 실습, 시청각 및 직접지도 등의 방법에 의하여 실시되는데, <표 7-5>와 같이 직장훈련은 직장교육·체력단련 및 사격훈련으로 구분한다.

직장교육은 기관·부서·그룹단위의 업무관련 직무교육 또는 정서함양동호회 및 연구모임 활동으로 하고, 체력단련은 체력단련동호회(무도훈련 포함) 활동으로 하며, 사격훈련은 정례사격과 특별사격으로 구분 실시한다.

이러한 형태의 훈련은 주로 현장훈련(On the Job Training: OJT)으로 충실한 경찰업무의 중추가 되고 있다. 특히 현장훈련은 신임경찰관에 대한 조언자, 후견인, 역할모형, 교정자, 평가자인 교관의 자질과 동기부여에 따라 그 성공이

표 7-5 | 직장훈련의 내용

직장교육	· 직무교육은 월 2회 이상 실시하되 1회는 기관단위 소집교육(사이버교육 포함)으로 하여야 하며, 1회 교육시간은 1시간 이상으로 함.
체력단련	· 체력단련은 무도훈련 및 체력검정으로 함. · 무도훈련은 월 2회 이상 실시하되 1회 훈련시간은 1시간 이상으로 함. · 체력검정은 매년 10월까지 연 1회 정기 실시함.
사격훈련	· 정례사격은 연 2회 이상(2, 3분기 각 1회) · 외근요원 특별사격은 연 2회(1, 4분기 각 1회), 다만 사격성적 등 특별한 사정에 따라 횟수를 증감하여 실시할 수 있음.

자료: 경찰공무원 직장훈련 규칙 제7조, 제9조.

좌우된다.

제 4 절 경찰보직관리

1. 경찰보직관리의 의의

(1) 경찰보직관리의 개념

보직관리는 개인적으로 다양한 경험의 축적을 통해 자신의 적성을 개발함으로써 구성원 개개인의 자아발전이 가능하고 직위에 상응한 임무를 효율적으로 달성할 수 있도록 적재적소에 배치하는 것이다. 따라서 보직의 결정은 조직이나 개인의 발전을 위해서 신중하게 이루어져야 한다.

인사이동에 있어서 상이한 계급 또는 상이한 직급 간의 '수직적 인사이동'과 동일한 계급 또는 동일한 직급 간에 행하는 '수평적 인사이동'이 있는데, 상이한 계급 또는 상이한 직급 간의 수직적 인사이동으로는 승진 등이 있으며, 동일한 계급 및 직급 간의 수평적 인사이동에는 전보, 파견근무 등이 있다.

(2) 경찰보직관리의 중요성

보직관리는 개인이 조직에 적응하도록 변화시키고, 인사관리의 융통성을 확보시켜 조직의 성과를 높이는 데 유용한 제도이다.

1) 조직적 차원의 중요성

보직관리는 조직차원에서 ① 능력발전의 기회를 제공하고, ② 인간관계의 갈등을 해결하며, ③ 승진의 불만을 해소하면서 승진기회를 균등하게 하기 위해서 반드시 필요하다. 특히 순환보직은 개인의 능력발전기회를 제공하도록 마련된 제도이다.

2) 개인적 차원의 중요성

개인차원의 보직관리는 우선 ① 능력발전을 위한 용도로 활용되고, ② 생활근거지나 생활비 등을 고려하여 특정지역, 특정보직을 선호할 때 활용되며, ③ 직장 내의 불편한 대인관계를 회피하기 위해서도 활용되고, ④ 승진이 보다 빠른 부서 또는 사회적 평가가 보다 나은 부서로 이동할 때도 활용되는데, 위의 여러 요인들이 복합적으로 작용하여 보직인사를 결정하게 된다.

2. 경찰보직관리의 원칙

(1) 일반적 원칙

임용권자 또는 임용제청권자는 법령에서 따로 정하거나, 복직시 그에 해당하는 계급의 결원이 없어 그 계급의 정원에 최초로 결원이 생길 때까지 당해 계급에 해당하는 경찰공무원을 보직 없이 근무하게 하는 경우, 직제의 신설·

표 7-6 ｜ 경과와 담당직무

경　　과	담당 직무
일반경과	기획·감사·경무·생활안전·교통·경비·작전·정보·외사나 그 밖에 수사경과·보안경과 및 특수경과에 속하지 아니하는 직무
수사경과	범죄수사에 관한 직무
보안경과	보안경찰에 관한 직무
특수경과	항공경과는 경찰항공기의 운영·관리에 관한 직무 정보통신경과는 경찰정보통신의 운영·관리에 관한 직무

자료: 「경찰공무원 임용령 시행규칙」 제19조.

개폐시 2월 이내의 기간 동안 기관의 신설 준비 등을 위하여 보직없이 근무하게 하는 경우를 제외하고는 소속 경찰공무원에 대하여 하나의 직위를 부여하여야 한다.

경찰공무원을 보직함에 있어서는 <표 7-6>에 제시된 경과·교육훈련·근무경력 등을 고려해서 능력을 적절히 발전시킬 수 있도록 하여야 한다. 상위계급의 직위에 하위계급자를 보직하는 경우에는 승진후보자를 임용예정 계급의 직위에 보직하는 경우 혹은 상위계급에 결원이 있고 승진임용후보자가 없는 경우에 한한다. 또한 특별한 사정이 없는 한 배우자 또는 직계존속이 거주하는 지역을 고려하여 보직하고 있다(경찰공무원 임용령 제22조).

임용권자 또는 임용제청권자는 업무량, 직위의 중요도, 희망경향, 지역실정 등에 맞도록 계급별로 보직군을 설정하고 소속 경찰공무원의 경력과 실적에 따라 능력을 적절히 발전시킬 수 있도록 보직하여야 한다.

(2) 초임 경찰공무원의 보직

경위 이상으로 신규채용된 경찰공무원은 관리능력을 배양할 수 있도록 전공 및 적성을 고려하여 합리적으로 보직하여야 한다. 경사 이하로 신규채용된 경찰공무원은 지구대, 파출소, 기동순찰대, 경찰기동대나 그 밖에 경비업무를 수행하는 부서에 보직하여야 한다(경찰공무원 임용령 제23조).

(3) 교육훈련이수자의 보직

국외훈련이나 국내위탁교육 등 일정기간 교육훈련을 받은 자는 특별한 사정이 없는 한 그 교육훈련 내용과 관련되는 직위에 보직하여야 한다. 2년 이상 위탁교육훈련을 받은 자는 교육훈련기관의 인력현황을 고려하여 교수요원으로 보직할 수 있다(경찰공무원 임용령 제24조).

3. 전　보

(1) 개　념

전보란 동일한 직급에 속하는 어떤 직위에서 다른 직위로 횡적 이동하는 것을 의미한다.

이것은 경찰공무원이 동일직위에서 장기근무로 인하여 직무수행의 침체현상을 방지하여 창의적이며 활력 있는 직무성과의 증진을 기하도록 하는 한편 지나치게 잦은 전보로 인한 능률저하를 방지하여 안정적인 직무수행을 기할 수 있도록 특별한 사정이 없는 한 정기적으로 전보를 실시하고 있다.(경찰공무원 임용령 제26조)

(2) 전보의 원칙과 예외

1) 전보의 원칙

당해 직위에 임용된 날로부터 1년 이내, 감사업무를 담당하는 경찰공무원의 경우에는 2년 이내에 다른 직위로 전보할 수 없다(경찰공무원 임용령 제27조). 그러나 1년을 기준으로 하는 보직기간은 너무 잦은 보직이동으로 경찰의 전문성을 향상시키기에는 어렵다고 할 것이다.

한편 경찰대학·경찰인재개발원·중앙경찰학교의 교수요원으로 임용된 자는 그 임용일로부터 1년 이상 3년 이하의 범위 안에서 경찰청장이 정하는 기간 안에는 다른 직위에 전보할 수 없다. 다만, 기구의 개편·정원의 변경 또는 교육과정의 개폐가 있거나 교수요원으로 부적당하다고 인정될 때에는 그러하지 아니하다.

도서·벽지 등 특수지역에 근무할 것을 조건으로 경력채용된 자는 그 채용일로부터 5년의 범위 안에서 경찰청장 또는 해양경찰청장이 정하는 기간 안에는 채용조건에 해당하는 기관 또는 부서 외의 기관 또는 부서로 전보할 수 없도록 하고 있다(경찰공무원임용령 제27조).

다음의 경우에는 임용된 날로부터 1년 이내에 다른 직위로 전보할 수 없다는 전보제한기간을 계산함에 있어서 새로운 임용으로 보지 아니한다(경찰공무원임용령 제27조).

① 직제상의 최저단위 보조기관 또는 보좌기관 내에서의 전보

② 승진 또는 강등 임용

③ 시보임용 중인 경찰공무원을 정규 경찰공무원으로 임용하는 경우

④ 기구 개편, 직제 또는 정원의 변경에 따라 담당직무의 변경 없이 소속·직위만을 변경하여 재발령하는 경우

2) 전보의 예외

다음의 경우에는 당해 직위에 임용된 날로부터 1년이 지나지 않았더라도 전보가 가능하다(경찰공무원임용령 제27조).

① 직제상의 최저단위 보조기관 내에서의 전보

② 경찰청과 소속기관 등 또는 소속기관 등 상호 간의 교류를 위하여 전보하는 경우

③ 기구의 개편 또는 직제 및 정원의 변경으로 인한 해당 경찰공무원의 전보

④ 승진임용된 경찰공무원을 전보하는 경우

⑤ 전문직위로 경찰공무원을 전보하는 경우

⑥ 징계처분을 받은 경우

⑦ 형사사건에 관련되어 수사기관에서 조사를 받고 있는 경우

⑧ 경찰공무원으로서의 품위를 크게 손상하는 비위(非違)로 인한 감사 또는 조사가 진행 중이어서 해당 직위를 유지하는 것이 부적절하다고 판단되는 경찰공무원을 전보하는 경우

⑨ 경찰기동대 등 경비부서에서 정기적으로 교체하는 경우

⑩ 교육훈련기관의 교수요원으로 보직하는 경우

⑪ 시보임용중인 경우

⑫ 신규채용된 경찰공무원을 해당 계급의 보직관리기준에 따라 전보하는 경우 및 이와 관련한 전보의 경우

⑬ 감사담당 경찰공무원 가운데 부적격자로 인정되는 경우

⑭ 경정 이하의 경찰공무원을 배우자 또는 직계존속이 거주하는 시·군·자치구 지역의 경찰기관으로 전보하는 경우

⑮ 임신 중인 경찰공무원 또는 출산 후 1년이 지나지 않은 경찰공무원의 모

성보호, 육아 등을 위하여 필요한 경우

제5절 경찰근무성적평정

1. 경찰근무성적평정의 의의

경찰조직의 발전은 그 구성원들의 근무실적과 태도가 얼마나 생산적이고 능률적이며 효과적인가에 달려 있다.

근무성적평정은 service ratings, personnel evaluations, employee appraisals, merit ratings, performance evaluations 등 무엇으로 부르든지 간에 이것은 조직과 구성원의 활동을 향상·발전시키고 구성원들에 대한 공정한 기회를 부여하기 위해 구성원들의 능력, 태도, 근무수행가치 등과 같은 필요한 정보를 수집하여 객관적인 평가를 통해 그 결과를 각종 인사행정에 활용하는 활동이다.28)

근무성적평정제도는 1887년경부터 미국에서 최초로 시작되었으며 우리나라에서는 1961년 국가공무원법에 의거하여 통일적인 규정이 제정되어 실시되어 왔다. 경찰에서는 1969년 경찰공무원법이 제정되어 독자적인 근무성적평정제도를 갖추었지만 객관적인 기준을 확립하지 못했다는 비판으로 1982년 경찰인사고과제가 채택되었으나, 이것도 문제점이 있어 1989년 이를 폐지하고 근무성적평정제도와 통합하여 실시하였고 1995년 근무성적평정은 승진, 전보, 특별승급 및 특별상여금 지급 등 각종 인사관리에 반영하고 있다.

초기에 경찰근무성적평정제도는 생산성, 능률성이라는 단일 가치기준에 입각한 공무원의 직무수행능력을 측정하여 그 결과를 인사관리의 표준화와 직무수행의 통제에 사용되었으나 현대에 이르러서는 공무원과 행정조직의 발전에 기여하는 역할이 더욱 강조되고 있다.

---

28) Nathan F. Iannone, *Supervision of Police Personnel,* 4th ed. (Englewood Cliffs, New Jersey: Prentice-Hall, Inc., 1987), p. 236.

2. 경찰근무성적평정의 목적

현대의 인사행정에서는 근무성적평정의 주된 목적이 조직과 그 구성원의 발전에 있음을 강조하면서 그밖에도 여러 가지 구체적인 목적을 들고 있다. 이러한 구체적인 목적들은 매우 다양한 것이지만 크게 세 가지 범주로 구분 할 수 있다.

(1) 경찰조직과 구성원의 발전

근무성적평정은 조직구성원의 직무수행내용을 객관적으로 평가할 수 있는 가치가 되며 이것을 통하여 구성원 개개인의 자질과 특성에 가장 적절한 업무배치를 할 수 있게 되어 생산성을 보다 향상시킬 수 있다.

또한 각 개인의 구체적인 개선사항을 파악하여 취약점을 보완할 수 있도록 도와주는 길잡이 역할을 함으로써 구성원 개개인의 능력발전을 도모하게 되며 이것이 곧 조직발전의 기초가 되는 것이다.

(2) 경찰인사행정의 객관적 기준 확보

근무성적평정은 인사정책을 보다 공정하고 객관적으로 집행할 수 있도록 도움을 준다. 근무성적평정의 결과는 여러 가지 인사행정의 객관적 기준을 제시한다. 따라서 이 기준은 구성원에 대하여 공정한 보상과 제재의 분배를 통제하는 목적으로 활용되기도 한다.

그러나 무엇보다도 경찰인사행정의 객관적 기준들은 조직구성원들이 하는 업무의 양과 질을 측정할 수 있게 하며 각 직책에 필요한 가장 효과적인 업무배치기준을 명백하게 제공함으로써 승진, 배치전환, 감원, 보수, 징계 등의 결정에 대한 공정하고 객관적인 인사행정을 할 수 있게 한다.

(3) 경찰인사기술의 타당성 평가기준 제시

이상에서 설명한 근무성적평정의 제반 결과들은 또한 여러 가지 인사행정 기술의 타당성을 검증함에 필요한 자료나 증거로 활용된다. 다시 말하면 지원 자격결정, 시험입안, 보직결정, 훈련수요결정 등에 관한 각종 인사기술의 타당 성 평가에 필요한 자료를 제공한다.29)

3. 경찰근무성적평정의 종류

근무성적평정의 종류는 피평정자, 목적, 방법 등에 따른 기준에 의하여 분 류될 수 있으나 여기서는 방법을 기준으로 한 평정방법의 종류를 간단히 소개 한다.30)

(1) 도표식 평정척도법

도표식 평정척도법(Graphic Rating Scale)은 직무수행실적, 직무수행능력, 직무수행태도 등에 관한 평가요소마다 주어진 척도에 따라 피평정자의 특성과 평가내용을 표시하는 형태를 취한다. 척도는 일반적으로 3~5단계로 이루어지 며 척도에 점수를 배정하여 결과를 수치로 표시할 수 있기 때문에 평정결과의 신뢰도와 정확도를 높일 수 있어 지금까지 널리 활용되고 있는 방법이다.

(2) 강제배분법

강제배분법(Forced Distribution)은 분포제한법이라고도 하며, 근무성적평 정상 흔히 발생하는 집중화 또는 관대화의 현상을 제한하기 위해 등급을 강제 배분, 즉 피평정자의 비율을 사전에 인위적으로 정하고 근무실적에 따라 분포 시키는 방법이다(예를 들면 5개 등급의 경우, 수; 10%, 우; 20%, 미; 40%, 양; 20%, 가; 10%).

---

29) William J. Bopp and Paul M. Whisenand, Police Personnel Administration (Boston: Allyn and Bacon, Inc., 1980), pp. 102~106; Calvin J. Swank and James A. Conser, *The Police Personnel System* (New York: John Wiley & Sons, 1983), pp. 257~258.

30) *Ibid.*, pp. 107~110.

(3) 산출기록법

산출기록법(Production Records)은 조직구성원이 일정한 단위시간에 달성한 일의 양 또는 일정한 일을 달성하는 데 소요된 시간을 기준으로 평가하는 방법으로서 단순히 계량적인 측정만을 할 수 있어 작업의 질을 평가하기는 어렵다.

(4) 지도기록법

지도기록법(Correction Records)의 목적은 단순히 피평정자의 장·단점에 대한 평가보다는 근무상황을 지도·교정하는 데 있다. 표에는 피평정자의 장·단점 기록에 근거하여 장점발전과 단점교정을 위한 지도내용과 그 효과를 기록한다. 이 방법은 근무성적을 계량화하는 것이 아니므로 지도·감독수단 또는 다른 평정방법의 보조수단으로 활용된다.

(5) 서 열 법

서열법(Rank Method)은 피평정자의 근무성적을 비교하여 서열을 정하는 평정방법이다. 여기에는 종합적 순위법(전체적인 근무상황을 포괄적으로 비교 통합)과 분석적 순위법(평정요소를 선정, 요소별로 비교 통합)이 있다. 한 집단의 포괄적 순위제시는 가능하나 다른 집단과 비교할 수 있는 객관적 자료제공이 어렵다.

(6) 대인비교법

대인비교법(Man to Man Comparison)은 먼저 지도력, 기획력, 적극성, 지식, 태도 등의 평정요소를 선정한다. 다음은 각 요소별로 평정등급을 정한 후 각 등급별 표준인물을 선택하여 다른 피평정자들에 대한 평가기준으로 한다.

(7) 체크리스트법

체크리스트법(Check List)은 평정자가 직접 평정점수를 산출하지 않고 일상의 구체적인 업무수행상태 체크리스트를 작성하여 그 자료를 중앙인사기관

에서 평가한다. 여기에는 가중치부여 체크리스트법과 강제선택식 체크리스트
법이 있다.

(8) 서술식 보고법

서술식 보고법(Performance Report)은 평정자가 피평정자의 능력, 실적, 인
품, 적성 등과 근무성적을 서술적인 문장으로 기록하는 방법이다.

4. 최근의 근무성적평정기술

최근의 근무성적평정기술은 크게 평정센터의 개념을 중요시하는 것과 평정
기술과 목표에 의한 관리(MBO)의 조화에 대한 강조로 나눌 수 있다.

(1) 평정센터

평정센터(assessment center)개념을 중요시하는 방법은 전문교육훈련을 받
은 다수의 관리자들이 피평정자를 여러 가지 상이한 상황들에서 관련된 자료
들을 바탕으로 하여 다양한 기준으로 종합 평가하는 것이다.

평정센터는 채용시험에 있어서 집단면접을 더욱 발전시킨 것으로서 시험관
평균 4인 내외와 약 4~5배의 응시자가 같이 1~5일간 합숙하면서 한번에 6인
정도의 인원수에게 7~8가지 방법으로 토의, 면접, 테스트, 게임 등을 통하여
평정하는 것이다. 이와 같이 하는 것이 한두 시간에 끝나는 집단면접보다 유용
하나 상당한 준비와 비용이 소요된다고 한다. 따라서 소수의 고급관리자를 선
발하는데 이용되고 있으며 승진결정에 약 40~60%의 비중을 두고 있다고 하는
데 현재까지 이에 대한 평가가 긍정적이다.[31]

(2) 평정기술과 목표에 의한 관리(MBO)의 조화

근무성적평정에 대한 또 하나의 새로운 경향은 평정기술과 목표에 의한 관

---

[31] Samuel J. Yeager, "Use of Assessment Center by Metropolitan Fire Department in North America," *Public Personnel Management,* Vol. 15, No. 1, Spring 1986, p. 57.

리(MBO)의 조화에 대한 강조이다. 이 방법은 먼저 부하직원과 직근 상급감독자 사이에 부하직원에 대한 직무달성 목표를 설정하고 활동과정을 평가하는 방법으로 또한 두 사람이 함께 협의하여 결정한다. 그리고 두 사람은 정기적으로 만나 피평정자의 목표수행과정을 평가 또는 재평가한다. 필요한 경우에는 목표 또는 평가기준을 재조정할 수 있다. 감독자는 보조 지원적이며 지도적 역할을 수행한다는 자세로 환류를 자주 하여 원활한 상호작용을 유도해야 한다.

5. 현행 경찰근무성적평정제도

우리나라 경찰공무원의 평정대상은 총경과 경정 이하의 경찰관이다. 총경 이하의 경찰공무원에 대해서는 매년 근무성적을 평정하여야 하며, 근무성적 평정의 결과는 승진 등 인사관리에 반영하여야 한다(경찰공무원 승진임용 규정 제7조). 근무성적 평정과 경력 평정은 연 1회 실시하되 근무성적 평정은 10월 31일, 경력 평정은 12월 31일을 기준으로 한다. 다만, 총경과 경정의 경력 평정은 10월 31일을 기준으로 한다(경찰공무원 승진임용 규정 시행규칙 제4조).

(1) 총경의 근무성적평정
근무성적의 평정자는 3인으로 하되, 제1차평정자는 피평정자의 바로 위 감독자가, 제2차평정자는 제1차평정자의 바로 위 감독자가, 제3차평정자는 제2차평정자의 바로 위 감독자가 된다. 다만, 경찰청장은 평정자를 특정하기가 곤란하다고 인정할 경우에는 따로 평정자를 지정할 수 있다(경찰공무원 승진임용 규정 시행규칙 제6조).

총경의 근무성적평정요소는 근무실적, 직무수행능력 및 직무수행태도로 구분하여 주관적으로만 평정한다.

제1차평정자가 20점을 최고점으로 하여 평정한 점수와 제2차평정자와 제3차평정자가 각각 15점을 최고점으로 하여 평정한 점수를 합산하며, 총평점점은 50점을 만점으로 하고 그 분포비율은 수(47점 이상) 20%, 우(40점 이상 47점 미만) 40%, 양(25점 이상 40점 미만) 30%, 가(20점 미만) 10%로 하되 가에 해당하는 자가 없을 때에는 양에 가산한다(경찰공무원승진 임용규정 제9조).

(2) 경정 이하의 근무성적평정

경정 이하는 제1평정요소(객관적 평정점) 30점(경찰업무발전기여도 6점, 포상 9점, 교육훈련 13점, 근무태도 2점)과 제2평정요소(주관적 평정점) 20점(근무실적 6점, 직무수행능력 8점 및 직무수행태도 6점)을 합쳐 50점 만점으로 평정하는데, 주관적 평정점의 분포비율은 <표 7-7>에 제시된 바와 같이 총경의 경우와 같다.

표 7-7 | 근무성적 평정점의 분포비율

계급 등급	총경	경정 이하
수	47점 이상	19점 이상
우	40점 이상 47점 미만	16점 이상 19점 미만
양	25점 이상 40점 미만	10점 이상 16점 미만
가	25점 미만	10점 미만

자료:「경찰공무원 승진임용 규정 시행규칙」제9조.

(3) 근무성적평정결과의 이용

경찰공무원의 근무성적평정결과는 승진, 전보, 특별승급 및 특별상여금 지급 등에 크게 작용한다. 특히 근무성적평정결과는 심사승진대상자 명부작성에 있어서 50%의 비율을 차지하고 있으며, 시험승진의 경우에는 25%의 비율을 차지하여 중요한 위치를 점하고 있다.

6. 경찰근무성적평정의 문제점

경찰조직의 인사관리에 있어서 근무성적평정이 다양한 목적과 용도로 활용되고 있으나 논자에 따라서는 다음과 같은 이유들 때문에 회의적 또는 비판적 태도를 표시하기도 한다.[32]

---

32) *Ibid.*, pp. 126~132; Nathan F. Iannone, *op. cit.*, pp. 264~269.

표 7-8 | 근무성적평정표(총경)

■ 해양경찰청 소속 경찰공무원 임용에 관한 규정 시행규칙 [별지 제15호서식]

근무성적 평정표(총경)

○ 평정대상자
- 소 속 :
- 계 급 :
- 성 명 :

○ 평정기간
- 20 . . . 부터
- 20 . . . 까지

○ 평정 분포비율
- 수(47점 이상)   20%
- 우(40점 이상 47점 미만)   40%
- 양(25점 이상 40점 미만)   30%
- 가(25점 미만)   10%

1. 근무실적·직무수행능력·직무수행태도

평정요소 및 배점	근 무 실 적			직 무 수 행 능 력				직 무 수 행 태 도		
	①직무의 양	②직무수행의 정확성	③직무수행의 신속성	④지식 및 기술	⑤이해 및 판단력	⑥기획 및 창의력	⑦관리 및 지휘력	⑧성실성 및 근결준수	⑨친절 및 협조성	⑩적극성 및 책임성
평정기준	어느 정도로 많은 양의 직무를 처리하고 있는가?	담당 직무를 어느 정도로 우수하고 정확하게 처리하고 있는가?	담당 직무를 어느 정도로 신속히 처리하고 있는가?	담당 직무수행에 필요한 지식과 기술을 가지고 이를 활용하고 있는가?	담당 직무에 대해 잘 이해하고 정확한 판단을 한 판단을 내리는가?	담당 직무를 수행함에 있어 새로운 방법을 연구하여 개선하려고 노력하고 있는가?	부하직원의 협동과 그 수행하고 민주적인 방법으로 통솔하려고 노력하고 있는가?	담당 직무를 수행해 성실하 성실과 미(未)와 관계에서 성실, 동료 간 및 대 때 수행함에 책임감 및 있는 명령에 복종하고 근무를 준수하고 있는가?	상관, 동료 간 및 대 관계에서 협동하여 협조하려 노력하고 있는가?	담당 직무를 수행함에 때 수행함에 책임감 및 완전하게 어느 정도로 있는가?
평정점·평정점수	수 우 양 가	수 우 양 가	수 우 양 가	수 우 양 가	수 우 양 가	수 우 양 가	수 우 양 가	수 우 양 가	수 우 양 가	수 우 양 가
	1.5 1.0 0.75 0.5	1.5 1.0 0.75 0.5	1.5 1.0 0.75 0.5	1.0 0.75 0.5 0.25	1.5 1.0 0.5	1.5 1.0 0.5	1.5 1.0 0.5	2.0 1.5 1.0 0.5	1.25 1.0 0.75 0.5	1.25 1.0 0.75 0.5
점 수	수 우 양 가	수 우 양 가	수 우 양 가	수 우 양 가	수 우 양 가	수 우 양 가	수 우 양 가	수 우 양 가	수 우 양 가	수 우 양 가
	2.0 1.75 1.5 1.25	2.0 1.75 1.5 1.25	2.0 1.75 1.5 1.25	1.75 1.5 1.25 1.0	2.0 1.75 1.5 1.25	2.0 1.75 1.5 1.25	2.0 1.75 1.5 1.25	2.0 1.75 1.5 1.25	2.0 1.75 1.5 1.25	2.0 1.75 1.5 1.25
1·2차 평정자 / 1차(15)										
2차(15)										
3차 평정자 / 3차(20)										
기타 (참고사항)										

1차평정자	2차평정자	3차평정자
계급:	계급:	계급:
성 명 : ㉘	성 명 : ㉘	성 명 : ㉘
평정 점수	평정 점수	평정 점수
		총 점

※ 평정요령: 평정요소별 해당란에 "○"표로 표시합니다.

표 7-9 | 근무성적평정표(경정 이하)

[별지 제2호서식] <개정 2018. 6. 19.>

○ 평정연도 :		
○ 대상계급 :		

근무성적 평정표(경정 이하)

○ 평정대상자

　소 속 :

　성 명 :

평정＼항목	제1평정요소					제2평정요소				단계별 평정자
	경찰업무 발전에 대한 기여도	포상	교육훈련	근무태도	계	근무실적	직무수행능력	직무수행 태도	계	
배점	6	9	13	2	30	6	8	6	20	
내용	중요 업무 계획 수립, 중요 범죄 검거 등을 평가	상훈으로 인한 상점과 징계 등으로 인한 벌점을 상계	체력단련, 상시학습 이수 등을 평가	근무태도 일반을 평가	소계	• 담당 직무의 양 • 직무수행의 정확성 • 직무수행의 신속성	• 직무 지식 및 기술 • 직무의 이해력 • 창의력 및 기획력 • 관리 및 통솔력	• 성실성 및 준법성 • 친절도 및 협조성 • 적극성 및 책임감	소계	
제1차 평정						3	4	3		계급 성명 (인)
제2차 평정						1.5	2	1.5		계급 성명 (인)
제3차 평정						1.5	2	1.5		계급 성명 (인)
비고										

※ 제1평정요소는 별표1의 평정기준에 따라 제1차 평정자가 평가하고,
　제2차·제3차 평정자는 관련 자료로 확인

○ 제2평정 분포비율

• 수(19점 이상)	20%
• 우(16점 이상 19점 미만)	40%
• 양(10점 이상 16점 미만)	30%
• 가(10점 미만)	10%

(1) 연쇄적 영향(halo effect)

이것은 평정자가 평정표상의 첫째 평정요소에 대한 특정등급의 평정을 한 경우 그 후의 평정요소를 평정하는 경우에 이의 영향을 받기 쉽다는 것이다. 따라서 개인의 한 면만 보고 개인의 전체를 평가하는 것인데 예를 들면 어떤 직원이 한 부분에서 탁월하다고 느끼면 다른 부분에서도 탁월할 것이라고 평

가한다는 것이다.

이러한 것은 누구나 범하기 쉬운 것이며 또한 이에 따라 평정이 직원의 실제 능력상의 차이를 정확하게 표시하지 못한다는 것이다.

(2) 일관적 착오(constant error)

이것은 다른 평정자들보다 항상 박한 점수를 주는 평정자나 항상 후한 점수를 주는 평정자들이 저지르는 것이다. 이것은 한 사람의 평정자가 가진 평정기준이 다른 사람보다 높거나 낮은 데서 비롯되며 비교적인 형평을 기할 수 없다.

(3) 최근의 착오(recency error)

이것은 평정실시의 시점에 근접한 시기의 근무성적이 평정에 더 많은 영향을 미치는 데서 일어난다. 근무성적평정은 대개 1년으로 된 평정기간의 근무성적을 평가하도록 되어 있지만 그 기간 동안을 종합하여 평가하지 못하고 최근의 근무성적에 대한 인상을 가지고 평정하는 경향이 있다.

(4) 집중화 경향(central tendency)

이것은 거의 모든 평정요소와 피평정자들을 평균 또는 평균에 가깝게 평정하는 경향이다. 이것은 극단적인 평가를 하지 않으려는 것을 나타낸다. 평정자가 평정기준에 자신이 없거나 피평정자를 잘 모를 때 또는 무사안일에 빠질 때 우열의 차이가 없다고 평정하는 것이다.

(5) 편견(bias)

아마도 평정자의 가장 중요하고 광범위한 착오는 편견이다. 인종, 종교, 성별, 개성, 생활정도, 의복, 인간관계, 매너리즘, 외모와 같은 영향이 평정자의 가치, 편견, 고정관념의 결과로서 평정을 하는 것이다.

(6) 그릇된 가정(faulty assumptions)

효과적인 평정에 대한 장애는 과정에 관한 그릇된 가정의 결과로서 자주 나타난다. 체계적으로 완전한 제도가 전문가에 의하여 계획되었을 때 그것은 기술적으로 잘못될 수가 없기 때문에 그 도구는 실제로 사용할 수 있다는 맹목적인 믿음이 항상 있다.

(7) 관대화(leniency)

이것은 평점이 관대한 쪽에 집중되는 것이다. 모든 평정요소와 피평정자에게 만점에 가까운 평점을 주는 경향이다. 직근 상급감독자인 평정자들은 부하들과의 비공식적 유대 때문에 우수한 평점을 주는 경향이 뚜렷하다.

제 6 절 경찰승진

1. 경찰승진의 의의

승진(promotion)은 하위직급이나 하위계급에서 상위직급 또는 상위계급으로 이동하는 것을 뜻하며, 이 경우에는 보수가 올라가는 것과 함께 직무의 책임과 곤란성이 또한 증대된다. 승진은 보수만 증액되는 「승급」과 횡적 인사이동을 의미하는 「전직」 또는 「전보」와 구별된다.[33]

윌슨(O. W. Wilson)은 경찰업무에 있어서 승진은 보통 리더십의 직위로 올라가는 것을 의미한다고 하면서 그것은 리더십의 최대의 잠재적 자질들을 가진 사람을 선택하는 가장 중요한 일이라고 한다.[34] 그래서 경찰관들은 보다 높은 보수와 지위를 위한 유일한 길이 승진이기 때문에 이것을 원한다.[35] 승진은 조직구성원의 사기제고와 행정업무의 능률화를 위해 중요한 요소가 되므로 유능한 인재들의 확보·유치에 좋은 수단이 될 수 있다. 그러나 공정하고 공개되

---

33) George Eastman (ed.), *Municipal Police Administration* (Washington D. C.: International City Management Association, 1969), p. 188.

34) O. W. Wilson and Roy C. Mclaren, *Police Administration,* 4th ed. (New York: McGraw-Hill Book Co., Inc., 1977), pp. 274~275.

35) O. Glen Stahl and Richard A. Staufenberger (eds.), *Police Personnel Administration* (Washington, D. C.: Police Foundation, 1974), p. 103.

어야 할 승진절차들이 자주 불합리하게 운용되어 구성원의 욕구불만이 쌓이게 되고, 따라서 많은 유능한 경찰관들은 상급자와의 친분정도, 정치적 배려, 또는 뇌물 등에 의해 불합리하게 승진되는 사람들로 인해 피해를 보게 되는 경우가 많다. 따라서 합리적이고 공정한 승진제도가 확립되지 않으면 실적주의 확립이나 직업공무원제도의 발전은 요원하게 된다.

2. 경찰승진의 한계와 범위

(1) 경찰승진의 한계

공무원은 승진할 수 있는 한계가 있다. 일반적으로 승진의 한계가 높을 때는 조직구성원의 사기앙양, 행정능률 그리고 기술의 향상을 꾀하여 직업공무원제의 확립을 기할 수 있는 장점도 있으나 민주적 통제가 어려워지면서 관료주의화 할 우려가 있다.

대체로 영국·독일·일본 등의 국가에서는 일반직 공무원의 승진한계가 높은 편이며, 미국의 경우는 승진한계가 가장 낮은 국가의 하나이다. 우리나라나 프랑스는 그 중간형태로 볼 수 있다.

(2) 신규채용과의 관계

조직구성원을 충원하는 데는 주로 신규채용과 승진임용의 두 가지 방법이 활용된다. 일반적으로 폐쇄형 공무원제의 경우에는 승진임용의 비율이 높은 반면, 개방형 공무원제의 경우는 신규임용을 주로 하고 있다.

전자의 경우는 유능한 인재등용이 어려우며 따라서 행정의 질이 저하되거나 관료주의화 할 우려가 있다. 후자의 경우는 승진기회의 감소로 인해 구성원의 사기가 저하되고 행정능률이 떨어지게 되어 직업공무원제를 확립하기 어려운 단점이 있다. 따라서 승진임용과 신규채용의 비율을 적절히 조정하여 구성원의 사기와 질은 물론 행정능률의 문제까지 골고루 고려되는 제도가 필요할 것이다.

(3) 승진경쟁의 범위

승진임용의 난점 중에 한 가지는 경쟁의 범위를 동일 부서 내에 한정할 것인지 또는 다른 부서까지 확대할 것인가의 문제이다.

대부분의 국가들은 경쟁대상자의 범위를 동일부서에 한정하고 있는 것이 일반적인 경우이다. 특히 경찰의 경우에는 그 조직기능과 특수성 때문에 경쟁범위가 전적으로 한정되어 있다.

3. 경찰승진의 기준

(1) 주관적·객관적 기준

승진기준의 성격은 여러 가지로 논의할 수 있으나 우리나라의 경우에는 먼저 승진기준의 성격을 주관적인 것과 객관적인 것으로 구별할 수 있다. 전자는 면접시험, 근무성적평정 등을 들 수 있으며 후자로서는 필기시험, 경력평정 등을 들 수 있다. 공정성만 보장된다면 주관적인 판단이 좋겠으나, 현실적으로 그것이 충분히 보장되지 않고 있기 때문에 객관적인 판단에 중점을 두는 것이 그나마 합리적 차선책이라 하겠다.

부가적으로 어떠한 방법이든 이미 결정된 후에는 약간의 불편은 감수하여 자주 변경하는 일이 없어야 구성원들에게 안정감을 주게 되고 불안감과 사기저하와 같은 문제를 예방할 수 있다고 하겠다.

(2) 실적과 경력

승진의 기준에는 실적(merit)과 경력(seniority)이 있다. 일반적으로 선진국에서는 경력보다 실적이 중시되고 있고 후진국에서는 경력에 보다 큰 비중을 둔다. 정도의 차이는 있으나 대체로 승진을 결정함에 있어서는 단일한 기준을 사용하는 경우가 드물며 여러 가지 기준을 혼합하여 적용하는 것이 상례이다. 물론 이러한 경우 기준의 선택과 배합비율을 어떻게 할 것인가의 문제가 제기될 것이며 이 문제는 각 기준의 성격과 요소들을 충분히 검토하여 결정해야 할 것이다.

1) 실   적

실적 위주의 기준이란 주관적인 방법인 인사권자의 판단, 승진심사위원회의 결정, 근무성적평정 등의 방법과 객관적인 방법인 시험 등이 여기에 해당된다.

객관적인 방법인 시험을 제외하고는 일반적으로 인사권자의 주관적 판단에 따르게 되어 정실개입의 가능성이 강하므로 합리적인 운영이 요청되고 있으나, 침체성을 방지하고 적응력·근면성·협동성 그리고 충성심 등을 평가함에는 유용하다.

2) 경   력

경력 위주의 기준이란 근무연수·학력·경력·경험 등을 의미하나 이것을 승진의 기준으로 할 경우에는 계급과 직책에 따라 비중을 달리할 필요가 있다.

경력을 평정함에 있어서는 우선 다음의 몇 가지 사항이 고려되어야 한다.

첫째, 과거보다는 최근의 경력을 중요시한다.

둘째, 승진예정직무와 관련성 또는 유사성이 있는 경력은 높은 가치를 부여한다.

셋째, 숙련도와 곤란성, 책임도가 높은 직무의 경력은 상대적으로 높은 가치를 부여하고 직무수행능력은 경험연수에 비례하여 증대됨을 고려한다.

넷째, 발전성이 있는 잠재능력을 평가할 수 있는 학력이나 교육훈련의 경력을 참작한다.

이러한 경력 위주의 기준은 고도의 객관성, 정실배제, 행정의 안정성을 유지한다는 장점도 있으나, 경력이 짧은 유능한 인재등용이 어렵고 행정이 침체되어 비능률적이며, 유능한 인재의 이직률이 높다는 단점도 있다.

4. 현행 경찰승진제도

현행 우리나라 경찰공무원의 승진은 바로 아래 하위계급에 있는 경찰공무원 중에서 근무성적평정, 경력평정, 그 밖의 능력의 실증에 의한다. 경무관 이하 계급에의 승진은 심사승진에 의하며, 다만 경정 이하의 승진에 있어서는 대통령령에 의한 비율에 따라 승진시험을 병행할 수 있도록 되어 있다(경찰공무원법 제15조).

표 7-10 │ 승진소요 최저근무년수

총 경	경정, 경감	경위, 경사	경장, 순경
4년	3년	2년	1년

승진임용에는 승진에 필요한 <표 7-10>의 최저근무년수가 경과되어야 한다. '근무성적평정점'은 명부작성기준일부터 최근 3년 이내에 해당 계급에서 평정한 평정점을 대상으로 하여 산정한다. 1년 이내의 평정점 5할, 1년 전 2년 이내의 평정점 3할, 2년 전 3년 이내의 평정점이 2할이다. 단, 경장 및 순경의 경우는 승진대상자명부 작성시 반영되는 근무성적평정기간을 최근 3년간에서 2년간으로 단축하고, 그 평정점을 최근 1년 이내 평정점 6할, 최근 1년 전 2년 이내 평정점 4할의 비율로 산정한다(동규정시행규칙 제17조 제3항).

다만 위 기간에는 휴직기간, 직위해제기간 및 징계처분기간을 포함하지 아니한다(경찰공무원승진 임용규정 제5조).

또한 징계의결요구·징계처분·직위해제·휴직 또는 시보임용기간 중에 있는 자, 징계처분의 집행이 종료된 날로부터 강등·정직은 18월, 감봉은 12월, 견책은 6월의 기간이 경과되지 아니한 자는 승진임용을 할 수 없다(경찰공무원승진 임용규정 제6조).

경찰공무원의 승진임용에는 심사승진, 시험승진 및 특별승진이 있으며 그 외에 근속승진을 들 수 있다.

(1) 심사승진

승진에 필요한 요건을 갖춘 총경 이하의 경찰공무원에 대하여는 근무성적평정점 5할, 경력평정점 3.5할, 교육훈련평정점 1.5할의 비율에 따라 계급별로 승진대상자명부를 작성하여야 한다. 심사승진시에는 3점을 넘지 않는 범위 내에서 가점을 부여할 수 있다.

우리나라는 경력을 기본경력과 초과경력으로 구분하되, 계급별 기본경력과 초과경력은 <표 7-11>과 같다(경찰공무원승진 임용규정 제9조 제4항).

승진심사위원회는 총경 이상에의 승진심사를 하기 위하여 경찰청에 '중앙승진심사위원회'를, 경정 이하에의 승진심사를 하기 위하여 경찰청·지방경찰

표 7-11 | 경찰공무원의 경력 평정

구분	기본경력(평정기준일부터)	초과경력(기본경력 전)
총경	최근 4년간	3년간
경정·경감	최근 4년간	5년간
경위	최근 3년간	전 4년간
경사	최근 3년간	1년 6개월간
경장	최근 2년간	1년간
순경	최근 1년 6개월간	6개월간

청·대통령령이 정하는 경찰기관에 '보통승진심사위원회'를 두고 있다.

승진심사위원회의 승진심사는 3단계로 구분하여 실시하는데 단계별로 심사기준은 경찰청장이 따로 정한다. 승진심사는 경찰공무원승진임용규정 제11조 규정에 의한 승진대상자명부의 선순위자순으로 심사승진임용 예정인원수의 5배수를 대상으로 한다(경찰공무원승진 임용규정 제20조).

1단계 심사에서는 승진심사대상자에 대하여 제1단계 심사기준에 따라 부적격자를 배제한다. 그 심사기준으로는 경찰공무원으로 신규채용된 자로서 신임교육, 해당 계급별 기본교육을 받은 자, 경찰청장 또는 해양경찰청장이 정한 교육훈련대상자로 선발된 총경으로서 기본교육인 치안정책교육을 받은 자, 징계의결 요구, 징계처분, 직위해제, 휴직 또는 시보임용 기간 중에 있지 않은 자, 징계로 인한 승진임용제한기간에 있지 않은 자, 교육훈련시간이 충족된 자가 된다(경찰공무원승진 임용규정 제21조).

2단계에서는 1단계 심사에서 선발된 승진대상자에 대하여 승진심사기준을 심사하여 고득점자순으로 심사승진예정자의 2배수 범위로 인원을 결정한다. 승진심사위원회가 승진심사대상자에 대하여 심사할 사항은 경력(경험한 직책, 승진기록, 경찰직무와 관련된 교육경력), 근무성과(현계급에서의 연도별 근무성적, 상벌, 소속경찰기관의 장의 평가·추천), 적성(국가관, 청렴도, 적격성 및 발전성, 인품) 등이다.

3단계에서는 승진심사위원 전원의 합의에 의하되 합의에 이르지 못한 경우에는 무기명투표로 최종심사승진임용예정자를 선발하게 된다.

(2) 특별승진

특별승진제도는 경찰공무원으로서 전사 또는 순직한 자, 직무수행에 남달리 뛰어난 공적이 있는 자를 심사승진에 의하지 않고 승진시키는 제도를 말한다.

표 7-12 | 특별승진의 대상과 범위

대　　상	계급의 범위
전투, 대간첩작전 기타 이에 준하는 업무수행 중 현저한 공을 세우고 사망하였거나 부상을 입어 사망한 자	치안정감 이하
직무수행 중 다른 사람의 모범이 되는 공을 세우고 사망하였거나 부상을 입어 사망한 자	
20년 이상 근속하고 1년 전까지의 기간 중 자진퇴직하는 자로서 재직 중 공적이 있다고 인정되는 자	
청백리포상에 관한 규정에 의하여 포상을 받은 자	경정 이하
헌신적인 노력으로 무장공비, 간첩 등을 사살 또는 검거한 자	경감 이하
행정의 능률을 향상시키고 예산을 절감하는 등 직무수행능력이 탁월하여 경찰행정발전에 기여한 실적이 뚜렷한 자	
국가안전을 해하는 중한 범죄의 주모자를 검거한 자	경위 이하 (행정자치부령이 정하는 공적자의 경우 경감 이하)
전시, 사변 또는 비상사태 하에서 위험을 무릅쓰고 분투하여 사태진압에 특별한 공을 세운 자	
살인, 강도, 조직폭력 등 중요한 범죄의 범인 검거에 그 공이 특히 현저한 자	
천재, 지변 기타 재난의 발생시 위험을 무릅쓰고 인명을 구조하거나 재산을 보호한 공이 특히 현저한 자	
행정자치부령이 정하는 특별경비부서에서 헌신적으로 직무를 수행한 공이 있고 상위직의 직무수행능력이 있다고 인정되는 자	
창안등급 동상 이상을 받은 자로서 경찰행정 발전에 기여한 실적이 뚜렷한 자	

자료: 「경찰공무원승진임용규정」 제37조, 제38조 참조.

(3) 시험승진

시험승진제도는 승진소요 최저근무연수의 기준에 도달한 경찰관에게 일정과목의 시험을 거치게 하여 그 결과와 함께 근무성적평정점수, 교육훈련성적을 합한 총점의 고득점자순으로 승진대상자를 결정하는 방법으로 계급별로 실시하는 것을 원칙으로 하고 경찰청장이 필요하다고 인정할 때에는 경과별, 직무분야별로 실시할 수 있도록 하고 있다.

승진시험에 응시하기 위해서는 시험을 실시하는 해의 1월 1일 현재 제5조 제1항의 규정에 의한 승진소요 최저근무연수에 달하고, 경찰공무원교육훈련규정에 의한 교육을 받은 자로서 당해 교육성적이 만점의 6할 이상이며, 승진임용의 제한을 받은 자가 아니어야 한다.

제1차 시험은 선택형으로 하는 것을 원칙으로 하되, 과목별로 기입형을 가미할 수 있고 제2차 시험은 논문형으로 하는 것을 원칙으로 하되, 직무수행에 필요한 응용능력과 적격성을 검증한다. 그러나 경찰청장이 필요하다고 인정할

표 7-13 | 경찰승진제도

승진방법	승진결정요인
심사승진	○ 대상자 선정 (4개 항목 평가결과 승진예정인원의 5배수 선정) ▪ 근무성적평정(3년간. 단, 경장·순경은 2년간) ▪ 경력평정(기본경력, 초과경력) ▪ 가점 ○ 후보자 선발(6개 항목 평가) ▪ 경험한 직책 ▪ 승진기록 ▪ 현 계급에서의 근무성적 ▪ 상벌 ▪ 소속 경찰기관장의 평가·추천 ▪ 적성
시험승진	시험성적 근무성적평정(경사 이상 2년간, 경장 이하 1년간)
특별승진	경찰공무원승진임용규정의 요건에 해당하는 자
근속승진	순경→경장: 4년 이상 근속 경장→경사: 5년 이상 근속 경사→경위: 6년 6개월 이상 근속 경위→경감: 8년 이상 근속

때에는 제3차 시험을 과하지 아니할 수 있으며 제1차 시험과 제2차 시험을 동시에 실시할 수 있다.

제1차 시험 및 제2차 시험에 있어서는 매 과목 4할 이상 득점한 자 중에서 선발예정인원을 고려하여 고득점자 순으로 합격자를 결정한다. 제3차 시험은 합격·불합격만을 결정한다.

최종합격자의 결정은 제3차 시험합격자 중에서 제1차 시험성적 36%(경비경찰 30%), 제2차 시험성적 24%(경비경찰 30%), 당해 계급에서의 근무성적 40%의 비율로 합산한 성적의 고득점자순으로 합격자를 결정한다. 이 경우 당해 계급에서의 근무성적은 경장 이하는 시험실시연도 기준일부터 최근 1년 이내에 당해 계급에서 평정한 평정점에 의하여 산정하며, 경사 이상은 시험실시연도 기준일로부터 최근 2년 이내에 당해 계급에서의 평정한 평정점을 대상으로 산정한다(최근 1년 이내 60%, 최근 1년전 2년 이내 40%).

(4) 근속승진

근속승진제도는 성실히 근무하고 헌신적으로 직무를 수행한 자로서 상위직의 직무수행능력이 인정되는 자를 상위계급으로 1계급 승진임용하는 제도를 말한다.

경찰청장은 근속승진임용대상자의 요건을 정함에 있어 순경을 경장으로 근속승진임용하고자 할 때에는 해당계급 4년 이상 근속자로, 경장을 경사로 근속승진임용하고자 할 때에는 해당계급 5년 이상 근속자로, 경사를 경위로 근속승진임용하고자 할 때에는 해당계급 6년 6개월 이상 근속자로, 경위를 경감으로 근속승진임용하고자 할 때에는 해당계급 8년 이상 근속자로 한다(경찰공무원법 제16조).

제 7 절 경찰징계

1. 경찰징계의 의의

징계(discipline)는 조직구성원들의 잘못된 행동을 통제하기 위한 인사행정 활동이다. 징계목적에는 사후적 처벌이나 불이익처분으로 구성원의 그릇된 행동을 교정하고자 하는 의도와 함께 사전에 잘못된 행동을 예방하고자 하는 의미가 포함되어 있다.36) 이러한 징계처분은 그 자체가 목적이 되어서는 결코 본연의 의도를 다하는 것이라 할 수 없겠다.

징계는 조직구성원이 행동규범을 준수하도록 촉진하는 여러 가지 활동 중의 하나이며 이것은 최후에 의존해야 할 활동이다. 따라서 징계의 필요성이 있을 경우에는 항상 긍정적인 징계(positive discipline)로서 알려진 결함을 교정하는 방법으로 사용되어야 하고, 부정적인 징계(negative discipline)로서 알려진 처벌 또는 응징의 형태는 가능한 다른 방법이 없을 때 사용되어야 한다.37) 그리고 징계처분의 효과가 다른 인사활동의 효과를 감소시키지 않도록 유념할 필요가 있다. 또한 징계의 필요와 공무원으로서의 신분보장의 필요는 서로 상충되므로 양자의 문제를 적절하게 조정하는 문제가 제기된다. 이러한 문제는 징계와 신분보장의 요청을 적절하게 조정할 수 있는 엄격한 기준을 법제화하여 징계의 남용을 막아 양자의 목적을 효과적으로 달성할 수 있게 하여야 할 것이다.

군대에서와 마찬가지로 경찰조직에서도 전통적으로 징계의 높은 표준이 요구되어 왔다. 우리나라의 현행법 중에는 국가공무원법, 경찰공무원법, 경찰공무원징계령, 경찰공무원징계규정, 그리고 소청절차규정이 징계의 사유·종류, 결

---

36) O. Glann Stahl and Richard A. Staufenberger, *Police Personnel Administration* (Washington, D. C.: Police Foundation, 1974), p. 185; O. W. Wilson and Roy C. Mclaren, Police Administration, 4th ed. (New York: McGraw-Hill Book Co., Inc., 1977), p. 145.

37) Nathan F. Iannone, Supervision of *Police Personnel*, 4th ed. (Englewood Cliffs, New Jersey: Prentice-Hall, Inc., 1987), pp. 186~187.

정기관과 절차, 소청절차 등에 관하여 규정하고 있다.

2. 경찰징계의 사유

징계사유는 징계처분의 대상 또는 원인이 되는 행동을 말한다. 이러한 징계사유를 법으로 규정하는 것은 징계의 한계와 신분보장의 한계를 동시에 결정해 주는 것으로서 성공적인 징계활동의 충분조건이라 할 수는 없겠으나 기본적인 필요조건임에는 틀림이 없다.

경찰공무원은 다음과 같은 행위를 하였을 때 징계처분을 받게 된다. ① 국가공무원법 및 국가공무원법에 의한 명령에 위반한 때, ② 직무상 의무(다른 법령에서 공무원의 신분으로 인하여 부과된 의무를 포함한다)에 위반하거나 직무를 태만히 한 때, 그리고 ③ 직무의 내·외를 불문하고 그 체면 또는 위신을 손상하는 행위를 한 때이다(^{국가공무원법}제78조 제1항).

직권남용·수뢰·절도·위증 등과 같은 모든 형사법의 위반행위를 한 경우 조직 내에서의 징계처분과 함께 형사소송절차에 따른 형사처벌을 받게 된다. 또한 근무중 위반행위, 즉 상관의 정당한 명령에의 불복종, 직무태만, 직장이탈, 기타 경찰관의 행동으로서는 정당하지 못한 행위들이 크고 작은 징계처분의 사유가 된다.

3. 경찰징계의 종류

징계처분을 위해 필요한 제재의 종류는 여러 가지가 있다. 여기에는 경고, 견책, 전보, 근무성적평정점수의 감점, 승진선임순위박탈, 감봉, 벌금, 정직, 강임, 파면 등을 예로 들 수 있다.[38]

우리나라의 국가공무원법에 의하면 ① 파면, ② 해임, ③ 강등, ④ 정직, ⑤ 감봉 ⑥ 견책의 여섯 가지 종류의 징계처분을 규정하고 있다(^{국가공무원}_{법 제79조}). 경찰공무

---

38) O. Glenn Stahl, *Public Personnel Administration*, 7th ed. (New York: Harper & Row, 1976), pp. 307~309.

원에 대한 징계처분 중 파면·해임·강등 및 정직을 중징계로 하고, 감봉·견책을 경징계로 하고 있다(경찰공무원징계령 제2조). 특히 파면 및 해임은 배제징계에 속하고, 강등 및 정직·감봉·견책은 교정징계에 속한다.

(1) 파 면

파면은 경찰공무원의 신분을 박탈하는 처분이다. 이는 구성원에 대한 교정목적이라기보다 조직의 보호차원에서 행하여지는 것이다. 파면은 향후 경찰공무원 재임용이 불가하며, 5년간 공직재임용이 제한된다. 5년 이상 근무한 자는 퇴직급여액의 1/2을 지급하고 5년 미만 근무한 자는 퇴직급여액의 3/4을 지급한다.

(2) 해 임

해임은 파면과 마찬가지로 경찰공무원을 강제퇴직시키는 것이지만 그 효과가 파면의 경우보다 가벼운 처분이라 하겠다. 파면과 마찬가지로 향후 경찰관 임용이 불가하지만, 파면과의 차이점은 연금에 대한 불이익이 없고 공무원에 재임용되지 못하는 기간이 3년이라는 점이다.

(3) 강 등

국가공무원법에 의하면 강등은 1계급 아래로 직급을 내리고 공무원신분은 보유하나 3개월간 직무에 종사하지 못하며 그 기간 중 보수 전액을 감액한다(국가공무원법 제80조 제1항)고 규정되어 있다. 따라서 경찰공무원에 대한 강등처분은 징계사유가 발생할 경우 경찰공무원의 계급을 1계급 아래로 내리고 3개월간의 정직처분을 부과하는 징계이다. 따라서 3개월간의 정직기간 중에는 보수의 전액을 감할 뿐 아니라 18개월간의 승진임용이 제한된다(경찰공무원승진임용규정 제6조).

(4) 정 직

정직은 직무수행을 정지시키는 처분이다. 정직처분기간중 경찰공무원은 그 신분은 보장되나 직무에 종사하지 못한다. 정직의 기간은 1~3개월 사이이다.

또한 정직기간에는 보수의 전액을 감한다. 정직기간 이후 18개월 동안은 승진 및 호봉승급이 제한된다. 정직기간 만큼 승진소요 최저년수 및 경력평정기간에서 제외한다.

(5) 감　봉

감봉은 1월 이상 3월 이하의 기간 동안 보수의 1/3을 감하는 처분이다. 감봉기간 이후 12개월간은 승진 및 호봉승급이 제한된다. 감봉기간 만큼 승진소요 최저년수에서 제외되나 직무에는 종사하므로 경력평정에는 산입한다.

(6) 견　책

견책은 전과에 대하여 훈계하고 해당자를 회개하게 하여 추후 재발을 방지하고자 하는 교정의 차원에서 행해지는 처분이다. 6개월간 승진 및 호봉승급이 제한된다.

인사행정의 실제에 있어서는 이상의 다섯 가지 징계처분 이외에도 징계제도의 권외에서 사실상 징계와 같은 목적에 많이 활용되고 있는 인사처분들이 있다. 그 예로써 직위해제, 좌천, 권고사직, 계고, 강제휴직, 특별교양, 근무성적평정점수 감점, 경고 등이 있다.

4. 현행 경찰징계절차

징계절차는 해당자에 대하여 단독으로 징계처분을 결정하는 경우도 있으나 일반적으로 여러 가지 형태로 설치된 징계결정기관 중에서 한 가지를 선택하여 집행하는 것이 보통이다. 여기에는 인사운영기관에서 결정하게 하는 것, 각 기관에 별도로 설치된 합의제기관에서 결정하게 하는 것, 중앙인사기관에서 결정하게 하는 것 등이 있다.

어떠한 징계처분의 형태를 선택할 것인가에 대한 문제는 구체적인 제반 여건에 적합한 방법을 택하여야 하겠지만 어떠한 경우이건 신속한 징계결정의 필요와 징계권의 남용을 견제해야 된다는 두 가지 점을 항상 고려해야 할 것이다.

(1) 징계의결의 요구

각급 경찰기관장은 관할징계위원회에 징계사유가 있거나 징계의결요구의 신청을 받은 때에는 지체 없이 징계의결을 요청하여야 하고, 그 징계위원회는 그 요구서를 받은 날로부터 30일 이내에 징계의결을 해야 한다. 다만 부득이한 사유가 있을 때에는 징계의결을 요구한 자의 승인을 얻어 30일 이내의 범위 안에서 그 기간을 연장할 수 있다(경찰공무원징계령 제11조).

(2) 징계위원회의 심의·의결

우리나라는 징계권 남용을 억제한다는 의미에서 합의제기관에서 징계결정을 하도록 하고 있다. 이 합의제기관을 '징계위원회'라 하며 중앙징계위원회와 보통징계위원회가 있다.

우리나라 현행법은 경무관 이상의 경찰관에 대한 징계의 의결은 국무총리 소속 하에 설치된 '중앙징계위원회'에서 행한다. 총경과 경정에 대한 징계사건을 심의·의결하기 위하여 경찰청에 설치되어 있는 '중앙징계위원회'가 있으며 이 위원회는 위원장을 포함하여 5~7인으로 구성된다. '보통징계위원회'는 경찰청, 시·도지방경찰청을 비롯한 전체 경찰기관에 설치하여 경감 이하의 경찰공무원의 징계사건을 관장한다. 이 위원회는 위원장을 포함한 3~7인의 위원으로 구성하되 징계심의대상자보다 상위계급의 경위 이상의 소속경찰공무원 중에서 당해 경찰기관의 장이 임명하고 위원장은 위원중 최상위계급 또는 선임의 경찰공무원이 된다.

징계사건을 심의할 때에는 미리 당해 징계심의대상자에게 그 사실을 통지하여 출석케 하여야 하며, 출석한 징계심의대상자에게 징계사유에 해당하는 사실에 관한 심문을 행하고 필요한 경우에는 관계인들의 출석을 요구하여 심문할 수 있으며 징계심의대상자에게는 충분한 진술기회를 주어야 한다. 그러나 징계심의대상자가 출석을 원하지 않거나, 정당한 사유 없이 출석하지 아니하거나, 도피하였거나, 해외체제 또는 해외여행 등으로 지정한 기일에 출석할 수 없을 때에는 서면심사에 의하여 징계의결할 수 있다.

징계위원회의 의결은 위원장을 포함한 위원 과반수의 출석과 출석위원 과

반수의 찬성으로 결정된다. 징계위원회의 위원 중 징계심의대상자의 친족 또는
그 징계사유와 관계가 있는 자는 심의에 관여하지 못하며 불공정한 의결을 할
우려가 있다고 의심할만한 상당한 이유가 있을 때에는 당해 위원의 기피를 신
청할 수 있다.

(3) 징계처분의 집행

징계위원회가 징계의결을 한 때에는 지체 없이 징계의결을 요구한 자에게
통고하여야 하며 징계의결을 요구한 자는 감봉 또는 견책의 징계의결을 통고
받은 날로부터 15일 이내에 이를 집행하여야 하고, 파면·해임 또는 강등 및
정직의 의결을 통고 받은 때에는 임용권자에게 이를 제청하되 경무관 이상의
강등 및 정직, 경정 이상의 파면 및 해임처분의 제청과 총경 및 경정의 강등 및
정직처분의 집행은 경찰청장이 행한다.

(4) 소청심사의 청구

징계의결에 불복하는 징계요구자는 그 처분을 하기 전에 직근 상급기관에 설
치된 징계위원회에 심사 또는 재심사를 청구할 수 있으며 징계심의대상자는 소
청을 제기할 수 있다. 소청은 공무원의 신분을 보장하는 장치로서 인사혁신처에
설치되어 있는 소청심사위위원회에서 심의·결정한다. 이 위원회는 준사법적
기능을 수행하며 위원장을 포함하여 5~7인 이내의 위원으로 구성된다(국가공무원 법 제9조).

제 8 절 경찰보수

1. 경찰보수의 의의

경찰보수(police compensation)란 경찰공무원이 근무의 대가로 받는 금전적
인 보상을 말한다. 보수는 조직구성원과 그 가족의 생계유지 및 사회적 품위를
유지하는 조직관리상의 필수요소이다. 또한 보수는 조직구성원의 근무의욕과

사기, 그리고 조직에 필요한 유능한 인재를 확보·유지하는 중대한 역할을 하게 된다.

직장으로서 경찰의 매력은 첫째가 생활안정이고 그 다음으로는 실력승진, 사회봉사, 남성다운 직장, 정의의 실현, 규율 있는 직장의 순이라고 주장되고 있다.[39]

우리나라 경찰의 보수수준은 업무의 특수성에 비추어 낮고, 호봉간의 보수편차가 작으며, 제 수당제도가 비체계적인 실정이다.[40] 따라서 경찰조직의 발전을 위해서는 보다 공정하고 합리적인 보수정책이 입안 되고 집행되어야 할 것이다.

2. 경찰보수의 체계

보수체계란 보수의 종류와 구체적인 보수지급 항목에 대한 구성을 말한다. 보수체계는 조직이 처해 있는 내·외의 사정과 필요를 반영하고 보수정책의 기본방향에 부합하는 것이라야 한다. 그리고 보수구성의 내용은 객관적이고 타당한 기준에 따라 결정되어야 한다. 경찰인사행정에 있어서의 보수는 모든 형태의 금전적 보상을 포함하고 있으며 여기에는 기본급여인 봉급과 각종 수당으로 구성되어 있다.

(1) 봉 급

기본급여인 봉급은 직무의 곤란성·책임의 정도에 따라 계급별 및 호봉별로 지급되는 '직무급'과 계급에 관계없이 재직기간에 따라 지급되는 '근속급'을 합한 금액으로 하고 있다. 봉급은 계급별 호봉제를 실시하고 있다. 순경에서 치안정감까지 각 등급별 호봉차액은 호봉수가 높아질수록 좁아지고 있다.

---

39) 西村春夫, "犯罪の發見と警察の社會學,"「犯罪社會學」(東京: 有斐閣, 1975), p. 106.
40) 치안연구소, "경찰보수체계에 관한 비교 연구," 1997, p. 11.

표 7-14 | 경찰공무원 및 전투경찰순경 등의 봉급표[41]

(월지급액, 단위: 원)

계급 호봉	치안정감 소방정감	치안감 소방감	경무관 소방준감	총경 소방정	경정 소방령	경감 소방경	경위 소방위	경사 소방장	경장 소방교	순경 소방사
1	4,122,900	3,711,600	3,348,600	3,006,700	2,703,700	2,335,600	2,086,700	1,934,200	1,756,400	1,659,500
2	4,267,400	3,849,300	3,472,500	3,123,900	2,807,400	2,435,900	2,185,100	2,020,800	1,838,700	1,705,200
3	4,415,600	3,988,800	3,600,100	3,243,000	2,915,000	2,538,300	2,284,700	2,112,500	1,925,400	1,787,000
4	4,567,100	4,129,700	3,728,600	3,364,900	3,026,800	2,643,800	2,387,000	2,208,900	2,013,900	1,873,600
5	4,722,300	4,272,500	3,859,200	3,488,500	3,141,500	2,750,900	2,491,900	2,308,700	2,105,900	1,961,200
6	4,879,400	4,415,500	3,991,100	3,613,200	3,258,600	2,860,700	2,597,800	2,410,900	2,200,200	2,050,600
7	5,038,800	4,560,400	4,124,500	3,739,100	3,377,500	2,972,700	2,704,800	2,513,800	2,294,800	2,136,300
8	5,199,600	4,705,100	4,258,300	3,865,600	3,497,900	3,085,900	2,811,800	2,617,400	2,385,700	2,218,800
9	5,362,600	4,850,800	4,393,300	3,992,600	3,618,600	3,200,000	2,919,400	2,715,900	2,472,400	2,297,900
10	5,526,500	4,996,400	4,528,100	4,119,300	3,740,200	3,306,700	3,021,000	2,809,900	2,554,400	2,373,900
11	5,690,200	5,142,700	4,663,100	4,247,200	3,853,800	3,407,700	3,116,300	2,898,600	2,633,900	2,446,500
12	5,859,300	5,293,900	4,803,100	4,367,600	3,963,400	3,506,000	3,210,200	2,985,800	2,711,500	2,518,400
13	6,029,400	5,446,200	4,933,200	4,480,200	4,067,400	3,598,900	3,299,400	3,068,500	2,786,100	2,587,600
14	6,200,000	5,583,900	5,054,000	4,585,200	4,164,400	3,687,600	3,383,200	3,147,600	2,857,300	2,654,700
15	6,349,000	5,711,000	5,165,300	4,684,100	4,256,000	3,770,800	3,464,000	3,223,100	2,925,800	2,718,800
16	6,481,300	5,827,400	5,269,100	4,777,400	4,342,200	3,850,800	3,539,600	3,294,600	2,991,900	2,780,900
17	6,598,700	5,934,600	5,365,600	4,864,100	4,423,300	3,925,100	3,612,000	3,363,200	3,053,600	2,841,700
18	6,703,200	6,032,500	5,455,200	4,945,000	4,499,900	3,996,600	3,680,400	3,428,800	3,113,500	2,898,100
19	6,796,800	6,123,100	5,538,100	5,020,600	4,572,000	4,063,600	3,745,500	3,490,600	3,170,900	2,953,700
20	6,880,700	6,205,600	5,615,800	5,091,200	4,639,600	4,127,100	3,807,200	3,549,400	3,225,700	3,006,600
21	6,958,000	6,281,100	5,687,600	5,157,300	4,703,200	4,186,900	3,866,000	3,605,600	3,278,000	3,056,400
22	7,026,800	6,350,400	5,754,300	5,219,200	4,762,900	4,244,800	3,921,500	3,658,600	3,328,200	3,104,500
23	7,085,000	6,413,700	5,815,700	5,277,300	4,819,400	4,297,800	3,974,000	3,709,900	3,376,000	3,150,200
24		6,465,500	5,873,100	5,332,100	4,872,000	4,349,100	4,024,400	3,758,500	3,422,200	3,194,100
25		6,515,000	5,920,200	5,382,200	4,921,900	4,397,300	4,072,500	3,804,600	3,465,900	3,235,800
26			5,965,200	5,424,600	4,968,900	4,443,000	4,116,400	3,848,900	3,508,400	3,273,700
27			6,006,900	5,463,800	5,007,800	4,485,800	4,154,000	3,886,200	3,543,800	3,306,300
28				5,501,200	5,045,100	4,522,400	4,190,300	3,921,000	3,577,800	3,337,600
29					5,079,500	4,556,300	4,224,500	3,954,700	3,610,100	3,367,900
30					5,112,900	4,589,700	4,256,900	3,986,800	3,641,300	3,397,400
31						4,620,400	4,287,600	4,017,000	3,671,600	3,426,200
32						4,649,700				

〈비고〉

1. 경찰대학생: 1학년 689,200원, 2학년 726,000원, 3학년 761,800원, 4학년 856,300원
2. 경찰간부후보생 및 소방간부후보생: 임용예정 계급의 1호봉에 해당하는 봉급의 80퍼센트에 상당하는 금액
3. 의무소방원: 특방은 지원에 의하지 않고 임용된 하사 봉급 상당액, 수방은 병장 봉급 상당액, 상방은 상등병 봉급 상당액, 일방은 일등병 봉급 상당액, 이방은 이등병 봉급 상당액
4. 의무경찰: 특경은 지원에 의하지 않고 임용된 하사 봉급 상당액, 수경은 병장 봉급 상당액, 상경은 상등병 봉급상당액, 일경은 일등병 봉급 상당액, 이경은 이등병 봉급 상당액

---

41) 공무원보수규정 제5조 및 별표 10 〈개정 2021. 1. 5〉

(2) 수　　당

수당은 경찰관의 직책·능력·자격에 따라 일률적으로 지급되는 것이 아니고 근무조건이나 생활조건의 특수성에 따라 일부에게만 지급된다. 수당은 기본급의 미비점을 보완해주는 역할을 하기 때문에 보수제도의 탄력성을 유지해주는 수단이 된다.

현재 경찰공무원에게 기능별로 지급되는 수당에는 초과근무수당, 범죄수사업무수당, 특수지근무수당, 자동차운전정비업무수당, 위험근무수당, 전산업무수당, 전투경찰수당, 육아휴직수당, 모범공무원수당, 민원업무수당, 자녀학비보조수당, 가족수당, 교육연수기관근무수당, 의료업무수당, 정근수당가산금, 기술업무수당, 선박및함정근무수당, 대테러특수전술, 업무수당, 항공수당, 교육수당 등이 있다.

(3) 실비변상

업무수행상의 필요로 특별한 비용이 들 때에는 따로 실비변상을 받는다. 예를 들면 여비·일당·숙박료가 그것이다.

(4) 연　　금

연금은 공무원이 상당한 기간 동안(20년) 근무하다가 퇴직·사망하였거나 공무로 인한 부상·폐질·병원에 대하여 적절한 급여를 실시함으로써 경찰공무원 및 그 유족의 경제생활의 안정을 기하고 복지를 향상시키기 위하여 지급하는 것이다.

3. 경찰보수의 역할

경찰에 있어서 보수는 네 가지 기본적인 역할을 할 수 있다.[42]

---

42) Sam S. Souryal, *Police Organization and Administration* (New York: Harcourt Brace Jovanovich, Inc., 1981), p. 90.

(1) 경제적 역할

인사행정발달의 초기단계에 있어서의 보수는 직무에 대한 대가로서 단순히 경제적 보상의 성격으로 이해되었다. 사람들은 의·식·주 그리고 기타 생활에 필요한 기본적 욕구를 만족시키고자 조직의 구성원으로 참여하고 맡은 업무에 종사하는 경제적 동물로 생각되었다.

(2) 심리적 역할

국가와 사회의 체제가 과학화·다변화하는 것과 함께 행정분야의 변화와 발전은 필수적인 것이다. 따라서 보수에 대한 개념과 그 역할이 초기단계의 단순한 직무에 대한 물질적 보상뿐만 아니라 직무에 헌신하는 것에 대한 보상의 의미도 포함되게 되었으며 부가적으로 자발적인 사회봉사의 차원에서, 공조직의 구성원들이 민주적 공복의 자세로서의 근무를 유인할 수 있게 하는 것으로 그 역할이 확대되었다.

이러한 심리적 역할은 구성원들의 직무에 대한 자기만족, 자기실현, 자존심과 같은 동기부여를 하게 하는 것을 말한다.

(3) 정치적 역할

일반적으로 경찰의 보수가 상대적으로 높은 외국의 경우에 있어서는 보수가 다른 자치단체 또는 그 구성원들에 대한 경찰의 힘을 상징하는 정치적 도구로서 생각되었다. 또한 경찰관들이 단체교섭이나 파업을 하고자 할 때 보수의 문제가 정치적으로 협상에 이용되기도 한다. 그러나 우리나라는 조직의 자율성이 제한된 중앙집권적 경찰체제이며 경찰의 교섭권은 법으로 금지되어 있다.

(4) 신분상의 역할

자치제경찰의 경우 보수는 각 경찰조직체 상호간에 보수정책수립의 기준으로서 제공된다. 대부분의 경찰관은 다른 자치경찰단위에서 채택하고 있는 보수율에 대해 계속적인 관심을 갖고 있으며 자신의 보수율이 다른 기관의 그것과 비교하여 현저하게 떨어질 경우에는 자신의 정당한 신분상의 지위 또는 위상이 침해당하는 것으로 생각하게 될 것이다.

4. 경찰보수수준의 결정요인

공공조직의 구성원에 대한 보수는 생활비의 변동에 부응하여 구성원들의 적당한 기본생활을 보장할 수 있는 정도가 되어야 하고 업무의 책임에 상응하는 임금이 책정되어야 한다는 관념에 근거하고 있다.

특히 공무원의 박봉이 부정을 가져오고, 부정은 공무원간의 불평·불공평·사기의 저하를 가져오게 되고, 성실치 못한 시민은 공무원의 이러한 약점을 스스로 악이용하면서 밖에서는 비난과 불신을 터뜨려 정부에 대한 평가를 저하시키는 무서운 결과를 가져온다는 것을 인식할 필요가 있다. 윌슨(James Q. Wilson)은 경찰관의 낮은 봉급과 수당은 그들이 국민과 정치인에 의하여 멸시를 받는 명백한 증거라고 해석하고 있다고 지적하고 있다.[43]

경찰보수수준을 결정함에 있어서 고려해야 할 주요한 요소는 다음과 같다.

(1) 민간기업의 임금수준

경찰기관의 보수수준을 결정할 때에는 민간기업체의 임금수준을 고려하여 그것과 균형을 이루도록 한다. 따라서 민간기업에 의해 채택된 보수율 또는 표준을 적용해야 할 필요가 있을 것이다. 그러나 경찰활동은 독점적 성격 또는 비시장성으로 말미암아 민간기업의 임금수준을 고려하는 것은 용이한 것이 아니며 타당한 자료를 얻기가 쉽지 않다. 따라서 민간기업의 임금수준은 간접비교의 자료로 활용될 수밖에 없다.

(2) 정부의 지불능력

현대 경찰업무는 많은 비용을 필요로 하는 직업이다. 그러나 정부의 재정규모는 국민이 납부하는 세금의 양에 달려 있기 때문에 그 지불능력에는 한계가

---

43) The National Advisory Commission on Criminal Justice Standards and Goals, *Report on Police* (Washington, D. C.: U. S. Government Printing Office, 1973), p. 352.

있다. 따라서 정부는 경찰보수율을 인상할 수도 있고 때에 따라서 동결시킬 수도 있다. 더구나 불안정한 경제조건, 즉 재산가치의 변화, 경기후퇴, 농사의 번창 등은 경찰관에게 보수를 지급하는 세금수입의 양을 변화시킬 수 있다.

그러한 불안정한 경제상황은 정부에 의하여 마련된 경비지출의 우선순위를 바꿀 수도 있다. 예를 들면 정부는 도시건설계획, 공원과 오락부문, 또는 공공운송기관에 더 많은 돈을 투자하기 위하여 경찰보수율의 증가를 선택하지 않을 수도 있다는 것이다.

(3) 노동시장

공공조직뿐만 아니라 민간기업에서도 생산성을 증가시키고 이미지를 강화하기 위하여 가장 자질이 있는 사람들을 유인하고 있다.

자질 있는 사람을 유인하는 데 있어서 중요한 요소는 보수이다. 최근 이러한 민간기업에서 제공되는 높은 보수 때문에 자질 있는 유능한 인재들을 공조직으로 흡수하지 못하고 민간기업으로 빼앗길 가능성이 있다.

(4) 임금정책

경찰기관은 최소한의 임금, 초과근무수당 등에 관한 경찰보수정책을 수립하고 있지 못하다. 그러므로 경찰의 임금은 보통 경찰당국과 정부기관의 직원들 사이에 정치적 협상절차에 의해 정해진다고 할 수밖에 없다. 이러한 과정은 보통 장기간의 타협 및 절충을 통해 상호 만족스런 균형점을 찾게 된다고 할 수 있다.

(5) 생 계 비

생계비의 증가에 비례하여 경찰보수가 인상되어야 함은 당연한 논리이며 그렇게 하는 것이 공정한 것임에는 이론이 없다. 그러나 그것은 이론적인 설명이며 실제에 있어서는 대부분의 경찰기관이 그러한 논리를 실제로 보장해 주지 못하고 있다. 그리고 생계비는 모든 도시나 지방에서 같은 비율로 증가하는 것이 아니기 때문에 전체 통계에 의한 기준은 생계비가 상대적으로 높은 도시의 경찰기관이나 그 구성원의 요구나 기대에 부합되어질 수 없게 된다.

(6) 편익과 특혜

현재 경찰공무원이 보수 이외에 받는 편익과 특혜는 타기관과 비교하여 불리한 입장에 있다. 휴가기간은 고사하고 근무시간이 더욱 길고 신분보장도 약하고 보건 및 후생에 관한 지원도 열악하며 승진기회도 제한되어 있다고 할 수 있다. 따라서 다른 편익이 크면 보수는 상대적으로 적어도 되지만 그러한 편익이 적으면 보수라도 많아야 공평하게 된다.

(7) 경찰업무의 특수성

국가와 사회가 존립하고 발전해 나가기 위해서는 사회질서와 안녕의 유지는 필수조건이다. 이러한 임무를 수행하기 위해서는 타기관과는 달리 경찰공무원의 직무위험도가 상대적으로 높기 때문에 현재 몇몇 특정직에 한정되어 지급되고 있는 것을 전체 경찰공무원에게 확대하여야 한다. 더구나 과다한 근무시간과 업무부담, 높은 부패의 가능성, 그리고 엄격한 계급정년제와 낮은 퇴직 후 재취업률 등을 고려하지 않으면 안 된다. 따라서 일반공무원보수규정이 아닌 독자적인 경찰보수체계를 확립하여야 한다.

제 9 절   경찰사기관리

1. 경찰사기의 의의

(1) 경찰사기의 개념

사기(morale)란 조직구성원이 근무하는 조직의 목표달성에 대한 태도라고 할 수 있으며 이러한 태도는 개별적인 것일 수도 있으나 조직의 일원이기 때문에 집단성도 띠고 있다.[44]

---

44) Dale Yoder, *Personnel Management and Industrial Relation*(New York: Prentice-

화이트(L. D. White)는 사기란 "사람이 스스로 택한 영역에서의 업적이나 작업에 대한 자부심에서 나오는 지적·도덕적 만족감을 토대로 하여 자기가 종사하는 일에 자발적으로 전력을 경주하려는 일종의 심리상태"라고 하였다.45) 술리반(John L. Sullivan)은 "경찰사기란 경찰조직의 구성원인 경찰관에게 개인적·집단적으로 경찰조직의 목적달성을 위한 열의와 솔선, 결의와 용기 등을 고취시키는 정신적 태도 또는 그러한 정신을 말한다"고 하였다.46)

이와 같은 사기를 바라보는 관점은 크게 3가지로 나뉘어 질 수 있다.47)

첫째 관점으로서, 사기를 본질적으로 개인적으로 보는 견해로서 귀온(Guion)은 사기란 "개개인의 욕구가 충족되는 정도이고 또한 개개인의 만족이 그의 종합적인 작업환경에서 얻어지는 것이라고 보는 정도"라고 정의하였다.

둘째 관점으로서 사기를 집단적 현상으로 보는 견해로서 집단정신이나 응집력 등을 가리킨다. 레이톤(Leighton)은 사기란 "집단구성원이 단결하여 공통목표를 달성하기 위하여 지속적으로 노력하는 집단의 역량"이라고 정의하였다.

세 번째 관점은 앞의 두 가지 관점을 통합하려는 견해로서 개인 및 집단적 성격의 양자를 통합하여 사기를 이해하려는 것이다.

(2) 경찰사기관리의 중요성

조직이 자신의 목표를 달성하기 위해서는 구성원들의 적극적이고 자발적인 노력이 필수적이다. 그리고 이러한 구성원들의 노력과 업무에 대한 개인의 만족이 있을 때 보다 열심히 일하는 것은 자명한 일이다. 이러한 점을 생각할 때 조직구성원들의 만족감 또는 사기를 관리하는 것은 매우 중요한 일이라고 할 수 있으며, 인사행정의 전반에 걸쳐 생각되어야 할 문제인 것이다.

특히 경찰의 업무가 국민의 생활과 직접적인 관계가 있음을 고려할 때 경찰관 사기의 중요성은 더욱 강조될 수 밖에 없다. 왜냐하면 경찰의 높은 사기는

Hall, 1970), pp. 545~547.

45) L. D. White, *An Introduction to the Study of Public Administration*(New York: Macmillan, 1955), pp. 455~460.

46) John L. Sullivan, *Introduction to Police Science*(New York: McGraw-Hill, 1977), p. 203.

47) 이상호, "경찰관 사기관리방안에 관한 연구," 치안연구소, 1995, p. 7.

경찰의 정신적 자산으로서 경찰조직의 역량을 높일 뿐만 아니라 이를 통해 민생치안과 사회의 공공질서 확립에 긍정적인 영향을 주기 때문이다. 반면에 낮은 사기는 오히려 경찰조직의 역량을 감소시키고 사회에도 부정적인 영향을 주게 된다.[48]

인간 사회에서 질서를 유지하는 기능을 담당하고 있는 조직은 경찰이다. 현대사회, 특히 21세기로 나아갈수록 사회는 점점 복잡해지고 다양해지고 있다. 이런 상황에서 경찰조직은 국민으로부터 신뢰받는 조직이 되기 위해서 치안활동에 의해 공공의 안녕과 질서를 유지해야 하며 이를 위해서는 구성원들의 활동의욕을 높여 주어야 한다. 다시 말해서 경찰조직의 목표를 효과적으로 달성하기 위해서는 경찰공무원의 사기관리가 제대로 되어야 한다.

경찰사기의 증진은 근로생활의 질(Quality of Working Life) 향상과도 밀접한 관계가 있는데, 근로생활의 질을 향상시킬 필요성은 다음과 같은 이유로 인정된다.

첫째, QWL의 향상은 그 자체로 의미가 크다. 일은 인간생활의 중요한 부분을 구성하므로 삶의 질을 제고하기 위해서는 즐겁고 보람있는 근로생활이 필요하다.

둘째, QWL이 필요한 이유는 조직의 생산성 제고에 기여할 것이라고 믿기 때문이다.

셋째, QWL은 조직의 생산성 제고를 통하여 궁극적으로 해당 조직의 고객에 긍정적인 영향을 미치는 것으로 이해되기 때문이다.[49]

2. 경찰사기의 성격 및 특징

(1) 경찰사기의 성격
경찰사기는 다음과 같은 성격을 갖고 있다.

---

48) 상게보고서, p. 8.
49) 김병섭, "경찰공무원의 근로생활의 질(QWL)에 관한 연구," 치안연구소, 1998, p. 16.

1) 자발적·자주적 성격

사기는 자발적인 근무의욕이다. 즉, 경찰관의 자주적이며 자발적 성격이 사기의 제1요소로서 인간의 자율성을 인정치 않는 타율적인 통제나 규율을 배제하는 개념이다.

2) 집단적·조직적 성격

각 경찰관의 사기는 개인의 직무뿐만 아니라 그가 소속하고 있는 경찰기관의 목표달성에 기여하여야 하며, 다른 경찰관의 근무의욕을 고취하는데도 공헌해야 한다. 사기는 협동성, 단결성, 단체성 등을 전제로 하는 것이다.

3) 사회적 성격

사기는 단순히 개개 경찰관 또는 어느 한 경찰기관의 자기만족을 의미하는 것이 아니며, 보다 큰 사회적 가치 및 효용과 결부될 때 참 의미가 있는 것이다.

(2) 경찰사기의 특징

경찰사기를 구성하는 개념적 특징을 분석하면 다음과 같다.

첫째, 경찰사기는 직무수행이라는 목표에 지향된 것이다. 단순한 만족상태 또는 적응상태뿐만 아니라 다른 일을 하려는 동기와는 구별된 것으로 조직이 요구하는 직무를 수행하려는 동기를 의미한다.

둘째, 경찰사기는 인간의 내부적 요인에 의하여 형성되기도 하고 외부적 영향에 의하여 형성되기도 한다.

셋째, 경찰사기는 개인이 갖는 것이므로 개인적이기도 하지만, 동시에 조직의 집단생활에 관련된 것으로서 집단적인 현상이다.

넷째, 경찰사기는 상대적인 개념이다. 즉 서열척도인 것이다. 서열척도의 특징은 순서를 결정할 수 있다는 것인데 다만 어느 것이 더 큰가 또는 작은가, 강한가 또는 약한가 등을 결정할 수 있는 개념이다.

다섯째, 경찰사기의 수준은 조직 및 개인의 주변환경에 의존적이며 가변적인 것이다.

여섯째, 경찰사기에서 가장 중요한 것은 인간의 욕구이며 사기이론은 욕구이론을 주된 바탕으로 삼고 있다.

일곱째, 욕구의 충족이 바로 사기를 의미하는 것은 아니다. 욕구의 발로와 충족이라는 과정이 개인과 그 개인이 참여하는 조직의 목적을 달성하는 방향으로 나타날 때 그리고 개인과 조직의 목적달성이 서로 기여하는 것이라고 생각될 때 높은 사기가 나타나게 된다.

여덟째, 경찰사기는 일정한 행태적 징표를 수반하는 정신적인 상태이다. 행태에 의하여 사기의 수준이 표현되므로 연구자들은 태도측정을 통하여 사기를 측정하고 관리할 수 있다.

아홉째, 경찰사기는 생산성 향상에 영향을 주는 요소이다. 조직을 위해 열심히 일하려는 의욕이 생산성과 무관하다고 말한다면 사기에 관한 개념정의를 부정하는 결과가 된다.

3. 경찰사기증진의 효과

사기란 조직의 목표달성에 기여하는 업무를 수행하려는 의욕이나 태도를 의미한다. 즉 동기가 부여된 상태라고 볼 수 있다. 동기부여와 사기는 밀접한 관계이며 동기부여에 의해 사기가 올라가는 것은 타당하다. 조직구성원의 사기가 오른다면 생산성이 오른다는 것은 일반적인 생각이다.

경찰관의 사기를 고취·유지함으로써 경찰기관과 경찰관에게 미치는 효과는 다음과 같다.[50)]

첫째, 경찰관들의 사기가 양호할 때에 능률적인 직무의 수행을 가능케 하여 경찰관들은 임무를 열성적으로 완수하게 된다.

둘째, 사기는 경찰기관의 이미지를 좋게 하여 보다 우수한 자질을 갖춘 인재가 경찰기관에 지원토록 한다.

셋째, 경찰관들은 경찰조직과 그 관리자에게 충성을 다하게 되며 자기가 소속한 경찰기관을 자랑스럽게 생각한다.

넷째, 경찰관들은 규칙이나 직무명령 및 규범들을 자발적으로 준수하게 된다.

---

50) Ralph C. Davis, *The Fundamentals of Top Management* (Harper & Row, 1951), p. 552; O. Glenn Stahl, *Public Personnel Administration*, 8th ed. (Harper & Row, 1983), p. 238; 경찰대학, 「경찰학개론」, 2001, pp. 237~238.

다섯째, 경찰관의 자발적인 협력을 바탕으로 경찰기관의 위기극복 능력을 증대시켜 준다.

여섯째, 경찰관들의 조직활동과 담당직무에 대한 관심이 높아지고 창의성을 발휘하게 된다.

제10절 경찰스트레스 관리

경찰공무원이 경험하는 각종 스트레스는 그들 개인의 근무의욕, 건강, 심리상태 등에 부정적인 영향을 미칠 뿐만 아니라 경찰조직 전체의 분위기, 생산성, 이직율 및 결근 등에 악영향을 미치는 것으로 알려져 있다. 이와 같이 경찰공무원의 스트레스가 경찰관 개인과 경찰조직 전체에 미치는 심각한 영향을 고려해 볼 때 경찰스트레스에 대한 종합적인 이해가 필요하다.

미국스트레스학회(The American Institute of Stress)는 경찰활동이 미국에서 스트레스를 가장 많이 받는 직업 10순위 안에 든다고 한다.

1. 경찰스트레스의 의의

스트레스란 내적·외적 자극에 대한 신체의 반응이라고 볼 수 있지만, 스트레스에 대한 견해는 그 동안 진행되어 온 학문적 관점에 따라 선행연구자들 사이에 많은 차이를 보여 왔다.

캐나다의 의사이며 내분비학자인 셀리(Hans Selye)는 신체와 관련해 스트레스란 "유기체에 가해진 어떤 외부적 자극에 대하여 신체가 수행하는 일반적이고 비특정적인 반응"이라고 했다.51)

프렌치(J. R. P. French), 코브(S. Cobb), 로저스(W. Rogers)는 "개인의 기술과 능력이 직무규정에 부적합하여 조직이 제공하는 직무환경과 개인의 욕구

---

51) Hans Selye, "The Stress of Life," in T. A. Beehr and T. M. Franz (eds.), "The Current Debate About The Meaning of Job Stress," *Journal of Organization Behavior Management*, Vol. 8, 1986, pp. 5~18.

가 불일치할 때 그 결과 스트레스를 일으키게 된다"고 보았다.52)

스트레스란 일반적으로 개인과 내·외적 환경간의 상호작용으로서 인간 개체에 해로운 육체적·정신적 자극이 가해졌을 때 그 생체가 나타내는 반응으로 부정적인 면을 강조하고 있다.

2. 경찰스트레스의 영향

(1) 경찰관 자신에게 미치는 영향

전문가들은 스트레스가 독자적으로 질병을 야기하지는 않지만 질병이 발생했을 때 상태를 악화시킬 수 있다고 한다. 스트레스는 신체의 면역기능을 약화시키며, 고혈압, 위궤양, 심장혈관의 질환을 비롯하여 암까지 유발할 수 있다.

스트레스와 관련된 정신적·신체적 문제는 다음과 같다.

① 정신의학적 문제-후유증, 노이로제, 상황적 장애, 면역력의 감소 등
② 종양 문제 ③ 심장혈관 문제
④ 동맥경화 문제 ⑤ 무기력 문제
⑥ 뇌출혈 문제 ⑦ 요실금 문제
⑧ 월경불순 문제 ⑨ 위궤양 문제

과도한 스트레스는 경찰관의 건강에 나쁜 영향을 미치고 있다. 경찰관들은 항상 위험에 노출되어 있고 매일 발생하는 스트레스에 직면하고 있다. 게다가 경찰관의 업무시간과 부적절한 생활조건은 그들의 건강에 큰 영향을 미치고 있는 것이다. 경찰관들은 대부분 업무시간과 생활환경 때문에 매우 비합리적인 식사습관을 갖고 있다. 사실상 브래시(Dorothy Bracy)의 1988년 연구에 의하면 불합리한 식사생활과 운동부족으로 인하여 상당수의 경찰관들은 신체구성, 혈액, 신체건강 등의 측면에서 수준미달에 속해있다고 한다.

20개의 경찰서에 속해 있는 2,300여명의 경찰관들을 대상으로 한 미국에서의 연구에 의하면 37%가 심각한 신체적 문제를 갖고 있고, 36%는 건강문제,

---

52) J. R. P. French, S. Cobb, and J. R. W. Rogers, "Adjustment as Person Environment Fit, Coping and Adoption," G. V. Coelho, D. A. Hanburg, and J. F. Adams (eds.) (New York: Basic Book, 1972), p. 62.

23%는 알코올문제, 10%는 마약문제를 갖고 있다고 한다.

미시간 주립대학의 교수들에 의한 연구결과에 의하면, 업무수행 중 사람을 죽여야만 했던 경찰관들은 퇴직을 비롯하여 각종 심각한 후유증에 시달리고 있으며, 대략 7년 후에 70%의 경찰관이 경찰직을 그만둔다고 한다.

(2) 경찰관 가족에게 미치는 영향

경찰업무는 경찰관뿐만 아니라 가족·애인·친구들에게도 영향을 미친다. 경찰업무는 개인과 관련된 가족들에게 영향을 미치고 마음의 상처를 주기도 한다. 10~20%는 경찰관 아내가 그 남편의 직업에 대해 불만을 갖고 있으며 심지어 경찰직을 그만둘 것을 기대하기도 한다. 또한 자주 바뀌는 순찰업무는 생일·기념일과 같은 가족 행사나 휴일의 계획을 방해하기도 하고, 교대근무는 경찰관들의 배우자가 다른 직업을 갖도록 하는 데에도 장애가 된다.

다음과 같은 경찰업무와 관련된 수많은 스트레스 문제는 경찰 가족의 붕괴에 기여하는 요인이 되고 있다.

1) 교대근무에 의한 가족 붕괴

교대근무는 자녀 양육, 휴일이나 중요 가족행사에의 불참, 과도한 업무시간과 교대근무에 의한 신체적 문제를 야기하여 결국에는 가족을 붕괴케 할 수 있다.

2) 예측 불가능한 업무환경

경찰관의 업무는 계속된 위기상황과 긴급출동에 직면하게 되는데, 이로 인하여 죽음이나 부상에 대한 두려움을 증진시키고 경우에 따라서는 경찰조직 내에서 조사를 받는 경우도 있다. 이로 인하여 정상적인 가족생활에 영향을 미칠 수 있다.

3) 업무와 관련된 개인적 변화

경찰관들은 많은 비극적인 사건을 목격하게 되는데 이것은 경찰관의 인성과 적성에 변화를 야기하여 결국 가족 전체에도 영향을 미치게 된다.

4) 사생활 침해

경찰관들은 그들의 업무를 집에서 하기도 하고, 업무상 필요한 무기들을 가정에 보관하기도 하고, 지역주민들은 다른 직업과 비교하여 경찰관들에게 높은 수준의 행동을 요구하고, 항상 긴급출동에 대비하여 준비하고 있을 것을 기대한다.

3. 경찰스트레스의 유형

일반적으로 경찰관들은 이혼·자살·스트레스의 비율이 높다고 하는데, 일반적으로 경찰스트레스를 다음과 같이 분류한다.

(1) 외적 스트레스

외적 스트레스는 실제적 두려움과 위험으로 인한 스트레스를 의미하며, 총기사건, 자동차 추적과 같은 위험상황에 직면했을 때의 반응이다.

FBI의 통일범죄보고서(UCR)에 따르면 1976년과 1998년 사이에, 1,800명 이상의 경찰관들이 근무중 사망하였는데, 이는 매년 평균 79명이 사망한 것이다.[53] 또한 경찰관 사망률이 최근에 점차 줄고 있지만, 경찰관에 대한 공격의 수는 오히려 증가하고 있다. 1980년에, 경찰관에 대한 시민들의 공격은 57,847건이었으나, 1992년에는 91,252건으로 증가하였다.[54]

(2) 내적 스트레스

내적 스트레스는 경찰조직이 준 군대적인 성격을 지니고 있기 때문에 나타나는 스트레스를 의미하며, 계속되는 순찰구역의 변화에 대한 적응, 불규칙한 업무시간과 휴일, 경찰관에게 부과된 엄격된 규칙 등으로 인하여 야기된다.

---

53) J. M. Brown and P. A. Langan, "Policing and Homicide, 1976-98: Justifiable Homicide by Police," *Police Officers Murdered by Felons* (Washington, D. C.: Bureau of Justice Statistics, 2001).

54) National Institute of Justice, *Twenty-five Years of Criminal Justice Research* (Washington, D. C.: National Institute of Justice, 1994).

(3) 개인적 스트레스

개인적 스트레스는 경찰조직에 속해있는 경찰관 상호간의 성격에 의하여 나타나는 스트레스를 의미하며, 동료 경찰관들과 함께 업무를 수행하면서 야기된다.

(4) 업무상 스트레스

업무상 스트레스는 업무수행 도중에 직면하는 스트레스를 의미하며, 마약중독자를 상대하는 경우, 일반주민들이 위험상황에 직면하게 되는 경우, 업무수행 도중에 언제든지 범죄가 발생할 수 있는 가능성 등으로 인하여 야기된다.

제11절 경찰퇴직관리

1. 경찰퇴직관리의 의의

(1) 경찰퇴직관리의 개념

경찰퇴직관리란 퇴직예정 경찰공무원을 준비시키고 퇴직시 적절히 지원함으로써 원활한 퇴직이 될 수 있도록 유도하는 것을 말한다.

현대경찰인사관리에 있어서 퇴직관리는 경찰조직의 이익과 퇴직하는 경찰관의 이익을 균형 있게 보호해야 한다는 기대에 대응해야 한다. 경찰조직의 효율성 제고에 이바지하면서 퇴직 경찰관의 인격과 생활을 보호하는 문제에 깊은 배려를 해야 한다. 경찰조직의 효율성 제고를 위해 한편으로는 인력체제의 침체를 막고, 다른 한편으로는 인력체제의 불안정과 혼란을 막아야 한다. 또한 퇴직 경찰관의 선택과 이익을 최대한으로 존중하여 인도적인 처리를 하여야 한다.

(2) 경찰퇴직관리의 중요성

경찰퇴직관리는 경찰인사관리에 있어서 불기피할 뿐만 아니라 매우 중요한 문제이기 때문에 경찰인사관리는 이에 관하여 적극적인 임무를 수행해야 한다. 경찰조직에 들어온 사람을 어떻게 내보내느냐 하는 것은 경찰조직에 사람을 어떻게 들여오느냐 하는 것 만큼 중요한 문제이다. 경찰퇴직관리를 얼마나 성공적으로 해 내느냐 하는 것은 경찰인력체제와 경찰조직의 건강에 큰 영향을 미친다.

2. 경찰퇴직의 유형

(1) 당연퇴직

1) 개　념

당연퇴직이란 일정한 사유가 발생하게 되면 경찰공무원 근무관계가 당연히 소멸되는 경우를 말하며, 당연퇴직사유에는 경찰공무원 결격사유에 해당하는 경우, 연령정년·계급정년에 도달한 경우, 사망한 경우 등이 있다.

2) 사　유

경찰공무원이 「경찰공무원법」 제8조 제2항 각호의 어느 하나에 해당하게 된 때에는 당연히 퇴직된다(경찰공무원법 제27조). 경찰공무원법 제8조 제2항에 규정된 당연퇴직자는

① 대한민국국적을 가지지 아니한 사람

② 국적법 제11조의 2의 제1항에 따른 복수국적자

③ 피성년후견인 또는 피한정후견인

④ 파산선고를 받고 복권되지 아니한 사람

⑤ 자격정지 이상의 형을 선고받은 사람

⑥ 자격정지 이상의 형의 선고유예를 받고 그 선고유예기간 중에 있는 사람

⑦ 공무원으로 재직기간 중 직무와 관련하여 「형법」 제355조(횡령, 배임) 및 제356조(업무상의 횡령과 배임)에 규정된 죄를 범한 자로서 300만원 이상의 벌금형을 선고받고 그 형이 확정된 후 2년이 지나지 아니한 사람

⑧ 「성폭력범죄의 처벌 등에 관한 특례법」 제2조에 규정된 죄를 범한 사람으로서 100만원 이상의 벌금형을 선고받고 그 형이 확정된 후 3년이 지나지 아

니한 사람

⑨ 미성년자에 대한 다음 각 목의 어느 하나에 해당하는 죄를 저질러 형 또는 치료감호가 확정된 사람(집행유예를 선고받은 후 그 집행유예기간이 경과한 사람을 포함한다)

　가. 「성폭력범죄의 처벌 등에 관한 특례법」 제2조에 따른 성폭력범죄

　나. 「아동·청소년의 성보호에 관한 법률」 제2조제2호에 따른 아동·청소년대상 성범죄

⑩ 징계에 의하여 파면 또는 해임의 처분을 받은 사람이다.

또한 「경찰공무원법」 제30조의 규정에 의하여 60세로 규정된 연령정년 또는 치안감: 4년, 경무관: 6년, 총경: 11년, 경정: 14년으로 규정된 계급별 계급정년에 해당하는 자도 당연퇴직된다.[55]

수사·정보·외사·보안 등 특수부서에 근무하는 경찰공무원으로서 대통령령이 정하는 바에 의하여 지정을 받은 자는 총경 및 경정의 경우에는 3년의 범위 안에서 대통령령이 정하는 바에 의하여 계급정년을 연장할 수 있다.

경찰청장은 전시·사변 기타 이에 준하는 비상사태 하에서는 2년의 범위 안에서 동법 제24조 제1항 제2호의 규정에 의한 계급정년을 연장할 수 있다. 이 경우 경무관 이상의 경찰공무원에 대하여는 행정안전부장관과 국무총리를 거쳐 대통령의 승인을 얻어야 하고, 총경·경정의 경찰공무원에 대하여는 국무총리를 거쳐 대통령의 승인을 얻어야 한다(경찰공무원법 제30조 제4항).

(2) 의원면직

1) 개　　념

의원면직이란 경찰공무원 자신의 의사표시를 전제로 하여 임용권자의 처분으로 경찰공무원 근무관계를 소멸시키는 경우를 말한다. 다만 사직의 의사표시만으로는 부족하고 서면에 의한 사직서를 제출하여 임명권자의 승인을 받아야 한다.

---

55) 2011년 5월 30일 경찰공무원법이 개정되기 이전에는 경정 이상 60세, 경감 이하 57세로 규정되어 있으나 이후 계급별 차별을 두지 않고 통일되었다.

2) 사   유

의원면직의 대표적인 사유는 다른 직장으로 옮기기 위하여 당사자가 퇴직하는 전직퇴직이다. 그러나 실제로는 의원면직이 자의적이 아닌 타의에 의하여 행해지는 경우가 있다. 소위 권고사직의 경우로서 외형적·법적으로는 자의에 의한 퇴직이지만 외적 강제에 의하여 부득이하게 강제되는 경우가 있다. 이는 감원을 위한 방편으로 활용될 수 있으며 징계퇴직할 사람에게 온정을 베푸는 방편으로 활용되기도 한다.

(3) 직권면직

1) 개   념

「경찰공무원법」 제28조의 직권면직사유가 발생하여 본인의 의사여부에 상관없이 임용권자가 직권으로 경찰공무원 근무관계를 소멸시키는 경우를 말한다.

2) 사   유

경찰공무원이 다음 사유에 해당될 때에는 임용권자는 직권에 의하여 면직시킬 수 있다(경찰공무원법 제28조).

① 국가공무원법 제70조 제1항 제3호·제4호·제5호에 해당될 때(제1호)

제3호	직제와 정원의 개폐 또는 예산의 감소 등에 의하여 폐직 또는 과원이 되었을 때
제4호	휴직기간의 만료 또는 휴직사유가 감소된 후에도 직무에 복귀하지 아니하거나 직무를 감당할 수 없을 때
제5호	임용권자는 직무수행능력이 부족하거나 직무성적이 극히 불량한 자에 대하여 3월 이내의 기간 대기를 명할 수 있는데 이 기간 중 능력 또는 근무성적의 향상을 기대하기 어렵다고 인정된 때

② 경찰공무원으로서 부적합할 정도로 직무수행능력 또는 성실성이 현저히 결여된 자로서 대통령령이 정하는 사유에 해당된다고 인정될 때(제2호)

③ 직무수행에 있어서 위험을 일으킬 우려가 있을 정도의 성격 또는 도덕적 결함이 있는 자로서 대통령령이 정하는 사유에 해당된다고 인정될 때

④ 당해 경과에서 직무를 수행하는데 필요한 자격증의 효력이 상실되거나

면허가 취소되어 담당 직무를 수행할 수 없게 된 때(제3호)

「경찰공무원법」 제28조 제1항 제2호·제3호 또는 「국가공무원법」 제70조 제1항 제5호의 사유로 면직시킬 때에는 「경찰공무원법」 제32조의 규정에 의한 징계위원회의 동의를 얻어야 한다.

「국가공무원법」 제70조 제1항 제4호의 사유로 인한 직권면직일은 휴직기간의 만료일 또는 휴직사유의 소멸일로 한다.

(4) 징계면직

1) 개　　념

징계면직이란 파면과 해임과 같은 징계를 통하여 경찰공무원 근무관계를 소멸시키는 경우를 말한다.

2) 사　　유

징계사유는 ① 국가공무원법 및 국가공무원법에 의한 명령에 위반하였을 때 ② 직무상의 의무에 위반하거나 직무를 태만히 하였을 때 ③ 직무의 내·외를 불문하고 그 체면 또는 위신을 손상하는 행위를 하였을 때이다.

징계면직을 위한 절차는 경찰징계에서 이미 설명하였으므로 생략한다.

(5) 명예퇴직

1) 개　　념

명예퇴직이란 치안감 이하의 경찰공무원으로서 20년 이상 근무하고 정년퇴직일전 1년 이상의 기간 중 자진하여 퇴직하는 것을 말한다. 또한 경찰공무원 승진임용규정에 의거하여 명예퇴직 결정자는 1계급 특진이 가능하나 휴직자는 제외한다.

2) 제외 대상자

다만 징계의결 요구중인 자, 징계처분으로 인하여 승진임용 제한기간 중에 있는 자, 형사사건으로 기소중인 자, 감사기관과 수사기관에서 비위조사나 수사중인 자는 명예퇴직 대상자에서 제외된다.

3. 현행 경찰퇴직관리

(1) 공무원연금제도

공무원연금제도는 사회보험의 일종으로서, 사회보험이란 국가가 사회정책을 수행하기 위하여 보험의 원리와 방식을 도입하여 만든 사회경제제도로서 보험료의 강제적 징수와 정형화된 보험금의 지급을 그 특징으로 하고 있다. 이러한 점에서 공무원연금제도는 구성원 상호간의 우애 및 이익증진을 목적으로 하는 자생적·임의적인 공제제도와 구별되며, 국가재정에 의한 직접부담방식의 공적 부조와도 구별된다.

공무원연금제도는 국가권력과 법률에 의하여 강제적으로 시행되는 공적 연금제도로서, 공적연금제도는 장기소득보장을 주로 하는 사회보험의 일종이면서 일상생활의 위험 가운데 노령, 퇴직, 폐질 등의 사유가 발생하였을 때 미리 설정한 기준에 따라서 획일적인 급여를 지급하며 기업연금 등의 사적 연금과는 상호보완적 기능을 수행한다.

이러한 공무원연금제도는 퇴직급여 이외에도 기업의 퇴직금에 해당하는 퇴직수당, 민간의 산재보험에 해당하는 공무상 재해보상급여, 기타 일반재해에 대한 각종 부조급여를 실시하는 등 폭 넓은 보장기능이 있으며, 아울러 전·현직 공무원을 위한 다양한 후생복지 프로그램도 마련하고 있다.

결론적으로 공무원연금제도는 공무원이라는 특수직역을 대상으로 노후소득보장, 근로보상, 재해보상, 부조 및 후생복지 등을 포괄적으로 실시하는 종합적인 사회보장제도라고 할 수 있다. 급여의 종류는 소득보장성격의 장기급여(퇴직급여, 유족급여, 재해보상급여, 퇴직수당)와 부조성격을 가진 단기급여(요양급여, 부조급여)가 있으며, 장기급여는 보수월액과 재직기간을 기초로 산정된다.56)

(2) 퇴직공무원 인력은행

행정자치부는 공무원연금공단 및 고용노동부와 함께 재취업을 희망하는 퇴

---

56) http://www.gepco.or.kr/sysinfo/index.htm

직공무원들로부터 구직카드를 받아 인력 데이터베이스를 구축하여 취업알선에 나서고 있다. 공무원연금법의 적용을 받는 정년, 명예퇴직 공무원은 누구나 구직신청을 할 수 있다.57)

행정자치부는 퇴직시 소속기관으로부터 퇴직공무원들의 구직카드를 넘겨받은 뒤 고용노동부가 보유하고 있는 구인업체들의 구인조건과 일치하는 경우 취업을 알선하게 된다. 퇴직공무원들의 인력 데이터베이스에는 기본적인 인적사항 외에도 근무경력, 어학능력, 자격증 소지 여부, 희망직종, 임금, 원하는 고용형태, 근무시간 등이 기록된다.

(3) 퇴직예정공무원 교육

공무원연금관리공단은 고령화 사회 진전 및 기대수명 연장으로 퇴직준비의 필요성 인식 및 사회활동 수요 증가에 따라 퇴직공무원이 은퇴생활을 설계할 수 있도록 퇴직준비교육을 운영한다. 퇴직 전 1년 미만의 공무원을 대상으로 4박 5일의 합숙훈련을 통하여 노후생활설계 및 취·창업준비 교육을 제공한다.58)

은퇴설계 교육은 퇴직예정공무원이 공무원연금공단에 신청하여 교육대상자로 확정되면 교육비를 납입 후 교육을 참석하는 형태로 진행된다. 교육내용에는 건강관리, 재무설계와 공무원연금제도, 퇴직 후 인간관계, 여가 및 주거설계, 그리고 창업과 귀농·귀촌교육을 병행하고 있다.

제12절 경찰윤리

1. 경찰윤리의 의의

(1) 경찰윤리의 개념

윤리(ethics)라는 용어는 그리스어 'ethos'에서 유래한 말로 사람의 행동의

---

57) http://www.gepco.or.kr/lab/sub.jsp
58) https://www.geps.or.kr/business/retire/page_01.jsp

기초가 되는 외적·사회적 풍습 내지는 사회적 기풍을 의미한다. 윤리의 본래적 기능은 일반적으로 사람이 지켜야 할 행위의 규범으로서 사회생활을 하는 사람들이 무엇을 어떻게 할 것인가에 대한 외적 준거를 제공하는 것으로 볼 수 있다. 가장 바람직한 상태는 사회적·외적 윤리와 개인적·내적 윤리가 일치하는 것이지만, 양자가 일치하지 않기 때문에 윤리문제가 생기고 그에 따른 윤리교육의 강화 등이 요구되는 것이다.

경찰윤리의 개념은 경찰철학이라고 하는 개념과 밀접한 연관성을 갖는다. 고전철학에서 바라보는 (경찰)윤리라고 하는 것은 (경찰)철학의 한 하부영역으로서 파악되어진다. 경찰윤리는 경찰관련의 정형적인 규범 및 가치들과 관계가 있을 뿐만 아니라 역시 비정형적인 규범 및 가치들에도 관계가 있는 것이다. 그리고 경찰윤리는 경찰의 미시적·거시적 차원 위에서 특히 경찰 지도부와 경찰조직을 위한 정형적·비정형적 규범 및 가치들의 귀결 내지 결과들과도 관계가 있는 것이다.59)

(2) 공동체사회와 법

공동체(community)란 특정지역에서 인간의 공동생활이 행해지고 있는 일정한 사회집단을 의미한다. 공동체는 촌락, 도시국가, 민족국가, 세계 국가 등으로 시대와 상황에 따라 가변적일 것이다. 공동체의 구성원은 외부로부터 공동체의 존재를 위태롭게 하거나 공통 이익을 침해하는 자에 대해서는 저항하게 된다. 공동체에 위협적인 요소는 외부에만 있는 것이 아니고 공동체 내부에도 있다. 예를 들면 공동체 내에 규정한 다양한 질서위반을 그 예로 들 수 있다.

법률은 강제된 윤리질서이다. 이러한 법률은 객관적 윤리질서를 반영하고 있어야 한다. 일반적으로 법실증주의자들은 법적 안정성을 강조하고 자연법을 부정하는 관점에서 정당한 절차만 밟아서 제정된 법이면 악법도 법이라고 본다. 자연법론의 관점에서는 공동체가 추구하는 객관적 윤리질서에 반하는 법은 명백한 악법에 지나지 않는다. 이러한 악법에 대한 저항권은 자연법적으로 승

---

59) 이시우·정갑영, "경찰문화 창달방안에 관한 연구,"「치안논총」, 제15집, 치안연구소, 1999, p. 365.

인되고 보장되어야 하는 것이다.

어떠한 법이 공동체의 객관적 윤리질서에 반하는 것이 명백하고, 정상적인 제도적 채널로 그 해결이 어려운 상태라면 경찰은 시민의 저항권을 저지하기 위해 공권력을 행사할 수 없다.

(3) 인간의 존엄성과 인권

1) 인간의 존엄성

인간은 정신적 · 윤리적 존재로서 그 존엄성이 인정되고 있다. 이러한 인간의 존엄성이 승인되는 이유는 인간이 자기를 둘러싼 세계 속에서 스스로의 의식과 행위를 통해 자기를 표현하며 그 결과 자기의 소질과 개성을 형성해 가는 존재이기 때문이다.

인간의 인격은 모든 가치를 초월하여 다른 가치적 등가물을 허용하지 않는다. 인간의 인격은 인간과 인간의 관계가 상호 존중되는 관계에 있어야 한다. 그러므로 경찰권을 발동함에 있어서 인간의 존엄성이 보호될 수 있어야 한다.

2) 인 권

인권이란 인간이기 때문에 당연히 갖는 인간 존엄의 권리를 말한다. 즉 인간이 인간으로서 존엄을 유지하기 위하여 당연히 누려야할 권리로서 인종 · 성별 · 신앙 · 사회적 신분 · 빈부 등에 의해 구애받지 아니하고, 인간이 인간이라는 사실 그 하나로 누려야 하는 생래적이고 천부적인 권리를 의미한다.

헌법적 질서의 일부인 경찰도 그 동안의 인권침해의 오명으로부터 벗어나지 못하였다. 그러나 민주화된 한국사회에서 경찰조직은 경찰에 의한 인권침해를 허용하지 않고 있으며 인권침해를 한 경찰관을 엄단하고 있다. 권력기관인 경찰의 개개 구성원은 업무수행 중에 인권침해의 가능성을 항상 가지고 있다. 경찰활동에서는 불법체포, 불법감금, 고문 등 가혹행위, 불심검문의 남용, 임의동행 형식의 강제연행, 법적 근거가 없는 가택연금, 체포과정에서 불필요한 폭력, 구속의 남용 등 신체의 자유와 인격권에 대한 침해가 일어날 소지가 상존하는 것이다. 그러므로 인권에 대한 관념을 명확히 함으로써 경찰작용에 있어서 자칫 발생할 수 있는 시민에 대한 인권 침해적 경찰작용이 없도록 할 필요가 있다.

2. 경찰부패

(1) 경찰부패의 개념

경찰부패란 경찰공무원이 자신의 사적인 이익을 위해, 또는 특정 타인의 이익을 도모하기 위해 경찰력을 의도적으로 오용하는 것이라고 할 수 있다. 즉 경찰공무원이 자기에게 주어진 경찰권의 부적절한 행사를 하면서 돈이나 물질적인 가치가 있는 것을 받는다면 그 경찰공무원은 부패한 것이다.

(2) 경찰부패의 원인

경찰공무원이 부정부패를 범하게 되는 것은 다음과 같은 두 가지 원인에서 기인한다.[60]

첫째, 경찰행태의 개인적 성향에 기반을 둔 것으로 경찰공무원으로 채용되기 전에 부정직한 사람이 경찰조직에 와서도 부패경찰인이 된다는 것이다. 사과상자 안의 사과 중 애초에 문제 있는 사과가 썩듯이 애초에 자질이 없는 사람이 경찰공무원이 됨으로써 부패의 원천이 된다는 것이다. 결국 개인의 윤리적 결함에서 그 원인을 찾는 것이다.

둘째, 경찰공무원이 경찰활동중의 사회화과정에서 부패된다는 설명으로서 신임 경찰관은 기성 경찰관에 의해 이루어진 조직의 부패전통에 따르게 된다는 것이다. 경찰부패는 개별 경찰관의 개별적인 부정이 아니라 조직에 결부되어 있는 모순적인 규범, 잘못된 관행과 문화 등 체계적 집단현상으로 이해되어야 한다는 것이다. 즉 경찰의 부패를 조장하고 묵인하는 구조적·체계적 환경 속에서 경찰공무원이 사회화되고 그로 인해 부패현상이 생긴다는 것이다.

위의 견해는 다음과 같은 점에서 문제가 있다. 전자는 개인적 성향이나 자질에 있어 아무런 문제가 없는 사람이 경찰조직에 들어와서 부패되는 것을 적

---

60) Roy R. Roberg and Jack Kuykendall, *Police and Society*(Belmont, California: Wadsworth Publishing, 1993), pp. 195~196.

절하게 설명하지 못하고, 후자는 똑같은 경찰환경에서 어떤 경찰공무원은 부패하고 어떤 경찰공무원은 부패하지 않는지에 대해 적절하게 설명하지 못하고 있다.

3. 경찰권한남용

(1) 경찰권한남용의 개념

경찰조직은 정부의 합법적 권력행사기관이다. 행정법적·형사소송법적 절차에 따라 경찰은 강·절도 등 범죄를 막고 시민의 안전을 보호하는 책임을 맡고 있다. 이러한 책임을 수행하기 위해 실체법을 집행하면서, 경찰은 필요하다면 강압적 수단을 사용한다.

경찰은 공공의 안녕과 질서에 대한 위험의 방지를 그 임무로 하는 바, 이러한 임무의 수행을 위해서는 시민의 자유와 권리를 침해하는 명령적이고 강압적인 수단을 사용할 수 있는데 권한의 사용에 있어서 상당성을 결여한 것을 경찰권한남용이라고 할 수 있다.

(2) 경찰이 사용하는 강제력의 유형

경찰이 업무수행 중 주로 사용하는 강제력은 다음과 같다.[61)]

1) 언   어

경찰이 법집행의 과정에서 사용하는 협박, 약속, 기만, 모욕 등을 의미한다.

2) 육체적 수단

경찰은 발차기, 잡기, 업어치기, 손바닥이나 주먹으로 때리기, 목조르기, 팔비틀기 등을 통하여 범인이나 피의자를 제압한다.

3) 비살상용 무기 및 장비의 사용

비살상용무기 및 장비의 대표적인 예로는 최루탄(tear gas, grenade), 물대포(water cannon), 고무탄(rubber bullets), 경찰봉(baton), 후추 스프레이(pepper spray) 사용 등이 있다. 또한 전자장치·기계장치 등 감청장비를 사용하여

---

61) 경찰대학, 「경찰윤리」, 2000, pp. 146~147.

당사자의 동의 없이 전기통신의 내용을 지득하는 것도 일종의 강제력행사인 점에서 여기에 포함할 수 있을 것이다.

4) 살상용 무기의 사용

경찰이 범인에게 권총을 쏘는 것과 같이 사람을 크게 다치게 하거나 죽게 하는 것이다.

위에서 설명한 4가지 유형의 강제력의 사용은 상대방을 통제하기 위하여 사용되는 것이지 애초에 상대방을 다치게 하거나 심지어 죽음에 이르게 하는 등 그들의 권리를 침해하기 위한 것이 아니다. 사실 위의 둘째 유형부터는 사람에게 치명상을 입힐 수 있다. 강압적 수사에서 피의자가 죽을 수도 있고, 최루탄을 통하여 시위자가 죽을 수도 있으며, 총기에 의해 피의자나 그 옆에 있던 무고한 시민이 살상될 수도 있는 것이다.

(3) 살상용 무기사용의 억제

베일리(W. C. Bailey)의 연구에 의하면, 비살상용무기의 사용이 바람직할지라도 비살상용무기를 사용하는 것이 사망자의 수에 대해서 중요한 영향을 미치지는 못했다. 거리에서 경찰관들이 살상용무기를 사용해야 하는 상황에 직면했을 때에는 비상살용무기는 전혀 소용이 없었기 때문이다.[62]

4. 경찰문화와 경찰정신

(1) 경찰문화

경찰은 행정의 한 영역이므로 경찰문화는 행정문화의 한 유형이라고도 할 것이다. 그리고 행정문화도 넓게는 사회문화의 한 하부문화(sub-culture)라고도 할 수 있다.

행정문화란 행정집단에서 숨쉬고 있는 과거의 단면을 포함한 역사의 침전물로 행정인이 만들고 전하는 추상이다. 역사적 현상이므로 이를 하나의 유산

---

62) W. C. Bailey, "Less-Than-Lethal Weapons and Police-Citizen Killings in U. S. Urban Areas," *Crime & Delinquency*, Vol. 42, No. 4, 1996, pp. 535~553.

으로 받아들이며 응집력을 조장하고 행정행위의 양식·관습을 뜻하고 있어서 행정인의 행동을 예측하고 또 여러 면에서 행위를 규제한다. 그 생성의 연원은 다양하지만 전통적 가치와 개념으로 구성되는 것이 통념이다.63) 이러한 행정문화의 개념을 경찰문화의 개념으로 대체하여도 무리는 없을 것이다.

경찰조직이 가지고 있는 대 사회적 기능이라고 할 수 있는 질서유지적 기능과 봉사적 기능을 고려하고 또한 경찰이 다른 행정조직과 다른 특수성으로서 지적되어지는 위험성, 돌발성, 기동성, 권력성, 조직성, 정치성, 고립성, 보수성과 같은 요소들 그리고 계층제, 통솔의 범위, 명령통일 및 전문화의 원리와 같은 조직편성의 원리 등과 같은 경찰조직의 원리들을 감안하여 경찰문화의 의미를 찾아야 할 것이다.

(2) 경찰정신

1) 경찰정신의 개념

경찰정신은 경찰의 작용과 임무의 저변에 흐르고 있는 역사적·전통적으로 결정된 이념의 원천이며, 경찰관의 의식 속에 충실한 요소와 형태를 가지고 있는 이념적 실제이다. 경찰정신은 경찰목적 달성을 위하여 지향적으로 작용하는 관념형태로 볼 수 있으며, 경찰작용의 실체적이거나 규범적 태도에 대한 방향설정의 기준을 제공한다고 할 수 있다.

경찰공무원복무규정 제3조 제2호에서 "경찰공무원은 국민의 수임자로서 일상의 직무수행에 있어서 국민의 자유와 권리를 존중하는 호국, 봉사, 정의의 정신을 그 바탕으로 삼는다"라고 규정하여 호국, 봉사, 정의를 경찰의 3대 정신으로 명시하고 있다.

경찰정신은 경찰관 행동표출의 내면적 사고이며 행동방향 설정의 기준이 되므로 그 중요성을 깊이 인식하여 변화하는 시대에 부응할 수 있는 경찰관이 되도록 정신자세를 가다듬어야 하겠다.64)

---

63) 김광웅, "행정문화," 「행정논총」, 제19권 제2호, 서울대학교 행정대학원, 1981, p. 253.
64) 경찰종합학교(현 경찰교육원), 「민주경찰정신교본」, 1991. p. 25.

2) 바람직한 경찰정신

경찰정신이 무엇보다 올바르게 형성될 필요가 있다. 왜냐하면 경찰임무의 완수를 위하여 조직 구성원이 공통적으로 지녀야 할 올바르고 확고부동한 경찰정신이 있어야 경찰의 제 기능이 훌륭하게 수행될 수 있기 때문이다. 사실 경찰정신이 제대로 확립되어야 경찰조직의 응집력이 생기고 조직원이 자발적으로 자기역할에 충실하게 된다.

치안본부 발행 「경찰정신」에서는 경찰정신의 실체로 국가와 민족을 수호하는 '호국정신', 국민을 위해 봉사하는 '봉사정신', 정의에 충만한 '정의정신'으로 집약하였다.[65]

① 호국정신

호국의 이념은 단순히 사회안정과 질서유지만을 뜻하는 것이 아니다. 오늘날 경찰의 기능은 치안의 유지에만 있는 것이 아니라 적극적으로 국민에게 봉사하고 편의를 제공하는 등의 봉사적 기능이 강조되고 있다. 한 나라가 건강한 사회를 유지하고 발전하려면 국민들 간에 위화감과 마찰이 없는 통합된 정신적 유대를 지니고 있어야 한다. 따라서 경찰은 단순히 질서유지라는 차원을 넘어서 보다 적극적인 국민통합의 기능을 다할 수 있어야 한다. 국민통합을 위한 경찰의 노력은 호국정신을 보다 적극적으로 구현하기 위한 노력이라고 할 수 있다.

② 봉사정신

외적 보상이나 동기 없이 국민과 국가를 위해 봉사한다는 것은 넓은 의미에서의 호국이란 개념과 같은 것을 말하는 것이다. 예컨대 대공투쟁은 물론이요, 사회의 범죄·비리·부정을 파헤치고 바로 잡는 모든 일이 궁극적으로는 경찰의 봉사정신 속에 포함된다고 할 수 있다. 이러한 봉사정신이 없으면 아무리 좋은 여건과 물질적 조건을 갖추어 준다 해도 진정한 의미에서의 호국이란 불가능한 것이다.

역사상으로 보면 국가에 따라서는 소위 용병이라 하여 돈을 주고 외국병사들을 고용하여 자국의 국방을 맡긴 적이 있었는데 이러한 방법으로 참다운 국

---

65) 치안본부, 「경찰정신」, 1984, pp. 39~49.

방을 기대하기는 어려운 것이다. 이들이 결여하고 있는 것은 바로 봉사와 희생의 정신이며 이것은 결코 물질적 보상만으로는 얻을 수 없는 것이었기 때문이다.66)

③ 정의정신

정의란 어떤 사회적 이익이나 생산의 결과 등을 배분할 때에 사용될 수 있는 배분적 정의와 인간사회의 윤리적 규범이나 법질서를 위배 또는 파괴하는 행위에 대한 응당한 벌을 내리는 의미의 교정적 또는 응징적 정의의 의미를 포함하는 것으로, 개인과 개인 또는 집단과 집단간의 이해관계상의 갈등이나 충돌을 공정하게 해결하는 것과 사회질서나 법규범을 파괴하는 행위를 응징하는 것이 포함된다.

이러한 점에서 경찰의 이념으로서의 정의를 내세우게 된 것은 너무나 당연한 일이면서도 그 만큼 쉽지 않은 일을 우리 경찰이 수행하고 있음을 알 수 있는 것이다. 참으로 경찰의 핵심적인 업무는 바로 '정의의 수호'라고 할 수 있다.

5. 경찰윤리표준과 경찰윤리강령

(1) 경찰윤리표준

민주주의 사회에서 경찰관이 가져야 하는 윤리적 표준으로서 코헨(Howard S. Cohen)과 펠드버그(Michael Feldberg)는 공중의 신뢰, 생명과 재산의 안전, 협력, 공정한 접근, 객관성을 제시하고 있다.67)

1) 공중의 신뢰(public trust)

공중의 신뢰란 시민들이 자신의 권리행사를 제한하고 치안을 경찰에게 믿고 맡겼다는 것을 인식하고 경찰이 그에 부응하는 것을 의미한다.

민주사회에서 살아가는 시민들은 자신의 권리행사를 스스로 제한하고 정부에 권력을 위임하였고, 정부의 한 기관인 경찰은 시민의 생명과 재산 보호를 위하여 시민들을 대신하여 권한을 행사하고 있다. 물론 시민들은 법률적 요건

---

66) 김대원, "한국의 경찰정신에 관한 연구," 박사학위논문, 동국대학교 대학원, 2000, p. 13.

67) Howard S. Cohen and Michael Feldberg, *Power and Restraint: The Moral Dimension of Police Work* (New York: Praeger, 1991), pp. 44~64.

을 갖춘 특정한 경우에는 정당방위나 자구행위를 통해 자기의 권리를 스스로 보호할 수 있다. 그러나 시민들은 이러한 특별한 경우 이외에는 자신의 권리보호를 위해 정부의 권력에 의존할 수밖에 없다. 다음의 예는 이러한 점을 잘 보여주고 있다.

첫째, 시민은 경찰이 반드시 법집행을 할 것을 신뢰한다.

둘째, 시민은 경찰이 강제력을 행사할 때 필요한 만큼의 최소한을 사용할 것을 신뢰한다.

셋째, 시민은 경찰이 사익을 위해 공권력을 사용하지 않을 것을 믿고 있다.

2) 생명과 재산의 안전(safety and security)

생명과 재산의 안전이란 경찰의 목적이 시민의 생명과 재산의 보호에 있으므로 경찰이 이 목적을 행위의 지표로 삼는 것을 말한다.

경찰의 기능을 한마디로 요약하면 시민의 생명과 재산의 안전을 위한 법집행이다. 이러한 생명과 재산의 안전은 경찰이 체포, 검문, 임의동행, 동향관찰, 채증 등과 같은 억압적·강제적 수단을 사용하는 경찰활동뿐만 아니라 모든 경찰활동의 기준으로서 의미를 가진다.

즉 이 기준은 경찰의 활용영역을 설정해 주며 경찰이 그들의 활동영역에서 어떻게 해야 되는지에 대한 방향을 제시해 준다. 또한 경찰공무원으로 하여금 이러한 기준을 충족시키기 위해 자기를 어떻게 개발할 것이며 어떤 지식이 필요한가에 대한 해답을 준다.

3) 협력(teamwork)

협력은 경찰은 그들에게 부여된 사회적 역할범위 내에서 활동을 해야 하며, 이러한 활동을 함에 있어서 상호 협력을 통해 경찰의 목적을 달성해야 한다는 것이다.

권한과 권력은 항상 남용될 위험성 있기 때문에 민주주의 국가에서는 여러 개의 기관에 권력을 분산하여 일부 기능을 행하도록 하고 있다. 권력분립원칙 하에서 경찰은 일반행정기능과 형사사법기능의 일부를 담당하고 있다. 형사사법기능 중 기소와 재판은 각각 검찰과 법원이 맡고 있고 범죄진압과 수사업무는 경찰이 맡고 있다.

4) 공정한 접근(fair access)

공정한 접근이란 치안서비스는 일종의 사회적 공공재로서 누구에게나 차별 없이 제공되어야 한다는 것이다.

경찰은 범죄현장, 소요현장, 사고현장 등 사회적 위험이 있는 모든 곳에서 그 기능을 행사한다. 경찰은 사회공공의 안녕과 질서유지를 위해 언제 어느 곳에서나 그들의 강제력을 행사할 준비가 되어 있다.

사회계약론적 관점에서 볼 때 시민들은 경찰에게 평화와 안전의 위험상황을 잘 통제하고 대처할 수 있도록 경찰에게 권력과 권한을 부여하고 있으며, 이로 인해 시민의 어느 누구도 경찰의 법적 업무수행에 저항할 수 없고 경찰의 법적 명령을 거절할 수 없다.

5) 객관성(objectivity)

객관성이란 경찰은 사회공공의 안녕과 질서유지라는 공적인 역할을 수행함에 있어 사사로운 감정에 사로 잡히지 않고 공평하고 사심이 없어야 한다는 것이다. 경찰업무는 경찰관의 개성과 감정에 구애됨이 없는 객관성을 요구하는 활동이라고 할 수 있다. 사실 인간이 쉽게 사사로운 감정을 떨쳐버릴 수 있는 것은 아니며 긴장이 고조되는 상황에서 객관성을 유지한다는 것은 쉬운 일이 아니다.

객관성을 상실하는 주된 원인은 경찰공무원이 지나치게 관여(over involvement)하는 데에 있다. 또한 객관성이 과도하게 나타날 때에도 문제가 생긴다. 소위 "이게 내 일이야 뭐야, 내가 답답할 게 뭐가 있어"라고 하면서 도움을 요청하는 시민들에게 냉소주의(cynicism)를 표현하는 것이 그것이다. 이것은 자기의 감정을 자제하는 차원이 아니라 도움을 요구하는 사람들을 염려하는 마음이 전혀 없는 무관심에 가깝다.

(2) 경찰윤리강령

1) 경찰윤리강령의 개념

경찰조직은 시민들이 바라는 경찰윤리표준에 맞는 행동규범을 정하여 조직구성원들로 하여금 이에 따르게 하고 있다. 이러한 경찰조직의 추상적 행동규범을 문서화한 것이 경찰윤리강령(Code of Police Ethics)이다. 통상 경찰윤리강령은 공동체의 기대 속에서 활동하는 경찰공무원들이 경찰업무를 수행함에 있어서 지켜야 할 도덕적·정신적 지표를 의미한다.

2) 경찰윤리강령의 제정 계기

공동체의 유지를 위한 필수 불가결한 기능을 행사하는 경찰은 시민생활에 지대한 영향을 미치고 있기 때문에, 시민사회는 경찰조직에 많은 기대를 가지고 경찰행정에 압력을 행사한다. 그래서 경찰이 이러한 시민의 기대를 충족시키지 못할 때, 시민의 냉엄한 비난과 질책은 경찰조직의 기반까지 흔들 수 있다. 그래서 경찰조직은 시민의 기대에 보다 더 접근하기 위해 자율적인 윤리강령의 필요성을 인식하게 되고 그 결과 경찰윤리강령이 만들어지게 된 것이다.

술리반(John L. Sullivan)은 "의심의 여지없이 윤리강령은 미국에서의 전문직에 필수 불가결한 것이고 윤리강령이 없이는 전문직이 성립될 수 없다고 본다. 선택된 규칙들은 최고의 표준에 도달해야 한다. 협상을 위한 기회가 있어서는 안 된다"68)라고 말하고 있으며, 미국경찰윤리강령의 공표도 일반적으로 경찰을 전문직업화 하려는 노력과 맞물려 이루어졌다.

국제경찰장협회(International Association of Chiefs of Police)의 전문위원회 1938-39년 보고서에 의하면, 전문직업화의 필수적인 요소는 행위의 규범을 제시하고 공공서비스에 대한 근거를 제시하는 경찰윤리강령의 공표임을 주장하고 있다.69)

1957년에 채택된 국제경찰장협회의 경찰윤리강령은 경찰전문직에 유자격자를 모집·훈련시킴으로써 업무수행과 행동에 있어서 높은 전문직업적 규범준수를 장려하는 데 그 목적이 있다. 국제경찰장협회의 윤리강령을 살펴 보면 다음과 같다.70)

---

68) John L. Sullivan, *Introduction to Police Science* (New York: McGraw-Hill, 1977), p. 280.

69) John Kleinig, The Ethics of Policing (New York: Cambridge University Press, 1996) p. 34.

70) 서기영, 「한국경찰행정사」 (서울: 법문사, 1976), p. 596.

국제경찰장협회의 윤리강령

Ⅰ. 경찰관인 나의 기본임무는 인류에 봉사하고 국민의 생명·재산을 보호하며 순박한 사람들을 협잡(挾雜)에 빠지지 않게 하며 약한 자를 압박과 공포에서 풀어주며 평화인을 폭력과 무질서상태로부터 보호함으로써 자유평화주의를 위해 만인의 권리를 존중하는 것이다.

Ⅰ. 나는 만인의 모범이 될 수 있도록 나의 사생활의 순결성을 지킬 것이며 위험에 직면할 때 냉철한 판단과 사명감을 발휘하여 끊임 없이 국민의 안녕을 염원할 것이다.

Ⅰ. 나는 공사생활을 통하여 마음과 몸가짐에 정직할 것이며 국법을 준수하고 나의 직장의 규율을 엄수함에 동료의 모범이 될 것이다.

Ⅰ. 나는 국가나 국민의 비밀을 보장하며 월권행위를 배격하며 나의 편견 또는 감정이 정당한 임무수행에 장해가 되지 않도록 할 것이다.

Ⅰ. 나는 범죄와 타협치 않고 범인검거에는 과감 철저할 것이며 적절 존중하게 집행하되 절대 사례를 받지 않을 것이다.

Ⅰ. 나는 나의 훈장에 상징된 국민의 신뢰를 명심할 것이며 새로운 민주경찰발전에 진력할 것이다.

Ⅰ. 나는 이 모든 목표와 이상의 달성을 위하여 끊임없이 노력할 것이며 내가 선택한 직업인 경찰의 사명에 헌신할 것을 국민 앞에 맹서한다.

참 고 문 헌 (Sources)

국내문헌

강영규, "경찰공무원의 비행적 행태관리에 관한 연구," 석사학위논문, 연세대학교 대학원, 1994.

경찰대학, 「경찰학개론」, 용인: 경찰대학, 2004.

_____, 「경찰윤리론」, 용인: 경찰대학, 2004.

경찰종합학교, 「민주경찰정신교본」, 1991.

경찰청, 「경찰통계년보」, 제50호, 2006.

_____, 「경찰백서」, 서울: 경찰청, 2006.

_____, 「2004년 경찰예산 이렇게 편성되었습니다」, 2004.

김기호, 「경찰관 삶의 질 향상에 관한 연구」, 석사학위논문, 동국대학교 행정대학원, 2000.

김병섭, "경찰공무원의 스트레스와 심리적 탈진," 「한국행정연구」, 겨울호(제3권 제4호), 1994.

_____, "경찰공무원의 근로생활의 질(QWL)에 관한 연구," 치안연구소, 1998.

김복영 외 4인, "경찰교육제도 개선방안," 경찰대학 치안연구소, 1996.

김신복, "공무원인력관리와 인사행정의 개선과제," 서울대학교 행정대학원, 「행정논총」, 제32권 제1호, 1994.

김중양, 「한국인사행정론」, 서울: 법문사, 2002.

박동서, 「인사행정론」, 서울: 법문사, 2001.

박성수, "경찰공무원의 스트레스가 조직에 미치는 영향에 관한 연구," 박사학위논문, 동국대학교 대학원, 2001.

박천오 외 5인 공저, 「인사행정의 이해」, 서울: 법문사, 2001.

서기영, 「한국경찰행정사」, 서울: 법문사, 1976.

서원석, "한국 공무원의 사기제고를 위한 정책방향 모색," 「한국행정연구」, 제3권 제3호, 1994.

_____, "공직 조직퇴직자의 실태분석과 활용방안," 한국행정연구원, 1998.

연성진, "권력형 부정부패의 구조와 통제방안," 한국형사정책연구원, 1998.

오석홍, 「인사행정론」, 서울: 박영사, 1989.

유민봉, 「한국인사행정론」, 서울: 박영사, 2002.

_____, 「인사행정론」, 서울: 박영사, 2000.

유영현, "경찰공무원의 스트레스에 관한 연구: 스트레스 완충요인을 중심으로," 박사학
위논문, 원광대학교 대학원, 1997.

유종해, 「행정의 윤리」, 서울: 박영사, 1995.

이상안, 「공직윤리봉사론」, 서울: 박영사, 2000.

_____, "경찰보수예산의 국부창출 효과와 체계개선," 제10회 치안정책학술세미나, 치
안연구소, 2000.

이상호, "경찰관 사기관리방안에 관한 연구," 치안연구소, 1995.

이완구, "정책집행에서의 직무스트레스에 관한 연구: 경찰공무원의 사례를 중심으로,"
박사학위논문, 단국대학교 대학원, 1994.

이유준·이송호, "경찰인사제도 개선방안," 치안연구소, 1996.

이황우, "경찰공무원의 선발모형에 관한 연구,"「행정논집」, 제15집, 동국대학교 행정대
학원, 1986.

_____, "경찰간부후보생 선발제도의 개선방안에 관한 연구,"「한국경찰학회보」, 제6
호, 한국경찰학회, 2003.

_____, "경찰관리의 중요성과 그 추세에 대한 연구,"「법정논총」, 창간호, 동국대학교
법정연구소, 1965.

_____, 조병인, 최응렬, 「경찰학개론」, 서울: 한국형사정책연구원, 2006.

임창호, "경찰승진제도의 실태분석 및 개선방안," 경찰개혁 연속 정책토론회 제3차 인
권실천시민연대, 2005.

_____, "경찰공무원 선발시험에 관한 연구," 한국경찰학회보, 제4호, 한국경찰학회, 2002.

장석헌, "경찰재량행위의 결정요인에 관한 연구," 박사학위논문, 동국대학교 대학원,
1997.

전수일, "관료부패에 관한 연구: 한국 관료와 시민의 행태분석을 중심으로," 박사학위
논문, 고려대학교 대학원, 1983.

정윤수, "경찰관 성과평가척도의 발전방향에 관한 연구," 치안연구소, 1995.

정태진, "경찰공무원의 사기에 관한 실증적 연구: 근무기관별 사기영향요인을 중심으
로," 석사학위논문, 서울대학교 행정대학원, 1996.

조성호, "경찰공무원의 직업윤리에 관한 연구," 박사학위논문, 동국대학교 대학원, 2003.

최종술, "경찰공무원의 근무성적평정제도에 관한 연구," 박사학위논문, 동국대학교 대
학원, 1999.

최종원, "경찰보수체계에 관한 비교 연구," 치안연구소, 1997.

하상묵, "공무원 근무성적평정제도의 합리적 운영방안," 한국행정연구소, 1998.

한국형사정책연구원, "경찰분야 부패방지 대책," 1999.

한상암, "경찰의 퇴직관리의 문제점 및 개선방안에 관한 연구,"「한국경찰학회보」, 제1
　호, 한국경찰학회, 1999

────, "한국경찰관의 인성적 특성에 관한 실증적 연구," 박사학위논문, 동국대학교
　대학원, 1997.

홍근영, "공무원범죄의 실태분석과 통제에 관한 연구," 박사학위논문, 동국대학교 대학
　원, 2001.

홍종률, 「사회윤리와 직업윤리」, 서울: 형설출판사, 1999.

국외문헌

Bennett, Richard R., "Job Satisfaction among Police Constables: A Comparative
　Study in Three Developing Nations," *Justice Quarterly*, Vol. 14, No. 2, June 1997.

Bopp, William J. and Paul M. Whisenand, *Police Personnel Administration,* Bos-
　ton: Allyn and Bacon, Inc., 1980.

Brown J. M., and P. A. Langan, "Policing and Homicide, 1976-98: Justifiable
　Homicide by Police," Police Officers Murdered by Felons, Washington, D. C.:
　Bureau of Justice Statistics, 2001.

Charles B. Saunders, Jr., *Upgrading the American Police*, Washington D. C.: The
　Brookings Institution, 1970.

Cohen, Howard S., and Michael Feldberg, *Power and Restraint: The Moral
　Dimension of Police Work*, New York: Praeger, 1991.

Eastman, George (ed.), *Municipal Police Administration*, Washington, D. C.: Inter-
　national City Management Association, 1969.

Falkenberg, Steve, Larry K. Gaines and Terry C. Cox, "The Oral Interview Board:
　What Does It Measure?," *Journal of Police Science and Administration*, Vol. 17,
　No. 1, March 1990.

French, J. R. P., S. Cobb, and J. R. W. Rogers, "Adjustment as Person Environment
　Fit, Coping and Adoption," G. V. Coelho, D. A. Hanburg, and J. F. Adams (eds.),
　New York: Basic Book, 1972.

Fyfe, James J., Jack R. Greene, William F. Walsh, O. W. Wilson, and Roy Clinton
　McLaren, *Police Administration*, 5th ed., New York: The McGraw-Hill
　Companies, Inc., 1997.

Heisel, W. Donald and Patrick V. Murphy, "Organization for Police Personnel

Management," O. Glenn Stahl and Richard A. Staufenberger (eds.), *Police Personnel Administration*, Washington, D.C.: Police Foundation, 1974.

Iannone, Nathan F., *Supervision of Police Personnel*, 4th ed., Englewood Cliffs, New Jersey: Prentice-Hall, Inc., 1987.

International City Managers Association, *Municipal Personnel Administration*, 6th ed., Washington D.C.: International City Managers Association, 1960.

Kleinig, John, *The Ethics of Policing*, New York: Cambridge University Press, 1996.

Lawrence, R. A., "Police Stress and Personality Factors: A Conceptual Model," *Journal of Criminal Justice,* Vol. 12, 1984.

Leonard, V. A. and Harry W. More, *Police Organization and Management*, 5th ed., Mineola, New York: The Foundation Press, Inc., 1978.

National Advisory Commission on Criminal Justice Standards and Goals, *Report on Police, Washington*, D. C.: U. S. Government Printing Office, 1973.

National Commission on Law Observance and Enforcement, *Report on Police*, Montclair, New Jersey: Patterson Smith Publishing Co., 1968.

National Institute of Justice, *Twenty-five Years of Criminal Justice Research*, Washington, D. C., 1994.

Price, Clifford, Micheal L. Pollock, Larry R. Gettman, and Deborah A. Kent, *Physical Fitness Programs for Law Enforcement Officers: A Manual for Police Administrators, Washington*, D. C.: U. S. Government Printing Office, 1978.

Pugh, George M., "The Good Police Officer: Qualities, Roles, and Concepts," *Journal of Police Science and Administration*, Vol. 14, No. 1, March 1986.

Richard A. Talley, "A New Methodology for Evaluating the Curricula Relevancy of Police Academy Training," *Journal of Police Science and Administration*, Vol. 14, No. 2, June 1986.

Roberg, Roy R. and Jack Kuykendall, *Police Management*, 2nd ed., LA, California: Rxbury Publishing Company, 1997.

Robert J. Meadows, "Police Training Strategies and the Role Perceptions of Police Recruits," *Journal of Police Science and Administration,* Vol. 13, No. 3, September 1985.

Selye, Hans, "The Stress of Life," in T. A. Beehr and T. M. Franz (eds.), "The Current Debate About The Meaning of Job Sress," *Journal of Organization Behavior Management,* Vol. 8, 1986.

Slater, Harold R. and Martin Reiser, "A Comparative Study of Factors Influencing Police Recruitment," *Journal of Police Science and Administration*, Vol. 16, No. 3, September 1988.

Souryal, Sam S., *Police Organization and Administration*, New York: Harcourt Brace Jovanovich, Inc., 1981.

_____, *Ethics in Criminal Justice: In Search of the Truth*, 2nd ed., Cincinnati, OH: Anderson Publishing Co., 1998.

Spielberger, Charles D., *Police Selection and Evaluation: Issues and Techniques*, New York: Praeger Publisher, 1979.

Stahl, O. Glenn, *Public Personnel Administration*, 6th ed., New York: Harper & Row, 1971.

Stahl, O. Glenn, and Richard A. Staufenberger(eds.), *Police Personnel Administration*, Washington, D. C.: Police Foundation, 1974.

Sullivan, John L., *Introduction to Police Science*, New York: McGraw-Hill Book Co., 1977.

Swank, Calvin J. and James A. Conser, *The Police Personnel System*, New York: John Wiley & Sons, 1983.

Swanson, Charles R., Leonard Territo, and Robert W. Taylor, *Police Administration*, 4th ed., New Jersey: Prentice-Hall, Inc., 1998.

Territo, Leonard, C. R. Swanson and Neil C. Chamelin, *The Police Personnel Selection Process,* Indianapolis: Bobbs Merrill Educational Publishing, 1977.

The President's Commission on Law Enforcement and Administration of Justice, *Task Force Report: The Police,* Washington, D. C.: U. S. Government Printing Office, 1967.

Webb, S. D. & D. L. Smith, "Police Stress: A Conceptual Overview," *Journal of Criminal Justice,* Vol. 8, 1980.

Wilson, O. W. and Roy C. Mclaren, *Police Administration*, 4th ed., New York: McGraw-Hill Book Co., 1977.

Yeager, Samuel J., "Use of Assessment Center by Metropolitan Fire Department in North America," *Public Personnel Management*, Vol. 15, No. 1, Spring 1986.

Yoder, Dale, *Personnel Management and Industrial Relation,* New York: Prentice-Hall, 1970.

西村春夫, "犯罪の發見と警察の社會學," 「犯罪社會學」, 東京: 有斐閣, 1975.

제8장

경찰관리론

제1절 경찰생산성

경찰활동은 노동집약적이다. 왜냐하면 경찰예산 중 거의 대부분이 인건비, 주요사업비, 장기퇴직계획에 소비되고 있으며, 경찰은 다수의 시민들과 상호 작용하는 1~2명의 경찰관들에 의해 일반적으로 수행되는 긴급대응체계(Emergency Response System)로 조직되어 있기 때문이다. 그러한 경찰활동은 경찰보수의 관점에서뿐만 아니라, 교육훈련, 경찰무선통신, 차량, 컴퓨터 지원, 그리고 첨단 무기의 구입 등에서 볼 때에 비용이 많이 든다.

경찰기관의 중요한 운영자로서 경찰간부는 경찰자원들의 지출과, 이러한 지출에 의해서 생산된 국민의 생명·신체·재산의 보호라는 치안서비스에 대하여 계속해서 관심을 기울여야 한다. 경찰간부는 또한 경찰기관에 자금을 공급하는 국민들에게 경찰자원들이 적절하고 능률적이고 효과적으로 사용되고 있다는 것, 즉 생산성이 높다는 점을 확신시켜야 한다.

1. 생산성의 개념

'생산성(生産性)'(Productivity)은 산출에 대한 투입의 관계를 말하며, 생산성이 높은 조직 혹은 개인은 투입자원을 최소화하고 결과를 최대화한다. 생산성은 획득된 결과와 초래된 비용 사이의 관계이다.

조직의 생산성에 대한 평가를 위해서는 두 개의 개념인 능률성(efficiency)과 효과성(effectiveness)을 고려하여야 한다. 능률성은 수단을 의미하고, 효과성은 목적인 결과를 의미한다.

능률성은 가장 적은 지출로 어떤 결과를 성취하거나 물건이나 서비스를 생산하는 것을 의미한다. 따라서 능률성은 전체 112신고 중 70%에 대해 3분 이내에 대응할 수 있다"와 "형사들은 매달 평균적으로 50건의 범죄사건을 다룬다"와 같은 말속에 반영되어 있다.

그와는 반대로, 효과성은 원해지는 결과가 비용에 관계없이 성취되는 정도이다. 여기서는 필연적으로 비용에 대해서는 아니지만, 경찰의 노력과 활동의 영향에 대해서 강조된다. "지역의 안전이 지난해에 비하여 증가했다"와 "우리 지역은 우리나라에서 가장 안전한 도시들 가운데 하나이다"와 같은 그러한 말들은 경찰활동의 영향에 대한 관심사를 반영하고 있는 것이지 이러한 결과들을 낳는 서비스들의 비용을 고려하는 것은 아니다.

생산성이라는 개념은 효과성과 능률성의 개념을 결합시킨 것이다.

한 경찰기관의 생산성을 측정하고 평가하는 목적은 그 기관의 기능과 효과를 향상시키고자 하며 다음과 같은 문제를 이해하기 위한 것이다.

① 어떻게 경찰서비스들이 생산되는가?

② 이러한 경찰서비스들의 비용은 어떠한가?

③ 제공되는 경찰서비스의 유형에 따라서 비용은 어떻게 변하는가?

④ 다른 서비스들이 분석하고자 하는 문제들이나 성취하고자 노력하는 목표들에 대해서 다른 서비스들의 영향은 어떠한가?

⑤ 생산성 측정은 경찰간부들에게 그들의 기관과 직원에 대한 많은 정보를 제공할 수 있다.

2. 경찰생산성 측정의 중요성

과거 경찰활동을 포함한 정부서비스에 대한 평가에 대한 관심을 기울이지 않았으며, 일반적으로 정부, 특히 경찰의 능률성, 효과성, 그리고 생산성에 대한 관심은 거의 없었다.

그러나 1970년대 중반 이후 한국 경제는 엄청난 한계 및 경기후퇴를 경험했다. 1970년대의 석유수출금지, 1980년대 이후 국가 부채, 그리고 정부규모를 축소하려는 경향은 정책결정자들로 하여금 공공의 안전을 포함한 정부 정책들의 영향을 더 잘 이해하도록 압력을 가했다. 지방정부들은 공공 서비스에 투자한 것에 대해서 최대한의 대가를 얻기를 원했다.

오늘날 지방자치단체들의 경제와 재정에 있어서의 극적인 변화들은 재정적 압박에도 불구하고 경찰간부들로 하여금 경찰의 공공안전 목적을 확실히 성취할 것을 요구한다. 경찰간부는 지역사회에 최대한의 경찰서비스를 제공하기 위하여 계속해서 경찰자원에 관심을 기울이고 단지 열심히 일하기보다는 열심히 일하면서 더 영리하게 일해서 더 적은 것을 갖고서 더 많은 것을 성취해야 한다.

3. 경찰생산성 측정의 어려움

모든 공공기관들은 그들의 직무수행의 영향을 분명히 하고 직무수행의 성과를 측정해야 할 과제를 안고 있다. 손해와 이익을 금전적으로 계산하는 사기업과는 달리 공공기관들은 매우 광범위하게 정의된 상징적인 임무들과 목표들을 추구한다. 이러한 공적 목표는 헌법과 민주주의를 보호하고, 시민을 교육시키고, 시민 건강을 증진시키고, 공공의 평온을 제공하고 유지하는 것이며, 이러한 공적 목표들은 공적 영역에 있어서 생산성 측정을 어렵게 만든다.

경찰활동의 목표와 목적 역시 범죄, 질서, 정의 특히 범죄에 대한 두려움은 1960년대 이후에 여러 문제들 중에서 경찰활동의 최우선 순위에 있다.

게다가, 우리는 "경찰이 무엇을 해야하는가"에 관해 합의에 도달하지 못했다. 경찰은 전문화된 범죄진압자(specialized crime fighter)인가 아니면 서비스제공자(generalized service provider)인가? 경찰은 범죄를 예방하고 공공질서를 유지하는데 혼자서 책임을 지는가? 아니면 사회기관과 정부기관들도 똑같이 범죄와 무질서에 대하여 책임이 있는가? 이러한 문제들을 어떻게 이해하는

가가 경찰생산성을 정의하는 데 중요한 영향을 미칠 것이다.

경찰은 그들이 수행한 결과가 사회안전에 어떠한 영향을 미쳤는가를 측정하는 것은 어려운 반면에 일상적인 활동에 대해서는 잘 알고 있다.

경찰기관은 직무수행을 측정하기 위해서 발부된 교통법규위반 스티커의 수와 같은 것들을 측정한다. 생산성에 대신해서 스티커의 수를 측정하는 것은 경찰이 성취하고자 하는 결과인 '더 안전하고 덜 혼잡한 도로'와는 관련이 없다. 도로가 더 안전하고 덜 혼잡한가를 판단하기 위해서 경찰은 법규위반 차량의 적발건수나 스티커 발수건수의 관점에서 교통생산성을 평가해왔다.

윌슨(James Q. Wilson)은 전체적인 경찰 성과를 '실질적으로' 측정한 것은 없다. 어떤 대도시에서 공공의 질서, 안전, 그리고 쾌적함의 정도는 경찰활동에 의해서 단지 부분적으로만 영향을 받을 수 있다. 2차적인 측정은 거의 항상 범죄율이나 공공질서의 수준과 어떤 관계를 갖고 있거나 갖고 있지 않은 과정(출동시간, 체포율, 또는 해결율)을 측정하는 것(process measures)이 된다고 하였다.[1]

4. 전통적 경찰생산성 측정방법

전통적으로 경찰활동에 대한 양적인 측정은 경찰기관의 생산성과 경찰관 직무수행에 대한 측정을 대신하여 측정되었다. 대부분의 이러한 측정들은 경찰의 범죄진압자 역할에 중점을 두었다.

(1) Uniform Crime Report와 범죄율

미국에서 경찰기관의 생산성을 측정하기 위해 사용되는 가장 잘 알려진 정보의 출처는 FBI가 발행하는 Uniform Crime Report가 있으며 이 범죄통계보고서에는 지표범죄(Indexed Crime)이 제시되어 있다. 지표범죄는 8개의 일반적인 폭력 및 재산범죄에 관해서 인구 100,000명당 범죄율로 구성되어 있다.

1) James Q. Wilson, "The Problems of Defining Agency Success," in *Performance Measures for the Criminal Justice System* (Washington, D. C.: U. S. Department of Justice, 1993), p. 16.

경찰생산성을 측정하기 위한 수단으로서 UCR의 효용성에 대한 다음의 몇 가지 비평이 있다.

첫째, UCR은 단지 보고된 범죄만을 기록한다. 그러나 많은 피해자들은 관련된 범죄를 해결하기 위하여 경찰이 어떤 것을 할 수 없다고 믿기 때문에 신고를 하지 않는다.

둘째, 발생하지 않은 허위 사건들을 거짓 신고함으로써 범죄통계가 영향을 받을 수 있다. 사실 몇몇 차량절도보고는 보험사기(insurance fraud)와 관련된 것이다.

셋째, 몇몇 보고된 범죄는 경찰에 의해서 유실되거나 잘못 분류된다.

넷째, UCR의 구조에서 경찰은 중대한 범죄만을 기록한다. 만일 어떤 사람이 강간과 강도를 당했다면 단지 강간만이 UCR의 통계에 나타날 것이다.

다섯째, 모든 지표범죄들은 같은 가치를 갖고 있으며 지표범죄에 포함되는 범죄들의 상대적 중요도는 무시되므로, 살인, 강간, 자전거 절도, 신용카드 사기는 모두 같이 범죄 1건으로 표시된다.

여섯째, 8개의 지표범죄(Crime Index)에는 조직범죄, 화이트칼라범죄 그리고 마약거래와 같은 매우 중요한 범죄가 누락되어 있다.

일곱째, 지표범죄는 각 관할구역의 주민수에게 기초를 두고 있으나, 관할구역에서 범죄를 당하기 쉬운 사람들(또는 장소들이나 범죄대상들)의 수를 정확히 측정하지 않는다. 예를 들면, 워싱턴(Washington D. C.)은 600,000명 이하의 주민을 갖고 있다. 그러나 근로자들과 관광객들을 포함해서 낮 시간동안 최대인구는 대략 150만 명까지 도달하기도 한다. 그러므로 워싱턴에서 발생하는 인구 100,000명당 차량절도와 소매치기 건수는 600,000명의 주민들을 대상으로 발생하는 것만이 아니고 900,000명의 관광객을 대상으로 한 것일 수도 있다.

(2) 체 포 율

체포율(Arrest Rates)은 경찰에 인지된 모든 범죄들에 대해서 체포된 사람들의 수를 계산한다. 체포율은 일반적으로 '체포된 사람 대 보고된 범죄의 비율'로서 알려진다. 체포율은 조작하기 쉬워서 경찰기관의 생산성과 경찰관 직무수행에 관해서 매우 의심을 받고 있다. 많은 요소들은 구속하려는 경찰관들의 결정에 영향을 준다. 범죄의 심각성 외에도, 피해자와 범법자 사이의 관계, 피해자의 로비 유무도 경찰관의 체포결정에 영향을 준다.

체포는 특히 집단적인 범죄통계와 비교될 때 경찰관 직무수행을 잘 측정하지 못한다. 왜냐하면 경찰은 중대한 위반보다는 사소한 위반 때문에 더 많은 사람들을 체포하기 때문이다.

(3) 범죄해결률

범죄해결률(Clearance Rate)은 경찰이 피의자를 잡았다고 생각하는 범죄들의 수를 경찰에게 보고된 범죄들의 수로 나눈 것을 의미한다.

범죄해결률은 전통적으로 '범죄를 해결하는' 경찰능력을 측정하는 수단으로서 사용되어져 왔다. 특히 범죄해결률은 형사업무와 매우 관련이 있었다. 그러나 범죄해결률은 경찰생산성을 측정하는데 있어서 다음과 같은 의심을 받는다.

첫째, 범죄해결률은 거의 독자적인 증명을 할 수 없으며 전적으로 경찰에 의해 결정된다. 이것은 범죄의 해결 유무를 결정하는 것은 바로 경찰이라는 것을 의미한다. 특정한 범죄로 인하여 체포된 개개인들이 무죄로 결정될 때, 경찰의 범죄해결률이 조정되는 일은 드물다.

둘째, 어떤 유사한 범죄로 인해 체포된 한 개인이 여러 사건으로 기소됨으로써 여러 범죄를 해결하게 된다. 예를 들면, 경찰은 대부분 긴 목록의 미해결된 아파트 주거침입절도들을 갖고 있다. 어떤 개인이 유사한 범죄를 저질러서 체포될 때에, 일반적으로 경찰은 모든 미해결된 야간주거침입절도들을 그 피의자가 다 범했다고 만든다.

셋째, 범죄해결률은 '예외적인 해결과정'이라고 알려진 것에 의해서도 의심받을 수 있다. 예외적인 해결은 경찰이 누가 그 범죄를 범했는지를 알고 있다고 주장하나, 그것을 증명할 수는 없는 상황을 가리킨다. 이러한 상황이 발생하는 이유는 일반적으로 범죄피해자가 그 범죄자를 공개적으로 기소하려 하지 않기 때문이다. 피해자가 보복을 두려워하는 많은 조직범죄사건에서 경찰은 범죄를 해결하기 위한 방법으로서 그러한 예외적 해결을 이용한다.

넷째, 많은 범죄들은 해결되고 나서야 비로소 보고된다. 예를 들면, 마약 및 매춘 범죄들은 전형적으로 경찰관들이 그러한 범죄를 범했기 때문에 체포된 사람들을 경찰서에 데리고 올 때에 비로소 경찰에게 알려진다. 그리하여, 대부분의 신고 범죄와는 달리 경찰관에 의해서 직접 보고되는 범죄들은 전형적으로 거의 100%의 해결율을 갖고 있다. 경찰생산성을 측정하는 수단으로서 사용된 범죄해결률은 경찰에 의한 내적인 조작을 받기 쉽다.

(4) 경찰 대 시민의 비율

경찰생산성을 설명하기 위해 종종 사용되는 간접적·양적 측정은 시민 1,000명당 경찰관들의 수(ratios of police to citizens)이다. 이러한 측정수단은 어떤 관할구역 내에서 이용될 수 있는 경찰서비스의 적절성을 나타내는 지표로서 여겨진다.

사실, 경찰 대 시민의 비율은 경찰생산성을 거의 설명하지 못한다. 인구밀도, 비거주인구의 변화, 도시의 물리적 형태나 보고된 범죄의 수준에 있어서 차이점, 또는 어떤 특정한 도시에서의 피해정도에 따라서 경찰 대 시민의 비율이 거의 조정되지 않는다.

첫째, 로스앤젤레스의 인구(대략 300만 명)는 450 평방마일에 걸쳐있지만 필라델피아의 인구(대략 170만 명)는 128 평방마일에 걸쳐 있다. 출동시간이 적정한 수준에 있기를 원한다면 LA에서는 더 많은 경찰관들이 신고에 대응하는데 이용될 수 있도록 하는 것이 필요할 것이다. 또한 필라델피아의 많은 주거밀집지역들은 노동집약적인 도보순찰에 많은 경찰관들을 할당하는 것이 필요하다.

둘째, 필라델피아는 주변에 있는 교외지역들이 도시 그 자체보다 훨씬 더 커지기 오래 전에 정해진 경계선을 지닌 도시로서 로스앤젤레스보다 더 많은 비거주통근자들을 지닌 주간(晝間) 인구를 갖고 있다.

셋째, 캘리포니아 고속도로 순찰대(California Highway Patrol)는 로스앤젤레스 경찰에게 중요한 것으로서 도시경찰의 교통경찰활동에 관한 책임을 상당히 덜어준다. 그러한 제도는 필라델피아에 존재하지 않으며 필라델피아 경찰국이 자체의 고속도로 순찰대를 갖고 있다.

넷째, 필라델피아에서 주요한 교통형태는 현재 로스앤젤레스 체제보다도 훨씬 더 광범위한 지하철 체제를 갖고 있다. 지하철 체제의 치안은 로스앤젤레스 경찰과는 달리 필라델피아 경찰에게 요구된다.

경찰 대 시민의 비율들은 또한 경찰이 일반적으로 정규경찰관(sworn officer)만을 나타낸다는 점에서 잘못된 것이다.

5. 새로운 경찰생산성 측정방법

배일리(David H. Bayley)에 의하면, 경찰생산성과 관련하여 발전된 측정수단들은 경찰에 대한 시민의 인식뿐만 아니라 경찰활동의 환경에 있어서 변화를 강조한다.[2]

경찰직무수행측정에 대한 많은 발전은 평가의 초점이 경찰조직으로부터 경찰환경으로 변화한 것에서 기인한다. 과거 거의 모든 측정수단들은 경찰이 행하는 것에 의존했다. 오늘날 경찰기관들과 경찰관들에 대한 많은 평가는 경찰의 가장 직접적인 고객인 지역사회 시민들에 대한 경찰활동의 영향에 중점을 두고 있다.

경찰기관들의 적절성과 효과성에 관한 고객정보의 가장 지배적인 형태는 피해도·고객만족도 조사, 그리고 범죄에 대한 두려움 및 지역사회 삶의 질 평가로부터 나온다.

(1) 피해자 조사

피해자와 관련된 정보는 경찰기관들에게 지역사회의 정확한 피해도를 제공해 준다. 피해자 조사(Victim Survey)는 생산성에 대한 많은 경찰기관 평가를 함에 있어서 정규적인 부분이 되었다.

경찰에 의한 피해자 조사의 이용에 관련된 가장 중요한 문제점들은 다음과 같다.

---

2) David H. Bayley, "Back From Wonderland, or Toward the Rational Use of Police Resources," in Anthony N. Doob (ed.), *Thinking about Police Resources* (Toronto: University of Toronto, Centre for Criminology, 1993), pp. 1~34.

첫째, 발견 결과를 신뢰할 수 있는 것으로 만들기 위해서 과학적 표본추출 방법들을 사용하여야 한다.

둘째, 대답하도록 요구받는 사람들이 경찰조사의 대상이 아니라고 느끼도록 하기 위하여 익명성을 확실히 할 필요성이 있다.

셋째, 피해에 있어서의 경향들을 이해하기 위해서 장기간에 걸친 방법들이 사용되어야 한다.

피해자 정보들은 전통적인 체포 및 범죄 통계에 대해서 유용한 보충자료가 될 수 있다.

(2) 경찰업무평가

경찰업무 및 노력에 관한 연구들이 여러 해 동안 행해졌다. 경찰의 업무량과 간접적으로 그들의 생산성은 활동 중인 경찰관을 관찰하고 경찰조사를 행하는 것뿐만 아니라 경찰배치기록 및 활동보고서들을 사용함으로써 평가되어져 왔다. 경찰업무수행에 대한 평가(Police Task Evaluation)는 반응적 경찰활동(시민의 지원요구에 사후적으로 반응하는 경찰활동)에 대해서 뿌리 깊은 편견을 갖고 있다. 최근에 경찰의 일상적인 활동에 대한 관심, 그리고 특히 시민과의 상호작용에 대한 관심이 증가해 왔다. 경찰이 실제로 지역사회에서 행하는 경찰활동을 중시하는 이러한 변화에 대해 암시하는 바가 많다.

첫째, 지역사회와 경찰관계에 관한 광범위한 평가는 경찰영향에 대한 일반적인 평가뿐만 아니라 시민이 경찰간섭을 받아들이는 정도를 알 수 있도록 해준다.

둘째, 지역사회지향적·문제지향적 경찰활동에 대한 철학은 지역사회들 사이의 문화적 차이점을 경찰이 이해하는 것뿐만 아니라 범죄 및 무질서를 야기하는 지역사회 조건들에 영향을 주는, 그리고 지역사회 문제들을 해결하는 경찰의 능력에 중점을 두고 있다.

셋째, 경찰의 직무수행과 생산성을 재개념화하려는 현재의 노력은 경찰조직의 내적인 가치체계나 문화에 있어서 변화를 나타낸다.

(3) 범죄에 대한 두려움과 지역사회의 삶의 질

범죄 및 피해처럼 범죄에 대한 두려움과 지역사회의 삶의 질에 관한 논점들은 중요한 것이다. 1970년대 말과 1980년대 초에 미국 경찰재단에 의해 행해진 경찰운영에 관한 연구들이 제안하는 바는, 경찰전술 및 배치계획들이 지역사회 및 공공장소 이용에 대해 지역주민들과 사업가들이 느끼는 방법에 대하여 많은 영향을 미치고 있다는 것을 제안했다.

범죄에 관한 두려움을 뒷받침하는 이론은 1982년 윌슨(J. Q. Wilson)과 켈링(G. L. Kelling)의 중요한 논문인 '깨진 유리창(Broken Windows)'에서 일반화되었다. 이 논문은 지역사회들이 더욱 두려워함에 따라서 공공장소 이용을 포기한다는 것을 제안한다. 그러한 포기로 인하여 법을 위반하는 사람들에게 그러한 공공장소들을 넘겨준다. 결국, 법을 지키는 시민들을 자신의 집에 감금하고, 피해의 두려움 때문에 공공장소에 나가는 것을 두려워하도록 만드는 지역해체의 계속된 순환이 발생한다.

범죄에 대한 두려움 조사(fear of crime surveys)는 전형적으로 응답자들이 야간에 밖에 나가는 것을 두려워하는지를 물어보고, 피해의 두려움 때문에 장소들을 피하는지, 그리고 범죄예방책을 취하는지를 물어본다. 범죄에 대한 두려움 조사는 범죄피해자조사와 같은 필요성 및 한계를 갖고 있다.

(4) 경찰 서비스 만족도 조사

최근 경찰은 서비스 이용자들에게 "우리는 어떻게 하고 있는가?"라는 질문을 하기 시작했다. 그러한 질문과 그것이 이끌어내는 반응들은 경찰간부들에게 경찰기관을 더 잘 평가하는 기준을 제공한다. 전통적으로 경찰은 그들의 고객에 대해서는 의견을 거의 물어보지 않았다. 경찰활동의 전문적 모형은 경찰은 전문가로서 어느 정도 시민과 거리를 두어야 한다고 암시했다.

전통적 경찰활동으로부터 지역사회지향적 또는 문제지향적 경찰활동으로 전환하고 있는 오늘날, 공공 법집행의 경향과 함께 경찰생산성 측정을 재형성하고자 한다. 보고된 범죄들, 해결율, 또는 체포건수를 계산하는 방식으로부터 피해도와 경찰서비스에 대한 고객 만족도를 측정하는 쪽으로의 이동은 이미

행해지고 있다.

게다가, 문제해결방법은 새로운 경찰생산성 측정체계의 중요한 특징으로서 해결되거나 감소된 문제들을 평가할 필요성을 강조하고 있다. 아마도 경찰기관 생산성 측정에 있어서 가장 중요한 변화들 중의 하나는 지역의 범죄와 안전상태에 대한 경찰활동의 영향을 조사하는 것이다.

윌슨(James Q. Wilson)은 "경찰은 더욱 안전하고, (더 낮은 범죄율이나 더 많은 마약사범 체포, 또는 더 많은 교통위반 스티커 발부가 아니고) 더욱 질서 잡힌 지역을 만드는 것을 그들 목표들 중의 하나로 삼아야 한다. 경찰이 참여하기 전과 후의 지역상태를 평가하는 다양한 방법들을 고안해야 한다. 경찰은 각종 배치와 전술들을 수정하는 데에 그러한 평가를 사용해야 한다"고 말한다.3)

6. 경찰생산성 향상

(1) 의　의

경찰생산성을 개선하는 것은 경찰관리자에게 어려운 일이며, 이를 해결하기 위한 간단한 답은 없다. 생산성은 개선하기 위해서 복잡한 계획과 관리상의 조치가 요구되는 문제이며, [그림 8-1]과 같이 많은 내·외적 요소가 생산성에 영향을 미친다.

그림 8-1　생산성과 관련된 관리자의 관심사

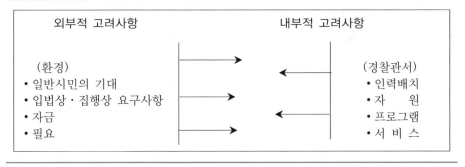

---

3) James Q. Wilson, *op. cit.,* p. 161.

모간(J. P. Morgan)은 어느 부분에서 생산성이 향상될 수 있는지를 명확히 하는데 사용되어야만 하는 4가지 기준을 확인하였다.[4]

첫째, 경찰관리자들은 '일상적이고 반복적인 업무'를 수행하는 다수의 직원들을 포함하는 운영에 특별한 관심을 가져야 한다고 언급했다. 예를 들어 경찰관들은 교통정리, 접촉사고, 보고서 작성 같은 일상적 업무를 수행한다. 많은 경찰관서가 이러한 활동을 적은 비용으로 수행하기 위해 전략을 개발해 왔다. 상대적으로 적은 급료로 일상적이고 반복적인 업무를 수행하는 보조경찰관의 고용이나 퇴직경찰관의 활용 등은 비용절감을 가능하게 한다.

둘째, '많은 시간'이 소요되는 기능들은 경찰관리자가 생산성 개선을 연구할 수 있는 또 다른 영역이다. 인력은 필요성에 따라 배치되어야 한다. 대략 경찰관중 60%가 순찰업무에 배치되어 있다. 만약 시민을 이용하고, 사무관련 업무를 제거하고, 효과적 시간관리로 법정출두 시간을 줄이고, 과도한 순찰시간을 줄이고, 순찰활동을 통제하기 위해 범죄분석 및 범죄지도를 이용하고, 출동시간을 줄임으로써 생산성이 높아진다면 좀 더 많은 경찰관들이 이용될 수 있다. 경찰관리자가 특별한 업무를 수행하는 경찰관이 무엇을 하고 있는지를 관찰하는 것은 중요하다. 순찰경찰관이 행정적 업무에 과도한 시간을 소비하고 있고, 만약 이러한 업무가 줄어들 수 있고 합리화 될 수 있다면 경찰관들은 보다 많은 시간을 본질적인 경찰업무에 사용할 수 있을 것이다.

셋째, 경찰관리자는 보통 '업무축적'(backlog)을 야기하는 기능을 면밀히 관찰하여야 한다. 이러한 업무축적들은 다른 작용 및 결과의 효과성에 중대한 영향을 미칠 것이다. 예를 들면, 형사들에게 할당된 사건의 수는 계속해서 증가하며 업무축적 현상을 보이게 한다. 이 경우 형사들은 각각의 사건에 최소한의 시간을 투자하게 한다. 해결할 가능성이 낮은 사건의 차단을 통해 해결율을 개선하고자 하는 연구결과가 시사하는 바와 같이 범죄수사 관리자는 효과적으로 사건을 부과하고 형사들이 해결 가능한 사건들에 집중할 수 있도록 보장함으로써 업무량을 감소시킬 수 있다.[5]

---

4) J. P. Morgan, "Planning and implementing a productivity program," in J. Wolfe and J. Heaphy (eds.), *Readings on Productivity in Policing* (Washington: Police Foundation, 1975).

5) S. Brandl and J. Frank, "The relationship between evidence, detective effort and the

넷째, 모건(J. P. Morgan)이 생산성 개선을 위해 많은 잠재성을 갖고 있는 것으로서 확인했던 마지막 영역은 '높은 부서비용'(unit cost)이다. 예를 들면, 경찰특공대의 장비는 다른 경찰장비에 비해 매우 비싼 매우 정교한 장비의 구입을 요구한다. 경찰관리자는 계속적으로 그런 요구들이 비용에 비해 효과적인지를 판단하고 평가하여야 한다.

같은 지역에 있는 경찰관서들이 고가의 장비구입비용과 이용을 공유할 수 있다.

(2) 전　　략

홀저(M. V. Holzer)는 생산성을 향상시킬 수 있는 다음과 같은 전략 또는 자극요소를 확인하였다.6)

1) 생산성 협상

기본적으로 '생산성 협상'(productivity bargaining)은 "경찰노조 및 우호적 조직과 생산성 향상을 교섭하는 것"을 말한다. 경찰관서 내의 경찰노조와 기타 경찰관 집단들은 경찰생산성에 지대한 영향력을 가진다. 경찰관리자는 경찰관들이 서로 반목하게 하기보다는 협동하게 하여야 한다. 경찰관리자는 경찰관들에게 어떤 프로그램이 시행되기 전에 알려야 한다. 이것은 궁극적으로 경찰관서 내에 더 많은 생산성과 더 적은 혼란을 가져올 것이다.

여기서 대표적인 예는 교통관련부서이다. 많은 교통관련부서는 경찰관들이 발부하는 스티커 수가 적은 곳에서는 비공식적 할당량을 갖고 있다. 언제 어디서 교통스티커가 발부되었는가와 관련하여 그 신속성을 조사하는 것은 이 사실을 증명한다. 우리는 종종 교통경찰관이 같은 곳에서 2~3시간 사이에 대부분의 스티커를 발부한 사실을 발견한다. 나머지 근무시간은 비생산적이다. 마찬가지로 몇몇 교통경찰관들은 교통스티커를 발부하는 것에만 집중한다. 이런 경찰관들은 수배조회를 하거나 있음직한 범죄수사를 위해 현장수사를 행하지

---

dispositions of burglary and robbery investigations," *American Journal of Police*, Vol 13, No. 3, 1994, pp. 149~168.

　6) M. Holzer, "Police productivity: A conceptual framework for measurement and improvement," *Journal of Police Science and Administration*, Vol. 1, No. 4, pp. 459~467.

않는다. 왜냐하면 그것은 그들의 비공식적인 스티커 수를 감소시킬 수 있기 때문이다. 경찰관서 내의 모든 부서들은 생산성을 개선하기 위해 제시될 수 있는 특성(idiosyncrasy)을 지니고 있다. 가능하다면, 경찰행정가는 경찰조합 및 경찰관 협회를 다룰 때 '원칙에 의거한 협상'(principled negotiation)을 행하여야 한다. 원칙에 의거한 협상을 행할 때 협상가들은 협상과 개인특성을 분리시키고자 하고 논점에 집중한다.7)

2) 자본투자

'자본투자'(capital investments)는 생산성에서 중요한 역할을 한다. 경찰활동은 점점 더 기술화되어 가기 때문에 생산적이기 위해선 더 많은 필수장비를 요구해야 한다. 오늘날 컴퓨터는 자원배분, 범죄경향분석, 생산성 관찰 등 중요한 역할을 한다. 이동식 강도 방지경보 및 고기술 감시장비는 범죄다발지역에서 여러 경찰관을 대신할 수 있다. 경찰관리자는 수요를 관찰하여, 가능한 지역에 경비를 줄이기 위해 전통적 방법 대신에 자동화를 활용하여야 한다. 기술이 활용 가능해짐에 따라 경찰도 그 활용방법을 고려하여야 한다.

3) 관리감사

오늘날 생산성 증가를 위해 사용되는 또 다른 전략은 '관리감사'(management audit)이다. 관리감사는 생산성 측면의 능률성 및 효과성에 초점을 맞춘다는 점에서 재무감사(financial audit)와 다르다. 감사는 대개 인력배치, 관리 스타일, 계급 분포, 경찰관서 내 업무분장, 보고체계를 조사한다. 주로 외부 독립기관이 관리감사업무를 수행한다. 이 외부기관이 경찰관리자에게 경찰관서가 더 잘 운용될 수 있는 방법에 대해 신선한 아이디어와 새로운 관점을 제공해 줄 수 있다. 그 경찰관서의 감사관은 경찰운용활동이 계획된 대로 잘 진행되고 있는지를 확인하기 위해 일상적으로 이러한 기능을 수행할 수 있는 내부 구성원이다. 그것이 어떻게 작용하는지에 상관없이 관리감사는 관리자로 하여금 운용을 감시하고 개선할 수 있게 하는 중요한 관리과정이다.

4) 관리의 원칙

마지막으로 '관리의 원칙'(principles of management)의 적절한 응용은 생산

---

7) S. Covey, *Principle-Centered Leadership* (New York: Summit Books, 1990).

성을 향상시킨다. 관리자는 생산성에 중요한 영향을 미치는 요소이다. 관리자는 조직의 활동을 향상시키거나 퇴보시킨다. 그러므로 경찰관리자는 전통적 관리방법에 의존할 수 없으나, 더 나아지기 위해 보다 더 적절한 관리방법을 찾아야 한다. 이것은 경찰관이 지역사회 내에서 더욱 다양한 업무를 수행하도록 기대되는 지역사회 경찰활동의 시대에 있어서 특히 사실이다.

생산성 향상을 위한 다섯 가지 전략은 경찰관리자가 경찰관서의 기획에 반영해야 하는 철학을 보여준다. 만약 경찰관서 내의 관리자가 혁신적인 방안을 찾지 못한다면, 그 경찰관서는 정체되고 지역사회의 욕구를 충족시킴에 있어서 비효과적이다.

제 2 절 경찰예산

공공기관은 봉급, 장비, 시설유지, 교육훈련, 연구 그리고 각종 제 경비(여비, 통신, 임대)를 지불하기 위하여 공공자금을 가지고 있어야 한다. 공공자금은 공공조직의 신경과 같기 때문에 공공자금이 없이는 공공기관은 존재할 수 없다. 따라서 다른 공공기관과 마찬가지로 경찰조직도 공금(public funds)을 그들 예산의 기초로 하여야 한다. 그래서 보통 경찰업무의 고정된 항목보다는 다른 설비에 사용되고 있다. 공금의 획득과 집행에 따르는 예산구조 속에서의 체계적인 지출이 경찰재무관리의 핵심이다. 따라서 재무관리는 공공기관의 재원을 능률적이고 효과적인 방법으로 기획·통제·활용하는 것이다.

1. 경찰예산의 개념

예산(budget)이라는 용어는 작은 가죽가방 또는 서류끼우개를 의미하는 고대 불어인 bougette에서 유래된 것이라고 한다.[8] 처음에는 영국의 의회에서 재무장관이 재정연설을 할 때 서류를 넣어 가지고 가는 가죽가방을 뜻하였다.[9]

---

8) A. E. Buck, *The Budgets in Governments of Today* (New York: Macmillian, 1934), p. 5.

그 후 그것은 서류, 즉 오늘날의 예산을 의미하게 되었다. 최근에는 예산은 회계연도에 정해진 계획, 장래 지출의 견적·비용의 청구, 정책의 제시, 인간의 목적을 위한 재원, 자금을 충당하고 지출하는 사람 사이의 계약을 포함하는 다양한 것으로 정의되고 있다.10)

일반적으로 예산은 일정 기간에 있어서 수입과 지출의 예정적 계산이다. 형식적으로 본다면 예산은 헌법과 예산회계법에 의거하여 일정한 형식에 따라 편성되어 국회의 심의·의결을 거친 각 회계연도의 재정계획을 말한다. 국가에 따라서는 예산의 형식적 개념을 강조하여 예산을 법률의 형식으로 규정하기도 한다.

경찰예산(police budget)은 일반적으로 일정 기간 동안-보통 1년 동안-경찰운영자금을 공급하기 위한 공식적인 계획이다.

2. 경찰예산의 목적

공공예산은 본질적으로 정부에 의한 재정상의 계획, 즉 공공정책의 목표를 달성하기 위하여 공공기관에 자금을 할당하는 것이다. 정부는 다음과 같은 세 가지 주요한 이유를 위하여 체계적인 예산을 편성하고 있다.

첫째, 공공안전의 프로그램을 운영하기 위하여 그리고 국민의 보호업무에 있어서 경찰의 능률성을 향상시키기 위하여 편성한다.

둘째, 차기 연도 또는 예산기간 동안 경찰부서의 운영과 성장을 도모하기 위하여, 즉 어떤 사업을 착수할 것인가, 그것을 얼마만큼 확장 또는 축소할 것인가, 그리고 그것을 단계적으로 제거 또는 종결할 것인가를 결정하기 위하여 편성한다. 예를 들면 경찰예산은 범죄예방부서를 증설하기 위하여, 컴퓨터화한 통신체계를 구입하기 위하여, 조직폭력과 마약단속부서를 강화하기 위하여, 그리고 교육훈련시설을 확장하기 위한 항목이 포함될 수 있다.

---

9) James C. Synder, "Financial Management and Planning in Local Government," *Atlanta Economic Review,* November−December 1973, pp. 43~47.

10) Haron Wildavsky, *The Politics of the Budgetary Process,* 2nd ed. (Boston: Little, Brown, 1974), p. 4.

셋째, 예산지출을 감독할 의무가 있는 책임자의 재정상 책임을 달성하기 위하여 편성한다.

3. 경찰예산과정

(1) 예산기획

공공기관의 예산은 본질적으로 세심한 재정기획과 사실적인 예측의 산물이다. 따라서 경찰예산은 보통 경찰청의 기획조정담당관 산하 재정기획계와 예산계에서 계획된다. 예산기획자는 계속해서 경찰부서의 당면요구, 단기간의 목적 그리고 장래의 목표를 연구하고 분석하여야 한다.

(2) 예산안편성

예산안의 편성은 다음 해에 정부가 수행할 정책이나 사업을 금액으로 표시한 계획을 작성하는 과정이며, 우리나라에 있어서는 예산편성지침의 작성으로부터 예산안의 확정에 이르는 모든 과정을 포함한다.

1) 중기사업계획서의 제출

각 중앙관서의 장은 매년 1월 31일까지 당해 회계연도부터 5회계연도 이상의 기간 동안의 신규사업 및 기획재정부장관이 정하는 주요 계속사업에 대한 중기사업계획서를 기획재정부장관에게 제출하여야 한다(국가재정법 28조).

2) 예산안편성지침의 통보

기획재정부장관은 국무회의의 심의를 거쳐 대통령의 승인을 얻은 다음 연도의 예산안편성지침을 매년 3월 31일까지 각 중앙관서의 장에게 통보하여야 한다(국가재정법 제29조 제1항).

기획재정부장관은 국가재정운용계획과 예산편성을 연계하기 위하여 예산안편성지침에 중앙관서별 지출한도를 포함하여 통보할 수 있다(국가재정법 제29조 제2항).

기획재정부장관은 각 중앙관서의 장에게 통보한 예산안편성지침을 국회 예산결산특별위원회에 보고하여야 한다(국가재정법 제30조).

3) 예산요구서의 제출

각 중앙관서의 장은 제29조의 규정에 따른 예산안편성지침에 따라 그 소관에 속하는 다음 연도의 세입세출예산·계속비·명시이월비 및 국고채무부담행위 요구서를 작성하여 매년 5월 31일까지 기획재정부장관에게 제출하여야 한다(국가재정법 제31조 제1항).

예산요구서에는 대통령령이 정하는 바에 따라 예산의 편성 및 예산관리기법의 적용에 필요한 서류를 첨부하여야 한다(국가재정법 제31조 제2항).

기획재정부장관은 제출된 예산요구서가 예산안편성지침에 부합하지 아니하는 때에는 기한을 정하여 이를 수정 또는 보완하도록 요구할 수 있다(국가재정법 제31조 제3항).

4) 예산안의 편성 및 국회제출

기획재정부장관은 예산요구서에 따라 예산안을 편성하여 국무회의의 심의를 거친 후 대통령의 승인을 얻어야 한다(국가재정법 제32조).

정부는 통령의 승인을 얻은 예산안을 회계연도 개시 120일 전까지 국회에 제출하여야 한다(국가재정법 제33).

(3) 예산심의·의결

예산안이 국회에 제출되면 본회의에 상정되며 예산안과 관련하여 당해 연도의 대통령의 시정연설이 있다. 예산안은 상임위원회에서 예비심사를 하고 이를 예산결산특별위원회에서 종합 심사하여 본회의에 회부한다. 본회의에서는 예산안에 관한 정부측의 설명과 예산결산특별위원회의 예산안심사보고를 듣고 정책질의를 한 후 각 부문별로 토론한 후 표결을 거쳐 예산안이 의결·확정된다. 국회에서 확정된 예산은 경찰에서 요구한 예산규모일지도 모르고 축소될지도 모른다. 그리고 대단히 드문 일이지만 국회의원이 예산의 증가를 위하여 노력할지도 모른다.

(4) 예산집행

예산이 국회에서 통과되어 행정부로 넘어오면 각 중앙관서의 장은 사업운영계획에 의한 예산배정요구서를 기획재정부장관에게 제출한다(경찰공무원징 예령 제2조). 기획재정부장관은 4분기별 예산배정계획을 작성하고 월별자금계획과 함께 국무회의의 심의를 거쳐 대통령의 승인을 얻는다(경찰공무원징계령 제2조). 예산배정계획에 대한 대통령의 승인이 나면 기획재정부장관은 중앙관서의 장에게 4분기별로 예산을 배정한다. 각 중앙관서의 장이 기획재정부장관으로부터 배정받은 범위 내에서 다시 산하기관에 대하여 예산을 배정한다.

(5) 예산결산

결산이란 각 회계연도중의 국가의 수입과 지출의 실적을 확정적 계수로서 표시하는 행위이며, 예산에 의하여 수입과 지출을 한 정부의 사후적 재정보고이다. 따라서 결산은 예산의 집행결과 입법부의 의도와 재정적 한계를 보다 명확하게 파악할 수 있게 하는 중요한 절차이다. 결산의 기능은 입법부의 재정통제 이외에도 장래의 예산의 편성과 심의, 재정계획의 효율적인 운영을 위한 자료의 역할도 한다. 결산은 회계검사기관인 감사원의 결산 확인과 국회의 심의·의결에 의하여 확정되며 이러한 확정을 통하여 정부의 책임이 해제된다.

4. 경찰예산제도의 유형

(1) 품목별예산제도
1) 개   념

품목별예산(Line Item Budget)은 지출의 대상과 성질에 따라 세출예산을 인건비, 운영경비, 시설비 등으로 구분하는 방법이다. 이 분류는 가장 오래되고 가장 많이 사용되고 있는 방법으로서 차기회계연도의 예산증가 또는 감소를 산출하는데 평가기준으로써 전년도의 예산을 활용한다. 예산의 집행에 관한 회계책임을 명백히 하고 경비사용의 적정화를 기하는 데 그 목적이 있다. 우리나라에서도 조직체별로 대별된 예산은 다시 품목별 분류에 의하여 세분되며 이러한 예산을 조직품목별예산이라 한다. 예산과목 중 목은 이 품목분류에 해당하는 것이다.

2) 장   점

품목별예산은 분명하고 단순하다. 그래서 회계감사를 하기가 쉽다. 이러한 이유 때문에 예산배정이 과도하거나 부적절하다고 생각되는 항목은 삭감 또는 삭제할 수 있다.

3) 단   점

품목별예산은 경직되어 있어서 한 품목에서 다른 품목으로 지출의 융통성 있는 대체가 허락되지 않는다. 다른 주요한 단점은 재정적 지출과 기관목표의 실질적인 달성과의 관계가 결여되어 있다. 작업의 양과 성과에 대한 질의 측정이 품목별예산으로는 어렵다. 이것은 경찰업무의 정확한 평가를 하게 할 수 없다.

(2) 성과주의예산제도

1) 개   념

성과주의예산(Performance Budget)은 하나의 제안된 사업계획과 다른 제안된 또는 현존하는 사업계획과 비교하여 경찰기관 내의 사업계획의 목표를 달성하는 데 있어서 효과성을 측정하기 위하여 설계되었다. 성과주의예산은 품목별로 지출될 품목이 마련되어 있지 않고 경찰기관 내의 사업계획별로 자금이 할당된다. 각 사업계획은 연구 및 개발비, 운영, 감독, 리더십, 간접비 등이 포함되어 있다. 그것은 또한 성과단위 또는 업무측정단위로서 계획된 산물을 가리킨다. 성과주의예산은 각 사업마다 가능한 한 업무측정단위를 선정하여 업무를 양적으로 표시하는 것이므로 예산집행의 성과를 측정하고 분석·평가함으로써 효과적인 재정통제를 가능케 한다고 할 수 있다.[11]

우리나라에서는 1961년부터 국방부에서 처음 이 제도가 채택되어 이후 성과의 측정이 용이한 일부사업에 적용되기도 하였으나 여러 가지 운영상의 난점으로 1964년부터 중단되었다.

전형적인 경찰성과주의예산에 있어서 성과단위는 살인사건을 해결하고, 형

---

11) Frederick C. Mosher, *Program Budgeting* (Chicago: Public Administration Service, 1954), pp. 81~82.

사피의자를 송치하고, 순찰차를 유지하고, 신임경찰관을 훈련시키는 것 등을 포함한다.

2) 장 점

성과주의예산은 능률적인 경찰사업계획이 각 성과단위의 비용을 결정하기 위하여 비용−편익분석을 어떻게 적용하고 그리고 그 때 산출된 업무단위의 양에 따라 계산하는 것을 어떻게 배가시킬 것인가를 알 수 있다. 그래서 이것은 업무계획의 우선순위를 결정하는 데 도움을 줄 수 있고 경찰기관 내에서 사업계획들의 비교를 용이하게 할 수 있다.

3) 단 점

앞에서 언급한 바와 같이 성과주의예산은 경찰업무단위를 측정하는 데 근거를 두어야 한다. 그러나 많은 경찰업무는 그러한 업무단위로 분류하는 것이 쉽지 않다. 성과주의예산은 또한 의미 있는 결과를 가져오기 위하여 매우 숙련된 분석가가 요구되고 있으나 대부분의 회계직원들은 그러한 분석을 위한 필수적인 훈련이 결여되어 있다고 할 수 있다.

(3) 계획예산제도

1) 개 념

계획예산제도(Planning Programming Budgeting System: PPBS)는 1960년대 이래 시행되어 왔으나 그 복잡성 때문에 미국에서는 특정한 대규모 경찰국에서만 도입되었으나 여러 가지 문제점이 제기되어 1971년 그 적용이 중단되었다. 계획예산제도는 사업계획구조에 있어서 계획기능과 예산기능이 혼합된 것이다. 경찰활동을 순찰, 수사, 청소년, 교통 등의 프로그램으로 구분하여 각기 프로그램에 대한 지출에 근거하여 예산을 책정한다. 따라서 프로그램의 실행과 영향을 분석하여 그 결과를 금년도의 예산과 연결짓도록 만든다. 장기적인 계획수립과 단기적인 예산편성을 유기적으로 결합시킴으로써 자원배분에 관한 의사결정을 일관성 있게 그리고 합리적으로 행하려는 생각을 제도화한 것이다.

2) 구성요소

PPBS는 다음과 같은 네 가지 기본적인 구성요소로 이루어져 있다.[12]

① 사업계획의 목표와 목적에 의해 기대한 결과를 확인하는 '프로그램체
    계'(program structure)
② 각 사업계획의 목표와 목적을 달성하는 데 드는 비용을 결정하는 '예산
    구조'(budget structure)
③ 관련된 문제와 그들을 교정하는 데 드는 비용을 확인하는 '보고제도'(re-
    porting system)
④ 공식화하고, 평가하고 그리고 문제의 해결 방법을 선택하는 '기획제
    도'(planning system)

3) 장   점

미국 존슨 대통령이 계획예산의 장점으로서 든 다섯 가지를 보면 다음과 같
다.[13]

첫째, 국가목표를 보다 정확하게 계속적으로 파악할 수 있다.

둘째, 여러 목표 중 가장 긴급한 것을 선택케 한다.

셋째, 목표를 달성하는 효율적인 수단의 분석을 가능케 한다.

넷째, 앞으로 1년만이 아니라 최소한도 2~3년의 비용을 알 수 있다.

다섯째, 계획의 성과를 측정 · 평가할 수 있다.

4) 단   점

비록 PPBS가 소수의 미국 연방법집행기관에 의하여 선호되어 왔지만 그
복잡성 때문에 많은 주 및 지방경찰국에 의하여 비판을 받아 왔다.

PPBS예산제도에 대한 비난은 다음과 같다.

첫째, 경찰의 목적을 측정한다는 것은 불가능할 수도 있다. 더구나 그것이
가능할지라도 그러한 측정에는 많은 시간을 요하고, 수학적으로 복잡하고, 그
리고 광범위한 수정과 재평가를 요구한다.

둘째, 경찰목적의 비용을 측정한다는 것은 경찰활동과 운영을 위한 새로운
정의를 요구하는 것처럼 보인다. 더구나 각기 그러한 활동 또는 업무에 대하여

12) Harry W. More, *Effective Police Administration* (San Jose, California: Just Systems
Development, Inc., 1975), pp. 206~207; Gary Pence, "Program Planning Budgeting Systems,"
The Police Chief, Vol. 38, No. 7, July 1971, p. 53.
    13) Charles O. Jones, *An Introduction to the Study of Public Policy* (Belmont: Wadsworth,
1970), p. 55.

가격을 산정하는 것은 문제가 되고 논쟁의 여지가 있는 것을 입증하는 것과 같다.

셋째, 경찰부서는 그러한 복잡한 제도를 운영하기 위한 자질 있는 직원이 부족하고 그리고 고용할 외부인사는 비용이 많이 든다.

넷째, 대부분의 경찰부서에서 예산은 비교적 관리하기가 쉽다. 그래서 PPBS예산은 불필요한 것으로 보일 것이다.

(4) 영기준예산제도
1) 개   념

영기준예산제도(Zero Base Budgeting System)란 예산을 편성·결정함에 있어서 전년도의 예산에 구애됨이 없이 조직체의 모든 사업과 활동에 대하여 영기준(zero base)을 적용해서 각각의 효율성과 효과성 및 중요도 등을 체계적으로 분석하고 그에 따라 우선순위가 높은 사업과 활동을 선택하고 실행예산을 결정하는 예산제도를 말한다.[14]

이러한 제도를 활용하는 관리자는 프로그램의 평가 및 순위를 정하는 예산계획을 개발하여야 한다. 예산계획에는 특정활동의 목표, 비용, 성과의 척도, 활동대안, 비용편익 등에 관한 정보가 포함되어야 한다.

2) 배   경

영기준예산은 미국의 대통령이었던 카터(Jimmy Carter)가 주지사시절 적용하기를 강력히 주장했고, 죠지아(Georgia)주에서 그것이 소개되었던 1970년대에 상당한 관심이 주어졌다. ZBB의 적용으로 카터는 1975회계년도에 주예산을 5,700만 달러 삭감하는 데 영향을 미칠 수 있었다. 우리나라에서는 1981년 11월 국무회의에서 1983년도 예산부터 ZBB예산편성방식에 따라 선별적으로 이를 적용하기로 하였다.

3) 장   점

영기준예산의 장점은 다음과 같다.

---

14) Peter A. Phyrr, "The Zero Base Approach to Government Budgeting," *Public Administration Review,* Vol. 37, No. 1, January-February 1977, pp. 1~8.

첫째, 계획수립, 예산책정 및 의사결정 등을 포함한 기관의 방향을 제시해 준다.

둘째, 모든 프로그램의 명확화, 평가, 정당화 과정이 의사결정의 질을 높인다.

셋째, 우선순위가 높은 프로그램에 자원을 재배정할 수 있도록 행정의 융통 성을 부여한다.

4) 단   점

동시에 ZBB의 많은 단점이 나타나고 있다.

첫째, 관료들이 자신의 사업의 효과성을 평가하는 과정에 대해서 위협을 느 끼게 된다.

둘째, 효과적인 행정, 의사소통 그리고 분석업무에 관여하는 관리자들의 훈 련을 필요로 한다.

셋째, 관리자들이 적절한 결정단위의 선정, 효과적인 분석을 위한 적합한 자료의 개발, 노력의 최소수준결정, 상이한 사업들의 순위결정 그리고 많은 양 의 결정항목의 처리 등에 곤란을 받는다.

넷째, 예산은 경제적 요인 이외에 정치적 판단을 요하는 것이므로 비용-편 익 분석방법을 활용하는 데는 한계가 있고 목표달성도의 판단, 산출척도의 설 정도 곤란하다. 또한 경찰활동 중에는 계량적으로 측정하는 것이 곤란한 것도 있다.

(5) 지출통제예산: 새로운 경향

1) 개   념

위에서 논의한 예산제도들은 경찰책임자가 그들이 봉사하는 지역사회의 요 구뿐만 아니라 경제적·정치적 환경의 현실도 분명히 이해하여야 한다는 것을 전제로 하고 있다. 지역사회의 요구는 해결해야 할 지역사회문제들을 의미한 다. 무어(M. H. Moore)와 스티펜스(D. W. Stephens)는 "지역사회의 문제를 발 견해서 해결하는데 중점을 둔 조직의 관리자들은 그들이 수행하는 프로젝트에 대해 연구를 하여야 한다"고 주장한다.15) 이러한 프로젝트들은 그 조직의 재원

---

15) Mark H. Moore and Darrel W. Stephens, *Beyond Command and Control: The*

을 요구하게 된다. 그 프로젝트로 인해 경찰책임자에게 어느 정도 문제해결을 하도록 예산할당을 하게 된다.

지출통제예산(Expenditure Control Budget)은 새로운 형태의 정부예산제도 로서 이것은 조직으로 하여금 과거의 지출범주에 의해 통제받지 않고 그들의 임무에 중점을 두도록 하는 예산제도이다.

2) 배   경

지출통제예산제도는 캘리포니아의 Fairfieldt시의 경험에서 생겨난 것으로 미국의 12개 시와 몇개 국가에서 채택하고 있다. 이 제도는 오스번(David Osborne)과 게이블러(Ted Gaebler)에 의해서 지지를 받게 되었는데 그들은 "현재의 품목별예산제도는 내일이면 곧바로 쓰레기가 되어 버릴 어제의 우선 순위에 관리자들을 묶어 놓고 있다"고 주장한다.16)

3) 성   격

지출통제예산제도는 가계예산제도와 매우 비슷하게 운영되어 주요 품목별 예산을 일반자금예산으로 교체하고 있다. 이러한 예산은 정부 산하기관을 위하 여 일반자금을 배정하게 된다. 각 부처의 일반자금은 지난 해와 동일액수를 주 는 방식에 의하여 정해지며 인구 및 서비스요구 등과 같은 인플레와 성장요인 에 따라 예산이 배정된다. 만일 주요 신규 프로그램이 제안 되어 승인되었을 경우 신규자금이 배정된다.

4) 장   점

지출통제예산제도와 다른 예산제도와의 주요 차이점은 전자는 관리자들에 게 그들의 예산배정을 검토하도록 배려하는 것이다. 그들이 절약한 것은 그대 로 가질 수 있기 때문에 비용효과활동에 중점을 둔다. 그들이 절약한 자원은 운영에 재투자될 수 있다. 재투자된 자원은 새로운 사업을 시행하거나 변화하 는 상황에 대비한 예비자금으로 비축하는데 활용될 수도 있다. 더구나 예산편 성과정을 간소화 할 수 있으며 장기간 소요되는 예산순환과정이 지출통제예산

Strategic Management of Police Departments (Washington, DC: Police Executive Research Forum, 1991), p. 96.

16) David E. Osborne and Ted Gaebler, *Reinventing Government: How the Entrepreneurial Sprit is Transforming the Public Sector* (New York: Penguin Books, 1992), pp. 117~124.

에서는 예산배정결정기간을 단축할 수 있게 된다.

5. 한국경찰의 예산

경찰예산은 국가가 국민을 위해 수행하는 여러 가지 행정서비스 중에서 국민의 안전한 사회생활을 보장하는 치안활동의 예산이라는 점에서 어느 행정서비스의 예산보다도 중요하다고 할 수 있으며, 특히 최근 국민의 '삶의 질'을 중시하는 경향에 따라 치안서비스의 질을 높이기 위한 경찰예산의 지속적 투자가 요청되고 있다.

경찰예산은 기본적으로 일반회계로 편성되며 경찰관서의 증·개축 등 시설관련경비는 '국유재산관리특별회계', 교통안전활동 등 교통관련경비는 '자동차교통관리개선특별회계', 운전면허관련경비는 '책임운영기관특별회계'에 의하도록 되어 있었다. '국유재산관리특별회계'는 국유재산관리특별회계법에 의하여 청사 신·개축 및 토지매입비 등의 효율적 관리를 목적으로 설치된 특별회계였으며, '자동차교통관리개선특별회계'는 자동차교통관리개선특별회계법에 의거하여 교통업무개선, 교통안전시설의 원활한 확충 및 관리 등을 위하여 설치되었던 특별회계이다. 그러나 2007년 1월 1일 '국유재산관리특별회계'와 '자동차교통관리개선특별회계'가 폐지되면서 관서 증개축 등 시설 예산과 교통사고예방 관련 예산이 일반회계로 통합 편성되었다.[17]

책임운영기관이란 정부가 수행하는 사무 중 공공성을 유지하면서 경쟁원리에 따라 운영하는 것이 바람직한 사무에 대하여 책임운영기관의 장에게 행정 및 재정상의 자율성을 부여하고 그 운영성과에 대하여 책임을 지도록 하는 행정기관을 의미한다. 경찰에서는 2000년 1월부터 전국 26개 면허시험장을 책임운영기관으로 지정·운영하게 됨에 따라 기존의 자동차교통관리개선특별회계에 혼재해 있던 자동차운전면허관련 사무를 분리하여 '책임운영기관특별회계'를 신설하였으며, 2011년말 현재 '책임운영기관특별회계'에는 운전면허관리단과 경찰병원 경비가 포함되어 편성되어 있다.

---

17) 경찰청, 「경찰백서」, 2008, p. 355.

또한 2007년 1월 1일 이후 경찰에서는 제주자치경찰 이전경비와 도시지역 광역교통정보 시스템 구축 경비를 확보하기 위하여 '국가균형발전특별회계'를 신설하여 운영하여 왔으며, 2011년에는 그 명칭이 '광역지역발전특별회계'로 변경되어 운영되어 왔으며 이후 다시 균형발전 특별회계로 변경되어 운영되고 있다.18) 이후 2009년도 1월 1일부터 국가시책사업으로 혁신도시건설과 이에 따른 치안인프라 확보를 위한 재원을 확보하기 위하여 '혁신도시건설특별회계'가 편성되어 운영됨으로써 2010년 현재 경찰의 예산은 '일반회계', '책임운영기관특별회계', '광역지역발전특별회계', '혁신도시건설특별회계'의 네 가지 항목으로 편성·운영되어 왔다. 하지만 국책사업으로 시행되었던 각 지역의 혁신도시건설사업이 2016년도에 완료됨으로써 2017년부터는 '일반회계', '책임운영기관

표 8-1 | 경찰예산 변화 추이 (단위: 억원)

구 분		2005	2006	2007	2008	2009	2010	2011	2012	2013	2014	2015	2016	2017	2018	2019
경찰예산	계	5조8,339	6조2,876	6조6,506	7조0,059	7조3,023	7조5,807	7조7,887	8조0,433	8조3,305	8조8,394	9조4,032	9조8,092	10조1,138	10조5,362	10조9,957
	일반회계	5조2,477	5조6,379	6조4,620	6조8,289	7조0,979	7조1,768	7조6,231	7조9,326	8조2,282	8조6,704	9조2,367	9조6,874	10조406	10조4,592	10조8,953
	특별회계	5,862	6,497	1,886	1,770	2,044	4,039	1,656	1,106	1,023	1,690	1,665	1,218	732	770	804
	국유재산관리특별회계	1,532	1,672	-	-	-	-	-	-	-	-	-	-	-		
	자동차교통관리특별회계	3,082	3,372	-	-	-	-	-	-	-	-	-	-	-		
	책임운영기관특별회계	1,248	1,453	1,563	1,443	1,454	1,799	297	631	643	640	674	668	694	730	761
	균형발전특별회계	-	-	-	323	327	319	321	270	270	271	192	54	38	40	43
	혁신도시건설특별회계	-	-	-	-		269	1,919	205	110	779	799	496	-		
정부예산 (증가율 %)		134조3,704	145조7,029	163조3,600	175조9,852	203조5,497	201조2,834	216조3,378	228조954	243조6,433	250조7,885	260조1,446	263조9,243	274조6,699	296조2,367	328조9,199
경찰예산/ 정부예산(%)		4.3	4.3	4.0	4.0	3.48	3.57	3.6	3.5	3.4	3.5	3.6	3.7	3.7	3.6	3.3

자료: 경찰청, 「경찰백서」, 2008, pp. 355~356; 경찰청, 「경찰백서」, 2020, p. 337 참조 재구성.

18) 경찰청, 「경찰백서」, 2011, p. 394.

특별회계' 그리고 '광역지역발전특별회계'의 세가지 항목으로 편성되어 운영되고 있다.

2019년도 경찰예산은 <표 8-1>에서 보는 바와 같이 총계기준으로 일반회계 10조 8,953억 원, 특별회계 804억 원, 책임운영기관 특별회계 761억 원, 균형발전특별회계 43억 원 등 10조 9,957억 원으로 편성되어 있으며, 전체 국가예산의 약 3.3%를 구성하고 있다. 이는 매년 점진적으로 증가하고 있는 것으로 성질별로는 인건비·기본경비 등 경직성 경비가 대부분을 차지하여, 전체 예산 중 인건비가 77.4%(8조 4,943억원), 주요사업비는 18.8%(2조 601억원), 그리고 기본경비는 3.8%(4,211억원)를 차지하고 있다.[19]

제 3 절   경찰정보관리

1. 정보의 중요성

의사소통의 핵심은 정보이다. 의사소통의 방향이 하향적이든, 상향적이든, 수평적이든지 간에, 의사소통을 통하여 전달되는 것은 정보인 것이다. 정보는 어떤 조직에 있어서든 매우 중요한 자원이다. 정확한 정보는 모든 조직의 각종 수준에서 필요로 된다. 정확한 정보가 없다면, 좋은 결정이 행해질 수 없으며, 좋은 계획이 수립될 수 없으며, 또한 좋은 전략과 전술이 고안될 수 없다. 만약 정확한 정보가 이용될 수 없다면, 어떤 누구도 만족스럽게 직무를 수행할 수 없다. 특히 정부의 공공 서비스 부서와 관련하여 정보의 흐름은 매우 중요한 요소이다. 제공될 서비스에 대하여 조치가 취해질 주요 핵심부서로 정보가 흘러가야 할 것이다.[20]

정보는 의사소통을 통하여 한 조직 내에서도 이 곳, 저 곳으로부터 수집된다. 수집된 정보를 포함하는 메시지가 작성되거나 구두로 전달될 수 있다. 그

---

19) 경찰청, 「2019 경찰통계연보」, pp. 12~13.
20) P. P. Schoderbeck, ed., *Management Systems* (New York, NY: Wiley, 1967), p. 117.

메시지를 전달하는 의사소통 체계가 '열린 고리형'(open loop)인지 '폐쇄 고리형'(closed loop)인지는 매우 중요하다. 만약 의사소통 체계가 '열린 고리형'이라면, 즉 어떤 환류도 행하지 않고 메시지에 대한 어떤 평가도 없다면 그 조직은 부정확하거나 잘못 인식된 정보에 기초하여 운영될 것이다. 만약 의사소통 체계가 폐쇄 고리형이라면, 즉 환류 및 메시지 평가를 제공한다면 그 조직은 정확한 정보에 기초하여 운영될 것이다. 그러므로 폐쇄 고리형 의사소통 체계의 필요성은 명백하다.

그러므로 어떤 조직의 행정가를 위한 가장 중요한 임무 중의 하나는 훌륭한 '폐쇄 고리형'의 의사소통 및 정보체계를 개발하는 것이다. 그러한 체계는 조직의 효과성 및 안정성을 위한 기본적이고도 필수적인 요소이다. 만약 행정가들이 그들 조직이 어떻게 운영되고 있는가에 대한 정보를 제공 받지 못한다면, 그들은 조직을 적절하게 운영할 수 없게 된다. 의사소통의 장벽이 최소화되고, 문제가 빨리 확인되고 신뢰할 수 있는 정보가 정책결정가들에게 이용될 수 있도록, 의사소통 및 정보체계가 고안 되어야 한다. 그러한 체계의 창안 및 유지는 어렵고, 비용이 많이 들고, 시간이 걸리지만, 그 결과는 그러한 노력이 가치 있도록 만들 것이다.

2. 경찰정보체계

경찰활동상의 본질 때문에, 경찰관 및 경찰조직은 많은 양의 정보를 수집한다. 대규모 경찰관서의 기록부서는 상당히 많은 양의 정보를 보유하게 될 것이

그림 8-2 경찰정보체계

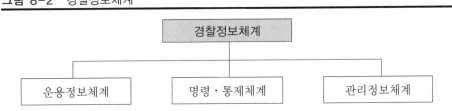

다. 반면에, 전체 기록부서는 몇몇 경찰관들이 지니고 있는 정보 보다 더 많은 정보를 보유하지 못할지도 모른다.

정책결정에 도움이 되기 위해서는, 결정이 행해질 때 정책결정가에게 이용될 수 있는 형태로 정보가 제공되어야만 한다. 이것을 성취하기 위해서는 몇몇 단계를 거쳐야 한다.

① 자료 수집(data collection)

처음에 정보는 정보의 신뢰성 및 타당성에 대한 적당한 관심을 갖고서 획득되어야 한다.

② 자료 대조(data collation)

문제 및 결정에 대한 관련성이 확인될 수 있도록, 정보는 면밀히 조사되고 라벨을 붙이고 분류되어야 하고, 그렇지 않으면 능숙하게 다루어져야 한다.

③ 분석/해석(analysis/interpretation)

유형, 경향 및 법칙을 밝혀내기 위하여 정보는 표로 정리되고, 분석되고, 그리고 종합되어야 한다.

④ 배포(dissemination)

정책결정가에게 정보 및 분석을 전달할 수 있는 방법이 개발되어야 한다.

⑤ 환류 및 평가(feedback and evaluation)

정보 및 분석의 타당성 및 유용성에 대한 환류를 제공하기 위하여 폐쇄고리형 체계가 유지되어야 한다.

필요로 되는 정보의 종류는 주로 결정의 유형에 의존한다. 체포 결정을 내리고자 하는 경찰관은 발생한 사건에 대한, 관련된 사람들에 대한, 법률에 대한 그리고 그 상황을 다루기 위하여 이용되는 대안들에 대한 정보를 필요로 한다. 다른 한편으로, 순찰배치 결정을 내리고자 하는 경찰관은 일일의 시간별, 주의일별, 그리고 위치별 경찰업무량에 대한 정보를 필요로 한다.

경찰정보체계의 3가지 일반적 유형인 운용정보체계, 명령 및 통제체계, 그리고 관리정보체계를 설명하면 다음과 같다.

(1) 운용정보체계

운용정보체계(operations information system)란 순찰경찰관, 형사 그리고 일반시민에게 직접적인 서비스를 제공하는데 관련된 정보를 경찰관들에게 제공해 주는 체계를 의미한다. 이러한 경찰관들에 의해서 행해지는 결정의 종류는 주로 일선수준(street-level)의 결정이다. 혐의 있는 상황에의 개입여부 및 방법, 개입 이후에 취할 조치, 일상적 순찰 도중에 활용할 전술에 대한 선택을 하기 위하여 정보가 필요로 된다.

요구되는 특정 유형의 정보에는 어떤 사람이 수배 중인지 여부, 어떤 재물이 장물인지 여부, 어떤 차량이 적절하게 등록되어 있는지 여부, 어떤 위반자가 전과를 갖고 있는지 여부, 어떤 특별한 상점 창문이 전에 깨졌었는지 여부, 수사 중인 주거침입범죄가 과거 신고된 범죄와 일치하는지 여부 등이 포함될 수 있다.

경찰관서 내에서 운용정보가 제공되는 몇몇 수단들은 너무 일상적이어서 우리들은 그 수단들을 간과하기 쉽다. 경찰통신체계와 경찰기록체계가 운용정보체계의 주요 요소이다.

무전을 활용할 때, 깨진 상점유리를 발견한 순찰경찰관은 그 손상이 과거에 발견되어 신고된 것인지 여부를 요구할 수 있다. 무전을 통해 그 질문을 받은 다른 경찰관이 필요로 되는 정보를 갖고 있을 수 있다. 또는 그 정보는 통신센터에 있는 자료실에서 발견될 수 있다. 만약 요구되는 정보가 이러한 근원들로부터 활용될 수 없다면, 통신지령원은 상점주인에게 전화를 걸어 순찰경찰관이 새로운 사건을 발견한 것인지 아니면 전에 신고된 것인지 여부를 결정할 수 있다. 이러한 시나리오에서, 무전체계(radio system), 즉 다른 경찰관의 무전 청취, 통신지령원, 통신센터기록 그리고 전화는 순찰경찰관에게 필요한 정보를 제공하는 운용정보체계의 구성요소가 된다.

경찰운용정보체계와 관련하여 눈에 잘 띄지 않는 요소들은 교육훈련, 정책, 절차, 규칙 그리고 규정을 제공해 주는 소책자(manual)이다. 이러한 소책자들은 다양한 종류의 상황을 다루는데 있어서 적절한 방법과 적절하지 않은 방법에 대한 정보를 포함하고 있다. 경찰관들이 소책자의 내용을 습득하게 되면 그 정보는 내재화되는 것이고, 소책자를 참고하는 것은 필요 없을 수도 있다. 그러나 대부분의 경찰관련 소책자들은 너무 방대하기 때문에 그것들을 완전히 숙달하는데 성공한 경찰관들은 거의 없다. 필요로 되는 정보가 소책자들로부터 신속하게 획득된다면, 그 소책자들은 유용한 정보체계로서 기여할 수 있다. 그러나 만약 그것들이 형편없이 구성되고, 현장에 갖고 가기에 너무 부피가 크다면, 그 소책자들은 일선 현장에서의 결정을 위한 정보 근원으로서 가치를 잃어버리게 된다.

오늘날, 몇몇 경찰관서들은 소속 경찰관들에게 소책자들이 전자적으로 이용될 수 있도록 만든다. 예를 들면, 경찰관들이 보고서 작성 및 다른 업무를 위하여 사용하는 휴대용 컴퓨터에 소책자 자료를 제공한다. 이러한 기술은 더 가볍고 작은 형태로 소책자가 이용될 수 있도록 만들 뿐만 아니라 마약증거처리과정 또는 폐차 압수과정과 같은 특별한 주제에 대한 정보를 찾을 때, 컴퓨터의 핵심어 찾기 기능을 활용할 수 있도록 한다.

일선 현장에서의 결정을 위하여 경찰관들이 필요로 하는 많은 정보는 소속 경찰관서의 기록실에 또는 다른 경찰관서에, 그리고 차량등록기관에 저장되어 있다. 어떤 용의자가 수배중인지 또는 어떤 물품이 도난당했는지 여부를 결정하기 위하여 한 경찰관이 17,000여개의 미국 경찰관서에 대하여 전화나 무전으로 조회하는 것은 매우 어려울 것이다. 운이 좋게도, 컴퓨터의 개발로 인하여 전 세계 모든 국가로부터 나오는 정보가 연결될 수 있었다.

대부분의 주정부는 지명수배자, 장물 그리고 범죄기록에 대한 정보를 수집하고 배포할 수 있는 주 전체에 걸친 법집행 정보체계를 갖고 있으며, 이러한 체계들은 국가범죄정보센터(National Crime Information Center: NCIC)에 의해서 연결되어 있다.

용의차량을 추적하고 있는 경찰관은 차량번호를 검사하기 위하여 경찰무전을 이용할 수 있다. 경찰관서의 통신센터는 컴퓨터 단말기를 통하여 차량번호를 조회하고 신속하게 도난차량인지 수배차량인지 여부에 관한 정보와, 그 번호판이 부착된 차량에 관한 정보와, 그 차량의 등록된 차주에 관한 정보를 제공할 수 있다. 이 정보는 순찰경찰관에게 연속해서 전달될 수 있는데, 그 순찰경찰관은 개입 여부를 결정할 때, 개입방법을 결정할 때, 개입 이후에 무슨 처분을 할 것인지를 결정할 때 그 정보가 도움이 된다는 것을 알게 될 것이다.

대부분의 경찰관서는 그러한 정보를 제공할 능력을 갖고 있다. 많은 경찰관서는 지금 한 단계를 더 나아갔으며, 경찰관들이 통신지령원과 무전통신을 거칠 필요가 없이 운용정보체계로 직접 조회할 수 있도록 하기 위하여 컴퓨터 단말기나 휴대용 컴퓨터를 설치했다. 이러한 종류의 체계는 비록 값이 비싸다할지라도, 일선현장의 결정을 위한 운용정보체계에 있어서 기술의 상태를 보여준다.[21]

일선 현장의 경찰관에게 유용한 또 다른 정보의 형태는 범죄, 교통 그리고 공공질서 문제의 성격에 중점을 둔다. 그들의 순찰시간을 유익하게 하는 방법을 결정할 때 경찰관들은 범죄경향 및 유형, 범죄다발지역, 반복 신고 지역, 교통사고유형 그리고 그들의 순찰구역에서 발생하는 다른 문제들에 관한 정보로부터 이익을 얻을 수 있다.

많은 경찰관서들은 경찰관들로 하여금 순찰구역에 대한 상태를 인식하도록 하기 위하여 활동상황을 설명하는 회보를 배포한다. 순찰경찰관이 그들의 시간을 할당하고 그들의 순찰전술을 선택할 때 회보 속에 있는 정보를 활용할 것이라는 기대를 갖고서 그러한 회보는 배포된다. 이러한 종류의 정보는 형사들에게 또한 귀중하다. 형사들은 개개의 사건에 중점을 두기 때문에 때때로 수사 중인 몇몇 사건들 사이의 운용방법에 있어서 지리적 유형 및 유사성을 못 보기도 한다.

이러한 정보유형의 공통적인 분모는 위치이다. 위치 지향적 자료의 수집 및 배포를 도와주는 체계는 지리정보체계(Geographic Information System: GIS)이다. 오늘날 경찰관서는 위치 지향적 정보가 더욱 능률적이고 더욱 정확하게 생산될 수 있도록 하기 위하여, 더 나은 GIS 능력(컴퓨터 지도를 포함하나, 그것에만 한정된 것은 아님)을 개발하는 데 많은 투자를 하고 있다. 특히 지역사회 경

---

21) K. Layne, "A Case Study of In-Car Terminals in the Las Vegas Metropolitan Police Department," *Police Computer Review* Vol. 1, No. 1, 1992; National Institute of Justice, "Toward the Paperless Police Department: The Use of Laptop Computers," *Research in Brief* (Washington, D. C.: author, 1993).

찰활동의 상황 내에서 GIS 능력은 일선경찰관과 경찰관리자 양자에게 경찰정
보체계를 더욱 유용하게 만드는 것에 대한 중요한 기대를 갖고 있다.22)

(2) 명령 및 통제체계

명령 및 통제체계(command and control system)는 감독관(supervisors),
지휘관(commanders) 그리고 통신부서 직원에게 정보를 제공하여, 업무량 분
산, 신고 배정, 운용경찰관 감독에 대한 결정을 내리는데 도움을 준다. 이러한
시스템들은 또한 배정 및 전략적·전술적 결정을 내리는데 유용한 정보를 행
정가들에게 제공할 수 있다.

경찰명령 및 통제체계의 기본적 요소는 무전이다. 경찰무전을 통하여, 경찰
관들은 신고에 대응하고, 그들의 도착을 보고하고, 그들의 출발을 보고하고, 그
리고 그들의 위치와 상태에 관한 질문에 대응한다. 순찰 감독관들은 무전을 통
하여 그들의 부하들에게 어떤 위치로 가도록 지시하고, 그들에게 어떤 업무를
행하도록 지시하고, 그들에게 다양한 문제를 질문한다. 무전을 통하여 받은 메
시지들은 통신 지령원들에게 어떤 순찰반이 서비스를 제공하고 있는지에 대한
정보와, 어떤 순찰반이 신고된 사건현장에 가장 가까이 있는지에 대한 정보를
제공한다. 고속력 추격이나 진행 중인 범죄와 같은 중요한 사건 동안에, 경찰통
신체계는 조정과 통제를 위한 장치를 제공한다.

최근에, 많은 기술적 혁신들은 경찰명령과 통제체계의 가능성을 향상시켰
다. 예를 들면, 신고자로부터 경찰신고전화 담당자, 경찰무전통신 지령원 또는
대응하는 순찰반에게 정보의 흐름을 체계화하고 가속화하기 위하여 컴퓨터의
도움을 받은 긴급출동체계가 도입되어져 왔다. 이러한 체계의 특징들은 다음과
같다.

---

22) K. Harries, *Geographic Factors in Policing* (Washington, D. C.: Police Executive
Research Forum, 1990); C. R. Block, M. Dabdoub, and S. Fregly (eds.), *Crime Analysis
Through Computer Mapping* (Washington, D. C.: Police Executive Research Forum, 1995).

- 타당한 주소 여부를 결정함으로써 신고된 장소를 확인한다.
- 경찰신고전화 담당자들이 신고자로부터 모든 필요한 정보를 획득한다.
- 발생장소가 어떤 순찰반 관할인지를 결정한다.
- 신고에 대하여 사건번호와 우선순위를 할당한다.
- 발생장소에서의 과거의 신고를 알려준다.
- 그 신고를 적절한 통신 지령원에게 보내준다.
- 신고장소 및 그 지역 내의 순찰반의 상황에 기초하여, 그 신고를 담당할 순찰반을 권고해 준다.
- 지령시간, 도착시간 그리고 해결시간을 기록한다.
- 사건의 상황과 순찰반의 상황을 계속해서 파악할 수 있도록 한다.[23]

또 하나의 최근의 기술적 혁신은 자동차 감시(automatic vehicle monitoring)이다. 이러한 종류의 체계는 자동적으로, 계속적으로 경찰차량의 위치 및 상태를 통신센터에 보고해 준다.[24] 이 정보는 신고에 대응하는 순찰반을 선택할 때 통신지령원 또는 컴퓨터의 도움을 받는 긴급출동 시스템을 도와 줄 수 있고, 통신지령원 및 감독관이 순찰반을 계속 파악하도록 도와 준다. 자동차 감시는 순찰경찰관으로 하여금 함부로 배치지역을 벗어나지 않도록 해 준다.

향상된 전화신고체계는 경찰명령 및 통제체계의 또 하나의 요소이다. 더욱 신속하게 신고자로부터 접수된 정보를 제공하는 것 외에도, 이러한 시스템의 향상된 내용은 즉시 경찰신고전화 담당자에게 전화번호 및 위치를 알려 준다. 이러한 정보는 신고의 확실성을 확인하고, 사건의 정확한 위치를 확인하고, 정보를 위해 신고자와 재접촉하고, 신속하게 순찰반을 현장에 급파하는데 매우 도움이 된다.

경찰명령 및 통제체계는 또한 배정, 전략, 전술에 관한 결정에 타당한 정보를 제공해 준다. 사건의 수, 사건의 유형, 사건의 일시, 사건의 위치, 사건을 다루는데 요구되는 시간, 사건을 다루는데 요구되는 순찰반의 수, 사건에 대한 대

---

23) K. W. Colton, M. L. Brandeau, and J. M. Tien, *A National Assessment of Police Command, Control, and Communications System* (Washington, D. C.: National Institute of Justice, 1983), pp. 37~49.

24) G. C. Larson and J. W. Simon, *Evaluation of a Police Automatic Vehicle Monitoring(AVM) System: A Study of the St. Louis Experience 1976~1977* (Washington, D. C.: U. S. Government Printing Office, 1979).

응시간 등을 포함하는 전체적인 경찰업무량에 대한 정보는 명령과 통제체계를 통하여 모두 생산된다. 그것은 긴급출동 카드와 활동 요약서에 반영될 수 있고, 컴퓨터의 도움을 받는 긴급출동의 일부로서 자동적으로 수집되고 표로 정리될 수 있다. 이 정보는 할당과 전략적 결정을 위해 중요하다. 이러한 정보의 분석은 종종 운용분석(operation analysis)이라고 불리어진다.

(3) 관리정보체계

관리정보체계(Management Information System)는 감독, 배정, 전략, 전술, 정책 그리고 행정상 결정을 위하여 필요로 되는 정보를 제공하는 체계이다. 명령 및 통제체계는 어느 정도 관리정보체계이나, 그것들은 또한 중요한 운용기능에 기여하므로 구별되어 설명된다.

경찰관서 내에서 발견되는 관리정보체계의 특정 유형들 중 몇몇은 다음과 같은 것을 포함하고 있다.

- 인사정보체계
- 장비목록체계
- 입건(booking)정보체계
- 사건추적체계
- 차량팀(fleet)유지정보체계
- 영장통제정보체계
- 증거 및 재산통제체계
- 구류(detention)정보체계
- 재무정보체계

이것들과 다른 경찰관리정보체계들은 전산화가 될 수도 있고, 되지 않을 수도 있다. 정책결정을 위하여 필요로 되는 정보를 관리자에게 제공하기 위하여 그 체계에 의해서 다루어져야만 하는 자료의 양에 전산화의 문제는 주로 의존한다. 2대의 차량팀을 1개 가진 경찰관서는 아마도 전산화된 차량팀 유지정보체계를 필요로 하지 않지만, 행해진 차량유지, 차량문제, 그리고 계획된 예방유지를 파악하기 위하여 어떤 종류의 정보체계를 필요로 한다. 그래서 차량유지에 책임이 있는 관리자는 각종 조절, 오일교체, 타이어, 배터리, 사소한 수선, 차량교체 등에 관한 결정을 정확히 할 수 있게 된다.

관리정보체계의 저변에 깔려있는 개념은 매우 단순하다. 관리자들이 정확한 결정을 하기 위하여 필요로 하는 정보 뿐만 아니라 관리자들에게 요구되는 결정사항을 확인하는 것이 필요하다. 그러한 관리정보체계의 임무는 단순히 관리자들이 필요로 할 때 관리자들에게 필요한 정보를 제공하는 것이다. 종종, 관리정보체계를 개발함에 있어서 가장 힘든 부분은 관리자들로 하여금 그들이 필요로 하는 정보를 확인하도록 만드는 것이다. 정보를 획득하는 장치는 복잡할 수도 있지만, 일단 관련된 결정 및 정보가 확인되면 주로 성취될 수 있다.25)

관리정보체계의 실질적인 가치는 그것이 일상적으로 그리고 계속해서 필요로 되는 정보를 제공하는 것이다. 그러한 관리정보 체계가 없을 때, 결정을 해야 하는 관리자들은 그들이 필요로 하는 정보를 수집하기 위한 시간과 자금을 갖고 있거나 갖고 있지 않을 수도 있다. 그러한 체계와 함께, 정보는 쉽게 이용될 수 있다.

수많은 사적 회사들은 지금 전산화된 정보체계를 경찰관서에게 판매하고 있다. 어느 정도 운용정보, 명령 및 통제, 관리정보, 그리고 단순한 기록유지에 대한 강조에 있어서 이러한 체계들은 서로 차이가 있다. 판매자는 어떤 경찰서장의 모임에 위치해 있을 수 있고, 'The Police Chief'라는 잡지에 있을 수도 있다. 그러나 그러한 시스템을 구입하기 전에, 경찰행정가들은 그들이 행하는 결정에 대하여 주의 깊게 생각하여야 하고, 그들이 그러한 결정을 현명하게 내리기 위하여 필요로 하는 정보에 대해서도 주의 깊게 생각하여야 한다. 조직의 정책결정 필요성을 충족시키기 위하여 여러 체계들이 선택될 수 있다.

3. 경찰정보분석

어떤 사람을 위한 체포영장의 존재와 같은, 경찰상 결정에 유용한 몇몇 정보는 저장되고, 수정되고, 참조 표시가 되어야 한다. 그러나 결정이 실질적으로 유용하도록 하기 위해서는 다른 정보가 수집되고, 표로 정리되고, 상호 관련되

---

25) W. Archambeault, "Emerging Issues in the Use of Microcomputers as Management Tools in Criminal Justice Administration," in J. Waldron, B. Archambeault, W. Archambeault, L. Carsone, J. Conser, and C. Sutton, *Microcomputers in Criminal Justice: Current Issues and Applications* (Cincinnati, OH: Anderson Publishing Co., 1987), pp. 110~111.

그림 8-3 경찰정보분석

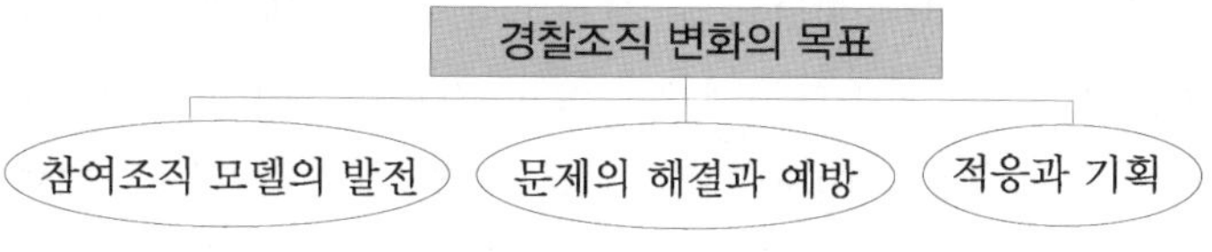

거나, 또는 그렇지 않으면 분석되어야 한다. 경찰상 결정을 지원하는데 있어서 행해지는 가장 일반적인 분석형태를 살펴보면 다음과 같다. 다만 이것들이 행해지고 있는 유일한 분석형태가 아니지만, 단지 가장 일반적일 뿐이다.

(1) 범죄분석

범죄분석(Crime Analysis)은 경찰상 문제분석의 한 유형이다. 어느 정도, 모든 조직들은 그 문제 및 해결방안에 대하여 더 잘 이해하기 위한 수단으로서 그들에게 직면해 있는 문제를 분석한다. 범죄는 경찰에 의해서 직면되어 있는 가장 심각한 문제이기 때문에, 다양한 경찰분석의 유형들 중에서 범죄분석이 중심역할을 차지하고 있다는 것은 놀랄만한 것이 아니다.

범죄분석

문서화된 지침은 다음을 포함하는 범죄분석과정을 수립한다.
a. 범죄분석자료 요소가 추출되는 근원 서류의 특정화
b. 범죄자료의 분석
c. 선택된 범죄의 시간적, 지리적 분산에 대한 서류화
d. 범죄분석정보의 배포
e. 환류 분석
f. 범죄유형 및 경향에 대한 경찰관서의 간부들에게 요약 설명

자료: Commission on Accreditation for Law Enforcement Agencies, Inc., 1999.

범죄분석의 기본적인 목적은 범죄유형 및 문제에 대한 정보를 "확인하고, 설명하고, 배포하는 것"이다.[26] 범죄분석은 자료수집 및 대조와 함께 시작한다.

---

26) G. H. Reinier, T. J. Sweeney, R. V. Waymire, F. A. Newton Ⅲ, R. G. Grassie, S. M.

신고된 범죄, 순찰경찰관에 의해서 확인된 혐의점 있는 사람, 그리고 수사를 통해서 확인된 피의자에 대한 특정 정보를 위해서 범죄보고서, 긴급출동 기록, 그리고 활동 요약서는 철저히 조사된다. 특히 범죄분석은 위치, 발생시간, 그리고 운용방법에 대한 매우 정확한 정보에 중점을 두고 있다. 이러한 정보는 손으로 쓰여진, 반자동화 한, 또는 수정의 편의를 위하여 전산화한 자료로 정리된다.

이러한 범죄자료의 분석은 주로 유형 및 경향을 찾는 것과 관련된다. 유사한 범행수법은 두 개 이상의 범죄에서 주목될 수 있고, 지리적 유형이 관찰될 수 있고, 또는 어떤 날, 어떤 시간에 자주 발생하는 어떤 유형의 범죄가 명백할 수도 있다. 어떤 사건에서 피의자 또는 피체포자는 운용방법, 지리, 또는 다른 미해결된 범죄에 대한 시간측정에 의해서 연결될 수도 있다. 몇몇 유형들은 다음 사건의 시간 또는 장소에 대한 예견을 가능하게 하고, 반면에 다른 유형들은 단지 관찰되어야 하는 지역을 제안해 준다.

범죄분석정보의 배포는 전형적으로 범죄다발지역, 회보 그리고 지도를 통하여 획득된다. 이러한 장치들은 범죄, 유형, 경향에 대한 정보 및 결론을 요약해 준다. 통제순찰전략(directed patrol strategy)을 활용하는 경찰관서에서, 범죄분석정보는 지정된 임무를 위한 지침의 일부로서 배포된다. 몇몇 경찰관서에서, 범죄분석관은 심지어 그들의 범죄자료분석에 기초하여 통제순찰임무를 설계한다.27)

범죄분석정보는 경찰조직 내에서 다양한 수준에서 유용할 수 있다.28) 혐의있는 상황에 개입할 것인지 여부에 관한, 순찰하지 않는 시간에 어느 지점에 있을지, 그리고 순찰 동안에 무슨 전술을 사용할지에 대한 일선 현장의 결정은 범죄분석정보로부터 혜택을 받을 수 있다. 그러나 보충적인 대인적 접촉이 없이 발간된, 범죄소식지와 통계분석은 신뢰성 부족, 정보 수집의 지체, 또는 경

White, and W. D. Wallace, *Integrated Criminal Apprehension Program: Crime Analysis Operations Manual* (Washington, D. C.: Law Enforcement Assistance Administration, 1977), p. 1~9.

27) G. W. Cordner, "The Effects of Directed Patrol: A Natural Quasi-Experiment in Pontiac," in J. J. Fyfe(ed)., *Contemporary Issues in Law Enforcement* (Beverly Hills, CA.: Sage Publications, 1981).

28) M. M. Reuland, ed., *Information Management and Crime Analysis: Practitioners' Recipes for Success* (Washington, D. C.: Police Executive Research Forum, 1997).

찰관들이 이미 무엇을 알고 있는지에 대한 단순한 중복 때문에 타당하지 않은 것으로 여겨지는 경향이 있다.29) 이러한 관찰은 경험 있는 경찰관들이 범죄분석과정에 포함되어야 하고, 분석이 정보의 근원으로서 문서화된 보고서에 완전히 의존해서는 안 되고, 배포가 시기적절해야 한다는 요구사항을 강조한다. 운용경찰관에 대한 범죄분석정보의 배포는 조직상 의사소통의 방향과 관련된 전형적인 장애를 극복해야 하는 수평적 의사소통의 예이다.

일선감독관들은 범죄를 더 잘 이해하고, 그들의 근무조 또는 지역에 직면해 있는 수요를 충족시키기 위하여 범죄분석정보를 활용할 수 있다. 그들은 순찰구역에 경찰관을 배정할 때, 그리고 이용 가능한 어떤 특별한 자원이든지 간에 배치할 때 그러한 정보를 이용할 수 있다. 그들은 또한 부하 경찰관들의 전술을 지시하기 위하여 범죄분석을 이용할 수 있다.30)

경찰행정가들은 주로 할당 및 전략적 · 전술적 결정을 할 때, 외부로부터의 정보요구에 대응할 때, 기획에 참여할 때에 범죄분석정보로부터 이익을 얻을 수 있다. 지역사회의 범죄문제의 성격은 상이한 조직 사이의 경찰자원의 할당에 대한 결정을 할 때 명백히 중요한 요인이 된다. 마찬가지로, 통제순찰, 도보순찰, 유인반(decoy squad) 또는 함정수사 운용(sting operation)과 같은 전략 및 전술을 이용할 것인지 여부를 결정할 때, 범죄문제에 대한 정보는 중요하다. 그러한 정보는 다양한 합법적인 목적을 위하여 정치적 지도자, 지역사회 집단, 대중매체에 의하여 또한 자주 요구된다. 게다가, 경찰행정가들이 장래의 예산 및 기획에 참여할 때, 범죄문제 및 범죄경향에 대한 정보는 매우 귀중하다.31)

미국에서 지난 20년 동안에, 범죄분석반은 대부분의 대규모 경찰관서에서 설치되어져 왔다. 법집행원조청(LEAA)을 통하여, 연방정부는 많은 범죄분석반의 발전을 조장하고 자금을 지원하고자 노력했다. 더욱 최근에, 「국가사법연구

---

29) G. H. Reinier, M. R. Greenlee, M. H. Gibbens, and S. P. Marshall, *Crime Analysis in Support of Patrol* (Washington, D. C.: U. S. Government Printing Office, 1977), p. 26.

30) Reinier *et al., Integrated Criminal Apprehension Program: Crime Analysis Operations Manual, op. cit.,* pp. 1~23.

31) R. G. Grassie, R. V. Waymire, J. W. Burrows, C. L. R. Anderson, and W. D. Wallace, *Integrated Criminal Apprehension Program Crime Analysis Executive Manual* (Washington, D. C.: Law Enforcement Assistance Administration, 1977), pp. 1~23.

소」(National Institute of Justice)와 「지역사회 지향적 경찰활동 서비스국」 (Office of Community Oriented Policing Services)의 연방자금은 경찰범죄분석의 개선, 특히 '전산화된 지도'의 영역에서 사용되어져 왔다.32) 그러나 많은 경찰관서에서, 범죄분석정보는 여전히 충분히 이용되지 못한다. 많은 범죄분석반은 경찰관, 감독관, 그리고 경찰행정가들의 결정의 필요성 또는 이들의 범죄분석 활용과 관계없이 일간, 주간, 월간 보고서를 작성한다. 이러한 경찰관서에서, 범죄분석은 운용, 명령 및 통제 그리고 관리정보체계와 더욱 충분히 통합될 필요가 있다. 범죄분석은 경찰관서의 결정에 있어서 실질적으로 필요로 되는 정보의 필요성과 연결되어야 한다.

(2) 문제분석의 다른 유형

범죄분석은 경찰문제분석의 한 유형일 뿐이다. 범죄분석은 경찰문제분석 중 가장 일반적으로 그리고 가장 고도로 개발된 유형이다. 다른 문제분석의 유형들이 존재하고 있으며 이러한 다른 유형들은 경찰상 결정을 위한 주요한 정보근원으로서 인식되어야 한다.

예를 들면, 대부분의 경찰관서들은 교통사고를 유발하는 위험한 교차로 및 위반 유형을 확인하기 위하여 교통사고 분석을 행한다. 이러한 정보는 선별적인 교통단속 프로그램을 고안하기 위하여, 순찰반의 활동을 지시하기 위하여, 시민 교육을 위하여, 그리고 교통공학의 향상을 위하여 이용될 수 있다. 주된 교통단속 책임을 갖고 있는 주 경찰기관에게 있어서, 이러한 분석의 유형은 범죄분석 보다도 더욱 중요할 수 있다. 그러나 거의 모든 경찰기관들은 어떤 교통책임을 갖고 있기 때문에, 교통관련 운용의 기초를 세우고, 사고 및 위반자료의 분석에 대한 결정의 기초를 세움으로써 그들의 지역사회에 더 잘 기여할 수 있다.

경찰기관들은 그들이 범죄 및 교통문제를 분석하는 것과 같은 방법으로 서비스 및 질서유지문제를 분석해야 한다. 전통적으로, 경찰기관들은 범죄 및 교

---

32) T. F. Rich, "The Use of Computerized Mapping in Crime Control and Prevention," *Research in Action* (Washington, D. C.: National Institute of Justice, 1995).

통사고에서 서비스 및 공공질서문제의 유형과 경향을 찾아서는 안 된다. 왜냐하면 범죄 및 교통사고는 임의적·우발적으로 발생하고 고의적으로 발생하지 않는다고 생각되기 때문이다. 그러나 무질서한 만취, 구걸, 폭력, 가정분쟁, 그리고 갱단의 위협과 같은 문제들은 만약 분석된다면 유형이나 경향을 매우 잘 밝혀낼 것이다.33) 마찬가지로, 앰블러스 서비스, 은행경비, 장애운전자 지원을 제공하는 경찰관서들은 이러한 활동에 있어서 유형 및 경향을 발견하게 될 것이다. 심지어 그러한 서비스의 위치, 빈도, 그리고 규모를 파악하는 것도 할당 또는 정책결정을 위한 중요한 정보가 될 수 있다.34)

경찰문제분석의 또 다른 유형은 범죄 두려움의 문제에 중점을 둔다. 범죄 두려움은 범죄 그 자체와 정확히 관련이 있는 것은 아니라고 오랫동안 인식되어져 왔다.35) 거의 범죄가 발생하지 않는 지역은 높은 범죄 두려움을 보여 줄 수 있고, 범죄가 감소하는 동안에도 두려움은 증가할 수 있고, 시민들은 실질적으로 위험하지 않는 특정범죄를 두려워 할 수 있다. 최근에, 몇몇 경찰관서들은 범죄 그 자체를 감소시키려는 노력과는 별도로, 범죄 두려움을 감소시키고자 노력하기 시작했다.36)

이러한 노력들은 경찰기관들이 전형적으로 수집하거나 분석하지 않는 정보인, 두려움에 대한 정보에 기초해서만 행해질 수 있다. 그러한 범죄 두려움에 관한 정보를 수집하기 위하여, 경찰관서는 조사, 설문지 그리고 면접을 하면서 시민들에게 접근해야 한다. 이러한 정보는 그 다음에 두려움의 근원뿐만 아니라 특히 두려워하는 지역을 확인하기 위하여 이용될 수 있다. 반대로, 범죄에 대한 시민의 관심을 최소화시키고자 하는 희망을 가지고, 그러한 두려움의 근원을 다루기 위하여 각종 전술이 이용될 수 있다.37)

---

33) W. Spelman and J. E. Eck, "Problem-Oriented Policing," *Research in Brief,* National Institute of Justice, October 1986.

34) L. W. Sherman, *Repeat Calls to Police in Mineapolis* (Washington, D. C.: Crime Control Institute, 1987).

35) W. G. Skogan and M. G. Maxfield, *Coping with Cime: Individual and Neighborhood Reaction* (Beverly Hills, CA: Sage Publications, 1981).

36) P. B. Taft, Jr., *Fighting Fear: The Baltimore County C.O.P.E. Project* (Washington, D. C.: Police Executive Research Forum, 1986).

37) G. W. Cordner, "Fear of Crime and the Police: An Evaluation of a Fear-Reduction Strategy," *Journal of Police Science and Administration* Vol. 14, No. 3, September 1986, pp.

(3) 운용분석

운용분석(Operation Analysis)은 범죄 또는 어떤 사람, 특정한 지역사회 문제 보다는 경찰관서의 운용에 주로 중점을 두고 있다는 점에서 범죄분석과 다르다. 그것은 능률성과 효과성을 지향하고 있고, 주로 할당, 전략적 및 전술적 결정에 영향을 미친다. 운용분석은 범죄분석과 같은 정보 중 일부를 이용하고 있지만, 그것은 예방과 체포 목적을 달성하는데 있어서 순찰경찰관과 형사를 지시하고자 하는 협의의 목적 보다는 오히려 할당 및 전략을 업무량 및 조직적 목적에 맞추고자 하는 광의의 목적을 위한 것이다.

운용분석의 가장 일반적인 대상은 순찰할당과 배치이다. 순찰은 경찰관서 자원의 가장 많은 부분과 관련되고, 시민들에게 대부분의 서비스를 제공한다. 순찰할당과 관련된 주요 문제들 중에는 다음과 같은 것들이 있다.

· 경찰관서의 관할구역을 담당할 순찰반의 수를 결정하는 것. 이것은 시간별, 일별, 계절별로 변경할 수 있다.
· 순찰구역(beat)을 설계하는 것
· 순찰반의 긴급출동 및 재배치를 위한 정책을 개발하는 것
· 근무 중에 필요로 되는 순찰반의 수에 있어서 변화를 조정하기 위해 순찰경찰관의 명단을 작성하는 것

이러한 순찰할당문제를 분명하게 하기 위하여, 운용자료들이 수집되고 분석되어야 한다. 먼저, 순찰업무량의 다양한 범주가 확인되어야 하고, 이러한 것들에는 서비스 요구, 경찰관에 의해서 시작된 활동 그리고 행정적 활동을 포함한다. 각각의 모든 활동을 위해서, 다양한 정보가 수집되어야 하고, 최소한 다음과 같은 것을 포함해야 한다.

· 신고 또는 활동의 유형   · 신고된 시간
· 소비된 시간   · 요일
· 월   · 위치
· 임무를 부여 받은 순찰반의 수

223~233; R. K. Higdon and P. G. Huber, *How to Fight Fear: The Citizen Oriented Police Enforcement Program Package* (Washington, D. C.: Police Executive Research Forum, 1987).

이러한 자료의 분석은 시간별, 요일별, 계절별, 그리고 장소별 순찰업무량 및 그것의 변화를 보여 줄 것이다. 그 분석은 손으로, 기계적으로, 일부분은 컴퓨터로, 또는 완전히 컴퓨터로 행해질 수 있다.38) 그 다음, 순찰자원을 업무량에 비례하여 할당하기 위하여, 긴급신고에 대한 대응시간을 최소화하기 위하여, 범죄에 따라서 통제순찰시간을 분산시키기 위하여, 체포 또는 예방능력을 극대화시키기 위하여, 또는 거의 어떤 다른 기준에 따라서 순찰관련 기술이나 활동의 능률성을 향상시키기 위하여 분석의 결과는 이용될 수 있다. 순찰할당 분석은 단지 업무량에 대한, 그리고 아마도 다른 할당 대안들의 결과에 대한 정보만을 제공해 준다.

수사활동은 또한 운용분석의 대상이 되어야 한다. 추행수사(follow-up investigation)를 위해 할당된 각각의 사건에 대한 정보는 담당건수의 규모, 시간의 활용도, 사건 해결의 효과성, 그리고 시간 및 장소에 따른 사건 변화에 중점을 두면서, 수집되고 분석될 수 있다. 결국 수사에 배정된 직원의 수, 그들의 스케줄, 그리고 공식화된 사건 검색을 할 것인지 여부에 대한 결정이 내려 져야 한다.39) 후자의 실행은 가장 해결 가능한 사건들을 확인하고, 그것들에 대하여 수사 자원을 집중시키는 것과 관련된다. 이러한 사건 검색의 기초는 어떤 사건이 해결될 것인지 여부를 예견토록 해 주는 사건 특성의 분석이다.40)

수사상 사건 검색의 문제는 할당 결정뿐만 아니라 전략적·전술적 결정에 대한 운용분석의 응용 가능성을 설명해 준다. 순찰분야에서, 운용분석은 통제순찰임무에 이용될 수 있는 순찰시간의 범위를 확인하고, 또는 경찰관 지향적 활동의 분석을 통한 공격적인 순찰전략의 현재의 활용도를 서류화할 수 있다. 할당 결정은 적용되는 자원의 양과 관련되고, 반면에 전략적·전술적 결정은 그러한 자원들을 갖고서 성취되는 임무와 관련된다. 결정의 두 종류는 운용분

38) R. G. Grassie and J. A. Hollister, *Integrated Criminal Apprehension Program: A Preliminary Guideline Manual for Patrol Operations Analysis* (Washington, D. C.: Law Enforcement Assistance Administration, 1977).

39) D. F. Cawley, H. J. Miron, W. J. Araujo, R. Wasserman, T. A. Mannello, and Y. Huffman, *Managing Criminal Investigations: Manual* (Washington, D. C.: U. S. Government Printing Office, 1977).

40) J. E. Eck, *Managing Case Assignments: The Burglary Investigation Decision Model Replication* (Washington, D. C.: Police Executive Research Forum, 1979).

석에 의해서 제공되는 종류의 정보를 필요로 한다.

(4) 정보분석

정보분석(Intelligence Analysis)은 전통적인 조직범죄 신디케이트, 마약 거래자, 테러리스트를 포함하여, 조직범죄 및 범죄자와 관련된 정보의 생산·대조·분석·배포와 관련 있다. 범죄분석은 보통의 범죄에 중점을 두고 있는 반면에, 정보분석은 조직범죄 등에 중점을 두고 있다.

정보의 근원은 광범위하고, 순찰경찰관, 형사, 정보원, 비밀요원, 목격자, 일반시민, 재판의 조서, 위원회의 청문, 면허의 신청, 신문 및 잡지 기사, 물리적 및 전자적 감시, 그리고 경찰기록 등을 포함한다.41) 모든 이러한 정보는 신뢰성 및 타당성에 대하여 평가되어야 하고, 자료화 되어 있거나 참조 표시가 되어 있는 그 가치에 대하여 평가되고, 그리고 나서 경향 및 유형에 대하여 분석되어야 한다. 종종 조직화된 범죄자 전산망의 단순한 확인만으로도 귀중한 정보와 효과적인 단속에 대한 첫 단계를 의미한다.

정보분석에서 나오는 정보는 특히 조직범죄, 마약거래, 테러 등을 분석하는 특정한 책임을 맡고 있는 전술부서 및 수사부서에 특히 유익하다. 게다가, 이러한 정보는 할당, 전략적·전술적 그리고 정책결정을 할 때 행정가들에 의해서 필요로 된다. 그러나 종종 순찰경찰관은 정보분석과정에서 간과된다. 순찰경찰관들은 종종 경찰관서 내의 어떤 다른 경찰관들보다도 의심스런 활동과 범죄자들 사이의 교제에 대하여 더 많은 정보를 지니고 있다. 그들은 종종 적어도 일선 현장단계의 조직범죄에 대하여, 정보를 활용할 수 있는 가장 좋은 위치에 있을 수 있다.

1960년대와 1970년대 동안에 정보 수집에 있어서 경찰비행의 폭로는 미국 경찰활동에 있어서 정보분석기능의 발전을 방해했다. 그러한 기간 동안에, 많은 경찰기관들은 베트남 전쟁을 반대하고 시민권리를 위해서 활동했던 사람들에 대한 정보를 대조하고 보관하였다. 이러한 경찰 권한남용의 폭로 이후에, 몇

---

41) R. G. Grassie and T. D. Crowe, *Integrated Criminal Apprehension Program: Program Implementation Guide* (Washington, D. C.: Law Enforcement Assistance Administration, 1978), pp. 3~5.

몇 경찰관서는 자발적으로 그들의 정보수집활동을 중단시켰고, 다른 몇몇 경찰관서는 정치적 측면의 감독관 또는 법원에 의해서 그들의 활동을 축소하도록 강요되었다.

테러리즘과 마약거래에 대한 최근의 관심사는 경찰정보수집 및 분석에 대한 절대적 필요성을 다시 한번 보여 주었다. 그러한 활동을 실행하지 않고서는, 경찰관서들은 조직화된 범죄자들과 경쟁할 수 없다. 그러나 마찬가지로 사생활을 유지하고, 자유롭게 말하고 반대할 수 있고, 글을 쓰고 출판할 수 있으며, 어떤 법률적 목적을 위해서 사적으로 또는 공개적으로 모일 수 있는 시민의 헌법상 권리에 간섭하거나 침해하는 것을 피하기 위하여, 경찰관서가 정보에 대하여 특별한 관심과 주의를 기울어야 한다.[42] 경찰정보수집은 순수하게 위험한 범죄에 한정되어야 하고, 결코 단순한 반대자를 대상으로 해서는 안 된다.

제 4 절   경찰기획 및 정책결정

1. 경찰기획의 의의

(1) 경찰기획의 개념

기획이라는 용어는 널리 그리고 자주 사용되고 있으면서도 그 의미와 내용이 포괄적이기 때문에 많은 혼란을 일으키고 있다. 우리가 사용하는 planning은 기획이며, 그것에서 나타난 산물인 계획은 plan이다. program은 planning의 하위사업, 즉 사업계획을 말하고, project는 그보다 더 세부적인 사업계획이다.[43] 기획은 정책과 프로그램을 공식화하고 수행하는 데 있어서의 선견장치(先見裝置)라고 간단히 정의할 수 있다.[44] 그러나 더욱 상세히 말하면 경찰기획

---

42) J. B. Wolf, *The Police Intelligence System, Second Edition* (New York, NY: The John Jay Press, 1978), p. 5.

43) 김봉식, 「기획론」 (서울: 박영사, 1975), p. 50.

44) Barclay M. Hudson, "Comparison of Current Planning Theories: Counterparts and Contradictions," *Journal of the American Planning Association,* Vol. 45, October 1979, p. 387.

이란 경찰관리자들이 미래를 예측하고, 그것을 달성하기 위한 수단들 가운데 다양한 대안을 고려하고, 그들이 선택한 대안을 달성하기 위하여 나아가는 절차이다. 즉 기획이란 바람직한 목표를 달성하기 위하여 최대한의 가능성을 제공하는 행동의 방침을 미리 결정하도록 개발하기 위한 과정이다.45) 따라서 기획이란 미래를 위한 정책결정이다.46)

경찰기획(police planning)은 체계적이고 지적인 연구를 통하여 경찰기관의 문제를 명백히 하고 합리적인 문제해결을 권고하며 정책결정을 용이하게 하는 관리의 과정이라고 할 수 있다.

(2) 경찰기획의 목적

경찰기획은 경찰조직에 있어서 중앙안내장치로서 작용한다. 효과적인 경찰기획을 통하여 경찰기관은 그 방향을 제시할 수 있고 변화하는 상황에 적절히 대응할 수 있다.

경찰기획을 담당하는 사람은 다음과 같은 목적을 위하여 경찰조직, 경찰운영 그리고 경찰관리의 모든 측면을 실험하고 분석할 것이 기대된다.

① 경찰업무의 효과성과 능률성
② 경찰운영의 경제성
③ 시민에게 봉사하는 경찰기관의 대응성

(3) 경찰기획의 특징

경찰기획은 다음과 같은 것을 특성화할 수 있는 중요한 관리기능이다.

첫째, 연구방법, 양적 분석 그리고 예측기법의 정확한 준비에 의거한 지적(知的) 과정이다.

둘째, 체계적이고 적극적인 접근방법을 요구하는 진행과정이다.

셋째, 미래의 경향과 사회적·정치적·경제적 그리고 법률적 지침에 관련된

---

45) Harry W. More, *Effective Police Administration* (San Jose, California: Justice Systems Development, Inc., 1975), p. 183.

46) Charles R. Swanson and Leonard Territo, *Police Administration,* New York: Macmillan Publishing Co., Inc., 1983, p. 386.

적절한 해석을 통하여 예상되는 변화에 현재상황을 결합시키려는 재조정과정
이다.

넷째, 선택을 하는 정책결정자에게 일련의 선택권을 부여하는 지원과정이
다. 즉 각각의 선택권은 그것의 실행으로부터 파생된 가치와 초래되는 비용과
관계있다.

다섯째, 기관 내부로부터 선발된(그리고 훈련 받은) 또는 기관 외부로부터 기
획자문관으로 고용된 유능한 기획담당자에 의하여 수행되고 있는 전문화과정
이다.

2. 경찰기획부서

경찰책임자는 그의 조직을 위하여 광범위하고 효과적인 기획을 하는 데 필
요한 조직구조와 참모를 공급할 책임을 지고 있다. 생산은 주로 직원들의 노력
의 결과이므로 직원들의 자질은 항상 그 노력에 이바지할 수 있는 사람들의 자
격조건, 훈련, 태도 그리고 개성과 일치되고 있다. 경찰기획도 예외는 아니다.
경찰책임자는 경찰부서에서 기획의 최종적인 책임을 지고 있다.47)

대단히 작은 경찰기관에서 기획은 경찰책임자의 일상 업무의 하나로서 단
순하다. 어느 정도 큰 경찰기관에서 기획과 연구는 전임으로 또는 시간제로 고
용된 직원들로 구성된 부서에 맡겨질 수도 있다. 그리고 대규모 경찰기관에서
전문화된 기획기능은 기획부서에 위임될 수 있다.

(1) 기획부서의 조직

'기획 및 연구과'로서 불리어지고 있는 기획부서는 참모기능을 수행하며 그
리고 종종 경찰책임자의 사무실에 직접적으로 배속되어 있다. 기획부서는 기능
적 계선에 따라 내부적으로 조직되어 있다. 즉 통계단위, 조직단위, 연구단위,
법률단위 등으로 구성될 수도 있다.

---

47) Wesley A. Pomeroy, "New Trends in Police Planning," *The Police Chief, February*
1971.

우리나라 경찰조직에 있어서 기획은 경찰청에 전국 경찰의 기획을 주관하는 기획조정관과 경무인사기획관이 있고, 지방경찰청 '경무과'에는 각 시·도의 지역경찰기획을 담당하는 기획예산계와 조직법무계가 있고, 경찰서에는 '경무과'가 있다. 전국 경찰의 기획을 주도하는 경찰청 기획조정관과 경무인사기획관 밑에 각각 기획조정, 재정, 규제개혁법무와 경무, 인사, 교육정책, 복지정책 담당관이 있어 소관업무를 담당한다. 그렇지만 기획부서와 전산처리부서가 연계되는 것이 바람직하다.

(2) 기획담당 경찰관

기획담당 경찰관은 기획에 관한 전문가적 식견보다는 다른 이유 때문에 흔히 기획부서에 배치되거나 기획임무가 주어진다. 이것은 기획기능의 전문성에 관한 그들의 잠재력 때문이라기보다는 오히려 경찰관으로서의 숙련성 때문이거나 개인을 승진시키려고 하는 경향에 있는 경찰기관 때문이다.

따라서 기획부서는 경찰관보다는 민간인들로 구성되는 것이 효과적일 수도 있다. 예를 들면 조사방법분석자, 프로그래머, 자료처리자들은 모두 특별한 배경과 교육이 필요하나 이러한 기술은 경찰인력에서는 찾아보기 힘들다. 최근에 많은 대학들은 현대적인 정보기술, 즉 컴퓨터를 이용하여 행정이나 정책과제를 해결하는 프로그램을 개발하여 기획부서 직원을 선발하기가 좋은 대상이 되었다. 이러한 전문인력들이 경찰경력이 많은 직원들과 함께 일하는 것이 바람직할 것이다.[48]

(3) 기획담당 경찰관의 자질

기획부서의 성공은 구성원들의 자질에 크게 의존한다. 기획담당자들은 훌륭한 판단력, 창조성, 열의, 설득력으로 무장되어 경찰행정에 대한 심오한 지식이 있어야 한다. 또한 상상력이 풍부하고 사교성이 있으며 필요하다면 자신의 제안도 고칠 줄 알고 비판을 잘 받아들여야 한다.

---

48) James J. Fyfe, Jack R. Greene, William F. Walsh, O. W, Wilson, and Roy Clinton McLaren, *Police Administration,* 5th ed. (New York: McGraw-Hill Co., Inc., 1997), p. 217.

1973년 「형사사법표준 및 목표에 관한 국가자문위원회」는 자질 있고 고도의 훈련을 받은 직원 가운데서 기획직원을 선발하도록 권고하고 있다. 이러한 직원은 다음과 같은 것이 요구되고 있다.[49]

1) 독 립 성

기획담당자는 독자적으로 많은 시간을 가지고 일할 것이 기대되기 때문에 그들은 최소한의 감독을 필요로 하는 솔선수범자이며 근면해야 한다.

2) 분 석 력

기획담당자는 정보를 평가하고, 정보들 간의 관련성을 인지하고 이해하며 분석의 결과를 이끌어낼 수 있어야 한다.

3) 창 조 성

기획담당자는 새로운 대안들을 탐색하고 문제를 쇄신적으로 해결할 수 있는 상상력과 창조력을 발휘하여야 한다.

4) 명 료 성

기획담당자는 그들의 계획을 분명하게 설명할 수 있어야 한다. 구두나 문서로 분명하고 간결하게 표현할 수 있는 능력이 기본적으로 요구된다.

5) 철 저 성

기획담당자는 광범위하고도 철저한 연구와 문서를 통하여 필요한 정보를 입수할 수 있어야 한다. 이와 관련하여 조사를 통하여 정확한 정보를 얻을 수 있는 능력이 필요하다.

3. 경찰기획의 범위

기획부서는 경찰조직 전반에 관한 기획과 경찰조직 내의 특정한 과 또는 계에서 특별히 문제되는 것에 중점을 두어 계획을 수립할 책임이 있다.

윌슨(O. W. Wilson)은 경찰관서 전체계획을 수립함에 있어서 기획부서의 일곱가지 기본적 직무를 열거했다.

---

49) National Advisory Commission on Criminal Justice Standards and Goals, *op. cit.*, pp. 119~120.

첫째, 적합하고 최신이라는 것을 확실하게 하기 위하여 정기적으로 모든 경찰조직의 정책을 재검토하고 분석하는 것

둘째, 시간, 비용 또는 노력의 낭비를 포함하는 현존하는 정책들을 현대화하고 향상시키는 것

셋째, 모든 수준에 있는(하급감독자, 중간관리자 그리고 상급관리자) 정책결정자들을 위한 행동절차의 대안을 제시하는 것

넷째, 경찰조직 전체에 걸친 관리상의 문제를 확인하고 그러한 문제를 해결하고 또한 그들의 부정적인 효과를 완화시키는 것

다섯째, 현존하는 문제를 해결하기 위한 대안을 준비함에 있어서 활동하고 있는 직원에게(직접으로든 또는 경찰국장을 통하든) 원조를 요청하는 것

여섯째, 범죄률, 이직률, 생산률, 그리고 다른 지표의 조사를 통하여 장래에 어떻게 효과적으로 경찰업무를 수행할 수 있는가를 예측하는 것, 그리고 장래의 요구에 현재의 자원들을 조화시키기 위한 방법을 권고하는 것

일곱째, 경찰기관의 기획과 정책결정을 위하여 요구되는 정보를 획득하는 것 그리고 사용 가능한 체제로 이러한 정보를 조직화하는 것

우리나라에서는 기획기능이 각 집행부서, 즉 수사·교통·정보·생활안전 등의 각 기능으로 분화되어 있어 경무기획국장은 각 기능에서의 기초적인 기획을 종합·검토하여 조정하는 역할을 수행하고 있다. 그러나 경찰기획에 있어서는 경무기획국장이 집행부서의 장인 국장과 동일계급이기 때문에 그 조정·통제에 있어서 어려움이 있다.

4. 경찰기획과정

(1) 접근방법

수많은 이론가들이 기획과정에 관한 모형들을 제시하고 있지만 다음과 같은 대표적인 접근방법들이 있다.

1) 윌슨의 기획모형

윌슨(O. W. Wilson) 등은 일곱 가지 기본적인 단계에 근거를 두어 아래와 같은 기획모형을 만들었다.50)

① 기획에 대한 필요성의 인식

② 목적의 분명한 설정

③ 계획에 관련된 자료의 수집 및 분석

④ 상세한 계획의 수립

⑤ 기획보고서의 준비

⑥ 계획을 실행하는 동안 참모의 자격으로서 기획직원이 참여

⑦ 계획의 재평가

2) 케니의 기획모형

케니(John Kenney)는 「경찰관리기획(Police Management Planning)」에서 아래와 같이 아홉 가지 단계로 이루어져 있는 모형을 제시했다.51)

① 기획을 위하여 참조할 수 있는 체제를 구축

② 해결해야 할 문제들을 확인

③ 모든 관련된 자료를 수집

④ 사실을 분석

⑤ 논리적으로 상황의 요구에 일치하는 행동과정의 대안을 개발

⑥ 가장 적당한 대안을 선택

⑦ 운영단위를 포함하여 계획을 선전

⑧ 계획의 실행을 위한 준비

⑨ 계획의 효과성을 평가

(2) 기본적 과정

비록 정확한 몇 가지 단계가 기획과정을 변경시킬지도 모른다고 권고할지라도 그 과정의 본질은 똑같다. 적절한 결정을 한다는 것은 훌륭한 기획을 위

---

50) James J. Fyfe *et al., op. cit.,* pp. 214~215.

51) John Kenney, *Police Management Planning* (Springfield, Ⅲ.: Charles C. Thomas, 1959), pp. 21~23.

한 주요한 측면이며 경찰관리자의 판단이 요구되는 것이다.

모어(H. W. More)는 훌륭한 결정은 ① 정확한 문제의 인식, ② 관련된 자료의 수집하는 데 있어서 문제점의 차단, ③ 이용 가능한 대안의 분석, ④ 각 대안의 결과의 예측, ⑤ 최선의 문제해결의 선택, ⑥ 조직에 의한 결정의 수락 등에 달려 있다고 한다.52)

효과적인 기획을 위해서는 다음과 같은 기본적인 기획과정을 따라야 한다.

1) 목표의 설정

경찰기관이 이루고자 하는 바가 무엇인지를 설정 내지 확정해야 한다.

2) 상황의 분석과 판단

현재의 상황에 대한 명확한 인식은 물론 현재 우리가 가지고 있는 것과 우리가 원하는 것 사이의 간격을 측정해야만 경찰기관에 의해서 수행되어야 할 확실한 업무내용을 결정할 수 있게 된다.

3) 기획가정의 설정

장래 나타날 불확실성을 감소시키고 기획의 토대가 되며 기획상의 협조가 이루어지기 위하여 장래에 무엇이 어떤 방법으로 작용하며 어떤 현상이 현저하게 나타나고 어떤 상태가 소멸될 것인가 등을 가정해야 한다.

4) 대안의 작성과 비교

대안이 작성되기 위해서는 경찰행정가의 과거의 경험이나 조직이 가지고 있는 선례가 매우 중요하다. 일단 여러 가지 방법으로 대안이 작성되면 그 대안은 여러 가지 방법으로 비교·평가되어야 한다.

5) 최종안의 선택

많은 대안을 분석·검토한 후에 가장 이상적인 최종안을 선택해야 한다.

6) 관련된 여러 파생계획의 수립

최종안을 중심안이라고 한다면 그와 관련되는 수많은 파생계획 또는 부수계획, 보조계획 등이 필요하게 된다.

7) 계획의 통제 및 심사분석과 평가

모든 기획과정이 완료되면 계획에 대한 통제·심사·분석 그리고 평가가

---

52) Harry W. More, op. cit., p. 213.

뒤따라야 되는 것이다.

5. 경찰기획의 종류

기획은 어떤 행동과정을 선택할 것인가를 판단하는 과정이며, 따라서 설계된 행동과정을 문서화한 것이다. 법집행업무를 담당하는 데 있어서 일반적인 기획의 형태는 관리기획, 운영기획, 절차기획, 전략기획의 네 가지를 들고 있으며,53) 그 결과로서 도출되는 계획은 다음과 같은 종류가 있다.

(1) 단일사용계획과 표준적 계획

단일사용계획(single use plans)은 하나의 특별한 상황만을 위하여 사용되는 행동과정을 설계한다. 주요한 예는 신임경찰을 선발하기 위한 한 번의 「평가센터」 접근방법을 사용하는 계획이다.

표준적 계획(standardized plans)은 주기적인 개정을 위하여 계속적으로 사용하는 것으로 상비계획이라고도 한다. 때때로 종합기본계획(master plans)으로 알려져 있고 이러한 계획은 경찰관의 모집, 경찰기관 예산의 준비 또는 장비의 구매 또는 매각을 위한 입찰의 요청과 같이 규칙적으로 일어나는 상황에 적용된다.

(2) 장기계획과 단기계획

장기계획(long term plans)은 경찰기관의 규칙과 규정이 분명하지 않은 장래의 목표에 이르는데 도움이 되는 행동과정을 말하는 것이다. 이것은 자료를 수집하고 조직화하고 해석하여 과거의 경험에 의지하며, 국민의 태도와 가치관을 분석하여 미래의 욕구를 예측하며, 최근의 경향을 근거로 하여 예측을 하며, 변화를 통한 개선을 위하여 아이디어와 제안을 제공하는 것이다.54) 예를 들면 예산비율의 감소, 생산성의 증가, 교육훈련의 향상, 경찰부재의 감소 등에 관한

---

53) *Ibid.*, p. 181.

54) Charles A. Keys and Mills R. Warren, "Kansas City: Long Range Planning Program," *The Police Chief,* May 1972.

계획이 포함될 수 있다.

단기계획(short term plans)은 장기계획과 대조적으로 더욱 특정하고 명확한 목표의 달성에 도움이 된다. 예를 들면 순찰방법의 변화, 관할구역 내에서 하나 또는 그 이상의 구역에서의 합동근무제도를 신설하는 계획이 포함된다.

(3) 전략계획과 전술계획

전략계획(strategic plans)은 관련된 정보를 계속해서 수집해야 하는 것과 같이 일련의 연속되는 결정을 요구하는 포괄적인 계획이다. 평소에는 장기적인 것이지만 전략계획은 주요한 경찰부서의 목표와 목적 그리고 그러한 목표를 달성하는 데 요구되는 자원을 결정하는 것을 의미한다. 주요한 예는 둘 또는 그 이상의 경찰기관을 통합하거나 또는 새로운 기관을 신설하기 위한 기획이다.

전술계획(tactical plans)은 특정형태의 위기상황에 대처하기 위한 계획이다. 또한 경찰관과 일반시민들 간의 일상적인 문제해결을 도와주기 위한 계획도 포함된다. 예를 들면 인질상황이나 비행기납치행위를 해결하기 위한 경찰특공대의 계획, 데모진압이나 정치적 집회들을 취급하는 계획, 교통법규 위반시의 경찰과의 대립상황, 일반시민간의 대립을 중재해야 하는 상황, 불의의 사건이나 사고에 대한 계획 등이 포함된다.

(4) 관리계획과 운용계획

관리계획(management plans)은 경찰조직과 인사 및 물자의 관리, 그리고 자금의 조달과 지출에 관련된 장래의 행동과정을 의미한다. 이러한 계획은 지휘, 조정, 통제의 기능을 제대로 수행할 수 없는 경찰책임자를 도와준다. 예를 들면 예산계획, 인사계획, 인력의 배분, 교육훈련계획, 지역사회관계계획, 종합적인 법집행 및 형사사법계획 등이 포함된다.

운용계획(operational plans)은 정책의 테두리 안에서 이러한 정책을 실천에 옮기기 위한 특수한 목표와 이러한 목표를 실현하기 위한 세부적 활동에 관한 계획이다. 이러한 운용계획은 업무의 수행방법을 결정하기 위하여 수립된다. 예를 들면 순찰·교통·수사·기록·통신 등에 관한 활동을 위하여 필요하다.

경찰책임자는 그 기관 전체의 운용계획을 수립하기 위한 적절한 방향과 분위기를 제공하여야 한다. 그 첫 단계는 기획 및 긍정적인 변화와 관련된 것을 표현한 강력하고 명쾌한 정책안내서를 공식화하고 보급하여야 할 것이다.[55] 또한 경찰관은 그의 계획이 예측할 수 없는 환경의 발전에 따라 우선순위가 항상 변동될 수 있다는 것을 이해하여야 한다. 그리고 역동적인 환경에서 그의 책임을 계속적으로 수행하기 위한 계획을 마련해야 할 것이다.[56]

6. 경찰정책결정의 이론모형

오늘날 정책결정에 관한 연구에는 여러 학문분야의 다양한 이론과 개념이 광범위하게 활용되고 있다. 초창기에는 규범적 차원에서 모든 인간의 행동이 합리적이라고 전제하고 목표의 극대화를 위하여 정책결정자가 하여야 할 일을 분석·추구하는 규범적·이상적 접근방법인 합리모형이 주로 이용되었다.

최근에 이르러서는 현실에서 행해지고 있는 결정은 절대적 합리성보다 타당한 결정을 취하는 경향을 가지고 조직 내·외의 제약요인 등을 중심으로 연구하는 현실적·실증적 접근방법이 이용되고 있으며 이에는 만족모형, 점진모형, 혼합모형이 있다. 그리고 인간의 초합리적 성격을 반영하고 있는 최적모형이 있다.[57]

(1) 합리모형

합리모형(rational model)은 인간은 이성과 합리성에 근거하여 결정하고 행동한다는 이론이다. 즉 합리모형은 관련된 모든 대안들을 고려할 수 있다는 객관적 합리성에 근거한 의사결정자에 대한 전능의 가정과, 주어진 목적달성의 극대화를 위하여 최대한의 노력을 한다는 주관적 합리성에 근거한 경제인과

---

55) Franklin G. Ashburn, "A New Dilemma in Police Planning and Research," *The Police Chief,* May 1969.

56) Richard M. Davis, "Police Management Techniques for the Medium Size Community," *The Police Chief,* July 1970.

57) 조석준, 「조직론」 (서울: 법문사, 1977), p. 255.

그림 8-4 경찰정책결정의 이론모형

```
                    경찰정책결정의 이론모형
    ┌──────┬───────┬───────┬───────┬───────┐
  합리모형   만족모형   점진모형   혼합모형   최적모형
```

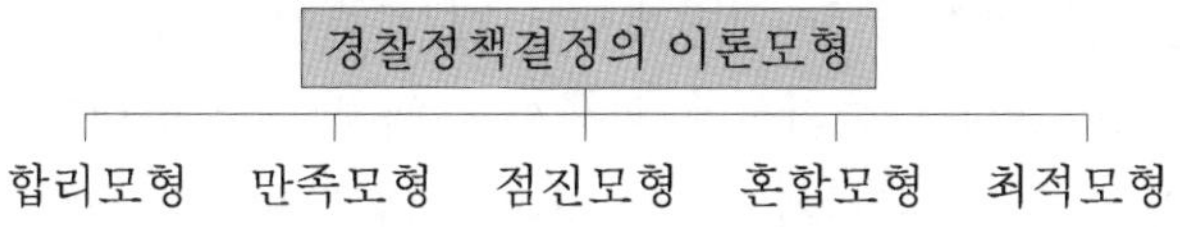

같은 합리적 인간을 전제로 한 이론모형인 것이다.

합리모형은 가장 좋은 대안의 선택이라는 점에서 이상적인 모형이라고 할수 있을 것이나 인간의 능력·시간·정보 및 비용의 한정성과 완벽한 평가방법이란 존재할 수 없다는 이유 등으로 인하여 현실적으로는 적용 가능성이 거의 희박한 모형이라고 하겠다.58)

(2) 만족모형

만족모형(satisfying model)은 사이몬(H. A. Simon)과 마치(J. G. March)에의해서 주장되었다.59)

만족모형은 합리모형의 현실적 제약점을 극복하기 위해 제시된 것으로 합리모형과는 달리 완전한 합리성이 아닌 제한된 합리성에 기초하고 있다는 데특색이 있다.

경찰관리자가 어떤 결정을 하는 경우 최대한도로 최적안을 위한 노력을 한다고 일반적으로 기대할 수는 없고, 현실적으로 만족할만한 수준에 그치게 되기 때문에 보다 쇄신적인 문제해결을 요하는 경우에는 적용하기 어렵다고 볼수 있다.

(3) 점진모형

점진모형(incremental model)은 린드브롬(C. E. Lindblom)과 윌답스키(A. Wildavsky)에 의하여 주장된 것으로 합리모형의 비현실성에 대해 비판을 제기

---

58) Louis C. Gawthrop, *Bureaucratic Behavior in the Executive Branch* (New York: Free Press, 1969), pp. 86~89.

59) James G. March and Herbert A. Simon, *Organizations* (New York: John Wiley & Sons, Inc., 1958), pp. 140~141.

하면서 현실적인 정책결정 행태에 보다 가까운 설명을 할 수 있고 동시에 정책의 실현가능성을 높이기 위한 처방제로서 제시된 것이다.

정책의 결정은 경제적 합리성에 의해서 행해지는 것이 아니고 시민과 정치인의 지지를 얻을 수 있는 정치적 합리성이 크게 작용하는 것이며 따라서 너무나 전자에 치우치는 관리과학에 따른 생각은 정치와 행정을 경제와 동일시하는 것에서 연유한 것이라고 하며, 점진모형의 예로써 예산의 전년도 위주의 편성을 들고 있다.

그러나 점진모형은 안정과 균형이 상대적으로 유지되고 있는 사회에서는 적용될 수 있으나 정책결정자에 대한 여러 방면으로부터의 압력이 약해 정책결정자 자신의 판단이 크게 작용할 가능성이 많은 사회에서는 적용 가능성이 적다.

(4) 혼합모형

혼합모형(mixed scanning model)은 에치오니(A. Etzioni)에 의해 제시된 것으로 합리모형과 점진모형을 혼합한 것이 특색이다.[60]

합리모형은 너무 정책결정자에게 기대가능성이 없는 것인데 반하여, 점진모형은 너무 보수성을 띠고 있다는 것이다. 따라서 혼합모형은 기본적인 방향의 설정은 합리모형의 방법을 택하나 기본적 방향이 설정된 후의 특정문제의 결정은 점진모형의 입장을 취하는 것이 보다 현실적이라고 하는 것이다.

혼합모형은 새로운 모형이라기보다는 두 개의 대립되는 모형의 입장을 절충·혼합한 것으로 볼 수 있으며 현실적으로 언제나 이러한 방법을 순서적으로 얼마나 따를 수 있겠는가 하는 것이 문제가 되겠다.

(5) 최적모형

최적모형(optimal model)은 드로어(Y. Dror)가 제시한 것이다. 지금까지 주장된 모형들은 그 이전의 결정예를 바탕으로 하는 오류를 범하고 있는 것이라

---

60) Amitai Etzioni, "Mixed Scanning: A Third Approach to Decision Making," *Public Administration Review,* Vol. 27, No. 5, December 1967, pp. 385~392.

고 비판하면서 그러한 결정예가 반드시 정당한 것이라는 보장이 없음에도 불구하고 이를 바탕으로 하여 어떤 결정을 내릴 것이 아니라 모든 새로운 결정에는 그 때마다 정책방향부터 각각 새롭게 검토되어야 한다는 것이다.[61]

그러나 현실적으로 이러한 수준에 도달하지 못하는 것은 정책결정을 발전시키려는 노력의 부족, 직원의 기득권으로 인한 보수성, 정보자료의 부족, 목표의 불명확성, 평가·환류의 경시 때문인 것으로 생각되고 있다.

7. 경찰정책결정의 한계

일반적으로 정책결정자들은 합리성에 근거하여 정책을 결정하려고 하고 사회도 합리적 결정을 강하게 요구하고 있지만, 완전한 합리적 결정이란 매우 힘들고 또 그렇게 하기에는 상당한 자원이 소요된다. 따라서 완전한 합리성이란 아주 단순한 문제를 제외하고는 정책결정자들이 달성할 수 없는 이상적인 목표이다.

(1) 공공정책결정에 관한 일반적 한계

다운스(Anthony Downs)는 모든 공공정책결정자에게 영향을 미치는 다음과 같은 기본적인 한계가 있다고 주장한다.

첫째, 각 정책결정자는 정책결정을 위하여 단지 제한된 시간만을 바칠 수 있다.

둘째, 정책결정자가 이용할 수 있는 정보의 양은 그 주제에 관하여 이용할 수 있는 정보의 일부분에 불과하다.

셋째, 특별한 문제와 관련이 있는 추가적인 정보를 사용할 수도 있지만 그 수집과 이용은 너무 많은 시간과 비용을 필요로 한다.[62]

그리고 나이그로(F. A. Nigro and L. G. Nigro)는 정책결정과정에 있어서 자주 발생되는 한계에는 몇 가지 형태가 있다고 주장한다.

---

61) Yehezkel Dror, *op. cit.,* pp. 11~13.
62) Anthrony Downs, *Inside Bureaucracy* (Boston: Little, Brown, 1967), pp. 272~273.

첫째, 근시적인 인식

둘째, 미래는 과거를 다시 경험하게 될 것이라는 가정

셋째, 지나친 단순성

넷째, 자신의 경험에 대한 지나친 신뢰

다섯째, 선입견

여섯째, 실험에 대한 거부감

일곱째, 결정에 대한 저항63)

(2) 경찰정책결정에 관한 추가적인 한계

경찰정책결정을 함에 있어서 위에서 지적한 것 이외에 다음과 같은 한계가 있다.

첫째, 경찰정책결정자들은 자주 국민의 불신과 언론매체의 비판 속에서 활동하여야 한다.

둘째, 경찰정책결정자들은 보다 대규모 정치적 권력기구의 구성원들이다. 그러므로 그들의 결정은 권력에 있어서 정치가들의 관념 및 강령에 일치되어야 한다.

셋째, 대부분의 경찰들은 (특히 직무수행에 있어서) 생사에 관한 사건에 직면하고 있어서 때때로 수분의 1초 사이에 결정하여야 한다.

넷째, 모든 수준에 있는 경찰정책결정자들은 정책결정의 기술에 대하여 훈련되어 있지 않은 것 같다. 대부분의 정책결정자들은 행동과학, 관리과학 또는 경영학에 관한 공식적인 훈련을 받지 않았다.

다섯째, 경찰정책결정자들이 합리적이고 공개적인 결정을 하는데 있어서 그들에게 도움을 줄 수 있는 충분한 정책안내서가 매우 부족하다.

---

63) F. A. Nigro and L. G. Nigro, *Modern Public Administration* (New York: Harper & Row, 1977), pp. 226~232.

참 고 문 헌 (Sources)

국내문헌

권영찬·이성복, 「기획론」 서울: 법문사, 2002.

김봉식, 「기획론」, 서울: 박영사, 1975.

김형렬, 「정책학」, 서울: 법문사, 2000.

박연호·오세덕, 「현대조직관리론」, 서울: 법문사, 2001.

박우순, 「조직관리론」, 서울: 법문사, 1999.

오석홍·김영평, 「정책학의 주요이론」, 서울: 법문사, 2000.

오석홍·손태원·하태권, 「조직학의 주요이론」, 서울: 법문사, 2000.

유훈, 「정책학원론」, 서울: 법문사, 2002.

임춘성, "경찰종합정보체제의 CALS 구현전략에 대한 연구," 연구보고서 98-14, 치안 연구소, 1998.

정윤수, "전자경찰(e-police) 구현을 위한 경찰의 조직·기능·업무 재설계방안," 연구 보고서 2002-14, 치안연구소, 2002.

조석준, 「조직론」, 서울: 법문사, 1977.

조석준, 「조직론」, 서울: 법문사, 1993.

조재희, "경찰종합정보체제 구축완료에 따른 효과적 운영방안 연구," 연구보고서 2004- 17, 치안연구소, 2004.

진성일, "전자첨단기술의 경찰에의 활용방안 및 민간분야와의 연계방안에 관한 연구," 연구보고서 2000-14, 치안연구소, 2000.

한국개발연구원, "경찰예산제도의 개선방안: 경찰예산규모의 적정화와 운용의 효율화", 1994.

함우식, "경찰예산의 변화에 영향을 미치는 요인에 관한 연구," 박사학위논문, 동국대 학교 대학원, 2005.

허만형, "경찰정보통신 조직·제도 발전방안 연구," 연구보고서 2002-04, 치안연구소, 2002.

국외문헌

Archambeault, W., "Emerging Issues in the Use of Microcomputers as Manage- ment Tools in Criminal Justice Administration," in J. Waldron, B. Archam- beault,

W. Archambeault, L. Carsone, J. Conser, and C. Sutton, *Microcomputers in Criminal Justice: Current Issues and Applications*, Cincinnati, OH: Anderson Publishing Co., 1987.

Ashburn, Franklin G., "A New Dilemma in Police Planning and Research," *The Police Chief*, May 1969.

Bayley, David H., "Back From Wonderland, or Toward the Rational Use of Police Resources," in Anthony N. Doob (ed.), *Thinking about Police Resources*, Toronto: University of Toronto, Centre for Criminology, 1993.

Block, C. R., M. Dabdoub, and S. Fregly (eds.), *Crime Analysis Through Computer Mapping*, Washington, D. C.: Police Executive Research Forum, 1995.

Brandl, S., and J. Frank, "The relationship between evidence, detective effort and the dispositions of burglary and robbery investigations," *American Journal of Police*, Vol 13, No. 3, 1994.

Buck, A. E., *The Budgets in Governments of Today*, New York: Macmillian, 1934.

Burpo, J. H., R. DeLord, and M. Shannon, *Police Association Power, Politics, and Confrontation*, Springfield, Ill.: Charles C Thomas, 1997.

Cawley, D. F., H. J. Miron, W. J. Araujo, R. Wasserman, T. A. Mannello, and Y. Huffman, *Managing Criminal Investigations: Manual*, Washington, D. C.: U. S. Government Printing Office, 1977.

Colton, K. W., M. L. Brandeau, and J. M. Tien, A *National Assessment of Police Command, Control, and Communications System, Washington*, D. C.: National Institute of Justice, 1983.

Cordner, G. W., "Fear of Crime and the Police: An Evaluation of a Fear−Reduction Strategy," *Journal of Police Science and Administration*, Vol. 14, No. 3, September 1986.

Cordner, G. W., "The Effects of Directed Patrol: A Natural Quasi−Experiment in Pontiac," in J. J. Fyfe (ed.), *Contemporary Issues in Law Enforcement*, Beverly Hills, CA.: Sage Publications, 1981.

Covey, S., *Principle-Centered Leadership*, New York: Summit Books, 1990.

Davis, Richard M., "Police Management Techniques for the Medium Size Community," *The Police Chief*, July 1970.

Downs, Anthrony, *Inside Bureaucracy*, Boston: Little, Brown, 1967.

Dror, Yehezkel, *Public Policy-making Reexamined*, San Francisco: Chandler Pub−

lishing Co., 1968.

Eck, J. E., *Managing Case Assignments: The Burglary Investigation Decision Model Replication,* Washington, D. C.: Police Executive Research Forum, 1979.

Etzioni, Amitai, "Mixed Scanning; A Third Approach to Decision Making," *Public Administration Review,* Vol. 27, No. 5, December 1967.

Fyfe, James J., Jack R. Greene, William F. Walsh, O. W, Wilson, and Roy Clinton McLaren, *Police Administration,* 5th ed., New York: McGraw-Hill Co., Inc., 1997.

Gawthrop, Louis C., *Bureaucratic Behavior in the Executive Branch,* New York: Free Press, 1969.

Grassie, R. G., and J. A. Hollister, *Integrated Criminal Apprehension Program: A Preliminary Guideline Manual for Patrol Operations Analysis,* Washington, D. C.: Law Enforcement Assistance Administration, 1977.

Grassie, R. G., and T. D. Crowe, *Integrated Criminal Apprehension Program: Program Implementation Guide,* Washington, D. C.: Law Enforcement Assistance Administration, 1978.

Grassie, R. G., R. V. Waymire, J. W. Burrows, C. L. R. Anderson, and W. D. Wallace, *Integrated Criminal Apprehension Program Crime Analysis Executive Manual,* Washington, D. C.: Law Enforcement Assistance Administration, 1977.

Harries, K., *Geographic Factors in Policing,* Washington, D. C.: Police Executive Research Forum, 1990.

Higdon, R. K., and P. G. Huber, *How to Fight Fear: The Citizen Oriented Police Enforcement Program Package,* Washington, D. C.: Police Executive Research Forum, 1987.

Holcomb, Richard L. (ed.), *Municipal Police Administration,* 5th ed., Chicago: International City Management Association, 1961.

Holzer, M., "Police productivity: A conceptual framework for measurement and improvement," *Journal of Police Science and Administration,* Vol. 1, No. 4.

Hudson, Barclay M., "Comparison of Current Planning Theories: Counterparts and Contradictions," *Journal of the American Planning Association,* Vol. 45, October 1979.

Johnson, R. A., F. E. Kast, and J. E. Rosenzweig, "Designing Management Systems," Business Quarterly, Summer 1964.

Jones, Charles O., *An Introduction to the Study of Public Policy,* Belmont: Wadsworth, 1970.

Kenney, John, *Police Management Planning,* Springfield, Ⅲ.: Charles C. Thomas, 1959.

Keys, Charles A., and Mills R. Warren, "Kansas City: Long Range Planning Program," *The Police Chief,* May 1972.

Larson, G. C., and J. W. Simon, *Evaluation of a Police Automatic Vehicle Monitoring(AVM) System: A Study of the St. Louis Experience 1976-1977,* Washington, D. C.: U. S. Government Printing Office, 1979.

Layne, K., "A Case Study of In-Car Terminals in the Las Vegas Metropolitan Police Department," *Police Computer Review* Vol. 1, No. 1, 1992.

March, James G., and Herbert A. Simon, *Organizations,* New York: John Wiley & Sons, Inc., 1958.

Moore, Mark H., and Darrel W. Stephens, *Beyond Command and Control: The Strategic Management of Police Departments, Washington,* D. C.: Police Executive Research Forum, 1991.

More, Harry W., *Effective Police Administration,* San Jose, California: Just Systems Development, Inc., 1975.

More, Harry W., *Effective Police Administration,* San Jose, California: Justice Systems Development, Inc., 1975.

Morgan, J. P., "Planning and implementing a productivity program," in J. Wolfe and J. Heaphy (eds.), Readings on Productivity in Policing, Washington: Police Foundation, 1975.

Mosher, Frederick C., *Program Budgeting,* Chicago: Public Administration Service, 1954.

National Advisory Commission on Criminal Justice Standards and Goals, *Report on Police, Washington,* D. C.: U. S. Government Printing Office, 1973.

National Institute of Justice, "Toward the Paperless Police Department: The Use of Laptop Computers," *Research in Brief,* Washington, D. C.: author, 1993.

Nigro, F. A., and L. G. Nigro, *Modern Public Administration,* New York: Harper & Row, 1977.

Osborne, David E., and Ted Gaebler, *Reinventing Government: How the Entrepreneurial Spirit is Transforming the Public Sector,* New York: Penguin

Books, 1992.

Pence, Gary, "Program Planning Budgeting Systems," *The Police Chief,* Vol. 38, No. 7, July 1971.

Phyrr, Peter A., "The Zero Base Approach to Government Budgeting," *Public Administration Review,* Vol. 37, No. 1, January-February 1977.

Pomeroy, Wesley A., "New Trends in Police Planning," *The Police Chief,* February 1971.

Reinier, G. H., M. R. Greenlee, M. H. Gibbens, and S. P. Marshall, *Crime Analysis in Support of Patrol,* Washington, D. C.: U. S. Government Printing Office, 1977.

Reinier, G. H., T. J. Sweeney, R. V. Waymire, F. A. Newton Ⅲ, R. G. Grassie, S. M. White, and W. D. Wallace, *Integrated Criminal Apprehension Program: Crime Analysis Operations Manual,* Washington, D. C.: Law Enforcement Assistance Administration, 1977.

Reuland, M. M.(ed.), *Information Management and Crime Analysis: Practitioners' Recipes for Success,* Washington, D. C.: Police Executive Research Forum, 1997.

Rich, T. F., "The Use of Computerized Mapping in Crime Control and Prevention," *Research in Action,* Washington, D. C.: National Institute of Justice, 1995.

Sherman, L. W., *Repeat Calls to Police in Mineapolis,* Washington, D. C.: Crime Control Institute, 1987.

Skogan, W. G., and M. G. Maxfield, *Coping with Cime: Individual and Neighborhood Reaction,* Beverly Hills, CA: Sage Publications, 1981.

Spelman, W., and J. E. Eck, "Problem-Oriented Policing," *Research in Brief,* National Institute of Justice, October 1986.

Swanson, Charles R., and Leonard Territo, *Police Administration,* New York: Macmillan Publishing Co., Inc., 1983.

Synder, James C., "Financial Management and Planning in Local Government," *Atlanta Economic Review,* November-December 1973.

Taft, P. B., Jr., *Fighting Fear: The Baltimore County C.O.P.E. Project ,* Washington, D. C.: Police Executive Research Forum, 1986.

The President's Commission on Law Enforcement and Administration of Justice, *Task Force Report on Police,* Washington, D. C.: U. S. Government Printing Office, 1967.

Wildavsky, Haron, *The Politics of the Budgetary Process,* 2nd ed., Boston: Little

Brown, 1974.

Wilson, James Q., "The Problems of Defining Agency Success," in *Performance Measures for the Criminal Justice System*, Washington, D. C.: U. S. Department of Justice, 1993.

Wilson, O. W., *Police Planning,* 2nd ed., Springfield, Ill.: Charles C. Thomas, 1962.

Wolf, J. B., *The Police Intelligence System,* Second Edition, New York, NY: The John Jay Press, 1978.

경찰운용론

제1절 경찰운용의 의의

1. 경찰운용의 개념

경찰운용(police operations)이란 시민에게 제공되는 다양한 경찰서비스와 이러한 서비스의 전달 방법을 의미한다. 경찰은 정부의 모든 기관들 중에서도 가장 접근하기 쉬우며, 경찰은 관할구역에서 하루 24시간 동안 계속해서 활동한다.

경찰기관의 전화번호는 시민들이 경찰에 대하여 즉시 접근할 수 있도록 해 주고, 자동차 순찰은 경찰이 시민의 불평·불만에 대하여 신속하게 대응할 수 있도록 해 준다. 결과적으로, 시민들은 점차 문제의 성질에 관계없이 자신들이 당면한 문제를 해결하기 위하여 경찰에 더욱 의존하게 된다.

2. 경찰운용의 유형

경찰서비스들은 경찰관서 내에 있는 다양한 운용부서에 의해서 전달된다. 이러한 경찰운용부서들의 수와 성격은 경찰관서의 규모, 업무량, 지역사회에 따라 다르게 편성된다. 그러나 경찰서비스 또는 경찰운용은 대부분 순찰, 범죄

그림 9-1 경찰운용활동의 유형

수사, 교통의 3개 기능으로 이루어진다.

(1) 순찰기능

순찰기능은 법집행기관의 가장 중요한 활동이다. 유명한 학자이자 전 시카고 경찰국장이었던 윌슨(O. W. Wilson)은 순찰을 경찰활동의 뼈대(the back-bone of policing)로 설명하였다.[1] 그 이유는 순찰은 각종 신고에 대응을 하고, 경찰서비스를 제공하고, 범죄를 예방하는데 책임이 있는 중요한 부서이기 때문이다. 어떤 경찰관서에서든 대부분의 경찰관들은 순찰활동에 배치될 것이다. 대규모 경찰관서에서는 순찰부서가 독립된 국(bureau), 과(division), 반(unit)의 조직상 지위를 부여 받는다. 소규모 경찰관서에서는 순찰부서가 전 경찰관서를 구성하기도 한다.

(2) 교통기능

교통기능은 교통사고의 빈도 및 정도를 감소시키고 교통의 질서 정연한 흐름을 촉진시키는데 책임이 있다. 이러한 두 가지 목적은 ① 단속(enforcement), ② 교육(education), ③ 공학(engineering)을 통하여 성취된다.

경찰관들은 사고를 유발하는 위반행위에 중점을 두는 단속계획을 세운다. 그러한 선별적 단속은 사고의 원인을 줄이고, 경찰의 단속 모습을 보여 줌으로써 교통위반을 억제하는데 그 목적이 있다.

교육은 경찰관서들이 시민들에게 운전상의 책임과 안전 운전기술의 혜택들에 대하여 교육하고자 시도하는 것이다. 이러한 프로그램들의 예는 음주음전

---

1) O. W. Wilson and B. McLaren, *Police Administration*, 4th ed.(New York, NY: McGraw-Hill, 1977), pp. 320~321.

및 안전벨트 착용 캠페인을 포함하고 있는데, 그것들을 많은 경찰관서들은 이미 실행에 옮기고 있다.

마지막으로, 공학은 언제 경찰관들이 정지표시, 양보표시, 정지신호 등의 필요성에 대하여 제안해야 하는가를 말한다. 경찰은 종종 속도제한에 있어서 변화를 권고하고, 사고의 빈도를 줄이기 위하여 양보표시를 정지표시로 대체할 것을 제안한다. 경찰의 교통상 책임은 실질적인 것이고 중요한 운용기능이다.

(3) 수사기능

수사기능은 경찰에게 신고된 범죄를 해결하고 범인을 체포하며 도난 당한 재물을 회수하는 활동이다. 대규모 경찰관서에서, 이러한 책임은 특정 유형의 범죄수사에 대해 전문화되어 있는 대규모 수사부서에게 맡겨져 있다. 예를 들면, 한 경찰관서는 다른 수사반뿐만 아니라 자동차 절도 수사반, 살인범죄 수사반, 재산범죄 수사반이 있고, 중간 규모의 경찰관서에서는 이보다는 전문화가 덜 되어 있고, 형사들은 모든 범죄를 수사하는 일반가적 접근법(generalist approach)을 채택할 수 있다. 그러나 소규모 경찰관서에서 수사책임은 순찰부서에 맡겨져 있을 수도 있다. 왜냐하면 형사를 별도로 고용하기에는 경찰관서들의 규모가 작기 때문이다.

3. 범죄통제방법의 변화

범죄통제(crime control)방법은 형사사법철학의 발전과 더불어 크게 네 가지의 형태로 변화해 왔다. 근세 이전에는 응보와 복수를 통하여, 고전주의 사상가는 형벌과 제재를 통하여, 실증주의 사상가는 교정과 치료를 통하여, 20세기 이후의 범죄사회학자는 범죄예방을 통하여 범죄를 통제하고자 하였다.

앞에서 제시한 네 가지 범죄통제모델을 범죄발생의 시점을 기준으로 구분할 때에, 앞의 세 가지의 방법들은 범죄발생 이후에 이루어지는 '사후적 대응방법'이라고 볼 수 있다. 이러한 사후적 대응방법이 현대의 범죄학자들에 의해 비판을 받게 되었고, 새로이 강조된 것이 바로 '사전적 대응방법'인 범죄예방(crime

그림 9-2 범죄통제방법의 변화

응보·복수	⇒	형벌·제재	⇒	교정·치료	⇒	범죄예방

prevention)이다.

생활안전경찰은 특히 범죄예방의 업무를 전담하는 경찰로서, 주로 지역경찰관의 일상근무를 통해 직접 주민과 접촉하면서 끊임없이 행해지고 있으며, 범죄예방활동은 바로 국민의 생명·신체 및 재산의 보호에 직결되고 또한 경찰과 지역사회 공동체와의 접점을 이룬다는 측면에서 그 중요성이 더욱 높아져 가고 있다.

제2절 순 찰

로버트 필경(Sir Robert Peel)이 바라보는 경찰의 주요임무는 범죄와 무질서에 대한 예방이다. 그러나 최근에 범죄를 예방하고 수사하는 경찰능력의 한계 때문에 범죄예방에 대한 많은 새로운 시각이 나타났다. 특히 사후적 진압보다는 사전적 예방을 강조하고, 범죄자 개인의 속성보다는 지역사회를 중심으로 지역사회의 사회적·물리적 환경을 개선하고 범죄기회를 차단하는 것을 강조하고 있다. 또한 범죄대처에 있어서 사회환경의 변화와 증가되는 범죄피해로 인하여 점차적으로 지역주민들은 자신의 안전을 확보하기 위하여 스스로 대처해야 한다는 것을 인식하게 되었다.

1. 순찰의 개념

순찰(Patrol)이란 지역경찰관이 개괄적인 경찰임무의 수행과 관내 정황을 파악하기 위하여 일정한 지역을 순회시찰하는 근무이다. 일정한 지역을 순회시찰하는 일 중에서도 특정한 목적, 예컨대 범죄계절에 행하는 밀행, 비상배치 근무자의 범인검거를 통한 순회 등은 제외하고 일반적인 근무로서 순행하는 것을 의미한다.

현대사회에 있어서 경찰의 순찰활동은 경찰활동에 있어서 가장 중요한 기능이며 경찰활동은 여기에서 비롯된다. 따라서 순찰경찰관은 조직의 최일선에서 조직을 대표하는 경찰활동의 중추로서 가장 중요한 경찰업무를 맡고 있는 것이며, 이것은 일상생활의 다양한 측면에서 시민과 상호작용을 함으로써 시작된다.

순찰활동은 대부분 경찰관이 시민들과 접촉함으로써 이루어지며 경찰에 대한 시민의 인식도 여기에서 비롯된다. 즉 시민들에 있어서는 순찰경찰관이 가장 가시적이기 때문에 순찰경찰관들의 행동이나 역할 여하에 따라 경찰조직 전체의 이미지가 결정된다.

순찰경찰관은 일반적으로 범죄예방, 법집행, 범인체포, 질서유지, 교통단속, 대민봉사 등의 역할을 담당하고 있다.[2] 순찰의 기능 중 마지막에 있는 대민봉사 관련문제가 주요 쟁점으로 대두되고 있다. 즉 대민봉사의 한계가 어디까지이며 또한 증가되는 서비스요구에 한정된 인적 물적 자원을 얼마나 투입시킬 수 있을 것인가를 결정하는데 어려움이 있기 때문이다. 그러나 이러한 어려움에도 불구하고 순찰경찰관은 시민의 요구에 신속하게 대응하고 이에 대한 가장 최선의 대안을 모색할 수 있어야 한다.

경찰행정가들은 비록 이러한 서비스기능의 가치나 유용성에 대해 의문을 가지고 있을지라도 시민들은 서비스기능의 가치나 유용성을 기대하고 있다. 따라서 순찰경찰관은 진단자(diagnosticians) 또는 문제해결자(problem solvers)로서의 역할을 수행해야만 한다.

역사적으로 경찰행정가들은 순찰의 많은 목적들을 계획했다. 윌슨(O. W. Wilson)의 관점이 20C의 대부분 기간 동안 순찰운용을 지배했다. 윌슨에게 있어서 순찰의 목적은 경찰관이 순찰을 함으로써 시민들의 안락함, 안전, 복지를 위험하게 할 수 있는 상태들에 대하여 방심하지 않도록 하고, 부적절한 상태들

---

2) Charles D. Hale, *Police Patrol: Operations and Management,* 2nd ed. (Englewood Cliffs, New Jersey: Prentice-Hall, 1994), p. 25.

그림 9-3 순찰에 의해 성취되는 활동

- 일상적인 순찰을 통한 범죄의 제지
- 범죄행위의 수사
- 보고서의 작성
- 위험한 개인에 대한 지원
- 평화의 유지
- 보행자 및 자동차 교통의 유지

- 법률의 집행
- 범죄자의 체포
- 고발자(prosecutor)와의 협력
- 갈등 해결
- 질서의 유지

자료: G. Alpert and R. Dunham, Policing Urban America, Third Edition(Prospect Heights, IL: Waveland Press, 1997).

을 바로 잡도록 하는 것이다.[3]

오늘날 이러한 순찰의 전통적인 관점이 실질적으로 확대되었다. 앨퍼트(G. Alpert)와 던햄(R. Dunham)에 의하면 순찰에 의해 성취되는 활동들은 [그림 9-3]과 같다.

이러한 목록은 기본적으로 전통적인 관점에서의 순찰활동을 보여준다. 지역사회 경찰활동이 경찰관서의 운용전략에 포함될 때, 이러한 목록은 지역사회에 기초한 활동들을 포함하기 위하여 확대될 것이다. 예를 들면, 트로쟈노비치(R. Trojanowicz) 등에 의하면, 문제들을 해결하고자 할 때 지역사회 경찰활동은 경찰이 시민 및 다른 정부기관들과 더욱 밀접하게 활동할 것을 요구한다.[4]

결과적으로, 이러한 목록은 이웃의 모임을 주최하고, 다른 정부기관 또는 사적 기관들과 협력하고, 청소년 여가활동들을 조정하는 것과 같은 활동들을 포함하게 될 것이다. 지역사회 경찰활동은 기본적인 순찰활동들을 전통적인 한계 이상으로 확대시켜서, 과거에는 다른 부서의 전문가들에게 맡겨져 있던 활동들에 순찰경찰관들을 참여시킨다.

순찰경찰관들이 전통적인 임무들을, 그리고 지역사회 경찰활동의 결과로서 새롭게 요구되는 활동들을 얼마나 잘 수행할 수 있는지가 오랫 동안 연구되었다. 간단하게 말해서, 순찰경찰관은 지역사회 경찰활동에 관련되든 전통적인

---

3) O. W. Wilson, Police Administration, Second Edition(New York, NY: McGraw-Hill, 1963), pp. 39~40.

4) R. Trojanowicz, V. Kappeler, and L. Gaines, Community Policing; A Contemporary Perspective, Third Edition(Cincinnati, OH: Anderson Publishing Co, 2002).

필요성에 관련되든, 서비스에 대한 시민들의 요구에 시기 적절하게 대응해야 한다.

어떤 지정된 영역에 순찰경찰관들이 존재한다면, 그들이 본부에서 신고를 받고 출동하는 것보다 더욱 신속하게 대응할 수 있다. 서비스 요청에 대응하지 않을 때에는, 경찰관들의 순찰활동은 경찰관서의 높은 가시도(visibility)를 형성하고, 경찰관들이 스스로 각종 활동에 참여하도록 설계된다. 역사적으로, 가시도는 범죄를 억제하는 것으로 여겨졌다. 경찰관이 모든 곳에 존재한다는 것 (omnipresence)은 잠재적 범죄자들에 대해서 제지효과를 갖고 있고, 동시에 시민들의 안전감을 증진시켜 줄 것이다.

2. 순찰인력의 배치

순찰인력을 효과적으로 배치하는 것은 간단한 일이 아니다. 역사적으로, 순찰경계구역을 설정할 때, 경찰행정가들의 유일한 관심사는 업무량을 균등하게 하는 것이었다.

순찰의 효율성과 효과성은 순찰자원을 적정하게 조직하고 배치시킬 때 가능하다. 순찰방법 및 전술의 선택은 경찰책임자에게 달려 있다. 경찰책임자의 중요한 책임은 인적 자원을 할당하고 분배하는 것으로서, 할당(allocation)은 경찰조직의 전체 구성원(순찰, 수사, 교통 등)에 대한 결정을 의미하며, 분배 (distribution)는 기능적, 공간적 그리고 시간적 업무수요에 따라 주어진 구성원을 할당하는 것이다. 순찰부서에 보다 많은 인력을 할당하는 것은 경찰서비스에 대한 수요가 증가되는데 그 원인이 있다.

순찰기능에 대한 인력배치는 지역적 구조, 조직운영, 그리고 시민으로부터 요구되는 수준에 기초를 두어야 한다. 또한 순찰구역을 결정하는 데 있어서는 지형, 지역의 규모, 인구, 업무량 등이 고려되어야 한다. [그림 9-4]는 순찰경계구역을 결정할 때 경찰행정가들에 의해 사용되었던 몇몇 요소들을 제시해 준다.

순찰경계구역 결정요소들의 수가 증가함에 따라, 순찰경계구역을 계산하는 것이 점점 더 복잡해지고 어려워진다. 예를 들면, 도로의 길이는 때때로 경찰대

그림 9-4 순찰경계구역 결정요소

- 강력범죄 발생건수 · 비강력범죄 발생건수
- 서비스 요청 건수
- 도로의 길이
- 사고 발생건수
- 인구밀집도
- 상가의 수
- 기타 경찰상 위험지역의 수

응시간을 축소하기 위한 노력에서 고려되었다. 업무량을 고려할 때 범죄의 다양한 유형들이 이용되었다. 대부분의 경찰관서들이 역사적으로 주거침입 및 강도범죄의 감소를 주된 목적으로 보았기 때문에 상가의 수가 이용되었다. 이러한 요인들을 사용함에 있어서 문제는 어떤 한 요인이 한 지역에는 적절하겠지만, 다른 지역에서는 다른 요인들이 적절하다는 것이다.

오늘날 대부분의 경찰관서들은 순찰시간 또는 비순찰시간(patrol down-time)을 계산함으로써 순찰경계구역을 설정한다. '비순찰시간'은 어떤 경찰관이 어떤 신고나 경찰활동에 대응하는 시간을 의미한다. 순찰경찰관들은 순찰을 하고 있거나 어떤 범죄나 시민요구에 대응하고 있다.

오늘날, 컴퓨터들은 경찰행정가들로 하여금 경찰활동을 지리적으로 구분하고, 각각의 경찰활동에 요구되는 경찰관 1인당 시간의 양을 결정할 수 있도록 해 준다. 모든 경찰관서의 순찰구역 전체에 걸쳐 비순찰시간을 균등화하도록 시도함으로써 순찰경계구역이 형성된다.

'순찰할당'을 함에 있어서 흔히 범하는 실수는 지정된 지역의 활동수준을 비교할 때 총합적인 자료(aggregate data)를 이용하는 것이었다. 몇몇 지역들이 일정한 활동수준을 유지할지라도, 시간·요일·계절에 따라서 서비스에 대한 수요가 다르다. 예를 들면, 유흥지역은 평일에는 낮은 수준의 활동을 유지하지만, 주말에는 비교적 높은 수준의 활동을 발생시킬 수 있다. 인접지역에 있는 어떤 대학교는 학생들이 캠퍼스에 있는 평일에는 높은 수준의 서비스 수요를 유지하지만, 대부분의 학생들이 귀가하는 주말에는 비교적 낮은 수준의 활동을 유지한다. 일정 기간에 걸친 전체적인 활동량을 단지 요약해 주는 총합적인 자료는 이러한 두 지역이 수행되어야 할 업무량에 있어서 비교된다는 것을 보여줄 뿐이다. 만약 이러한 총합적인 자료가 경찰관들을 순찰구역에 할당하기 위해서 사용된다면, 유흥지역은 평일에는 경찰인력이 과다하겠지만, 주말에는 부족할 것이다. 대학교에서는 그와는 반대상황이 발생할 것이다.

수요 변동의 결과로서, 많은 경찰관서들이 근무조에 따라서 상이한 순찰구역 배치를 갖게 된다. 오전 근무조의 순찰구역은 저녁 근무조의 순찰 경계구역과 다르다. 경찰인력을 더욱 정확하게 배정하려는 노력에서, 경찰관서들은 1년동안 주기적으로 순찰구역 구조를 변경할지도 모른다. 겨울 동안에 대부분의 도시들을 위한 경찰활동의 유형은 여름 동안에 행하는 경찰활동의 유형과 매우 다르다. 오늘날, 경찰행정가들은 순찰요원을 가장 효과적으로 배치하기 위해서 경찰활동을 항상 감시한다.

3. 순찰의 방법 및 기술

역사적으로 순찰기능은 도보로 또는 말을 타고서 경찰관들에 의해서 수행되었다. 경찰순찰활동은 자동차가 발명되기 오랜 전에 시작되었다. 대규모 도시들에서, 순찰경찰관들은 도보순찰구역에 배치되었고, 근무기간 동안에 본부와 접촉을 하지 못했다. 전화 및 경찰 call box시대의 도래와 함께, 도보순찰 경찰관들은 도움을 위해서 본부에 전화를 하거나, 임무를 부여 받기 위해서 주기적으로 call box를 확인할 수 있었다.

순찰에 있어서 언제, 어느 시기에 어떤 수단을 사용할 것인가를 결정하는 것은 관할구역의 순찰의 주요 목적 또는 특별업무에 따라 평가를 내려 선택해야 한다. 순찰방법을 결정하는 데 영향을 미치는 요소들은 다음과 같다.[5]

① 인구밀도
② 학생들 또는 노약자들과 같은 특별한 인구층의 밀집

---

[5] James J. Fyfe Jack R. Greene, William F. Walsh, O. W, Wilson, and Roy Clinton McLaren, *Police Administration,* 5th ed. (New York: McGraw-Hill Co., 1997), p. 550.

③ 경찰 위험요소의 배치와 특성

④ 경찰서비스 요구의 특성과 빈도

⑤ 순찰구역의 크기와 지역적 특성

⑥ 지역에 존재하는 사회적 물리적 무질서

⑦ 보행자 및 차량 통행량 정도

⑧ 교통표지의 적절성

⑨ 조명의 적절성

⑩ 가로와 포장한 보도의 표면과 상태

⑪ 계절에 따른 기후 조건

⑫ 상점과 주거의 특성

(1) 자동차 순찰

자동차 및 경찰무전의 도입은 자동차 순찰로의 변경을 가속화시켰다. 1950년대 말, 전문화된 경찰활동은 자동차 순찰이 가능한 한 많이 이용되어야 한다고 주장했다. 1987년 경, 미국의 대도시에 있는 모든 순찰경찰관들 중 단지 6%만이 도보순찰에 할당되었다.6) 순찰차량을 타고 있는 경찰관들은 본부와 항상 접촉할 수 있었고, 더 많은 지역을 담당할 수 있었으며, 많은 지역에서 시민의 문제 및 범죄에 더욱 신속하게 대응할 수 있었다.

많은 경찰행정가들은 자동차 순찰이 경찰관들로 하여금 시민들과 더 적게 접촉하도록 하여 부패의 영향을 더 적게 받게 될 것이라고 생각했다. 순찰은 경찰관들의 주요 책임이 시민의 요구에 대응하고, 다음 신고에 대응하거나 순찰로 복귀하는 일종의 사업과 같은 활동으로서 여겨졌다.

순찰차는 기동성으로 인해 비상사태에 신속하게 대응하고 광범위한 지역을 순찰함으로써 중요한 경찰운영수단으로서 확고하게 자리를 잡고 있다. 그러나 순찰차는 서비스를 받는 지역주민과 격리됨으로써 범죄와 다른 경찰활동을 전개하는 데 있어서 사전적이라기 보다는 사후적 반응을 보여준다.7)

---

6) Department of Justice, Police Departments in Large Cities, 1987(Washington, DC: GPO, 1989).

7) Thomas F. Adams, *Police Field Operations,* 3rd ed. (Englewood Cliffs, New Jersey:

항공기, 보트, 자전거의 이용, 그리고 도보로 또는 말을 타고 행하는 경찰관으로의 회귀는 경찰로 하여금 특정한 문제들을 분석하도록 해 준다. 게다가, 미국의 경찰관서들은 1970년대와 1980년에 경찰이 시민들과 함께 활동해야 한다는 것을 깨달았다. 그리고 경찰관서들은 시민과의 접촉을 증대시키고, 더 좋은 관계를 조장해 주는 순찰방법들을 수행하기 시작했다. 전문화된 순찰방법들은 오늘날 필수적인 것으로 인식된다. 그리고 대부분의 대규모 경찰관서들은 어떤 형태의 전문화된 순찰을 이용하고 있다. 예를 들면, 미국의 많은 대규모 경찰관서들은 도보순찰을 재구성하고 있다.

(2) 도보순찰
1) 도보순찰의 의의

비록 자동차 순찰을 선호하여 도보순찰이 심각하게 감소되거나 포기되었을지라도, 도보순찰의 이용은 지난 20년에 걸쳐서 부활하였다. 도보순찰로 되돌아가는 중요한 이유들 중 하나는 감소된 시민-경찰관 상호작용의 문제를 분석하기 위한 것이다.

자동차 순찰 이전에는 경찰관들은 비교적 작은 순찰구역에 배치되었다. 대부분의 경찰관서들은 장기간 같은 순찰구역에 경찰관들을 일상적으로 배치하곤 했다. 경찰관들은 지역 주민 및 그들의 요구사항들을 잘 알게 되었지만, 시민들도 경찰관 및 그들의 약점을 잘 알게 되었다. 과거에, 도보순찰 경찰관들은 이웃의 일부로서, 어려운 일이 있을 때에는 시민들이 의존할 수 있는 자원으로서 여겨졌다. 본질적으로, 경찰관은 법집행가라기보다는 지역사회의 자문관 및 지원자였다. 경찰관들을 알고 신뢰하는 주민들이 범죄예방 및 진압활동에 더욱 협력할 것이기 때문에 이러한 관계는 경찰관들에게 유익했다. 더욱 중요하게도, 도보순찰 경찰관들은 다른 정부 서비스에 대한 연결을 제공했다. 경찰관들은 이웃 및 이웃의 문제들을 잘 알고 있어서 정부 서비스를 적절하게 받을 수 있도록 할 것으로 기대되었다.[8]

Prentice-Hall, 1994), p. 30.
8) R. C. Trojanowicz, "Foot Patrol: Some Problem Area," The Police Chief, Vol. 51, No. 6, 1984, pp. 47~49.

일반적으로, 도보순찰 프로그램들은 다음과 같은 많은 목적들을 성취하도록 설계되었다.

① 실제 또는 인식된 범죄량의 감소

② 시민의 안전감의 증가

③ 시민들에게 지역사회의 요구와 일치하는 법집행 서비스의 제공

④ 지역사회로 하여금 범죄문제에 대하여 인식하도록 하고, 효과적으로 실제 또는 잠재적인 범죄활동을 다루기 위한 법집행기관들의 능력을 증가시키는 방법 개발

⑤ 다양한 대상범죄들을 목표로 하는 경찰을 지원하려는 시민지원 행동의 개발

⑥ 범죄에 대한 시민의 무관심을 제거하여 경찰에 신고하도록 함

⑦ 여성, 아동, 그리고 노인에 대한 보호의 증가[9]

2) Michigan주 Flint

자동차의 이용을 포기하는 것이 가능하지 않을지라도, 도보순찰이 많은 경찰기관들에 의해 전면적인 전략으로 발전하여 왔다. 모든 지역이 다 지리적으로 도보순찰에 적절한 것은 아니라는 것을 깨달았기 때문에, 경찰기관들은 도보순찰 기술을 재구성하기 위하여 실험 대상지역들을 선택했다. 특히 높은 인구 또는 범죄 집중을 갖고 있는 상가 및 유흥지역 또는 주거지역에 일반적으로 중점을 두었다.

Michigan과 New Jersey의 프로그램들이 도보순찰의 유용성을 재구성하고 평가를 행한 성공적인 노력의 예로서 인용되고 있다. Michigan주 Flint 경찰국는 1978년에 도보순찰실험을 시작했다. 1983년 8월 경, 거의 3백만 달러가 그 프로그램의 운용을 지원하고 평가를 위해서 지출되었다. 비록 범죄가 사실상 증가했을지라도, Michigan 주립대학교의 연구자에 의한 평가는 경찰관 및 시민 양자에 의해 잘 받아 들여졌다. 도보순찰이 시민의 안전감을 증가시키는 것으로 밝혀졌던 것이다.

---

9) R. C. Trojanowicz, An Evaluation of the Neighborhood Foot Patrol Program in Flint (Michigan, East Lansing, MI: Michigan State University,1982), pp. 17~19.

1983년에 재정지원이 감소되자 그 경찰관서는 프로그램의 축소 전망에 직면하였다. 그 프로그램에 대한 시민지원은 그 프로그램의 축소를 막아 주었고, 시민들은 그 프로그램을 지원하기 위한 3가지 분리된 사항에 대한 증세에 찬성투표를 하였다.

3) New Jersey주 Newark

New Jersey주 Newark에서 비슷한 연구가 행해졌다. 한 평가에 의하면, 시민들은 도보순찰 경찰관 및 경찰의 존재에 대해 정확히 인식했다. 비록 범죄의 수준이 사실상 일정할지라도, 시민들은 더욱 안전하게 느끼고, 중범죄가 그들 이웃에서 감소하고 있다고 느낀다고 하였다. 도보순찰의 결과로서 시민과 경찰관 사이의 친밀한 접촉은 경찰 및 지역사회에 대하여 긍정적인 태도를 야기했던 것처럼 보인다.

Flint와 Newark의 결과들을 고려해 본다면, 경찰관서들은 도보순찰의 수준을 증가켜야 하는 것처럼 보인다. 그러나, 경찰관들은 실질적인 비용 때문에 도보순찰을 거의 행하지 않았다. 한 대의 자동차 순찰이 담당할 수 있는 같은 지역을 몇몇 경찰관들이 담당하도록 요구되고 있기 때문이다. 도보순찰은 작은, 범죄다발지역을 경찰활동하기 위해 이용될 수 있는 전략이거나, 임시적으로 이용되다가 범죄 및 질서유지문제가 감소되면 변경될 수 있는 전략이다.

도보순찰은 범죄에 대한 두려움을 감소시키고 주민들이 안전하게 보호받고 있다는 믿음을 갖게 함으로써 경찰에 대한 시민의 만족을 증대시켜 준다. 자동차 순찰은 무질서와 범죄문제에 대한 통제를 간과하지만 도보순찰은 이러한 요구에 관심을 갖는다는 측면에서 도보순찰이 더욱 적합하다.

오늘날 도보순찰은 과거의 전통적 순찰과는 다른 방식을 취하고 있는데, 즉 지역사회 지향적 도보순찰은 경찰관이 모든 지역의 지역주민에 접근할 수 있기 때문에 세계적인 흐름으로 재평가를 받고 있다. 따라서 도보순찰관은 단순히 관할구역을 순찰하는 것이 아니라 지역전체에 대한 정보를 파악하여 발생할 수 있는 문제들을 예상하면서 순찰서비스 임무를 담당하고 있는 것이다.

(3) 자전거 순찰

유럽과 미국의 몇몇 동부도시에서 자전거는 오랜 사용 역사를 갖고 있다. 광범위한 지리적 범위를 갖고 있고 인구밀도가 낮은 지역사회들은 비실용적이기 때문에 순찰에 거의 자전거를 활용하지 못한다.

도시화가 계속되고, 인구밀도가 증가함에 따라, 많은 기관들은 자전거를 추가적인 순찰기술로서 고려하고 있다. 향상된 경찰-시민의 접촉을 강조하는 지역사회 경찰활동에 대한 현재의 경향 외에도, 자전거의 이러한 요인이 경찰관서가 자전거 순찰부서를 편성하거나 재편성하도록 이끌었다. 많은 경찰관서는 자전거가 효과적인 순찰의 대용수단이 된다고 생각한다. 자전거 순찰의 이용은 다음과 같은 장점을 갖고 있어서 정당화될 수 있다.

① 시민과의 더 많은 접촉(경찰에 의해서 시작된 접촉과 시민에 의해서 시작된 접촉)

② 은밀한 순찰수단

③ 도보순찰과 비교해서, 더 광범위한 경찰순찰의 범위

또한 자전거 순찰은 경찰관들로 하여금 차량으로 접근할 수 없는 지역을 담당할 수 있도록 하기 때문에, 순찰차량보다 더 높은 이동성을 제공한다.

(4) 오토바이 순찰

오토바이 순찰은 대부분 교통혼잡시 편의성과 기동성 때문에 교통통제나 호위업무를 수행할 때 자주 이용된다. 그러나 이것은 혹독한 기후에서는 활동하기가 어렵고 부상을 당했을 때 수송할 수 없는 단점을 지니고 있어 한계가 있다.

(5) 1인 순찰과 2인 순찰

윌슨(O. W. Wilson)은 1인 순찰차량이 인적 자원을 이용하는 데 보다 효과적임을 강조하였다. 그러나 1인 순찰차량이 적절한지 아니면 2인 순찰차량이 적절한가에 대해서는 많은 논쟁이 있어 왔다. 오늘날에도 순찰경찰관의 위험성과 운영비용간의 관계가 매우 첨예한 문제로 대두되고 있다. 미국에서는 무질서와 범죄의 위험성이 많은 지역에서는 순찰경찰관의 위험성이 있다고 보아 뉴욕은 98%, 클리브랜드는 93%, 그리고 시카고의 경우 야간에는 100%가 2인 순찰차량으로 이루어지고 있다.10)

1인 순찰과 2인 순찰에 대한 심도 있는 연구는 1970년대에 캘리포니아의 샌디에고에서 행해졌는데 그 결과는 비용, 처리되는 신고의 수, 검거율, 출동시간, 행정업무처리 등의 요소로 볼 때 1인 순찰이 2인 순찰보다 효율적이며 효과적이었다는 것이다.11) 그러나 현재는 1인 순찰로 인한 위험성문제가 현장에서 근무하는 순찰경찰관들의 인식에는 커다란 영향을 미치고 있으나 앞으로는 경찰책임자의 의사결정에 있어서 많은 영향을 미칠 것으로 보인다.

4. 경찰순찰의 전략

서비스 요청에 더 잘 대응하고, 범죄를 제지하고, 범인을 체포하기 위한 순찰전략들이 개발되었다. 20C의 대부분, 일상적 예방순찰(routine preventive patrol) 전략만이 이었다. 범죄를 억제하거나 예방하는 방법으로서 난선순찰(random patrol)의 효과성에 의문을 제기하는 연구에 기초하여, 경찰행정가들은 경찰관들의 배치 및 이용을 위한 다양한 전략들을 개발하였다.

(1) 일상적 예방순찰

1) 일상적 예방순찰의 개념

거의 예외 없이, 일상적 예방순찰 또는 난선순찰은 그 경찰관서의 관할구역 전체에 걸쳐 흩어져 있는, 외부표시가 있는 경찰차량에 탑승하고 있는 경찰관들에 의해 제공된다. 경찰관들은 beat 또는 district라고 불리우는 특정한 지역들을 순찰하는 임무를 부여 받는다. 순찰구역의 지리적 경계는 일반적으로 일종의 업무량 분석(workload analysis)에 기초한다. 경찰기관들은 동일한 활동

---

10) Police Executive Research Forum and Police Foundation, *Survey of Police Operational and Administrative Practices 1981* (Washington, D. C.: Police Executive Research Forum, 1982), pp. 611~615.

11) John E. Boydstun, M. E. Sherry, and N. P. Moelter, *Patrol Staffing in San Diego: One or Two Officer Units* (Washington, D. C.: Police Foundation, 1977), pp. 69~70.

그림 9-5 경찰순찰의 전략

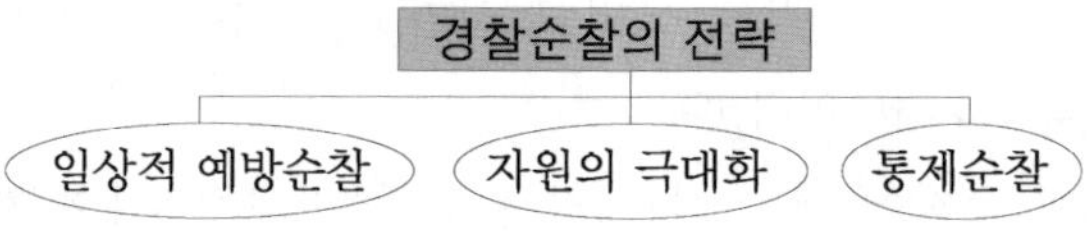

```
                    경찰순찰의 전략
        ┌───────────────┼───────────────┐
   일상적 예방순찰      자원의 극대화      통제순찰
```

량을 갖는 구역들로 관할지역을 나눔으로써, 각 경찰관의 업무량의 균형을 맞추려고 시도한다. 이러한 전통적인 자원배분방법 하에서, 한 명의 경찰관은 순찰해야할 비교적 광범위한 구역을 갖고 있는 반면에, 다른 경찰관은 업무량으로 인해 몇 개의 블록들로 구성된 구역에 제한될 수 있다.

일단 순찰구역의 경계가 결정되고, 경찰관들이 순찰구역(beat)에 배정되면, 서비스 요청이 없을 때에는 난선순찰을 하거나 관찰하도록 기대된다. 난선순찰을 함으로써 경찰관들은 범죄행위를 행할 범죄자들의 기회를 줄일 것을 희망한다. 그들이 범죄행위를 예방할 수 없을 지라도, 개개의 순찰구역에의 배정은 범죄가 발생했을 때, 신속하게 대응해서 범인을 체포할 수 있게 한다. 순찰경찰관들이 범죄를 제지하거나 범죄자를 막지 못할지라도, 경찰관들은 또한 범죄행위를 수사해서 범죄예방활동에 참여하게 될 수 있다.

2) 일상적 예방순찰의 비판

일상적 예방순찰은 비효과성 때문에, 그리고 경찰관서의 많은 자원을 필요로 한다는 사실 때문에 점차 비난을 받아 왔다. 비판가들은 ① 일상적 예방순찰이 범죄행위를 제지함에 있어서 비효과적이고, ② 순찰부서는 범죄를 범하는 범인들을 거의 체포하지 못하며, ③ 순찰하지 않은 시간 동안 경찰관서나 지역사회에 거의 도움을 제공하지 못한다고 주장한다.

일상적 예방순찰의 효과성에 대해서 가장 자주 인용되고, 아마도 가장 깊이 있게 연구된 것은 1972년과 1973년 사이에 경찰재단(Police Foundation)에 의해 지원을 받은 미주리(Missouri)주 캔사스(Kansas)시 경찰국이다.[12] 캔사스(Kansas)시의 남부순찰부서(South Patrol Division)가 그 연구를 위해 선택되

---

12) G. Kelling, T. Pate, D. Dieckman & C. Brown, The Kansas City Preventive Patrol Experiment: A Summary Report(Washington, DC: The Police Foundation, 1974).

었다. 15개의 순찰구역(beat)이 3개의 집단으로 나뉘어졌다.

첫 번째 집단(사후 대응 순찰구역)은 5개 순찰구역으로 구성되었는데, 순찰수준이 행해지지 않고 경찰관들이 단지 각종 신고에 대응하기 위해서만 순찰구역에 들어갔다. 일단 신고가 처리되면, 경찰관들은 즉시 순찰구역을 떠나도록 지시되었다. 다른 5개의 순찰구역(사전 예방 순찰구역)은 평소의 순찰수준 보다 2~3배 강화하였다. 마지막으로 평소의 순찰을 유지하는 5개의 통제순찰구역이 있었다.

만약 난선순찰이 범죄 또는 경찰에 대한 시민만족의 효과가 있다면, 순찰수준이 증가됨으로써 범죄는 감소되거나 시민만족이 증가할 것이라고 예상할 수 있다. 반대로, 난선순찰이 제거되는 장소에서, 범죄는 증가하고 시민만족은 감소할 것이라고 예상할 수 있다. 평소 수준으로 순찰이 유지되는 장소에서는 어떤 변화도 없어야 한다.

연구의 결과는 경찰조직에 충격을 주었다. 연구자들은 네 개의 다른 변수(즉, 피해도, 범죄에 대한 시민의 두려움, 경찰에 대한 시민의 태도, 서비스 요청에 대한 경찰대응시간)들을 조사했다. 범죄량 또는 시민만족에 있어서 세 지역에서 거의 중요한 차이점이 없었다. 대부분의 시민들은 순찰수준이 변경되었다는 것을 인식하지 못했다.

캔사스(Kansas)시 예방순찰연구는 많은 논쟁의 핵심이 되었다. 몇몇 사람들은 그 연구를 잘못 해석해서, 경찰이 범죄에 어떤 효과도 없다고 하였다. 즉, 일상적 예방순찰은 범죄에 대하여 최소한의 효과를 갖고 있다고 지적한다. 그 연구는 또한 전문화된, 공격적인 순찰전술들이 범죄문제와 싸우는 더욱 적절한 도구로서 고려되어야 한다는 것을 의미한다. 이러한 상황에서, 경찰이 그들의 시간을 어떻게 소비하는가에 중점을 두는 것이 더욱 중요하며, 순찰활동들을 재구성함으로써 순찰은 범죄와 싸우는 가장 효과적인 방법이 될 수 있다.[13]

13) R. E. Worden, "Toward Equity and Efficiency in Law Enforcement: Differential Response," American Journal of Police, Vol. 12, No. 4, 1993, pp. 1~32.

(2) 통제순찰을 위한 자원의 극대화

통제순찰(directed patrol)을 지지하는 전략은 전문화된 범죄예방, 범죄제지, 범인체포를 수행할 수 있는 시간을 확보하는 것이다. 통제순찰은 때때로 추가적인 경찰인력을 확보하도록 요구하지만, 몇몇 경찰관서들은 현재의 경찰자원을 더 잘 활용함으로써 통제된 순찰전략들을 수행할 수 있다. 경찰자원의 활용은 다음과 같은 것에 의해서 성취될 수 있다.

① 순찰 업무량 연구

② 지연된 경찰대응

③ 차별화된 경찰대응

1) 순찰시간의 축소

경찰행정가들은 때때로 경찰관서의 업무량을 조사함으로써 통제순찰을 수행하는데 필요한 경찰인력을 확보할 수 있다. 예를 들면, 캔사스(Kansas)시 순찰연구는 경찰관서의 순찰시간 중 60%가 활용되지 못한다(경찰관들은 단지 순찰시간 중 40%만 신고에 대응하거나 다른 활동을 하고 있었다)는 것을 발견했다. 이것은 특이한 것이 아니다. 한 연구에 의하면, 중간규모 경찰기관의 순찰시간은 54%였으며, 24개 경찰기관에 대한 연구에서 휘태커(G. Whitaker)는 순찰시간 중 2/3가 활용되지 못한다는 것을 발견했다.[14] 순찰시간과 관련하여 이러한 수치가 존재한다면, 경찰행정가는 몇몇 경찰관들을 통제순찰활동에 재배정함으로써 순찰시간을 축소할 수 있다. 60%에서 40%로 순찰시간 또는 비활용시간을 축소함으로써, 순찰의 효과성을 감소시킬 수 있지만, 그것은 추가적인 경찰인력이 다른 임무에 활용될 수 있도록 만들 것이다. 사실, 경찰관들이 적절하게 배치되고 업무량이 경찰관서에 의해 관리될 때, 순찰시간은 효과적으로 25% 이하로 축소될 수 있다. 경찰인력이 재배정될 수 있는지 여부를 결정하기 위하여, 경찰관서 내의 모든 부서의 업무량이 조사되어야 한다.

2) 지연된 경찰대응

시기 적절하고도 신속한 국가경찰대응은 오랫동안 순찰의 중요한 전략이었다. 경찰생산성에 관하여 국가경찰생산성위원회(National Commission on

---

14) G. Whitaker, "What is Patrol Work?," Police Studies, Vol. 4, No. 1, 1982, pp. 13~22.

Police Productivity)는 신속한 경찰대응은 다음과 같은 3가지 목적을 달성할 수 있다고 지적하였다.

① 잠재적 범죄자들이 경찰이 범죄현장에 신속하게 도착한다는 것을 알고 있다면, 신속한 경찰대응은 범죄행위에 대한 억제요인이 된다.

② 더욱 신속한 경찰대응의 비율은 체포율을 증가시켜 줄 것이며, 반대로 범죄제지요인으로 기여한다.

③ 신속한 대응은 법집행에 대한 시민의 신뢰를 증가시켜서, 신고 및 범죄 예방활동을 증진시킬 것이다.

최근의 연구에 의하면, 경찰대응시간이 필연적으로 체포율을 증가시키는 것은 아니다.[15]

첫째, 경찰에 대한 대부분의 신고는 본질적으로 범죄와 관련이 없다는 것이 지적되어야 한다. 경찰에 대한 범죄신고 또는 중요신고의 대부분은 범죄자들이 도주한 후 오랜 시간이 지난 것들이거나, 피해자는 오랜 시간 동안 기다린 후에 경찰에 신고한다. 경찰대응시간에 대한 미국의 전국적 연구에 의하면, 중요범죄(또는 Part I 범죄)의 대략 75%가 시민이 경찰에 신고할 때 이미 긴급한 상황이 아니었다.[16] 시민들이 경찰에의 신고를 지연시키는 이유는 다음과 같다.

① 무관심

② 모든 것을 할 수 있는 경찰의 능력에 대한 의심

③ 경찰에 신고하기 전에 다른 사람에게 먼저 알림

신고된 중요범죄들 중 약 1/2의 경우에 시민들은 경찰에 신고하기 전에 적어도 5분 동안을 기다리는 경향이 있다. 이러한 연구들은 신속한 경찰대응이 대부분의 범죄에 있어서 범인체포의 증가에 기여하지 못한다는 것을 명백히 보여준다.

신속한 경찰대응에 있어서 두 번째 고려사항은 경찰의 효과성에 대한 시민의 인식이다. 경찰대응에 있어서 시기 적절하지 못한 지연은 경찰에 대한 시민

---

15) T. Pate, A. Ferrara, R. Bowers & J. Lorence, Police Response Time: Its Determinants and Effects(Washington, DC: The Police Foundation, 1976).

16) W. Spelman & D. Brown, Calling the Police: Citizen Reporting of Serious Crime (Washington, DC: U.S. Government Printing Office, 1984).

의 불만족을 야기한다.17) 그러나, 이러한 불만족은 적절한 경찰의사소통 절차
를 통해서 감소되거나 통제될 수 있다. 대부분의 경우에, 불만족은 경찰지령관
이 알려주거나 시민들이 기대했던 시간 보다 더 느린 경찰대응의 결과이다. 부
정적인 감정을 줄이기 위해서, 경찰지령관들은 비중요범죄 신고에 대한 지연을
시민들에게 계산해서 알려 주어야 한다. 워든(R. E. Worden)은 시민들이 대응
시간 지연에 대해 적절하게 권고 받을 때 경찰대응에 대해서 만족해 한다는 것
을 발견했다.

많은 경찰관서들은 신고의 우선순위에 따라 그들의 대응을 통제한다. 여기
에서, 신고 접수자들은 중대성의 관점에서 신고를 범주화하고, 비중요범죄 신
고는 경찰관들이 대응할 여유가 있을 때까지 지연되도록 한다. 관리자들은 최
대 업무량에 반대되는 근무조 동안에, 평균적인 업무량을 수행할 수 있도록 경
찰관들을 조정할 수 있다. 본질적으로 이것은 몇몇 경찰관들을 업무에서 자유
롭게 하여 통제순찰이나 다른 임무를 위해 재배치할 수 있게 한다.

3) 차별화된 경찰대응

역사적으로, 대부분의 경찰관서들은 시민이 경찰에 신고할 때, 신고의 성격
에 관계 없이 순찰차가 가능한 한 빨리 배치되는 정책을 채택했다. 생명이나
재산이 즉각적인 위험에 처해 있는 긴급신고는 우선적으로 처리되었다. 현실적
으로, 많은 신고들은 전혀 어떤 경찰대응도 요구하지 않았다.

차별화된 경찰대응은 경찰관을 급파하기 보다는 다른 수단들에 의해서 시
민신고에 대응할 것을 필요로 한다. 맥웬(J. McEwen)과 그의 동료들은 즉각적
인 경찰대응에 대한 몇몇 대안들을 확인했다.

① 전화를 통해서 사소한 범죄의 신고를 받는 전화신고부서

② (30분에서 60분 동안 신고를 지연시키는) 지연된 경찰대응의 절차

③ 다른 기관에의 위탁

④ 예정된 약속, 방문신고, 우편신고와 같은 신고접수의 대안 활용18)

---

17) S. Percy, "Response Time and Citizen Evaluation of Police," Journal of Police Science
and Administration, Vol. 8, No. 1, 1980, pp. 75~86.

18) L. McEwen, E. Conners, and M. Cohen, Evaluation of the Differential Police Response
Field Test(Washington, DC: National Institute of Justice, 1986).

그들은 경찰관서에 의해 접수되는 신고들 중 대략 20%가 현장대응이 없어도 처리될 수 있다고 보고한다. 경찰대응의 다른 대안들이 실질적으로 순찰의 수요를 줄이고, 통제순찰을 위해 경찰관들이 이용될 수 있도록 한다.

본질적으로 경찰의 업무량 연구, 신고 우선순위, 그리고 차별화된 경찰대응은 순찰자원을 더 잘 관리하고자 하는 절차들을 설명해 준다. 미시간(Michigan) 주 랑싱(Lansing)에서 지연된 경찰대응을 조사한 워든(R. F. Worden)은 경찰대응이 능률적이고 공정하도록 적절하게 관리될 수 있다는 것을 발견했다. 순찰자원들이 더 잘 관리될 때, 경찰인력은 통제순찰 또한 전문화된 순찰을 위해 이용될 수 있다.

(3) 통제순찰

1) 통제순찰의 개념

통제순찰(directed patrol)은 포화순찰(saturation patrol), 잠복(stakeout), 피의자 감시(surveillance of suspects), 유인(decoy) 등 다양한 전략들로 구성된다. 통제순찰의 실행은 범죄 및 다른 경찰상 위험이 공간 및 시간에 따라 균등하게 배분되고 있지 않다는 것을 의미한다.

만성적인 반복 신고지역은 특별한 정도의 경찰자원을 필요로 하기 때문에, 경찰은 조정된 경찰자원을 갖고서 적극적으로 범죄다발지역을 공격해야 한다고 주장되어 왔다. 만약 이러한 대응이 성공적이라면, 경찰은 범죄 및 문제에 있어서 불균형적인 감소를 야기해야 한다. 만약 경찰이 적절한 문제와 적절한 장소에 집중한다면, 실질적으로 그들의 업무량을 감소시킬 수 있다.

그 다음 일은 통제순찰의 대상을 확인하는 것이다. 범죄 또는 문제분석기술은 경찰관들이 그들의 활동에 중점을 두어야 하는 시간 및 장소 뿐만 아니라 분석되어야 하는 문제들을 확인하기 위해 이용된다. 범죄분석가들은 유형들을 확인하고자 하는 노력에서 지리적·시간적 특성을 검토한다. 일단 유형들이 확인되면, 위치나 시간의 관점에서, 경찰관들이 범죄자들을 방해하고 범죄행동을 제지할 가능성을 최대한 높이는 방법으로 배정될 수 있다.

그림 9-6 통제순찰 전략

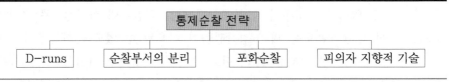

2) D-runs

D-runs는 경찰기관들이 일상적 순찰을 증대시키거나 대신하기 위해 이용할 수 있는 한 전략이다. 버지니아(Virginia)주 알링톤 카운티(Arlington County)경찰국은 11월, 12월, 1월 동안에 발생하는 무장강도의 계절별 문제를 다루기 위해 D-runs를 이용했다. 전년도 강도사건에 대한 분석은 4개 지역에서 저녁시간 동안에 강도사건이 주로 발생했다는 것을 밝혀냈다. 그 문제를 분석하기 위해 경찰관들이 작은 순찰구역에 배치되었고, 신고에 대응할 때를 제외하고는 그들 순찰구역을 떠나지 않도록 지시 받았다. 순찰에 활용되지 않는 모든 시간은 대상지역에서 강도예방활동을 수행하는데 소비되어야 했다. 눈에 띄는 장소에 주차된 빈 차량의 이용을 포함해서, 모든 이용 가능한 순찰차량이 이용되었다. 그 차량들은 각각의 근무조 동안에 각기 다른 장소들로 일정한 규칙 없이 이동하였다. 중요한 점은 우범자를 제지하기 위한 높은 가시도에 있었다. 그 프로젝트가 끝날 무렵, 대상지역에서 저녁시간 동안에 발생한 강도사건들이 상당히 감소하였다.19)

비슷하게, 켄터키(Kentucky)주 루이스빌(Louisville)경찰국은 각각의 순찰경찰관에게 D-run임무를 제공하였다. 임무 설명서는 순찰구역 지도와, 다양한 문제들과 그 문제들이 일반적으로 발생하는 시간에 대한 설명이 표시된 특정 장소를 포함하고 있었다. 문제들은 난폭하거나 파괴적인 청소년들로부터 자동차 사고에 이르기까지 걸쳐 있었다. 순찰경찰관들은 지정된 시간에 그 장소에 있도록 요구되었으며, 확인된 문제들에 중점을 두도록 요구되었다.

---

19) M. S. McCampbell, "Robbery Reduction: Through Directed Patrol," The Police Chief, Vol. 50, No. 2, 1983, pp. 39~41.

3) 순찰부서의 분리

델라웨어(Delaware)주 윌밍턴(Wilmington) 경찰국은 순찰부서의 분리(split force)활동의 가장 좋은 예이다. 윌밍턴(Wilmington)에서, 순찰부서는 '신고에 대응하는 순찰집단'과 '범죄개입집단'의 2개의 분리된 순찰집단으로 분리되었다. 그 프로그램은 순찰부서가 2개의 본질적 기능(서비스 요청에 대응하는 것과 범죄진압·예방)에 대해 책임이 있다는 신념에 기초하였다.

순찰대는 서비스 요청 및 난선순찰에 대한 책임을 갖고 있었다. 각종 신고를 다루고 있지 않을 때, 순찰경찰관들은 수행하는데 적은 시간이 걸리는 (이미 배정된) 활동에 참여하였다. 이러한 활동들은 문을 열거나 닫는 시간에 학교를 점검하는 것, 교통단속, 재산의 안전점검, 그리고 문제지역의 순찰을 포함했다. 서비스 요청에 대해 적절하게 대응하기 위해, 경찰관들은 업무량 수요분석에 따라 배정되었다. 연구에 의하면, 시민신고들 중 단지 7%만이 즉각적인 대응을 요구했다. 나머지 신고들은 순찰부서가 이용될 수 있을 때까지 지연될 수 있는 긴급하지 않은 사건들이었다.

범죄진압대는 범죄예방, 제지, 그리고 체포활동에 거의 전적으로 시간을 소비하였다. 게다가, 경찰관들은 중대한 진행 중인 범죄에 대응하도록 기대되었다. 다양한 전술들이 범죄진압대에 의해 이용되었는데, 높은 가시도의 포화 순찰, 비밀순찰, 미끼(decoy) 운용을 포함하였다. 포화순찰은 범죄자의 탐지 및 체포를 위해서 비밀순찰 및 미끼운용이 그 필요성을 제시한 범죄를 제지하는 것을 목표로 하였다. 비밀순찰은 단지 경찰표시가 없는 차량들의 이용 뿐만 아니라, 택시 및 배달트럭과 같은 서비스 차량의 이용을 통해서 행해졌다. 그 프로그램의 필수요소인 범죄분석국(crime analysis bureau)에 의해 만들어진 정보에 기초하여, 각종 활동들이 선택되었다. 많은 기관들과는 달리, 범죄분석국은 지원기능으로서 운용된 것이 아니라, 활동의 확인, 일선운용의 방향, 순찰부서와 수사부서 사이의 협력에 대한 책임을 맡았다. 특정한 범죄문제들을 다룰 각종 전략들을 고안해 내기 위하여 범죄분석국, 순찰부서, 수사부서 사이에 일일 모임이 개최되었다.

418 제 9 장 경찰운용론

4) 포화순찰 또는 타격

포화순찰 또는 타격(crackdown)은 대규모 경찰관들을 배치함으로써 특정 지역에서 범죄 또는 문제를 제지하고자 시도한다. 대규모의 경찰존재를 위해서 지정된 지역에 경찰관들을 집중시키는 전략들이 이용된다. 범죄행위들을 제지하는 것뿐만 아니라 많은 수의 체포를 위해서 높은 가시도(high visibility)가 고안 된다. 그러한 전략은 높은 가시도와 집중된 단속을 조화시켜서 교통사고를 줄이기 위해서도 이용되었다.

대규모 관할구역에서, 제복 전술 순찰부서는 포화순찰을 수행한다. 그 전략은 사실상 마약판매, 매춘, 강도, 자동차 절도, 주거침입, 폭행을 포함하여, 거리범죄의 어떤 유형에 대해서든 적용될 수 있다. 포화순찰은 공공주택, 특정 이웃, 또는 전체 도시를 포함하여 다양한 환경에 이용될 수 있다.

포화순찰은 여러 해 동안 광범위하게 이용되었다. 예를 들면, 뉴욕시(New York City)에서 몇몇 서류화된 포화순찰실험이 있었다. 1950년에 뉴욕시경찰국(NYPD)은 200명 이상의 추가적인 경찰관들로 순찰구역(precinct)을 포화시켰던 'Operation 25'를 시작했다. 그 프로젝트가 끝날 무렵, 범죄는 상당히 감소되었다.[20] 1965년에 뉴욕시는 강도 및 폭행을 감소시키려는 노력에서 시의 지하철에 근무하는 경찰관의 수를 2배 이상 늘렸다. 초기에, 범죄율은 감소하였으나, 1970년에 범죄율은 이전 실험의 비율 보다 6배 이상 더 커질 때 까지 꾸준히 증가하였다. 1966년에 시의 제20호 순찰구역(precinct)의 순찰대는 40% 정도 증가하였다. 그 프로그램에 대한 RAND 연구소 평가는 거리범죄에 있어서 상당한 감소를 보여 주었다. 마지막으로, 1984년에 뉴욕시 경찰국은 어느 한 순찰구역에 수 백명의 추가적인 경찰관을 배정했던 'Operation Pressure Point'를 시작했다. 그 프로그램은 1년 이상 동안 지속되었고, 궁극적으로 36,247명을 체포했다.[21] 경찰관들이 일반순찰을 증가시키는 것에 의존하는 것과는 반대로,

---

20) S. Schack, T. H. Schell & W. G. Gay, Improving Patrol Productivity, Volume Ⅱ, Specialized Patrol(Washington, DC: Law Enforcement Assistance Administration, 1977), pp. 82~83.

21) L. Zimmer, "Proactive Policing Against Street-Level Drug Trafficking," in L. Gaines and P. Kraska (eds.), Drugs, Crime, and Criminal Justice(Prospect Heights, IL: Waveland Press, 1997), pp. 249~274.

특정범죄문제나 특정위치를 목표로 할 때 포화순찰기술들은 아마도 가장 성공적일 것이다.

포화순찰의 효과성과 관련하여, 셔먼(L. Sherman)은 많은 건수의 체포와 실질적인 경찰존재가 잠재적인 범죄자들의 위험 인식을 증가시켜서, 범죄사건을 감소시킨다고 기록한다.

둘째, 포화순찰은 범죄자들이 체포되지 않을 것이라는 범죄자들의 확실성을 제거한다. 많은 범죄자들은 경찰에 대한 어떤 두려움이 없이 범죄를 범한다. 많은 건수의 체포는 범죄자들의 자기 확신을 감소키는 경향이 있다.

셔먼(L. Sherman)은 또한 강경조치가 지속된 효과를 갖고 있지 않을지라도, 일정기간 동안 범죄행위를 막아준다고 기록한다.[22] 즉, 만약 우리가 한 공간을 경찰로 채운다면, 우리들은 일시적으로 범죄를 진압할 수 있다는 것이다.

5) 피의자 지향적 기술

피의자 지향적 기술(suspect-oriented techniques)은 경찰기관들이 경찰관들로 하여금 이미 알려진 피의자에 대해서 집중하도록 하는 것이다. 예를 들면, 경찰관 및 형사들은 누가 범죄를 범하는지를 알고 있으며, 범죄자를 체포하는데 집중한다. 이것은 개개의 경찰관들에 의해 수행되는 비공식적 과정이다.

1970년대에 캔사스(Kansas)시 경찰국은 '사람 지향적 순찰'을 수행함으로써 그 과정을 공식화하였다. 그 프로그램은 이미 알려진 강도범에 대하여 집중적 감시를 행하는 경찰관들로 구성되었다.[23] 주된 생각은 경찰관들이 위험한 중범죄자들에 대하여 집중을 하고, 그들이 범죄행위를 범하는 것을 관찰하고, 그들이 일단 범죄를 범하면 체포하겠다는 것이다. 비록 그 프로그램이 노동 집약적일지라도, 특히 많은 강도범죄를 범하는 이미 알려진, 습관적인 강도범들에 집중함으로써 강도범죄율 및 다른 범죄행위에 있어서 실질적인 감소가 성취될 수 있었다. 그 프로그램은 강도범에 대한 체포의 빈도를 증가시켰으나, 체포의

---

22) L. Sherman, Crackdowns: Initial and Residential Deterrence, in M. Tony and N. Morris (eds.), Crime and Justice: A Review of Research, Volume 12, Chicago, IL: University of Chicago Press, 1990.

23) T. Pate, R. Bowers & R. Parks, Three Approaches to Criminal Apprehension in Kansas City: An Evaluation Report(Washington, DC: Police Foundation, 1976).

대부분은 마약 위반 때문이었다.

사람 지향적인 순찰은 '재범자 프로젝트'(repeat offender projects: ROP)의 선구자가 되었다. ROP 프로그램들은 매우 많은 범죄를 범하는 범죄자들의 체포에 영향을 미치기 위하여 고안 된다. 스펠만(W. Spelman)은 범죄자들 중 약 10%가 대략 50%의 범죄에 대한 책임이 있는 것으로 기록했다.24) 체이켄(J. Chaiken)은 습관적인 범죄자들은 일반 범죄자들보다 40~50배 정도 더 많은 범죄율을 갖고 있다는 것을 발견했다. 만약 이러한 습관적·상습적인 많은 범죄자들이 감금될 수 있다면, 범죄율에 중대한 영향을 미칠 것이다.25)

경찰관서에 대한 어떤 조사는 ROP 프로젝트들이 수행되는 방법에 있어서 어떤 차이가 있다는 것을 발견했다.26) 그러한 프로젝트들은 일반적으로 3가지 범주들 중 하나에 속한다.

① 사전체포 대상(Pre-Arrest Targeting): 경찰관들이 범죄를 범하기 전에 또는 범죄를 범하는 도중에 피의자를 체포하기 위해 감시 및 잠복을 행함

② 영장 서비스(Warrant Services): 경찰관들이 영장이 발부된 가석방 또는 보호관찰 위반자나 피의자들을 체포함

③ 체포후 집행(Post-Arrest Enhancement): 경찰관들이 피의자가 체포된 후에 사건에 개입함. 경찰관들이 재범자와 관련된 사건들을 선택해서, 피의자에 대한 더 강력한 사건을 해결함에 있어서 체포하는 경찰관들을 도와 줌.

워싱턴 D.C.(Washington, D.C.) 경찰국은 습관적인 또는 전문적인 범죄자들에 집중하는 ROP 부서를 만들었다. ROP 부서는 다양한 기술들을 사용해서, 오랜 범죄경력을 갖고 있는 범죄자들을 체포할 수 있었다. ROP 경찰관들은 그들 시간 중 절반을 감시(surveillance)에 소비하였고, 나머지 시간을 영장 서비스에 소비하였다. 6개월 후에, 감시는 단지 그 부서의 체포사건들 중 14%를 차지하였다. 그 부서는 그 후 감시원 배치(stakeouts), buybusts, 함정수사(stings),

---

24) W. Spelman, *op. cit.*

25) J. Chaiken and M. Chaiken, Varieties of Criminal Behavior(Santa Monica, CA: RAND Corporation, 1982).

26) W. Spelman, Repeat Offender Program for Law Enforcement(Washington, DC: Police Executive Research Forum, 1990).

유인(decoys), 그리고 다른 비밀수단들과 같은 더욱 사전적인 전술을 수행하였다. 그 프로그램에 대한 경찰재단의 평가에 의하면, 대상 범죄자들은 8배나 더 많이 체포되었다. 비록 ROP 경찰관들이 다른 경찰관들과 비교하여 더 적은 체포를 하였을 지라도, 그들의 체포는 중범죄자, 마약범죄자, 그리고 무기 범죄자에 대한 양질의 체포였다.27)

포화 및 피의자 지향적 순찰전략에 일반적으로 이용되는 한 전술은 현장질문(field interrogation)의 적극적인 이용이다. Terry v. Ohio 사건에서 제공된 권한을 이용하여, 의심스러운 운전자들과 보행자들은 경찰관들에 의해 정지되고 질문을 받았다. 어떤 환경 하에서는 그들은 무기소지를 확인하기 위해 소지품 검사를 받았다. 만약 체포가 행해지지 않으면, 경찰관은 그 대상자에 대한 설명과 질문의 환경을 상세히 기록한 보고서를 작성한다. 그 보고서는 그 범죄자, 동료, 차량, 활동에 대한 정보를 제공하기 위해 이용된다. 그 보고서는 또한 그 지역에서의 범죄를 수사하는 경찰관들에게 의해 이용된다. 이러한 현장질문에서 체포를 하는 경우는 거의 없지만, 현장질문은 우범자(would-be criminal)에 대한 제지역할을 할 것으로 여겨진다. 예를 들면, 보이드스턴(J. Boydstun)은 San Diego에서의 증가된 현장질문은 거리 범죄의 수를 감소시켰고,28) 윌슨(J. Wilson)과 볼랜드(B. Boland)는 공격적인 순찰이 낮아진 강도범죄율을 야기한다는 것을 발견했다.29)

덴버(Denver)는 ESCORT(Eliminate Street Crime On Residential Thoroughfares) 프로그램을 갖고서 유사한 전략을 사용했다. 그 프로그램은 포화전술 및 사람 지향적 기술들을 사용했으며, 직접적인 경찰개입에 의해 예방될 수 있는 범죄들이 있다는 가정에 그 기초를 두었다. 주요 건물을 둘러싸고 있는 도시의 한 부분에 주로 배치된, 작은 오토바이를 타고 있는 경찰관들은 높은 가시도를 형성하기 위해 포화순찰을 사용했다. 사소한 문제들이 악화되지 않도록 하기

---

27) S. Martin & L. Sherman, "Selective Apprehension: A Police Strategy for Repeat Offenders," Criminology, Vol. 24, No. 1, 1986, pp. 155~173.

28) J. Boydstun, San Diego Field Interrogation: Final Report(Washington, DC: The Police Foundation, 1975).

29) J. Wilson and B. Boland, The Effect of Police on Crime(Washington, DC: The National Institute of Law Enforcement and Criminal Justice, 1979).

위해, 또는 중요범죄를 범하기 전에 거리에서 우범자들을 제거하기 위해 공공질서법률들이 최대한 집행되었다.

통제순찰을 요약하여 설명한다면, 첫째, 통제순찰은 일상적 예방순찰을 대체하기 위한 것이 아니라 보충하기 위해서 이용된다. 일상적 예방순찰은 여전히 서비스 요청에 대응하기 위한 가장 좋은 수단이다.

둘째, 수 많은 통제순찰전략들이 있다. 가장 적절한 전략은 고려대상인 문제에 따라 다르다. 경찰관리자들은 그 문제를 정확하게 정의하려고 시도하고, 그 지역의 요구를 가장 잘 충족시키는 전략을 고안해야 한다.

셋째, 경찰관서는 항상 다양한 문제들에 직면하고 있기 때문에 어떤 주어진 시기에서든 복수의 통제순찰전략들을 활용할 수 있다.

마지막으로, 순찰은 여전히 경찰활동의 뼈대이다. 경찰과 시민 사이의 대부분의 접촉은 순찰경찰관들에 의해서 행해지고, 순찰은 경찰관서가 시민들에게 제공하는 매우 다양한 임무에 대해 책임을 갖고 있다. 순찰은 적절하게 관리되어야 하는 기능이므로, 순찰에 소비되는 많은 자원들이 효과적으로 이용되어야 한다.

제 3 절 경찰교통관리

공공도로에서 자동차를 이용하는 것은 자동차 법규와 교통조례에 의하여 주의 깊게 통제되고 있다. 경찰관은 이러한 규제들을 집행하는 데 책임이 있으며, 이러한 규제는 가장 중요한 경찰임무들 중의 하나이다. 매년 자동차 사고로 인한 생명과 재산의 손실은 경찰이 예방책임을 지고 있는 어떤 손실보다도 더 커지고 있다. 모든 다른 범죄와 사고로 인한 피해를 합친 것보다도 교통사고로 인하여 더 많은 사람들이 부상을 당하거나 죽는다.

1. 교통경찰의 의의

순찰경찰관들은 교통안전에 영향을 미치는 조건들을 먼저 관찰하고 인식해야 할 고유한 지위에 있다. 그 결과, 교통단속은 중요한 경찰기능으로 발전했다. 교통통제와 관련된 임무들에는 ① 교통의 흐름을 감시하고 지시하는 것, ② 사고를 조사하는 것, ③ 법률과 규정들을 집행하는 것, ④ 교통체계의 기획, 설계, 유지를 도와주는 것 등이 포함된다.30)

특히 심각한 부상 및 사망과 관련 있는 교통사고조사는 특별한 기술 및 훈련을 필요로 하며, 매우 시간이 걸린다. 단속 및 사고조사활동 동안에 경찰에 의해서 수집된 정보는 교통관리체계를 형성하고 유지하는 데 있어서 공공활동, 고속도로, 공학부서를 도와준다. 그러나 교통통제는 자동차 운전자의 안전을 확보하고 소환과 체포와 제재를 통하여 법규를 집행하는 상호 갈등적인 책임을 갖고 있기 때문에, 교통통제가 시민들의 많은 적대감 및 증오감을 야기시키기 때문에 많은 순찰경찰관들은 교통통제업무를 좋아하지 않는다. 그러나 만약 교통통제가 어느 정도의 안전감을 확보하고자 한다면, 경찰이 교통사고 및 교통정체를 예방하는 데 많은 책임을 떠맡아야 한다. 교통법규들은 이러한 목적을 달성하는데 중요한 도구가 된다. 왜냐하면 교통법규들은 받아들여질 수 있는 자동차 이용의 한계를 설정하고, 교통법규들은 운전자들이 위반을 하지 않도록 할 수 있는 충분한 수준에서 집행되어야 하기 때문이다.

경찰관서의 규모가 어떻든 간에 대부분의 경찰관서는 교통부서를 갖고 있다. 이러한 부서의 직원 및 그들의 직무에 영향을 미치는 요인들에는 지리적 규모, 인구, 교통량, 시민들의 서비스 요구, 교통부서에서 근무하는 직원들의 유용성 등이 있다. 교통부서를 책임지는 경찰관의 계급과 지위는 교통관리에 대한 관심도를 측정하는 좋은 지표가 된다. 규모가 작은 경찰관서의 인력 제한은 종종 교통부서에 한 명의 경찰관만을 두어서, 주로 사고를 조사하거나 교통교

---

30) Noel C. Bufe, and Larry N. Thompson, "Traffic Services," in William Geller (ed.), *Local Government Police Management*, 3rd. ed. (Washington, D. C.: International City Management Association, 1991), p. 159.

육프로그램을 실행하도록 만든다. 교통부서의 운용상 목적은 교통법규집행 및 분석, 사고조사, 교통지시 및 통제, 공공교육, 그리고 주차통제를 포함하고 있어야 한다.

2. 교통통제행정

순찰 및 범죄수사와 같은 운용기능과는 달리, 교통운용행정은 국가도로교통체계와 관련된 공적 및 사적 조직들로 구성된 광범위한 외부지원망이 존재한다는 특징을 갖고 있다.

도로교통체계는 국가기관과, 지방기관들 각자가 기획을 하고 설계하는 데 참여한다는 점에서 형사사법체계와 어느 정도 유사점을 갖고 있다. 반면에 지방정부는 또한 교통법규의 집행에도 관심이 있다. 미국에서 국가도로체계 및 주간(州間) 도로에 자금을 지원하고 감독하는 데 있어서 연방정부에 의해 어느 정도 영향을 받고 있는 주정부는 교통법률들을 제정하여 공포하게 되었다. 지방정부들은 그들의 관할구역 내에서 특정한 조건들을 알리기 위하여(주로 Municipal Traffic Ordinances 또는 County Traffic and Parking Regulations와 같은 제목을 갖고 있는) 교통조례들을 제정하였다. 비록 교통과 관련된 기소 및 법원기능 중 대부분이 지방업무라 할지라도, 주정부는 이의제기를 듣고 중요한 교통범죄를 기소하고 재판하는 데에도 관련되어 있다.

경찰교통운용은 다른 지방정부기관들의 교통관련책임과 밀접한 관련이 있다. 이러한 책임에는 다음과 같은 것들이 있다.

① 종종 시 기획부서에 의해서 행해지는 교통기획(Transportation Plan-ning)이 있다. 이러한 활동은 버스, 개인용 차량, 상업용 트럭과 같은 여러 종류의 차량에 의한 교통흐름의 예측, 그리고 문제 및 해결방안에 대한 예상과 관련이 있다. 종종 그러한 부서는 새로운 도로건설을 위해 기획되고 있는 도로의 설계 및 승인에 관여하고 있다.

② 개선, 교통흐름 그리고 사고예방과 관련된 분석(Analysis) 및 설계(De-sign)가 있다. 많은 도시들에서 이러한 기능은 도시공학부서나 공공업무부서에

만들어진다. 그러한 활동들은 새로운 도로, 교량, 그리고 인터체인지의 기획으로부터 신호기, 표지판, 그리고 거리표지판의 기획 및 설치에 이르기까지 걸쳐 있다.

③ 공공도로상 또는 비도로상 주차시설의 기획과, 자동차와 관련된 세입관련활동에 책임이 있는 시(市) 조직이 있다.

모든 이러한 기능들은(장기적인 기획에 도움이 되는) 의견, (사고조사와 같은) 분석을 위한 자료를 제공하고 또는 단속활동을 하는 데 경찰관서와의 협력을 필요로 한다.

성공적인 교통행정은 또한 검사 및 법원과 협력적 업무관계를 발전시키기 위한 경찰관서의 관리팀의 능력에 의존한다. 협력에 의존하는 대부분의 상황처럼, 문제들은 개방된 의견을 상호 교환하는 관계의 발전을 통하여 해결될 수 있다. 이러한 것은 경찰서장에 의한 직접적인 접촉을 통해서, 그리고 법원과의 연락관을 둠으로써 해결될 수 있다. 이러한 경찰관들은 검사 및 판사와 긴밀한 관계를 발전시켜야 하며, 문제를 해결할 권한을 갖고 있어야 한다.

경찰관이 교통법규들을 집행하는데 있어서 행사할 수 있는 광범위한 재량 때문에, 경찰서장 및 그의 관리팀의 영향은 교통운용에 있어서 필수적이다.[31] 모든 교통기능, 활동, 그리고 프로그램들은 경찰관서의 지침에서 설명되어야 한다. 교통사고 감소를 위한 현대적인 접근은 예방이다. 이러한 접근법은 교통법률 및 조례에 대한 강조뿐만 아니라 교통경찰관의 자격인증 및 훈련에 대한 적절한 관심을 필요로 한다. 단속지침뿐만 아니라 교통법규에 대한 훈련은 모든 운용경찰관들에게 정규적으로 제공되어야 한다.

여러 해 동안, 다양한 연구자들은 경찰이 교통단속을 맡아야 하는지에 대하여 의문을 제기하였다. 이들은 경찰에 의해서 단속되는 대신에, 교통단속은 지방정부 내의 독립된 부서에 의하여 다루어져야 한다고 주장하였다. 이러한 주

---

31) James J. Fyfe, *The Metro-Dade Police/Citizen Violence Reduction Project: Final Report* (Washington, D. C.: Police Foundation, 1988); John A. Gardiner, "Police Enforce-ment of Traffic Laws: A comparative Analysis," in James Q. Wilson (ed.), *City Policy and Public Policy* (New York: Wiley, 1968); Richard J. Lundman, "Organizational Norms and Police Discretion: An Observational Study of Police Work with Traffic Violators," *Criminology*, Vol. 17, August 1979, pp. 159~171.

장을 지지하는 가설은 정상적인, 법률을 잘 준수하는 시민들 사이에서 교통법규단속은 경찰에 대한 부정적인 이미지를 형성하고, 다른 경찰활동에 대해서도 협력하지 않도록 만든다고 주장한다. 그러나 눈에 잘 띠는 차량으로 순찰하고 있는 경찰관이 위반행위를 목격하고도 단속하지 않는다면 매우 비능률적일 것이다. 게다가, 제복경찰관에 의한 교통단속은 많은 범죄행위를 탐지해 낼 수 있기 때문에 만족스럽다.32) 따라서, 교통단속은 생명을 보호하는 주된 경찰책임과 완전히 일치하는 중요한 경찰활동이다. 교통단속의 목적은 현찰을 벌기 위한 것이 아니라 일반시민을 보호하기 위한 것이다.

3. 교통단속

(1) 교통단속전술

미국에서 교통법규의 무작위 단속(random enforcement)은 최근에 법원에 의하여 상당히 줄어들게 되었다. 이전에는 무작위 단속은 어떤 위반도 하지 않은 차량들을 정지시켜서, 차량운전자들로 하여금 법규를 위반했다고 의심할 만한 이유가 없음을 경찰에게 제시하도록 함으로써 일반적으로 행해졌다. 그러나, 지금은 의심스러운 사람들에 의해서 운전되는 차량만을, 또는 경찰관들이 직접 교통법규위반을 목격했던 사람들에 의해서 운전되는 차량만을 정지시키도록 하고 있다. 이러한 변화는 차량, 운전자, 그리고 탑승자에 대한 경찰권한을 사법적으로 재(再)정의했기 때문이다.

오랫동안 경찰이 교육 받은 것은 시민들의 고속도로 이용은 일종의 특권이었으며, 그 결과 경찰에 의해서 언제든 정지되고, 억류되고, 질문을 받을 수 있는 것으로, 그리고 경찰관이 요구할 때는 언제든지 운전면허증을 제시하고 차량의 소유권과 보험가입 여부를 제시해야 하는 것으로 교육 받았다.

그러나 1979년 미국연방대법원은 시민들이 단지 인도가 아닌 곳을 걸었다고 해서 그리고 차량 쪽으로 걸어 갔다고 해서 비합리적인 수색과 체포를 받지

---

32) Louis Pilant, "Speed—Measuring Devices," Police Chief, Vol. LX, No. 11, November, 1933, p. 39.

않을 권리를 포기하도록 요구될 수 없다고 판결하였다. 어떤 위반과 관련되었다고 믿을 만한 이유가 없는 운전자를 독단적으로 정지시켜서 질문하기로 결정했던 경찰관에 의해서 범죄의 증거가 발견되었을 때 행한 체포에 대해 언급하면서, 미국연방대법원은 "자동차를 멈추게 하고 탑승자들을 억류하는 것은 비록 정차시킨 목적이 제한적이고 억류되는 시간이 매우 짧을 지라도 수정헌법상 체포를 구성한다."라고 판결하였다.

그러므로 사실상 미국 연방대법원은 Delaware v. Prouse사건에서 경찰관은 더 이상 합리적인 이유가 없는 한 마음대로 차량을 정지시킬 수 없다고 판결하였다. 2년 후에, 연방 대법원은 의심스러운 보행자를 정지시키는 데 이용되는 합리적인 의심 기준이 운전자들에게도 적용된다고 판결함으로써 이 점을 명백히 하였다.

다시 말해서, 연방 대법원은 자의적으로 차량을 멈추게 하고, 운전자들의 신분을 확인하는 오랫동안의 관행을 금지시켰다. Prouse사건에서 법원은 또한 rolling stop(이동 중인 차량 뒤에서 멈추게 하고, 비상등과 사이렌으로 멈추도록 신호를 보내는 것)과 roadblock(멈추도록 하는 데 있어서 운전자들이 갑자기 놀라지 않도록 하고 길 가에 멈추도록 하는 것) 사이를 구별하였다. Prouse 담당법원이 제안하기를, rolling stop은 관련된 운전자들을 매우 놀라게 하는 절차이다. 그러므로 경찰관이 특정한 교통위반을 목격했을 때만, 또는 Terry사건에서처럼 그 운전자들이 범죄행위에 관련되어 있다고 의심할 만한 분명한 근거가 있을 때만 rolling stop을 하도록 주의 깊게 제한되어야 한다.

그러나 roadblock은 법원에 의해서 더 많은 승인을 받았다. roadblock이 경찰관이 독단적이고 차별적으로 행동할 기회를 제한하는 중립적이고 분명한 원칙을 근거로 하여 이용되는 한, 법원은 일반적으로 roadblock을 반대하지는 않았다. 예를 들면 만약 경찰관서의 분석이 매우 많은 음주운전 관련 사고가 주말 저녁에 주요한 도로에서 발생한다는 것을 보여준다면, 운전자들의 음주정도와 면허증을 검사하기 위하여 모든 차량을(또는 5대마다, 또는 10대마다) 잠깐 동안 멈추게 하기 위하여 그 시간에 roadblock을 자유롭게 실행할 수 있다. 물론 있음직한 이유가 없다면, roadblock을 행하는 경찰관은 정차시킨 차량을 수색할 권한을 갖고 있지 않다.

그 자료는 roadblock이 교통위반에 대한 가치 있는 억제방법이 될 수 있고 위반자들을 효과적으로 체포하는 방법이 될 수 있다는 것을 제안해 주고 있는 장소에서, roadblock은 경찰기관의 선별적 단속프로그램 또는 사고를 유발하는 여러 종류의 위반에 대한 기획된 단속활동의 일 요소가 되어야 한다. 선별적인 단속이 roadblock이나 이동순찰차량의 과도한 집중을 포함하든 않든지 간에, 같은 시간, 같은 장소에서 수행된다.

그러나 선별적인 단속은 쉽지 않다. 선별적인 단속은 특정한 위반이나 도로 상태를 주어진 시간과 장소에서의 교통사고와 연결시키기 위하여 교통자료에 대한 계속된 분석을 필요로 한다. 선별적인 단속이 최대한 효과적이기 위해서는, 경찰관리정보시스템이 사고위치 및 시간, 사고를 유발한 운전자의 행동 및 교통위반을 분석할 수 있도록 프로그램화되어 있어야 한다. 컴퓨터 분석은 선별적인 단속계획을 결정할 수 있는 필요한 자료를 제공할 수 있어야 한다. 교통경찰관은 교통사고를 통제하는 규정을 엄격히 집행하기 위하여 이러한 장소 및 시간에 배치되어야 한다.

미국 국가도로교통안전청(National Highway Traffic Safety Administration)은 선별적 단속활동을 수행하는 데 있어서 경찰관서를 돕기 위하여 선별적 교통단속 프로그램(Selective Traffic Enforcement Program: STEP)을 만들었다. STEP 인증은 여러 기관들을 통합 조정하고 있는 개개의 주를 통하여 획득될 수 있다. 자료에 따르면, 이러한 프로젝트들 중 일부는 사고 및 단속비용을 줄이는 데 효과적인 것으로 증명되었다.

(2) 속도단속

교통법규위반에 대한 가장 일반적인 소환장은 과속행위에 대해서 발부된다. 과속은 자주 발생하고 증명하기에 쉬운 위반이다. 법집행기관들은 위반자들을 통제하기 위하여 특별한 표시가 된 차량에서부터 전자속도확인장치(VASCAR)와 선별적인 단속 까지 다양한 장비 및 기술들을 사용한다.

속도단속(speed enforcement)은 추격상황에 있는 경찰관들과 관련이 있다.

그리고 도주하는 차량을 추격하는 전통적인 경찰관행은 점차 경찰조직 내부 및 외부 양자의 관심 대상이 되었다.

최근에, 속도단속에 사용되는 레이더 장치의 극초단파 방사능이 발암성이 있다는 가능성에 관하여 많은 관심이 표명되었다.33) 현재, 경찰레이더장치로부터 방출되는 낮은 정도의 극초단파 방사능이 위험한지 안전한지에 대한 결정적인 증거는 없다.34)

집중적이고도 과학적인 연구가 행해진 현재, 교통레이더는 계속해서 중요한 속도통제장치가 될 것이다. 그 동안 미국 국가도로교통안전청(National Highway Traffic Safety Administration)은 레이더장치에 대한 최소한의 표준과, 장치 사용자들에 대한 40시간의 훈련과정을 권고했으며, 장치의 안테나가 멀리 있는 차량만을 향하도록 하고 경찰차량 탑승자로부터 멀리 떨어져 있도록 제안했다.

(3) 음주운전단속

미국에서 1980년대 이후로 대부분의 경찰관서들은 알코올이나 기타 통제되는 물질의 영향 아래에서 운전하는 사람들을 체포하는 데 높은 우선순위를 두었다. 이러한 단속노력은 음주운전의 위험에 대한 향상된 시민 의식과, 'Mothers Against Drunk Driving'과 'Students Against Drunk Driving'과 같은 집단들에 의해서 야기된 정치적인 압력에 따른 것이었다. 술에 취한 사람들은 교통사고의 가장 중요한 원인이며, 술에 취한 사람(특히 만취한 사람)이 정상적인 사람들보다 몇 배 더 교통사고와 관련될 수 있다는 것은 확실하다.

또한 음주운전에 대한 법률적 기준인 과거의 혈중알콜농도(blood alcohol level)는 너무 높았으며(일반적으로 혈중알콜농도 0.15%) 운전기술의 심각한 손상은 훨씬 더 낮은 혈중알콜농도에서도 발생한다. 결과적으로, 많은 주들은 법률적으로 허용될 수 있는 혈중알콜농도를 낮추었으며, 유죄의 음주운전자에 대해서 더 엄격한 강제적인 선고를 하도록 하였다.

---

33) John M. Violanti, "Police Radar: A Cancer Risk?," *FBI Law Enforcement Bulletin,* October 1992, pp. 14~16.

34) Maurice J. Hannigan and Paul E. Crescenti, "The Effects of Police Radar Exposure: Another Perspective," *Police Chief,* Vol. LX, No. 7, July, 1993, pp. 53~55.

음주운전단속법규의 집행은 쉬운 것은 아니다. 경찰관들은 현장주취검사 (field sobriety testing)방법과 음주단속시 요구되는 안전한 절차를 교육 받아 야 한다. 게다가, 음주운전자에 대한 유죄판결은 종종 피체포자의 운전행위와, 정차 및 체포과정에서의 일반적 행위에 대한 경찰관의 관찰에도 의존한다. 그 러나 단속상의 어려움에도 불구하고, 음주운전단속은 경찰이 일반시민과 법원 의 일치된 지지를 받을 수 있는 단속영역인 것이다.

4. 교통사고조사

사고조사(accident investigation)는 교통분야에 대하여 표준화된 경찰수사 방법을 응용한 것이다. 미국의 대부분의 주에서 교통규칙들은 단지 중대한 부 상이 발생하거나 재산손실이 특정한 양을 초과할 경우에만 경찰관들로 하여금 교통사고현장에 출동하도록 요구한다. 그러나 여전히 경찰은 손실이 아무리 경 미할지라도 사고현장에 오도록 요청될 것이라고 기대할 것이다. 경찰관은 누가 사고를 야기했는지를 결정해서 문서화하기 위하여 필요로 되고, 이러한 요청들 은 특별히 긴급출동과 함께 다루어져야 한다고 운전자들은 종종 인식한다.

경찰관서의 규칙들은 다음에 해당하는 사항에 대한 신고가 있을 때 경찰관 들이 사고현장에 출동하도록 규정해야 한다.

· 사망 또는 사망을 야기할 것 같은 부상
· 뺑소니(Hit and run)
· 알코올이나 마약에 기인한 운전자의 부상
· 공공차량이나 재산에 대한 손상
· 중요 인사들 간의 분쟁
· 사고에서 발생하는 중요한 교통혼잡
· 견인을 요구하는 차량손상

위의 사항들 중 앞의 4가지 영역에서 요구되는 교통사고조사의 일반적 목 적은 운전하는 일반시민의 전체적인 안전에 기여할 정보를 획득하는 것이다. 이러한 목적은 ① 목격자들의 소재를 파악하고 면담을 함으로써, ② 차량의 위

치, 충돌시 발생한 파편에 대해(그리고 적절하다면 피해자들에 대하여) 각종 조치를 취하고 사진을 찍음으로써, ③ 도로나 가까이에 있는 고정된 물체에 대하여 사진을 찍음으로써, ④ 물질적인 증거를 수집하고 보존함으로써, ⑤ 기후, 도로, 그리고 교통상황에 대하여 기록함으로써, ⑥ 운전자들 사이의 정보교환을 촉진시킴으로써 달성된다.

교통사고조사와 관련하여 4가지 구별되는 유형이 있다.

첫째, 가장 종합적이고 철저한 조사는 여러 명의 사망, 명백한 고의적인 행위, 대중교통차량(버스나 기차)과 같은 특별한 원인이나 비극적인 결과를 야기한 경우들과 관련이 있다. 그러한 조사들은 경찰사고조사 전문가, 법률자문관, 교통공학자, 그리고 심리학자들로 구성된 팀에 의해서 행해진다. 이러한 조사들은 위에서 언급된 모든 활동들 이외에도, 운전자들의 과거 사고경력과 과거 교통관련 유죄사실들을 집중적으로 조사하고, 가족 및 고용주들과의 면담으로부터 심리적 특성을 파악하고, 사고에 영향을 미칠 수 있는 문제나 스트레스와 같은 요인들을 검토하고, 사고 전, 사고 당시, 사고 후의 행동을 조사한다.

둘째, 매우 흔히, 사고조사는 한 명의 훈련받은 교통사고조사 전문가에 의해서 행해진다. 이것은 사망을 야기할 수 있는 부상, 중요한 뺑소니사고, 중요한 음주운전, 그리고 다른 중요하고도 일반적으로 발생하는 교통위반 및 참사들과 관련 있는 경우에 적합하다.

셋째, 단지 재산피해나 경미한 부상과 관련 있는 경우에는, 순찰경찰관 또는 교통경찰관이 대부분 조사를 한다. 이러한 조사는 사고에 대한 책임이 결정될 수 있는 정도까지 진행된다.

넷째, 마지막 유형은 사고보고(accident reporting)이다. 이것은 순찰경찰관이나 교통경찰관들이 사고보고서에 정보를 기록하도록 요구하거나 또는 운전자들에게 일정한 양식을 제공하여 기록해서 제출하도록 요구한다. 이러한 종류의 보고서는 경찰관이 그러한 상황을 교통사고로 분류할 수 있을 정도로 조사한다는 의미에서 일종의 조사로서 여겨진다.

교통사고조사 동안에 획득되는 정보는 다음과 같은 것에 이용된다.

첫째, 도로의 공학과 관련된 위험을 확인하고, 표지판, 각종 표시들, 또는 사고를 유발할 수 있는 교통법규들과 관련된 위험을 확인하여, 그 결과 위험한 요인들이 개선될 수 있다.

둘째, 사고를 유발하는 위반 유형들을 확인하여, 그 결과 가장 적절한 교육 및 단속방법이 고안될 수 있다.

셋째, 위반자들의 유죄를 입증할 수 있는 증거를 제공한다.

넷째, 사고 당사자들의 책임 및 보험과 관련된 모든 정보를 사고 당사자, 보험회사, 그리고 면허기관들에게 제공한다.

이러한 마지막 목적은 몇몇 논란의 대상이 되어 왔다. 일부 경찰행정가들과 사고조사와 관련된 일부 문헌들은 경찰이 민사상의 결점이나 책임에 관심을 두어서 안 되며, 교통법규 및 형법위반에 대한 증거들을 수집하는 것으로 그들의 활동을 제한해야 한다고 주장한다. 이러한 논리가 주장하는 바는 경찰수사 책임은 오직 무엇이 발생했는가를 결정하고, 명백한 법규위반을 집행하고, 사고를 누가 유발하고 무엇이 유발했는가에 관한 문제는 전적으로 다른 기관에게 맡겨야 한다는 것이다. 그러나 그러한 책임들을 자세하게 구별하려는 시도는 머리카락을 쪼개고자 노력하는 것과 같다. 사실을 확인하는 것, 소환하거나 체포하는 것, 그리고 위법 운전자들에 대한 기소와 유죄입증을 도와주는 것 등은 음주운전, 살인, 뺑소니, 고의적인 위반, 무모한 운전과 관련된 사고조사의 필수적인 요소이며 결과라고 볼 수 있다. 게다가, 비록 그것이 정확하게 파악된다 할지라도, 무엇이 발생했는가를 알아내는 것과 누가 또는 무엇이 사고를 유발했는가를 결정하는 것 사이를 구별하는 것은 사고조사 역할과 법규위반이 요인이 되는 다른 사고조사 역할 사이에 자의적인 선을 긋는 것이다. 사고조사 및 범죄수사 양자에 있어서 경찰의 역할은 무엇이 발생했고 누가 했는가를 결정해서, 책임 있는 당사자가 처벌 받도록 하는 것이다.

경찰관들에 의해서 이용되는 대부분의 사고보고서는 각각의 운전자에 의해서 행해진 위반사항들을 기재하기 위한 규정을 갖고 있으며, 많은 경찰행정가들은 그들의 경찰관들로 하여금 교통법규 위반에 대하여 소환장을 발부하도록 지시한다. 경찰이 할 수만 있다면 어떤 운전자가 사고를 유발했는가를 결정하도록 기대되기 때문에 이러한 조치를 취할 수 있다. 그러나 이러한 조치가 법에 의해서 금지되지 않는 미국의 주에 있어서 조차도, 많은 경찰행정가들은 경찰관에 의해서 직접 목격되지 않은 위반사항에 대하여 소환장을 발부하는 것은 적절치 못하다고 인식한다.

교통기록(traffic records)시스템은 모든 경찰부서에 의해서 유지되어야 하며, 그리고 최소한 교통사고기록과 조사자료, 교통단속자료, 교통위험보고서, 교통량 및 분산자료, 그리고 교통안전교육보고서 등을 포함하고 있어야 한다. 이러한 기록들은 경찰행정가들로 하여금 교통운용활동의 성취도 및 효과성을 평가할 수 있도록 하며, 일상활동에 대한 행정적 통제를 가능하도록 해 준다.

교통기록들은 경찰행정가들에게 교통운용활동을 기획하고, 평가하고, 지시하는데 필요한 정보를 제공해 준다. 유용한 자료를 준비하기 위해서 ① 사고, 체포, 공학과 관련된 사실들을 수집하고, ② 이러한 사실들을 유용한 요약된 통계형태로 전환하고 ③ 기획목적을 위한 통계자료들을 분석하여야 한다.

사고조사기록과 컴퓨터에 의해 조작되는 사고지도(incident map)는 위험한 장소, 교통사고 및 상습위반자들을 야기하는 조건들, 단속활동의 영향을 확인하도록 도와 준다. 교통요약자료의 분석은 경찰행정가들로 하여금 그들의 프로그램들이 만족스러운 목표를 성취하고 있는지 여부를, 또는 변화가 필요한지 여부를 발견할 수 있도록 하여야 한다. 예를 들면, 교통기록의 유용한 용도에는 단속과 사고자료의 비교분석이 포함된다. 위에서 제안된 바와 같이, 교통운용활동의 주요한 목표는 사고의 감소이므로, 단속은 사고의 빈도 및 심각성과 관련되어야 한다.

5. 교통안전교육

교통법규단속은 운전자들로 하여금 교통안전규칙들을 준수하도록 만드는 억제적이며 교육적인 기회이다. 매우 많은 사고들은 선의의 사람들의 입장에서 볼 때 부주의한 교통법규위반에 의해서 야기되기 때문에, 그들이 소환되도록 하는 것은 중요하다. 그러한 사람들을 소환함으로써 그들이 차량을 운전할 때 더 많이 주의를 하는 것이 바람직하다는 것을 효과적으로 알려 준다.

동시에 교통법규위반을 할 의도는 없었으며 위반을 다시는 하지 않겠다고 약속하는 사람들은 종종 그런 행위가 범칙금을 부과할 가치가 없다고 느끼며, 그들을 소환하는 것은 종종 경찰에 대한 불만족스러운 태도를 야기한다. 확실히 이러한 나쁜 감정은 종종 위반자들의 위반행위를 합리화시키고 있지만, 만약 소환제도가 교통안전정보를 알려주는 정규적인 프로그램에 의해서 보충된다면 경찰에 대한 나쁜 감정은 줄어들 수 있다.

경찰교통안전교육(traffic safety education) 프로그램들은 교통문제에 대한 일반시민의 이해를 얻고, 해결방안으로 이용되는 프로그램·정책·방법들에 대한 지지를 획득하고자 하는 시도이다. 그 프로그램들은 또한 운전자 개개인들, 보행자들, 그리고 학생들이 안전한 행동을 하도록 자극하기 위한 것이다. 이러한 프로그램들은 종종 교통안전경찰관들에 의해서 운전면허를 받기 전의 학생들에게, 또는 재교육시키려는 목적에서 고령자나 상습위반자들에게 제공되는 교실 강의로 구성된다. 많은 경찰관서들은 이러한 프로그램들을 개발하고 실행하고자 교통안전경찰관(traffic safety officer)이라는 직책이나 부서를 만들었다. 이러한 유형의 프로그램들은 교통규칙에 대한 설명, 안전한 운전에 대한 교육, 자전거 안전교육, 학교안전순찰에 대한 교육들을 포함하고 있다. 이러한 프로그램들의 효과성은 평가하기에 어렵다. 왜냐하면 그러한 프로그램의 결과 (즉, 안전한 운전)는 프로그램 전달의 질, 학생들의 수용도, 강사들의 능력과 같은 여러 요인들에 의하여 영향을 받기 때문이다. 그러나 일반적으로 청소년을 대상으로 하는 프로그램들은 이미 나쁜 습관들로 인하여 어려움을 겪고 있는 나이 든 운전자들과 관련된 프로그램보다는 더욱 효과적일 것이다.

6. 경찰추격

차량추격은 가장 어렵고 위험한 경찰상황들 중의 하나이다. 경찰추격(police pursuit)은 경찰관들로부터 고의로 도망하는 운전자들을 검거하고자 하는 경찰관들에 의한 시도와 관련이 있다. 오랫동안 경찰영화의 주요한 요소였으며 도주를 방지하고 중요한 위반자들을 체포하는 데 필요한 수단으로 여겨졌던 경찰추적은 최근 많은 지역에서 주의 깊게 비판적으로 검토되고 있다.

예를 들면 일련의 사건들에서 법원은 경찰추격 동안에 다친 사람들 또는 유가족들에게 거액의 보상금을 주었으며(종종 그들이 원인 제공자인지를 고려함이 없이), 추격을 계속함으로 인한 위험과 속도를 낮추어서 위반자들이 도주할 가능성을 증가시키는 것과 주의 깊게 비교 검토하도록 요구하는 것처럼 보인다.35)

비용-이익 등식에서 이러한 구분점은 파악하기에 항상 쉬운 것은 아니다. 특히 운전자들이 정차하기를 거부하기 때문에 일반적으로 경찰관들의 감정이 격화되어 있는 상황에서는 특히 그렇다. 결론적으로, 명확한 정책, 감독, 그리고 교육훈련이 그러한 경우에 경찰관들의 결정을 유도해야 하고, '합리적이고 신중함'과 같은 모호한 말에 생동감을 주어야 한다.

추격정책을 수립함에 있어서 과거의 추격에 대한 정보가 필요하다. 그러나 많은 추격행위들은 보고서에 기재되지 않기 때문에 이용될 수 있는 정보에 대해서는 많은 제한이 있다. 게다가, 몇몇 연구들은 도주하다가 정신을 차리고 곧 멈춘 위반자들과, 죽기를 무릅쓰고 오랫동안 빠른 속도로 도주하는 위반자들을 똑같이 다루고 있다. 명백히, 이러한 서로 다른 추격에 의해 야기된 가능성은 또한 매우 다르다.

그러한 연구로부터 일반화하는 것은 결과적으로 어렵기 때문에, 다음과 같이 정책과 실행을 위한 여러 함축적인 의미를 갖고 있는 광범위한 결론을 이끌어 내는 것이 정당화될 수 있다.

첫째, 매년 거의 모든 경찰관서에서 추격상황이 발생한다.

둘째, 미국에서는 매년 50,000건 정도의 경찰추격이 발생하고 대략 20,000명 정도가 부상을 당하는 것으로 추정된다.

셋째, 비록 특정 경찰관들이 언제 잠재적인 경찰추격을 할 것인지를 정확히 예견할 수는 없을 지라도, 그러한 상황들은 사실상 정복을 착용하고 근무 중일

---

35) Geoffrey P. Alpert, "Questioning Police Pursuits in Urban Areas," *Journal of Police Science and Administration,* Vol. 15, 1988, pp. 298~306; Geoffrey P. Alpert and Lorie A. Fridell, *Police Vehicles and Firearms: Instruments of Deadly Force* (Prospect Heights, ILL.: Waveland, 1992).

때 발생할 것이라는 것은 매우 예견할 만하다.

넷째, 대부분의 추격은 중요한 범죄행위보다는 교통위반 때문에 시작된다. California Highway Patrol(1983)에 의하면 경찰추격 중 63%는 교통위반 때문이고, 26%는 의심되는 음주운전자와 관련이 있다.

다섯째, 경찰추격 중 대다수는 사고를 야기한다. California Highway Patrol에 따르면 29%가 사고를 야기한다.

여섯째, 경찰추격 중 대다수는 부상을 야기한다. California Highway Patrol에 따르면 11%가 부상을 야기한다.

일곱째, 적어도 1사람이 사망하는 경우는 100회의 경찰추격 중 1회가 채 안 된다. California Highway Patrol에 따르면 1% 정도이다.

여덟째, 부상이나 사망을 야기하는 경찰추격의 비율은 사망하는 사람의 수를 정확히 반영한 것은 아니다. 종종, 몇몇 보행자나 운전자들이 한번의 대형사고에서 죽거나 중상을 당한다.

아홉째, 추격으로 인한 피해자들이 부상을 당하거나 사망할 때 무엇을 하고 있었는가에 대한 정확한 통계는 없다. 매우 종종, 경찰추격의 피해자들은 전적으로 책임이 없는 운전자이거나 보행자들이기도 하다(그들은 우연히 도주하는 운전자가 되거나 추격하는 경찰관이 되었다).

열째, 추격을 당하는 차량에 탑승하고 있는 승객들은 갑자기 그리고 본의 아니게 그들이 통제할 수 없는 매우 위험한 상황에 빠지게 된 무지(無知)한 사람들이다.

그러므로 경찰추격이 경찰에 대한 비판과 책임의 중요한 근원이 될 뿐만 아니라 중요한 경찰정책문제가 되어 왔던 것은 매우 놀랄 만한 일이 아니다. 적절하게 이 문제를 언급하기 위해서 경찰행정가들은 다음과 같은 조치를 취해야 한다.

첫째, 매우 중대한 위반자라 할지라도 체포할 필요성보다는 생명의 가치를 분명히 강조하는 추격정책을 개발한다.

둘째, 추격에 대한 철저한 감독 및 평가를 유지한다.

셋째, 경찰관들에게 법률적인 교육을 비롯하여 추격상황에 대한 운전훈련을 제공한다.

추격정책은 본질적으로 제한적이어야 한다. 체포 및 안전과 관련하여 경찰관서의 우선사항과 제한사항들이 무엇인가를 명백히 함으로써 추격정책은 경찰관 개인의 자유재량 및 위험의 정도를 제한해야 한다. 정책은 명백히 문서화되고, 쉽게 이해되고, 엄격하게 집행되어야 한다. 추격정책은 다음과 같은 규정을 포함하고 있어야 한다.

① 주의 깊게 상황을 평가할 필요성

② 추격을 시작한 경찰관의 책임에 대한 진술

③ 예비부서의 책임에 대한 진술

④ 통신지령원의 책임에 대한 진술

⑤ 감독관의 책임에 대한 진술

⑥ 강제적인 정차, 부딪힘, 격투, 또는 피추격차량을 따라잡기 위한 시도에 대한 것뿐만 아니라 움직이는 차량에 대하여 총을 쏘는 것에 대하여 명백히 진술된 일반적 금지사항

⑦ 도로차단(roadblock)은 치명적인 무기를 사용할 수 있는 상황과 일반시민이나 경찰관들을 위태롭게 하지 않는 상황에서만 이용될 수 있고, 도로를 완전히 차단해서는 안 된다는 것에 대하여 명백히 진술된 규칙

⑧ 교통추격이 언제 종료되어야 하는지에 대한 명백한 진술

⑨ 관할구역 사이에서의 추격 책임에 대한 명백한 진술

경찰관서의 추격정책은 또한 그 유용성과 현재의 법률적 판단의 유지 여부를 명확히 하기 위하여 경찰관서의 계선 경찰관들과 법률자문관들에 의해 매년 평가되어야 한다. 이러한 정책은 경찰관서의 모든 직원들에게 알려져야 한다.

경찰행정가들과 감독관들은 확립된 추격정책을 적극적으로 유지하고 집행하는데 책임을 져야 한다. 책임은 권한과 병행되어야 한다. 감독관들은 정책위반에 대해서는 징계규칙에 따라 행동하여야 한다. 추격에 대한 감시와 각각의 사고에 대한 보고는 모든 감독관들에게 요구되어야 한다. 이것은 경찰관서의 관리분야에 대한 정책을 성실히 수행하는 것뿐만 아니라 효과적으로 각종 문제를 다루고 예방하는 수단을 제공한다.

교육훈련은 경찰관 자유재량의 한계를 정책 및 판례법(case law)에서 정의되는 것으로 제한해야 한다. 본질적으로, 무엇을 해야 하는 가에 대한 결정은 미리 만들어져야 한다. 그래야만 위험한 추격상황에서도 경찰관들은 그들이 이미 교육 받은 내용에 따라 본능적으로 행동할 수 있다. 게다가 모든 경찰관들이 공인 전술훈련과정에 참여해서 자격을 갖추도록 해야 한다. 전술 운전자로서의 자격을 충족시키지 못한 경찰관들은 추격운전을 해서는 안 된다.

경찰관리부서의 많은 노력과 병행하여 이러한 제안들은 반드시 적절한 안전표준들이 각종 사고에 적용되도록 해야 한다. 그러나 긴급사고와 관련된 모든 경찰관들은 항상 그들 자신들뿐만 아니라 다른 사람들의 안전에 대해서도 많은 관심을 갖고서 차량을 다루어야만 한다.

제 4 절   범죄수사

1. 범죄수사의 개념

범죄수사는 범인을 확인하여 체포하고 소추하기 위하여 증거를 발견, 수집, 보존, 평가하는 과정으로서 경찰의 중요한 기능이다. 경찰기관의 목적은 범죄를 예방하고 범인을 체포하고 도난당한 재산을 회수하는 것이다.

범죄현장에 도착한 최초 임장경찰관에 의해 수행되는 초동수사활동은 매우 중요하다. 심지어 전체 범죄수사의 성공이 초동수사의 적부에 의하여 좌우된다고도 볼 수 있다. 그러므로 경찰행정가는 경찰서의 전체적인 범죄수사과정뿐만 아니라 생활안전과와 수사과간에 사건정보를 전달하는 절차를 적절하게 조정하여야 한다.

시민들은 자주 범죄수사와 형사를 관련시킨다. 이러한 인식은 아마도 많은 인기 있는 T.V. 쇼와 소설에 기인하는데, 그 이유는 T.V. 쇼와 소설들이 형사를 범죄수사를 하여 범죄자를 처벌하는데 책임이 있는 사람으로 특징지우기 때문이다.

　그러나 범죄수사는 형사의 배타적인 영역이 아니다. 경찰관서에서 순찰, 교통, 또는 다른 부서에 배치된 다른 경찰관들도 범죄수사를 행한다. 순찰경찰관들은 범죄현장에 도착한 최초의 경찰관으로서 그들의 권한 내에서 범죄사건들을 수사하고, 범죄사건에 있어서 예비조사를 일반적으로 수행한다. 교통경찰관들은 교통사고 및 상황, 교통사고를 야기한 조건을 수사한다. 기록요원, 지령관, 범죄분석요원, 다른 지원경찰관들도 기록을 분류하고, 형사 및 다른 경찰관들에게 정보를 제공함으로써 범죄수사에 참여한다. 앞에서 제시한 바와 같이, 범죄수사는 모든 경찰관들에 의해 수행되는 기능이다.

　범죄수사기능은 경찰에게 보고되거나 경찰에 의해 인지된 사건들을 해결하는데 중점을 둔다. 오스터부르그(J. Osterburg)와 와드(R. Ward)는 범죄수사관을 위해 다음과 같은 많은 목적들을 제시한다.

① 범죄가 발생했는지를 결정한다.

② 범죄가 수사관의 관할구역 내에서 행해졌는지 여부를 결정한다.

③ 고소인과 관련된 모든 사실들을 발견한다.

　㉠ 물리적 증거를 수집 · 보존한다.

　㉡ 모든 실마리들을 개발 · 추적한다.

④ 도난 당한 재물을 회복시킨다.

⑤ 침입자의 신원을 확인한다.

⑥ 침입자의 위치를 파악해서 체포한다.

⑦ 법정에서 받아 들여질 수 있는 유죄의 증거를 제시함으로써 범죄자의 기소를 도와 준다.

⑧ 법정에서 목격자로서 효과적으로 증언한다.[36]

범죄수사의 결과로서 경찰관들이 피의자를 체포하는 것은 충분하지 않으나, 경찰관들은 모든 사건에서 이러한 목적들 각각에 주의해야 한다.

---

36) J. Osterburg and R. Ward, Criminal Investigation: A Method for Reconstructing the Past, Second Edition (Cincinnati, OH: Anderson Publishing Co., 1997), pp. 5~6.

2. 역사적 관점

쿠이켄달(J. Kuykendall)은 'detective'란 용어가 1840년대에 처음으로 이용되었다고 기록한다. London경찰은 1842년에 형사부서(detective unit)를 만들었고, 1880년대에 분리된 아일랜드에 대한 선동을 통제하기 위하여 Special Irish Branch가 창설되었다. 1750년대의 필딩(Henry Fielding)의 Bow Street Runner는 순찰보다는 오히려 범죄수사활동에 중점을 두었다.

범죄수사의 역사를 조사한 후에 쿠이켄달(J. Kuykendall)은 3가지 역사적 기간을 확인하였다. 즉, 1850년대~1920년대의 비밀 불량배(secretive rogue)로서의 형사, 1890년대~1960년대의 심문관(inquisitor)로서의 형사, 1940년대~1980년대 관료(bureaucrat)로서의 형사이다.[37]

3. 수사경찰관의 선발

수사업무를 훌륭하게 수행하기 위해서는 일정한 특성과 자질을 가지고 있어야 한다. 웨스턴(Paul B. Weston)은 수사관의 바람직한 개인적 특성으로서 다섯 가지를 지적하고 있는데 첫째로 관찰, 목표인식과 기억의 비상한 능력, 둘째 신중함과 추론능력－서두르지 않고 행하는 이성적인 사고, 셋째 형법, 증거법칙, 수사의 개념과 기법, 과학적인 원조와 실험업무 등의 광범한 지식, 넷째 지적으로 통제된 추리력 혹은 범죄자와 그 피해자의 사고과정의 본질적인 인식과 범인 처리방법의 지식, 다섯째 사회심리학적인 근무지식이 요구된다고 했다.[38]

또한 드라두란티(Joseph C. DeLadurantey)와 슐리반(Daniel Sullivan)은 가장 바람직한 수사관의 자질로서 철저함(thoroughness)과 집요함(tenacity)을

---

37) J. Kuykendall, "The Municipal Police Detective: An Historical Analysis," *Criminology*, Vol. 24, No. 1, 1986, pp. 175~201.

38) Paul B. Weston and Kenneth M. Wells, *Criminal Investigations: Basic Perspectives* (Englewood Cliffs, New Jersey: Prentice-Hall, 1970), p. 29.

들고 있다.39)

우리나라의 경우 재직 경찰공무원 중 수사경찰의 선발에 있어 지원자격은 다음과 같다.

① 경찰경력 2년 이상의 순경·경장

② 임용된 지 3년 이하의 경위(단, 경찰대학 출신의 군복무 대체근무기간은 산입하지 아니한다)

위의 자격을 갖춘 지원자들 중 수사경찰선발심사위원회의 심사를 거쳐 임용한다(수사경찰인사운영 규칙 제4조).

4. 범죄수사의 과정

미국에서는 전국적으로 어느 한 경찰관서의 선서경찰관들 중 10~15% 정도가 수사부서에 배치된다. 대규모 경찰관서에서, 범죄수사는 범죄수사 임무에 전적으로 배치된 형사들의 책임이다. 소규모 경찰관서에서, 제한된 경찰관수와 경찰관서의 업무량 때문에 순찰경찰관들이 범죄수사를 행하는데 그 책임이 있기도 하다. 몇몇 경찰관서들은 순찰부서와 수사부서 사이에 범죄수사에 대한 책임을 나누어서, 순찰부서는 범죄중 대부분을 차지하는 경미한 범죄들을 수사한다.

미국의 가장 큰 도시들에서는 범죄수사의 업무량이 수사부서 내의 전문화 (specialization)를 필요로 하게 만든다. 그린우드(Greenwood), 체이켄(Chaiken), 그리고 피터실리아(Petersilia)는 가장 일반적인 수사의 전문화는 '대물범죄' 수사반과 '대인범죄' 수사반을 갖는 것이라고 지적한다. 이러한 광범위하게 정의된 2개의 부서 내에서 훨씬 더 전문화된다.40)

기관의 규모나 조직의 구조에 관계없이, 범죄수사책임의 일부는 항상 순찰부서에 의해 맡겨질 것이다. 어떤 범죄의 초기 또는 예비수사(preliminary in-

---

39) Joseph C. DeLadurantey and Daniel Sullivan, *Criminal Investigation Standards* (New York: Haper & Row, 1980), p. 17.

40) P. Greenwood, J. Chaiken & J. Petersilia, The Investigative Process(Lexington, MA: Lexington Books, 1977).

vestigation) 동안에 순찰부서의 활동은 특히 중요하고, 추행수사(follow-up investigation)의 기초를 제공해 준다.

(1) 예비수사

범죄수사과정은 개념상 예비수사와 추행수사로 나뉘어진다. '예비수사'는 기본적으로 신고된 범죄에 대한 초기조사이다. 범죄수사가 순찰경찰관에 의해 수행되든, 형사에 의해 수행되든지 관계 없이 범죄수사의 과정은 여전히 같다.

대부분의 경우에, 범죄에 대응하는 최초의 경찰관들은 순찰부서 소속일 것이다. 이러한 순찰경찰관들은 즉시 현장을 통제한다. 그들은 추가적인 지원이 필요할 것인지 여부를 결정한다. 그리고 형사, 방화(arson) 수사관, 검시관(coroner), 또는 증거 기술요원(evidence technician)의 지원을 요구할 수 있다.

피의자가 여전히 현장에 있는지 여부를 결정하기 위하여 범죄현장이 수색된다. 만약 부상자가 있다면, 의료지원이 요청되고, 피해자이든 가해자이든 부상자라면 응급구조(first aid)가 제공된다. 증거의 파괴를 방지하기 위해 범죄현장에 대한 접근이 통제된다. 이러한 활동들이 행해지는 순서는 변경될 수 있고, 범죄현장에 존재하는 경찰관 또는 다른 사람들에 대한 위험에 기초하여 우선순위가 결정된 후에 증거손실을 방지하는 여러 단계의 조치들이 행해진다. 일단 범죄현장이 안전하게 확보되면, 예비수사가 시작한다.

피해자, 목격자, 그리고 피의자에 대한 면담은 무슨 범죄가 행해졌는지 여부를 결정하기 위해, 그리고 피의자를 확인하기 위해 행해진다. 만약 즉각적인 체포가 행해지지 않으면, 피의자에 대한 수색을 시작하거나 의심스런 차량 또는 사람들에 대한 관찰을 시작하기 위해, 다른 경찰관들에게 정보가 제공될 수 있다. 범죄현장이 물리적 증거를 위해 수색되고, 물리적 증거는 범죄실험실의 분석을 위해 안전하게 확보된다.

일단 면담이 완성되고 물리적 증거가 수집되면, 경찰관은 전체 예비수사를 서류화하는 보고서를 준비한다. 이러한 보고서들은 나중에 추행수사를 위해 형사에 의해 이용되고, 법정에 사건을 제출함에 있어서 검사에 의해 이용될 것이다. 예비수사는 범죄의 성공적인 해결 및 기소에 중요하다. 사실상, 순찰경찰관들은 어떤 경찰관서이든 중범죄자의 대부분을 체포한다. 예비수사 중에 행해진 실수는 전혀 회복될 수 없고, 물리적 증거를 수집함에 있어서의 실수는 특히 그렇다.

마지막으로, 예비수사가 비록 많은 임무나 책임을 포함할 수 있을지라도, 예비수사는 일반적으로 광범위하지 않다는 것이 인식되어야 한다. 에크(J. Eck)는 예비수사에 대하여 대략 평균 1시간 정도를 소비한다는 것을 발견했다. 또한 그는 경찰관들이 주거침입에 대해 평균 53분을 소비하고, 강도에 대해 66분을 소비한다는 것을 발견했다.[41]

범죄현장에서 경찰은 일반적으로 수색과 체포를 하는데, 수색의 형태에는 첫째, 절도나 강도의 혐의자가 현장에 있는 경우(hot search), 둘째 범죄사건이 바로 얼마 전에 발생하여 경찰이 현장 부근이나 건물에 수색지역을 확대하는 경우(warm search), 셋째 수사가 지속적으로 이루어지는 경우(cold search)가 있다. 이러한 세 가지 경우에 있어서 그 다음 단계는 혐의자를 발견하여 체포하는 것이다. 첫째의 경우에는 보통 제복경찰관이 처음으로 출동하여 도착하면 시작되며, 둘째와 셋째의 경우는 제복경찰관의 도움을 받아서 또는 도움 없이 사복형사에 의해 이루어진다.[42]

(2) 추행수사

예비수사가 종료되면, 추행수사를 위해서 사건을 배정할 것인지 여부를 결정해야 한다. 형사가 사건을 배정받으면, 그 사건들은 ① walk-through, ② where-are-theys, ③ whodunits의 3가지 유형들 중 하나이다.[43]

'walk-through'는 피의자가 확인되고 체포된 사건들이다. 'where-are-theys'는 피의자가 확인되었으나 경찰관들이 체포하지 못한 사건들이다. 마지막으로, 'whodunits'는 예비수사가 범죄자의 신원을 확인하지 못한 사건들이다.

---

41) J. Eck, Solving Crimes: The Investigation of Burglary and Robbery(Washington, DC: Police Executive Research Forum(PERF), 1983).

42) Harvey Wallace, Cliff Roberson, and Craig Steckler, *Fundamentals of Police Administration* (Englewood Cliffs, New Jersey: Prentice-Hall, 1995), pp. 132~133.

43) W. Sanders, Detective Work(New York, NY: Free Press, 1977).

사건의 유형은 형사에 의해 행해질 노력의 양과, 행해질 수사행위의 유형을 알려줄 것이다. walk-through와 where-are-theys는 whodunits보다 상당히 더 많은 관심을 받을 것이다.

일단 수사부서가 사건을 맡으면 추행수사가 구성될 것이다. 만약 피의자가 이미 체포되면, 검사가 기소를 하고 사건을 법원으로 보낼 수 있도록 하기 위해, 형사의 주된 책임은 수집된 물질 및 증거를 처리하는 것이다. 몇몇 사건들에서, 수사관은 더욱 어려운 사건을 해결하기 위해 그 사건에 대해 더욱 철저한 수사를 할 것이다.

명백히 가장 어려운 사건들은 수사관이 피의자의 신원을 밝혀 내야 하는 사건들이다. 여기에서, 수사관들은 어떤 증거도 놓치지 않았다는 것을 확실히 하기 위해 때때로 이미 수행된 단계들을 되풀이 하기도 한다. 그 범죄가 발생한 지역 내에 있는 모든 사람들과 접촉함으로써, 추가적인 목격자를 찾고자 하는 시도가 행해질 것이다. 과거에 신고된 범죄들 중 어떤 유사한 범죄가 있는지 여부를 파악하기 위해, 범죄수법(Modus operandi) 자료(이미 신원이 파악된 피의자가 특정범죄를 어떻게 범하였는지를 설명해 주는 자료)가 조사될 수 있다. 정보원들이 범죄에 대한 정보를 제공해 줄 수 있다는 희망에서 조사될 수도 있다. 범죄와 관련되어 도난된 재산이나 차량을 추적하기 위한 시도가 행해질 것이다.

5. 범죄수사의 효과성에 대한 연구

경찰행정가들은 전통적으로 형사에 의한 범죄수사는 사건을 해결하고 범죄자를 체포하는데 상당히 기여한다고 가정하였다. 사실상, 범죄수사는 형사의 거의 배타적인 영역인 것으로서 여겨졌다. 그리고 범죄수사는 단지 전문적인 수사관들에 의해서만 응용될 수 있는 기술로서 여겨졌다.

그러나, 많은 연구들은 범죄수사의 가치와, 범죄해결에 있어서 형사들이 행하는 역할의 가치에 대해 의문을 제기했다. 법집행 및 형사사법에 관한 대통령위원회(1976)와 함께 시작된, 이 연구의 대부분은 범죄의 대부분은 순찰경찰관들에 의해서 행해진 체포 때문에 해결되었고, 또는 피의자의 이름을 수사관에게 제공해 주는 피해자를 통해서 해결되었다고 주장한다. 체포에 의해 해결된 모든 사건들 중 거의 80%는 이러한 방법으로 해결되었다.

(1) RAND 연구

형사, 증가, 그리고 수사활동 사이의 상호작용을 설명해 주는 최초의 중요 연구들 중의 하나는 RAND 연구였다. 이 연구에서, RAND Corporation은 153개의 대규모 경찰관서에서 범죄수사활동을 조사하였다. 연구자들은 형사가 힘든 노력, 영감, 과학에 의해 일반적으로 사건을 해결하는 것이 아니라, 그 대신 쉬운 사건들에 중점을 두거나 해결했다는 것을 발견했다. 해결된 사건들 중 단지 약 3%만이 특별한 수사상의 노력을 행하는 형사들에 의해 해결되었다.[44]

증거가 사건결과에 영향을 미치는 방법에 대한 후속적인 통계조사에 의하면, 단지 몇 개의 예외만을 가진 채, 피해자 및 목격자에 의해 제공되는 특정한 피의자 정보의 결과로서 사건들이 해결되었다. 다른 정보는 사건이 해결되는 것에 대해 거의 영향을 미치지 못한다.[45]

(2) 에크의 연구

범죄수사과정에 대한 우리의 이해를 쉽게 하려고 시도하면서, 에크(J. Eck)는 수사관들에게 직면하는 사건들에는 3가지 유형이 있다고 결론지었다. 즉, 수사상의 노력에 관계 없이 해결될 수 없는 'weak case'(해결할 수 없는 사건), 상당한 수사상의 노력을 갖고서 해결될 수 있는 적정한 수준의 증거를 갖고 있는 사건(해결 가능한 사건), 최소한의 노력으로 해결될 수 있는 강력한 증거를 갖고 있는 사건(이미 해결된 사건)이다.

에크(J. Eck)는 '이미 해결된 사건'의 범주 내에 있는 사건들은 추가적인 수사상의 노력이나 시간을 요구하지 않았지만, '해결 불가능한 사건'은 노력의 낭

---

44) P. Greenwood, J. Chaiken & J. Petersilia, op. cit.

45) J. Eck, Managing Case Assignment: The Burglary Investigative Decision Model Replication(Washington, DC: PERF, 1979); L. Gaines, B. Lewis & R. Swanagin, "Case Screening in Criminal Investigatins: A Case Study of Robbery," Police Studies, Vol. 6, 1983. pp. 22~29.

비 때문에 수사되어서는 안 된다고 하였다. 에크(J. Eck)는 형사들이 '해결 가능한 사건'에 한해서 배정을 받아야 한다고 결론 내렸다. 그러한 사건들은 해결될 가능성을 갖고 있으며, 추가적인 노력을 필요로 했다.46)

(3) 브랜들과 프랭크의 연구

브랜들(S. Brandl)과 프랭크(J. Frank)는 에크(J. Eck)의 3분류와 관련하여 많은 주거침입 및 강도사건을 조사하였고, 적절한 수준의 증거를 갖고 있는 사건들은 성공적으로 수사될 수 있다는 것을 발견했다. 그리하여 RAND 연구와는 반대로, 범죄수사는 긍정적인 결과를 가질 수 있으나, 수사관들은 잠재적으로 해결될 수 있는 그러한 사건들에 대해서만 중점을 두어야 한다.47)

(4) 에릭슨과 웨겔의 연구

마지막으로, 많은 연구자들은 형사들이 사건들을 선택하고 범죄수사를 행하는 방법과 관련하여, 형사의 정책결정과정을 조사하고자 시도하였다. 에릭슨(R. Ericson)과 웨겔(W. Waegel)은 더 높은 사회경제적 계층의 피해자들이 더 낮은 계층에 있는 사람들보다 더 많은 수사상의 관심을 받는다는 것을 발견했다.

다른 한편으로, 피해자의 인종, 성, 고용상태가 한 사건에 부여되는 노력의 양과 관련하여, 수사관의 결정에 영향을 미치지 않았다. 형사들은 또한 사건에 대해 더 많은 증가가 존재할 때, 또한 더 많은 노력을 행할 것이다.48) 그러나, 수사관의 노력을 결정짓는 최우선의 요인은 '증거의 양'인 것으로 보인다.49) 형사들은 노력의 양을 결정할 때 증거기준을 비공식적으로 사용하는 경향이 있다.

---

46) J. Eck, op. cit.

47) S. Brandl and J. Frank, "The Relationship Between Evidence, Detective Effort, and the Dispositions of Burglary and Robbery Investigations," American Journal of Police, Vol. 13, No. 3, 1994, pp. 149~168.

48) T. Bynum, G. Cordner, and J. Greene, "Victim and Offense Characteristics: Impact on Police Investigative Decision Making," Criminology, Vol. 20, 1982, pp. 301~318.

49) S. Brandl, "The Impact of Case Characteristics on Detectives' Decision Making," Justice Quarterly, Vol. 10, No. 3, 1993, pp. 395~416.

(5) AFIS와 DNA

범죄수사에 중대한 영향을 미치는 2개의 매우 최근의 발전은 automated fingerprint identification systems(AFIS)와 DNA검사이다. AFIS는 경찰이 수많은 지문들을 검사하고 비교하는 것을 가능하게 해 준다. 자동화 이전에는, 지문 비교는 손으로 행해져서, 매우 노동 집약적인 업무였다. 오늘날 수사관들은 완전한 한 쌍의 지문, 단독의 지문, 심지어 부분적인 지문(부분적인 지문에 적절한 수의 비교점이 있을 때)에 대해 비교할 수 있다. 이것은 경찰관들로 하여금 피의자의 신원을 더 잘 확인하고, 피의자들과 범죄현장을 연결할 수 있도록 해준다.

DNA검사는 1980년대에 개발되었고, 경찰로 하여금 거의 적극적으로 피의자와 범죄를 연결시킬 수 있도록 해 준다. 일란성 쌍둥이를 제외하고는, 어떤 2명이 동일한 DNA를 가질 수 없다. DNA검사는 또한 잘못 유죄판결을 받은 수형자들을 석방시키기 위해 이용되었다.

요약해서 말하자면, 범죄수사가 영화 및 T.V.에 의해서 묘사되는 것과는 반대로, 형사업무는 매우 기계적인 것처럼 보인다. 수사관들은 정규의 절차를 준수한다. 어떤 사건이 수사되는 방법과 그 사건에 투입되는 시간의 양을 결정함에 있어서 특별한 요소가 되는 것은 형사에게 이용될 수 있는 '증거의 양'이다. 마지막으로, 비록 범죄수사가 매우 기계적일지라도, AFIS와 DNA검사의 형태에 있어서 기술은 피의자의 신원을 확인하고 유죄를 입증하는 경찰의 능력을 상당히 향상시켰다.

6. 수사권의 합리적 조정

(1) 검찰과 사법경찰

우리나라에서 수사를 담당하고 있는 국가기관은 검찰과 사법경찰로 나누어져 있고 각자는 다른 정부부처에 소속되어 있다. 검사의 수사권에 대해서는 「검찰청법」 제 4 조(검사의 직무) 및 「형사소송법」 제195조(검사의 수사)에서 명시되어 있으며 경찰의 수사권은 「국가경찰과 자치경찰의 조직 및 운영에 관한 법률」

제 3 조(경찰의 임무) 및 「경찰관직무집행법」 제 2 조(직무의 범위) 제 2 호에 명시되어 있다.

2011년 7월 개정된 「형사소송법」 제195조에서는 "검사는 범죄의 혐의있다고 사료하는 때에는 범인, 범죄사실과 증거를 수사하여야 한다"고 규정하여 검사의 수사권을 규정하고 있다. 법 제196조에서는 제 1 항에 "수사관, 경무관, 총경, 경정, 경감, 경위는 사법경찰관으로서 모든 수사에 관하여 검사의 지휘를 받는다"고 규정하고 있으며, 제 3 항에는 "사법경찰관리는 검사의 지휘가 있는 때에는 이에 따라야 한다"고 규정하고 "검사의 지휘에 관한 구체적 사항은 대통령령으로 정한다"고 규정하여 검사의 수사지휘권을 규정하고 있다. 그러나 제 2 항에서는 "사법경찰관은 범죄의 혐의가 있다고 인식하는 때에는 범인, 범죄사실과 증거에 관하여 수사를 개시·진행하여야 한다"고 규정하여 경찰의 수사개시권이 인정되었으며, 범죄수사상 사법경찰관리의 검사에의 복종의무를 규정하고 있던 「검찰청법」 제53조가 삭제됨으로써 과거 검사와 사법경찰관의 철저한 상명하복관계를 어느 정도 대등한 관계로 개선하였다는 점에 의미가 있다.

그러나 ① 지방검찰청 검사장 또는 지청에 의한 경찰수사준칙 또는 지침의 마련·시행, ② 관련서류와 증거물 송부지시, ③ 내사에 대한 검사의 광범위한 개입, ④ 중요범죄의 입건여부 지휘, ⑤ 경찰수사에 대한 검사의 수사중단·송치명령, ⑥ 검사 수사개시 사건 지휘, ⑦ 수사협의회 설치, ⑧ 상황정보 공유와 같은 규정이 신설됨으로써 수사와 관련하여 국가기관간의 상호대등한 관계정립의 의미가 어느 정도 퇴색되는 결과를 가져오게 되었다.

(2) 과거의 불합리한 수사구조

구체적으로 과거 법제상의 불합리한 수사구조를 살펴보면 다음과 같다.

① 검사의 경무관이하 사법경찰관리에 대한 수사지휘권^(형사소송법 제196조)

② 범죄수사상 사법경찰관리에 대한 검사의 지휘·감독권^(검찰청법 제4조 제1항 제2호)

③ 서장 아닌 경정이하의 사법경찰관리에 대한 교체임용권^(검찰청법 제54조)

④ 검사의 체포, 구속, 압수, 수색, 검증 등의 영장청구권 독점^{(헌법 제12조 제3항 및 형사소송법 제200조의 2}

제1항, 제201조,
제215조 제2항)

⑤ 변사체 검시나 압수물의 환부, 가환부시 검사의 지휘(형사소송법 제222조
제3항, 제219조 단서)

⑥ 구속영장, 압수·수색영장의 집행시 검사의 지휘(형사소송법 제81조
제1항, 제115조 제1항)

⑦ 사법경찰관리 작성서류의 증거능력제한(형사소송법
제312조 제2항)

⑧ 검사의 경찰서 구속장소 감찰권(형사소송법 제198
조의 2 제2항)

⑨ 관할구역 외에서 수사할 경우 사법경찰관리의 관할지방검찰청 검사장 또는 지청장에의 보고의무(형사소송법
제210조)

⑩ 피의자 긴급체포시 검사의 승인(형사소송법 제200
조의 3 제2항)

⑪ 사법경찰관의 관할지방검찰청검사장 또는 지청장에 대한 수사사무보고, 사법경찰관의 정보보고, 구속피의자 및 현행범인 석방시 검사에게 보고
(사법경찰관리 집무규칙 제11조,
제12조, 제26조, 제32조)

⑫ 구속피의자 석방시 검사의 지휘(사법경찰관리
집무규칙 제26조)등이다.

⑬ 지검장 등의 경찰수사준칙·지침 시행(사법경찰관리
집무규칙 제3조)

⑭ 경찰개시 수사 즉시 범죄인지보고서의 편철 의무화(사법경찰관리
집무규칙 제17조)

⑮ 사건기록의 관리 및 관련서류와 증거물 송부지시(사법경찰관리
집무규칙 제18조)

⑯ 중요범죄의 입건여부 지휘(사법경찰관리
집무규칙 제76조)

⑰ 경찰수사에 대한 검찰의 수사중단·송치명령(사법경찰관리
집무규칙 제78조)

⑱ 검사수사사건의 지휘(사법경찰관리
집무규칙 제80조)

⑲ 수사협의회의 설치(사법경찰관리
집무규칙 제107조)

⑳ 상황정보의 공유(사법경찰관리
집무규칙 제108조)

(3) 수사구조의 개혁과 수사권의 조정

2017년 문재인 정권의 출범과 함께 제13호 국정과제로 "국민의 국민을 위한 권력기관의 개혁"이 제시되었으며, 2018년 2월부터 행안부 장관, 경찰개혁위원장, 법무부 장관, 법무검찰개혁위원장이 참여하여 수사권 조정관련 11차례 합의가 진행되었다. 그후 2018년 6월 21일 행정안전부와 법무부는 아래와 같은 합의문을 발표하였다.

아래에 제시된 검·경 수사권조정 합의문의 주요 내용은 다음과 같다.

1) 총칙

검찰과 경찰의 관계를 협력관계로 규정하여 경찰청장과 검찰청장의 협의로 수사에 관한 일반적 준칙을 제정^{(형사소송법 제195조(검사와 사법경찰관의 관계 등))}

2) 경찰의 수사권

① 모든 사건에 대한 경찰의 1차적 수사권을 부여^{(형사소송법 제197조(사법경찰관리))},

② 검사의 송치전 수사지휘를 폐지하였으며,

③ 검사로 하여금 경찰에 보완수사를 요구할 수 있도록 하고^{(형사소송법 제197조의2(보완수사요구))} 그 요구 불이행 시 담당 경찰의 직무배제, 징계요구권을 부여^{(형사소송법 제197조의3(시정조치요구 등))}

④ 경찰이 신청한 영장을 검사가 정당한 사유없이 법원에 청구하지 않는 경우, 경찰이 고등검찰청 소속 외부위원들로 구성된 영장심의위원회에 이의를 신청^{(형사소송법 제221조의5(사법경찰관이 신청한 영장의 청구 여부에 대한 심의))}

3) 경찰의 수사 종결권

① 경찰에 1차적 수사종결권을 부여^{(검사와 사법경찰관의 상호협력과 일반적 수사준칙에 관한 규정 제51조(사법경찰관의 결정))}

② 고소인 등 사건관계인이 이의제기하는 경우 지체 없이 검찰에 사건을 송치^{(형사소송법 제245조의7(고소인 등의 이의신청))}

③ 경찰이 불송치 결정을 하는 때에는 검찰에 사건기록등본과 함께 불송치 결정을 통지^{(형사소송법 제245조의5(사법경찰관의 사건송치 등))}

④ 불송치 결정이 위법부당할 경우 재수사를 요청 가능^{(형사소송법 제245조의8(재수사요청 등))}

4) 검사의 수사권

① 검찰이 직접 수사를 개시할 수 있는 범죄는 부패·경제·공직자·선거·방위사업·대형참사 등 6대 중요범죄, 경찰공무원의 범죄, 경찰이 송치한 범죄 및 이들 범죄와 관련해 검찰이 추가로 인지한 범죄로 한정

② 식·의약품, 환경, 관세, 노동, 금융 등과 관련된 행정 관청에 소속된 특별사법경찰관들이 수사를 개시할 경우에는 검사가 지금까지와 동일한 방식으로 수사를 지휘^{(검찰청법 제4조(검사의 직무))}

5) 수사경합

경찰과 중복 수사 시 경찰이 영장에 의한 강제처분에 착수하지 않은 경우에는 검찰에 우선 수사권을 부여^{(형사소송법 제197조의4(수사의 경합))}

6) 기타

자치경찰제를 수사권조정과 함께 추진, 사법경찰과 행정경찰 분리 등 경찰 개혁 과제들을 추진하여 경찰비대화에 대한 우려를 해소한다.

이와 같은 합의안을 바탕으로 「형사소송법」과 「검찰청법」의 개정이 추진되 었으며, 2021년부터 검찰의 직접 수사 범죄 범위를 제한하고 경찰에 1차 수사 권과 수사종결권을 부여하는 내용의 개정 「형사소송법」 및 「검찰청법」이 시행 되었다. 「경찰법」도 「국가경찰과 자치경찰의 조직 및 운영에 관한 법률」로 전 면 개정되었으며 경찰청에 '국가수사본부'가 신설되고 자치경찰제도가 실시되 어 도지사 소속의 시·도자치경찰위원회가 설치되어 시·도경찰청을 지휘·감 독하도록 하였다.

표 9-1 ┃ 검·경 수사권조정 합의문

이 합의안은 문재인 대통령 대선 공약과 정부출범 후 국정기획자문위원회가 도출한 국 정과제의 방침을 기준으로 하여 법무부 장관·행정안전부 장관의 협의에 따라 만들어 진 것이다. 이 합의의 실현은 궁극적으로 입법에 의하여 가능한 것이다. 국회의 적극적 인 협조를 부탁드린다.
1. 총칙
　가. 검사와 사법경찰관은 수사와 공소제기, 공소유지의 원활한 수행을 위하여 서로 협력하여야 한다.
　나. 법무부 장관은 검찰총장·경찰청장과 협의하여 수사에 관한 일반적 준칙을 정 할 수 있다. 단, 이 합의안의 범위를 넘는 준칙제정은 할 수 없다.
2. 사법경찰관의 수사권, 검사의 보완수사 및 징계 요구권 등
　가. 사법경찰관은 모든 사건에 대하여 '1차적 수사권'을 가진다.
　나. 사법경찰관이 수사하는 사건에 관하여 검사의 송치 전 수사지휘는 폐지한다.
　다. 검사는 송치 후 공소제기 여부 결정과 공소유지 또는 경찰이 신청한 영장의 청 구에 필요한 경우 사법경찰관에게 보완수사를 요구할 수 있다. 사법경찰관은 정 당한 이유가 없는 한 검사의 보완수사요구에 따라야 한다.
　라. 사법경찰관이 정당한 이유 없이 검사의 보완수사요구에 따르지 않은 경우 검찰 총장 또는 각급 검찰청검사장은 경찰청장을 비롯한 징계권자에게 직무배제 또 는 징계를 요구할 수 있고, 징계에 관한 구체적 처리는 '공무원 징계령'(대통령 령) 등에서 정한 절차에 따른다.
　마. ① 검사는 경찰수사과정에서 법령위반, 인권침해, 현저한 수사권 남용이 의심되 는 사실의 신고가 있거나 그러한 사실을 인지하게 된 경우 경찰에 사건기록 등

본 송부와 시정조치를 요구할 수 있다. 이 경우 경찰은 정당한 이유가 없는 한 시정조치하여 그 결과를 통보하여야 하며, 시정되지 않는 경우 사건을 검찰에 송치하여야 한다.

② 사법경찰관은 피의자 조사시에 ①항에서 정한 사항을 고지하여야 한다.

③ 검사가 경찰수사과정에서 법령위반, 인권침해, 현저한 수사권 남용이 있었음을 확인한 경우 검사는 라항의 절차에 따라 당해 경찰관에 대한 징계를 요구할 수 있다.

바. 검사가 정당한 이유 없이 영장을 청구하지 않는 경우 경찰은 관할 고등검찰청에 설치된 영장심의위원회(가칭)에 이의를 제기할 수 있다. 영장심의위원회는 중립적 외부인사로 구성하되, 경찰은 심의과정에서 의견을 개진할 수 있다.

사. 다항에도 불구하고 검사 또는 검찰청 직원의 범죄혐의에 관하여 사법경찰관이 적법한 절차와 방식에 의하여 압수·수색·체포·구속 영장을 신청한 경우 검찰은 검사로 하여금 지체 없이 법원에 영장을 청구하도록 관련제도를 운영하여야 한다.

3. 사법경찰관의 '1차적 수사종결권' 및 통지·고지의무, 고소인 등의 이의권 등

가. 사법경찰관은 '1차적 수사종결권'을 가진다.

나. ① 사법경찰관은 불기소 의견으로 사건을 불송치하는 경우 불송치결정문, 사건기록등본과 함께 이를 관할지방검찰청 검사에게 통지하여야 한다.

② 검사가 불송치 결정이 위법·부당하다고 판단한 경우, 검사는 경찰에 불송치 결정이 위법·부당한 이유(제2의 마①항의 사유를 포함)를 명기한 의견서를 첨부하여 재수사를 요청할 수 있다.

다. ① 사법경찰관은 고소인, 고발인, 피해자 또는 그 법정대리인(피해자가 사망한 경우에는 그 배우자·직계친족·형제자매를 포함함, 이하 같음)에게 사건처리 결과를 지체 없이 통지하여야 한다.

② 고소인, 고발인, 피해자 또는 그 법정대리인이 사법경찰관으로부터 불송치 통지를 받은 때에는 그 사법경찰관이 소속된 경찰관서의 장에게 이의신청을 할 수 있다.

③ 이의신청을 받은 경찰관서의 장은 지체 없이 관할 지방검찰청에 수사기록과 함께 사건을 송치하여야 하고, 처리결과와 그 이유를 신청인에게 통지하여야 한다.

라. 경찰은 국가수사본부(가칭) 직속 수사심의위원회를 설치하여 반기별로 모든 불송치 결정(검사가 재수사를 요청한 사건을 포함한다)의 적법·타당 여부를 심의하여야 한다. 심의결과 불송치 결정이 위법·부당하다고 판단한 경우 경찰은 사건을 재수사하여야 한다.

4. 검사의 수사권 및 사법경찰관과의 수사경합시 해결기준

가. 검사의 1차적 직접 수사는 반드시 필요한 분야로 한정하고, 검찰수사력을 일반 송치사건 수사 및 공소유지에 집중하도록 한다.

나. ① 검사는 경찰, 공수처 검사 및 그 직원의 비리사건, 부패범죄, 경제·금융범죄,

공직자범죄, 선거범죄 등 특수사건(구체적 내용은 별지와 같다) 및 이들 사건과 관련된 인지사건(위증·무고 등)에 대하여는 경찰과 마찬가지로 직접적 수사권을 가진다.

② ①항 기재 사건 이외의 사건에 관하여 검찰에 접수된 고소·고발·진정 사건은 사건번호를 부여하여 경찰에 이송한다.

다. 검사는 송치된 사건의 공소제기 여부 결정과 공소유지를 위하여 필요한 경우 피의자 및 피의자 이외의 자의 출석을 요구하여 조사하는 등의 수사권을 가진다.

라. 검사가 직접수사를 행사하는 분야에서 동일사건을 검사와 사법경찰관이 중복수사하게 된 경우에 검사는 송치요구를 할 수 있다. 단, 경찰이 영장에 의한 강제처분에 착수한 경우 영장기재범죄사실에 대하여는 계속 수사할 수 있다.

5. 자치경찰제에 관하여

가. 수사권 조정은 자치경찰제와 함께 추진하기로 한다.

나. 대통령 직속 '자치분권위원회'(위원장 정순관)가 중심이 되어 현행 제주 자치경찰제의 틀을 넘어서는 자치경찰제 실현을 위한 계획을 조속히 수립하고, 경찰은 2019년 내 서울, 세종, 제주 등에서 시범실시, 대통령 임기 내 전국 실시를 위하여 적극 협력한다.

다. 자치경찰의 사무·권한·인력 및 조직 등에 관하여는 대통령 소속 자치분권위원회의 결정에 따르되, 경찰은 다음 각항에 관한 구체적 이행계획을 자치분권위원회에 제출한다.

① 자치경찰의 정치적 중립을 확보하기 위한 광역시도에 관련 기구 설치 및 심의·의결기구인 '자치경찰위원회' 설치계획

② 비수사 분야(지역 생활안전·여성청소년·경비·교통 등) 및 수사 분야의 사무 권한 및 인력과 조직의 이관계획

라. 수사 분야 이관의 시기, 이관될 수사의 종류와 범위는 정부 관련 부처와 협의하여 결정한다.

마. 국가경찰은 자치경찰제 시행 이전이라도 법령의 범위 안에서 국가경찰사무 중 일부를 자치단체에 이관한다.

6. 수사권 조정과 동시에 경찰이 실천해야 할 점

가. 경찰은 수사과정에서의 인권옹호를 위한 제도와 방안을 강구하여 시행한다.

나. 경찰은 사법경찰직무에 종사하지 아니하는 경찰이 사법경찰직무에 개입·관여하지 못하도록 절차와 인사제도 등을 마련하여야 한다.

다. 경찰은 경찰대의 전면적인 개혁방안을 마련하여 시행하여야 한다.

7. 기타

가. 검찰의 영장청구권 등 헌법개정이 필요한 사안은 이번 합의의 대상에서 제외됨을 확인한다.

나. 이 합의는 공수처에 관한 정부안에 영향을 미치지 않는다.

다. 법무부는 검찰·경찰 등 수사기관의 의견을 들어 내사절차 관련 법규 제·개정안을 2018년 중에 마련한다. 다만, 다음 각호의 내용이 포함되어야 한다.

> 1. 내사가 부당하게 장기화되지 않을 것
> 2. 내사가 부당하게 종결되지 않을 것
> 3. 내사착수 및 과정에서 피내사자의 인권이 침해되지 않도록 할 것
> 라. 검찰·경찰은 이 합의에 관한 입법이 완료되기 전이라도 법령이 허용하는 범위 안에서 이 합의의 취지를 이행하도록 노력한다.

자료: https://www.korea.kr/special/policyCurationView.do?newsId=148868893

참 고 문 헌 (Sources)

국내문헌

강대형·이태원, "파출소단위 방범활동의 개선방안 연구," 한국형사정책연구원, 1991.

경찰대학, 『범죄예방론』, 용인: 경찰대학, 2004.

경찰대학, 『교통경찰론』, 용인: 경찰대학, 2004.

경찰청, 『경찰백서』, 서울: 경찰청, 2006.

김경환, 『교통안전공학』, 서울: 태림문화사, 1997.

김대웅, 『교통관리운용』, 서울: 형설출판사, 1996.

김보환, "범죄수사에 있어서 경찰과 국민의 협력강화방안," 치안연구소, 1995.

김용득·오영태, "첨단과학장비를 이용한 교통단속체계의 구축," 치안연구소, 1996.

김형청, "지역사회와 방범활동의 개선방향," 추계학술세미나, 한국공안행정학회, 2000.

박동언, 『교통학원론』, 보성문화사, 1995.

박병식·주희종, "파출소 근무제도 및 순찰활동 개선방안," 치안연구소, 1997.

박성규, "교통사고처리특례법 운용상 문제점," 법무연수자료집, 1994.

박영욱, "교통사고 예방체계로서의 운전면허행정처분제도의 운영방안연구," 치안연구소, 2000.

박종세, "음주운전 측정장치의 정도관리," 치안연구소, 1995.

박종철, "교통사고 조사시 과학적 입증에 관한 연구," 치안연구소, 1996.

박창소, "교통감시 및 통제를 위한 화상감지시스템 적용에 관한 연구," 치안연구소, 1995.

양문승, "경찰서 및 파출소의 기능·역할의 정립과 설치의 기준·규모에 관한 연구," 치안연구소, 2000.

이기호·양문승, "수사요원 전문화 방안," 치안연구소, 1996.

이무영, 『수사전서』(증보판), 서울: 수사연구사, 1995.

이상원, 『방범론』, 서울: 대명출판사, 2001.

_____·최응렬, "치안여건의 차이에 따른 방범활동체제 연구," 치안연구소, 1996.

이황우, "수사경찰의 전문화에 관한 연구," 한국형사정책연구원, 1991.

임준태, 『범죄예방론』, 서울: 도서출판 좋은세상, 2001.

유경수·이의은, "고속도로 순찰운영체계의 효율화방안 연구," 치안연구소, 1997.

유병우·박병소, "「교통정보서비스센터」 설치 및 관리운용에 관한 제도 연구," 치안연구소, 1996.

장덕명·설재훈, "교통안전표지 개선연구," 치안연구소, 1998.

하태준·이수범, "교통사고의 과학적 조사분석에 관한 연구," 치안연구소, 1998.

임창호, 「범죄수사론」, 서울: 법문사, 2004.

──── , 「경찰학의 이해」, 서울: 대왕사, 2004.

중앙경찰학교, 「수사」, 충주: 중앙경찰학교, 2002.

국외문헌

Adams, Thomas F., *Police Field Operations*, 3rd ed., Englewood Cliffs, New Jersey: Prentice-Hall, 1994.

Alpert, G. and R. Dunham, *Policing Urban America*, Third Edition, Prospect Heights, IL: Waveland Press, 1997.

Boydstun, John E., M. E. Sherry, and N. P. Moelter, *Patrol Staffing in San Diego: One or Two Officer Units*, Washington, D. C.: Police Foundation, 1977.

Boydstun, J., *San Diego Field Interrogation: Final Report*, Washington, DC: The Police Foundation, 1975.

Chaiken, J., and M. Chaiken, *Varieties of Criminal Behavior*, Santa Monica, CA: RAND Corporation, 1982.

Department of Justice, *Police Departments in Large Cities*, 1987, Washington, DC: GPO, 1989.

Fyfe, James J., Jack R. Greene, William F. Walsh, O. W, Wilson, and Roy Clinton McLaren, *Police Administration*, 5th ed., New York: McGraw-Hill Co., 1997.

Hale, Charles D., *Police Patrol: Operations and Management*, 2nd ed., Englewood Cliffs, New Jersey: Prentice-Hall, 1994.

Martin, S., & L. Sherman, "Selective Apprehension: A Police Strategy for Repeat Offenders," *Criminology*, Vol. 24, No. 1, 1986.

Kelling, G., T. Pate, D. Dieckman & C. Brown, *The Kansas City Preventive Patrol Experiment: A Summary Report* Washington, DC: The Police Foundation, 1974.

McCampbell, M. S., "Robbery Reduction: Through Directed Patrol," *The Police Chief*, Vol. 50, No. 2, 1983.

Osterburg, J., and R. Ward, *Criminal Investigation: A Method for Reconstructing the Past*, Second Edition, Cincinnati, OH: Anderson Publishing Co., 1997.

Pate, T., A. Ferrara, R. Bowers & J. Lorence, *Police Response Time: Its*

Determinants and Effects, Washington, DC: The Police Foundation, 1976.

Pate, T., R. Bowers & R. Parks, *Three Approaches to Criminal Apprehension in Kansas City: An Evaluation Report,* Washington, DC: Police Foundation, 1976.

Percy, S., "Response Time and Citizen Evaluation of Police," *Journal of Police Science and Administration,* Vol. 8, No. 1, 1980.

Schack, S., T. H. Schell & W. G. Gay, *Improving Patrol Productivity, Volume II, Specialized Patrol,* Washington, DC: Law Enforcement Assistance Administration, 1977.

Sherman, L., "Crackdowns: Initial and Residential Deterrence," in M. Tony and N. Morris(eds.), *Crime and Justice: A Review of Research,* Volume 12, Chicago, IL: University of Chicago Press, 1990.

Spelman, W., & D. Brown, *Calling the Police: Citizen Reporting of Serious Crime,* Washington, DC: U.S. Government Printing Office, 1984.

Spelman, W., *Repeat Offender Program for Law Enforcement,* Washington, DC: Police Executive Research Forum, 1990.

Police Executive Research Forum and Police Foundation, *Survey of Police Operational and Administrative Practices 1981,* Washington, D. C.: Police Executive Research Forum, 1982.

Trojanowicz, R., V. Kappeler, and L. Gaines, *Community Policing; A Contemporary Perspective,* Third Edition, Cincinnati, OH: Anderson Publishing Co, 2002.

Trojanowicz, R. C., "Foot Patrol: Some Problem Area," *The Police Chief,* Vol. 51, No. 6, 1984.

Trojanowicz, R. C., *An Evaluation of the Neighborhood Foot Patrol Program in Flint,* Michigan, East Lansing, MI: Michigan State University,1982.

Whitaker, G., "What is Patrol Work?," *Police Studies,* Vol. 4, No. 1, 1982.

Wilson, O. W., *Police Administration,* Second Edition, New York, NY: McGraw−Hill, 1963.

Wilson, J., and B. Boland, The Effect of Police on Crime, Washington, DC: The National Institute of Law Enforcement and Criminal Justice, 1979.

Worden, R. E., "Toward Equity and Efficiency in Law Enforcement: Differential Response," *American Journal of Police,* Vol. 12, No. 4, 1993.

Zimmer, L., "Proactive Policing Against Street-Level Drug Trafficking," in L. Gaines and Kraska, P., (eds.), *Drugs, Crime, and Criminal Justice,* Prospect

Heights, IL: Waveland Press, 1997.

Alpert, Geoffrey P., "Questioning Police Pursuits in Urban Areas," *Journal of Police Science and Administration*, Vol. 15, 1988.

Alpert, Geoffrey P., and Lorie A. Fridell, *Police Vehicles and Firearms: Instruments of Deadly Force*, Prospect Heights, ILL.: Waveland, 1992.

Bufe, Noel C., and Larry N. Thompson, "Traffic Services," in William Geller (ed.), *Local Government Police Management,* 3rd. ed., Washington, D. C.: International City Management Association, 1991.

Eubanks, Jerry J., *Pedestrian Accident Reconstruction*, Tucson: Lawyers & Judges Publishing Co., 1994,

Fyfe, James J., Jack R. Greene, William F. Walsh, O. W, Wilson, and Roy Clinton McLaren, *Police Administration,* 5th ed., New York: McGraw—Hill Co., 1997.

_____, *The Metro-Dade Police/Citizen Violence Reduction Project: Final Report*, Washington, D. C.: Police Foundation, 1988.

Gardiner, John A., "Police Enforcement of Traffic Laws: A comparative Analysis," in James Q. Wilson (ed.), *City Policy and Public Policy,* New York: Wiley, 1968.

Hannigan, Maurice J., and Paul E. Crescenti, "The Effects of Police Radar Exposure: Another Perspective, *Police Chief,* Vol. LX, No. 7, July 1993.

Institute of Transportation Engineers, *The Traffic Safety Toolbox: A Primer on Traffic Safety,* 1993.

Lundman, Richard J., "Organizational Norms and Police Discretion: An Observational Study of Police Work with Traffic Violators," *Criminology,* Vol. 17, August 1979.

Pilant, Louis, "Speed—Measuring Devices," *Police Chief,* Vol. LX, No. 11, November 1933.

Ruhl, Roland A., & Dwayne G. Owen, *Vehicle Accident Investigation,* Phoenix: Ruhl and Associates, Inc., 1994.

Violanti, John M., "Police Radar: A Cancer Risk?," FBI *Law Enforcement Bulletin*, October, 1992.

Brandl, S., "The Impact of Case Characteristics on Detectives' Decision Making," *Justice Quarterly,* Vol. 10, No. 3, 1993.

Brandl, S. and J. Frank, "The Relationship Between Evidence, Detective Effort, and the Dispositions of Burglary and Robbery Investigations," *American Journal of*

Police, Vol. 13, No. 3, 1994.

Bynum, T., G. Cordner, and J. Greene, "Victim and Offense Characteristics: Impact on Police Investigative Decision Making," *Criminology,* Vol. 20, 1982.

DeLadurantey, Joseph C., and Daniel Sullivan, *Criminal Investigation Standards,* New York: Haper & Row, 1980.

Eck, J., *Managing Case Assignment: The Burglary Investigative Decision Model Replication,* Washington, DC: PERF, 1979.

Eck, J., *Solving Crimes: The Investigation of Burglary and Robbery,* Washington, DC: Police Executive Research Forum(PERF), 1983.

Fyfe, James J., Jack R. Greene, William F. Walsh, O. W, Wilson, and Roy Clinton McLaren, *Police Administration,* 5th ed., New York: McGraw—Hill Co., 1997.

Gaines, L., B. Lewis & R. Swanagin, "Case Screening in Criminal Investigatins: A Case Study of Robbery," *Police Studies,* Vol. 6, 1983.

Greenwood, P., J. Chaiken & J. Petersilia, *The Investigative Process,* Lexington, MA: Lexington Books, 1977.

Kuykendall, J., "The Municipal Police Detective: An Historical Analysis," *Criminology,* Vol. 24, No. 1, 1986.

Sanders, W., *Detective Work,* New York, NY: Free Press, 1977.

Swanson, Charles R., Neil C. Chamelin, Leonard Territo, *Criminal Investigation,* 7th ed., New York: McGraw—Hill, 2000.

Wallace, Harvey, Cliff Roberson, and Craig Steckler, *Fundamentals of Police Administration,* Englewood Cliffs, New Jersey: Prentice—Hall, 1995.

Weston, Paul B., and Kenneth M. Wells, *Criminal Investigations: Basic Perspectives,* Englewood Cliffs, New Jersey: Prentice—Hall, 1970.

제10장

경/찰/행/정/학

경찰과 지역사회관계

제1절 경찰-지역사회관계의 이론적 접근

1. 경찰-지역사회관계의 정의

지역사회관계(community relations)란 정확히 개념규정을 내리기가 어렵다. 국제도시관리자협회(International City Managers Association)는 지역사회관계란 지역사회 내의 경찰, 공·사기관 그리고 각 개인이 그들의 공통된 문제, 욕구, 책임을 발견하고 지역사회 문제의 해결과 적극적인 지역사회 프로그램을 위해 공동 노력하는 것[1]이라고 하고 있다.

또한 「법집행 및 사법행정에 관한 대통령위원회」(The President's Commission on Law Enforcement and Administration of Justice)는 지역사회관계란 경찰의 이미지를 국민에게 판매하는 프로그램이 아니며, 장기적 안목과 전체적 노력으로 경찰과 지역사회가 서로 상대방의 문제점을 이해하고 이러한 문제의 해결을 목적으로 조치를 강구하는 것[2]이라고 했다.

따라서 경찰-지역사회관계는 경찰과 지역사회의 문제를 이해하고 이에 적

---

1) International City Managers Association, *Police Community Programs*, Washington, D. C., Management Information Service, Report No. 286, 1967, p. 3.

2) President's Commission on Law Enforcement and Administration of Justice, *The Challenge of Crime in a Free Society* (Washington, D. C.: U. S. Government Printing Office, 1967), p. 100.

절히 대처할 수 있는 능력에 관한 것이며, 경찰이 직면하는 어려움과 역할에 대한 지역사회의 이해, 그리고 경찰과 지역사회 양자의 조화와 협력을 위한 성실한 노력과 양자간의 문제점을 이해하려고 공통목표를 나누어 가지려는 노력이라고 할 수 있다. 이와 같이 경찰과 지역사회관계는 공생관계이며 경찰과 지역사회의 관계에는 언제나 긴장과 갈등이 형성되고 경찰과 지역주민과의 사이에는 애증의 관계가 존재한다[3]고 말할 수 있다.

그러므로 경찰과 지역사회관계를 위해서는 지역사회 주민과의 협력을 통한 경찰활동이 전개되어야 한다. 지역주민과 함께 지역사회의 문제를 규명하고 그 문제를 지역주민의 적극적인 참여 하에 해결토록 하여 경찰과 지역사회가 동반자라는 인식을 가져야 한다.[4]

2. 경찰-지역사회관계에 영향을 주는 요소

경찰기관에 의하여 이루어지고 있는 경찰-지역사회관계활동은 지역사회에 널리 보급되어 있는 전통과 관습을 고려하여 선택되어야 한다. 명령은 본래 목적이 아니라 오히려 정의와 자유를 달성하기 위한 수단이라는 것을 이해하여야 한다. 그러므로 명령을 강제하는 경찰과 개인적인 자유를 행사하려는 지역사회의 관계는 자유사회의 다음과 같은 특징에 의하여 크게 영향을 받고 있다.

(1) 각종 치안정보의 전달

시민의 권리는 경찰이 어떻게 범죄와 잘 싸우고 있으며 지역사회의 목표를 어떻게 안정적이고 발전적으로 잘 달성하고 있는가를 알기 위하여 법집행기관을 설립하고 그 운영자금을 제공하는 것이다. 또한 어떻게 범죄율을 감소시키고 범죄자를 신속하게 체포했는가를 국민에게 보여서 그 효과성을 증명하는 것이 경찰기관의 최대 관심사이다.

---

3) Alvin W. Cohn and Emilio C. Viano, *Police Community Relations: Images, Roles, Realties* (New York: J. B. Lippincott Co., 1979), p. 271.

4) Kenneth J. Peak and Ronald W. Glensor, *Community Policing and Problem Solving: Strategies and Practices* (Upper Saddle River, New Jersey: Prentice-Hall, 1996), pp. 70~71.

그림 10-1 경찰-지역사회관계에 영향을 주는 요소

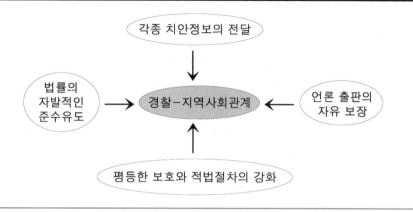

효과적인 경찰활동은 경찰기관에 대한 국민의 존경과 경찰활동 프로그램들에 대한 국민의 지지에 달려 있다고 할 수 있다.

(2) 법률의 자발적인 준수 유도

민주사회에 있어서 법과 질서는 개인적인 책임에 뿌리 박혀 있다. 대부분의 시민은 경찰관의 존재에 관계없이 자발적으로 법률을 준수한다. 훌륭한 지역사회관계는 법률의 자발적인 준수로 강화될 수 있으며 그로 인하여 경찰의 부담이 가벼워지고 경찰업무의 수행을 용이하게 한다.

(3) 평등한 보호와 적법절차의 강화

평등한 보호와 적법절차(due process of law)의 개념은 경찰에 의한 공평한 법집행을 요구한다. 대립하고 있는 상황에 있어서 경찰관들은 어떠한 집단에도 호의를 보이지는 않을 것이다. 분쟁을 해결하는데 있어서 경찰의 공평성은 경찰의 신뢰를 위하여 결정적인 것이 되며 국민과의 훌륭한 관계를 형성하게 될 것이다.

평등한 보호와 적법절차의 영역은 인권운동과 다양한 저항운동의 주요한 관심사가 되어 온 것처럼 지난 수십년 동안 국민의 관심의 초점이 되어 왔다는

것에 주목하여야 한다.

(4) 언론출판의 자유 보장

언론출판(신문, 라디오, TV, 영화)기관은 뉴스를 발표할 권리가 있다. 그러나 경찰에 대하여 발표된 보도는 때때로 국민의 분개, 모독 또는 당황의 원인이 될 가능성과 함께 믿을 수 없거나 부정확할 수도 있다. 그러므로 언론기관과 협력을 하여 뉴스를 정확하게 발표하도록 하고, 부정확한 보도는 정정하도록 조치하는 것이 경찰기관의 의무이며 이것이 훌륭한 지역사회관계를 강화시키는 중요한 수단이 된다.

3. 경찰—지역사회관계의 목적

일반적으로 경찰—지역사회관계는 네 가지 기본적인 목적을 충족시킨다.

(1) 시민의 욕구와 열망을 파악

앞에서 언급한 바와 같이 경찰-지역사회관계는 법집행을 비롯한 다른 경찰 업무들에 대하여 시민이 원하고 있는 것이 무엇인가를 발견하도록 경찰을 도와주는 것이다.

(2) 시민에게 조언

경찰-지역사회관계의 또 다른 목적은 지역사회가 삶의 질을 향상시키기 위하여 필요로 하는 것은 무엇인가에 대하여 시민에게 조언을 하는 것이다. 공공기관으로서 경찰기관은 이러한 조언과 교육적인 업무에 크게 도움이 되는 전문적인 자료를 개발하여 활용하여야 한다.

(3) 시민에 대한 만족스런 접촉과 긍정적인 태도를 보장

경찰관과 시민과의 빈번한 접촉은 경찰기관의 친절성, 협조성, 그리고 효과성에 대하여 결정적인 영향을 주게 될 것이다. 그러므로 모든 경찰관들은 전문

그림 10-2 경찰-지역사회관계의 목적

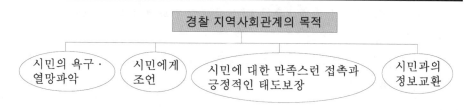

적 기술과 친절성을 통하여 상호간의 문제 또는 오해들을 해결하는데 목적을 두어 시민에 대하여 협조적인 태도를 취하여야 할 것이다.

(4) 시민과의 정보교환

경찰-지역사회관계의 네 번째 목적은 경찰기관이 무엇을 하고 있는 중인가에 대하여 시민에게 알리고 시민으로부터 환류(feedback)를 요청하는 것이다. 경찰기관은 경찰관과 그들 고객사이의 관계를 소원하게 하는 경향이 있는 비밀주의, 의심, 그리고 불신의 장벽을 제거하기 위하여 국민에게 공개적인 정보교환을 계속하여야 한다.

효과적인 경찰-지역사회관계는 각 집단이 직면하고 있는 문제들에 대하여 경찰과 시민이 잘 알도록 도울 수 있고 이러한 문제들을 해결하기 위한 상호간의 행동을 촉진할 수 있다. 특히 위기에 처해 있는 시민에게 이용 가능하고 정확한 정보를 제공해 주는 것은 경찰공공관계 노력의 가장 중요한 기능이다.[5]

위에서 지적한 목적 이외에 경찰-지역사회관계는 다음과 같은 더욱 세부적인 목적을 달성할 수도 있다.

① 범죄를 억제하기 위한 경찰과 시민의 협력을 촉진한다.

② 경찰과 지역주민간의 의사전달과 상호이해를 증진한다.

③ 경찰기관과 다른 형사사법체제의 구성요소(검찰, 법원, 교도소) 사이의 관계를 증진한다.

---

5) Steven M. Cox and Jack D. Fitzgerald, *Police in Community Relations: Critical Issues*, 3rd ed. (Dubuque, IA: Brown and Benchmark Publishers, 1996), p. 8.

④ 범죄문제를 해결하기 위하여 혁신적인 접근방법을 제안·실시한다.

⑤ 지역사회 안에서 차별대우를 감소시키기 위하여 동등한 보호와 인권에 관한 법의 집행을 강화한다.

⑥ 긴급한 때에 경찰과 지역사회가 공동작전을 펴기 위한 전략을 구상한다.

⑦ 경찰정책들에 관하여 경찰기관에 자문하도록 지역사회의 주민을 참여시킨다.

4. 경찰-지역사회관계의 접근방법

효과적인 경찰과 지역사회관계를 발전 및 유지시키기 위한 프로그램은 다음과 같은 세 가지의 접근방법이 있다.

(1) 경찰공공관계 이미지 향상 프로그램

공공관계(public relations)란 일반적으로 시민들에게 긍정적인 경찰이미지를 전달하거나 불리한 여론을 유리하게 전환시키는 사회공학적인 노력이라고 할 수 있다. 경찰공공관계는 경찰기관이 무엇을 하고 있고, 왜 그것을 하고, 누구에게 봉사하며, 그리고 그것이 대체로 지역사회의 발전에 어떻게 이바지하는가를 국민에게 알게 함으로써 경찰의 훌륭한 이미지를 심어주는 방법이라고 할 수 있다.6)

일반적인 의미로서 경찰공공관계는 경찰기관에 대한 이미지, 즉 경찰력, 경찰시설, 그리고 경찰장비 등에 대하여 국민의 긍지와 신뢰를 불어 넣어주는 이미지를 형성한다. 따라서 경찰공공관계는 경찰에 대한 진실을 있는 그대로 널리 알리며 국민의 이해를 구하는 작업이다.

1) 국민에 대한 파악

공공관계의 관리에 있어 중요한 어려움은 대응할 국민들을 파악하는 데 있다. 경찰기관은 경찰의 업무와 이미지에 대하여 특별한 관심을 가지고 있는 수

---

6) Thomas A. Johnson, *The Police and Society* (Englewood Cliffs, New Jersey: Prentice-Hall, 1981), p. 125.

그림 10-3 경찰-지역사회관계 접근방법

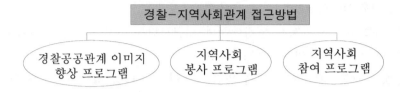

많은 국민에게 봉사하고 있는 것이다.

경찰이 봉사하고 있는 집단들의 예에는 학생집단, 청소년집단, 노인집단, 여성집단, 지역집단, 종교집단, 또는 각종 단체들이 포함된다.

경찰은 이러한 집단들을 대상으로 홍보활동을 해야 하고 동시에 이들을 이해집단 또는 동질성에 따라 여러 하위집단으로 나누어 구체적이고 더욱 직접적인 의사소통을 행하여야 한다.

2) 공공관계의 형태

공공관계의 주요한 관심은 봉사를 제공 받고 있는 다양한 국민을 파악하는 데 있으며 그것은 각 집단에게 알맞은 봉사를 제공하기 위한 것이다. 지역주민의 경찰기관 방문, 경찰문제를 주제로 한 토론회에 경찰대표의 참석, 경찰관계 영화의 제작 및 상영, 경찰관의 1일교사활동 등이 여기에 포함된다.[7]

공공 관계프로그램을 수행함에 있어서는 다음과 같은 관심을 기울려야 한다.

첫째, 각 집단은 경찰기관의 목적들에 관하여 이해하려 하고 그러한 목적으로부터 그 집단은 유효한 이익을 추구하게 된다.

둘째, 각 집단은 수많은 국민을 다루고 있는 경찰을 관리하는 기본적인 정책과 절차에 관심을 가지고 있다. 특정집단의 고용에 관한 경찰정책, 혜택을 받지 못하고 있는 지역에서의 순찰방법, 불법으로 체류하고 있는 외국인들의 체포를 위한 절차 등이 그 예이다.

셋째, 각 집단은 집단적이든 또는 개인적이든 그들을 취급하고 있는 경찰에게 공평성을 기대한다. 경찰관이 편견 없이 지역사회와 주민들을 친절하게 대

---

7) 김충남, "경찰과 지역사회에 관한 연구," 박사학위논문, 동국대학교 대학원, 1989, pp. 57~58.

할 것이라는 보장이 그러한 예에 포함될 수도 있다.

3) 경찰홍보의 접근방법

경찰홍보는 공공관계적 입장에서의 접근보다는 지역사회관계적 입장에서 접근하여야 한다. 그 이유는 다음과 같다.

첫째, 경찰홍보는 문제해결을 위한 것이라기 보다는 경찰의 이미지를 유지하고 증진시키는 목적을 가진다.

둘째, 경찰홍보활동은 이미 경찰에 호의적인 사람들을 향해 있는 경우가 대부분이다.

셋째, 시민들이 경찰홍보활동의 참여자가 되기보다는 수동적인 대상이 되어 소외된다. 경찰-주민들간의 심각한 문제에 대하여 시민들의 소리를 제대로 담아내지 못하는 일방적인 홍보활동의 한계는 명백하다.

넷째, 경찰홍보활동의 목적은 사람들의 인식을 바꾸려는 것이지 본질적인 문제해결이 아니다.

다섯째, 경찰홍보는 경찰행정의 정책결정과정에 참여하기보다는 결정된 정책을 주민들에게 이해시키기 위한 활동에 한정된다.

(2) 지역사회 봉사 프로그램

효과적인 경찰과 지역사회관계 프로그램의 두 번째는 지역사회봉사(community service)활동이다. 지역사회 봉사는 보통 지역사회의 구성원을 교육시키거나 지역사회에서 삶의 질을 향상시킬 수 있는 프로그램의 형태로 이루어진다.

지역사회봉사의 사례로서는 청소년선도, 가두캠페인 및 모범청소년 표창 등의 프로그램, 범죄예방을 위한 유인물 배포 등의 프로그램, 운전자 교육프로그램, 경찰악대의 각종 행사참가 및 경찰병원에 일반시민도 진료할 수 있는 프로그램, 그리고 구급업무가 포함된다.

(3) 지역사회 참여 프로그램

경찰은 지역사회에 관심을 가지고 있는 모든 준법적인 시민들과 실제로 도움이 되는 관계를 수립하도록 노력하여야 한다. 지역사회참여(community par-ticipation)를 위한 하나의 방법은 전문가집단 또는 팀집단을 구성하고 지역사회에서 특정한 범죄문제를 감소시키고 경찰행정을 발전시키는 일에 그들을 참여시키는 것이다. 이러한 집단들을 경찰관과 시민들로 구성되어 있으며 국민의 특정한 계층과 관계를 증진시키기 위하여 위촉된다.

경찰에의 시민참여, 각종 자문위원회(청소년선도위원회, 선진질서위원회 등), 민간자율단체(자율방범대, 녹색어머니회, 청소년교통경찰대, 모범운전자회 등)와 함께 업무수행, 주민과 함께 지도·단속·점검업무와 범죄퇴치운동실시, 향장의 운영, 치안모니터제 등의 프로그램이 있다.

이러한 지역사회 참여 프로그램은 경찰활동을 감시할 수도 있고 경찰의 인권침해, 근무태만 또는 부조리를 제거하기 위한 방법 등을 경찰책임자에게 조언할 수도 있다.

5. 바람직한 경찰-지역사회관계의 장해요인

효과적인 경찰-지역사회관계는 이론적으로 서술하는 데는 쉬울지도 모르지만 현실상황에 있어서는 고통스럽고 계속되는 전쟁과도 같다. 래드레트(Louis A. Radelet)는 경찰과 시민의 상호갈등에 대한 접근방법으로서 합의모형(consensus model)과 갈등억제모형(conflict repression model)을 제시하였다.

합의모형은 법규범과 경찰에 의한 법집행이 공평하게 이루어지면 경찰과 지역사회의 공동이익과 가치를 생산하기 때문에 경찰활동은 사회의 모든 구성원에게 환영을 받는 것을 전제로 하고 있다. 그러나 합의모형은 경찰과 시민집단간의 갈등은 경찰역할에 대한 이해의 결핍 또는 잘못된 경찰업무수행에 있다고 보기 때문에 적대적 감정을 이해하는 데는 한계가 있다.

또한 갈등억제모형은 법규범과 경찰에 의한 법집행은 사회적으로 권력을 잡고 있는 집단의 이익을 보호하기 위한 것으로 본다. 즉 경찰은 계층구조상 현존하는 불평등을 현상유지하기 위한 도구라고 하면서 경찰기능의 수행상 야기되는 일반시민의 불평과 비판, 갈등을 순화시키는 형식적인 노력을 하고 있

음에 불과하다고 본다.8)

이러한 두 가지 모형의 발전적 결합만이 경찰과 시민과의 관계에 있어서 상호존경과 협조의 재생산에 의한 공생관계가 유지될 수 있다고 한다.

지역사회관계 프로그램을 수행하는 데 책임을 지고 있는 경찰관리자에게 직면하는 가장 공통된 문제의 몇 가지는 다음과 같다.

(1) 분명한 개념정의의 결핍

국민은 물론 전문가들도 법과 질서(law and order), 치안의 유지(peace maintenance), 그리고 경찰과 지역사회의 의무(police community obligations)와 같은 개념을 정의하기가 어렵다는 것을 발견하게 된다. 따라서 어느 정도 관심있는 집단은 경찰과 지역사회관계를 협력의 관점에서 볼 수도 있으며, 다른 집단은 경찰기관과 경찰관이 국민을 지배하기 위한 것으로 볼 수도 있다.

(2) 경찰역할 정의의 어려움

경찰학자들과 변호사들은 경찰의 역할과 기능에 대하여 그들의 견해가 다르다. 대부분의 변호사들은 경찰의 주요한 역할이 법을 집행하고 범죄자를 체포하는 것으로 주장하는 반면에, 경찰학자들은 흔히 사회의 대리인(social agents)으로서 경찰관을 바라보고 그 역할은 지역사회에서 범죄를 억제시키고 감소시키는데 한계가 있다고 주장한다.

(3) 경찰활동에의 시민참여에 대한 편견

경찰학자들은 경찰책임자가 지역사회의 지도자들에게 친밀하게 조언을 구하고 민주적인 정책결정을 위하여 더욱 노력할 것을 제안한다. 그러나 많은 경찰책임자들은 이러한 의견을 경찰관들의 권위를 빼앗으려고 시도하는 것이라고 생각하면 그러한 의견들을 불쾌하게 여길 것이다. 경찰책임자들은 이러한 형태의 시민 간섭은 경찰기관 내의 사기문제의 원인이 된다고 주장한다.

---

8) Louis A. Radelet and David L. Carter, *op. cit.,* pp. 231~233.

(4) 경찰관의 편협한 태도 및 인식

경찰과 지역사회관계 프로그램이 착수되고 있다고 할지라도 그 성공은 보통 일선경찰관에게 달려 있다. 그래서 일선경찰관들의 편협한 태도와 사회적 인식은 이러한 프로그램에 결정적인 것이 된다.

(5) 경찰―지역사회관계에 대한 불충분한 경찰교육훈련

경찰기관은 아직도 경찰―지역사회관계에 대한 적절한 경찰교육훈련 프로그램이 부족한 실정에 있다. 불충분한 예산과 부족한 동기부족 때문에 경찰관의 태도와 인식에 있어서의 변화는 학자들이 희망하고 있는 것과 같이 빨리 나타나지는 않고 있다.

(6) 경찰―지역사회관계에 대한 시민들의 이해부족

효과적인 경찰―지역사회관계에 대한 또 다른 주요한 장벽은 시민들이 이러한 관계에 있어서 그 역할에 대한 시민들의 이해부족 때문에 생겨난다. 어떤 특정한 이익집단이 경찰 프로그램으로부터 이익을 얻기 위하여 다른 집단에게 손해를 주려는 시도도 있다. 예를 들면 청년센터를 어디에 세울 것이며 책임을 누가 질 것이며, 무슨 이익이 어떤 집단에 갈 것인가 등에 대하여 중대한 분쟁이 발생할 수도 있다.

(7) 경찰―지역사회관계의 향상을 위한 수단의 부족

경찰과 지역사회관계(경찰의 이미지, 지역사회 봉사, 그리고 주민참여의 측면에서)를 증진시키기 위한 세 가지 중요한 수단은 ① 경찰과 시민의 의사소통을 증진시키고, ② 경찰과 언론기관과의 관계를 증진시키고, ③ 경찰기관에 대한 시민의 불만해소를 증진시키는 것이지만, 현재 이 3가지 수단 모두 부족하다.

제 2 절 경찰과 지역사회의 적극적인 의사소통

경찰의 업무는 지역사회 주민과 밀접한 관계 속에서 이루어지는 것이라는 원리에 기초하고 있다. 이러한 원리로부터 야기되는 것은 대립되는 요구와 관념 등을 비교 검토한 후 그들이 봉사하고 있는 주민으로부터 정보를 찾고 주민에게 범죄예방과 범죄감소에 관한 정보를 되돌려 주어야 한다는 것이다. 따라서 경찰과 국민은 공생관계에 있는 것이며 훌륭한 국민이 훌륭한 경찰을 갖게 된다는 것이다.

시민의 입장에서 볼 때 경찰은 치안에 대해 언제든지 상담할 수 있는 대상이어야 한다. 또한 경찰은 범죄예방과 대책, 교통사고에 대한 예방, 긴급재난에 대한 대비책을 전문적으로 가지고 거리의 해결사요 가정의 수호자로서 자리잡아야 할 것이다. 지역주민의 문제를 자기의 문제로 받아들이고 같이 해결책을 찾아가는 경찰의 모습이야말로 국민 모두가 기대하는 경찰상이다. 경찰과 지역사회간에 거리감을 해소하기 위해서는 시민들의 불편을 해소하기 위한 가시적인 노력을 기우려야 한다. 준법시민(고객 또는 범죄피해자)에게 경찰관서는 은행처럼 친절봉사의 태도를 생활화하여야 하며, 경찰관을 폭행하고 지구대에 화염병을 던지는 행위(범죄자)에 대해서는 엄정한 법집행이 이루어지기를 대다수 국민들은 기대하고 있다.

1. 경찰과 지역사회의 의사소통 목적

경찰과 지역사회와의 효과적인 의사소통은 경찰의 정책들을 이해하는데 주민을 도와주고 지역사회의 기대를 실현함에 있어서 그 성공 또는 실패를 판단하는데 경찰기관을 도와준다.

지역사회로부터의 환류는 또한 주민이 경찰과 정부에 대한 신뢰와 확신의 정도를 반영하는 것이다. 어떤 주민은 정부를 조금 신뢰하고 경찰기관에는 사실상 전혀 신뢰하지 않는다. 그러면 경찰에 신뢰와 협조를 하지 않는 까닭은 무엇인가? 부족한 인력과 예산, 그리고 낙후된 장비 때문에 치안수요에 탄력적으로 대응하지 못한 것인지, 구조적으로 치안정책의 결정과정이 경직되고 기능수행이 타성에 젖어 있는 것인지, 치안서비스의 개선이 이루어지지 않았는지, 국민의 변화하는 의식수준을 따라잡지 못하고 있는지 등에 대한 검토가 이루어져야 한다.

경찰이 치안활동을 위한 상당한 노력을 경주하고 있음에도 불구하고 국민들의 체감치안지수가 낮은 것은 경찰의 치안활동이 국민들과의 환류(feed-back) 구조를 갖지 못했기 때문이기도 하다. 따라서 경찰활동에 대한 적극적인 홍보가 필요한 까닭이 여기에 있다.

경찰과 지역사회의 훌륭한 의사소통은 상호간의 신뢰를 형성하는데 도움을 줄 수 있으며 또는 전반적인 오해와 불화로 발전하는 것으로부터 적어도 신뢰의 부족을 조금은 억제시키는데 도움을 줄 수 있다.

경찰이 일반주민을 상대로 직접 의사소통을 하는 것은 대단히 어렵고 엄청난 비용이 소요되는 것이기 때문에 대상을 다양한 이해집단 또는 관련 주민으로 분류한 후 우선적으로 필요한 주민들과 상호교섭 및 의사소통을 행해야 한다.

2. 경찰과 지역사회의 의사소통 절차

1973년 「형사사법표준 및 목표에 관한 자문위원회」은 모든 경찰기관은 주민의 요구와 기대를 확인하고 그 요구와 기대를 실행한 후에 정책의 성과를 주민에게 알리는 것을 강조함으로써 주민과의 쌍방적 의사소통의 중요성을 인정할 것을 권고하였다.

그 보고서는 이 점에 관해서 다음의 절차를 제안했다.

첫째, 모든 경찰기관은 직원들을 통하여 주민과 효과적인 의사소통을 위한 정책을 즉시 채택하여야 한다.

둘째, 대민업무를 할당받은 모든 직원은 경찰과의 접촉, 절차, 그리고 기대에 관한 질문에 응답하기 위한 충분한 정보를 가지고 있어야 한다.

셋째, 대민담당자에 의하여 수집된 자료는 경찰기관의 명령계통을 통하여 접수해야만 하고 적당한 절차에 따라 처리되어야 한다.

넷째, 일정한 규모의 집단에 봉사하고 있는 모든 경찰기관은 그 집단의 요구를 파악하여야 하고 그들과의 효과적인 의사소통을 보장하기 위하여 적당한 방법을 개발하여야 한다.

다섯째, 상당수의 영어를 못하는 주민에게 봉사하고 있는 모든 경찰기관은 경찰업무에 관한 요청에 응답하기 위하여 2개 국어에 능통한 직원을 가지고 있어야 한다.[9]

3. 경찰대민부서

1973년 형사사법표준 및 목표에 관한 국가자문위원회의 「경찰에 관한 보고서」는 경찰기관에 전문화된 대민부서를 설치할 것을 권고했다.[10]

선진국에서는 경찰과 국민간의 신뢰감 조성을 위하여 특색 있는 제도를 운영하고 있는데 일본경찰은 지역과를, 미국경찰은 대민과(Community Relation)를, 영국은 1987년 런던경시청 및 각 경찰국단위에 대민과(Community Relations Branch)를 그리고 각 경찰서에 대민연락관(Community Liaison Officer)을 두고 관내주민에 대하여 경찰업무활동을 홍보하여 이해를 돕고 경찰의 대민행정 시책에 대하여 종합적인 조정과 청소년선도활동에 대한 지도 감독을 행하도록 하고 있다.

대민부서의 기능은 다음과 같다.

첫째, 경찰기관과 지역사회지도자 사이에 의사소통의 방침을 수립하고 일반 시민들로부터 정보를 수집하는 것

둘째, 주민과의 의사소통을 방해하는 요인들을 파악하는 것

셋째, 주민과의 상호 의사소통을 막는 방해물들을 제거하기 위하여 적당한 연구를 수행하고 방법들을 수립하는 것

---

9) National Advisory Commission on Criminal Justice Standards and Goals, *Report on Police*, 1973, p. 29.

10) *Ibid.*, p. 29.

넷째, 경찰기관에 의하여 수행되는 모든 의사소통과 대민프로그램을 평가하고 요구되는 개선점을 제시하는 것

제 3 절 경찰과 언론기관의 관계

경찰과 지역사회간의 주요한 연결고리는 언론매체이다. 경찰과 직접적으로 관계하고 있는 비교적 소수의 사람을 제외하고는 일반시민은 신문, TV, 그리고 라디오를 통해서 범죄행위, 범죄자의 추적과 체포, 그리고 기타 경찰활동에 대하여 알게 된다.

그러므로 지역사회에서 경찰의 이미지가 우호적인지 또는 부정적인지는 그 지역의 언론기관에 의하여 기사화된 생생한 묘사에 거의 전적으로 달려 있다.

신문지상에 보도되는 경찰관련 기사들은 경찰의 과잉활동을 비난하는 내용들로 채워져 있어 국민들이 경찰에 대하여 부정적 이미지를 가지게 하기도 한다. 경찰관서는 국민들이 경찰에 대해 부정적 이미지를 가지고 있다고 추측을 하면서도 국민들이 어느 정도 부정적 이미지를 가지고 있는지, 어느 계층이 더욱 부정적인지, 그 원인은 무엇인지에 대한 객관적이고 타당성 있는 연구를 별로 행하고 있지 않다.

1. 경찰과 언론기관의 역할 충돌

사회에서 경찰이나 언론기관에 의하여 수행되고 있는 역할들이 기본적으로 다르기 때문에 이들은 자주 충돌하고 있다. 경찰의 업무는 범죄를 예방하고, 안녕과 질서를 유지하고, 그리고 법을 위반한 자를 체포하는 것이다. 반면에 언론의 책임은 비록 경찰을 난처하게 하거나 때때로 방해하는 것이 될지도 모르지만 진실을 찾아내어 보도하는 것이다.

우리나라 헌법은 스스로 이러한 갈등을 보여주고 있다. 헌법 제21조는 언론의 자유를 보장한다. 더구나 헌법 제12조 제 1 항은 적법절차의 원칙을 규정하

고 있으며 또한 헌법 제27조는 모든 사람에게 공정한 재판을 받을 권리를 보장한다. 그런데 그 권리는 재판전이나 또는 재판도중에 불리한 보도에 의하여 침해될 수도 있다. 경찰은 흔히 이러한 경합하고 있는 권리사이에 끼여 있다.

자유사회에 있어서 경찰과 언론기관 양자의 중요성이 인정되고 있는 한 경찰과 언론기관의 관계는 적대적이기보다는 오히려 상호 이해와 신뢰의 구축을 통한 협조가 이루어져야 한다.

이를 위해서 경찰기관은 공공의 안전에 관계되는 모든 사건이 언론에 의하여 국민에게 충분하고 정확하게 알려지도록 하여 국민의 알권리를 충족시켜야 한다. 동시에 언론기관은 진행 중에 있는 사건의 수사와 개인의 권리 보호를 위하여 때때로 정보 제공을 보류하고 있는 경찰을 존중하여야 한다.

2. 경찰-언론기관관계에 대한 정책

경찰책임자와 공보담당관은 각종 언론기관을 정기적으로 또는 수시로 방문하여 개인적 유대관계를 확립하고 우호적이고도 적절한 사건취재를 하도록 도움을 주어야 한다. 또한 기자가 정기적으로 일선현장에서 활동하는 경찰과 동행토록 하면 그 기자는 경찰이 직면하는 현장에서의 문제점을 직접 파악하게 될 것이다. 경찰기관장은 경찰에 특별히 유리한 기사를 게재한 경우에는 고마움의 서한을 뉴스 편집자 또는 발행인에게 보내면 좋은 관계를 유지하는데 크게 이바지할 수 있다.

1973년 「경찰에 관한 보고서」는 모든 경찰책임자에게 언론기관의 중요한 역할을 이해하고 언론기관과 역할을 맺고 있는 경찰이 정보공개의 필요성을 인정하도록 권고했다. 경찰기관은 가끔 질문하는 것에 대하여 단지 응답하는 것이 아니라 오히려 주민을 위하여 적극적으로 정보공개정책을 추구하도록 권고 받았다. 그 보고서는 이러한 정책을 수행하고 원만한 경찰과 언론기관의 관계를 달성하기 위하여 모든 경찰기관은 다음과 같은 절차를 착수하고 시행할 것을 제안했다.11)

---

11) *Ibid.,* p. 44.

첫째, 경찰과 언론기관관계정책이 교육훈련 교과목에 포함되어야 하고, 이러한 교육훈련 교과목에는 경찰관, 언론기자 및 일반주민을 위하여 준비된 정책도 포함되어야 한다.

둘째, 경찰기관은 증거를 보존하고 수사를 방해하는 행위를 예방하고 수사에 연루된 사람들의 헌법적 권리를 보호하기 위하여 그 책임을 다하여야 한다.

셋째, 경찰기관은 즉각적인 보도가 지역사회나 피해자, 또는 범죄수사에 불이익을 줄지도 모를 때에는 그 정보의 발표를 늦추도록 언론기관에 협력을 구해야 한다.

넷째, 경찰기관은 공정, 협력 그리고 상호존중을 통하여 언론기관과의 관계를 발전시켜야 한다.

다섯째, 경찰기관은 기관의 규모, 정보에 대한 언론기관의 요구의 성질과 빈도에 따라 전문화된 경찰관(공보담당관, 언론관계담당관, 또는 경찰부서 대변인) 또는 언론담당부서를 통하여 언론기관과의 관계를 다루어야 한다.

여섯째, 모든 경찰책임자는 언론기관이 기자들을 파견하기 위한 방법을 수립하여야 한다.

일곱째, 비상사태 또는 다른 이례적인 사건이 발생하고 있는 동안에는 경찰관과 관련된 문서를 모든 언론기관의 기자들을 위하여 준비하고 전달하여야 한다.

3. 경찰-언론기관관계의 개선방향

경찰홍보의 대언론관계는 브리핑이 유리하다. 단기적으로 보상체계를 이용하여 신뢰를 얻는 경우, 경찰의 브리핑과 언론의 전달전략이 결합되고 있기 때문에 합리성이나 효율성의 관점에서 메시지작성상의 기술개발이나 세련된 첨단매체의 개발에 앞서 홍보 마인드에 입각한 경찰업무가 정착되어야 한다.

(1) 대언론 경찰홍보업무의 효율성 제고

1) 적극적인 뉴스거리의 발굴

뉴스거리를 적극적으로 찾아야 하며 좋은 기사에 대한 판단기준은 기자나 공중의 입장에서 이루어져야 한다. 대중매체에 보도되기 위해서는 중요한 정보를 담고 있으며 평범한 일반인들의 흥미에 부응할 수 있어야 한다. 중요도나 흥미도의 판단기준이 경찰이나 홍보조직의 주관에 치우치는 경우, 너무 전문적이어서 흥미를 끌지 못하고 중요한 정보가 사장될 수 있다는 점에 유의해야 한다. 뉴스가치가 있는 것은 어렵지 않게 뉴스로 취급되지만 뉴스가치가 없는 보도자료는 아무리 노력해도 뉴스로 취급되기 어렵다. 뉴스가치가 없는 기사를 보도해 달라는 부서의 요청은 거부해야 한다.

2) 언론매체의 특성에 따른 보도자료의 작성

언론매체마다 수용자들이 다르므로 동일한 뉴스거리이더라도 개별언론매체의 특성에 맞추어 보도자료를 작성하는 것이 유리하다. 출입기자단에게 동일한 보도자료를 제공하더라도 보도가능성이나 매체의 특성에 따른 추가적인 노력이 있어야 한다.

(2) 일반경찰부서에 대한 언론관계 교육

경찰홍보조직이 아무리 기자들을 통제하려고 해도 이들이 일반경찰부서에 접근하여 취재하는 것은 언론의 성격이나 경찰업무의 성격상 거의 불가피하다. 경찰홍보부서가 언론과 협조적인 관계를 유지하고 있더라도 다른 경찰부서의 구성원들의 협조 없이는 언론보도가 정확하지 못할 가능성이 있다. 일선 경찰부서의 담당자 중 언론매체와 접촉할 가능성이 높은 사람들에게는 경찰홍보 전체의 기본적인 입장을 충분히 알려 두는 것이 오보와 내부혼선을 막는 길이다. 언론접촉시의 유의사항으로는 기자를 불필요하게 적대시하지 말며, 언론에 인용될 가능성이 큰 내용은 명확하게 정리해서 발언하고, 인터뷰시에 주의할 점이나 카메라 훈련을 제공하는 등의 협조적인 노력을 해야 한다.

(3) 비상시 대언론관계의 계획 수립

경찰업무의 성격상 돌발적으로 생겨나는 비정상적인 경우가 자주 있다. 이러한 비상상황에 대비하는 비상시 홍보계획을 수립하고 수시로 점검해야 한다. 이러한 비상상황은 각종 유언비어가 생겨나며 걷잡을 수 없는 치안부재상태가 생겨날 수 있는 여건이 되므로 비상시 홍보가 특히 중요해 진다. 정상적인 보고와 지시의 절차가 무시되는 비상시에 정작 언론관계를 담당하는 홍보부서가 소외되는 경우가 있다.

비상상황은 언제 발생할지는 알 수 없으나 그 유형은 대체로 예견이 가능하므로 비상시 홍보계획을 수립하여 일단 비상상황이 생기면 대변인 지정, 홍보업무에의 지원인력 확보, 각급 조직의 비상정보연락망, 비상시 언론인 지원시설확보 등이 계획대로 진행될 수 있어야 한다.

이러한 비상시 홍보계획을 작성하여 두고 비상시에 현지책임부서와 경찰본부 간을 연결하는 비상상황정보의 흐름을 파악하고 언론이나 시민대중들이 궁금해 하는 사항을 정해진 순서에 따라 체계적으로 정리·전달하여야 한다.

4. 경찰홍보의 기본전략

(1) 협력과 경쟁

경찰홍보의 궁극적인 목표는 바람직한 경찰상이 국민들의 마음 속에 자리잡도록 함으로써 수사협조나 범죄예방의 효과는 물론 경찰활동에 대한 호의적인 여론과 정책적 배려를 얻을 수 있는 기반을 조성하는데 있다.

경찰은 대언론관계에 있어 '협력'과 '경쟁'이라는 두 가지 전략을 선택할 수 있다. 협력이 뉴스가치가 있는 기사거리를 공정하게 작성하여 제공하는 것이라면 경쟁은 경찰의 홍보목표를 달성하기 위하여 언론을 전략적으로 이용하는 것이다.

(2) 브리핑과 캠페인

1) 브 리 핑

정기적인 기자회견을 통하여 경찰관련 사건의 전모를 꾸밈없이 보고하고 부정적인 정보와 긍정적인 정보를 그대로 전달하는 방식이며 전략적 선택중의 하나이다. 공정한 보도자료를 출입기자들의 뉴스추구를 충족시키는 전략이며 장기간에 걸친 신뢰에 기초하여 경찰홍보와 언론취재의 협조적 관계를 형성하여 비교적 적은 비용과 인력이 소요된다고 할 수 있다.

2) 캠 페 인

경찰 이미지 개선을 위하여 체계적이고 전략적인 홍보계획을 수립하여 경찰활동의 긍정적인 측면을 부각시키고 부정적인 측면을 통제하는 방식이다. 사건기사의 경우 경찰의 입장에 잘 정돈된 메시지만을 내어 보내는 전략으로서 바람직한 경찰상 정립에 도움이 되는 정보를 제공하고 역기능적인 정보의 누출을 통제하기 위하여 비교적 많은 비용과 인력이 소요된다.

5. 경찰의 언론담당부서

오늘날 미국의 대규모 경찰국에서는 공보실이 설치되어 운영되고 있다. 규모가 작은 경찰국에서는 한 사람의 경찰관이 보통 자기 업무의 일부로서 공보기능을 부여받고 있다. 경찰기관의 공보담당은 필요한 경우 계선기능에 참여하기도 하며 경찰기관장을 대변하는 권한을 가지고 있다.

(1) 정보를 배포할 권한이 있는 직원

비록 공보담당자가 기자들과 접촉을 하고 있다고 할지라도 다른 직원이 언론기관의 요청에 따라 정보를 배포시킬 권한을 부여받게 될 수도 있다.

(2) 공보담당자의 임무

국제경찰장협회(IACP)에 의하여 주장된 지침에 의하면 공보담당자의 역할은 다음과 같다.

① 경찰책임자로부터 제시되고 있는 정책들에 관한 발표

② 모든 중요한 사건들에 대한 정보의 발표

③ 기자와 경찰기관간의 공식적인 연락관으로서 봉사

④ 경찰기관의 모든 공보활동에 협력

⑤ 경찰기관에 의하여 행해지는 기자회견을 위하여 물질적인 시설과 장비를 준비

⑥ 언론기관의 주소와 전화번호를 파악하고 언론기자의 명단을 보유

⑦ 기자의 파견과 출입허가증의 발행절차를 수립하고 후원

⑧ 일일의 정보를 배포할 책임이 있는 경찰관을 지정

우리나라의 경우 경찰청과 지방경찰청에 공보담당부서를 설치하고 있으나 주로 매스미디어를 통한 경찰공공관계 프로그램만을 담당하고 있다고 할 수 있다. 이는 경찰홍보활동이 경찰의 이미지 관리라는 종합적이고 체계적인 접근이라기보다는 정보전달의 측면에 주력하고 있음을 보여 준다. 따라서 상황에 대처하는 수동적인 홍보활동에서 보다 능동적이고 예방적인 홍보활동을 전개하여야 한다.

바람직한 경찰홍보를 위해서는 국민들의 자발적인 협조를 구하기 위해서 경찰의 활동을 국민들에게 적극적으로 알려야 한다. 또한 집회나 시위의 경우 대국민차원의 심리전적 선전활동을 전개할 필요가 있다. 그리고 경찰의 이미지 구축과 개선을 위해 경찰행정에 국민여론을 반영하고 그 결과를 국민에게 다시 전달하는 쌍방적 의사소통이 요청된다. 경찰홍보를 캠페인적인 것으로 이해하기보다는 범죄예방을 위해 정보를 전달하고 주민봉사의 차원에서 효과적으로 대응할 수 있고 지역사회 경찰활동 프로그램을 적극적으로 계획하고 추진할 수 있어야 한다.

제 4 절 경찰에 대한 주민불만의 해소

주민의 불만을 다루는 경찰은 경찰과 지역사회간에 긍정적인 관계를 수립

하고 유지하는데 노력하여야 한다.

경찰기관의 효과성을 측정하는데 사용되는 중요한 요소의 하나는 주민을 다룰 때 어떠한 행동이 적절한 가를 특별히 상세하게 기술하고 있는 법, 행정규칙, 절차 그리고 정책들을 그 기관이 준수하는 가이다.

경찰관의 행동이 적절한 기준에 부합하지 못하고 있는데 대한 주민불만은 미래의 행동을 개선시키지 못할 뿐 아니라 주민의 경찰기관에 대한 신뢰를 회복하지도 못하고 경찰과 지역사회관계를 증진시키지도 못할 것임이 틀림없다.

경찰이 국민들의 지지를 획득하기 위해서는 우선 경찰활동의 공정성과 정당성이 전제되어야 하며 이를 토대로 경찰이 공정하고 정당한 법집행을 하고 있음을 국민에게 알려야 한다. 중요한 것은 국민들 스스로가 경찰의 활동을 공정하다고 인식해야 한다는 것이다.

1. 주민불만의 형태

경찰기관에 대한 주민불만은 잠재적인 형태를 띠고 있는 바 일반적이고 중요한 형태는 다음의 네 가지이다.

(1) 경찰기관에 대한 경찰관의 불만

이것은 보통 부당한 업무집행 또는 경찰기관의 내부정책에 대한 불만이다.

(2) 다른 경찰관에 대한 경찰관의 불만

이것은 보통 내부적인 징계의 경우에 있어서 상관과 부하와의 관계를 포함한다.

(3) 경찰기관에 대한 주민의 불만

이것은 일반적으로 경찰기관이 부당하거나 차별적인 정책을 집행하는 것을 포함하며 흔히 주민들의 집단을 대표하여 그 집단의 대표자에 의해서 제기되고 있다.

(4) 경찰관에 대한 주민의 불만

이것은 직권남용, 차별대우 또는 폭력으로 기소한 경찰관에 대한 주민의 불만을 의미한다.

2. 주민불만의 가치

(1) 경찰－지역사회관계의 증진

경찰기관은 주민들로부터의 불만을 방해하거나 실망시키지 않도록 주의해야 한다. 주민은 불만과정을 통하여 부패와 싸우고 경찰의 폭력성을 제거하며 그리고 결과적으로 경찰과 지역사회관계를 증진시킴으로써 경찰기관을 위하여 가치 있는 지원을 제공할 수 있기 때문이다.

(2) 귀중한 환류장치

주민으로부터의 불만은 매우 귀중한 환류로서 경찰책임자에게 제공될 것이다. 정확성에 관계없이 이러한 주민불만은 실제적이거나 잠재적인 문제에 대한 경찰책임자의 인식을 증대시키고 문제해결기법을 사용하도록 도와주고 그들 기관의 근무성적을 평가하기 위한 또 다른 기초를 제공할 것이다.

(3) 위법행위의 제거

주민으로부터의 불만이 없다면 각종 경찰관 징계행위는 문제가 더욱 악화될 때까지 이루어지지 않거나 지연되고 있다는 것을 의미할 수도 있다. 주민은 이러한 고충처리제도가 영향력을 미치고 있고 그들이 원조할 가치가 있는가를 반드시 확인하게 될 것이다.

만일 주민으로부터의 불만이 위법행위의 증거로서 밝혀지고 그로 인하여 위법행위에 대하여 책임 있는 직원이나 상황이 개선된다면 가장 바람직한 것이라고 할 수 있다.

3. 주민불만의 접수

주민불만을 접수하거나 처리하는데 있어서 지연은 경찰과 지역사회관계 프로그램에 중대한 손실을 끼칠 것이다. 따라서 주민의 불만을 해소하는데 있어서 중요한 단계는 경찰기관에 의한 적절한 불만접수에 달려 있다. 지연과 악화를 최소화시키는 접수절차는 주민의 협력을 가져올 수 있으며 경찰의 위법행위와 비능률성에 대한 모든 행위를 개선하기 위한 그 기관의 의지를 분명히 나타날 수 있다.

1973년 형사사법표준 및 목표에 관한 국가자문위원회의 「경찰에 관한 보고서」은 다음의 절차를 채택하도록 권고했다.[12]

첫째, 불만이 보복이나 괴로움의 걱정을 일으키지 않도록 하여야 한다. 모든 불만은 경찰기관에 의하여 처리되어 진다는 확신을 주어야 한다.

둘째, 모든 경찰기관은 그 불만접수와 조사절차에 대하여 주민에게 알려야 한다.

셋째, 불만을 제기한 모든 사람은 그 처분결과를 통지 받아야 하고 이러한 처분에 관한 개인적인 논의는 장려되어야 한다.

넷째, 경찰기관의 불만의 접수·조사 그리고 해결사항을 기록·보존하여야 한다.

다섯째, 불만처리기록에 근거한 통계자료는 모든 경찰관을 위하여 정기적으로 발표되어야 하고 국민이 이용할 수 있도록 만들어져야 한다.

4. 주민불만의 해소방안

주민불만을 조사하고 해소시키는 방법은 경찰기관마다 다양하다. 최근까지 어떤 경찰기관은 단순히 주민의 불만을 접수하기를 거절하였고 혹은 편견을 가지고 있다거나 가치가 없는 비난이라고 철저하게 기각하였다. 주민들이 먼저

---

12) *Ibid., p.* 477.

이해를 해야 한다는 경찰관들 사이의 인식이 이러한 비타협적인 태도를 형성케 할 수도 있다. 그러나 대부분의 경찰기관은 현재 불만처리절차의 가치를 이해하고 주민의 불만을 해소하기 위한 방법을 발전시키고 있다.

오늘날 경찰기관의 불만의 수용과 해소에 관한 일반적인 인식은 다음의 기본적인 근거를 정당화시키고 있다.

첫째, 경찰관도 인간이다. 따라서 경찰관도 때때로 잘못된 일을 하거나 잘못할 수도 있다.

둘째, 어떤 경찰관들은 그들의 직무에 대하여 적임자가 아니기 때문에 어떤 문제를 일으키기도 전에 변경될 것이다.

셋째, 경찰관은 불법행위에 대한 조사와 징계를 하기에 가장 적합한 사람은 아니다. 그러나 모든 공직자는 그들의 행동에 책임을 져야 하며 그것이 정당화되도록 조사를 받아야 한다.

넷째, 경찰관은 다른 기관에 출두를 강요받고 외부인에게 답변을 강요받기보다는 자신이 속해 있는 경찰기관에 의해 조사 받는 것을 선호한다.

다섯째, 주민의 불만을 경청하는 것이 소수의 경찰관을 화나게 할지도 모르지만 그것은 일반적으로 지역사회를 만족시키도록 봉사하는 것이고 경찰과 지역사회관계의 영역에 이익을 가져오는 것이다.

여섯째, 주민의 불만을 무시하는 것은 오해를 낳게 되고 주민의 동요를 불러일으키게 할 수도 있기 때문에 경찰기관이 너무 많은 비용을 지불하게 될 수 있다.

제 5 절 경찰의 주민의견 수집활동

1. 경찰관서 자체의 주민의견 수집활동

(1) 경찰방문

경찰방문이란 관내의 각 가정, 기업체, 기타 시설을 방문하여 범죄예방, 청소년 선도, 안전사고 방지 등의 지도계몽과 상담 및 연락을 행하고 민원사항을 청취하여 주민의 협력을 얻어 방범의 기초자료를 수집하는 활동을 말한다.

경찰방문은 주민으로부터 방문요청이 있거나 경찰서장, 지구대장이 필요하다고 인정할 때 상대방의 동의를 얻어 할 수 있는 것으로써 주민으로부터 협조, 조언을 받거나 지도, 홍보하는 비권력적 사실행위인 행정지도의 성격을 갖는다. 따라서 경찰방문을 강제하거나 이것을 통해 명령·강제하는 행위는 할 수 없다.

(2) 지역방범세미나 및 공청회

경찰에서는 지역주민의 폭 넓은 의견을 수렴하여 이를 각종 치안시책에 반영하고자 경찰과 시민단체 등 지역주민이 참여하는 '지역방범 세미나'를 개최하고 있다.

지역방범세미나는 지방경찰청 단위로 개최하며 경찰에서는 최근 범죄추세와 방범대책 등에 대해 발표하고 시민단체에서는 최근 사회변화와 경찰의 역할, 청소년 매매춘과 유해업소 단속, 집단따돌림 현상과 예방대책 등 주제를 자율적으로 선정·발표하고 있다.

주제발표 및 토론에는 경찰에서 지방경찰청장 및 차장, 경찰서장, 생활안전과장, 수사(형사)과장 및 계장, 담당직원, 지구대장 등이 참석하였고, 시민대표로는 시민단체, 교수, 변호사 등이 참여하였다.

지역방범세미나는 경찰개혁 추진사항 소개, 주제발표 및 토론 순으로 진행되나 지역마다 특색 있는 다양한 프로그램이 추가되며, 경찰은 세미나에서 제시된 의견을 지역치안시책에 적극 반영하고 있다.

또한 경찰관, 범죄피해자, 중요범인검거 시민, 지역주민 등이 참석하여 범죄피해사례 및 방범에 대한 각종 의견을 개진하고, 경찰에서는 이를 수렴하여 지역치안시책에 반영하는 '방범공청회'를 경찰서별로 연 2회 이상 개최하고 있다.

게다가, 지구대별로 '길거리 공청회'를 개최하여 범죄취약지역을 경찰관이 방문하여, 주민이 모인 곳에서 자연스럽게 대화하며 방범상 문제점을 파악하고 방범요령 유인물을 배포하거나 민원을 청취하여 해결하고 있다.

(3) 경찰관서 홈페이지

현재 경찰청, 지방경찰청, 경찰서가 자체적으로 경찰관서 홈페이지를 운용하고 있다. 특히 '청장 또는 서장과의 대화'란을 통하여 시민들이 직접 경찰관리자에게 의견을 제시할 수 있도록 하고 있으며, '국민참여마당'을 통하여 시민의 자유로운 의견을 모으고 있다. 또한 주민들이 직접 행정정보 공개를 요청하거나 모범선행경찰관을 추천할 수 있도록 하였다.

경찰은 일반인들에 의한 제안과 치안시책에 대한 모니터를 강화하기 위하여 경찰에 관심이 많은 네티즌들 중 공개모집을 통해 '인터넷 명예경찰관'을 선발·위촉하여 사이버공간을 통한 국민 참여를 확대하였다.

그러나 지역주민이 경찰관서 홈페이지에 들어가서 각종 자료를 수집하고, 직접 의견을 제시하는 경우는 여전히 극소수라고 생각되며, 대부분의 지역주민들은 경찰관서의 홈페이지를 제대로 활용하고 있지 못하고 있다.

특히 시민의 의견을 제시할 수 있는 '자유발언대'란을 찾는 것은 일반 지역주민의 입장에서는 쉽지 않다.

또한 지역주민들이 제기한 의견이 얼마나 받아 들여졌는지를 그 결과를 지역주민들에게 알려 주고 있지 않아서 적극적인 참여를 유도하지 못한다고 생각된다.

(4) 각종 여론조사

지난 1999년 12월부터 시작된 경찰개혁 당시에 경찰청에서 경찰개혁에 대한 주민의 의견을 정기적으로 파악한 바 있다. 특히 경찰개혁의 성과를 객관적으로 파악하기 위해 전문조사기관에 의뢰하여 3차에 걸친 대내·외 여론조사 결과를 발표하기도 하였다.

또한 경찰개혁으로 획득한 자신감을 바탕으로 국민들과 경찰관들의 의견수렴을 통해 개혁의 성과를 정확히 파악하고자 2001년 2월, 2001년 8월 2회에 걸쳐 대내·외 여론조사를 실시한 바 있다.

최근에도 지구대 실시에 대한 주민의 의견을 전국적으로 수집하기도 하였지만, 경찰청 및 지방경찰청에서 경찰활동에 대한 주민의견을 파악하기 위한 실시한 설문조사는 수집 및 분석방법이 철저하지 못하고, 일선 경찰관에게 설문지를 할당하여 강제적으로 받도록 하였기 때문에 그 결과에 대한 신뢰성이 매우 부족하다.

(5) 민원담당 경찰관

현재 치안센터나 지구대 사무소에 민원담당관을 배치하여 ① 경찰민원 접수 및 처리, ② 지역주민을 위한 봉사활동, ③ 타기관 협조 및 협력방범활동, ④ 지역 치안모니터링 활동, ⑤ 기타 지구대장이 지정하는 업무 등을 수행하도록 하고 있다.

민원담당관은 업무를 수행함에 있어서 다음 사항에 유의하도록 하고 있다.

첫째, 민원담당관은 경찰을 대표한다는 마음자세를 가지고 적극적으로 지역 경찰활동을 수행하여야 한다.

둘째, 민원담당관은 생활불편, 고충 등에 대한 주민상담을 실시하고 실질적인 도움을 주도록 노력하여야 한다.

셋째, 민원담당관은 경찰업무 전반 및 민・형사상의 지식을 함양하고 각종 행정절차 등을 숙지하여야 한다.

넷째, 민원담당관은 순찰요원 등 타경찰관과 긴밀한 유대를 가지고 협조하여 원활한 지역경찰활동을 도모한다.

2. 경찰협력단체를 통한 주민의견 수집활동

(1) 여성명예파출소장 등

전국적으로 지구대 단위로 여성명예파출소장이 조직되어 있고, 경찰서 단위로 여성명예파출소장 연합회가 있는데, 이들은 독거노인 등 불우노인을 찾아 위문금 및 위문품을 전달하고, 노력 봉사도 함께 실시한다.

또한 이들은 매월 불우아동 일일 어머니 역할, 불우아동돕기 기금마련 재활용품 판매, 중풍・장애환자 목욕・식사돕기 등 주변 사람들이 모르게 봉사활동을 하기도 한다.

전국의 경찰서 및 지방경찰청에서는 이러한 여성명예파출소장과 정기적으로 모임을 개최하고 경찰활동에 대한 이들의 의견을 수렴하고 있다. 여성명예파출소장들은 지역사회 및 경찰활동에 대해 많은 관심이 있기 때문에 경찰이 이들의 봉사활동을 적극적으로 지원해 준다면 경찰-지역사회 관계의 향상에 중요한 역할을 하게 될 것이다.

(2) 여성범죄 치안모니터위원

경찰서 단위로 여성범죄 치안모니터위원을 선정하여 거주지역 인근 집창촌, 유흥업소, 안마시술소, 티켓다방, 퇴폐 이발소·휴게텔 등의 성매매관련 위법사항 및 인권유린사태를 제보하는 등 성매매방지 및 인권침해행위 근절을 위한 홍보 및 점검활동을 하고 있다.

일선 경찰서에는 치안모니터링위원 발대식을 개최하여 치안모니터링제 운영규칙을 배부하고 각종 의견을 교환하고 임원(위원장, 부위원장, 총무)을 선발하고 성매매관련 인권유린사례 및 치안시책 제안 등을 접수하고 향후 운영 및 협조체제 구축 방안 등을 모색하였다.

(3) 경찰서 경찰발전위원회

경찰서 경찰발전위원회는 국민의 참여와 감시를 통한 경찰행정의 발전을 도모하고 국민으로부터 신뢰받는 경찰상을 정립하기 위해 행정발전위원회라는 이름으로 1999년말 발족하여 2006년 말 현재 6,650명이 활동하였다.

<표 10-1> 및 <표 10-2>에서 보는 바와 같이, 경찰서 행정발전위원회는 지역에서 학식과 덕망을 갖춘 교수, 변호사, 시민단체 회원 등 민간인으로 구성되어 있으며 경찰행정발전사항 발굴, 청소년 대상 불법행위 적발·제보·선도,

표 10-1 | 경찰서 경찰발전위원회 구성현황(2006년)

(단위: 명)

계	교수, 교사	변호사	시민, 단체	의사, 약사	전문인	언론인	종교인	자영업	기 타
6,650	166	130	699	624	353	63	54	3,621	940

자료: 경찰청, 경찰백서, 2007, p. 384.

표 10-2 | 경찰서 경찰발전위원회 활동실적 현황(2006년)

회의개최	음주운전 단속		유흥업소 단속		전화응대 점검			주민만족도	
	횟수	참가 인원수	횟수	참가 인원수	점검 횟수	표창	징계	횟수	조사 대상자
1,392	1,269	3,829	442	1,270	562	11	–	56	418

자료: 경찰청, 경찰백서, 2007, p. 384.

경찰관 불법·부조리·불친절행위 시정요구 등 3개 분과위원회(행정, 선도, 청문)로 운영되었으나 2007년 이후 폐지되어 경찰서 경찰발전위원회로 통합되었다.

경찰서 경찰발전위원회의 활동사항으로는 경찰업무 단속현장(음주운전, 유흥업소단속, 각종 캠페인 등)에 참여하여 경찰업무의 투명성을 제고하고 경찰행정 발전을 위한 제언을 하는 등 민·경 친선을 위해 적극적으로 활동하였다.

특히 행정분과위원회는 경찰서 행정업무 발전에 도움이 되는 사항의 발굴·제공업무를 수행하고, 선도분과위원회는 청소년 대상 불법영업, 가혹·착취행위 등 적발·제보 및 선도, 기타 주민의 불편·요망사항, 여론 등 청취·전달 및 지역사회 계도를 담당하고, 청문분과위원회는 경찰관의 불법·부조리·불친절 행위 시정요구를 행한다.

경찰에서는 경찰서 경찰발전위원회를 더욱 활성화하기 위하여 지역 특성에 맞는 다양한 시책을 발굴하고 위원들의 참여의식을 고취하기 위한 사기 진작책을 마련하는 등 민·경 협력치안을 강화하기 위한 방안을 지속적으로 추진하고 있다.

(4) 생활안전협의회

생활안전협의회는 2004년 상반기에 지구대 단위로 설치된 경찰협력단체이다. 과거에는 파출소마다 방범자문위원회 등이 설치되어 있었지만 각종 부조리 문제로 인하여 경찰개혁과정에서 폐지되었는데, 그 결과 일반지역주민의 의견을 경찰이 수집할 수 있는 기회가 줄어드는 문제가 발생하여 생활안전협의회를 다시 구성하게 되었다.

생활안전협의회는 지구대 업무에 도움이 되는 사항의 발굴과 제공, 청소년

선도 및 지역주민의 불편사항과 건의사항을 전달하고 각 지구대와 자율방범대 운영에 대하여 업무협조 혹은 지원활동 등을 행하게 된다.

이러한 생활안전협의회는 관할 지역 내의 시민들이 자율적으로 운영하고 있는 단체로서 매월 정기적으로 지구대 경찰관들과 회의를 갖기도 하고, 지역 치안에 대한 시민의견을 경찰활동에 반영토록 하고, 각종 범죄예방활동을 지원하는 등의 활동을 하고 있다. 생활안전협의회를 구성하고 있는 회원들은 지역사회 내의 변호사, 의사, 교사, 사업가, 회사원 등 다양한 직업을 갖고 있기 때문에 지역주민들의 다양한 의견을 수집하는데 많은 도움이 될 것이다.

참 고 문 헌 (Sources)

국내문헌

김충남 역, 「경찰과 지역사회」, 서울: 여명출판사, 1992.

───, "경찰과 지역사회에 관한 연구," 박사학위논문, 동국대학교대학원, 1989.

이황우, "미국의 지역사회 경찰활동에 관한 연구", 한국공안행정학회보, 제5호, 한국공안행정학회, 1996.

박세정, "학교-경찰 연계 프로그램 도입에 관한 연구," 치안연구소, 1998.

임창호, "한국 지역사회 경찰활동의 활성화 방안에 관한 연구," 석사학위논문, 동국대학교 대학원, 1998.

───, "경찰의 주민의견 수집활동의 활성화 방안," 한국공안행정학회보, 제18호, 한국공안행정학회, 2004.

황석하, "시민운동의 올바른 정립과 치안활동과의 연계 확보방안," 치안연구소, 1997.

최인섭·진수명, "지역사회 범죄예방활동과 민간인 참여," 한국형사정책연구원, 1995.

치안연구소, "경찰홍보전략 개발에 관한 연구," 1997.

국외문헌

Cohn, Alvin W., and Emilio C. Viano, *Police Community Relations: Images, Roles, Realties*, New York: J. B. Lippincott Co., 1979.

Cox, Steven M., and Jack D. Fitzgerald, *Police in Community Relations: Critical Issuses*, 3rd ed., Dubuque, IA: Brown and Benchmark Publishers, 1996.

Earle, Howard H., *Police Community Relations: Crisis in Our time*, Springfield, Ⅲ.: Charles C. Thomas, Publisher, 1980.

International City Managers Association, Police Community Programs, Washington, DC, Management Information Service, Report No. 286, 1967.

Johnson, Thomas A., *The Police and Society*, Englewood Cliffs, New Jersey: Prentice-Hall, 1981.

Koeing, D. J., "The Effect of Crime Victimization and Juridical or Police Contact on Public Attitudes towards the Local Police," *Journal of Police Science and Administration*, Vol. 8, 1980.

National Advisory Commission on Criminal Justice Standards and Goals, *Report on*

Police, 1973.

Peak, Kenneth J., and Ronald W. Glensor, *Community Policing and Problem Solving: Strategies and Practices*, Upper Saddle River, New Jersey: Prentice−Hall, 1996.

Poister, T. H., and J. McDavid, "Victims' Evaluations of Police Performance," *Journal of Criminal Justice*, Vol. 6, 1978.

President's Commission on Law Enforcement and Administration of Justice, *The Challenge of Crime in a Free Society*, Washington, D. C.: U. S. Government Printing Office, 1967.

Radelet, Louis A., and David L. Cater, *The Police and the Community*, 5th ed., New York: Macmillan College Publishing Co., 1994.

Wilson, O. W., and Roy Clinton McLaren, *Police Administration*, 4th ed., New York: McGraw−Hill Book Co., 1977.

지역사회 경찰활동

제1절 지역사회 경찰활동의 의의

1. 지역사회 경찰활동의 개념

(1) 일반적 개념

지역사회 경찰활동(Community Policing)은 하나의 철학이며, 전술이 아니다. 그것은 경찰활동에 대한 사전적이며, 분권화된 접근법이라고 할 수 있다. 지역사회 경찰활동은 범죄와 무질서, 그리고 범죄에 대한 두려움을 줄이고자 고안 되었으며, 또한 지역사회의 명백한 요구와 수요를 충족시키고자 한다. 지역사회 경찰활동은 경찰책임을 전체로 보며, 계속해서 발생하는 문제들을 조사하고, 그 문제들의 근원적인 원인들을 파악하고, 그 문제들의 해결방안들을 마련하고자 한다.

지역사회 경찰활동의 지배적인 주제들은 경찰과 지역사회가 함께 활동하고, 지역사회를 괴롭히는 고유한 문제들에 대한 해결책을 마련하고, 이러한 문제들을 해결하는 프로그램들을 실행하는 것으로 구성되어 있다.[1]

또한 지역사회 경찰활동은 사회의 근본문제를 개선해 가면서 경찰과 시민

---

[1] Willard M. Oliver, *Community Oriented Policing: A Systemic Approach to Policing* (Upper Saddle River, New Jersey: Prentice-Hall, 1998), p. 48.

의 관계를 중요시하는 경찰활동으로서 ① 분권화, ② 시민들과의 적절한 상호교류 및 협력, ③ 제도화된 감독과 업무수행에 필요한 훈련을 통해 시민과의 관계를 재정립하고, ④ 경찰조직 내 상·하 경찰관과의 관계를 재정립하는 것이라고 볼 수 있다.

경찰은 지역사회 경찰활동의 기본적 목표를 단순한 범죄의 사후적 통제로부터 더 나아가 범죄예방, 범죄에 대한 시민의 두려움 감소, 공공서비스 강화를 통한 시민생활의 향상으로 확대하고 있다. 또한 이러한 목표는 경찰만에 의하여 달성될 수 있는 것이 아니라 지역사회 및 다른 기관과의 협력을 통하여 이루어질 수 있다는 데에 근거한다.

이와 같이 범죄의 사후통제에 중점을 둔 '전통적 경찰활동'에 비하여 '지역사회 경찰활동'에서는 사전적인 범죄예방활동과, 지역주민의 안전 및 복지가 강조되며 경찰활동에의 지역주민의 참여가 중시되고 있다.

(2) 골드슈타인

골드슈타인(H. Goldstein)은 일찍이 지역사회 지향적 경찰활동(COP)에서 "경찰은 스스로를 지역사회의 구성원으로 인식하고, 지역사회와 친밀한 관계를 유지하여야 한다. 경찰은 지역주민들과 언제든지 접촉할 수 있어야 한다. 지역주민의 눈에 쉽게 띄어야 하고, 지역주민과 자주 만나 대화를 나누어서 서로의 관심과 지역의 문제를 파악하여야 한다. 이러한 것들은 지역사회와의 신뢰관계를 형성하며, 적극적으로 지역사회의 문제를 파악하여 지역주민과 협력하여 해결하려는 것이다"라고 말했다.

(3) 스 코 간

스코간(Wesley G. Skogan)은 지역사회 경찰활동이 다음의 일반적인 원리들을 따른다고 한다.

첫째, 지역사회 경찰활동은 경찰과 시민 사이의 양방향 의사소통을 촉진하기 위하여 경찰조직을 분권화하고 순찰방향을 재설정한다.

둘째, 지역사회 경찰활동은 광범위한 문제지향적 경찰활동에 초점을 둔다.

셋째, 지역사회 경찰활동은 경찰이 지역문제들이 무엇인지와 그 문제들의 우선사항을 결정할 때에 시민의 요구들을 반영한다.

넷째, 지역사회 경찰활동은 지역사회 조직과 범죄예방 프로그램들을 통하여 지역사회가 스스로 범죄문제들을 해결하도록 돕는다.2)

(4) 개념의 4요소

지역사회 경찰활동이라는 개념은 적어도 4개의 의미를 갖고 있다고 할 수 있는데, 첫째, 지역사회 경찰활동으로 인하여 지역사회가 더욱 단일화되고, 경찰은 지역사회에서 더욱 합법적으로 인정되고, 상호 협동적인 노력을 통하여 범죄와 무질서가 더 잘 통제되고, 전체적인 사회통제가 더욱 엄격하고, 일관되고, 널리 영향을 미치는 '관념적인 신뢰의 체제'라고 할 수 있다.

둘째, '프로그램적'이다. 앨더슨(Alderson)이 지적했던 것처럼 경찰은 경찰전략뿐만 아니라 지역사회 프로그램을 만들어서 새로운 방식으로 정치적 영향력을 행사하게 되었다. 지역사회에 대한 경찰의 친근감을 회복하고, 지역사회의 범죄에 대한 공포를 감소시키고, 경찰의 존재와 접근가능성에 의해서 지역주민을 안심시키려는 목표를 지닌 프로그램을 필요로 한다. 이러한 프로그램은 지역사회의 안전에 대한 경찰과 지역사회 양자의 책임을 강조하고, 다양한 수준에서 지역사회로의 참여 및 다양한 프로그램을 통한 공동의 선을 장려하는 '사전적인 활동'이다.

셋째, '실용적'이다. 그것은 현재의 경찰관행과 상반된다. 웨더릿(Wetheritt)은 영국 지역사회 경찰활동에 대하여 연구한 후에 영국 경찰활동의 관행에서 보여지는 지역사회 경찰활동은 모든 유형의 시민 요구에 대해 신속하고 일관되게 반응하지 않고, 범죄통제에 대한 책임을 다른 데로 돌리려 하지 않고, 범죄에 대한 배타적인 통제를 하지 않는다고 결론지었다. 실용주의적인 경찰은 지역사회 내의 범죄문제에 관하여 의견을 나눌 때에도 시민과의 일방적인 하향식 의사소통을 피한다.

---

2) Wesley G. Skogan, "Community Policing in the United States," in Jean Paul Brodeur (ed.), *Comparisons in Policing: An International Perspective* (Aldershot: Avebury, 1995), p. 87.

넷째, 일련의 '프로그램적 요소와 조직적 구조'이다.3)

2. 지역사회 경찰활동의 특징

(1) 레 이 톤

레이톤(B. N. Leighton)은 '지역사회에 기초한 경찰활동'의 특성을 다음과 같이 제시하고 있다.

① 경찰의 주된 역할은 범죄진압자가 아니라 질서유지자이다.

② 경찰의 법적 권위는 민주주의 제도에 근거한다.

③ 경찰은 공공서비스를 제공하는 조직이다.

④ 범죄문제와 무질서에 대한 주요 접근전략은 사전적 접근방법과 문제해결적 접근방법이다. 이는 개별적 사건의 해결을 통하여 미래의 다른 사건까지 예방하려는 것이다.

⑤ 범죄문제에 대한 주된 정책은 범죄통제전략이 아니라 범죄예방전략, 특히 기회감소전략이다. 따라서 경찰활동은 지역사회의 환경과 요구에 맞도록 융통성을 지니고, 차별화된 사전적이고 적극적인 대응전략을 취한다.

⑥ 경찰활동의 효율성을 평가하는 기준을 새로 세운다. 효율성에 대한 평가는 범죄율 및 검거율 뿐만 아니라 범죄 및 무질서의 해결능력, 공공 서비스에 대한 시민의 만족도 개선, 경찰의 직무만족도의 향상, 지역사회의 문제에 대한 정보수집능력, 범죄에 대한 두려움 감소 등을 포함한다.

⑦ 조직구조에서는 분권화, 개방화, 통합적 구조의 특성을 갖는다. 일선 경찰관에게 좀더 많은 권한과 책임이 부여된다.

⑧ 경찰은 범죄전문가보다는 지역문제를 광범위하게 다룰 수 있는 다양한 경력을 갖고 있는 일반인을 요구한다.

⑨ 지역사회와의 관계에서 지역주민을 고객, 동반자, 참여자로서 인식하여 범죄 및 무질서에 대하여 책임을 공유하며 그러한 문제의 해결에서도 지역사

---

3) Peter K. Manning, "Community Policing," in Roger G. Dunham and Geoffrey P. Alpert (eds.), *Critical Issues in Policing: Contemporary Readings* (Prospect Height, Ⅲ: Waveland Press, Inc., 1989), pp. 422~423.

회와 밀접한 협력관계 속에서 수행한다.

⑩ 지역문제를 해결하기 위하여 다른 기관과의 상호협력을 강화한다. 경찰은 더 이상 고립되고 폐쇄된 기관이 아니라 서로 영향을 주고 받는 개방된 기관으로 인식된다.4)

(2) 국가이웃도보순찰센터

미국의 국가이웃도보순찰센터(National Neighbourhood Foot Patrol Center)는 '지역사회 경찰활동'의 특성을 다음과 같이 정의하고 있다.

① 지역사회 경찰활동은 지역사회의 범죄문제, 범죄에 대한 두려움, 물리적 사회적 무질서 등의 문제들을 경찰과 지역주민이 서로 긴밀히 협력하여 새롭고 효과적인 방법으로 해결할 수 있게 하는 철학이며 전략이다.

② 지역사회 경찰활동은 모든 경찰관들의 적극적 참여를 필요로 한다.

③ 지역사회 경찰활동에는 경찰과 지역사회를 직접적으로 연결시킬 지역사회 경찰활동 담당관(Community Policing Officer: CPO)이 필요하다. 이들은 정해진 담당구역의 주민들과 매일 직접적인 대면 접촉을 하여야 한다.

④ 지역사회 경찰활동 담당관(CPO)은 지역주민과 함께 범죄문제, 범죄에 대한 두려움, 무질서 등의 상황을 파악하고 지역문제의 해결을 위한 방법을 찾아내는 역할을 한다.

⑤ 지역사회 경찰활동은 경찰과 지역주민 간의 상호 신뢰에 입각하여 새로운 관계를 수립한다. 경찰은 주민의 삶을 향상시키는 촉매역할을 하며, 주민도 공공질서유지의 책임을 공유해야 한다.

⑥ 지역사회 경찰활동은 수동적인 사후활동이 아니라 적극적인 사전활동을 특징으로 한다.

⑦ 범죄문제 이외에도 다양한 영역에서 능동적인 공공 서비스를 제공해야 한다.

⑧ 지역사회 경찰활동은 범죄피해에 취약한 청소년, 노인, 극빈자, 소수민족

---

4) B. N. Leighton, "Visions of Community Policing: Rhetoric and reality in Canada," *Canadian Journal of Criminology*, 1991, pp. 485~522.

등을 보호하는데 노력해야 한다.

⑨ 경찰활동기술 및 경찰장비의 혁신을 병행한다.

⑩ 지역사회 경찰활동은 경찰의 내부적 통합에 기초한다. 즉 지역사회에 대한 정보의 제공과 지원, 원활한 의사교환을 통하여 지역문제의 해결에 협력하여야 한다.

⑪ 지역사회 경찰활동은 분권화되고 개별화된 경찰서비스를 지역사회에 제공한다. 경찰기관이 지역사회에 대하여 명령할 수는 없으나 주민들은 경찰을 지역사회의 관심사를 해결하는데 도움이 되는 자원으로 여겨야 한다.[5]

(3) 스콜닉과 베일리

스콜닉(J. H. Skolnick)과 베일리(D. H. Bayley)는 지역사회 경찰활동의 특성을 다음과 같이 지적했다.

첫째, 지역사회에 기초한 범죄예방은 지역사회 경찰활동의 가장 중요하고 궁극적인 목표라고 할 수 있으며, 이웃상호감시 프로그램이 대표적인 것이다. 이는 공공감시, 재물표시, 주택안전 등을 통하여 지역사회에게 범죄예방책임을 부여하고, 이웃 간의 상호작용을 강화하여 지역사회의 비공식적 통제능력을 향상시키고 경찰과의 협력 속에서 친밀한 지역사회 경찰관계를 수립하게 한다.

둘째, 지역사회 경찰활동에서 순찰체계는 기존의 차량순찰체계로부터 도보순찰과 공공서비스 위주 순찰로 전환한다. 도보순찰은 주민들과 친밀하게 접촉할 수 있으며, 경찰의 존재를 인식시키고 원활한 정보의 교환을 가능케 한다.

셋째, 지역주민과 관련된 경찰의 책임을 강화하고, 경찰활동도 법규의 집행에서 지역사회 지향적 활동으로 전환되며, 경찰의 직무 만족도를 높여서 경찰하위문화를 개선하고자 한다.

넷째, 지역사회 경찰활동에서는 경찰활동에 대한 명령체계를 가능한 한 중간관리층으로 분권화하여 지역사회의 실정에 적절한 경찰활동을 할 수 있게 한다.[6]

---

5) Robert C. Trojanowicz, Victor E. Kappeler, Larry K. Gaines, Bonnie Bucqueroux, *Community Policing: A Contemporary Perspective* (Cincinati, Ohio: Anderson Publishing Co., 1998), pp. xi ~ xiii.

(4) 트로쟈노비치

지역사회 경찰활동의 특성을 살펴보는 좋은 방법 중의 하나는 무엇이 지역
사회 경찰활동이 아닌가를 살펴보는 것이다. 지역사회 경찰활동이 아닌 것을
살펴보면 다음과 같다.

① 지역사회 경찰활동은 하나의 전술, 기술, 프로그램이 아니다.

② 지역사회 경찰활동은 공공관계(Public Relations)가 아니다.

③ 지역사회 경찰활동은 지역사회를 괴롭히는 것 이 아니다.

④ 지역사회 경찰활동은 반(反) 기술적인 것이 아니다.

⑤ 지역사회 경찰활동은 범죄에 대하여 경미하게 대처하는 것이 아니다.

⑥ 지역사회 경찰활동은 겉보기에 화려한 것이 아니다.

⑦ 지역사회 경찰활동은 온정적인 것이 아니다.

⑧ 지역사회 경찰활동은 가식적인 것이 아니다.

⑨ 지역사회 경찰활동은 위에서 아래로의 접근이 아니다.

⑩ 지역사회 경찰활동은 사회사업(Social Work)이 아니다.

⑪ 지역사회 경찰활동은 단지 결과를 추구하는 것이 아니다.

⑫ 지역사회 경찰활동은 엘리트주의를 추구하지 않는다.

⑬ 지역사회 경찰활동은 특정 사회적 계급을 대상으로 하는 것이 아니다.

⑭ 지역사회 경찰활동은 완전한 것이 아니다.

그림 11-1 지역사회 경찰활동의 특성

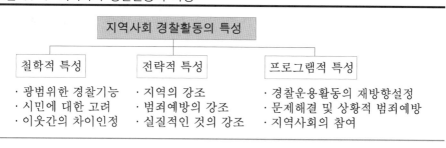

---

6) J. H. Skolnick and D. H. Bayley, *Community Policing: Issues and Practices Around
The World* (Washington, D. C.: National Institute of Justice, 1988).

⑮ 지역사회 경찰활동은 만병통치약이 아니다.

⑯ 지역사회 경찰활동은 일반적인 활동을 위한 용어가 아니다.

⑰ 지역사회 경찰활동은 문제 지향적 경찰활동과 동일한 것이 아니다.[7]

(5) 철학적·전략적·프로그램적 특징

콜드너는 지역사회 경찰활동의 특징을 철학적 특징, 전략적 특징, 프로그램적 특징으로 나누어서 다음과 같이 설명하고 있다.

1) 철학적 특징

콜드너(Cordner)는 지역사회 경찰활동의 철학적 특징으로서 광범위한 경찰기능, 시민에 대한 고려, 이웃간의 차이인정 등을 제시하고 있다.[8]

① 광범위한 경찰기능

지역사회 경찰활동은 경찰관서들이 법집행이나 범죄투쟁이라는 주된 기능으로부터 벗어날 것을 요구한다. 경찰은 두려움 감소와 질서유지를 통합시키는 더욱 광범위한 경찰기능(broad police function)을 수행해야 한다. 사실 두려움 감소와 질서유지는 범죄감소를 대신하여 경찰관서의 주된 목표가 되고 있다.

② 시민에 대한 고려

과거에 경찰은 시민들의 불편사항에 대하여 시민들의 말을 듣기보다는 오히려 경찰의 바램을 시민들에게 알려 주는 데 관심이 있었다. 그러나 지역사회 경찰활동은 경찰이 시민들과 더욱 가까이 활동할 수 있도록 하는 방법들을 이용한다. 경찰과 지역사회의 관계를 향상시키기 위하여 경찰관서들은 범죄문제에 대한 시민들의 의견을 수집하고, 경찰의 효과성에 대한 정보를 수집한다.

③ 이웃간의 차이 인정

전문화된 경찰활동은 경찰의 모든 상황과 이웃에 대하여 같은 방법을 이용하고, 경찰은 완전하고 동일한 법집행을 수행하도록 요구된다. 그러나 지역사회 경찰활동의 관할구역은 자신만의 문제점과 기대사항을 갖고 있는 수많은

---

7) Robert C. Trojanowicz, Bonnie Bucqueroux, *Community Policing: How to Get Started*, 2nd ed. (Cincinnati: Anderson Pub Co., 1998), pp. 10~12.

8) G. W. Cordner, "Elements of community policing," in L. Gaines & G. Cordner (eds.), *Policing Perspectives: An Anthology* (Los Angeles: Roxbury Press, 1999).

지역사회와 이웃들로 구성되어 있다고 인식한다. 지역사회 경찰활동은 경찰이 경찰상황을 다루고 법집행을 할 때 '지역사회의 의지'를 따르도록 요구한다. 경찰이 강력범죄에 대응하는 방법에 있어서는 이웃간에 차이가 없다. 그러나 경찰이 사소한 법규위반을 단속하고, 한 이웃에서는 용납될 수 있으나 다른 이웃에서는 용납될 수 없는 행위들을 다룰 때에는 지역사회 각각의 표준을 인식해야 할 것이다.

2) 전략적 특징

경찰은 지역사회 경찰활동의 철학을 실행하기 위한 각종 전략들을 개발해야 한다. 전략적 계획들은 특정한 프로그램들의 개발을 위한 지침을 제공해 준다.

① 지역의 강조

지역의 강조(geographical focus)란 경찰관들이 지역주민, 각종 활동, 그리고 사회적 문제들을 잘 파악할 수 있도록 하기 위하여 영구적으로 어느 한 순찰지역(beat 또는 district)에 배치되는 것을 의미한다.

② 범죄예방의 강조

지역사회 경찰활동은 경찰이 문제들과 상황들에 사후적으로 대응하기보다는 사전적으로 대응할 것을 요구한다. 사전대응의 핵심은 범죄예방이다. 범죄와 무질서를 다룸에 있어서 범죄예방은 법집행보다는 훨씬 더 매력적인 대안이 된다. 왜냐하면 범죄예방은 지역사회 내에서 피해의 수준을 잠재적으로 줄일 수 있기 때문이다.

③ 실질적인 것의 강조

지역사회 경찰활동은 출동요청에 대응하거나 체포·소환과 같은 활동을 하는 것보다는 그 이상을 의미한다. 골드스타인(H. Goldstein)이 지적한 바와 같이 지역사회 경찰활동은 지역사회의 문제들 및 그 부수적인 증상들을 파악하는 복잡한 활동에 참여해야 한다. 경찰은 단지 서비스요청에 대응하는 것보다는 그 이상의 것을 수행해야 한다. 또한 지역사회 경찰활동은 경찰관서가 파악한 지역사회문제들의 범위를 확대해야 한다는 것을 의미한다. 왜냐하면 범죄 및 무질서를 야기하거나 그것들과 관련된 많은 사회적 문제들이 있기 때문이다. 마지막으로 실질적인 것을 강조한다는 것은 경찰이 혼자 활동해서는 안 된다는 것을 의미한다. 경찰은 문제들을 다룸에 있어서 지역사회뿐만 아니라 다른 정부기관 및 사설단체들의 지원을 적극적으로 요구해야 한다. 경찰은 지역사회와 협력관계를 형성해야 한다.

3) 프로그램적 특징

① 경찰운용활동의 재방향 설정

지역사회 경찰활동은 사후대응적인 전략보다는 그 이상의 것을 의미한다. 지역사회 경찰활동은 출동요청이 오기를 기다리는 것이 아니라 지역사회문제·범죄다발지역을 확인하고 문제를 해결하는 것을 의미한다. 경찰운용부서들은 도보순찰·통제순찰·시민조사를 행하고, 난선순찰(random patrol)의 대안을 실시해야 한다. 경찰은 많은 긍정적·부정적 시민접촉을 통하여 강화된 경찰존재를 갖고 있어야 한다. 경찰은 중대한 범죄에 중점을 둘 뿐만 아니라, 또한 증가된 범죄수준을 야기하는 경범죄·무질서·불손행위들에 대해서도 관심을 가져야 한다. 질서유지 및 서비스의 제공은 더욱 중요해지고 있다.

② 문제해결 및 상황적 범죄예방

지역사회 경찰활동에 있어서 두 가지 주된 전술들은 문제해결(problem solving)과 상황적 범죄예방(situational prevention)이다. 문제해결은 다음의 4단계 과정으로 구성되어 있다.9)

㉠ 문제의 분명한 인식

㉡ 문제 및 그 특징의 주의깊은 분석

㉢ 가능한 해결방법의 확인

㉣ 해결방법의 수행 및 해결의 효과성을 측정하기 위한 사후평가

문제해결의 한 유형인 상황적 범죄예방은 ① 특정한 범죄형태에 대한, ② 그러한 범죄환경의 관리 또는 처리와 관련된, ③ 범죄를 범하기 위하여 범죄자가 행하는 노력의 양을 증가시키고, 체포의 위험을 높이며, 잠재적 범죄자가 인식하는 보상을 감소시키기 위하여 범죄기회를 감소시키는 것들로 구성되어 있다.10)

---

9) J. Eck & W. Spellman, "Who ya Gonna Call? The Police as Problem Solvers," *Crime and Delinquency*, Vol. 33, No. 1, pp. 31~52.

10) R. V. Clarke, *Situational Crime Prevention: Successful Case Studies* (New York:

범죄를 범하는 어려움을 증가시키거나 체포의 가능성을 증가시키는 것은 범죄의 감소를 가져온다. 그러므로 범죄예방은 범죄감소를 위한 중요한 역할을 수행하고 있다.

③ 지역사회의 참여

지역사회 경찰활동은 지역사회가 그 자신을 보호하는 데 참여할 것을 요구한다. 시민들은 범죄 및 무질서가 경찰 및 정부만의 배타적인 영역은 아니라는 것을 인식해야 한다. 시민들은 그들 자신의 지역 내에서 경찰을 도와 줄 책임을 갖고 있다. 운용적인 수준에서 시민들은 다양한 방법에 참여할 수 있다.

3. 구별개념

(1) 전통적 경찰활동과의 차이점

전통적 경찰활동(Traditional Policing)은 범죄와의 투쟁에서 효과적일 것이라고 생각해서 경찰관서에 의하여 수년 동안에 걸쳐 발전되어 온 일련의 원리이다. 복잡하지 않은 사회에서는 이러한 기법은 질서를 유지하는데 충분했다고 볼 수 있다. 전통적 경찰활동은 1930년대에 출현하여 지역사회 경찰활동으로 대체되기 시작할 때인 1970년대까지 지속되어 왔다. 불행하게도 많은 경찰기관에서 아직도 전통적인 방법들을 사용하고 있다.[11]

지역사회 경찰활동 옹호자들은 전통적 경찰은 단지 사건이 발생한 후에 서비스 요청에 대응한다고 주장한다. 전통적 경찰활동에서 경찰대응은 성격상 사전적(Proactive), 예방적(Preventive)이기 보다는, 오히려 반응적(Reactive)이고 사건지향적(Incident Driven)이다.

전통적 경찰활동의 특징을 보면 다음과 같다.

첫째, 전통적 경찰활동에서 경찰은 서비스요청에 사후적으로 대응한다. 경찰기관들은 범죄피해자나 다른 경찰관들로부터의 지원요청에 대응할 뿐이다.

둘째, 경찰기관은 지역사회로부터 정보나 투입을 거의 받지 못한다. 정보수

Harrow and Heston, 1992).

11) 이기헌·임영철·기광도, "미국경찰의 범죄예방활동에 관한 연구," 한국형사정책연구원, 1995, pp. 55~56.

집의 노력은 내부에 초점을 둔다. 경찰기관은 경찰관들에 의해 수집된 기록이
나 통계에 의존한다. 경찰기관은 이러한 기록들이나 정보로부터 경찰임무가 성
공적으로 수행되었는지를 결정한다.

셋째, 전통적 경찰활동은 매우 좁은 기획의 범위를 갖고 있다. 그 기획은 내

표 11-1 | 전통적 경찰활동 대 지역사회 경찰활동

질 문	대 답	
	전통적 경찰활동	지역사회 경찰활동
경찰은 누구인가?	법집행에 대해 주로 책임을 지고 있는 정부기관	경찰이 시민이고 시민이 곧 경찰. 경찰은 모든 시민의 활동에 대해 항상 관심을 제공하기 위하여 급료를 받는 사람
경찰과 다른 공공기관의 관계는 어떠한가?	우선사항이 종종 갈등을 일으킨다.	경찰은 삶의 질을 향상시키는데 책임이 있는 여러 부서 중 하나이다.
경찰의 역할은 무엇인가?	범죄진압에 중점	광범위한 문제해결에 중점
경찰능률성 측정방법은?	체포율	범죄와 무질서의 부재
최고의 우선사항은 무엇인가?	폭력과 관련이 있는 범죄	지역사회를 매우 괴롭히는 모든 문제
경찰이 특별히 다루는 것은?	사건	시민의 문제와 관심사
경찰효과성을 결정하는 것은?	출동시간	시민의 협조
경찰은 서비스 요청에 대해서 무슨 견해를 취하는가?	경찰이 해야 할 업무가 없을 때만 취급	중요한 기능이며 훌륭한 기회
경찰전문성은 무엇인가?	중요범죄에 신속하고 효과적으로 대응	지역사회와 긴밀한 관계유지
가장 중요한 정보는?	범죄 정보	범죄자 정보
경찰책임의 본질적인 성격은 무엇인가?	중앙집권성을 강조	지역사회의 욕구에 대한 지방의 책임을 강조
경찰본부의 역할은 무엇인가?	필요한 규율과 정책 제공	조직의 가치를 설명
공보부서의 역할은 무엇인가?	업무수행을 위해 현장운용 경찰관과 떨어져 비밀 유지	지역사회와 필수적인 의사소통 채널을 조정
기소를 무엇으로 여기는가?	중요한 목표로	많은 법집행수단 중 하나로

자료: Edward A. Thibault, Lawrence M. Lynch, R. Bruce Mcbride, Proactive Police Management,
New Jersey: Prentice-Hall, 1998, pp. 202~203.

부 정책·통계·규칙·법규, 그리고 절차에 중점을 두고 있다.

넷째, 경찰기관은 서비스 정신 대신에 남자다움이나 모험심에 기초를 두어 신임경찰관들을 선발하고 훈련시킨다.

다섯째, 순찰경찰관들은 어떤 독창성을 발휘하기보다는 경찰서의 표준운용 절차(SOP)를 따르도록 기대된다.

여섯째, 비록 경찰관들이 법집행활동에 대해서 20% 미만의 시간을 사용한 다할 지라도 경찰교육훈련은 여전히 체포·수색, 그리고 자기방어와 같은 것들 에 중점을 둔다.

일곱째, 관리방식은 형식적인 명령체계를 갖고 있는 준군대적인 형태이다.

여덟째, 보상 및 인정은 지역사회에 대한 서비스보다는 오히려 영웅적 행동 에 기초를 두고 있다.

아홉째, 경찰서의 효과성은 "작년에 비해 올해 얼마나 많은 체포와 유죄판 결이 이루어졌는가"라는 통계에 의해서 결정된다. FBI의 Uniform Crime Report에서 얻어진 범죄 및 범죄해결율이 경찰관 증원을 정당화시켜 준다.

열째, 경찰서와 지역사회와의 상호작용은 거의 없다.[12]

전통적 경찰활동과 지역사회 경찰활동의 차이점을 살펴보면 <표 11-1>과 같다.

(2) 경찰-지역사회관계(PCR)와의 차이점

경찰-지역사회관계 프로그램은 1960년대 중반 이후에 국가 전체적으로 폭 동과 파괴, 경찰과 소수민족 간의 관계가 급속도로 악화됨에 따라 경찰의 효율 성에 관한 의문이 제기되면서 활발히 논의되었다. 경찰-지역사회관계란 문자 그대로 경찰관과 지역사회와의 관계이다. 여기에는 주민·소수민족·대중 그 리고 대중매체와의 관계가 포함된다. 이와 같은 관계는 나쁠 수도 있고 무관심 하거나 또는 좋을 수도 있는데 이것은 전적으로 개인 또는 집단으로서의 경찰 관 개인의 태도와 행동에 달려있다.

---

12) Harvey Wallace, Cliff Roberson, Craig Steckler, *Fundamentals of Police Admini-stration* (Englewood Cliffs, New Jersey: Prentice-Hall, 1995), pp. 275~276.

이러한 경찰-지역사회관계와 지역사회 경찰활동은 몇몇 공통적 요소, 예컨대 상설상가출장소(Storefronts), 소규모 경찰서(Mini Stations), 시민집단강연(Civic Group Speeches), 학교방문(School Visits) 등을 갖고 있음에도 불구하고 지역사회 경찰활동과 경찰-지역사회관계는 실제로 매우 다르다.

지역사회 경찰활동(Community Policing)은 지역사회 지향적인 경찰행정을 통해 사회의 근본문제를 개선해 가면서 경찰과 지역주민의 관계를 중요시하는 경찰활동이다. 반면에, 경찰-지역사회관계(Police Community Relation)는 경찰과 지역주민 사이에 좋은 관계를 유지하고 경찰활동을 널리 지역주민에게 이해시키고, 또한 범죄예방활동에 지역주민을 적극적으로 참여시켜 협력해 주도록 하는 경찰활동을 말한다.

경찰-지역사회관계의 독창성은 시민경찰학교와 유사한 프로그램 즉, 본질적으로 경찰조직에 보충적이며 일시적·부가적인 프로그램이다. 이 프로그램들은 기본적인 경찰서비스들을 전달하는 방법을 전환하기보다는, 지역주민들에게 경찰을 우호적으로 만들며 전통적인 경찰기능의 효과성을 증진시키기 위해 고안 되어졌다. 그리고 중요한 것은 이 프로그램들은 기본적인 경찰서비스를 전달하는 데에 어떤 중요한 변화를 수반하지 않는다는 것이다.

반면에 지역사회 경찰활동은 경찰활동의 철학과 운영에 있어서 완전한 변화를 나타낸다. 지역사회 경찰활동은 분권화, 시민과의 정보교류 및 협력, 제도화된 감독과 업무수행 훈련 등을 통해 시민과의 관계를 재정립하며 경찰조직 내 상하관계를 재정립하는 것이다. 즉, 이것은 분권화된 접근방법으로 범죄와 무질서에 대한 두려움을 감소시키기 위해 지역담당 경찰관(CPO)을 특정지역에 배치시켜 그 지역의 봉사자로서 시민들의 욕구를 충족시키고 시민들과 함께 범죄유발 원인을 미리 파악하여 근본적인 문제해결을 중시하는 경찰활동이다.

경찰-지역사회관계의 성공은 전통적 수단, 범죄율, 경찰에 대한 시민의 만족에 의해 결정되며, 반면에 지역사회 경찰활동의 성공은 범죄, 무질서, 범죄에 대한 시민의 두려움에 의해서 결정된다.

지역사회 경찰활동과 경찰-지역사회관계의 차이점을 살펴 보면 <표 11-2>와 같다.

표 11-2 | 지역사회 경찰활동과 경찰-지역사회관계의 차이점

지역사회 경찰활동	경찰-지역사회관계
목표는 문제를 해결하는 것이다.	목표는 태도를 변화시키고, 긍정적인 이미지를 표현하는 것이다.
계선경찰관들은 정규적으로 시민들과 접촉한다.	참모들이 비정규적으로 시민들과 접촉한다.
시민들은 문제를 규명하고, 경찰현안들을 설정하는데 참여한다.	우수한 위원회들이 문제의 원인들을 규명한다.
실질적인 조직변화가 발생한다. (선발, 훈련, 평가)	조직은 변하지 않고, 몇몇 새로운 프로그램들이 추가된다.
경찰서 전체가 철학을 받아들일 것을 요구한다.	단지 경찰-지역사회관계 부서에서만 받아들인다.
영향력은 밑에서부터 위로 간다.	영향력은 위에서 아래로, 전문가들이 결정한다.
경찰관들은 분권화된 부서에서 항상 접근될 수 있다.	중앙의 본부를 통해서 간헐적으로 접근한다.
경찰관들은 문제해결에 대한 시민참여를 장려한다.	시민들은 자원봉사에 참여하도록, 또한 더 많은 정부서비스를 요청하도록 요구된다.
성공은 향상된 삶의 질에 의하여 결정된다.	성공은 범죄율 및 다른 전통적 측정수단들에 의하여 결정된다.

자료: Steven M. Cox, Jack D. Fitzgerald, Police In Community Relations: Critical Issues, Madison Dubque, IA: Brown Benchmark Publishers, 1996, p. 124

(3) 합동경찰활동과의 차이점

1960년대 중반 이후 도시 폭동이 발생한 후에, 경찰과 지역사회의 관계는 경찰의 준군대적 구조와 지역사회의 요구에 대한 경찰의 적절치 못한 대응 때문에 비난을 받아 왔다. 그로 인해 지역사회의 다양한 욕구에 부응할 수 있는 다른 유형의 경찰조직이 필요하다는 것을 인식하게 되었다. 그 결과 1970년 대 초기에 합동경찰활동(Team Policing)이 등장하였다.

미국의 합동경찰활동은 영국에 의해 많은 영향을 받았다. 특히 제2차 세계 대전 직후 1940년대 말 스코틀랜드에서 발생한 Aberdeen제도와 1966년에 영국 코벤트리 카운티(Coventry County)에서 개발된 Unit Beat경찰활동에 근거를 두고 있다. 합동경찰활동은 1968년 시라규스(Syracuse)경찰서에 의해 처음으로

행해졌다. 1974년경에는 전국 60개 경찰서들이 다양한 합동경찰활동을 시도하고 있었다. 이웃합동경찰활동부서들(Neighbourhood Team Policing Units)이 종종 특별연방자금을 받으며 조직되었다. 그 부서들은 경찰과 소수민족 사이의 공공관계를 회복시키고자 했으나, 1970년대 말경 해체되었다.

합동경찰활동은 경찰서를 재조직하고 경찰의 대 지역사회관계를 개선하며 경찰관의 사기를 진작하고 경찰조직 내의 변화를 촉진하려는 시도였다. 합동경찰활동은 효율성을 위한 경찰 집권화의 필요성과 지역주민을 위한 경찰 분권화의 필요성 양자의 균형을 맞추기 위한 시도라고 할 수 있다.

합동경찰활동의 핵심요소는 분권화와 지역중심의 경찰서비스 전달이며, 합동경찰활동에서 경찰관은 20명 내지 30명으로 구성된 팀으로 조직되어 특정지역을 영구적으로 할당받고, 그 지역 내에서의 모든 경찰서비스전달에 대해 책임을 진다. 지역문제들의 확인과 그 해결전략들의 개발은 그 팀에게 전적으로 맡겨져 있다. 팀 내부의 임무, 계획작성, 그리고 경찰서비스에 대한 권한은 팀 리더들에게 부여되었다.

셔먼(Sherman)과 그의 동료들에 따르면, 이론적으로 합동경찰활동은 지역사회에 대한 경찰서비스를 향상시키고 경찰관들의 직무 만족도를 향상시키려는 목적으로, 한 개 이상의 준자율적인 팀을 갖고서 순찰활동을 재조직하고자 하는 것이라고 한다.

일반적으로 합동경찰활동은 팀 내에 집행활동에 책임이 있는 경찰관들을 리더(경사나 경위)와 결합시키는 것을 말한다. 팀에 속한 각 경찰관은 순찰·교통·수사기능을 수행할 기회를 갖고 있으며, 적당한 곳에서는 마약과 비행 그리고 청소년 통제와 같이 전문화된 기능도 수행할 기회들을 갖게 된다.[13]

합동경찰활동(Team Policing)은 미국과 영국의 전통적 경찰활동의 방법을 바꾸어 놓은 가장 역동적인 실험들 중의 하나이다. 합동경찰활동은 다양한 부서의 경찰관들이 우수한 경찰 서비스를 제공함에 있어서 함께 참여할 수 있게 해 주는 하나의 혁신적 경찰활동이었다고 볼 수 있다.

합동경찰활동은 세 가지 공통적인 운영요소들을 수행하고자 시도했다.

---

13) Charles R. Swanson, Leonard Territo, Robert W. Taylor, *op. cit.,* p. 14.

　첫째, 순찰의 지리적 안정성 즉, 작은 지역에 경찰 팀들을 영구적으로 배치한다.

　둘째, 일주일에 7일, 24시간 동안, 한 지역에 배치된 모든 경찰관들 사이의 밀접한 의사소통을 포함해서, 팀원들 사이에 최대한의 상호작용을 한다.

　셋째, 팀원들과 지역사회 사이에 최대한의 의사소통을 한다.

　많은 경찰서들은 합동경찰활동을 실험했다. 그리고 그 결과는 가지 각색이었다. 오하오주 데이톤(Dayton)과 매사추세츠주 홀요크(Holyoke)에서 합동경찰활동 프로그램은 실패했다. 뉴욕시에서 경찰관들은 계속해서 전통적 방법으로 경찰활동을 수행했다. 그리고 경찰관의 낮은 사기는 그 프로그램을 서서히 약화시켰다. 그것은 데이톤에서 유사한 문제를 일으켰다. 한편, 샌디에고(San Diego)에서는 경찰관들의 역할을 재정의하고 업무부담량(work load) 관리를 향상시키는데 성공적이었다고 보고했다. 그리고 뉴욕주 로체스터에서 나온 자료들은 범죄통제와 수사 효과성에서의 향상을 보여 주었다. 게다가, 뉴욕주 알바니(Albany) 그리고 로스앤젤레스(Los Angeles)의 경찰은 경찰에 관한 지역사회의 태도들을 향상시키는데 있어서 합동경찰활동이 제한적으로 성공이었음을 보여주었다.

　와이코프(Wycoff)와 케링(Kelling)은 합동경찰활동의 실패는 철학이나 생각보다는 변화의 수행과정에서 생겼다고 한다. 그들은 수행과정 동안의 몇몇 문제점들을 지적한다.[14]

　첫째, 조직의 모든 계층에 있어서 변화과정에 대한 기획과 이해가 결여되었다. 합동경찰활동이 일반순찰활동과 어떻게 다른지에 대한 분명한 정의가 없었다.

　둘째, 조직의 상층부나 외부의 의견들이 강요되었고, 종종 하위계층으로부터도 지지를 받지 못했다.

　셋째, 성공에 대해 비판적이었던 중간관리자들과 감독관들이 불만을 갖게 되었다. 그들은 기획과정에서 배제되었으며 또한 새로운 노력들이 요구하는 변

---

14) Roy R. Roberg, Jack Kuykendall, *Police & Society* (Belmont, California: Wadsworth Publishing Company, 1993), p. 109.

화된 역할을 행할 준비가 되어 있지 못했다. 합동경찰활동의 몇몇 시도들의 실패를 분석해 볼 때 반복된 원인은 중간관리자들의 저항이었다. 합동경찰활동은 전문화를 감소시키고 조직 내의 계층 수를 감소시켰기 때문에 그들의 중요성이 약화되기 때문이다.

넷째, 새로운 프로그램을 지지하기 위해서 필요로 되는 조직과정이나 구조에 있어서 변화가 없었다.

다섯째, 새로운 프로그램을 지지해 주는 전체적인 조직철학이 존재하지 않았다.

여섯째, 전반적인 노력이 너무 빨랐다. 많은 실험들이 충분치 못한 기획과 성급한 추진으로 인해 실패했다. 대부분의 실험이 충분히 기획되지 못했으며 또한 너무 성급하게 추진되어 순찰경찰관들은 그들이 무엇을 하기로 되어있는지를 정확히 알지 못하는 결과가 발생했다.

합동경찰활동은 당시의 지배적인 개혁시도였으나 그 실패의 원인은 개념 자체보다는 조직의 혁신을 이루고자 하는 노력이 없었기 때문이다. 이때 얻은 교훈이 지역사회 경찰활동의 중요한 등장배경이 되었다. 합동경찰활동에 관한 실험들은 주로 적당한 기획과 훈련의 부족 때문에 실패했을 지라도 매우 집권적·권위적인 구조에서 분권적·민주적인 구조로 전환하는데 있어서 많은 기여를 했다고 볼 수 있다. 더 잘 교육받은 경찰관들을 보유하고, 명령계통 전체에 걸친 더욱 계몽된 관리를 했다면 합동경찰활동은 성공적이었을지도 모른다. 그런 한계에도 불구하고 합동경찰활동은 지역사회 경찰활동 개념의 기초를 확립했다.15)

제 2 절 지역사회 경찰활동의 가치 및 한계

현대사회는 '치안수요의 폭발시대'로 불릴 만큼 각종 범죄는 양적·질적으

---

15) 임창호, "한국 지역사회 경찰활동의 활성화방안에 관한 연구," 석사학위논문, 동국대학교 대학원, 1998, p. 37.

로 증가하고 있으나 이에 대처하는 경찰조직은 상대적으로 인적·물적 자원의 부족으로 인해 범죄를 진압하고 궁극적으로 주민의 생명과 재산을 보호하기에는 한계가 있다는 것이 일반적인 견해이다. 경찰활동의 이러한 한계를 극복하고 보완하기 위해 주민과의 협력, 즉 경찰과 주민의 동반자적 역할이 강조되는 새로운 치안철학으로 대두된 것이 지역사회 경찰활동이며 이는 오늘날 세계적인 경찰활동의 추세라고 할 수 있다.

1960년대 후반 미국의 경찰지도자, 정부 관리, 그리고 학계와 사회에서는 경찰이 가장 효과적인 방법으로 임무를 수행하고 있는지에 대하여 관심을 가지기 시작했다. 그래서 난선차량순찰, 긴급대응전략, 일상적 범죄수사, 그리고 전통적 범죄분석의 효과성에 대하여 논의했다.

사회불안, 적법절차의 요구, 각종 연구 및 실험들은 전통적인 경찰운용방법들의 효과성을 의심스럽게 만들었다. 제한된 경찰력과 자원들에 직면하면서 계속 증가하는 서비스 요구에 대응해야 하는 몇몇 경찰간부들은 1980년대에 관료적 범죄통제방식의 사후대응적 운용전략으로부터 사전적 범죄예방·문제해결, 지역사회 참여를 지지하도록 만들었다. 이러한 노력들은 지역사회 경찰활동이라고 불리워지는 새로운 개혁을 만들었다.[16]

지역사회 경찰활동은 여러 연구 및 사회발전과정 속에서 출현하여 여러 경로를 거쳐 경찰관련 문헌과 많은 경찰기관의 현장실험 속에서 그 개념이 정확히 드러나게 되었다. 경찰간부연구포럼(Police Executive Research Forum: PERF)은 지역사회 경찰활동이 이론과 실제에 있어서 지난 10년 동안 경찰활동에 있어서 가장 빠르게 성장한 경찰활동이라고 결론짓고 있다.[17]

(1) 가 치

1) 지역사회의 이익

지역사회 경찰활동을 통하여 범죄예방에 관해 지역주민들에게 알려 주는

---

16) James J. Fyfe, Jack R. Greene, William F. Walsh, O. W. Wilson, Roy Clinton McLaren, *Police Administration,* 5th ed. (New York: The McGraw-Hill Companies, Inc., 1997), p. 20.

17) 이황우, "미국의 지역사회 경찰활동에 관한 연구," 「한국공안행정학회보」, 제5호, 한국공안행정학회, 1996, p. 101.

경찰신문의 배포, 특별한 계획(청소 캠페인, 재산등록, 아이들을 위한 안전한 집)을 발전시키기 위한 지역사회조직과 경찰이 자기 자신들의 거주자와 상인들에게 소개하고, 시민들이 경찰의 관심을 바라는 문제들을 가지고 있는가를 질문하면서 집마다 방문하는 시민접촉 프로그램과 순찰경찰관들이 사건의 정황에 대해서 희생자들에게 알려 주기 위해서 전화를 하고 도움이 필요한가를 물어 보고, 범죄예방정보를 제공하고 희생자들이 추가정보를 제공할 수 있는가를 물어 보는 피해자 재접촉 프로그램, 그 지역에 다양한 서비스를 제공하는 경찰 지역사회 파출소, 증가된 도보순찰, 증가된 법집행 강화, 그리고 지역의 물리적인 타락을 되돌리기 위한 프로그램들을 시행하였다.

이러한 프로그램들은 지역사회 인식된 사회 무질서에 대한 두려움을 감소시키고, 개인의 희생에 대한 두려움을 줄이며, 재산과 관련된 범죄에 관한 걱정을 줄이고, 경찰에 대한 평가를 개선하며, 지역에 대한 만족을 증가시킨다.[18]

2) 경찰조직과 경찰관들의 이익

스콜닉과 베일리는 경찰조직과 경찰관들에게 지역사회 경찰활동이 가져다 주는 일곱 가지 이익을 다음과 같이 제시하였다.[19]

① 정치적인 이익

정치적으로 지역사회 경찰활동은 경찰이 패할 수 없는 게임이다. 만일 지역사회의 참여를 통한 공동생산이 낮은 범죄율과 높은 체포율을 가져 온다면 경찰은 변화에 대해 신용을 얻을 수 있다.

② 국민의 지지

지역사회 경찰활동은 경찰활동에 대한 시민의 지지를 얻기 위한 많은 기회를 제공한다.

③ 합의의 구축

지역사회 경찰활동은 법과 무력의 적절한 사용에 관해 경찰과 대중 사이의 합의를 발전시키기 위한 수단이다. 지역사회 경찰활동은 경찰활동에 대한 지지

---

18) M. A. Wycoff, "The Benefits of Community Policing: Evidence and Conjecture," in J. R. Green & S. D. Mastrofski (ed.), *Community Policing: Rhetoric or Reality* (New York: Praeger, 1988).

19) J. Skolnick, D. Bayley, *op. cit.*, pp. 71~73.

와 이해를 얻을 수 있는 매개체이다. 지역사회와의 접촉을 통해서 경찰은 자신들의 행동에 관한 지역의 기준과 업무수행에 관한 받아들일 수 있는 수준에 동화될 수 있다.

④ 경찰사기의 증진

지역사회 경찰활동은 경찰의 존재와 활동을 환영하는 지역사회의 지지자들과 함께 그들이 가지고 있는 긍정적인 접촉을 증가시키기 때문에 관련이 있는 경찰관의 사기를 증진시킨다.

⑤ 경찰업무에의 만족

효과적인 지역사회 경찰활동은 하위직 경찰관들이 더욱 많은 주도권과 책임을 갖기 때문에 경찰이란 직업을 더욱더 도전적으로 만든다.

⑥ 전문적인 능력

지역사회 경찰활동은 요구되는 기술의 범위를 확대함으로써 경찰의 전문적인 능력을 증가시킨다.

⑦ 경력개발

지역사회 경찰활동은 전통적인 모델을 포함하고 확장하기 때문에 직원들이 더 가치를 가질 수 있는 많은 업무들을 제공한다.

(2) 한 계

1) 책임전가

범죄를 예방하고 공공의 안녕과 질서를 유지해야 하는 경찰의 책임을 지역주민들에게 전가시킬 수 있다.

2) 민경유착

경찰과 주민의 유착으로 양쪽이 다같이 부패에 빠지게 될 가능성이 있다.

3) 정치권과의 결탁

협력관계가 지나쳐서 경찰의 정치적 중립성이 훼손될 가능성을 우려하는 시각도 있다. 경찰이 문제해결을 위해 정치인들의 도움을 받는 경우가 잦아지면 자연히 경찰이 정치인들의 요구를 외면할 수 없게 된다.

4) 사생활의 침해

문제해결을 위한 경찰직무 및 재량권의 확대는 필연적으로 주민의 사생활에 대한 간섭을 동반한다. 범죄수사 혹은 피해방지를 위해 불가피한 경우는 예외로 치더라도 주민의 애로사항을 파악하는 행위 자체는 사생활에 대한 간섭일 수 있다.

5) 경찰불신의 가중

지역사회 경찰활동에서는 경찰관 개개인이 팔방미인의 역할을 수행하도록 요구된다. 성실한 복무는 기본이고 예리한 통찰력과 정확한 판단력으로 신고처리 및 문제해결에 주력하여 지역사회의 일원으로 동화되어야만 지역사회 경찰활동이 성공할 수 있으므로, 지역사회 경찰활동을 수행하면서 종전의 기본적 역할마저 소홀해진다면 오히려 경찰에 대한 주민의 불신을 가중시킬 수 있다.

6) 경찰의 정치집단화

경찰관 개개인이 폭넓은 재량권을 가지고 문제해결사의 역할을 수행하다 보면 경찰조직이 정치집단으로 변모할 수 있다. 실제로 경찰관들이 주민들의 문제를 제대로 해결해 주려면 이해당사자간의 분쟁을 조정하고 각급 관공서에 협조를 구해야 하는 상황이 자주 발생할 것이다.

'지역사회 경찰활동'이라는 용어 뒤에는 적어도 10개의 가정이 있다. 이러한 가정들은 묵시적인 동의이며, 정책의 정치적 목적을 반영해 주며, 사회의 성격, 사회적 관계, 계급제도 및 권한으로부터 나오고, 국가권한의 표현인 경찰활동의 성격으로부터 도출된다. 이러한 가정은 정치적 맥락에서 나온다.[20]

첫째, 사람들은 정규적으로 또는 우연히 주거지역과 상업지역에서 경찰관들을 보기를 원한다.

둘째, 사람들은 더 많은 경찰을 보면 볼수록 그들은 더 많이 경찰활동에 만족해 할 것이다.

셋째, 사람들은 더 많은 경찰을 보면 볼수록 그들은 더 안전하게 느낄 것이다.

넷째, 사람들은 경찰과의 개인적인 접촉을 갈망한다.

---

20) Peter K. Manning, *op. cit.*, pp. 423~425.

다섯째, 사람들은 무질서보다는 범죄에 관해 더 많은 관심이 있다.

여섯째, 일치하게 표현되는 동질적인 한 개의 일반대중, 한 개의 일반대중 감정, 그리고 공동 이익이 있다.

일곱째, 사람들은 현재의 경찰활동에 불만족스럽다.

여덟째, 과거의 경찰활동은 실패한 것으로 보여진다.

아홉째, 여론 조사에서 측정된 시민의 만족도는 여론의 유효한 지표가 된다.

열째, 경찰은 적극적인 수단에 의하여 지역사회의 공동이익을 방어하고, 명확히 하고 확장시키고 형성하는데 책임이 있다.

그리고 지역사회 경찰활동은 위에서 제시한 주민들의 욕구를 가장 잘 충족시키고 있다.

제 3 절 지역사회 경찰활동의 프로그램

지역사회 경찰활동을 실제로 수행하기 위해서 이론들을 실행 가능한 프로그램들로 바꿀 수 있는 방법이 있어야만 한다. 최근 각 지역에서 도입하고 있는 지역사회경찰활동의 구체적 프로그램들은 다음과 같다.

1. 전략 지향적 경찰활동

전략 지향적 경찰활동(Strategic Oriented Policing: SOP)이다. 전략 지향적 경찰활동과 관련하여 경찰은 확인된 문제들에 대해서 경찰자원들을 재분배하고 전통적인 경찰활동 및 절차들을 이용한다. 전략 지향적 경찰활동의 목적은 범죄적 요소나 사회 무질서의 원인을 제거하는 것이고, 지역사회를 교정하는 데 있어서 지역사회에 그 기초를 확립할 기회를 제공해 주는 것이다.[21]

전략적 경찰활동(Strategic Policing)은 하버드 경찰간부회의(Harvard Executive Session on Policing)에 의해 사용된 용어이다. 전략적 경찰활동이란 경

---

21) Willard M. Oliver, *op. cit.*, p. 48.

찰의 전문적인 범죄진압능력을 향상시키는 것을 포함한다. 즉 전략적 경찰활동의 목적은 효과적인 범죄통제이다. 전략적 경찰활동은 향상된 순찰기술 및 함정수사를 활용한다. 전략적 경찰활동은 또한 범죄와의 싸움에 있어서 지역사회 참여의 중요성을 인식하고, 이웃상호감시협회, 재물표시(Marking Property)를 이용하고, 그리고 경찰은 피해방지 방법에 대하여 각종 자문을 한다.22)

전략적 경찰활동은 또한 어떤 지방경찰서의 관할구역을 넘어서 활동하는 직업 범죄자들과 조직범죄들을 목표로 한다. 이러한 유형의 범죄와 싸우기 위해 전략적 경찰활동은 여러 관할을 담당하는 특별수사대(Task Force)와 전문수사반(Specialized Investigative Section)을 이용한다. 전략적 경찰활동은 복잡한 범죄에 대해서는 법집행적 대응을 한다. 전략적 경찰활동은 지역사회 참여가 경찰임무의 중요한 측면이라고 인식한다.

2. 이웃 지향적 경찰활동

이웃 지향적 경찰활동(Neighborhood Oriented Policing: NOP)은 지역사회의 진정한 의미를 파악하기 위해서 경찰과 주민 사이의 의사소통 라인을 개설하는 모든 프로그램을 말한다. 이웃 지향적 경찰활동에는 경찰 청소년 소프트볼 리그, 지역사회 내 소규모 경찰서(Mini Police Stations), 또는 경찰관들이 관할구역 내로 이주하는 것이 포함된다.23)

이웃 지향적 경찰활동은(서비스 요청에 반응하는) 경찰활동의 반응적 기능을 두 개의 다른 측면들(즉, 사전적 및 협력적 순찰기능)과 연결시키려고 시도한다.

'반응적 기능'(Reactive Function)은 경찰기관들이 행할 것으로 시민들이 기대하는 대부분의 것들을 보여주는 계속된 과정이다-서비스 요청에 대응하는 것; 법을 집행하는 것; 범죄자들을 체포하는 것; 교통 소환장을 보내는 것; 임의적인 예방적인 순찰을 수행하는 것이다.

'사전적 기능'(Proactive Function)은 경찰관들이 확인된 범죄문제에 대해서

---

22) Harvey Wallace, Cliff Roberson, Craig Steckler, *op. cit.*, p. 273.
23) Willard M. Oliver, op. cit., pp. 48~49.

조직화된 순찰전략들을 개발하도록 요구한다. 경찰관들은 범죄에 대처해 나갈 새로운 책임을 부여받는다. 대체로, 이러한 새로운 책임은 난선의 이동순찰차량들의 이용을 경시한다. 그 대신에, 무수한 범죄문제들(예를 들면, 일련의 인근 지역에서의 거리강도사건들, 아파트 단지에서의 강간사건들, 또는 청소년 불량집단의 행동에 기인하는 학교캠퍼스에서의 마약판매행위들)에 대한 신속하게 그리고 효과적으로 대응하는 순찰전략들을 개발하는 전문적인 기획을 강조한다. 이러한 유형의 전술적인 대응전략들은 다시 범죄분석부서들로부터의 정확하고도 시기적절한 정보에 의존한다.

'공동생산'(Co Production) 또는 '협력기능'(Coactivity Function)은 좋게 말하자면 범죄와 무질서라는 문제들을 확인하고 알려주기 위한 경찰과 시민 사이의 적극적인 활동 및 체계화된 약속이라고 정의될 수 있다. 이론적으로 경찰관들은 할당된 지역에서 오랫동안 일하면 일할수록 그 지역을 더 잘 알게 된다. 자발적인 행동을 통해서, 경찰관들은 사람들과 접촉하고, 그들이 필요로 되는 이유를 설명하고, 지역문제의 확인에 있어서 도움을 구하고, 그 문제를 해결하기 위해서 경찰과 지역사회가 함께 조화를 이루는 방법을 배운다.

3. 문제 지향적 경찰활동

골드슈타인(Herman Goldstein)은 '문제 지향적 경찰활동(Problem Oriented Policing: POP)'이라고 이름 붙인 개념을 통하여 경찰은 사건 지향적이기보다는 오히려 문제 지향적이어야 한다고 했다. 즉 골드슈타인은 경찰은 너무나 협소하게 특정한 사건들에 중점을 두면서 반복해서 같은 사건들을 다루는 것 대신에 이러한 반복된 사건들을 야기시키는 근본적인 문제들을 해결하려고 노력해야 한다고 주장한다. 문제 지향적 접근법은 경찰이 다루어 주었으면 하고 시민들이 기대하는 문제들을 조사하고 분석하기 위해서 더욱 체계적인 과정을 개발해야 한다.[24]

---

24) Roy R. Roberg, Jack Kuykendall, *Police & Society* (Belmont, California: Wadsworth Publishing Company, 1993), p. 111.

그림 11-2 문제 지향적 경찰활동 모형

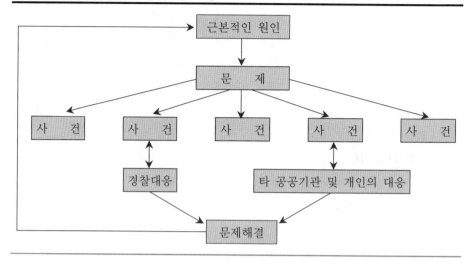

문제 지향적 경찰활동에는 지역사회 내에서 무엇이 범죄와 사회무질서의 원인인가를 파악하고, 그 문제들의 해결책들을 마련하면서 가장 실행 가능한 프로그램들을 수행하기 위한 경찰과 지역사회의 협력이 포함된다.

문제를 해결하는데 효과적이기 위하여 경찰관, 특히 순찰경찰관들은 상당한 자유재량(자유재량)을 부여받아야 하며, 훌륭한 능력을 발휘하였을 때에는 그에 대한 적절한 보상을 받아야 하고, 해결책들이 실패했을 때에도 계속해서 문제를 해결할 수 있도록 격려를 받아야만 한다. 문제에 대한 해결책을 마련하기 위하여 다른 사람들과 함께 협력하는 정신이 장려되어야 한다.[25]

뉴포트 뉴스(Newport News) 경찰서의 전략팀이 고안해 낸 자기분석(Self Analysis)은 일상적 운영의 필수적인 부분인(보통 SARA라고 말해지는) 중요한 4단계 문제해결방법을 이끌어 내었다.[26]

첫째는 조사단계(Scanning)이다. 노상강도·주거침입절도·차량절도 등과 같은 광범위하면서도 법률과 관련된 개념들 대신에, 경찰관들은 '문제'(pro-

25) Steven M. Cox and Jack D. Fitzgerald, *Police In Community Relations: Critical Issues,* 3rd ed. (Madison Dubque. IA: Brown Benchmark Publishers, 1996), p. 123.

26) *Ibid.,* p. 18.

blems)라고 여겨지는 개인과 관련되는 사건들을 분류하고, 더욱 정확하고 유용한 용어들을 갖고서 이러한 문제들을 조사하도록 요구된다.

둘째는 분석단계(Analysis)이다. 위에서 잘 조사된 문제를 해결하려는 경찰관들은 범죄자 기록과 과거의 범죄보고서와 같은 전통적 경찰자료 뿐만 아니라 다양한 공적 사적인 조직들로부터 정보를 수집하고 분석한다. 경찰관들은 범죄자들, 피해자들, 사회적 물질적 환경, 그리고 그 문제에 대한 과거의 대응들을 조사하도록 지시하는 문제분석 가이드에 의존한다. 그것의목표는 문제의 범위 · 성격, 그리고 원인들을 이해하는 것이고 그 해결을 위한 다양한 선택들을 명확하게 하는 것이다.

셋째는 대응단계(Response)이다. 분석단계에 의해서 얻어진 지식은 해결책들을 개발하고 수행하기 위해 사용된다. 경찰관들은 시민들, 사업가들, 다른 경찰부서들, 다른 공적 사적 조직들, 그리고 행동프로그램을 개발하도록 도와줄 수 있는 사람들의 도움을 구한다. 다른 지역사회의 기관 및 시 조직과 함께 만든 해결책들은 전통적인 경찰대응방법 보다도 효과적이다.

넷째는 평가단계(Assessment)이다. 경찰관들은 대응의 영향과 효과성을 평가한다. 원래의 문제가 실제로 해결되었거나 경감되었는가를 평가한다. 기존의 대응을 변경하기 위해, 더 많은 자료를 수집하기 위해, 또는 심지어 그 문제를 재정의하기 위해서 평가 결과들을 활용한다.

위의 문제해결과정 중 가장 중요한 것은 '분석단계'이다. 경찰관들이 문제들을 분석하는 것을 돕기 위해서 전략팀은 문제분석 가이드(Problem Analysis Guide)를 고안했다.

그림 11-3 4단계 문제해결 방법(SARA)

4. Third Party Policing

Third party Policing은 어떠한 조직 혹은 비 범죄자 예를 들어 공공 주택기관, 재산 주인, 부모, 건강과 건물감시자 그리고 사업가들을 주체로 하여 범죄를 예방하거나, 범죄 문제를 줄이는 것에 대하여 책임을 지게 하는 경찰노력으로 정의된다.[27] "Third party Policing"(제3자 경찰활동)은 범죄예방의 범위를 넓혀서, 범죄자의 환경에 영향을 미칠 수 있는 영향력을 가지고 있는 사람들의 예방활동을 포함하는 개념이다. 따라서 경찰이 지역사회의 구성원 혹은 단체 그리고 지역사회의 재산가, 개인 사업가, 술집 및 상점 운영자, 보험회사, 경영가, 개인 경호원 등과 같은 제3자들로 하여금 무질서를 최소화하고 범죄발생가능성을 줄이도록 고안된 행동을 취하도록 설득하고 강제하는 것을 뜻한다.

Third party Policing의 확산은 주요변화이고 혁신이며 경찰과 지역사회 구성원의 범죄예방이나 통제에 관한 인식도 변화시켰다.[28] 경찰은 더 이상 단순하게 범죄에 예방하거나 대응하는 역할만을 하는 것이 아니며 다른 조직들과 기관들 그리고 개인들과 연계하여 경찰활동을 하는 것으로 그 행정형태가 바뀌어가고 있다. 따라서 경찰활동에 있어 협력, 위험관리, 문제발견과 해결 그리고 파트너십과 같은 개념들이 새롭게 강조되고 있다.[29]

Third party Policing의 구체적 사례를 살펴보면, Oakland(California) Police Department(OPD)가 실시한 Beat Health Program으로 무질서한 환경이 조성될 수 있고 마약과 같은 약물의 거래를 용이하게 하는 특정한 장소 즉, 유흥업소 밀집지역과 같은 곳에 장소적 초점을 두고 경찰활동을 시작한 프로그램이다. 경찰관들은 Oakland시의 행정공무원들과 함께 유흥업소 밀집지역의 사업가나 가게주인들을 대상으로 깨끗하고 질서있는 환경을 갖추도록 요구하고 강

---

27) Buerger, M. E. and Mazerolle, L. G. (1998). Third-party Policing: A theoretical analysis of an emerging trend. Justice Quarterly, 15 (2), p. 301.

28) Braithwaite, J. (1999). "Accountability and governance under the new regulatory state". Australian Journal of Public Administration, 58 (1), p. 91.

29) Weisburd, D. and Braga A. A.(2006). Police Innovation: Contrasting Perspectives. Cambrige University Press, p. 193..

제하였다.30)

제 4 절 새로운 경찰활동전략

1. Hot Spot Policing

범죄다발지역 경찰활동(Hot Spot Policing)이란 일부 범죄다발지역 내에서 집중적인 경찰활동의 수행을 말한다.

이러한 용어를 처음 사용한 학자는 셔먼이다. 범죄가 집중적으로 발생하는 소규모 장소(micro places)로 정의하면서 이러한 용어를 착안하였다.31) Weisburd 와 Braga는 Hot Spots Policing에 대한 최근 경찰의 관심은 "지난 30년간 미국의 경찰활동전략에서 가장 큰 변화이자 혁명이다"라고 주장할 만큼 획기적인 전략이라 주장했다. 이러한 변화는 2차 세계대전 이후, 경찰개혁이 활발하게 이루어져 왔으며 그중 하나가 바로 핫스팟 폴리싱이다(Weisburd and Braga, 2006).

핫스팟 폴리싱은 결과적으로 첫째, 장소에 중점을 둔 전략적인 경찰활동(Place-Based Policing)이자 경찰개혁이며, 둘째, 범죄예방을 위한 효과적인 접근법 중하나이고 마지막으로 "Spot(장소)"를 "Hot"하게 만드는 장소의 dynamics, situations, characteristics를 강조함으로써 이루어지는 경찰활동이다.

아래는 이러한 범죄다발구역의 정의를 정리한 도표이다.

핫스팟 폴리싱은 미네소타주의 5%지역에서 전체범죄건수의 50%정도가 발생된다는 것을 확인하면서 주목을 받았다.32)33)

---

30) Mazerolle, L. G. and Toehl, J. (1998). Civil remedies and crime prevention: An introduction. In L. Green Mazerolle and J. Toehl (eds.), Civil remedies and crime prevention: Crime prevention studies, 9 (pp. 1~20). Monsey, NY: Criminal Justice Press, p. 1.

31) 최응렬, 정우일 (2007). 범죄다발지역 집중경찰활동에 관한 연구. 형사정책연구, 351-392.

32) The Development of Hot Spots Policing (Sherman & Weisburd, 1995) The Minneapolis Hot Spots Experiment
 - Impressive 한 결과(In treatment area, 총 범죄 13% , 특히 강도 20% 감소, 무질서 50% 감소)
 - 상당한 학문적인 & Practical 한 관심
 • 후속연구들
 - The effects of focused police attention in street-level drug market (Weisburd and Green,

표 11-3 | 미국의 선행연구에 따른 범죄다발지역의 정의

연 구	범죄다발지역의 의의
Minneapolis RECAP Sheman, Buerger, and Gartin(1989)	신고건수가 많은 지번(addresses)들을 상업지역과 주거지역으로 분류; 상위 250개의 상업·주거지들을 실험에 포함
Minneapolis Hot Spots Sherman and Weisburd(1995)	신고건수가 많고, 지난 2년간 꾸준히 신고가 되며, 시각적으로 인접해 있는 지번들의 집합으로 구성된 110의 범죄다발지역 선정
Jersey 市 DMAP Weisburd and Green(1995)	마약관련 신고, 체포자 수, 판매 마약 종류, 경찰의 인식, 범죄자의 이동패턴 등을 근거로 56개 마약 범죄다발지역 선정
Jersey 市 폭력지역POP Braga et al.(1999) Braga(1997)	높은 강·절도 신고 및 발생률, 폭력적인 지역에 대한 경찰과 연구자의 인식을 근거로 24개 폭력 범죄다발지역 선정
St. Louis 약물시장 POP Hope(1994)	거리 수준의 마약 판매와 관련 있는 특정 지번들로 구성된 3개의 마약 범죄다발지역 선정
Kansas 市 마약 판매소 단속 Sherman and Rogan(1995b)	30일 동안 마약판매 신고가 최소한 5회 이상 접수된 207개의 범죄다발지역(block)을 선정
Kansas 市 총기단속 Sherman and Rogan(1995a)	연방경찰관들에 의해 순찰구역(8*10) 선정; 컴퓨터 분석을 통해 식별된 순찰구역 내의 범죄다발지역에 대한 법집행 활동
Houston 지정 순찰구역 프로젝트 Caeti(1999)	7개의 범죄다발 순찰구역 선정; 컴퓨터 분석을 통해 식별된 순찰구역 내의 범죄다발지역에 대한 법집행 활동
Beenleigh(호주) 범죄신고 프로젝트 Criminal Justice Commission(1998)	6개월 동안 신고전화가 많았던 지번 10개의 2 그룹

자료: Braga, 2001: 115-118; 최웅렬·정우일, 2007: 17; 강선, 2010: 33-34의 재구성.

1995)
- Gun Violence Hot Spots (sherman and Rogan, 1995a)
- Violent Crime Hot Spots (Braga et al., 1999)
- Crime and Disorder Hot Spots (Braga and Bond, 2008)

33) Spelman and Eck(1989)에 따르면, 10%의 피해자가 40%의 피해와 관련, 10%의 가해자가 50%의 범죄와 관련, 10%의 장소가 60% 범죄와 관련되어 있기 때문에, 제한된 경찰자원을 효율적으로 사용 가능

오늘날 범죄를 예방하기 위해 '핫 스팟(Hot Spot) 순찰제'를 시행하고 있는데 경찰 내부 전산망에 탑재된 지리적 프로파일링 시스템(GeoPros)을 이용해 특정 장소에서 일정 기간 동안 벌어진 범죄발생 빈도를 산출해 이를 지도에 색깔로 나타내고, 이에 맞춰 치안활동을 벌이고 있다.[34]

2. Intelligence-Led Policing

"정보 주도형 경찰활동(Intelligence-led Policing/Intelligence-driven policing)"이란 치안유지를 위한 각기관들의 정보 취합을 처리방식의 업무적 틀을 의미한다(Jerry Ratcliffe, 2008: 87-89).

정보 주도형 경찰활동(Intelligence-Led Policing)은 사실상 새로운 개념이 아니다. 문제 지향적 경찰활동의 확장이 지역사회 경찰활동인 것처럼 정보 주도형 경찰활동은 보다 광범위한 위협을 예방하고 관리하기 위한 경찰활동의 확장이다.[35]

Jerry Ratcliffe(2003)는 도입초기 "정보 주도형 경찰활동"을 설명하기 위해 광범위한 정의의 접근을 시도하였는데 "정보 주도형 경찰활동은 증거에 기초한 효과적인 경찰활동전략과 외부의 협력을 통한 범죄의 감소와 예방을 촉진시키기 위한 객관적인 의사결정 도구로써 범죄정보 분석의 적용"이라고 정의하였다.

이후 Jerry Ratcliffe(2008)는 "정보 주도형 경찰활동"을 보다 구체적으로 정의하였는데 "범죄정보와 자료 분석상 비즈니스(업무)모델과 관리적 철학으로 특정한 문제나 심각한 범죄자에 초점을 맞춘 각각의 효율적 관리 및 운용 전략을 통한 사회문제 및 범죄 예방에 대한 명확한 결정을 만들게 해주는 업무적 틀(framework)이라고 정의"하였다(Jerry Ratcliffe, 2008: 89).[36]

즉, ILP는 범죄와 범죄자에 대한 정보를 수집하고 이와 관련한 문제점들을

---

34) http://www.knnews.co.kr/news/articleView.php?idxno=1144549

35) 한상암·박한호·이명우, "범죄예방을 위한 정보 주도형 경찰활동 (ILP)에 대한 연구-국내 도입논의를 중심으로", 제36호, 경호경비연구, 2013, 301-303쪽.

36) Jerry Ratcliffe, 2008, Intelligence-led Policing, (Rortland, OR: Willan Publishing), p. 89.

해결하기 위한 가장 좋은 방법을 만들어 내는 것이다(Carol A. Archbold, 2012: 46-47).37)

영국의 경우 영국의 경우, 정부차원의 business-plan 철학(정부 서비스를 민영화 하고, business model를 정부서비스에 적용하고자 하는 것)이 경찰을 포함한 영국정부의 거의 모든 기관에 도입 및 실행되었다. 그 결과 정보 주도형 경찰활동의 핵심인 다기관 공공협정에 따른 상호적 범죄정보의 공유체제를 발전시켰다.

NIM은 business process model(정보를 사실상 거의 모든 policing business plan에 도입하는 정보 주도형 경찰활동(ILP)의 철학을 반영하고 범죄를 통제하기 위한 모델)를 사용하는 정부의 정책이 시행됨에 따라 영국의 정보 주도형 경찰활동이 실행되게 되었다.

미국의 경우는 영국과 마찬가지로 미국의 정보 주도형 경찰활동도 갑자기 창안된 활동은 아니지만 2001년 9월 11일 뉴욕시 World Trade Center의 공격은 미국 내 National Security(국가안전보장)과 관련된 정보의 중요성을 부각시켰고, 테러이후 경찰기관들은 경찰업무에 보다 효과적으로 범죄정보를 수집할 수 있는 방법을 고민하기 시작했다. 이러한 관심과 고민의 결과가 정보 주도형 경찰활동(ILP: intelligence-led policing)이다.38)

3. Directed and Saturation Patrols

Directed and Saturation Patrols은 직접적이고 집중적 순찰전략으로 작은 관할구역 내 대규모의 경찰인력이 배치되어 경찰활동을 하는 것을 의미한다. 다른 의미로 포화순찰이라고도 한다. 대부분의 포화순찰은 핫스팟 지역 내 범죄감소에 활용된다.39) 더불어 음주운전 단속과 같은 형태로 실행되고 있다. 이

---

37) Carol A. Archbold, Policing, sage. 2012, pp. 46~47.

38) 한상암·박한호·이명우, "범죄예방을 위한 정보 주도형 경찰활동 (ILP)에 대한 연구-국내 도입논의를 중심으로", 제36호, 경호경비연구, 2013, 301-303쪽.

39) Preventing Crime-What Works, What Doesn't, What's Promising. Chapter 8-Policing for Crime Prevention. 1996. Department of Criminology and Criminal Justice, University of Maryland, College Park.

는 특정범죄를 중점으로 감소시키기 위한 것과 지역발생범죄를 감소시키기 위한 예방전략인지에 차이만 있을 뿐 결과적으로 범죄의 사전예방적 관점에서 같은 맥락을 같이한다. 이에 관한 자세한 설명은 제9장 제2절 순찰에서 제시된 바 있다.

4. Predictive Policing(PredPol)

Predictive Policing은 말 그대로 예측을 통한 경찰활동을 의미한다.[40] 이러한 원리는 법집행에 있어서 자료나 정보의 수학적 예측 및 분석기술을 활용한다. 범죄예측은 4가지 범주에서 이루어지는데 범죄예측, 범죄자 예측, 잠재적 가해자(범죄 가해자)의 예측, 범죄 피해자의 예측이 바로 그것이다.

이러한 경찰활동은 범죄예방을 최선으로 하기 위해서는 경찰은 범죄가 발생할 수 있는 바로 그 장소와 시간에 있어야 한다는 것에 착안한 경찰활동이다. 이를 위해 ① 미래에 발생할 수 있는 범죄의 가능성을 특정 공간과 시간에 적용, ② 추정된 범죄 위험도를 경찰활동의 정책결정자에게 적용 가능한 정책과 함께 제공, 그리고 ③ 지역 경찰의 제한된 자원을 보다 효과적이고 정확하게 활용할 수 있도록 유도하고 있다.[41]

미국의 경우 범죄통계원자료를 활용함으로써 보다 수학적 통계기술이나 컴퓨터를 활용한 분석을 시도하였다. PredPol의 기술을 처음으로 적용시킨 남부 캘리포니아주의 Alhambra시의 Yokoyama은 'PredPol은 기존 경찰관들의 경험이나 직관을 교체하려는 노력이 아니라, 경찰의 순찰활동에 있어서 범죄 발생 이전에 미연에 범죄를 방지함으로서 보다 효과적으로 경찰의 순찰활동을 돕기 위한 하나의 보조 도구로 활용하는데 있다'라고 말하며 적극적인 시행을 추진하고 있다(Staff Reporters, n.d).[42]

---

40) Rienks R. (2015). "Predictive Policing: Taking a chance for a safer future", korpsmedia, pdc, 1-162

41) 문준섭, 정부 3.0시책에 따른 범죄통계원자료의 활용방안, 2015경찰학회 학술세미나 자료집, 2015, 23-36.

42) 문준섭, 정부 3.0시책에 따른 범죄통계원자료의 활용방안, 2015경찰학회 학술세미나 자료집, 2015, 23-36.

로스앤젤레스 경찰국(LAPD)의 사례를 꼽을 수 있겠다. LAPD의 관할 구역의 일부에 시험적으로 적용시켜 본 결과로 Foothill 지역에서의 2013년에서 2014년 사이의 범죄율은 약 20% 감소한 것으로 나타나고 있으며, 2014년 2월 13일은 범죄가 단 한건도 발생하지 않은 경우도 나타났다. 특히 Foothill지역의 범죄율이 4개월간 약 13% 감소하는 동안, 동 기간의 LAPD관할 지역 중 Predpol을 적용하지 않은 지역에서는 0.4%의 범죄 증가율을 보였다. Alhambra 지역의 경우에는 차량절도사건의 약 20%, 강도사건의 경우는 약 32%가 감소한 것으로 나타났다.[43]

5. Evidence Based policing

증거기반 경찰활동(Evidence-Based Policing: EBP)은 경찰의 정책결정에 있어서 의학적 증거 또는 각종 과학적 증거에 기반한 경찰활동이며, 정책의사결정의 확장이다. 실험 범죄학자 Lawrence Sherman이 증거기반 경찰활동의 창시자로 알려져있으며,[44] 그의 동료 Richard Berk과 1995년 핫스팟 지역에서 증거기반 경찰활동에 대한 획기적인 연구를 시행하였고 이를 발전시켰다.[45][46]

증거기반 경찰활동은 단순히 통계적 분석, 경험적 분석을 넘어 무작위통제 임상시험에서 얻어진 결과를 더 중시한다. 증거기반 경찰활동은 경찰의 전통적인 의사결정방식이나 정책입안의 과정들을 약화시키지만 과학적 정책결정 경

---

43) 문준섭, 정부 3.0시책에 따른 범죄통계원자료의 활용방안, 2015경찰학회 학술세미나 자료집, 2015, 23-36.; PredPol 홈페이지(http://www.predpol.com). 2015.11.1

44) Sherman, Lawrence; Richard Berk (1984). "The Specific Deterrent Effects of Arrest for Spouse Assault: A Field Experiment". American Sociological Review 49(2): 261-272.; Sherman, Lawrence; David Weisburd (1995). "General Deterrent Effects of Police Patrol in Crime 'Hot Spots': A Randomized Study". Justice Quarterly 12 (4): 625‑648.; Sherman, Lawrence (1998) "Evidence-based policing", Ideas in American Policing, Washington D.C: Police Foundation. (http://www.policefoundation.org/content/evidence-based-policing)

45) Cabrera, Angel (2013) President, George Mason University, tweet on April 8, 2013 (https://twitter.com/CabreraAngel/status/321330010600386560)

46) 증거기반 최초의 협회는 2010년 캠브리지 대학에서 설립되었으며(http://www.sebp.police. uk/), 이후 2013년에는 퀸즐랜드대학과 공동으로 경찰기관에 의해 설립되었다(http://www.anzsebp. com/). 나아가 2015년 호주-뉴질랜드 협회, 캐나다(http://www.can-sebp.net/)와 미국(http://www. evidencebasedpolicing.org/)이 뒤를 이었다.

찰활동이라는 측면에서 대중의 불신극복이나 예산삭감에 대안이 되고 있다.

증거기반 경찰활동은 우선 각 회원들과 대학 등 관련기관들이 "증거를 기반으로 기술을 습득하고 연습하며", "증거들을 공유하고 검증하며", 결과적으로 "범죄와의 싸움에서 어떤 걸 알고 무엇을 기반으로 이길 수 있는 가"에 대한 능력을 배양하는 것이다.[47]

이는 영국, 호주, 캐나다에서 발전되었다. 호주의 경우 The Australia & New Zealand Society of Evidence Based Policing(ANZSEBP)을 두어 경찰 전술입안에 정책적 결정에 있어 과학적 방법을 활용할 수 있도록 전파하고 있다.[48]

캐나다의 경우는 The Canadian Society of Evidence Based Policing(CAN-SEBP)두었는데 이도 마찬가지로 영국의 증거기반경찰활동을 모델로 형성된 것이며, 실무자 및 공공안전분야의 정책, 실천, 교육 및 훈련을 알리기 위한 목적을 수행하고 있다.[49]

---

47) Metropolitan Police Service One Met Strategy 2013/17, p.6. Downloaded at http://www.met.police.uk/foi/pdfs/priorities_and_how_we_are_doing/corporate/one_met_mps_strategy_2013_17.pdf.

48) http://www.anzsebp.com/; http://www.anzsebp.com/index.php/committee

49) http://www.can-sebp.net/; http://www.issr.uq.edu.au/staff/mazerolle-lorraine

참 고 문 헌 (Sources)

국내문헌

_____, "경찰의 주민의견 수집활동의 활성화 방안," 한국공안행정학회보, 제18호, 한국 공안행정학회, 2004.

_____, "문제지향적 경찰활동의 활성화방안," 한국경찰학회보, 제7호, 한국경찰학회, 2004.

_____, "자율방범활동의 주민참여 요인에 관한 연구," 박사학위논문, 동국대학교 대학원, 2001.

_____, "지역사회에 기초한 범죄예방," 한국공안행정학회보, 제19호, 한국공안행정학회, 2005.

경찰대학, 「지역사회경찰론」, 용인: 경찰대학, 2004.

경찰청, 「경찰백서」, 서울: 경찰청, 2006.

광주대학교 시민경찰아카데미, 『자율방범대원 교육』, 2001.

김보환, "범죄수사에 있어서 경찰과 국민의 협력강화방안," 치안연구소, 1995.

김용환, "지역사회 경찰활동의 구체적 활동모델 개발에 관한 연구," 치안연구소, 1998.

김인, "경찰의 치안서비스활동에의 시민참여 활성화 방안," 치안연구소, 1997.

노호래, "한국의 지역사회 경찰활동에 관한 연구," 박사학위논문, 동국대학교 대학원, 1999.

문준섭, 정부 3.0시책에 따른 범죄통계원자료의 활용방안, 2015경찰학회 학술세미나 자료집, 2015.

송광섭, "경찰의 법률서비스체계 구축방안," 치안연구소, 1997.

신동운, "민간의 자율방범활동," 형사정책연구, 창간호, 1990.

양문승(역), 『지역사회 경찰활동론: 21세기의 경찰활동 전략』, 서울: 대영문화사, 2001.

이기헌·임영철·기광도, "미국경찰의 범죄예방활동에 관한 언급" 한국형사정책연구원, 1995.

이상원, "한국경찰의 지역사회 경찰활동 도입에 대한 전망," 경대논문집 제17집, 1997.

이황우, "미국의 지역사회 경찰활동에 관한 연구," 한국공안행정학회보 제5호, 한국공안행정학회, 1996.

임창호, "한국 지역사회 경찰활동의 활성화 방안에 관한 연구," 석사학위논문, 동국대학교 대학원, 1998.

전대양, "일본의 지역사회 경찰활동에 관한 연구," 형사정책연구, 겨울호, 형사정책연구
원, 1997.

최응렬, 정우일 (2007). 범죄다발지역 집중경찰활동에 관한 연구. 형사정책연구.

최인섭·진수명, "지역사회 범죄예방활동과 민간인 참여," 한국형사정책연구원, 1995.

한상암·박한호·이명우, "범죄예방을 위한 정보 주도형 경찰활동 (ILP)에 대한 연구-
국내도입논의를 중심으로", 제36호, 경호경비연구, 2013.

국외문헌

Braithwaite, J. (1999). "Accountability and governance under the new regulatory
state". Australian Journal of Public Administration, 58 (1).

Buerger, M. E. and Mazerolle, L. G. (1998). Third-party Policing: A theoretical
analysis of an emerging trend. Justice Quarterly, 15 (2).

Carol A. Archbold, Policing, sage. 2012.

Clarke, R. V., *Situational Crime Prevention: Successful Case Studies,* New York:
Harrow and Heston, 1992.

Cordner, G. W., "Elements of community policing," in L. Gaines & G. Cordner (eds.),
Policing *Perspectives: An Anthology,* Los Angeles: Roxbury Press, 1999.

Department of Criminology and Criminal Justice, University of Maryland, College
Park, Preventing Crime — What Works, What Doesn't, What's Promising.
Chapter 8 — Policing for Crime Prevention, 1996.

Eck, J., & W. Spellman, "Who ya Gonna Call? The Police as Problem Solvers,"
Crime and Delinquency, Vol. 33, No. 1.

Fyfe, James J., Jack R. Greene, William F. Walsh, O. W. Wilson, Roy Clinton
McLaren, *Police Administration,* 5th ed., New York: The McGraw-Hill
Companies, Inc., 1997.

Jerry Ratcliffe, 2008, Intelligence-led Policing, (Rortland, OR: Willan Publishing).

Leighton, B. N., "Visions of Community Policing: Rhetoric and reality in Canada,"
Canadian Journal of Criminology, 1991.

Manning, Peter K., "Community Policing," in Roger G. Dunham and Geoffrey P.
Alpert (eds.), *Critical Issues in Policing: Contemporary   Readings,* Prospect
Height, Ill: Waveland Press, Inc., 1989.

Mazerolle, L. G. and Toehl, J. (1998). Civil remedies and crime prevention: An
introduction. In L. Green Mazerolle and J. Toehl (eds.), Civil remedies and crime

prevention: Crime prevention studies, 9 (pp. 1~20). Monsey, NY: Criminal Justice Press.

Oliver, Willard M., *Community Oriented Policing: A Systemic Approach to Policing,* Upper Saddle River, New Jersey: Prentice-Hall, 1998.

Rienks R. (2015). "Predictive Policing: Taking a chance for a safer future.", korpsmedia, pdc, 1-162.

Roy R. Roberg, Jack Kuykendall, *Police & Society,* Belmont, California: Wadsworth Publishing Company, 1993.

Sherman, Lawrence (1998) "Evidence-based policing", Ideas in American Policing, Washington D.C: Police Foundation.

Sherman, Lawrence and David Weisburd (1995). "General Deterrent Effects of Police Patrol in Crime 'Hot Spots': A Randomized Study". Justice Quarterly 12 (4).

Sherman, Lawrence and Richard Berk (1984). "The Specific Deterrent Effects of Arrest for Spouse Assault: A Field Experiment". American Sociological Review 49(2).

Skogan, Wesley G., "Community Policing in the United States", in Jean Paul Brodeur (ed.), *Comparisons in Policing: An International Perspective*, Aldershot: Avebury, 1995.

Skolnick, J. H., and D. H. Bayley, *Community Policing: Issues and Practices Around The World*, Washington, D. C.: National Institute of Justice, 1988.

Steven M. Cox and Jack D. Fitzgerald, *Police In Community Relations* (Critical Issues), 3rd ed., Madison Dubque. IA, Brown Benchmark Publishers, 1996.

Swanson, Charles R., Leonard Territo, Robert W. Taylor, *Police Administration,* 4th ed., New Jersey: Prentice－Hall, Inc., 1998.

Trojanowicz, Robert C., Bonnie Bucqueroux, *Community Policing: How to Get Started*, 2nd ed., Cincinnati: Anderson Pub Co., 1998.

Trojanowicz, Robert C., Victor E. Kappeler, Larry K. Gaines, Bonnie Bucqueroux, *Community Policing: A Contemporary Perspective*, Cincinnati, Ohio: Anderson Publishing Co., 1998.

Wallace, Harvey, Cliff Roberson, Craig Steckler, *Fundamentals of Police Administration*, Englewood Cliffs, New Jersey: Prentice-Hall, 1995.

Weisburd, D. and Braga A. A.(2006). Police Innovation: Contrasting Per spectives. Cambrige University Press.

Wycoff, M. A., "The Benefits of Community Policing: Evidence and Conjecture," in J. R. Green & S. D. Mastrofski (ed.), *Community Policing: Rhetoric or Reality*, New York: Praeger, 1988.

제12장 경찰조직의 변화

스콜릭(J. H. Skolnick)과 베일리(D. H. Bayley)는 경찰변화(police change)에 대하여 연구한 후 성공적인 경찰변화를 위한 4가지 근본요인을 지적하였다.[1]

첫째, 가장 중요한 것으로서 경찰서장은 변화의 가치에 대하여 지속적이고 강한 신념을 가지고 있어야 한다.

둘째, 경찰서장은 변화의 가치를 추구하는 데에 동기를 부여하고 인력을 잘 활용함으로써 변화의 제도적 선두자가 되어야 한다.

셋째, 경찰서장은 변화가 한번 이루어지면 그 변화를 지켜나가야 한다.

마지막으로, 일반시민의 지지가 없다면 변화란 발생할 것 같지 않다.

변화란 어려운 것인데, 특히 경찰조직에서는 더욱 그러하다. 따라서 경찰행정가들은 업무수행에 있어서 효과적이고자 한다면 변화의 복잡성 및 함축성에 대해 적응을 잘 할 필요가 있다.

---

[1] J. H. Skolnick and D. H. Bayley, *The New Blue Line: Police Innovation in Six American Cities* (New York: Free Press, 1986).

제1절 경찰조직 변화의 의의

1. 경찰조직 변화의 발생원인

일부의 변화는 법집행에 있어서 상당히 예측 가능하다. 즉, 변화를 촉발시키는 상황들은 기관마다 차이가 없다. 예를 들어, 미국에서 신임 경찰서장은 경찰기관의 내부 혹은 외부에서 임명될 것이다. 이러한 일이 때때로 대규모의 조직변화를 추구하는 시장이나 시 관리자의 요청으로 발생하기도 한다. 몇 건의 사건이 이러한 상황들을 유발시킬 수 있지만, 대체로 다음과 같은 한, 두건 이상의 사건들이 변화를 촉진시킨다.

첫째, 정부의 공무원이나 지역사회의 영향력 있는 구성원들은 경찰관서가 불충분하고 부적절하다고 생각한다. 이를테면, 경찰서장은 경찰력 사용을 통제하는 정책 및 규정의 느슨한 집행으로 비난받아 오고 있다.

둘째, 경찰-지역사회관계는 위법행위, 물의 또는 다른 잘못된 행위로 인하여 손상을 입고 있다.

셋째, 경찰관서의 사기는 나빠지고 있다. 이는 높은 충돌율, 시민들의 불만과 민사소송사건 및 조합불안의 증대를 보면 명백히 알 수 있다.

실제로 다른 상황들 역시 대규모의 조직적인 변화를 야기할 수도 있으나, 변화란 어떤 특별한 것도 아니며 단순히 변화 자체를 위하여 추진되는 것도 아니다. 보통 개선될 필요가 있는 더 큰 문제들이 존재한다.

2. 경찰조직 변화의 목표

변화의 목표는 많지만 법집행과 관련하여 3가지 목표를 살펴보면 다음과 같다.

(1) 참여조직 모델의 발전

경찰조직에 있어서 변화의 요인들은 다른 조직에 있어서 변화의 요인들과 다르지 않다. 그러한 요인들은 조직을 위한 같은 동기와 요구들을 가지고 있다. 경찰조직의 주요한 변화방향 중 하나는 전통적 내지 고전적 모형으로부터 보다 참여적(participatory)이고 상황 지향적인 관리 및 조직형태로 변화하는 것이다.

경찰조직에 있어서 이러한 변화 방향을 제시하는 많은 이유들이 존재한다. 첫째, 경찰기관들은 우수한 인력을 유치하고 보유하기 위해서는 조직구성원들의 요구와 열망의 변화에 적응하는 것이 필요하다는 것을 인식하고 있다.

둘째, 경찰기관에서 전문화된 지위를 개방할 것을 기다릴 시간 없이 경찰관 개인이 그들의 잠재력을 최대화할 수 있는 환경을 조성하기 위해서는 순찰경찰관들의 역할의 확대 및 강화가 요구된다.

셋째, 경찰환경 내의 계속적인 변화는 경찰조직 내 변화의 필요성에 영향을 미친다.

서비스를 받는 인구규모의 변화, 일반시민들이 필요로 하는 서비스의 성격, 정부기관으로서 경찰의 적절한 책임에 관한 철학, 기술과 지식, 그리고 경찰관 자격의 제고(교육과 훈련)는 변화(change)와 혁신(innovation)의 필요성을 보여 주고 있다.

(2) 문제의 해결과 예방

변화의 한 가지 원칙은 단순히 변화하기 위해서 변화하는 것이 아니라, 발생한 문제를 분석·해결하고 장래 발생할 문제들을 예방하기 위해 변화를 한

그림 12-1 경찰조직 변화의 목표

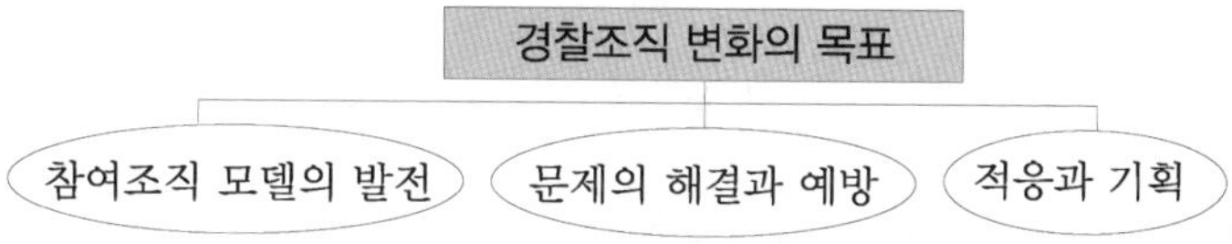

다는 것이다. 유용한 변화로 인식되고자 한다면 변화는 조직을 확실히 향상시
켜야 한다. 토치(H. Toch), 그랜트(J. D. Grant), 가빈(R. T. Galvin)은 변화란
추진하기 위한 수단으로 또는 경찰조직 내에서 보다 일반화된 변화를 향한 과
정으로 보아야 한다는 점을 강조하였다.[2]

모든 문제들은 그 문제들이 깊게 뿌리박힌 더 큰 문제들 및 상황들의 증거
가 되기 때문에 비판적으로 평가된다는 점이 매우 중요하다. 조직, 구성원들,
집단관계들, 지역사회의 지지들은 조직상의 변화를 위한 매개체로서 활용되어
야 한다. 문제를 야기한 사람들은 문제해결의 중심에 있어야 한다. 왜냐하면 그
는 개선 또는 변화에 있어서 그 문제를 최대한 이용하기 위하여 그 문제를 경
험했어야 했기 때문이다.

(3) 적응과 기획

법집행기관들은 정적인 것이 아니다. 또한 법집행기관들은 진공상태 속에
존재하지 않는다. 모든 형태의 비계획적인 변화들(예: 기술적 진보, 인구의 변화
등)이 경찰조직의 안팎에서 지속적으로 발생하고 있다. 따라서 변화의 중요한
한 가지 목표는 변화하는 상황에 적응(adapting)하는 것이다(개방체제접근). 예
컨대, 기술적 발전은 새로운 유형의 범죄를 창출하고, 이러한 상황적 변화에 따
라 경찰기관은 교육과 훈련, 자원분배 등을 통하여 새로운 형태의 문제들에 적
응할 필요가 있는 것이다.

변화의 또 다른 목표는 기획(planning)과 관련되어 있다. 법집행기관들이
앞을 바라보고, 특별한 관심사항의 근거가 되는 장래 문제 및 상황들을 예견하
는 것이 중요하다.

3. 경찰조직 변화의 필요성에 대한 평가

경찰조직에 있어서 변화의 필요성을 평가하는 데 ① 외부 자문가의 활용,

---

2) H. Toch, J. D. Grant, and R. T. Galvin, *Agents of Change: A Study in Police Reform*
(New York: Wiley, 1975).

② 내부의 자기관찰(self-study)과 같이 기본적인 두 가지 방법이 있다. 이러한 방법들은 장점과 단점을 각각 지니고 있다.

(1) 외부자문가의 활용

외부자문가(consultant)는 문제들을 확인하고 해결책을 권고하는 일을 한다. 외부자문가는 조직에 개인적으로 관여하지 않으려는 경향이 있고, 그 결과 조직을 객관적으로 바라볼 수 있다. 외부자문가는 일반적으로 연구되고 있는 조직의 유형과 조직의 변화문제들에 친숙하다.

그러나 외부자문가가 경찰관서의 특정문제들을 파악하여 성공적 변화를 위한 방안들을 개발할 수 있기 위해서는 상당히 많은 시간을 투자하여야 한다. 게다가, 외부자문가들은 경찰행정가가 관심을 가지고 있는 부분을 미리 파악함으로써 그러한 부분만을 보고서에 반영할 수도 있다는 점에서 자기중심적일 수도 있다.

모든 것을 고려해 보면, 외부자문가들은 조직 내부에서 문제를 해결하지 못할 경우에 최후의 수단으로 활용되어야 한다. 또한, 외부자문가들을 활용할 때 경찰행정가들은 외부자문가들이 선입견을 갖지 않도록 미리 예정되거나 선호되는 해결책을 노출하지 않도록 주의해야 한다.

(2) 내부의 자기관찰

변화에 대한 필요성을 평가하기 위한 다른 한 가지 수단은 변화를 확인하고 권고하기 위한 자원으로서 조직의 구성원들을 활용하는 것이다. 토치(H. Toch) 등은 경찰조직 내부의 변화를 가져오도록 고안된 내부의 자기관찰(self-study)을 수행할 때 활용되어야 할 5가지 원칙을 제시하였다.3)

첫째, 조직구성원 개인들은 자기관찰에 있어서 참여적인 역할을 해야 한다.

둘째, 그들의 참여는 행위, 의사결정, 선택의 자율권을 갖는 것이어야 한다. 그들은 자기관찰에 있어서 자신의 역할을 통제할 수 있어야 한다. 너무 많은

---

3) H. Toch, J. D. Grant, and R. T. Galvin, *Agents of Change: A Study in Police Reform* (New York: Wiley, 1975).

지침이나 제약조건이 제시될 경우, 참여자들은 그들의 제안이 중요하지 않다고 느끼거나 조직의 행동에 영향을 끼치지 못한다고 느낄 것이다.

셋째, 집단의 문화는 그것이 실행될 수 있는 곳에 근거를 가지고 형성되어야 한다. 자기관찰과 그 결과들은 집단에게 중요한 것이어야 한다.

넷째, 자기관찰 노력의 결과물로서 의미 있는 미래가 제공되어야 한다.

다섯째, 조직은 집단 내에서 자발적으로 지도자가 출현할 수 있도록 하여야 한다. 즉, 지도자는 경찰행정가들에 의해 미리 결정되거나 집단에게 강요되어서는 안 된다. 자연적인 리더십(natural leadership)은 강요에 의한 리더십보다 훨씬 효과적이다. 왜냐하면 자연적인 리더십은 보다 열성적이고 정직하여 그것을 받아들이는 사람들이 자발적으로 따르기 때문이다.

내부의 자기관찰은 법집행기관들의 승인과정에 있어서 필수적인 부분이다. 승인 지침들은 내부의 자기관찰을 지도하는데 유용할 수 있다. 그 기관이 승인을 받으려고 하는 것과는 상관없이, 변화에 대한 요구와 계획되어야 할 변화유형들을 평가하는 데 있어서 이러한 기법이 매우 가치 있다는 것을 발견할 수 있을 것이다.

변화는 경찰행정가들이 변화과정과 경찰서 내부의 변화 분위기에 대해 이해할 것을 요구한다. 이러한 이해가 이루어졌을 때, 경찰행정가들은 경찰관서와 지역사회에 의해 수용되고, 그 필요성을 충족시킬 수 있는 효과적인 변화를 창출할 수 있을 것이다.

제 2 절   경찰조직 변화의 실행

1. 경찰조직 변화의 설계와 실행

경찰조직 내에서 변화의 과정은 다음의 8가지 단계로 되어 있다.[4] 그 과정

---

4) T. A. Johnson, "The application of organizational theory to the problem of police resistance to police community relations," in L. Gaines and T. Ricks (eds.), *Managing the Police Organization* (St. Paul: West Publishing, 1978); R. M. Steers, *Organizational Effectiveness:*

그림 12-2 경찰조직의 변화 과정

<경찰조직 변화의 설계와 실행>

(1) 업무수행 차이의 확인
(2) 변화의 필요성 인식
(3) 변화에 적합한 분위기 형성
(4) 문제의 진단
(5) 대안전략의 확인
(6) 변화전략의 선택
(7) 실행전략의 선택 및 실행
(8) 변화전략의 평가 및 수정

은 업무수행 차이를 확인하는 것으로 시작한다. 그 후 변화의 필요성에 대한 인식, 변화에 적합한 분위기 형성, 문제의 진단, 대안전략의 확인, 변화전략의 선택, 실행전략의 선택 및 실행, 변화전략의 평가 및 수정의 절차를 거치게 된다. [그림 12-2]는 이러한 변화의 과정을 나타낸 것이다.

(1) 업무수행 차이의 확인

조직변화 과정의 첫 번째 단계는 업무수행 차이를 확인하는 것이다. 즉, 기대되고 필요로 되는 조직의 업무와 실제 실행되고 있는 업무간의 차이를 확인하는 것이다. 지역사회 또는 조직이 실행하기를 원하거나 필요로 하는 수준에 경찰이 미치지 못하거나, 지역사회 또는 조직이 실행하기를 원하거나 필요로 하는 기능들을 성취하지 못할 때마다 업무수행의 차이는 존재하게 된다.

업무수행 차이의 예로써, 지역사회가(경찰의) 적극적인 법집행을 통해서 음주운전 사고가 최소화 또는 감소되기를 원하지만, 경찰이 교통사고에 연루된 음주운전자를 체포 또는 소환을 하지 못하는 경우를 들 수 있다.

또한, 업무수행의 차이는 시민들이 경찰에게 시민들의 권리를 보호해주길 기대하는 반면, 경찰기관이 과도한 경찰력(공권력)을 행사하는 경우가 많이 발생할 때 나타난다.

세 번째 예로는 특별대응팀(special response team)이 인질사건 상황을 해

A Behavioral View (Sant Monica: Goodyear Publishing, 1977).

결하기 위해 무력을 사용할 것을 강조하는 반면, 경찰기관은 인질상황에서 협상을 강조하는 경우에 발생한다. 이러한 사례들로부터 업무수행의 차이는 기대되는 행태와 실제 행태 사이의 차이라는 것을 분명히 알 수 있다.

(2) 변화의 필요성에 대한 인식

변화과정에서 두 번째 단계는 변화의 필요성에 대해 인식하는 것이다. 경찰기관에서 조직의 변화를 계획하고 실행하는 데 있어서 가장 중요하게 고려해야 할 사항은 변화가 그 경찰기관을 뚜렷하게 향상시킬 가능성이 있을 때 변화시킨다는 점이다. 조직변화를 계획할 때는 조직과 그 장점 및 약점에 대한 지식, 그리고 그 기관이 경찰활동에 대한 책임을 갖는 사회와 조화를 이루는 방법 등에 기반을 두어야 한다. 그러한 조직에 대한 지식은 그 조직이 수행하고 있다고 말하는 것에 근거를 두어서는 안 되고, 그 경찰기관에서 실제 발생하고 있는 것에 근거를 두어야 한다.

다음 질문들은 경찰기관에 있어서 변화의 필요성에 대한 평가를 하는데 방향을 제시해 줄 것이다. 즉, 경찰기관의 목표는 무엇인가? 사회에서 경찰기관이 담당해야 할 역할은 무엇인가? 사회구성원들, 다른 기관들이나 기구들, 그리고 경찰기관 직원들에 대한 경찰기관의 태도는 어떠한가? 조직이 목표를 달성하는데 얼마나 효과적인가? 조직이 지금 조직되어 운영되는 경우, 그러한 경찰기관은 그 지역사회의 현재와 장래의 요구 및 기대들을 충족하고 있는가? 이러한 질문에 대해 답할 수 있을 때, 중요한 변화의 필요성에 대한 평가를 할 수 있다.

일반적으로 말하면, 업무수행 차이가 크면 클수록 그 조직 또는 지역사회에게 업무수행의 영역은 더욱 중요하게 되고 변화의 필요성도 더욱 커진다. 앞서 살펴보았던 경찰력을 사용하는 사례에서, 변화의 필요성은 매우 크다. 왜냐하면 실제 행태는 기대되는 행태와 거리가 먼 행위이고, 그러한 행태는 매우 중요하게 인식되는 부분이다. 모든 경찰기관들이 일련의 변화를 필요로 한다고 가정해야 하지만, 본질적으로 고려해야 할 사항은 얼마나 많은 변화가 필요로 되고, 그 변화가 경찰기관을 분명히 향상시킬 것이라는 점이다.

경찰행정가들은 경찰관서의 실태에 대한 개인적·상황적 평가를 통해서 또는 경찰관서의 구성원들, 정부직원들, 언론, 대중들에 의해 제기된 관심사항을 파악함으로써 변화의 필요성을 인식할 것이다. 다른 사람들이 경찰행정가의 관심을 끌고자 할 때 업무수행의 차이를 무시하려는 유혹은 존재한다. 일부 경찰행정가들은 그들이 옳고, '문제를 일으키는 자'들이 잘못된 것이며, 따라서 어떠한 차이도 존재하지 않는다고 생각하면서 업무수행의 차이를 계속 무시할 것이다. 이러한 상황은 언제까지나 계속될 수 있다. 그러나, 이것은 대부분 머지않아 저항의 결과를 가져올 것이다. 현명한 경찰행정가들은 업무수행 차이라는 문제들을 파악하는데 개방적이어야 하고, 개인적으로 그 차이를 밝혀내는데 참여할 것이다.

(3) 변화에 적합한 분위기 형성

변화의 과정에 있어서 세 번째 단계는 변화에 적합한 분위기를 형성하는 것이다. 경찰관서에 있어서 변화의 분위기는 변화능력을 좌우한다. 던캔(C. M. Duncan)은 3개 경찰관서에서 조직상의 변화 분위기를 조사하였다.[5] 그의 연구는 경찰관서에 있는 경찰공무원들의 변화 분위기에 대한 인식이 중요하다는 점을 지적하고 있다. 던캔(C. M. Duncan)의 연구는 다음 4가지 기본적 요인을 기초로 하여 변화의 분위기를 조사하였다.

① 변화의 필요성에 대한 인식
② 변화에 대한 조직의 개방성 정도에 대한 인식
③ 조직 내부의 변화를 위한 잠재력
④ 변화를 실행함에 있어 경찰공무원의 참여 가능성에 대한 인식

던캔(C. M. Duncan)은 이러한 4가지 요인간의 상관관계를 평가하여 조직구성원들이 그 조직을 변화에 개방적이고, 변화에 대한 잠재력이 높으며, 변화를 실행할 때 경찰공무원들이 참여할 수 있는 가능성이 높다고 인식할 때, 그 조직구성원들은 변화의 필요성을 거의 인식하지 않게 된다는 것을 밝혀냈다. 또

---

5) C. M. Duncan, "Organizational climate and climate for change in three police departments: some preliminary findings," *Urban Affairs Quarterly,* Vol. 8, No. 2, 1976, pp. 205~245.

한, 그 반대의 경우도 있다. 조직구성원들에 의해 변화의 필요성이 강하게 제기
된다면, 조직구성원들은 그 조직을 변화에 폐쇄적이고, 변화에 대한 잠재력이
부족하고, 변화를 실행함에 있어 경찰공무원들이 참여할 수 있는 가능성이 거
의 없다고 볼 것이다.

외부의 환경은 변화의 분위기에 영향을 미친다. 던캔(C. M. Duncan)은 환
경이 보다 혼란스럽게 되어 시민과 지역사회의 의견이 경찰기관에 영향을 미
치는 경우가 증가하게 될 때, 그 경찰조직은 위기 대응(crisis reaction)을 행한
다는 점을 알아냈다. 경찰조직의 위기 대응은 의사결정에 있어 더 적게 참여시
키고, 상관과 부하간에 상호 비판이 늘며, 위험을 감수하는 경우가 줄어들고,
조직 구성원 상호간의 유대감이나 지원의 감소 등으로 나타난다. 이러한 혼란
스러운 환경과 정치적 압력에 대한 위기 대응을 겪고 있는 경찰기관의 상황은
결코 변화를 위한 좋은 분위기는 아닐 것이다.

하지만, 그 조직구성원들은 그 기관에 있어 변화의 필요성을 느끼게 될 것이
다. 이러한 변화의 분위기는 조직이 뚜렷한 변화 노력들을 시도하기 이전에
변화를 위한 긍정적인 현상으로 파악되어야 한다. 위기상황은 적절한 변화의
분위기를 형성시키는 촉매제가 될 수 있다.

던캔(C. M. Duncan)의 연구는 적절한 변화의 분위기는 조직이 변화를 일상
적인 업무의 일부로 파악하고, 변화를 제안하거나 수행함에 있어 모든 조직구
성원들의 참여를 고취시킬 때 나타난다고 지적한다. 이러한 분위기를 형성하는
것은 경찰조직의 기능을 향상시킬 가능성을 갖고 있는 방안을 찾고, 듣고, 행동
하도록 모든 경찰행정가 및 감독관들의 적절한 태도를 확립하는 점진적인 과
정이다. 조직구성원들에 의해 제기된 변화를 실행해 나가고, 이러한(변화에 대
한) 관념을 갖고 있는 구성원들을 신뢰할 때, 비로소 구성원들은 현존하는 변화
의 분위기를 인식하고 신뢰하게 될 것이다.

(4) 문제의 진단

변화과정의 네 번째 단계는 문제를 진단하는 것이다. 이 단계는 "야기된 문
제점은 무엇인가? 그 문제의 심각성은 어느 정도인가? 어떠한 현상이 가장 심

각한가? 그리고 그 문제는 그 조직에 어떤 영향을 미치는가?" 등의 특정 문제를 확인하는 것과 관련되어 있다.

　문제진단 단계는 의사가 질병에 걸린 환자를 진찰하는 것에 비유될 수 있다. 의사는 증상이 얼마나 심각한지, 그리고 그러한 증상이 환자의 기능에 어떠한 영향을 미치는가와 같이 환자의 증상에 관심을 갖고 있다. 또한, 의사는 이러한 증상들의 원인을 파악하는데도 관심을 갖는다. 그러한 원인들은 증상을 없애기 위해서 제거되어야만 한다. 그렇지 못하면, 의사는 환자의 몸 속에 계속 남아있게 될 증상에 대해 단순한 치료만 하게 될 것이다.

　이러한 치료방법은 문제의 영향을 줄일 수 있지만, 그 문제를 근절하지 못한다. 문제를 근절하는 것이 의사의 목표이다. 문제는 의사나 환자에 의해 항상 조절될 수 있는 것이 아니기 때문에, 문제를 근절하는 것이 언제나 항상 가능한 것만은 아니다. 그럼에도 불구하고, 적절한 진단을 통하여 무엇이 특별히 문제인가를 결정하지 못한다면 그 문제는 제거될 수 없다.

　경찰관서에 있어서 적절한 진단은 조직적 행태와 이론에 관한 지식, 조직의 역사와 현재의 상태에 대한 이해, 그리고 문제의 원인을 찾는데 적합한 문제제기에 달려 있다. 예컨대, 조직의 사기가 낮은 경우에 있어서 경찰행정가가 그 원인에 대해 단순히 자신의 견해에 의존하게 되면 그 문제의 판단을 그르칠 수 있다. 경찰행정가가 감독자들이나 다른 행정참모들의 지식을 고려할 경우 문제의 진단이 보다 잘 이루어질 수 있을 것이다. 또한, 경찰행정가가 현장에 있는 경찰공무원들에게 무엇이 문제라고 생각하는지, 그리고 조직은 무엇을 해야 하는지에 관해 의견을 물을 때 가장 좋은 진단결과가 나타날 것이다. 경찰행정가는 이러한 투입자원들뿐만 아니라 관련 이론지식과 조직의 행태와 사기에 관한 연구조사를 활용함으로써 문제를 가장 잘 진단할 수 있을 것이다.

(5) 대안전략의 확인

　다섯 번째 단계는 적합한 변화전략에 관한 조사이다. 이 단계에서 변화 수행 담당자는 이전 단계에서 진단된 문제를 해결하기 위하여 대안전략을 확인한다. 그 목표는 문제를 줄이는데 도움이 될 수 있는 가능한 한 많은 대안전략을 확인하는 것이다.

예컨대, 한 경찰기관에서 심한 갈등 문제를 겪고 있고 경찰행정가들이 이러한 문제를 완화시키려고 할 경우, 가능한 전략에는 ① 임금인상, ② (복지) 혜택의 제고, ③ 승진 기회의 제고, ④ 강제적인 시간외 근무의 최소화, ⑤ 선발절차의 강화 등이 포함된다.

(6) 변화전략의 선택

다음 단계는 변화전략을 선택하는 것이다. 최선의 변화전략을 선택할 때 고려해야 할 사항은 인력과 장비 등 자원들의 가용성, 잠재적 변화에 대한 조직구성원들과 지역사회의 반응, 변화전략의 잠정적인 결과, 가능한 결과(예: 비용 효과성)와 비교해서 변화를 수행하는데 필요한 노력의 양 등이다. 변화전략의 선택은 변화의 목적과 변화를 실행시킬 수 있는 자원들에 의존한다.

(7) 실행전략의 결정 및 실행

변화에 활용될 전략을 선택한 이후에는 변화수행 담당자들은 전략의 실행 방법을 결정하고 그것을 실행에 옮길 준비를 한다. 그 변화전략이 성공적인지 여부는 희망하는 변화, 변화 결정의 방식, 변화를 수행하는데 사용되는 의사소통경로, 조직의 사회적 체제, 변화수행 담당자의 지원 등에 달려 있다. 경찰조 직을 변화시키려면, 변화를 지원하는 조직구성원들에게 영향을 미칠 '조직적 분위기'를 형성해야 한다.

계획된 변화를 실행함에 있어서 한 가지 필수적인 요소는 경찰서장의 단호한 실행(리더십)이다. 변화는 위에서부터 아래로 행해져야 한다. 경찰서장은 계획의 실행에 있어 경찰서장을 따르고 책임을 질 수 있는 직속 부하직원들의 협조를 확보해야 한다.[6)]

변화의 시기에 있어서, 경찰서장의 카리스마는 매우 중요하다. 왜냐하면, 부하직원들의 복종이 불확실하기 때문만이 아니라, 경찰관서의 개혁은 경찰서장

---

6) J. Livingstone and R. Sylvia, "Rethinking police organization," *Journal of Police Science and Administration*, Vol. 7, 1979, p. 16.

의 성과에 의존하는 직속부하직원들의 협조에 달려있기 때문이다.

조직에 대한 위험을 최소화시키는 동안, 전략의 수행과 실행 자체를 계획하고 달성해야 한다. 전략의 수행과 위험 감소를 위해서는 경찰행정가들은 조직상의 변화에 있어서 제약요인들을 고려해야 한다.

(8) 변화전략의 평가 및 수정

변화의 여덟 번째 단계는 변화전략의 효과성을 평가하고, 필요시 변화전략을 수정하는 것이다. 이러한 평가 및 수정단계는 변화가 수행되자마자 착수해야 한다. 문제점들이 초기에 포착되면, 실행과정이 모두 마칠 때까지 그 문제점들이 지속된 경우에 비해, 그 해결이 보다 용이할 것이다. 변화를 위한 기획을 아무리 잘 할지라도 실행시 발생하는 문제들을 근절할 수는 없다.

문제들이 계속해서 발생하도록 허용된다면, 그 문제들은 변화의 기회들을 효과적으로 파괴할 수 있다. 왜냐하면 해결되지 않은 문제들은 조직구성원들에게 적대감과 분개심을 유발하기 때문이다. 해결되지 않은 문제들은 조직관리자가 조직구성원들의 관심사와 직무만족에는 관심이 없다고 인식하는 분위기를 형성한다. 사기는 이러한 경우에 저하될 수 있다.

이 단계에서 평가자는 변화의 결과와 원해지는 결과를 비교하는 데 관심이 있다. 다음과 같은 사항들이 평가되어야 한다. 문제를 해결하는데 있어서 계획되었던 변화가 얼마나 효과가 있었는가? 변화수행 과정은 어떤 문제들에 직면하였는가? 조직이 변화를 얼마나 잘 처리하였는가? 변화에 대한 지역사회의 반응은 어떠하였는가? 변화는 내면화되었는가 또는 단지 피상적인 변화에 그쳤는가? 이러한 질문들에 대한 답을 찾은 이후에 변화수행 담당자는 변화의 성공 정도를 결정할 수 있다. 이때 주로 어려운 일부 영역이 발견될 것이다. 이것들은 즉시 평가되어야 하고, 더욱 효과적인 변화를 형성하고 그 실행을 수정하기 위해 계획이 개발되어야 한다. 극히 드문 경우이지만, 본래의 실행계획을 취소해야 하는 경우도 있을 수 있다. 주로 변화과정이 신중하게 개발된다면, 변화과정의 수정은 변화계획 속에 존재하고 있는 문제들을 해결해 줄 것이다.

2. 경찰조직 발전

최근 연구가들은 조직발전(Organization Development: OD)이라고 알려진 조직의 변화에 대한 전체적 접근방법을 옹호하고 있다. 조직발전은 "조직의 전략, 구조, 효과성 증진과정의 계획적 발전 및 강화에 대한 행태과학적 지식의 전체적인 적용"이라고 정의된다.[7]

조직발전은 다음과 같은 점에서 의의가 있다.

(1) 조직발전은 전체 조직 또는 조직 내부의 각 단위부서(division)를 다룬다.

(2) 조직발전은 리더십, 동기 등의 요인을 향상시키기 위해 행태과학 연구를 활용한다.

(3) 조직발전은 적응적이고 유연하다.

(4) 조직발전은 조직 내부의 생산성과 삶의 질에 중점을 둔다.

어떤 연구가는 "조직발전에서 가장 중점을 두는 것은 조직과 그 하위집단, 그리고 그 구성원들이 문제를 파악하고 해결하는 능력을 보다 강화하기 위해서 전체 체제를 향상시키는 것이다. 이러한 과정은 행태과학적 지식과 실행에 기초한 것이고, 그것은 변화를 형성하고 관리하는 것과 관계가 있다"고 하였다.[8]

파겐슨(E. A. Fagenson)에 따르면, 2가지 기본전략이 조직발전의 목적을 달성하는데 사용된다.

첫 번째는 '기술적 구조'(technostructure) 전략이다. 이것은 조직의 구조, 일의 흐름, 업무 성취도와 성과를 강조한다.

또 다른 전략은 직원들의 욕구에 중점을 두는 '인간 과정적 접근법'(human processual approach)이다. 이러한 인간과정적 접근은 조직 내 의사소통과 다른 집단과의 과정을 향상시키는 것을 강조한다. 인간과정적 접근법은 또한 팀

---

7) T. G. Cummings and C. G. Worley, *Organizational Development and Change*, 5th ed. (St. Paul: West Publishing, 1993), p. 2.

8) S. Ramirez, "Organizational development: Planned change in an unplanned changing world," *Public Management*, Vol. 76, No. 10, 1994, p. 4.

그림 12-3 조직발전 과정

진단	⇨	개입	⇨	평가

형성(team building), 갈등 중재(conflict interventions), 다른 한편으로는 직무 설계(job design), 직무 확장(enlargement), 직무 강화(reinforcement), 직무 확충(job enrichment), 구조변화(structural change[예, 중간관리계층의 제거])와 관련이 있다.9)

조직발전을 추구하기 위한 유일한 최선의 방법은 없다. 하지만 보통 외부 자문가(external consultants)의 상담을 활용함으로써 수행된다. 이러한 자문가들은 보통 사회과학의 전문지식을 가지고 있고 변화과정을 위한 과학적 지식을 적용할 수 있는 능력을 갖춘 사람들이다. 조직발전에 전문성을 지닌 일부 자문전문회사들(예: the Organization Development Institute)은 전국에 걸쳐 발견될 수 있고, 많은 대학들(예: American University)이 진보한 조직발전 기법을 제공하고 있다.

조직발전 과정은 전통적인 변화과정에 걸쳐 한 가지 형태 또는 다른 형태로 나타난다. 이러한 3가지 단계는 ① 진단, ② 개입, ③ 평가로 구성된다.

(1) 진 단

첫 번째 단계인 진단(diagnosis)은 자료(data)를 수집하는 것과 관계되어 있다. 진단은 면접, 설문, 직원행태의 관찰, 내부문서와 보고서의 검토 등으로 수행되어질 수 있다. 발톨(K. M. Bartol)과 마틴(D. C. Martin)은 이 단계는 "최대의 효과성에 저촉할 수도 있는 조직구성원들이 공유하고 있는 신뢰, 가치, 규범에 특별히 관심을 갖는다"고 지적하였다.10)

---

9) E. A. Fagenson, *Organization development practitioner's activities ad intervention to perceptions of the department as held by its members: An analysis Doctoral dissertation* (Michigan State University, 1972).

10) K. M. Bartol and D. C. Martin, *Management,* 3rd ed. (New York: McGraw-Hill, 1998), p. 363.

(2) 개 입

우선 상황이 진단되면, 다음은 개입(Intervention)단계이다. 수많은 변화전략들이 쓰일 수 있지만, 조직발전 전문가들은 주로 4가지 기법들을 사용한다.

1) 과정진단(Process consultation)

조직발전 자문가는 집단을 관찰하고 조직 장애에 대한 비평을 한다.

2) 팀형성(Team building)

조직발전 자문가는 업무집단들이 과업 및 의사소통을 보다 효과적이도록 지원한다.

3) 제3자의 개입(Third-part intervention)

조직발전 자문가는 문제가 아주 심각해지면 이해 당사자간의 중재자로서 활약한다.

4) 기술구조적 활동(Technostructual activities)

조직발전 자문가는 작업방식, 업무설계, 조직구조를 향상시키도록 권고를 한다.

(3) 평 가

세 번째 단계는 평가(evaluation)이다. 모든 변화 노력에 있어서 지속적인 감독이 매우 중요하다. 이러한 점에서(조직의 책임뿐 아니라) 조직발전 자문가의 책임은 변화들이 바람직한 결과를 생산하도록 하는 것이다.

3. 경찰조직 변화에 대한 저항

바우간(D. Vaughan)은 "(예상되지 못한 결과의 관점에서 광범위하게 정의된) 조직적 일탈은 체제 그 자체 특성의 일상적 부산물이다. 조직적 일탈은 모든 사회적으로 조직된 체제의 예상 가능하고 재발할 수 있는 것이다"라고 아주 정확하게 지적하였다.[11]

---

11) D. Vaughan, "Forthcoming. The dark side of organizations: Mistake, misconduct, and disaster," *Annual Review of Sociology*, 1999, p. 4.

그녀는 예상되지 못한 결과에 영향을 미칠 수 있는 환경, 조직 특성, 인간 인식이라는 3가지 광범위한 영역의 요소들을 확인하였다. 즉, 변화는 외부의 영향력(예: 정치적 압력), 내부의 문제들(예: 의사소통의 부족), 인간다운 결정(예: 개혁을 열성적으로 하기를 꺼려하는 태도)과 타협할 수 있다.

(1) 변화에 대한 저항의 형태

변화와 자주 관련되는 위기는 저항의 형태로 나타난다. 사람들은 변화를 두려워하는 경향이 있고, 때때로 변화가 모든 사람에게 더 나은 상황을 가져올 때에도 저항을 하게 된다. 이러한 경향은 법집행에 있어서 가장 분명히 나타난다. 구이옷(D. Guyot)은 경찰활동에 있어서 변화는 "화강암을 구부리는 경우"와 비슷해서 거의 불가능하다고 주장한다.[12] 저항은 다음 두 가지 형태 중 하나로 나타날 수 있다. ① 명목주의(tokenism) 또는 ② 대규모의 저항(massive resistance)이다.

1) 명목주의

명목주의(tokenism)는 조직의 참여자들이 프로그램에 많은 공헌을 하고 있다고 보이지만, 실제로는 아주 적은 기여를 하고 있을 경우에 나타난다. 명목주의의 변형형태는 상관으로부터 부과된 변화를 받아 들이기 전에 가능한 한 '보류'하게 되는 형태로 나타난다. 다른 경우를 보면, 조직의 변화에 명목상 기여를 하는 사람들은 "가능한 한 거의 일을 하지 않는다."

2) 강력한 저항

변화에의 저항에 그들의 모든 에너지를 쏟아 붓는 조직의 참여자들은 강력한 저항(massive resistance)을 보여 주고 있다. 바다취(E. Bardach)에 따르면, 그것은 "불복종에 대해 제재를 가하려는 몇몇 경찰행정기관의 능력을 압도함으로써, 이러한 요소들을 제공하는 정책지시(policy mandate)에 특정되어 있는 책임을 회피하기 위한 수단"이다.[13] 강력한 저항은 부분적으로 상관의 지시에

---

12) D. Guyot, "Bending granite: Attempts to change the rank structure of American police departments," *Journal of Police Science and Administration,* Vol. 7, 1979, pp. 253~284.

13) E. Bardach, *The Implementation Game: What Happens after a Bill Becomes a Law* (Cambridge, MA: MIT Press, 1977), p. 108.

따르지 않았을 때의 징계에 대한 두려움 때문에 사실상 경찰활동에 존재하지는 않는다. 이러한 형태의 저항은 주로 모든 직원들이 그 직무를 거부하는 파업의 형태에서 명백히 나타난다. 관할구역에 따라서, 파업은 거의 드물거나 또는 불법적이다.

그 형태에 상관없이, 저항은 불가결하게 변화에 수반된다. 왜 사람들은 변화에 저항하는가? 여기에는 많은 이유들이 있으나, 몇 가지 주요한 원인을 찾을 수 있다.14)

첫째, 사람들은 자기 이익(self-interest)에서 벗어나는 것에 저항한다. 어떤 직원들이 변화의 결과를 그들에게 불리하게 영향을 미치는 것으로 인식한다면, 그들은 변화에 저항하기 위해 노력할 것이다. 그 과정 중에 얼마나 많은 저항에 부딪히게 되는지는 변화가 그들에게 얼마나 많은 영향을 미치는지에 대해 조직구성원들이 인식하는 정도에 달려 있다.

변화에 저항하게 되는 또 다른 원인은 오해(misunderstanding)이다. 사람들은 변화를 이해하지 못할 때 변화에 저항할 것이다. 추구되는 변화가 분명하지 않을 때, 또는 경찰행정가들과 부하직원들 사이에 의사소통 문제가 있거나 불신의 문제가 있을 때 오해가 증가할 수 있다.

발톨(K. M. Bartol)과 마틴(D. C. Martin)에 따르면, "변화의 장점에 대한 차별적인 평가(differential assessment)", 즉 어떤 집단은 긍정적인 결과로 인식하는 반면, 다른 집단은 부정적인 결과로 인식한다면 저항은 더 발생한다.15)

마지막으로, 일부 사람들은 단순히 변화에 대해 낮은 인내력(low tolerance for change)을 갖고 있기 때문에 저항한다. 그들은 변화프로그램과 관련된 새로운 기술을 습득하지 못할 것이라고 두려워하는 사람들일 수 있다.

(2) 변화에 대한 저항의 최소화 전략

다행히도, 경찰행정가들은 변화에의 저항을 최소화하기 위한 여러 조치들을 취할 수 있다. 첫째, 경찰행정가들은 지속적인 주의를 가질 필요가 있다. 그렇

---

14) J. P. Kotter and L. A. Schlesinger, "Choosing strategies for change," *Harvard Business Review,* March-April, 1979, pp. 106~114.

15) K. M. Bartol and D. C. Martin, *op. cit.,* p. 365.

그림 12-4 저항의 최소화 전략

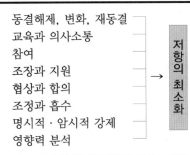

게 할 때만, 그들은 저항의 원인들을 파악할 수 있게 된다.

일단, 저항에 직면하게 되면, 걸림돌이 없거나 적어도 최소한의 지체나 어려움으로 변화가 수행되도록 하는 데 적어도 8가지 전략들이 사용될 수 있다.

1) 동결해제, 변화, 재동결

변화에 대한 저항을 줄이는 한 가지 잘 알려진 전략은 변화의 과정을 세 가지 단계로 구분한 조직 연구가인 레윈(Kurt Lewin)에 의해 주장되었다.16) 첫 번째는 저항의 원인을 확인하는 '동결해제'(unfreezing)단계이다. 잠재적인 문제점들에 대해 주의함으로써, 변화의 필요성이 평가되는 방법과 똑같이 이 단계는 수행된다.

레이츠(H. J. Reitz)는 동결해제(unfreezing)의 예를 다음과 같이 기술하고 있다. 어떤 관리자의 리더십 유형을 변경하고자 설계된 프로그램은 현재방식이 비효과적이고 부적절하다는 환류정보를 그에게 제공할 수 있다. 이러한 프로그램은 직원들과의 접근을 보다 용이하게 하기 위해 관리자 사무실의 위치를 변화시키는 것과 관련될 수 있다. 그것은 그 상황에서 그를 벗어나게 하고 교육훈련 프로그램에 보냄으로써 대안적인 행태를 실험할 수 있는 '안전한' 환경을 제공할 수 있다.17)

두 번째 단계인 '변화'(changing)는 부하직원들로 하여금 새롭게 요청되는

---

16) K. Lewin, "Frontiers in group dynamics: Concept, method, and reality in social science," *Human Relations*, Vol. 1, 1947, pp. 5~41.

17) H. J. Reitz, *Behavior in Organizations* (Homewood, IL: Richard D. Irwin., 1977), pp. 546~547.

행태를 습득하도록 하는 경찰행정가의 노력이다. 이것은 오해의 형태로 나타나는 저항을 극복하게 할 수 있다.

세 번째 단계인 '재동결'(refreezing)은 새로운 행태를 강화시키는 것과 관련된다. 이것은 보통 보상체제를 통하여 달성된다. 스케인(E. H. Schein)은 변화에 대하여 부하직원들을 훈련시킬 때, 부하직원들이 변화에 관련된 정보를 습득하고 받아들일 수 있도록 많은 노력을 해야 한다고 지적하였다.18) 예컨대, 많은 경찰관서가 지역사회 경찰활동을 채택하고 있다 할지라도, 경찰관들이 그러한 새로운 철학에 참여하지 않았기 때문에, 일부 경찰기관 내에서 그 효과성이 의문시될 것이다.

2) 교육과 의사소통

교육(education)과 의사소통(communication)은 정보나 이해의 부족이 분명한 상황에서 이용되어질 수 있다. 이러한 전략의 장점은 사람들이 교육을 받고 인식하게 될 때, 경찰관들은 변화의 수행을 지원하려고 하는 경향이 늘어 난다는 것이다. 이러한 전략과 관련된 단점은 교육 및 의사소통은 시간과 비용이 많이 소요된다는 것이다.19)

3) 참   여

변화를 선동하는 자가 변화에 미칠 수 있는 정보와 영향력이 부족하다면, 변화과정에의 참여는 기대될 수 없다. 참여(participation and involvement)는 두 가지 방식의 형태로 나타난다. 즉, 부하직원들이 참여하도록 허용될 때, 그리고 변화과정에 참여할 때, 그들은 변화과정에 있어서 한 부분이라고 더욱 느낄 것이다. 참여의 장점은 경찰행정가가 낡은 방식을 변화시키는데 사실상 전념하고 있다는 것을 부하직원들이 보게 된다는 점이다. 하지만, 이러한 전략 또한 시간이 많이 소요된다. 또한, 경찰행정가들이 기대하는 것과 다른 변화를 야기할 수 있다.

4) 조장과 지원

경찰행정가들은 또한 조장과 지원(facilitation and support)을 제공할 수 있

---

18) E. H. Schein, "Management development as a process of influence," *Industrial Management Review*, Vol. 2, 1961, p. 10.

19) J. P. Kotter and L. A. Schlesinger, *op. cit.*, pp. 106~114.

다. 이것은 부하직원들이 두려움 및 걱정으로 인해 저항하는 경우에 특히 유용하다. 조장과 지원은 교육, 훈련, 적절한 장비 및 물자의 제공을 통해 이루어질 수 있다. 이 전략은 특히 많이 받아 들여지지만, 역시 시간과 비용이 많이 소요된다.[20] 예컨대, 담당지역의 순찰경찰관들이 문제해결에 참여하도록 한다면 그 경찰관들에 의해 효과적인 해결책 및 높은 수준의 참여를 가져올 수 있다.

5) 협상과 합의

한 집단이 변화에 의해 부정적으로 영향을 받을 것이라고 인식할 때, 협상과 합의(negotiation and agreement)가 유용한 전략이 된다. 교육과 훈련이 실패하면, 협조를 얻기 위하여 협상이 필요할 수 있다. 노조와 경찰행정가 간의 관계를 생각해 보라. 즉, 노조는 변화에 종종 저항하고, 그 결과 경찰행정가의 책임은 노조를 '협상 테이블'로 이끌어서 상호간의 이익이 되는 합의를 도출하는 것이다.

6) 조정과 흡수

저항을 최소화하기 위해 좀 더 논쟁의 여지가 있는 전략은 조정과 흡수(manipulation and cooptation)이다. 발톨(K. M. Bartol)과 마틴(D. C. Martin)에 따르면, '조정'은 보통 "잠재적 저항가들에게 변화가 좀 더 매력적이거나 필수적인 것으로 보이기 위하여 변화에 관한 정보를 선택적으로 제공하는 것"이다. 반면, '흡수'는 "협력을 얻기 위해 잠재적 저항가들 사이의 지도자나 영향력 있는 자들이 변화과정에서 표면적으로나마 바람직한 역할을 부여 받는 것"이다.[21] 이 두 가지 전략은 기만적인 방법을 사용하는 것이기 때문에 윤리적인 문제점들을 노출시키고 있다. 이것은 그 사람들이 조정 당하고 기만 당했다는 사실이 밝혀지게 되면 장래의 문제점을 야기할 수도 있다.

7) 명시적·암시적 강제

저항을 줄이는 또 다른 전략은 명시적·암시적 강제(explicit and implicit coercion)이다. 조정 및 흡수와 마찬가지로, 이것은 저항의 수용을 확보하기 위해 고안된 또 다른 논쟁의 여지가 있는 전략이다. 이것은 앞서 언급한 다른 전

---

20) K. M. Bartol and D. C. Martin, *op. cit.,* p. 366.
21) *Ibid.,* p. 367.

략들보다 더 권위적인 방법이다. 기본적으로, 이 전략은 사람들을 변화로 이끌기 위해 힘을 사용한다. 채택된 전략에는 직무상실, 강등, 정직의 위협이 있다. 강제와 관련된 문제는 그것이 역효과를 유발할 수 있다는 점이다. 피강제자들은 강제가 너무 심한 것으로 느끼게 되면 분개하여 저항이 확대될 수도 있다. 불행하게도, 경찰행정가들은 의외로 이러한 강제전략에 의존하고 있다는 연구조사가 있다.22)

8) 영향력 분석

발톨(K. M. Bartol)과 마틴(D. C. Martin)에 따르면, "영향력분석(force-field analysis)은 추진력(driving force)이나 억제력(restraining force)이라는 두 가지 힘의 유형을 분석하는 것과 관련된 것으로, 그것은 어떤 제안된 변화에 영향을 미치고 저항을 극복하기 위한 최선의 방법을 평가하는 것이다."23) 추진력은 변화에 대한 압력을 행사하는 힘을 말한다. 억제력은 변화에 저항하는 힘을 말한다. 어떤 시기에 있어서도 이러한 두 힘은 효력이 있다. 이러한 두 힘은 다른 하나에 대해서는 반대방향으로 몰고 나아가, 평형이나 균형상태를 형성한다. 경찰행정가의 역할은 변화를 성취될 수 있도록 추진력을 증대하고 억제력을 감소시키는 것이다.24) 추진력을 개발하고 유지하는 것은 참여 및 조장을 통하여 가장 잘 수행될 수 있다.

(3) 변화 위험을 최소화함에 있어서 기타 논쟁

아래에 있는 6가지 일반적으로 받아들여지는 원칙들은 조직을 변화시키는데 있어 어려움과 위험을 최소화하도록 도와준다.25) 이러한 6가지 개념들 각각은 분명히 조직의 분위기와 관련되어 있다. 조직의 분위기(Organizational Climate)는 기본적으로 "조직의 개인 및 집단들이 서로 상호작용을 하고 조직

---

22) P. C. Nutt, "Tactics of implementation," *Academy of Management Journal*, Vol. 29, 1986, pp. 230~261.

23) K. M. Bartol and D. C. *op. cit.*, p. 367.

24) P. Strebel, "Choosing the right change path," *California Management Review*, Vol. 36, 1994, pp. 29~51.

25) R. Taguiri and G. Litwin, *Organizational Climate: Explorations of a Concept* (Boston: Harvard University Press, 1968).

그림 12-5 변화위험의 최소화 전략

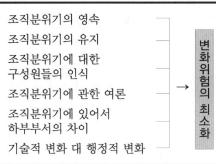

조직분위기의 영속
조직분위기의 유지
조직분위기에 대한
구성원들의 인식
조직분위기에 관한 여론 → 변화위험의 최소화
조직분위기에 있어서
하부부서의 차이
기술적 변화 대 행정적 변화

의 목표를 달성하고자 노력하는 방법들을 통제하는 일련의 가치, 규범, 행위 표준, 공동의 기대"인 조직문화의 또 다른 용어이다.[26)

혁신에 따른 위험 및 어려움을 최소화하기 위하여 경찰행정가는 이러한 6가지 형태의 위험 및 어려움을 각각 충분히 고려해야 한다. 경찰행정가는 착수해야 할 가장 좋은 변화 유형을 확인하고, 그 후 변화를 착수하는데 올바른 환경과 적합한 시기를 선택해야 한다. 최초의 변화 시도에 있어서 성공은 미래의 변화를 더 용이하게 만들 것이다. 그래서 최초의 변화가 성공적이어야 하는 것은 필수적이다.

1) 조직 분위기의 영속

조직 내부의 과정 및 구조가 변화하지 않는다면 조직의 분위기(문화)는 조직의 사회화를 통하여 구성원들의 한 세대로부터 다른 세대에까지 존속된다. 변화 및 업무에 대한 조직구성원들의 태도는 조직 분위기의 일부분이다. 조직에 있어서 과정 및 구조는 업무에 있어서 분위기를 형성한다. 조직의 구조 및 과정이 고전적인 것이라면, 우리들은 조직의 분위기는 변화에 반대되는 것으로 기대할 수 있을 것이고, 변화에의 반대는 조직의 한 세대에서 다른 세대에 까지 존속될 것으로 기대할 수 있을 것이다.

그러나, 고전적 조직의 구조와 과정이 인간관계 모형 또는 상황적 모형의

---

26) G. R. Jones, J. M. George, and C. W. L. Hill, *Comtemporary Management* (New York: McGraw-Hill, 1998), p. 285.

방향으로 변화하도록 영향을 받았다면, 고전적 조직 분위기는 그 원래 형태로 다음 세대까지 더 이상 전해지지 않을 것이다. 시간이 지나면 우리는 경찰기관의 새로운 과정 및 구조를 반영할 수 있는 새로운 조직 분위기를 개발할 것으로 기대할 것이다. 그 후, 조직 내부의 과정 및 구조가 다시 변화할 때까지 또는 변화하지 않는다면, 한 세대로부터 다른 세대까지 새로운 조직 분위기는 지속될 것이다.

2) 조직 분위기의 유지

조직의 규모가 증가함에 따라서 조직의 분위기를 유지하려는 경향도 증가한다. 작은 경찰조직들은 큰 경찰조직들보다도 훨씬 쉽게 변화될 수 있다. 큰 규모의 경찰관서에서 조직의 분위기를 변화시키는데 어려움을 겪고 있는 한 가지 좋은 예는 시카고 경찰국의 사례이다. 시카고 경찰국에서 윌슨(O. W. Wil-son)의 영향력은 이러한 변화를 수행하기 위해 그 경찰국에 있는 동안에 중요한 변화를 만들었다. 그가 시카고 경찰국을 떠나자마자, 시카고 경찰국의 조직 분위기는 이전의 것으로 되돌아 갔다.

규모가 큰 경찰관서에서 조직 분위기의 구조적인 변화를 창출하는 것은 매우 어렵다. 왜냐하면, 조직 분위기를 현상 유지하려는 영향력을 확인하고 변경시키는 것이 더 어렵기 때문이다. 이것은 일반적으로 관련된 인원수 때문이다. 조직의 분위기를 변경시키는 것은 구성원 개인의 인식 변화와 조직적 보상체계를 요구한다. 두 가지 모두는 개인뿐만 아니라 집단적 차원에 있어서 사람들과 접촉하고 영향을 미칠 것을 필요로 하고, 조직 분위기를 변화시키기 위한 오랜 실행을 필요로 한다.

3) 조직 분위기에 대한 구성원들의 인식

조직의 구성원들이 제안된(변화된) 조직 분위기보다도 현재의 조직 분위기를 더 선호한다면, 변화에 대한 동기부여가 감소될 것이기 때문에 변화의 성공률은 저조할 것이다. 반대로, 제안된 조직 분위기가 현재의 조직 분위기보다 더 선호하게 되었을 때, 변화의 성공률은 높아질 것이다.

변화가 조직의 분위기를 보충해 준다면, 변화는 훨씬 더 자연스러울 것이다. 조직의 분위기를 바꾸려는 시도가 과감하면 할수록, 조직 구성원들은 제안된 변화에 더 저항하게 될 것이다.

4) 조직 분위기에 관한 여론

조직 분위기에 관한 여론이 별로 좋지 않을 때, 조직 분위기를 개선하기 위하여 보다 더 신중한 노력을 하기 쉽다. 조직 분위기의 변화를 형성하는 한 가지 방법은 현재 조직의 분위기에 대한 구성원들의 여론을 손상시키는 것이다. 조직 분위기에 대한 여론은 모든 구성원들이 조직 목표와 목표 성취를 위한 그들의 역할에 대해 같은 믿음과 태도를 갖고 있을 때 존재한다. 이러한 믿음들이 다르면 다를수록, 조직의 분위기에 대한 여론은 더 낮게 된다.

5) 조직 분위기에 있어 하위부서의 차이

조직의 하위부서가 그 분위기를 다르게 인식하고 있을 때, 변화의 제안에 대해 더 큰 갈등이 발생하는 경향이 있고, 변화 비율에 있어서 차이가 나는 경향이 있다. 경찰기관의 기능적 부문(예: 교통, 순찰, 청소년, 자살, 비행)에서 조직 분위기가 차이가 날 때 또는 경찰기관의 지리적 관할구역에 따라 조직 분위기가 차이가 날 때, 형성된 변화의 유형, 변화를 성취하기 위한 방법 또는 변화를 위한 시간계획에 대해 갈등이 발생할 것이다. 일반적으로, 이러한 집단간의 차이가 있으면 있을수록, 갈등은 더 커질 것이다.

조직의 권력 투쟁은 조직의 변화를 고려하는 데 있어 필수적이고 중요한 장치이다.[27] 공식조직에 있어서 갈등과 변화의 관계는 상호의존적인 것으로 보인다. 사회구조의 변화는 종종 갈등이 예견되어지고, 그러한 갈등이 오히려 변화를 산출할 수 있기 때문이다. 공식조직들은 상태를 변화시키는데 그들의 공식구조를 천천히 조정한다. 운영을 새로운 상황에 적응시키는 변화는 조직에 도움이 되지만, 그것들은 종종 공식절차를 위반하면서, 비공식적으로 개발되고 수행되어 진다. 권력투쟁은 조직의 변화를 위한 적응과정에 있어서 중요한 역할을 한다. 권력투쟁은 관리자들에게 비공식적 변화에 대한 자극을 제공하여, 운영적 문제를 처리하고 그 영향력의 범위를 확대하는 데 도움을 준다.

---

27) P. M. Blau and W. R. Scott, *Formal Organizations: A Comparative Approach* (San-Francisco: Chandler, 1962).

6) 기술적 변화 대 행정적 변화

기술적 변화는 조직 분위기 내에서 행정적 변화보다 더 빨리 변화한다. 이것은 기술적 변화가 조직의 생산물과 서비스에서 더 명확히 나타내기 때문에 발생한다. 심지어 극단적으로는 고전적 조직들이 통신 및 장비부문에서 기술적 진보를 받아들인다. 기술은 그러한 경우에 조직에 있어서 개인들의 지위에 부정적 영향을 미치는 것이 아니라, 업무를 더 안전하고 용이하게 수행하도록 하는 수단을 제공하는 것으로 인식된다. 이와는 대조적으로, 관리유형과 조직구조의 변화(예: 지역사회 경찰활동)는 이러한 변화들을 도입하고자 시도하는 거의 모든 기관 내에서 많은 논쟁의 초점이 되고 있다. 행정적 변화들은 종종 개인의 지위를 위협한다. 저항은 주로 경찰기관 내에서 중간관리자들의 보호주의로부터 발생한다.

또한, 기술적 변화들은 외부환경에 의해 보다 강하게 지원을 받고 있다. 지역사회는 기술적 변화를 더 잘 인식하고 있고, 이러한 변화들은 경찰-지역사회 관계에 영향을 미칠 가능성을 갖고 있다. 이러한 변화들은 보통 그들의 지역사회를 더욱 안전하게 만드는데 도움이 되는 것으로 일반시민에 의해 인식되는 긍정적 결과들을 갖고 있다. 그러나 일반시민은 행정적 변화에 대해서는 종종 잘 인식하지 못한다. 왜냐하면 이러한 행정적 변화는 시민들에게 노출되는 서비스에 대해 거의 직접적인 영향을 미치지 않기 때문이다.

제 3 절 경찰조직 변화의 접근 및 방향

1. 경찰조직 변화의 접근

조직의 변화를 가져오는 한 가지 기본적 과정이 있는 반면에, 변화를 착수할 때에는 이용될 수 있는 몇 가지 접근방법들이 있다. 폴터(L. W. Porter), 롤러(E. E. Lawler), 해크만(J. R. Hackman)은 조직변화를 성취하는데 자주 사용될 수 있는 3가지 특별한 접근법을 소개하고 있다.[28] 즉, 개인적 접근, 조직의 구조 및 체제 접근, 조직의 분위기 및 인간관계 접근이 바로 그것이다. 각 접근법은 ① 특유의 조직에 있어 행태의 주요 원인에 대한 자기만의 가정, ② 자기만의 특유의 개입기법, ③ 특별히 의도된 직접적인 결과들을 보여주고 있다.

(1) 개인적 변화

조직변화에 있어 가장 전형적인 접근법은 개인적 접근방법이다. 조직 내에서 변화에 착수하기 위한 개인적 접근방법은 개입기법으로써 교육, 훈련, 사회화, 태도변화를 활용한다. 캐츠(D. Katz)와 칸(R. L. Kahn)은 조직변화를 창출하기 위한 개인적 접근방법의 실패는 그것에 근거하고 있는 기본적 가정 때문이라고 생각하였다. 그들은 개인적 시각의 부족으로 인한 조직행태의 부적절성 또는 조직에 있어서 개인에 대한 심리적 이해부족 등으로 인해 그 기초적인 진단이 부정확할 수도 있다는 것을 보여 주었다. 비록 그 진단이 정확하다 하더라도, 그것은 다음과 같은 5가지 약한 가정에 기초를 두고 있다.

① 개인에 대한 새로운 시각과 지식을 제공하는 것은 동기부여 측면에서 중요한 변화를 산출할 것이다.
② 이러한 새로운 시각과 동기부여는 그 개인이 훈련을 받은 후 조직의 익숙한 역할로 다시 돌아갈 때도 계속 유지될 것이다.
③ 개인은 새롭게 습득한 지식을 실제 근무상황에 적용할 수 있을 것이다.
④ 동료 근무자들은 훈련을 받고 돌아온 근무자들의 행태변화를 받아들이도록 설득될 수 있을 것이다.

그림 12-6 경찰조직 변화의 접근

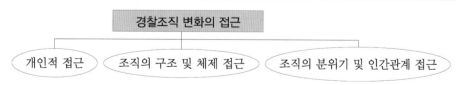

---

28) L. W. Porter, E. E. Lawler, and J. R. Hackman, *Behavior in Organizations* (New York: McGraw-Hill, 1975).

⑤ 훈련받은 자들은 동료 근무자들에게 자신의 기대와 행태에 있어서 보충
적인 변화를 만들도록 확신시킬 수 있을 것이다.

이렇게 단순히 일반화하기에는 변화의 문제점들은 너무나 복잡하다. 조직
환경에서 효과적이고 오래 지속되기 위해서 조직의 변화는 개인적 접근법 그
이상을 요구한다.

(2) 조직의 구조 및 체제변화

두 번째 자주 사용되는 접근방법은 조직의 구조 및 체제변화 접근방법이다.
이러한 접근방법에 기초한 개입기법은 사람들이 업무수행시 행하는 것에 영향
을 미칠 수 있는 실제 조직의 실행, 절차, 정책들을 수정하는 것과 관련되어 있
다. 이러한 의도된 결과는 조직의 목표달성을 촉진하는 행태를 이끌어내고 그
것에 대해 보상하는 상태를 형성하는 것이다. 이러한 접근방법은 조직 내에서
근무자들의 행태는 그들이 일하고 있는 조직적 상황의 특성에 의해 주로 결정
된다고 가정한다(이러한 것을 신고전적 접근방법이라 한다).

조직의 바람직한 변화를 위해 비교적 완화된 방식 중 하나는 최고관리자 지
위까지의 경력경로를 바꾸는 것이다. 경력경로는 어떤 사람이 승진에 적합해야
만 하는 경험의 종류를 나타낸다. 만일 어떤 사람이 정책결정의 전제 또는 관
리자의 관심 및 가치를 변경하는데 관심이 있다면, 이것은 매우 유용한 방법이
된다. 최고관리자 지위에 접근하는 사람이 경험해야 하는 종류를 변경시키는
것이 페로우(C. Perrow)에 의해 제안 되었다.[29] 이 개념은 사람의 행태를 변화
시키기 위해서는 사람들은 정책결정의 기본전제들을 변화시켜야 한다는 가정
에 기초하고 있다. 정책결정의 기본전제들은 조직의 구조적 측면에서 발견된
다. 즉, 조직의 용어집, 의사소통의 구조, 규칙과 규정, 표준 프로그램, 채용 또
는 승진의 기준 등에서 발견될 수 있다. 이러한 구조적 측면은 어떤 사람이 상
위직위로 승진할 수 있는지 여부에 대해 결정할 수 있는 자료를 제공해 준다.

승진을 위한 경력경로는 어떤 경험들을 제공해 주고 어떤 방침을 강화시킨

---

29) C. Perrow, *Complex Organizations: A Critical Essay* (Glenview, IL.: Scott, Foresma,
1979).

다. 예를 들면, 주로 순찰 및 범죄수사 부서에서 승진하게 된다면 아마도 집행의 경향을 갖게 될 것이다. 경찰서장은 경찰관서의 전반적인 방침을 서비스 지향적으로 운영하기 위해서 지역사회 관계 또는 범죄수사와 같은 부서에서 더 많은 직원들을 승진시킬 수도 있다. 어떤 직원의 경력경로는 그가 의사결정을 하는데 사용하는 관점 및 가치를 형성하는 경향이 있다. 페로우(C. Perrow)의 입장은 관리상의 행위를 형성하기 위해서, 관리상 지위에 놓여지기 전에 관리자가 지니고 있는 경험의 종류를 형성해야 한다는 것이다.

변화의 또 다른 구조적·체계적 유형은 권한 및 의사결정의 분권화이다. 웨이랜드(G. F. Weiland)와 울리취(R. A. Ullrich)는 가장 영구적인 변화는 조직의 모든 단계에서 하위계층으로 의사결정의 권한과 책임을 분산시키는 변화 프로그램이라고 하였다.[30] 맨(F. C. Mann)을 비롯한 다른 연구가들은 경찰관서 본부, 일선 감독자, 직원 등 모든 조직 구성원들의 참여가 많으면 많을수록, 조직의 변화는 그 만큼 더 커진다는 것을 알아냈다.[31] 게다가 직원들의 참여를 높이는 것은 변화의 가장 오래 지속되는 형태일 뿐 아니라 변화를 완벽히 수행하기 위한 충분한 협조를 얻는 것이 필수적이다.

(3) 조직의 분위기 및 인간관계 방식의 변화

이러한 접근방법의 전형적인 개입기법은 그들 행태의 사회적 결정요소에 대한 인식을 증가시키고, 그들이 조직 내에서 서로와 관련되고 서로에게 대응하는 새로운 방법을 배우도록 도와주는 것을 목표로 하는 실험적 기술이다. 조직의 분위기 및 인간관계 방식 변화가 의도한 즉시적인 결과는 ① 높은 인간 상호간 신뢰도, ② 개방성, ③ 과도한 사회적 갈등과 경쟁으로 인한 역기능적 결과의 감소로 특징 지워지는 체제 전반적인 분위기를 형성하는 것이다. 이러한 접근방법은 조직 행태가 조직구성원간의 관계를 특징짓는 감정적·사회적 과

---

30) G. F. Weiland and R. A. Ullrich, *Organizations: Behavior, Design, and Change* (Homewood, IL.: Richard D. Irwin., 1976).

31) F. C. Mann, "Studying and creating change: A means to understand social organization," in R. A. Sutermeister (ed.), *People and Productivity* (New York: McGraw-Hill, 1963).

정에 의해 주로 결정된다고 가정하고 있다.

그러한 접근법 중 한 가지는 명백한 체계적인 방법으로 조직문화를 관리하는 것과 관련이 있다. 물론, 크고 오래된 조직의 독특한 문화를 변화시키는 것은 매우 어렵고 많은 시간이 소요될 것이다. 집단 과정은 일탈한 개인에 대해 제재를 부과함으로써 집단규범으로부터 일탈된 행태를 제한하기 때문에, 문화는 변화하기가 어렵다.32) 이러한 제재에는 경미한 일탈에 대한 온건한 제재(약간의 조소나 비평)에서부터 집단규범에 대한 중대한 일탈에 대한 심한 제재(꾸짖음 또는 신체적 폭력)까지 있을 수 있다.

(4) 변화의 지속

일단 새로운 문화가 대체되면, 바람직한 문화를 유지하기 위해 많은 다양한 전술들을 지속적으로 이용하여야 한다. 역할 모델은 바람직한 문화를 촉진하기 위해 경찰행정가들에 의해 많이 활용되는 효과적인 기법이다. 이 기법은 바람직한 규범 및 가치에 일치하는 행태 모델을 제공하는 것으로 구성된다. 몇몇 경찰관서는 '표준(model)'경찰관을 현장훈련 경찰관(FTO)으로 선발함으로써 이 기법을 활용하고 있다. 이러한 FTO는 경찰관서에서 기대가 되고 적합한 것을 새로운 신임경찰관에게 보여준다. 그리하여 신임경찰관은 FTO에 의해 행해지는 경찰역할을 모델로 삼는다.

문화를 개발하기 위한 다른 방법들은 긍정적인 강화를 제공하고, 바람직한 규범 및 가치를 명확히 하고, 문화에 영향을 미치는 그러한 요인에 영향을 가함으로써 간접적으로 문화(예: 바람직한 조직문화를 조장하기 위해 채용, 평가, 승진, 배치전환, 교육훈련 등의 활용)를 형성하는 것이다.

조직의 변화는 단순한 문제가 아니다. 즉, 쉽게 수행되지 않는 복잡한 문제이다. 그러나 바람직한 조직의 변화를 위한 적절한 방법이 선택된다면, 변화의 목적과 변화의 가정 및 철학적 기초가 분명히 제시되어야 한다. 심지어 변화가 성공적으로 수행될 것이라는 보증은 없다. 이러한 변화에 대한 3가지 접근방법

---

32) G. F. Weiland and R. A. Ullrich, *Organizations: Behavior, Design, and Change* (Homewood, IL.: Richard D. Irwin., 1976).

의 조화는 최선의 결과를 낳을 수 있다. 그럼에도 불구하고, 어떤 변화가 효과적이고자 한다면 보상체계와 조직정책이 바람직한 개인의 행태 및 조직문화와 일치하여야 한다.

쿠퍼(D. C. Couper)와 로비츠(S. H. Lobitz)는 경찰활동에 있어서 조직의 분위기와 개인 상호간 스타일 변화를 다음과 같이 요약했다. "만일 우리가 경찰조직의 변화에 대해서 그밖에 아무것도 배우지 않는다면, 우리는 강제적인 힘에 의하여 수행된다면 또는 직원들의 실제적인 참여 없이 조직의 상층부로부터 변화가 수행된다면 그 변화는 반드시 실패할 것이라는 점을 기억하게 된다. 우리가 경찰활동의 새로운 '외부적' 전략을 효과적으로 수행할 수 있게 되는 것은 바로 먼저 우리 조직의 내부를 변화시킴에 의해서이다."[33]

2. 경찰조직 변화의 방향

미국 경찰활동에 있어서 ① 경찰조직의 경직성 완화, ② 인간적인 경찰 이미지 형성, ③ 경찰행정가와 운용직원뿐만 아니라 경찰과 시민 사이의 격차 감소와 같은 3가지 광범한 변화가 지난 30년간 일어났다.[34] 많은 구체적인 변화들이 경찰활동에 있어서 위의 3가지 광범위한 변화를 가져왔다.[35]

구체적인 변화들 중 6가지를 살펴보면 다음과 같다. 즉, ① 참여적 관리(Participative Management), ② 조직의 평면화(Flattening the Organization), ③ 지역사회 경찰활동(Community Policing), ④ 민영화(Civilianization), ⑤ 경찰과 지역사회의 협력(Police-Community Collaboration), ⑥ 기관 상호간의 협력(Inter-departmental Cooperation)이다.

---

33) D. C. Couper and S. H. Lobitz, "Quality leadership: The first step towards quality policing," *Police Chief*, Vol. 55, No. 4, 1988, p. 84.

34) G. B. Sandler and E. Mintz, "Police Organizations: Their changing internal and external relationships," in L. Gaines and T. Ricks (eds.), *Managing the Police Organi-zation* (St. Paul: West Publishing, 1978).

35) P. V. Murphy and D. S. Brown, *Police Leader Looks at the Changing Nature of Police Organization* (Washington: Leadership Resources, 1973).

(1) 참여적 관리

경찰기관들은 과거 10여년 동안 보다 더욱 참여적으로 되었다. 그러나 1976년 FBI 국립경찰학교(FBI National Academy)에 참여한 미국 전역에서 온 경찰관들을 대상으로 한 연구는 1974~1976년에 이미 경찰관리(管理) 형태에 있어서 현저한 변화를 보여 주었다.36) 경찰관들은 조사된 모든 지역에서, 경찰관리(管理)형태는 1974년에 리커트(R. Likert)의 온정적 권위주의형 리더십에서 1976년에는 자문형 리더십으로 변화하였다고 지적하였다. 이것이 비록 경찰관들의 기억에 근거한 것이라 할지라도, 그들은 각 경찰기관에서 가장 유능한 인력을 대표하기 때문에 이러한 조사결과는 주목할 만하다.

스콜닉(J. H. Skolnick)과 베일리(D. H. Bayley)는 그들이 조사한 6개 경찰관서에서 명령의 실질적인 분권화를 발견했다. 경찰을 지리적 영역에 배속시킴으로써, "경찰-지역사회의 상호작용을 보다 촉진시키고 특정지역에 있어서 경찰관들의 인식도를 높인다."37) 이것은 경찰관들이 지역사회를 경찰활동의 협력자로 바라보면서 일반시민들과 함께 진실하게 느끼고 의사소통을 한다는 것을 의미한다. 경찰은 지역사회에 봉사하고, 지역사회로부터 배우며, 지역사회에 책임을 갖고 있다. 경찰과 지역사회는 범죄예방에 있어 공동생산자(co-producer)이다.

명령체계를 무시한, 경찰관서 내의 수뇌부 집단(think-tank) 접근은 참여적 의사결정의 한 가지 방법이다. 그러한 접근의 또 다른 형태는 지역 경찰 팀(neighborhood police team)이다. 합동 경찰활동(team policing)의 확대는 의도했던 것만큼 급속하거나 지배적인 것은 아니었다. 여러 어려움은 새로운 팀에서 근무하는 경찰관들에게 인센티브(예: 보수 인상)를 제공하지 못함으로써 발생했다. 또한, 실행상의 어려움은 합동 경찰활동의 개념에 내재되어 있는 권력과 권한의 상실에 의해 두려움을 느꼈던 중간관리자들에 의한 방해로부터 야기되었다.

---

36) D. T. Shanahan, J. D. Hunger, and T. L. Wheelen, "Organizational profile of police agencies in the United States," *Journal of Police Science and Administration,* Vol. 7, No. 3, 1979, pp. 354~360.

37) J. H. Skolnick and D. H. Bayley, *op. cit.,* p. 214.

어느 정도 경찰행정가는 여전히 권위에의 복종에 의존하고 있으나, 다양한 일련의 가치 및 기대들이 최근에 확립되었다. 과거의 전제적(autocratic) 리더십은 오늘날에 있어서는 더 이상 유효하지 않을 것이다. 위단(D. C, Withan)에 따르면, "새로운 리더십 유형의 슬로건은 지도, 격려, 성취, 권한 부여, 확신, 유연성, 책임, 자기관리, 권한 공유, 자율적 팀, 진취적 부서"라고 하였다.38)

오늘날 경찰공무원들은 높은 수준의 교육을 받았고, 권위에 맹목적으로 복종할 것 같지 않다. 그들은 보다 독립적이고, 전통적·권위적 감독에는 덜 반응한다. 또한, 그들은 경쟁적 관심사에 보다 민감하고, 동료 및 시민들과 보다 협조적이며, 직무에 있어 인간적 접근법을 더 선호할 것 같다. 그들은 직무에 있어 더 많은 투입(input)을 원하고 있다.

(2) 조직의 평면화

많은 경찰행정가들은 대부분 경찰관서의 전통적·관료적 구조가 21세기에도 유효할 것인지 의문을 제기하기 시작한다. 로비넷(H. Robinette)은 경찰조직표는 미래에는 더 이상 피라미드형이 아닐 것이라고 하였다.39) 계층화 정도는 낮아질 것이고, 그 대신, 조직의 측면이 확장될 것이다. 의사결정은 덜 집권화될 것이고, 중간관리층은 감소할 것이며, 경찰관서의 수직적 분화는 보다 더 완화될 것이다.

한 연구에 따르면, 조직의 평면화(Flattering the Organization)에는 수직적 분화(vertical differentiation)와 행정상 밀도(administrative density)라는 두 가지 본질적 특색이 있다고 한다. 수직적 분화는 조직의 '높이', 즉 "조직의 하층부로부터 상층부에 이르는 거리 또는 조직의 최하위계급과 최상위계급 간의 사회적 간격"을 말한다.40) 조직의 평면화를 선호하는 학자는 ① 더 많은 비공식적 관리 경로를 개발하고, ② 명령의 단계를 사실상 줄임으로써 수직적 분화

---

38) D. C. Withan, "Environmental scanning pays off," *Police Chief,* March, 1991, p. 30.

39) H. Robinette, "Organizational streamlining," *Virginia Police Chief,* Spring 1989, pp. 10~16.

40) E. R. Mcguire, "Structural change in large municipal police organizations during the community policing era," *Justice Quarterly,* Vol. 14, 1997, p. 559.

를 완화하는 것을 선호한다.41) 수직적 분화와 마찬가지로, 행정상 밀도는 모든 직원을 포함한 조직의 행정상 구성요소의 크기를 말한다.42) 조직의 평면화를 선호하는 학자는 행정상 구성요소를 줄이기를 바란다. 그들은 행정적 측면에 고용되는 직원이 많을수록, 법집행과 지역사회 서비스와 같은 경찰조직의 핵심 업무에 종사할 수 있는 직원들은 줄어든다고 생각한다.

연구자들은 "피라미드 구조에서의 의사소통은 많은 장벽들로 인한 어려움이 있고, 수많은 관료제의 계층에 의해 방해를 받는다"고 하였다.43) 보다 수평적인 구조는 경찰기관 전반을 통하여 의사소통을 향상시킨다.

불행하게도, 경찰조직의 '평면화'가 눈에 띌 정도로 나타날 수 있는지는 분명하지 않다. 매과이어(Maguire)는 이러한 주제에 대한 연구에서, 경찰조직의 계급구조를 재조정하는 것과 같은 구조적 변화들은 실질적으로는 존재하지 않았다고 밝혔다. 그는 수직적 분화 정도에서 감소의 몇몇 증거를 찾기는 했으나, 그러한 변화는 전문성의 증가로 인해 상쇄되어 왔다. 그의 말에 따르면, 지역사회 경찰활동의 주창자들은 기능적 분화의 증가로 인해 실망할 수도 있다. 왜냐하면 그들은 경찰관서로 하여금 전체적인 개혁의 일부분으로서 비전문화하도록 압력을 가했기 때문이다.44)

(3) 지역사회 경찰활동

최근 조사에 따르면, 인구 5만명 이상의 도시를 관할하는 경찰관들 중 50%가 지역사회 경찰활동(community policing) 모델에 따른다고 하였다.45) 연구가들이 관찰한 바에 따르면, "지역사회 경찰활동은 전국에 걸친 크고 작은 도시

---

41) S. D. Mastrofski, "Community Policing and Police Organization structure," *Presented at the Workshop on Evaluating Police Service Delivery*, Centre for Comparative Criminology, University of Montreal, 1994.

42) R. H. Langworthy, "Administrative overhead in municipal police departments," *American Journal of Police*, Vol. 4, 1985, pp. 20~37.

43) R. W. Glensor, K. J. Peak, and L. K. Gaines, *Police Supervision*(New York: McGraw-Hill, 1999), p. 348.

44) E. R. Maguire, *op. cit.*, p. 572.

45) K. Peak and R. Glensor, *Community Policing and Problem Solving: Strategies and Practices*(Upper Saddle River, NJ: Prentice-Hall, 1996).

를 불문하고 경찰서장 또는 시장에게 있어서 습관적인 단어가 되었다"고 한
다.46) 다른 연구에서는 지역사회 경찰활동은 미국 경찰활동에 있어서 '새로운
정통'(orthodox)이라고 부른다.47)

지역사회 경찰활동에는 여러 가지 특성들이 있다. 철학적·전략적·전술적
특성들은 새로운 경찰활동 패러다임의 복잡성을 설명하고 있다. 또한, 그것은
다음과 같은 사항을 포함하여 많은 원칙들로 나타나고 있다.

① 지역사회 경찰활동은 경찰과 지역사회 주민들이 범죄, 범죄에 대한 두려
움, 물리적·사회적 무질서, 지역 상황 등의 문제점들을 해결하기 위한 새로운
방법으로써 함께 밀접하게 활동하도록 하는 철학적·조직적 전략이다.

② 지역사회 경찰활동의 조직적 전략은 시민과 다른 정규경찰관을 포함하
여 경찰관서에 있는 모든 사람들이 철학을 실행으로 옮기는 방법을 연구하도
록 요구한다.

③ 진정한 지역사회 경찰활동을 수행하기 위하여, 경찰관서들은 또한 경찰
과 지역주민들을 직접적으로 연결하는 역할을 할 수 있는 지역사회 경찰활동
경찰관(CPO)을 새로운 계선 경찰관으로 개발시켜야 한다.

④ 지역사회 경찰활동 경찰관(CPO)의 광범위한 역할은 범죄, 범죄에 대한
두려움, 무질서, 지역사회 상황 등 지역적 관심에 대한 새로운 해결책을 함께
개발할 수 있도록 지역사회에서 법을 지키는 사람들과 지속적이고 일관된 접
촉을 요구한다.

⑤ 지역사회 경찰활동은 경찰의 전통적·사후대응적 역할에 필수적인 사전
적(proactive) 요소를 추가하여, 완전한 경찰서비스를 가능케 하고 있다.48)

이러한 원칙들이 제시하는 바와 같이, 지역사회 경찰활동은 경찰이 범죄 통
제 임무를 수행함에 있어서 협력자들을 필요로 한다는 것을 인식한다. 법집행

---

46) G. Witkan and D. McGraw, Beyond "Just the facts, ma'am," *U. S. News and World Report, August* 2, 1993, p. 8.

47) J. E. Eck and D. P. Rosenbaum, "The new police orde: Effectiveness, equity, and efficiency in community policing," in D. P. Rosenbaum (ed.), *The Challenge of Community Policing* (Thousand Oaks, CA: Sage, 1994), pp. 3~26.

48) R. Trojanowicz, V. E. Kappler, L. K. Gaines, and B. Bucqueroux, *Community Policing: A contemporary perspective*, 2nd ed. (Cincinnati, OH: Anderson, 1998), pp. 11~12.

기관은 삶의 질을 제고함에 있어서 책임을 지고 있는 많은 기관들 중 하나이다. 문제해결, 경찰과 지역사회의 협력, 향상된 조정과 의사소통, 개방성, 유연성이 이러한 과정에서 필수적인 요인들이다. 경찰행정가들은 지역사회 경찰활동의 발전과 조화될 필요가 있는데, 그것은 장래에도 유효하게 지속될 경찰활동의 패러다임인 것으로 보이기 때문이다.

(4) 민 영 화

민영화(civilianization)와 수평적 입직(lateral entry)은 1970년대 초에 비교적 새로운 경찰인력정책이었다. 민영화는 정규경찰관(sworn police officer)들을 채용하는 대신에 민간요원(civilian)을 활용하는 것이다. 스콜닉(J. H. Skolnick)과 베일리(D. H. Bayley)에 의해 조사된 6개 경찰관서들은 민영화를 통해 혁신하였다. 민영화는 민간요원(civilian)들이 연구 및 교육훈련, 과학적 분석, 장비유지 등 지원영역뿐만 아니라 기록, 사무, 통신업무와 같이 보다 일상적인 업무를 담당하는 반면에, 경찰은 고도의 기술을 요하는 경찰업무에 집중하도록 한다.

정규경찰관의 업무부담을 경감시키기 위해 몇몇 경찰기관에서 사용하고 있는 특별한 전략들 중 한 가지는 지역사회 서비스 경찰관(Community Service Officer: CSO)의 활용이다. 지역사회 서비스 경찰관들은 서비스 요청 전화에 응대하는 일을 담당하는 비정규경찰관(nonsworn personnel)이다. 어떤 자료에 의하면, "지역사회 서비스 경찰관은 교통사고 조사에 참여하고, 파괴행위(vandalism)에 대한 보고를 행하고, 주차단속을 하고, 기초적인 범죄현장조사를 수행하고 증거를 수집하고, 지문을 찾고, 다른 관련 임무에 종사할 수 있다"고 한다.[49] 다른 기관들에 있어서도, 지역사회 서비스 경찰관(CSO)들이 '상가앞 출장소'(storefront)에 배치되고 전화요청을 처리함으로써, 이러한 임무에 정규경찰관들을 배치할 필요성을 줄이고 있다.

지역사회 서비스 경찰관들을 활용하는 프로그램의 부족으로 인해, 여전히 많은 경찰기관들은 정규경찰관을 필수적으로 요청하지 않는 임무에 대해서는 시민 자원봉사자에 의존하고 있다.

---

49) R. W. Glensor, K. J. Peak, and L. K. Gaines, *op. cit.*, p. 253.

그러나 정규경찰관의 필요성을 줄이는 또 다른 수단은 시민순찰(citizen patrol)의 활용이다. 전국에 걸쳐 많은 도시들은 사전적인 순찰을 지원하기 위해 '시민 자율 방범대'(corps of citizen volunteers)에 의존하고 있다. 시민들은 정규경찰관이 아니기 때문에, 그들이 직접 개입하는 경우는 드물지만, 필요할 경우에 경찰에 전화를 한다. 예컨대, 시민순찰대원이 진행 중인 범죄를 목격한다면, 그들은 정규경찰관이 개입하여 피의자를 체포할 것을 요청할 것이다.

민영화는 현대 법집행에 있어서 증가하고 있는 현상이다. 경찰기관들은 시민자원봉사자들이 대부분 미개발된 자원을 구성하고 있다고 인식하게 되었다. 경찰과 시민들 양자는 범죄통제는 반드시 협력적 노력이라는 것을 깨닫게 되었다. 시민들이 과거에는 정규경찰관의 책임이었던 임무를 수행하기 시작함에 따라, 경찰은 그들의 임무를 보다 더 잘 수행할 수 있게 되었다.

민영화가 성공하기 위해서, 경찰행정가들은 경찰관서의 나머지 부분에도 민영화를 해야 할 뿐만 아니라 그 실행을 지원해야 한다. 정규경찰관이 민영화를 수용하도록 설득하는 것은 상당한 장애라는 것이 지적되었다.[50] 또한, 경찰행정가들은 민영화와 전통적 법집행 간의 적절한 균형을 확보해야만 한다. 민영화를 통하여 많은 것을 달성할 수 있으려면 관심과 주의 깊은 계획이 있어야 한다. 그러나 불행히도 민영화(특히, 시민자원봉사자의 활용)는 보다 소규모 지방경찰기관 또는 규모의 감축에 직면한 경찰기관들에서 나타나고 있다.[51]

(5) 경찰과 지역사회의 협력

경찰과 지역사회가 함께 노력하는 협력적 모델은 1970년대 동안에 수용되고 확산되었다. 그러한 모델의 예로써 경찰기관에게 지침과 지원을 제공하기 위한 시민자문위원회, 현존의 지역사회 및 정부기관의 경찰 대표자, 이웃감시집단, 지역사회 활동집단이 있다. 이러한 위원회들이 때로는 단일 문제나 단일 지역에 중점을 두고 형성되었다 하더라도, 종종 그 위원회들은 증가하고 있는

---

50) B. D. Wilkerson, "Civilian services," *FBI Law Enforcement Bulletin*, Vol. 63, No. 11, 1994, pp. 21~24.

51) J. P. Crank, "Civilianization in small and medium police department in Illinois, 1973~1986," *Journal of Criminal Justice*, Vol. 17, No. 3, 1989, pp. 79~84.

많은 문제들이나 영역들에 대응하는 정도까지 성장하게 된다.

스콜닉(J. H. Skolnick)과 베일리(D. H. Bayley)는 경찰과 지역사회의 상호 작용은 경찰변화에 중대한 영향을 미친다는 것을 알아냈다. 그 연구에 있어서 변화의 한 가지 요소는 경찰과 지역사회의 상호관계(reciprocity)이다. 또한, 그들이 조사한 도시들은 범죄예방 노력에 있어서 협조를 얻기 위하여 순찰의 방향을 재설정하였다는 것을 발견했다. 도보순찰, 지역사회 경찰활동, 문제해결활동은 재설정된 순찰정책의 좋은 예이다.

비교적 최근에 발달한 경찰–지역사회의 협력은 시민경찰학교(citizen police academy: CPAs)의 형태로 나타났다. 시민경찰학교는 일반시민들에게 법집행 직업의 다양한 모습을 소개하기 위해 설계되었다.[52] 경찰기관들은 전통적 경찰학교의 축소된·단순화된 모형에 참가하고자 하는 지원자들을 주로 선발한다. 범퍼스(V. W. Bumphus), 게인즈(L. K. Gaines), 블레이클리(C. R. Blakely)에 따르면, "시민경찰학교는 시민을 교육시키고 시민집단과의 관계를 긍정적으로 확립하며, 경찰기능에 대한 올바른 인식을 제고시키는 것을 주요 목적으로 한다"고 하였다.[53] 이와 유사하게도, 힐슨(J. Hilson)은 "시민경찰학교의 궁극적인 목적은 경찰관서와 지역사회에 대한 보다 강력한 시민참여를 통해 범죄를 줄이는 것이다"라고 하였다.[54]

연구가들은 최근에, 얼마나 많은 시민경찰학교를 운영할 것인가에 대하여 시 경찰관서와 카운티 보안관서를 대상으로 조사하였다.[55] 그들은 대규모 인구를 관할하는 경찰기관들은 시민경찰학교 설립을 보다 선호하는 것으로 파악하였다. 또한, 시민경찰학교 참가자의 평균연령은 42세였고, 남성들이 보다 많았다(54%). 시민경찰학교는 피교육자 24명당 11주 이상, 평균 33시간 정도로 운영되었다. 시민들은 지원서를 작성해야 하고, 명부에 올려지기 위해 배경조사

---

52) E. Cohn, "The citizen police academy: A recipe for improving police–community relations," *Journal of Criminal Justice*, Vol. 24, 1996, pp. 265~271.

53) V. W. Bumphus, L. K. Gaine, and C. R. Blakely, "Citizen police academies: Ob–serving goals, objectives, and recent trends," *American Journal of Criminal Justice*, Vol. 24, No. 1, 1999, p. 69.

54) J. Hilson, "Citizen police academies," *TELEMASP Bulltein*, Vol. 1, No. 2, 1994, p. 1.

55) V. W. Bumphus, L. K. Gaine, and C. R. Blakely, *op. cit.*, p. 67~79.

표 12-1 | 시민경찰학교의 교과목

순찰운영	대 아동 범죄
무력의 행사	무기사용 범위
지역사회 경찰활동	DARE
경찰차량 동승	경찰관 생존
경찰교육훈련	경찰민사책임
범죄예방	살인범 수사
마약단속	강간범 수사
수사	재판
경찰윤리/내사과	피해자 지원
형법	구금/교정
경찰통신	노인 봉사
마약 및 약물 남용금지	언론 관계
체포절차	설문조사 실시
청소년범죄 문제	폭발물 처리반
학교총기 문제	방어운전
SWAT	매춘관련 범죄
조직관련 범죄	화이트칼라 범죄
살인범 수사	주류법
K-9 운용	도박관련 범죄
경찰관 선발	조직범죄
	응급조치

자료: V. W. Bumphus, L.K. Gaines, and C. R. Blakely, "Citizen police academies: Observing goals, objectives and recent trends." *American Journal of Criminal Justice*, Vol. 24, No. 1, 1999, pp. 67~79.

(background check)를 통과하여야 한다. 시민경찰학교의 교과목은 상당히 다양하지만, 몇 가지 공통된 과목들을 확인할 수 있다. <표 12-1>은 시민경찰학교 교과목의 주요 주제를 인기도에 따라 내림차순으로 정리한 것이다.

시민경찰학교가 범죄예방 또는 범죄감소에 도움을 주는지는 분명치 않다. 가장 큰 문제점은 대부분의 시민경찰학교 참가자들이 이미 경찰에 협조적이라는 점이다. 경찰행태에 대해 가장 비판적인 젊은 시민들과 소외계층들이 이러한 프로그램에서 가장 잘 제외될 것 같다. 경찰에 대한 높은 수준의 모호함 때문에, 경찰기관이 시민과 경찰과의 관계를 보다 긍정적인 방향으로 촉진하기 위해서는 이러한 부류의 시민들이 가장 적합한 참가자일 것이다.56) 그럼에도 불구하고, 시민경찰학교는 직접적인 경찰-지역사회의 협조에 있어 매우 중요한 수단이다.

(6) 기관 상호간의 협력

기관 상호간의 협력 또한 명백히 증가하고 있는 추세이다. 협력 및 조정은 도시, 군, 지역, 주에서 계획을 입안하는 경찰 및 다른 형사사법분야 지도자들의 적극적인 참여를 통하여 형성되었다. 법집행원조청(LEAA)은 이러한 참여를 촉진하였다. 이러한 지도자들의 노력에서 합동훈련계획, 인력과 장비의 공동사용, 정보의 교환, 형사사법정보체계의 협력개발 등으로 나타났다. 몇몇 기관들은 한시적 교환 프로그램을 통하여 감독 경찰관들을 공유하고자 시도하였다.

비록 법집행원조청(LEAA)은 현재 폐지되었지만, 경찰기관들 사이의 지속적인 의사소통 네트워크를 개발하기에는 충분한 기간이었다(네트워크는 현재 비공식적으로 형성되고 있다). 물론 경찰기관 상호간 협조하는 정도는 미국 전역에 걸쳐 매우 다르다. 중요한 것은 경찰기관들이 보다 효과적인 법집행과 서비스를 제공하기 위해 상호간의 정보에 의존하고 있다는 것이다.

현재 미국에서 경찰기관 상호간 협력하는 예로서 '다기관 마약단속반'의 형성에서 발견될 수 있다. 1986년과 1988년의 마약남용금지법(Anti-Drug Abuse Acts)의 일부로서, 광역 마약단속 특별반을 창설하기 위해서 주정부와 지방정부 단위에서 활용 가능한 연방 기금이 만들어졌다. 조사에 따르면, 미국 전역에서 이러한 특별반은 수천 개에 이른다고 한다. 슈레겔(K. Schlegel)과 멕가렐(E. F. McGarrell)은 (특히, 중·소규모 인구지역에 있는) 단일기관들은 마약문제에 효과적으로 대처할 수 없다고 지적하였다.[57] 특히, 그 지역들에서 정교한 마약 조직망이 형성되어 있을 때, 소규모 경찰기관들은 충분한 자원, 인력, 전문가, 장비, 정보능력 등을 갖춘 경우가 드물다. 서로 조화되지 못한 활동은 노력의 중복을 야기할 수 있고, 비밀 경찰관들을 위험에 빠뜨릴 가능성이 높다. 보

---

56) *Ibid.,* p. 77.

57) K. Schlegel and E. F. McGarrell, "An examination of arrest practices in regions served by multijurisdictional drug task force," *Crime and Delinquency,* Vol. 37, No. 3, 1991, pp. 408~426.

통 마약 공급 조직망들은 수개의 관할구역에 걸쳐 있기 때문에, 협력적인 배치가 요구된다.

이러한 특별반의 주요 목적은 불법 마약의 공급 및 수요를 줄이기 위하여 기관 상호간 의사소통 및 협력을 증진시키는 것이다.58) 특히, 사바스(M. N. Sabath), 도일리(J. P. Doyle), 랜스버그(J. W. Ransburg)는 다음과 같이, 광역 마약단속 특별반의 6가지 서로 관련된 목적을 확인하였다.59) ① 대상 지역사회에서 마약 불법거래의 봉쇄, ② 마약 불법거래자, 판매자, 사용자의 체포, ③ 정보체계의 개발, ④ 마약 이용 가능성의 제거 또는 강력한 제한, ⑤ 협조적인 법집행 네트워크의 확립, ⑥ 유죄 마약사범의 자산몰수이다.

기관 상호간 노력에 참여하고 있는 기관들이 항상 법집행기관일 필요는 없다. 예를 들면, 캘리포니아주 오클랜드의 SMART(Specialized Multi-Agency Response Team) 프로그램은 규제법규 위반에 대한 조화된 단속을 특징으로 하는 문제해결적 전략이다. 경찰은 마약 밀거래가 행해지는 건축물들에 대하여 건축·소방규칙을 집행하기 위하여 정부기관들을 활용한다. 때로는 법규의 집행이 마약범죄 집중발생지역을 제거하는 것보다 효과적일 수 있다.60)

여전히 다른 기관들이 관련될 수 있다. 프래트(T. P. Pratt) 등은 지역 및 연방 검사들이 그러한 특별팀에 참여하고 있다고 밝혔다. 그 형태가 무엇이든지 간에 특별팀들은 마약문제에 대한 보다 깊은 이해를 하고 체포·유죄판결·몰수를 통하여 불법마약시장을 보다 효과적으로 붕괴하기 위해 인력·자금·정보와 같은 자원을 함께 공유한다. 그러나, 연구가들은 그러한 특별팀이 효과적으로 임무를 수행하기 위해서는 성공 여부가 측정되는 방법과 기관 상호간 의사결정이 행해지는 방법에 대해 신중한 주의가 필요하다고 제안한다.61)

58) E. F. MacGarrell and K. Schlegel, "The implementation of federally funded multijurisdictional drug task forces: Organizational structure and interagency relationships," *Journal of Criminal Justice*, Vol. 21, 1993, 231~244.

59) M. N. Sabath, J. P. Doyle, J. W. Ransburg, *Multijurisdictional Drug Task Forces in Indian: The First Two Years of Operation* (Indianapolis: Center for Criminal Justice Research and Information, 1990).

60) L. Green, *Policing Places with Drug Problems* (Thousand Oaks, CA: Sage, 1996).

61) T. P. Pratt, J. Frank, B. W. Smith, and K. J. Novak, "Conflict and consensus in multijurisdictional drug task forces: An organizational analysis of personnel attitudes," *Police Practice and Research: An International Journal*, 2000.

3. 미래의 경향 및 도전

경찰활동의 미래는 몇 가지 요인들에 의해 영향을 받을 것이다. 예를 들면, 장래의 경찰관 채용은 국가의 지속적인 인구 변동에 영향을 받을 것이다. 근로자의 연령은 보다 높아질 것이고, 여성과 소수계층 출신의 비율이 높아질 것이며, 이민자도 증가할 것이다. 경찰기관들은 이러한 변동에 따라 양질의 지원자들을 찾기 위해 노력해야 할 것이다. 또한, 경찰기관들은 민간기업과 경쟁하여 우수자원을 유치하기 위해서, 근무시간 관리, 탄력적인 시간계획, 출산휴가, 기타 수당 등 임금과 복지에 대한 종합적인 정책을 마련해야 할 것이다.62)

또한, 미래의 경찰기관들은 계급구조에 있어서 다양성을 고취할 필요가 있을 것이다. 예를 들면, 미국 경찰활동에 있어서 여성의 비율은 지난 몇 년 동안 약 10% 정도 높아짐에 따라,63) 여성경찰관의 수뿐만 아니라, 전통적으로 한계가 있었던 감독직위에 있어서 여성 경찰관의 수를 증가시키는 것이 중요하게 될 것이다.

또한 범죄의 본질이 급속하게 변화하고 있다. 해마다 미국에서는 대략 43만 건의 대인·대물범죄 피해가 발생한다. 이 중에서 약 14만 건이 중범죄로 경찰기관에 보고되고 있다.64) 그러나 기술의 진보는 범죄의 양상을 급속하게 변화시키고 있다. 그리고 하이테크 범죄가 전통적인 가두(街頭) 범죄보다 폭력성이 덜할지 모르나, 법집행기관들에게 새로운 도전이 되고 있다.

미래의 경찰은 새롭고 정교한 범죄수사기법들(특히, 컴퓨터 범죄와 관련될 때)에 대한 교육훈련을 필요로 할 것이다. 또한, 경찰기관들은 기술적으로 정통한 범죄자들을 체포할 수 있도록 지원하는 전문화된 고도의 기술을 지니고 있는 직원들을 고용해야 할 것이다.

---

62) R. McCord and E. Wicker, "Tomorrow's America: Law enforcement's coming challenge," *FBI Law Enforcement Bulletin* Vol. 59, January 1990, pp. 31~33.

63) U. S. Department of Justice, Bureau of Justice Statistics Bulletin, *Local Police Department*, April, 1996, p. 4.

64) K. Maguire and A. L. Pastore (eds.), *Sourcebook of Criminal Justice Statistics 1995*. U. S. Department of Justice, Bureau of Justice Statistics (Washington: Government Printing Office, 1996).

제 4 절 정보통신기술(4차산업혁명)과 경찰활동

우리 사회는 5G서비스, 사물인터넷(IoT), 인공지능(AI), 빅데이터(Big Data) 등으로 대표되는 새로운 정보산업인 4차 산업혁명시대를 맞이하고 있다. 이러한 새로운 시대를 대비하고자 정부는 '대통령 직속 4차산업혁명위원회'를 발족하고 향후 재정을 과감히 투자하여 세계 4대 AI 강국 도약, AI 인재육성 및 AI 데이터 구축을 전략 목표로 설정하여 추진하고 있다. 이와 같은 우리사회의 변화는 필연적으로 경찰활동에서의 다양한 기술적 혹은 방법론적 변화를 수반하게 될 것이며 경찰도 이러한 변화에 적극적으로 대비해야 할 필요가 있다. 아래에는 우리 경찰이 향후 당면하게 될 변화양상에 대하여 간략하게 설명하고자 한다.

1. 디지털 증거(Digital Evidence)

경찰청 훈령인 「디지털 증거 수집 및 처리 등에 관한 규칙」($^{제845}_{호}$)에 의하면 '디지털 증거'는 디지털 압수물 중 범죄사실의 증명에 필요한 디지털 데이터를 말하며, '디지털 데이터'란 전자적 방법으로 저장되어 있거나 네트워크 및 유·무선 통신 등을 통해 전송 중인 정보를 말한다. 이를 다시 말하면 '디지털 증거'는 전자적 방법으로 저장되어 있거나 네트워크 및 유·무선 통신 등을 통해 전송중인 정보로서 범죄사실의 증명에 필요하여 「형사소송법」 제106조 및 제215조부터 제218조까지의 규정에 따라 압수한 디지털 데이터 또는 디지털 저장매체를 말한다($^{제2}_{조}$).

2016년 5월 19일에는 「형사소송법」이 개정되어 진술이 담긴 종이서류뿐만 아니라 피고인 등이 작성했거나 진술한 내용이 포함된 문자·사진·영상 등의 정보가 컴퓨터용 디스크 등 정보저장매체에 저장된 디지털 증거까지 전문증거 대상에 포함되었다($^{제313조}_{제1항}$). 또한 디지털 증거 작성자가 공판준비나 공판기일에서 그 성립의 진정을 부인하는 경우에도 과학적 분석결과에 기초한 디지털 포렌식 자료, 감정 등 객관적 방법으로 성립의 진정함이 증명될 때에는 증거능력을 인정하도록 하였다(제313조 제2항). 따라서 디지털 증거는 경찰의 범죄수사과정에서 혐의 유무를 확인하는데 매우 중요한 역할을 하고 있으며, 그 중요성은 향후 더욱 더 증가될 것이다.[65]

2. 빅 데이터(Big Data) 지식처리

현대사회는 시간과 장소를 불문하고 인터넷으로 통용되는 정보통신망에 접속할 수 있게 되었다. 유비쿼터스(Ubiquitous)라고 이름 붙여진, 어디서나 접속 가능한 정보통신 환경에서 엄청난 양의 콘텐츠와 데이터가 생성되고 소비되게 되었다. 이와 같은 빅 데이터 현상은 데이터 저장비용의 급락 때문에 가능해진 것이 분명하며,[66] 특히 최근의 사물인터넷 디바이스의 사용이 일반화되면서 빅 데이터 현상은 급격하게 강화될 것으로 예측된다. 예를 들면, 영국 런던 경찰청은 이미 2014년부터 어깨에 장착해 사용하는 웨어러블 캠코더 500대를 시작으로, 대량 도입해 사용하고 있으며, 녹화된 영상은 설정이 따라 자동으로 클라우드 서버에 저장된다. 경찰의 웨어러블 캠코더의 사용으로 인하여 사건에 관련된 증거기록에 활용될 수 있을 뿐만 아니라 경찰의 행동을 통제하는 효과도 있다. 즉, 미국 캘리포니아주 리알토 경찰에 대한 1년간의 연구결과 경찰관의 폭력성에 대한 시민불만의 87.5% 감소했다는 연구결과도 있다.[67] 따라서 경찰의 웨어러블 캠코더(wearable cam) 활용은 전 세계적인 현상이며 우리 역시 이를 개발하였고 시범적으로 활용하고 있는 현실이다.[68] 사물인터넷을 비롯한 Social Technology의 진화, 디지털화, 모바일화의 가속 등으로 인하여 야기

---

65) 최복용, 함영욱, "블록체인을 활용한 디지털 증거의 무결성 강화방안 연구," 치안정책연구, 제30권 제3호, 2016, pp. 295~317.

66) Phil Simon, 장영재/이유진(역), 당신의 흔적에 기회가 있다, 한국경제신문 한경BP, 2015, p. 39.

67) http://www.kinews.net/news/articleView.html?idxno=47017

68) http://imnews.imbc.com/replay/2015/nwtoday/article/3790008_17828.html; http://www.sisafocus.co.kr/news/articleView.html?idxno=134585

되는 경찰활동상의 변화로 엄청난 양의 빅 데이터가 생성될 것이다.69)

이 이외에도 경찰차원에서 사물인터넷(IoT)의 활용은 광범위하게 확대될 것이다. 각종 감시 및 단속수단으로 광범위하게 활용되는 CCTV와 블랙박스, 드론의 활용, 지능형 영상인식 기술, 안면인식 시스템 등은 사물인터넷과 인공지능의 머신러닝 기법을 쓰고 있다. 이렇게 형성되는 빅 데이터가 제대로 쓰이기 위해서는 인공지능 분석기법이 필요하다. 막대한 분량의 빅 데이터에서 상관관계를 분석해내어 유의미한 정보를 추출하는 것은 인간의 능력을 넘는 일로 인공지능을 활용한 분석기법 없이는 빅 데이터는 아무런 존재의의가 없다. 그러나 역설적으로 인공지능 기법의 발전에도 빅 데이터가 기여한다. 최근 각광을 받고 있는 여러 인공지능 프로그램들은 대부분 머신러닝 기법이 적용되었는데, 이러한 머신러닝의 학습은 빅 데이터 때문에 가능해졌다. 따라서 향후 경찰의 범죄예방과 수사과정에서 그리고 경찰관의 교육훈련 등 인사 및 조직관리의 각 차원에서 빅 데이터의 활용이 필연적일 것이다.

3. 인공지능

'인공지능(AI: Artificial Intelligence)'에 대한 개념정리는 다학제적(interdisplinary)인 특성에 대하여 어떤 측면을 강조하느냐에 따라 매우 다양할 수 있다. 인공지능은 컴퓨터공학, 생물학, 심리학, 언어학, 수학 그리고 공학 등 다양한 분야와 관련된 과학 또는 기술들의 집합체로 이해할 수 있다. 인공지능의 목표는 컴퓨터로 하여금 인간과 같이 보고 듣고 걷고 말하고 느낄 뿐만 아니라 스스로 생각할 수 있는 컴퓨터를 개발하는 것이다.70) 따라서 인공지능이란 컴퓨터로 하여금 인간의 사고과정 또는 지적활동을 대신하도록 하는 장치를 말하는 것이다. 간단하게 정의하면, 인공지능은 단순한 자료처리과정(data processing)에서 지식의 지적처리과정(intelligent processing)으로의 전환이라고 규정

---

69) 양종모, "인공지능 이용 범죄예측 기법과 불심검문 등에의 적용에 관한 고찰," 형사법의 신동향, 통권 제51호, 2016·6, pp. 213~214.

70) James A. O'Brien, *Management Information Systems: A Managerial End User Perspectives* (Homewood, Ill: Irwin, 1990), p. 356.

할 수 있을 것이다.

인공지능의 기술적 발전은 1980년대 이후 반도체기술의 비약적 발전에 의한 컴퓨터의 소형화, 고속화, 대용량화가 이루어짐에 따라 하드웨어적 기반이 마련되었으며, 이를 바탕으로 패턴인식, 기계학습, 전문가 시스템, 인공 신경망, 자연어 처리 등 다양한 분야와 융합된 소프트웨어 기술이 발전하면서 현실화되기 시작하였다.[71] 또한 최근 이러한 소프트웨어 기술의 발전에 근거하여 인공지능에 의한 machine learning[72]과 deep learning[73] 등의 기술적 진전을 이루었으며,[74] IT분야의 차세대 유망기술로 인공지능기술의 적용하여 다양한 영역에서 상용화를 시도하고 있다. 이 중 인공지능기술의 활용이 빠르게 이루어지고 있는 산업으로는 ① 자율주행 자동차, ② 지능형 로봇, ③ 지능형 감시시스템, ④ 지능형 교통제어시스템 등을 들 수 있다.[75]

현재 세계 각국이 경쟁적으로 개발하고 보급하고 있는 인공지능을 적용한 대표적인 기술분야는 드론(무인항공기)과 무인자동차를 들 수 있다. 또한 인공지능의 기술적 발전에 의하여 경찰활동에서도 범죄나 사고를 과학적으로 예측하고, 무인 순찰차나 무인 순찰정이 드론과 연계하여 입체적 순찰망을 형성하고, 범죄인의 미세한 습관이나 동작 등을 추출하여 사전에 범죄자나 테러리스트 등을 감지해 내는 것이 가능해졌다. 미국, 일본, 아랍에미레이트(UAE) 등 몇몇 국가들은 인공지능을 활용한 얼굴인식 시스템(facial recognition system) 구축, 순찰 로봇 등 인공지능 기술을 경찰활동에 접목시켜 치안력 강화를 도모하고 있다.[76]

---

71) 주원 · 백홍가, "인공지능(AI) 관련 유망산업 동향 및 시사점," 현대경제연구원, 지속가능한 성장을 위한 VIP리포트, 통권 584호, 2014.9.15., p. 130.

72) machine learning 혹은 기계 학습(機械學習)은 인공 지능의 한 분야로, 컴퓨터가 학습할 수 있도록 하는 알고리즘과 기술을 개발하는 분야를 말한다. 가령, 기계 학습을 통해서 수신한 이메일이 스팸인지 아닌지를 구분할 수 있도록 훈련할 수 있다. https://ko.wikipedia.org/wiki/

73) deep learning은 심층학습(深層學習)은 여러 비선형 변환기법의 조합을 통해 높은 수준의 추상화(abstractions, 다량의 데이터나 복잡한 자료들 속에서 핵심적인 내용 또는 기능을 요약하는 작업)를 시도하는 기계학습(machine learning) 알고리즘의 집합으로 정의되며, 큰 틀에서 사람의 사고방식을 컴퓨터에게 가르치는 기계학습의 한 분야라고 이야기할 수 있다. https://ko.wikipedia.org/

74) 심우민, "인공지능기술발전과 입법정책적 대응방향," 국회입법조사처, 이슈와 논점, 제1138호, 2016.3.18., p.1.

75) 주원 · 백홍가, 전게논문, p. 130.

76) 윤성현, "인공지능(AI) 기술을 활용한 스마트 해양경찰 구축 방안," 한국해양경찰학회 · 선

이와 같은 기술적 활용뿐만 아니라 경찰관리자들에게 가장 관심을 받는 인공지능의 활용분야는 인공지능의 인지과학적 활용(Cognitive science applications) 분야이다. 인공지능의 인지과학적 활용이란 전문가시스템(expert systems), 지식기반시스템(knowledge-based systems) 혹은 논리시스템(logic systems) 등의 이름으로 명명된 인간두뇌의 의사결정논리를 모방한 프로그램일 것이다. 경찰관리자들이 가장 유용할 것으로 판단하고 있는 인공지능의 인지과학적 활용분야는 전문가시스템(expert systems)이며, 기본적으로 전문가시스템은 복잡한 문제에 대한 해결책을 도출하려는 인간의 노력을 보완하기 보다는 이를 대신하려는 시도이다. 예를 들면, 미국의 Washington주 경찰은 Green River살인사건의 수사과정에서 용의자를 특정하기 위하여 사건분석전문가시스템(case analysis expert system)을 활용하였다. Maryland주 Baltimore시 경찰국은 절도사건의 해결을 위하여 ReBES(Residential Burglary Expert System)이라고 알려진 전문가시스템을 활용하고 있다.77) 이 시스템은 동일전과자의 범행수법과 현재 수사중인 사건의 범행수법의 상관관계를 분석하여 잠재적 용의자를 특정하는 시스템이다. 침입절도와 관련된 약 25가지의 구체적 범행정보를 인공지능체계에 입력하면, 인공지능시스템이 확률에 근거한 순서대로 나열된 잠재적인 용의자의 명단을 제공하는 시스템이다.78)

우리나라에서도 경찰청은 과학기술정보통신부와 치안현장 맞춤형 연구개발 시범사업 '폴리스랩(Police Lab)'을 공동으로 추진하고 있으며, 이는 빅 데이터와 인공지능을 기반으로 하고 있다. 이 사업은 '인공지능을 활용한 현장경찰관 지원시스템 구축', '지능형 모바일자동 음성경보 시스템' 등 중심으로 국민에게 필요한 치안분야의 8가지 문제의 해결을 추진하는 스마트형 치안사업으로 <표 12-2>에 제시되어 있다.

박안전기술공단 공동학술대회 자료집, 2018, pp. 25~45.

77) W. Coady, "Automated Link Analysis: Artificial Intelligence-Based Tools for Investigations," *Police Chief*, 52, 1985, pp. 22~23.

78) Edward C. Ratledge and Joan E. Jacoby, *Handbook on Artificial Intelligence and Law Enforcement* (Westport, Conn: Greenwood, 1989), chap. 8.

표 12-2 | 2018년 폴리스랩 중점 추진 분야

구분	중점 추진 분야	관련 예산
일반 과제	① 인공지능(AI)을 활용한 현장 경찰관 지원시스템 구축(치안AI 비서)	3년간 100억
	② 범죄사건 관련, 자동차 블랙박스 영상물 제보시스템 개발	
	③ 버튼으로 작동하는 접이식 방패(안전장구) 제작	
	④ 성범죄 문제 해결 기술	
	⑤ 신고자·구조요청자의 정확한 위치 확인 연구	
	⑥ 스마트폰 지문식별·신원확인 시스템 개발	
	⑦ 112신고 데이터베이스 기반 범죄불안요인 예측·대응 시스템	
	⑧ 지능형 모바일 자동 음성 경보 시스템 구축	
	⑨ (자유분야) 과학기술을 통해 해결이 필요한 치안현장 문제 제안	
전략 과제	① 소형 드론을 활용한 현장 경찰 지원 및 2차 사고 방지 시스템 개발	

자료: 과학기술정보통신부 보도자료, 2018. 6. 1.

4. 치안드론의 활용

최근 들어 드론은 군사용이나 민간부문뿐만 아니라 실종자 수색이나 구조, 치안이나 국경감시 등 다양한 목적의 공공영역으로까지 그 활용 영역이 확대되고 있는 실정이다. 그러나 드론은 드론(Drone), 무인항공기(UAV: Unmanned Aerial Vehicle), 무인항공시스템(UAS: Unmanned Aircraft System) 등으로 개념이 통일되지 않고 다양한 의미로 혼용되어 사용하고 있다.[79]

드론은 초기에 군사용으로 개발되었으며, 군사용 드론은 비행기 또는 헬리콥터와 유사한 형태로 주로 정찰 및 정보수집용과 훈련표적, 전자전, 공격, 기만 등의 특수 목적용으로 활용되고 있다. 또한 민간용 드론은 긴급 서비스나 재난 재해 복구, 도시계획, 부동산, 구조물과 엔지니어링, 보안 서비스, 방송용, 농작물 관측 및 재배용, 비즈니스와 상업용, 환경관리용, 예능 엔터테인먼트용 등으로 다양하게 활용되고 있으며, 우리 경찰도 실종자 수색, 범인 추적, 집회

---

79) 김순석, "드론을 활용한 치안활동의 한계와 가능성," 한국경호경비학회보: 드론특별호, 2017, pp. 113~139.

시위 현장에서의 채증활동, 교통단속 등 경찰활동에 적극적으로 드론을 활용하는 방안을 모색하고 있다.[80]

실제로 미국을 비롯한 외국에서는 경찰활동에서 드론을 적극적으로 활용하는 사례가 있는데 예를 들면, 2014년 Georgia주 Atlanta시에서는 경찰이 드론을 이용하여 시위현장을 녹화하여 시위대의 불법행위를 재판하는 과정에서 이 영상이 불법행위의 증거로 채택되었다. 또한 2015년 Wisconsin주 Middleton시에서는 경찰이 용의자 수색을 위해 드론을 이용하였고 Texas주 Arlington시에서도 교통사고 및 총격사건 현장 파악을 위해 드론을 투입하기도 하였다.[81]

그러나 경찰이 경찰활동에 드론을 활용하거나 불법적 드론을 제지하는데 여러 가지 기술적·법적 한계가 존재하는 것이 현실이다. 예를 들면, 2015년 부산시에서 인명구조와 독성해파리 출현 탐지 등 순찰업무를 지원하기 위해 투입된 2대의 119해상안전 드론은 불과 3일만에 원인불명의 사고로 추락하면서 실패로 끝났으며[82] 경기도 구리경찰서에서는 실종자 수색에 활용하고자 하였으나 비행시간이 30분을 넘기지 못하는 드론의 물리적 한계로 인하여 계획이 보류되었다.[83]

또한 경찰에 의한 치안드론의 활용은 ① 드론사고 발생시 책임 소재 관련 법제의 미비, ② 드론의 활용과 관련된 사생활 및 개인정보보호를 위한 법제의 미비, ③ 드론을 활용한 정보수집과 그 이용에 대하여 형사절차상 형사소송법에 근거한 영장주의를 적용하기 위한 법제의 미비, ④ 기타 경찰활동 과정에서의 드론을 이용함으로써 야기되는 사생활 및 개인정보 등 프라이버시의 침해와 관련된 여러 가지 법적인 한계가 있다.[84]

---

80) 박한호, 김성환, "경찰활동상 드론규제와 활용을 위한 논의," 한국콘텐츠학회논문지, Vol. 17, No. 7, 2017, pp. 408~415.

81) 윤지영, "법집행기관의 드론 이용에 관한 법적 쟁점과 입법적 개선 방안," 형사법의 신동향, 통권 제51호, 2016 · 6, p. 118 재인용.

82) http://www.irobotnews.com/new

83) http://www.m-i.kr/news/

84) 김순석, 전게논문, pp. 113~139.

5. 가상현실

가상현실이란 어떤 특정한 환경이나 상황을 컴퓨터로 만들어서, 그것을 사용하는 사람이 마치 실제 주변 상황·환경과 상호작용을 하고 있는 것처럼 만들어 주는 인간과 컴퓨터 사이의 인터페이스를 말한다. 인공현실(Artificial Reality), 사이버공간(Cyberspace), 가상세계(Virtual Worlds), 가상환경(Virtual Environment), 합성환경(Synthetic Environment), 인공환경(Artificial Environment) 등의 용어로 사용되기도 하는 가상현실은 4차산업혁명에 있어 세상을 변화시키는 핵심기술로 활용되고 있다.[85]

가상현실에서 발전한 기술인 증강현실(AR: Augmented Reality) 기술은 현실의 이미지나 배경에 3차원 가상 이미지를 겹쳐서 하나의 영상으로 보여주는 기술을 말하며,[86] 사용자에게 보다 향상된 몰입감과 현실감을 제공하는 기술이다.[87]

기본적으로 현실세계에서 수행해야 하는 교육훈련을 좀 더 쉽게 할 수 있는 기술이라는 측면에서는 증강현실과 가상현실이 공통된 장점으로 이야기 할 수 있다. 그렇지만 이 두 기술은 근본적인 중요한 차이점을 가지고 있다. 그 차이점을 보면, 가상현실 기술을 체험하는 사람은 마치 실제 상황처럼 느끼게 되며 기술이 고도화될수록 몰입감이 증가되고, 더욱 리얼한 가상의 세계를 만들어내게 된다. 하지만 증강현실은 사용자가 보고 있는 실제 영상과 구분이 모호해지고, 그렇기 때문에 증강현실은 실제 환경에 가상의 정보를 결합해 부가 정보를 제공하는 기능 위주로 시스템이 제공되는 경우가 많다.[88]

이러한 차이점은 경찰조직에 가상현실과 증강현실 기술을 적용할 수 있는 분야의 구분에도 도움이 된다. 먼저 가상현실의 특징을 살려서 적용 가능한 분

---

85) 정병수, 김양현, "가상현실(VR) 기술의 경찰교육훈련 적용가능성 탐색," 2018년 한국치안행정학회 학술세미나 자료집, pp. 17~30.

86) 최현호, "확대되는 군사분야 가상현실과 증강현실," 국방과 기술, 2016, p. 53.

87) 장상현 외, "증강현실(Augmented Reality) 콘텐츠의 교육적 적용," 한국콘텐츠학회지, Vol. 5, No. 2, 2007, p. 79.

88) 정병수, 김양현, 전게논문, pp. 17~30.

야는 교육훈련 분야가 될 수 있을 것이다. 경찰조직의 각 분야별 다양한 환경의 콘텐츠를 통하여 가상현실에서 반복적인 연습을 통하여 교육훈련의 빠른 습득이 이루어질 것이다. 증강현실 기술은 실제 업무수행 활용했을 때 더욱 효과적인이고 실질적인 기술이라고 볼 수 있다.89) 예컨대, 증강현실 기술을 적용한 순찰 중 용의자의 얼굴인식을 통하여 범죄자를 실시간으로 확인하거나 검거 작전 중 다양한 정보를 시각적인 측면에서 제공해주는 것 등이 이루어질 수 있다.

제 5 절   한국경찰조직의 변화방향

1. 정부 위원회의 권고안

(1) 경찰개혁위원회의 권고안

문재인 정부는 2017년 5월 출범과 동시에 4대 국정 전략으로 ① 국민주권의 촛불민주주의 실천, ② 소통으로 통합하는 광화문 대통령(정부), ③ 투명하고 유능한 정부, ④ 권력기관의 민주적 개혁을 천명하였으며, 이를 실천하고자 2017년 6월 「경찰개혁위원회」가 출범하였다. 위원회는 ① 인권보호, ② 수사개혁, ③ 자치경찰 분과로 운영되었으며, 경찰개혁의 방향과 목표를 민생과 인권 중심으로 잡았다. 경찰개혁위원회는 이를 실천하기 위한 수사구조개혁, 광역자치경찰제도 도입, 경찰위원회의 실질화 등을 포함하는 30건의 권고안을 의결·발표하였다.

이를 좀 더 구체적으로 살펴보면 다음과 같다.

첫째, 인권보호를 위한 권고안으로 ① 집회·시위 자유보장으로 패러다임 전환, ② 집회시위의 신고체계를 간소화하고 살수차·차벽을 폐지하며, ③ 경찰무전내용 녹음, ④ 인권경찰을 도모하기 위하여 「인권정책관」 신설과 「인권영

---

89) 라광현·이윤호의 "증강현실 기술의 경찰도입에 관한 연구," 경찰학연구, 제11권 제4호(통권 제28호), 2011, pp. 157~182.

향평가제」 도입, 그리고 ⑤ 「피해자전담경찰관」의 활용 등을 골자로 하고 있다.

둘째, 수사개혁을 위한 권고안으로 ① 변호인의 참여를 실질화하여 모든 조사대상자들에게 확대하며, ② 「영상녹화 및 진술녹음제」의 도입, ③ 내사의 경우 6개월, 수사의 경우 1년을 기간으로 「인지수사일몰제」를 실시, ④ 시민에 의한 외부통제기구를 신설하여 「경찰인권·감찰 옴부즈만」 또는 「경찰인권·감찰위원회」의 설치, ⑤ 헌법에 규정된 검사 독점의 영장청구권을 개선하는 것을 포함하여 경찰은 수사, 검찰은 공소제기와 공소유지로 수사구조개혁 등을 골자로 하고 있다.

셋째, 광역단위 자치경찰제도의 도입을 권고하고 있다. ① 국가경찰은 전국단위 치안을 담당하고 자치경찰은 지역주민 밀착 치안서비스를 제공하도록 하기 위하여 시·도에 「자치경찰본부」 및 심의·의결기구로서 「시·도 자치경찰위원회」를 설치한다. ② 시·군·구 기초자치단체에 「자치경찰대」를 설치하고, 광역자치단체에 시·도 직할의 「시·도자치경찰대」를 운용한다. ③ 자치경찰은 예방·단속·위험방지·공공질서 유지 관련 생활안전·교통·경비 및 지방전문행정과 관련된 특별사법경찰 사무를 담당하며, 보안·외사 등 국가사무나 전국적·통일적 처리가 필요한 업무는 국가경찰이 담당한다. ④ 자치경찰제가 시행될 경우 출범 초기 소요인력의 상당부분은 국가경찰에서 이체하도록 한다.

(2) 경찰작용법 개혁위원회의 권고안

또한 경찰은 2018년 9월 '인권과 절차적 정의 강화 경찰작용법 개혁위원회'를 출범하여 범죄수사와 범죄진압 및 위해의 제지작용 등으로 구성된 '경찰작용'과 관련된 법제의 개정을 추진하고 있다. 경찰의 수사는 형사소송법의 규정을 준수하여 '영장주의'와 '증거주의' 등의 원칙을 엄격하게 준수한다. 범죄의 진압과 위해의 제지 작용은 「경찰관직무집행법」과 「가정폭력처벌법」, 「도로교통법」 등 특별법의 개별적 수권조항에 의해 통제를 받는다. 다만 경찰관집무집행법상 불심검문과 장비사용시기와 요건 등과 같은 수권조항이 구체화되어 있지 못하여 경찰이 활동하는 과정에서 직면하게 되는 다양한 상황에 적용이 어려운 문제점이 있다. 따라서 이를 명확히 하여 현장의 경찰관 등으로 하여금

위법과 적법을 명확하게 구분하여 대응하도록 하고자 한다.90)

2. 향후 조직 변화방향

(1) 자치경찰제 도입

대통령소속 자치분권위원회에서는 2018년 4월 경찰행정과 형사법 분야 전문가, 시민단체 관계자 등 9명으로 구성된 '자치경찰제 특별위원회'를 구성하였으며, 2018년 11월 「자치경찰제 도입방안」을 마련하여 11월 공청회를 개최하였다. 공청회에서 발표된 '자치경찰제 특별위원회안'은 광역단위에서 자치경찰을 신설하되, 그에 필요한 자치경찰의 인력 등을 현행 국가경찰로부터 이관받는 모형이며 그 주요 내용을 살펴보면 아래의 [그림 12-7]과 같다.

그림 12-7 자치경찰제 도입 이후 경찰조직 변화

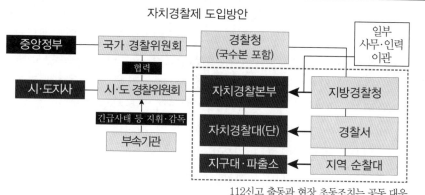

출처: 대통령 소속 자치분권위.

(2) 조직모형

이 모형에 의하면, 자치경찰조직은 광역시·도지사 소속의 '시도경찰위원회'를 설치하고 그 아래에 광역 단위에는 '자치경찰본부'를, 시·군·구의 기초

90) 경찰청 보도자료, 인권과 절차적 정의 강화한 경찰작용법 개혁위원회 출범, 2018. 9. 27.

지방자치단체에는 '자치경찰대'를 설치한다. 반면에 국가경찰은 현재와 같이 경찰청-지방경찰청-경찰서 체계를 그대로 유지하지만 지구대와 파출소는 자치경찰로 사무배분에 따라 이관한다. 다만, 경찰서 관할지역의 주요 거점에 '지역순찰대'와 그에 필요한 인력을 남겨둠으로써 국가경찰의 중대하고 긴급한 사건사고에 대응한다. 경찰서의 112상황실은 국가경찰 소속으로 운영하면서 현장상황에 자치경찰과 공동으로 대응할 수 있도록 긴밀한 협조체제를 구축한다.

(3) 시·도 경찰위원회의 설치

자치경찰의 정치적 중립성 및 민주적 통제성을 확보하기 위한 제도적 장치로서 국가경찰의 경찰위원회와 마찬가지로 시·도지사 소속의 '시·도경찰위원회'를 설치한다. 위원회는 시·도지사가 임명하는 5인의 위원으로 구성되는 '합의제 행정기관'으로 위원의 구성은 시·도지사가 1인, 시·도 의회의 여·야가 각각 1인, 관할지방법원에서 1인 그리고 국가경찰위원회가 1인을 추천한다.

시·도 경찰위원회의 기능은 ① 자치경찰본부장의 2배수 추천 및 자치경찰대장 임명 추천권, ② 자치경찰의 인사, 예산, 장비 등 주요 치안정책의 심의의결권 및 집행관리, ③ 시·도 자치경찰공무원의 주요비위사건 등에 대한 감사·감찰요구 및 징계요구권 등이다. 또한 ④ 자치경찰 직무수행과 관련된 업무협약의 체결·변경, ⑤ 국가경찰과 자치경찰의 공동사무 수행 및 분쟁조정과 관련한 의견을 시·도 지방경찰청장(국가경찰)에 제시하고, ⑥ 시·도 지역 내에서 국가경찰관의 인권침해, 법령위반 등 비위사건에 대한 관련 실태조사 및 감찰 등을 국가경찰위원회에 요청할 수 있다.

(4) 자치경찰과 국가경찰 간 사무배분

자치경찰은 생활안전·여성청소년·교통·지역경비 등 주민밀착형 사무 및 지구대와 파출소에서 수행하는 지역경찰 활동을 담당하고 국가경찰은 국가의 존립과 안위에 필요한 정보·보안·외사 등의 사무 및 수사, 그리고 민생치안 사무 중 전국적 규모나 통일적인 처리를 필요로 하는 사무를 처리한다. 다만, 구체적 사무범위는 업무협약을 정하도록 하여 전국적 균질성 및 형평성을 유지함과 동시에 지역별 특성과 여건에 맞는 치안서비스를 제공하도록 한다.

수사의 경우에는 원칙적으로 국가경찰의 사무로 규정하되, 성폭력·학교폭력·가정폭력·교통사고·음주운전·공무수행 방해 등의 수사는 자치경찰도 담당하도록 하며, 피해자 보호·현장보존·범인검거 등 초동조치는 자치경찰과 국가경찰의 공동 의무사항으로 둔다. 즉, 자치경찰이던 국가경찰이던 현장에 먼저 도착한 경찰이 초동조치를 취하되 사후에 소관 사무를 인계해야 한다. 또한 긴급사태 등 비상상황의 경우 국가경찰청장은 시·도자치경찰에 대해 직접 지휘·감독할 수 있다.

(5) 인사 및 신분전환

자치경찰본부장은 시·도경찰위원회에서 2배수의 추천을 받아 시·도지사가 임명하며, 자치경찰대장은 시·도경찰위원회가 시군구청장을 의견을 들어 적임자를 추천하면 시도지사가 임명하며 모두 지방 특정직으로 임명한다.

자치경찰의 인력은 국가경찰로부터 이관하지만, 그 신분은 지방재정부담과 신분변동에 따른 혼란을 최소화하기 위하여 자치경찰제 도입 초기에는 국가경찰의 신분을 유지하도록 하고, 이후 단계적으로 '지방 특정직'으로 전환한다. 이들의 인사교류, 즉 국가경찰과 자치경찰 간 및 시도 자치경찰 상호간 이동은 가능하며, 이들에 대한 교육훈련은 신임교육과 재직자교육 모두 국가경찰에서 담당한다.

(6) 인력규모

자치경찰에 필요한 인력은 최종적으로 국가경찰로부터 총 4만3천명 이상을 단계적으로 이관하는 것을 원칙으로 하며, 1단계에서는 7천~8천명, 2단계에서는 3만~3만5천명, 3단계에서는 4만3천명, 그리고 그 이후에는 자치경찰제 운영에 대한 평가를 통해 자치경찰 정착수준에 맞춰 사무와 그에 필요한 인력을 확대한다.

(7) 재정

자치경찰제 시범실시에 필요한 예산은 국가부담을 원칙으로 하지만 이후 단계적·점진적으로 지자체가 부담하며, 이를 위하여 '자치경찰교부세'를 도입하는 방안을 적극 검토한다. 다만, 국가경찰에서 이관되는 인력에 소요되는 비용, 전국적인 장비·통신 유지비용 등은 국가경찰에서 부담한다.

(8) 시설·장비 등 공동사용

국가경찰이 자치경찰로 인력과 사무를 이관함으로써 발생하는 여분의 시설과 장비 등은 자치경찰과 공동으로 사용하는 것을 원칙으로 한다. 예를 들면, 국가경찰의 치안센터 전부, 지구대 및 파출소의 일부 그리고 경우에 따라서는 경찰서와 지방경찰청 등의 경찰시설에 대해서는 자치경찰이 공동으로 사용할 수 있다.

표 12-3 | 자치경찰제 단계별 도입 방안

구분	1단계 (일부지역＋일부사무)	2단계 (전국＋일부사무)	3단계 (전국＋전체사무)	최종단계
대상 지역	5개 지역 (서울·세종·제주 외 2개 시·도)	전국	전국	전국
사무	자치경찰 사무 약50% (일부 수사권 포함)	자치경찰 사무 약70~80% (일부 수사권 포함)	자치경찰 사무 100%	평가 후 추가 확대
인력	7,000~8,000명	30,000~35,000명	43,000명	정착수준에 맞춰 평가 후 판단
시점	2019년	2021년	2022년	

출처: 「자치경찰제 특별위원회안 발표 및 정책토론회 자료집」, 2018. 11. 13, p. 16.

(9) 경찰위원회의 개선

경찰위원회는 1991년 경찰의 정치적 중립성과 민주적 운영을 보장하기 위하여 설립되었으나 여러 가지 운영상의 문제점이 제시되어 왔다. 따라서 새정부 출범후 발족된 '경찰개혁위원회'는 2017년 경찰 통제기구로서의 권한을 대폭 강화한 '경찰위원회 실질화 방안'을 발표하여 이를 개선하기 위한 방안을 마련하였다. 권고안에 따르면 우선 경찰위원회는 소속을 행정안전부에서 국무총리실로 옮겨 경찰청 상위기관으로 권한을 행사하게 될 것이며, 따라서 현재 차관급인 경찰위원장을 장관급으로 격상시키도록 하는 방안이다. 경찰위원장은 경찰청장 임명동의권이 아닌 임명제청권으로 권한이 강화되며, 새로 설치될 예정인 국가수사본부장의 임명제청권도 갖게 된다.

또한 ① 국가경찰의 인사, 예산, 장비, 통신 등에 관한 주요정책 및 국가경찰 업무 발전에 관한 사항, ② 인권보호와 관련되는 국가경찰의 운영·개선에 관한 사항, ③ 국가경찰의 부패 방지와 청렴도 향상에 관한 주요 정책사항, ④ 국가경찰 임무 외에 다른 국가기관으로부터의 업무협조 요청에 관한 사항, ⑤ 자치경찰에 대한 국가경찰의 지원·협조 및 협약체결의 조정 등에 관한 주요 정책사항, ⑥ 그 밖에 행정안전부 장관 및 경찰청장이 중요하다고 인정하여 위원회의 회의에 부친 사항 이외에도 국가경찰공무원의 주요 비위사건 등에 대한 감사·감찰요구 및 징계요구권 등의 권한도 부여하는 쪽으로 개선안이 마련되었다.[91]

(10) 입직 시험과목의 변경 등 기타 변화

경찰청은 2018년에 경찰공무원을 선발하기 위한 필기시험 과목에 대한 개편안을 마련하고 공청회를 개최하였다. 경찰청의 개편안은 크게 세가지로 순경 공개경쟁 채용시험, 경찰행정학과 졸업자를 대상으로 한 경력경쟁채용시험, 경찰간부후보생 선발시험에 대한 개선안으로 분류된다.

첫째로 순경공개채용시험의 경우 2014년도에 고졸자의 공무원 임용을 확대하기 위하여 도입된 선택과목제도를 폐지하고 5과목을 필수과목으로 하는 필기시험제도를 검토 중이다. 시험과목은 영어, 한국사, 헌법, 형사법, 경찰학의 5과목으로 이를 구체적으로 보면, 영어와 한국사는 민간영어능력시험과 한국사능력시험 등의 검정시험을 보는 검정제로 전환한다. 또한 헌법은 기본권 영역,

---

91) https://www.sedaily.com/NewsView/1S8C1ZVSCG

경찰학에는 경찰행정학과 경찰행정법이 포함되고 형사법은 형법과 형사소송법 (수사·증거 영역)을 포함하는 것으로 개편되어 2022년도부터 시행예정에 있다.

둘째로 경찰행정학과 출신 경력경쟁채용제도는 현재 형법, 형소법, 행정법, 경찰학개론, 수사1의 5과목에서 형법, 형소법, 헌법, 경찰학, 범죄학, 영어로 변경하며, 마찬가지로 영어는 민간영어능력시험을 보는 검정제로 변경될 것이다.

마지막으로 경찰간부후보생 선발시험과목은 현재 1차 객관식 시험과 2차 주관식 시험으로 구성되어 있다. 객관식 시험은 한국사, 영어, 형법, 행정학, 경찰학개론의 5과목이며 주관식 필수인 형사소송법과 행정법, 경제학, 민법총칙, 형사정책의 4과목 중 선택한 1과목을 실시하고 있다. 경찰개혁위원회의 개편안에 의하면 1차와 2차 시험을 모두 객관식으로 통합하고 순경시험과 마찬가지로 영어와 한국사는 검정제도로 실시한다. 또한 형사법, 헌법, 경찰학, 행정학의 4과목은 필수로 하고 행정법, 민법총칙, 범죄학 중 1과목을 선택하도록 하여 모두 7과목을 시험하는 방안으로 개편되어 2022년도부터 시행된다.

이와 같은 개선안은 <표 12-4>에 제시되어 있다.

표 12-4 | 경찰시험과목 변경

구 분		현 행	경찰청 가안
순경공채		(필수) 한국사, 영어 (선택) 형법, 형소법, 경찰학, 국어, 수학, 사회, 가학 중 택3	(선택과목 폐지, 필수 5개 과목) 영어, 한국사, 헌법, 형사법, 경찰학 ※ 영어·한국사는 검정제로 시행
경행경채		(5개 과목) 형법, 형소법, 행정법, 경찰학개론, 수사1	(6개 과목) 형법, 형소법, 헌법, 경찰학, 범죄학, 영어 ※ 영어는 검정제로 시행
간부 후보 (일반)	객관식 (1차)	영어, 한국사, 형법, 행정학, 경찰학개론	1차+2차 ⇒ 객관식 통합(7개 과목) (필수) 영어, 한국사, 형사법, 헌법, 경찰학, 행정학 ※ 영어·한국사는 검정제로 시행 (선택) 행정법, 민법총칙, 범죄학 중 택1
	주관식 (2차)	(필수) 형소법 (선택) 행정법, 경제학, 민법총칙, 형사정책 중 택1	

출처: www.lec.co.kr/news/articleView.html?idxno=49210

참 고 문 헌 (Sources)

국내문헌

김진혁, "경찰혁신의 장애요인 및 나아갈 방향," 「한국공안행정학회보」, 제20호, 한국공안행정학회, 2005.

이황우, "21세기 미래지향적 교통경찰조직에 관한 연구," 「한국공안행정학회보」, 제18호, 한국공안행정학회, 2004.

치안연구소, "경찰개혁의 성과와 향후 발전방향," 치안연구소 제12회 치안정책 학술세미나 자료집, 2000.

한상암, "행정환경변화에 따른 경찰활동전략 수립방안에 관한 연구," 「한국공안행정학회보」, 제8호, 한국공안행정학회, 1999.

국외문헌

Bardach, E., *The Implementation Game: What Happens after a Bill Becomes a Law*, Cambridge, MA: MIT Press, 1977.

Bartol, K. M., and D. C. Martin, *Management*, 3rd ed., New York: McGraw-Hill, 1998.

Blau, P. M., and W. R. Scott, *Formal Organizations: A Comparative Approach*, SanFrancisco: Chandler, 1962.

Bumphus, V. W., L. K. Gaine, and C. R. Blakely, "Citizen police academies: Observing goals, objectives, and recent trends," *American Journal of Criminal Justice*, Vol. 24, No. 1, 1999.

Cohn, E., "The citizen police academy: A recipe for improving police-community relations," *Journal of Criminal Justice*, Vol. 24, 1996.

Couper, D. C., and S. H. Lobitz, "Quality leadership: The first step towards quality policing," *Police Chief*, Vol. 55, No. 4, 1988.

Crank, J. P., "Civilianization in small and medium police department in Illinois, 1973~1986," *Journal of Criminal Justice*, Vol. 17, No. 3, 1989.

Cummings, T. G., and C. G. Worley, *Organizational Development and Change*, 5th ed., St. Paul: West Publishing, 1993.

Duncan, C. M.,"Organizational climate and climate for change in three police departments: some preliminary findings," *Urban Affairs Quarterly,* Vol. 8, No. 2, 1976.

Eck, J. E., and D. P. Rosenbaum, "The new police order: Effectiveness, equity, and efficiency in community policing," in D. P. Rosenbaum (ed.), *The Challenge of Community Policing,* Thousand Oaks, CA: Sage, 1994.

Fagenson, E. A., *Organization development practitioner's activities ad inter－vention to perceptions of the department as held by its members: An analysis Doctoral dissertation,* Michigan State University, 1972.

Glensor, R. W., K. J. Peak, and L. K. Gaines, *Police Supervision,* New York: McGraw－Hill, 1999.

Green, L., *Policing Places with Drug Problems,* Thousand Oaks, CA: Sage, 1996.

Guyot, D., "Bending granite: Attempts to change the rank structure of American police departments," *Journal of Police Science and Administration,* Vol. 7, 1979.

Hilson, J., "Citizen police academies," *TELEMASP Bulletin,* Vol. 1, No. 2, 1994.

Johnson, T. A., "The application of organizational theory to the problem of police resistance to police community relations," in L. Gaines and T. Ricks (eds.), *Managing the Police Organization,* St. Paul: West Publishing, 1978.

Jones, G. R., J. M. George, and C. W. L. Hill, *Comtemporary Management,* New York: McGraw－Hill, 1998.

Kotter, J. P., and L. A. Schlesinger, "Choosing strategies for change," *Harvard Business Review,* March-April, 1979.

Langworthy, R. H., "Administrative overhead in municipal police departments," *American Journal of Police,* Vol. 4, 1985.

Lewin, K., "Frontiers in group dynamics: Concept, method, and reality in social science," *Human Relations,* Vol. 1, 1947.

Livingstone, J., and R. Sylvia. "Rethinking police organization," *Journal of Police Science and Administration,* Vol. 7, 1979.

MacGarrell, E. F., and K. Schlegel, "The implementation of federally funded multijurisdictional drug task forces: Organizational structure and interagency relationships," *Journal of Criminal Justice,* Vol. 21, 1993.

Maguire, K., and A. L. Pastore (eds.), *Sourcebook of Criminal Justice Statistics 1995.* U. S. Department of Justice, Bureau of Justice Statistics, Washington:

Government Printing Office, 1996.

Mann, F. C., "Studying and creating change: A means to understand social organization," in R. A. Sutermeister (ed.), *People and Productivity*, New York: McGraw-Hill, 1963.

Mastrofski, S. D., "Community Policing and Police Organization structure," *Presented at the Workshop on Evaluating Police Service Delivery,* Centre for Comparative Criminology, University of Montreal 1994.

McCord, R., and E. Wicker, "Tomorrow's America: Law enforcement's coming challenge," *FBI Law Enforcement Bulletin,* Vol. 59, January 1990.

Mcguire, E. R., "Structural change in large municipal police organizations during the community policing era," *Justice Quarterly,* Vol. 14, 1997.

Murphy, P. V., and D. S. Brown, *Police Leader Looks at the Changing Nature of Police Organization*, Washington: Leadership Resources, 1973.

Nutt, P. C., "Tactics of implementation," *Academy of Management Journal*, Vol. 29, 1986.

Peak, K., and R. Glensor, *Community Policing and Problem Solving: Strategies and Practices,* Upper Saddle River, NJ.: Prentice-Hall, 1996.

Perrow, C., *Complex Organizations: A Critical Essay,* Glenview, IL: Scott, Foresma, 1979.

Porter, L. W., E. E. Lawler, and J. R. Hackman, *Behavior in Organizations*, New York: McGraw-Hill, 1975.

Pratt, T. P., J. Frank, B. W. Smith, and K. J. Novak, "Conflict and consensus in multijurisdictional drug task forces: An organizational analysis of personnel attitudes," *Police Practice and Research: An International Journal*, 2000.

Ramirez, S., "Organizational development: Planned change in an unplanned changing world," *Public Management,* Vol. 76, No. 10, 1994.

Reitz, H. J., *Behavior in Organizations,* Homewood, IL.: Richard D. Irwin., 1977.

Robinette, H., "Organizational streamlining," *Virginia Police Chief,* Spring, 1989.

Sabath, M. N., J. P. Doyle, J. W. Ransburg, *Multijurisdictional Drug Task Forces in Indian: The First Two Years of Operation*, Indianapolis: Center for Criminal Justice Research and Information, 1990.

Sandler, G. B., and E. Mintz, "Police Organizations: Their changing internal and external relationships," in L. Gaines and T. Ricks (eds.), *Managing the Police*

Organization, St. Paul: West Publishing, 1978.

Schein, E. H., "Management development as a process of influence," *Industrial Management Review,* Vol. 2, 1961.

Schlegel, K., and E. F. McGarrell, "An examination of arrest practices in regions served by multijurisdictional drug task force," *Crime and Delinquency,* Vol. 37, No. 3, 1991.

Shanahan, D. T., J. D. Hunger, and T. L. Wheelen, "Organizational profile of police agencies in the United States," *Journal of Police Science and Administration,* Vol. 7, No. 3, 1979.

Skolnick, J. H., and D. H. Bayley, *The New Blue Line: Police Innovation in Six American Cities,* New York: Free Press, 1986.

Steers, R. M., *Organizational Effectiveness:* A Behavioral View, Sant Monica: Goodyear Publishing, 1977.

Strebel, P., "Choosing the right change path," *California Management Review,* Vol. 36, 1994.

Taguiri, R., and G. Litwin, *Organizational Climate: Explorations of a Concept,* Boston: Harvard University Press, 1968.

Toch, H., J. D. Grant, and R. T. Galvin, *Agents of Change: A Study in Police Reform,* New York: Wiley, 1975.

Trojanowicz, R., V. E. Kappler, L. K. Gaines, and B. Bucqueroux, *Community Policing: A contemporary perspective,* 2nd ed., Cincinnati, OH: Anderson, 1998.

Vaughan, D., "Forthcoming. The dark side of organizations: Mistake, misconduct, and disaster," *Annual Review of Sociology,* 1999.

Weiland, G. F., and R. A. Ullrich, *Organizations: Behavior, Design, and Change,* Homewood, IL.: Richard D. Irwin., 1976.

Wilkerson, B. D., "Civilian services," F*BI Law Enforcement Bulletin,* Vol. 63, No. 11, 1994.

Withan, D. C., "Environmental scanning pays off," *Police Chief,* March, 1991.

Witkan, G., and D. McGraw, Beyond "Just the facts, ma'am," *U.S. News and World Report, August* 2, 1993.

찾아보기

[저 자 약 력]

이 황 우

동국대학교 경찰행정학과 및 동대학원 졸업
　(법학박사)
동국대학교 학생처장, 총무처장, 사회과학대
　학장, 행정대학원장
미국 뉴욕 존제이 형사사법대학 객원교수
경찰대, 한양대, 연세대, 용인대 강사
행정고등고시, 사법시험, 입법고시, 군법무관
　시험, 5급공무원승진시험 위원
치안연구소 연구지도위원
경찰청자체심사평가위원회 위원장
한국공안행정학회장, 한국경찰학회장
경찰위원회 위원
국가정보원 대테러분야정책자문위원회 위원
현, 동국대학교 경찰행정학과 명예교수
　　국가위기협상전문위원
　　해양테러협상전문위원

한 상 암

동국대학교 경찰행정학과 경찰학(박사)
Wichita State University 형사사법행정학과
　사법행정(석사)
동국대학교 경찰행정학과(학사)
동국대학교, 경기대학교, 배재대학교, 대전대
　학교 강사
경찰교육원(경찰종합학교), 중앙경찰학교 강사
경찰대학 치안연구소 연구위원
행정고시, 사법시험, 5급공무원 승진시험, 경
　찰간부후보생, 경찰공무원 채용시험 등 출
　제 위원
한국공안행정학회, 한국피해자학회, 한국교
　정학회, 한국범죄심리학회, 한국범죄학회,
　한국자치경찰경비학회 이사
한국경찰학회장, 한국민간경비학회장 역임
전, 서남대학교 경찰행정학과 교수, 학과장
　　원광대학교 공공정책대학 학장
현, 원광대학교 경찰행정학과 교수

경찰행정학 [제 8 판]

1994년　4월　14일　초판발행
1998년　8월　20일　제2판 발행
2002년　9월　15일　제3판 발행
2005년　9월　5일　제4판 발행
2014년　2월　25일　제5판 발행
2017년　2월　25일　제6판 발행
2019년　2월　20일　제7판 발행
2024년　1월　20일　제8판 2쇄발행

공　저　이　황　우　·　한　상　암
발행인　배　　　효　　　선
발행처　도서출판　法文社

주　소　10881　경기도 파주시 회동길 37-29
등　록　1957년 12월 12일/제2-76호.(윤)
전　화　031-955-6500~6　FAX 031-955-6525
E-mail　(영업) bms@bobmunsa.co.kr
　　　　(편집) edit66@bobmunsa.co.kr
홈페이지　http://www.bobmunsa.co.kr
조　판　(주)성지이디피

정가 35,000원　　ISBN 978-89-18-91231-8